Hannes Bezzel
Die Konfessionen Jeremias

Beihefte zur Zeitschrift für die alttestamentliche Wissenschaft

Herausgegeben von
John Barton · Reinhard G. Kratz
Choon-Leong Seow · Markus Witte

Band 378

Walter de Gruyter · Berlin · New York

Hannes Bezzel

Die Konfessionen Jeremias

Eine redaktionsgeschichtliche Studie

W
DE
G

Walter de Gruyter · Berlin · New York

♾ Gedruckt auf säurefreiem Papier,
das die US-ANSI-Norm über Haltbarkeit erfüllt.

ISBN 978-3-11-020043-0
ISSN 0934-2575

Bibliografische Information der Deutschen Nationalbibliothek

Die Deutsche Nationalbibliothek verzeichnet diese Publikation in der Deutschen
Nationalbibliografie; detaillierte bibliografische Daten sind im Internet
über http://dnb.d-nb.de abrufbar.

Printed in Germany
Einbandgestaltung: Christopher Schneider, Berlin

Für Anne und Lea

Vorwort

Die vorliegende Arbeit wurde im Sommersemester 2007 von der Theologischen Fakultät der Georg-August-Universität Göttingen als Dissertation angenommen. Das Rigorosum fand am 27. Juni statt.

Mein Dank gilt zuallererst dem Bischof von Skara, Herrn Prof. Dr. Erik Aurelius, der die Dissertation anregte und während seiner Göttinger Zeit als mein Doktorvater begleitete, wie auch gleichermaßen Herrn Prof. Dr. Reinhard G. Kratz, der mich 2004 als Doktoranden „adoptierte", den Fortgang der Arbeit kritisch und beratend unterstützte und schließlich das Erstgutachten erstellte.

Danken möchte ich ferner Herrn Prof. Dr. Dr. h.c. Hermann Spieckermann für die Übernahme des Korreferats und vielfältige Anregungen innerhalb wie außerhalb des Göttinger Doktorandenkolloquiums.

Allen, die an den Sitzungen dieses Gremiums teilgenommen haben, danke ich für Ihre Diskussionsbeiträge, ebenso wie den Mitgliedern des Graduiertenkollegs „Götterbilder, Gottesbilder, Weltbilder".

Ein wertvolles Forum, um die eine oder andere These zu besprechen, bot ferner das nordisch-deutsche Netzwerk OTSEM. Hier gebührt mein Dank besonders dem Koordinator, Herrn Prof. Dr. Terje Stordalen (Oslo) sowie Frau Prof. Dr. Else K. Holt, die es möglich machten, einen Teil der Arbeit in Arhus zu schreiben und zu diskutieren.

Den deutschsprachigen Herausgebern der Reihe BZAW, Herrn Prof. Dr. Reinhard G. Kratz und Herrn Prof. Dr. Markus Witte, danke ich herzlich für die Aufnahme der Arbeit, Herrn Dr. Albrecht Döhnert und Frau Sabrina Dabrowski für die freundliche und engagierte verlegerische Betreuung.

Dank gilt weiterhin der Hanns-Seidel-Stiftung, die mein Projekt von 2003–2005 mit einem Promotionsstipendium förderte.

Herr Prof. Dr. Christoph Bultmann gewährte mir als seinem Mitarbeiter ab 2006 das Höchstmaß an Freiraum und Unterstützung, besonders in der Schlußphase der Arbeit. Ihm gebührt besonderer Dank.

Viel verdankt die Dissertation der Hilfe von Freunden. Besonders hervorheben möchte ich Herrn Prof. Dr. Uwe Becker, Herrn PD Dr. Thilo Rudnig für die Hilfe bei kniffligen Hebräisch- und Aramäischfragen, sowie die Korrekturlesenden: Meinen Vater, Dr. Ernst Bezzel,

Martin Hallaschka, Dr. Henning Jürgens, Anja Klein, Peter Porzig und Alexa Wilke. Ohne sie läge das Buch nicht vor.

Erfurt, im September 2007 Hannes Bezzel

Inhaltsverzeichnis

1. Die Fragestellung

Zwischen den Kapiteln 11 und 20 des Jeremiabuches finden sich in unregelmäßigen Abständen Texte, die sich von der übrigen prophetischen Überlieferung signifikant unterscheiden. In ihnen spricht nicht JHWH durch Jeremia zum Volk, sondern es wendet sich umgekehrt der Prophet an Gott, in einer Haltung nicht der Verkündigung oder der Predigt, sondern des Gebets. Entsprechend ist ihr Ton nicht warnend, mahnend oder drohend, sondern klagend, ihr Thema primär nicht die Not des Volkes, sondern die ihres Sprechers.[1]

Dieser scheint zwischen Angst und Zuversicht zu schwanken, von Zweifeln umgetrieben zu werden und schließlich der völligen Verzweiflung nahe zu sein. Man gewinnt den Eindruck, einem Ereignis von höchster Intimität beiwohnen, den authentischen „herzensergießungen"[2] Jeremias lauschen und einen tiefen Blick in die Seele dieses Propheten „so weichen zarten herzens"[3] werfen zu können.

Gerade dieser besondere, scheinbar persönliche Charakter der Gebete, der Verwünschungen gegen die eigenen Feinde nicht ausschließt, ist es, der ihnen vor dem Hintergrund des spätromantischen Prophetenbildes an der Wende vom 19. zum 20. Jahrhundert so große Bedeutung zukommen ließ. Zog diese vermeintliche Vermengung von prophetischem Dienst und privaten Emotionen noch Mitte des 19. Jahrhunderts Ewalds Unwillen auf sich,[4] so zeigte sich gerade darin für Wellhausen der besondere Wert der entsprechenden Stücke. In ihnen, denen er den Namen ‚Konfessionen' verlieh,[5] unter dem sie seitdem firmieren, sei Jeremia zur höchsten Form persönlicher Religiosität durchgebrochen und habe „das tiefste Wesen der Frömmigkeit"[6]

---

1   Es handelt sich um die Abschnitte Jer 11,18–23; 12,1–6; 15,10–21; 17,14–18; 18,18–23; 20,7–18. Im folgenden wird auf sie zuweilen, der Wellhausenschen Titulierung gemäß, die Kurzbezeichnung ‚Konfession 11; 12; 15; 17; 18; 20' angewandt.

2   EWALD, Jeremja und Hezeqiel, 71.

3   Ebd.

4   „Allein dennoch kann vor dem prophetischen richterstuhle solches überhandnehmen bloßer herzensgefühle nicht gebilligt werden, auch nicht einmal in der schrift" (ebd.).

5   „Sein [sc. Jeremias] Buch enthält nicht bloß seine Reden und Weissagungen, sondern mitunter auch Konfessionen über seine Leiden und Anfechtungen" (WELLHAUSEN, Geschichte, 140).

6   Ebd.

erfahren. Durch diese Bewertung wurde der Prophet aus Anatot zum
Helden eines religionsgeschichtlichen Sprunges: „Er ist der Vater des
wahren Gebets, in dem die arme Seele zugleich ihr untermenschliches
Elend und ihre übermenschliche Zuversicht ausdrückt".[7] Damit
komme ihm die Rolle eines Bahnbrechers für die biblische Literatur zu,
die nicht auf das *Corpus Propheticum* begrenzt bleibe: „Die Psalmen
wären ohne Jeremias nicht gedichtet."[8]

Bereits in der Alten Kirche hatte die Affinität mancher Stücke der
jeremianischen Überlieferung zur Gebetssprache, verbunden mit der
Notiz von II Chr 35,25, nach welcher der Prophet eine Totenklage auf
den gefallenen König Josia angestimmt habe, dazu geführt, ihn nicht
nur als Verfasser des Buches Threni, sondern auch einiger Psalmen zu
betrachten.[9] Nun aber, durch Wellhausen, wurde er zu ihrer aller geisti-
gem Vater.

Diese Rolle blieb Jeremia indes nicht lange vergönnt. Mit der
Entwicklung der gattungsgeschichtlichen Methode durch Gunkel bot
sich ein anderer Weg an, um die Ähnlichkeiten der Prophetenklagen
mit denen des Psalters zu erklären. Nicht Jeremia habe durch seine
individuellen Gebete ihre Genese stimuliert, er sei vielmehr bereits in
der Lage gewesen, für die Formulierung seiner Klagen aus ihrem
reichen Schatz an Redeformen und Motiven zu schöpfen, um ihnen die
angemessene Form zu verleihen. War noch für Duhm das prophetisch
und poetisch inspirierte Genie gerade in seiner Dichtung am reinsten
zu erkennen gewesen,[10] so erfuhr es nun durch Baumgartner eine

---

7   Ebd., 141. Dieser Sicht folgt das Standardwerk für den englischsprachigen Raum,
    „Prophecy and Religion" von John Skinner aus dem Jahr 1926. Skinner ging jedoch
    einen großen Schritt weiter als Wellhausen und mißbrauchte die Konfessionen als
    Vehikel für antijudaistische Stereotypen, indem er Jeremia als Gegensatz zur „Jewish
    Church" (SKINNER, Prophecy, 201) seiner Zeit zeichnete, die auf dem Weg eines
    „degenerating into a soulless legalism" (ebd., 202) gewesen sei.
    Auch noch in den 70er Jahren des vergangenen Jahrhunderts konnte Jeremia der
    „precursor of individual religion" (JACOBSON, Prophecy, 52) sein – nun allerdings
    nicht mehr im Sinne eines positiv zu bewertenden religionsgeschichtlichen Fort-
    schritts, sondern als Folge eines Scheiterns: In seinem Konflikt zwischen Gott und
    Volk manifestiere sich der Bruch des bis dahin vorherrschenden Repräsentations-
    denkens: „[T]he corporate first person of the discourse comes into question" (ebd., 57,
    Hervorhebung Jacobson). Diese These stellt eine einzigartige Verknüpfung der
    eigentlich gegensätzlichen Deutungen Skinners und Reventlows dar (vgl. zu letzte-
    rem S. 6 f.).
8   WELLHAUSEN, Geschichte, 141.
9   In der Septuaginta gelten Ps 64 (MT 65), in Teilen der sahidischen Überlieferung Ps
    136 (MT 137) als jeremianisch (vgl. RAHLFS, Psalmi). Hieronymus hat beide Angaben
    bei seiner Gegenüberstellung von LXX-Psalter und Übersetzung aus dem Hebräi-
    schen in der Vulgata aufgenommen (vgl. WEBER, Vg.).
10 Vgl. DUHM, Jeremia, XII–XIV.

erhebliche Relativierung: „Das Dichten von Psalmen war unter solchen Umständen keine sehr schwierige Sache und stellte auch an die poetische Kraft des Verfassers nicht zu hohe Anforderungen".[11] In seiner Studie beschritt er den von Gunkel gebahnten Pfad und verdeutlichte dies bereits in der Formulierung ihres Titels, indem er den von Wellhausen geprägten psychologisierenden Begriff ‚Konfessionen' mied und stattdessen auf ihre gattungskritische Einordnung als ‚Klagegedichte' rekurrierte.

In ihnen erkannte er typische Beispieltexte für die Gunkelsche Gattung der ‚Klage eines Einzelnen',[12] arbeitete deren Formelemente heraus und stellte ihnen reiches Vergleichsmaterial aus dem Psalter gegenüber. Von diesem Hintergrund hob er nun diejenigen Züge der Konfessionen ab, die er als typisch prophetisch einstufte. Sie dienten ihm in erster Linie als Argument, um die ‚Echtheit' der jeremianischen Texte zu verteidigen.[13]

Mit der Erkenntnis, daß in den Konfessionen geprägte Gebetssprache verwendet wird, wie sie auch im Psalter zu finden ist, wäre es von nun an eigentlich nicht mehr möglich gewesen, sie im Sinne der Ewaldschen „herzensergießungen"[14] biographisch-psychologisch zu deuten. Speisen sich etwa die Rachewünsche gegen die Feinde oder sogar ihre ganze Existenz aus der Topik der Klagepsalmen,[15] so lassen sich aus den entsprechenden Passagen keine Rückschlüsse mehr auf „das heiße morgenländische Temperament"[16] ihres Beters oder seine „Gemütsverfassung"[17] insgesamt ziehen. Baumgartner unternahm dies dennoch, indem er, ganz im Sinne der älteren Forschung, hierfür wieder die prophetische Individualität ins Spiel brachte. Seine Studie gleicht so einer sorgsam austarierten Waage: Sie hält Aussagen zueinander in Balance, die, verleiht man ihnen jeweils ein wenig mehr Nachdruck, in Widerspruch zueinander geraten müssen.

So habe Jeremia zwar auf die alte Gattung der Klage zurückgegriffen, die ihm, dem Priestersohn, wohlvertraut gewesen sei,[18] die Psalmen selbst, mit denen Baumgartner dies belegt, könnten gleichwohl „wahrscheinlich doch alle jünger als Jeremia"[19] und wiederum

---

11 BAUMGARTNER, Klagegedichte, 27.
12 Vgl. GUNKEL/BEGRICH, Einleitung, 172–265, zu den Konfessionen 172.264.
13 Vgl. BAUMGARTNER, Klagegedichte, 69.
14 EWALD, Jeremja und Hezeqiel, 71.
15 Vgl. BAUMGARTNER, Klagegedichte, 18.
16 Ebd., 32.
17 Ebd., 49.
18 Diese Position Baumgartners übernimmt jüngst wieder Brueggemann: „[T]he prophet is schooled in Israel's deepest, oldest liturgies" (BRUEGGEMANN, Theology, 63).
19 BAUMGARTNER, Klagegedichte, 91.

von dessen Gebeten inspiriert sein.[20] In ihnen spricht der Prophet zwar topisch – aber dennoch erscheint es möglich, durch sie Erkenntnisse über seine seelische Verfassung zu gewinnen.

Diesem inklusiven Charakter seiner Interpretation ist es letztlich zu danken, daß die Studie zum grundlegenden Standardwerk des 20. Jahrhunderts avancierte. In der Folge konnte sich jede der in ihren Ergebnissen grundverschiedenen Arbeiten zu den Konfessionen auf Baumgartner als Stammvater berufen – und nie geschah dies gänzlich zu Unrecht.

Dies gilt gleichermaßen für beide Hauptströme, in die sich die Forschung zu den Konfessionen seit Baumgartner gliedern läßt, für ihre individuelle wie für ihre kollektive Deutung.[21] Belastet man nämlich diejenige Seite der Waage, auf welcher die prophetischen und über bloßes Formelgut hinausgehenden Züge der Konfessionen liegen, so erkennt man die klagende prophetische Einzelgestalt: Jeremia spricht für sich selbst.

Wird dagegen mehr Wert auf die Verwandtschaft des Sprechers mit dem Beter der Psalmen gelegt, ist der Weg für eine kollektive Auslegung offen. Wie dieser kein präzise zu definierendes Individuum ist, sondern seine Worte anderen Betern zu leihen vermag, so betet dann auch der Jeremia der Konfessionen nicht in eigener Sache.

Zunächst war es jedoch die individuelle Auslegung, die auch in der Nach-Baumgartner-Ära vorherrschte. Seine Erkenntnis, daß sich die jeremianischen Gebete an der ‚Klage eines Einzelnen' orientierten, fand Aufnahme; Konsequenzen für ihre Auslegung wurden daraus jedoch zunächst nicht gezogen. Weiterhin war und ist es beliebt, sie biographisch-psychologisch zu lesen – es änderte sich lediglich die Begrifflichkeit. An die Stelle des unter seiner Sensibilität leidenden Poeten trat in der zweiten Hälfte des 20. Jahrhunderts die Gestalt eines Mannes, der von seiner „Lebenskrise"[22] getroffen wird, durch die Niederschrift

---

20 So möchte er ganz am Ende seiner Studie nicht ausschließen, „daß Jeremias Lieder, gerade wegen ihres Psalmencharakters, auf die spätere Psalmendichtung eingewirkt haben" (ebd.). Diese letzte Volte in Baumgartners Buch wurde in der Folgezeit aufgrund der steigenden Bedeutung der formgeschichtlichen Betrachtungsweise am schwächsten rezipiert. Jeremia war nicht länger der geistige Vater der Psalmisten im Sinne Wellhausens, sondern ihr Sohn. Eine singuläre Ausnahme bildet die Studie von Bonnard, die noch 1960, so ihr Untertitel, „Influence littéraire et spirituelle de Jérémie sur trente-trois psaumes" (BONNARD, Psautier, 5) feststellt und Ps 1; 6; 7; 16; 17; 22; 26; 31; 35; 36; 38; 40; 41; 44; 51; 55; 69; 71; 73; 74; 75; 76; 78; 79; 81; 83; 86; 99; 106; 109; 119; 135; 139 auf den Einfluß des Propheten zurückführt.

21 Vgl. für diese grobe Zweiteilung HERRMANN, Jeremia, 131 f.

22 SEYBOLD, Prophet Jeremia, 147. Vgl. ähnlich ITTMANN, Konfessionen, 193 und öfter.

seiner Gedanken jedoch, gewissermaßen autotherapeutisch, zu ihrer „Bewältigung"[23] beitragen kann.

Daneben trat jedoch eine andere Sichtweise, die, ohne an der jeremianischen Verfasserschaft zu rütteln, sie nicht primär als Selbstzeugnisse seines Seelenlebens, sondern als theologische Äußerungen betrachten wollte. Ihr liegt die Beobachtung zugrunde, daß ihr Autor seine Texte offenbar nicht im Rahmen des persönlichen Zwiegesprächs zwischen Gott und ihm selbst belassen hat, sondern sie, auf welchem Wege auch immer, in den Kontext jeremianischer Überlieferung geraten sind. Spätestens in diesem Rahmen komme ihnen deshalb weniger persönliche denn theologische Relevanz zu.

Es war von Rad, der 1936 den Anstoß dazu gab, die Konfessionen aus dem stillen Kämmerlein Jeremias oder seinem ‚Tagebuch'[24] hervorzuholen. Schließlich spreche er in ihnen „ja gar nicht außerdienstlich, sondern mitten aus seinem Prophetenamt heraus".[25] Hier, im „Zentrum seines Prophetseins"[26] liege ihr Ursprung und auch ihre Bedeutung für die Exegese.

Deutlich ist hier der Bruch zu spüren, den die deutschsprachige protestantische Theologie in den Zwischenkriegsjahren gegenüber der Vorkriegsgeneration zu vollziehen trachtete. Nicht der von ihr verachtete empfindende „homo religiosus"[27] sollte im Buch Jeremia zu finden sein, sondern Gottes Wort.

Daher erstaunt es nicht, daß mit dem Aufstieg der dialektischen Theologie und der schließlich monopolartigen Stellung ihrer zwei Schulen nach dem zweiten Weltkrieg auch die biographisch-theologische Lesart der Konfessionen überaus attraktiv wurde. Die jeweilige theologische Prägung ihrer Ausleger läßt sich dabei an ihren Formulierungen erkennen. Stand der Einfluß Barths stärker im Hintergrund, wurde ihr „Verkündigungscharakter"[28] betont, ging die Orientierung mehr nach Bultmann, konnte dagegen ihr vermeintlich existentiell-theologisches Wesen hervorgehoben werden. In diesem Fall konnte sich dann in ihnen das „Selbstverständnis des Propheten über sein Amt"[29] artikulieren.

---

23 SEYBOLD, Prophet Jeremia, 148.
24 Vgl. Mihelic, der die Ansicht vertritt, „[that the confessions] may have been a part of a personal diary" (MIHELIC, Dialogue, 43).
25 VON RAD, Konfessionen, 232.
26 Ebd. Vgl., ihm folgend, STAMM, Leiden, 63; STOEBE, Prophet und Seelsorger, 392.
27 VON RAD, Konfessionen, 232.
28 ITTMANN, Konfessionen, 19. Vgl. BERRIDGE, Prophet, 157.
29 HERMISSON, Rechtsstreit, 35.

In der biographisch-theologisch deutenden Literatur aus dem angelsächsischen Raum ist der Einfluß, den die beiden großen Paten der deutschsprachigen Theologie in den Nachkriegsjahrzehnten auf die alttestamentliche Exegese ausübten, weniger spürbar. Hier wurde der Hauptimpetus Jeremias zur Publizierung seiner Gebete darin gesehen, daß er im Sinne gehabt habe, sich durch sie als wahrer Prophet JHWHs zu legitimieren, „among those who supported him but who may have been losing faith in him due to his apparent failure".[30] Die Konfessionen wurden so vor dem Hintergrund der Auseinandersetzung mit den (falschen) Heilspropheten verstanden,[31] der freilich nicht aus ihnen selbst ersichtlich ist, sondern aus dem sie umgebenden Jeremiabuch rekonstruiert werden mußte.[32]

Ab der Mitte des 20. Jahrhunderts wurde jedoch auch die andere Schale der Baumgartnerschen Waage belastet. Die Verwandtschaft zur Gattung der Klage wurde zum Schlüssel der Konfessionendeutung. Ausgehend von der These Mowinckels, der Sitz im Leben der Psalmen sei primär im Kult zu sehen,[33] rückte Reventlow den Beter Jeremia nun selbst in die Nähe des Tempels.[34] Er verband dies mit Robinsons Vorstellung der ‚corporate personality'[35] in der vorexilischen judäischen Gesellschaft und konnte so die Klagen des Propheten kollektiv-repräsentativ verstehen. In ihnen sah er liturgische Gebete, durch die ihr Promulgator nicht für sich selbst, sondern fürbittend für das ganze Volk gesprochen habe und stellvertretend als dessen Stimme aufgetreten sei.[36]

Diese These Reventlows, die nicht zuletzt dem verbreiteten Bild vom Kultkritiker Jeremia zuwiderlief, erfuhr intensive Kritik.[37] Nichtsdestoweniger wurde sie, mit gewissen Modifikationen, gerade im englischsprachigen Raum breit rezipiert. Gelöst von der Vorstellung, der Historische Jeremia habe eine Rolle gespielt, wie sie Reventlow vorgeschwebt hatte, wurden und werden weiterhin „the liturgical

---

30 O'CONNOR, Confessions, 95. Diamond tendiert zu dieser „apologetic theory" (DIAMOND, Confessions, 124), ist aber wesentlich zurückhaltender gegenüber „speculative attempts" (ebd.), die Texte auf einer Ebene zu interpretieren, die vor ihrer Verschriftung liegt. Ihre vormalige mündliche Überlieferung und die Rückführung auf den Historischen Jeremia steht für ihn jedoch außer Zweifel (vgl. ebd.).

31 Vgl. Jer 5,31; 6,14; 8,11; 14,14–16; 20,6; 23,9–40; 27 f.

32 Vgl. auch M. SMITH, Laments, 28; HUBMANN, Untersuchungen, 318.

33 Vgl. MOWINCKEL, Psalmenstudien I, 137 f.

34 Bereits Weiser meinte, Jeremia habe seine Klagen „im gottesdienstlichen Raum [...] vorgebracht" (WEISER, Jeremia, XXIV), er deutete sie aber weiterhin biographisch.

35 Vgl. ROBINSON, Corporate Personality, besonders 54–56.

36 Vgl. REVENTLOW, Liturgie, 258–260.

37 Vgl. BRIGHT, Complaints, mit dem Fazit: „Reventlow's interpretation of the Confessions [...] is to be rejected" (ebd., 214), vgl. auch MCKANE, Jeremiah I, xcii f.

nature"[38] der Konfessionen und ihre überindividuelle Relevanz herausgestellt.

Die Annahme, daß der Sprecher der Klagegebete im Buch Jeremia nicht seine eigenen Anliegen, sondern die einer Gruppe vor Gott bringe, liegt auch der zweiten kollektiven Deutungsweise der Texte, der kollektiv-exemplarischen, zugrunde. Sie basiert jedoch auf einem anderen Modell der Psalmeninterpretation als Reventlows Arbeit. Sie setzt nicht bei einem vorexilischen kultischen Sitz im Leben an, sondern bei einem angenommenen Konflikt innerhalb der nachexilischen Gemeinde. Dieser spiegele sich im Gegensatz von ‚Gerechtem' und ‚Frevler' wider, der den Psalter durchziehe und dort zur Ausbildung der Identifikationsfigur des ‚Leidenden Gerechten' geführt habe.

Die Baumgartnersche Gattungsbestimmung als ‚Klagen eines Einzelnen' und die Thematik des Leidens, die die Konfessionen ebenso prägt wie die entsprechenden Psalmen, legten es nahe, den Sprechern in beiden Fällen die gleiche Funktion zuzuschreiben: „Jeremia ist der exemplarisch leidende Gerechte".[39] Mit dieser Gleichsetzung Gunnewegs, der sich in den folgenden Jahren unter anderem Welten,[40] Pohlmann[41] und Bak[42] anschlossen, war die Position markiert, die sich zum großen Gegenpol zu jeder Art von biographischer Deutung entwickeln sollte.

Diese Polarisierung prägt die aktuelle Forschungslandschaft. Entweder man geht davon aus, in den Konfessionen Zeugnisse des Historischen Jeremia aus dem frühen sechsten Jahrhundert zu finden, oder man sieht in ihnen eine „Identifikationsfigur"[43] der spätnachexilischen Zeit.

Ein Umstand gerät jedoch über dieser Alternative schnell aus dem Blick: Die fraglichen Texte sind nicht separat überliefert oder archäologisch erschlossen, sondern nur im Rahmen des biblischen Buches des Propheten Jeremia zugänglich. Der Illusion, ein direkter Zugriff auf sie sei möglich, verfallen jedoch die skizzierten Ansätze mehr oder weniger alle, wenn sie den Anschein erwecken, es lasse sich ein ‚Sitz im Leben' entweder des Propheten oder der nachexilischen Gemeinde aus der Analyse der Einzelstücke ohne weiteres bestimmen.

Es ist die Dominanz der formkritischen Methode, die, nachdem sie der gesamten alttestamentlichen Wissenschaft über Jahrzehnte hinweg

---

38 CARROLL, Confessions, 123. Vgl. DERS., Jeremiah, 278.
39 GUNNEWEG, Konfession, 399.
40 Vgl. WELTEN, Leiden, 145.
41 Vgl. POHLMANN, Ferne, 34.
42 Vgl. BAK, Klagender Gott, 220.
43 POHLMANN, Identifikationsfigur, *passim*, besonders 169.

Richtschnur der Exegese war, weiterhin fortwirkt. Auch in diesem
Punkt bewegen sich alle vier unterschiedlichen Auslegungsweisen der
Konfessionen tatsächlich in der Tradition Baumgartners: Seine Anwen-
dung der Gunkelschen Gattungskritik initiierte zuallererst die formge-
schichtliche Betrachtung der Texte. Ihr Anliegen ist es, auf die kleinen
und reinen Überlieferungseinheiten,[44] womöglich mündlicher Natur,
zurückzugreifen, um sie anschließend historisch und kulturell in dem
Setting zu verorten, das nicht selten zuvor die Argumentation für ihre
Bestimmung zu tragen hatte.

Die Kritik an dieser Vorhensweise ist nicht neu. Polk verband sie
1984 mit einer Abkehr von der diachronen Betrachtungsweise der
Konfessionen überhaupt, der er generell vorwarf, „[to regard] meaning
as adhering only to the text's (hypothetically reconstructed) inde-
pendent parts [...], while ignoring, dismissing as illegitimate, and/or
leaving to homiletics the question of an overall coherence of the text in
its completed form."[45] Dem stellte er einen literaturwissenschaftlich
orientierten, synchronen exegetischen Ansatz entgegen.[46]

So berechtigt es jedoch ohne Zweifel ist, die bekannten Aporien
und impliziten Zirkelschlüsse der formkritisch dominierten Exegese zu
hinterfragen, so problematisch erscheint die radikale Antwort, die Polk
darauf gibt. Sein Verzicht auf jede Form diachroner Betrachtungsweise
erkauft die Abkehr von der alten Ignoranz gegenüber dem Kontext mit
einer neuen Ignoranz gegenüber der Geschichtlichkeit der biblischen
Literatur.[47]

Das Konstrukt der kleinen Einheit wird durch das Konstrukt des
„final shape"[48] ersetzt. Gerade das Buch Jeremia illustriert durch seine
Existenz in mindestens zwei kanonischen Gestalten,[49] der Septuaginta-

---

44 Vgl. die Kritik daran bei KRATZ, Redaktionsgeschichte, 375.
45 POLK, Persona, 18.
46 Vgl. ebd., 14.
47 Vgl. demgegenüber Aurelius: „Will die Theologie der Auslegung dessen dienen,
    was die Bibeltexte jetzt bedeuten, muß sie zuerst danach fragen, was die Texte
    ursprünglich bedeutet haben" (AURELIUS, Fürbitter, 7).
48 POLK, Persona, 15.
49 Hieronymus' Vulgata, die zur maßgeblichen Ausgabe für die Westkirche wurde,
    könnte durchaus als dritte kanonische Fassung gesehen werden: Sie orientiert sich
    im Aufbau an LXX, in vielen textkritischen Detailfragen jedoch an MT. Eine vierte
    Endgestalt böte die Lutherübersetzung. Sie will dem hebräischen Text folgen, über-
    nimmt aber bekanntlich die Stellung der hinteren Propheten von LXX und orientiert
    sich bei ihrer Übersetzung zuweilen direkt an den Kirchenvätern (vgl Jer 15,19;
    17,16). Die Reihe ließe sich fortsetzen.

fassung und der Version der Masoreten,[50] daß eine Endgestalt, die dem Ausleger ohne historische Differenzierung zuhanden sei, nicht existiert.

Beide Extreme, die Kontextvergessenheit einerseits und die Geschichtsvergessenheit andererseits, lassen sich dagegen vermeiden, wenn man redaktionsgeschichtlich an die Texte herangeht. Dies intendieren zwar bereits O'Connor und Diamond, beider Studien sind aber noch zutiefst von formgeschichtlichem Denken geprägt. ‚Redaktionsgeschichte' bedeutet für sie, im Anschluß an die Exegese der Einzelstücke eine Erklärung dafür zu suchen, wie der sie umgebende Kontext nachträglich entstanden sein könnte.[51] Auch sie arbeiten von innen nach außen, die Idee der ‚kleinen Einheit' ist als ihr Leitstern erkennbar.

Demgegenüber gibt die Tatsache, daß die Konfessionen nur im Rahmen des Prophetenbuches in seinen verschiedenen Fassungen überliefert sind, vielmehr den umgekehrten Weg für ihre Analyse vor. Hier, bei den Endgestalten, ist anzusetzen, nicht jedoch, um bei ihrer Betrachtung stehenzubleiben, sondern um, von außen nach innen, weiterzufragen. Von der Auswertung der zuweilen unterschiedlichen antiken Überlieferung ihres Textes ist über „eine *historisch* fragende *Synchronlesung*"[52] zur Analyse des unmittelbaren Umfelds der Konfessionen fortzuschreiten, um schließlich nach möglichen literarischen Straten innerhalb ihrer selbst zu suchen. Ziel kann es dabei nicht sein, auf eine ursprüngliche mündliche Fassung zu stoßen – sollte es sie jemals gegeben haben, so ist sie seit ihrer Niederschrift nicht mehr existent. Bereits „im Zuge der ersten Verschriftung [...] [beginnt] der sekundäre Vorgang der Redaktion".[53]

Alle auf diese Weise herausgearbeiteten Einzelschichten sind nun ihrerseits nicht nur aus sich selbst sprechend, sondern wollen im Rahmen ihrer jeweiligen Endgestalten zumindest des Nahkontextes verstanden werden. Der analytischen Dekonstruktion von außen muß die synthetische Rekonstruktion von innen folgen: „Darum ist jeder einzelne Text nie ohne seinen Kontext und der Kontext nie ohne die Schichtung der einzelnen Texte zu verstehen. Und eben dies leistet die redaktionsgeschichtliche Methode."[54]

---

50 Vgl. zur Diskussion um das Verhältnis zwischen den wohl einst zu sechs verschiedenen Rollen zählenden Qumranfragmenten, MT und LXX SCHMID, Buchgestalten, 13–23.
51 Vgl. DIAMOND, Confessions, 149; O'CONNOR, Confessions, 85.
52 STECK, Prophetenbücher, 22 (Hervorhebung Steck).
53 KRATZ, Redaktionsgeschichte, 375.
54 KRATZ, Redaktion, 10 f.

Diesen Überlegungen will die vorliegende Studie Rechnung tragen. Nach einer verhältnismäßig breit angelegten textkritischen Untersuchung der Einzelpassagen, die der Disparatheit ihrer Überlieferung entspricht, soll die literarhistorische Stellung im jeweiligen Nahkontext bestimmt werden, um anschließend nach Schichtungen innerhalb ihrer selbst zu fragen.

Erst anhand der dabei gewonnenen Erkenntnisse können schließlich Überlegungen zu ihrer kompositionellen Rolle im Rahmen des weiteren Jeremiabuches angestellt werden.

2. „JHWH ließ mich erkennen" – Jer 11,18–12,6

2.1 Der Text

11,18 Aber JHWH ließ mich erkennen, und ich erkannte, damals ließest du mich sehen ihre Handlungen.

11,19 Aber ich war wie ein zahmes Lamm, das zum Schlachten geführt wird, und erkannte nicht, daß sie gegen mich Pläne planten: Laßt uns verderben den Baum in seinem Saft und ihn ausrotten aus dem Lande der Lebenden, und seines Namens soll nicht mehr gedacht werden.

11,20 Aber JHWH Zebaot ist ein gerecht Richtender, ein Prüfender von Nieren und Herz. Ich werde deine Rache an ihnen sehen, denn zu dir hin habe ich meine Rechtssache offenbart.

11,21 Darum, so spricht JHWH: „Über die Männer von Anatot, die dir nach dem Leben trachten, indem sie sagen: ‚Weissage nicht im Namen JHWHs, auf daß du nicht sterbest durch unsere Hand!'"

11,22 [So spricht JHWH Zebaot:] „Siehe, ich suche sie heim. Ihre jungen Männer werden durchs Schwert sterben, ihre Söhne und ihre Töchter werden durch Hunger sterben.

11,23 Und ein Rest wird ihnen nicht bleiben, denn ich werde Böses kommen lassen über die Männer von Anatot, das Jahr ihrer Heimsuchung."

12,1 Gerecht bist du, JHWH, wenn ich mit dir rechten will, doch Rechtssachen will ich gegen dich reden: Warum gelingt der Weg von Frevlern, sind sorgenfrei alle, die wahrhaft treulos handeln?

12,2 Du hast sie gepflanzt, sie haben sogar Wurzeln geschlagen, sie wachsen, sie tragen sogar Frucht. Nahe bist du in ihrem Mund, aber fern von ihren Nieren.

12,3 Du aber, JHWH, kennst mich[, du wirst mich sehen] und hast mein Herz bei dir geprüft. Reiß sie weg wie Kleinvieh zum Schlachten und weihe sie für den Tag des Mordens.

12,4 Wie lange soll das Land vertrocknen und das Kraut allen Feldes verdorren? Wegen der Bosheit derer, die darin wohnen, ist dahingerafft Vieh und Vögel, denn sie sagen: „JHWH [MT: Er] sieht nicht unsere Wege [MT: unsere Zukunft]."

12,5   „Wenn du mit Fußgängern gelaufen bist und bist ermüdet, wie willst du mit Rossen wetteifern? Und im friedlichen Land birgst du dich / fällst du nieder, wie willst du's machen im Dickicht des Jordans?

12,6   Denn auch deine Brüder und das Haus deines Vaters, auch sie handeln treulos an dir, auch sie rufen laut dir nach. Traue ihnen nicht, wenn sie Gutes mit dir reden."

Wie bei allen Konfessionen Jeremias, so beginnen auch bei der ersten die exegetischen Probleme bereits bei der Schwierigkeit, den überlieferten Text angemessen zu übersetzen. So liest die LXX schon 11,18 auf gänzlich andere Weise als die Masoreten: Sie, wie auch die syrische Überlieferung, betrachtet das einleitende Tetragramm als Anrede ohne die Kopula ו und die folgenden Verbformen nicht als Perfekt mit anschließendem Narrativ, sondern als Imperativ[1] mit folgendem, futurisch wiedergegebenem, Imperfekt (γνώρισόν μοι καὶ γνώσομαι). Letzteres entspräche bei bestehendem Konsonantenbestand der Vokalisierung הוֹדִיעֵנִי וָאֵדַע statt des masoretischen הוֹדִיעַנִי וָאֵדָעָה. Offensichtlich hatten die Übersetzer der Septuaginta den weiteren Zusammenhang der Konfessionen im Blick, bei welchen sich jeweils vergleichbare imperativische Anreden JHWHs finden lassen,[2] in einem Fall ebenfalls mit einer Wiederholung der Verbwurzel.[3] Gleichwohl bietet Jer 20,7 einen Einstiegsvers für eine Konfession, der hinsichtlich der Zeitenfolge in der griechischen *wie* der hebräischen Überlieferung der *masoretischen* Lesart von 11,18 entspricht.[4] Interessanterweise vertreten nun noch beide Textvarianten gewissermaßen je eine *lectio difficilior*: Beide weisen einen Subjektwechsel zwischen 11a und 11b auf: Die LXX springt von der zweiten Person zur ersten, MT von der dritten in die zweite. Für die hebräische Lesart mag schließlich den textkritischen Ausschlag geben, daß das Adverb אָז, mit dem V. 18b anschließt,[5] eine vorzeitige Interpretation von V. 18a nahelegt.[6]

---

1   Craigie/Kelley/Drinkard, die vorgeben, LXX zu folgen, übersetzen ihn gleichwohl als Aorist (vgl. CRAIGIE/KELLEY/DRINKARD, Jeremiah 1–25, 174 f.) Tatsächlich LXX lesend: HOLLADAY, Jeremiah 1–25, 363.

2   Vgl. Jer 15,15; 17,14; 18,19.

3   Vgl. Jer 17,14: רְפָאֵנִי יְהוָה וְאֵרָפֵא הוֹשִׁיעֵנִי וְאִוָּשֵׁעָה.

4   פִּתִּיתַנִי יְהוָה וָאֶפָּת. Der Versanfang kann dennoch als Analogon zur LXX-Lesart von 11,18a dienen, stellt er doch ebenfalls eine Anrufung JHWHs dar.

5   Sowohl MT als auch LXX haben in V. 18b ein Verbum in der Vergangenheitsform, הִרְאִיתַנִי bzw. den Aorist εἶδον. Bekannt ist Duhms Konjekturvorschlag: Er postuliert, ausgehend von der Septuaginta, für den ursprünglichen Text die Qal-Form רָאִיתִי und deutet das Hifil-Präfix als Lesefehler einer Abkürzung des Tetragramms, möchte also darin eine zweite Anrufung JHWHs finden (vgl. DUHM, Jeremia, 112;

Dort wiederum ist die Kopula nicht vom Tetragramm zu streichen.[7] Die Verbindung ist stilistisch bewußt gewählt, um an 11,17 anzuknüpfen, und somit unter literar- und redaktionskritischen Gesichtspunkten zu bewerten, nicht unter textkritischen. Als gliederndes Element begegnet die Einleitung וַיְהוָה wieder in V. 20. Die Verse 17.18 und 20 sind auf diese Weise parallel zueinander formuliert; die je unterschiedlichen angesprochenen Eigenschaften und Handlungen JHWHs sollen so als miteinander korrespondierend und zueinander komplementär verstanden werden.

Vers 19 bereitet offensichtlich bereits seit der Antike Übersetzern und Auslegern Kopfzerbrechen. Von alters her wirft er die Frage auf, worin die genannten Pläne der Widersacher denn eigentlich bestehen sollen. Die verschiedenen Übersetzungen demonstrieren eindrücklich, daß es tatsächlich der protomasoretische oder ein sehr ähnlicher Konsonantenbestand gewesen sein muß, mit dem sich die Gelehrten zu arrangieren hatten: Was heißt עץ נשחיתה בלחמו? Folgt man der masoretischen Vokalisierung, so muß man לֶחֶם auf irgendeine Weise zur ‚Frucht‘ oder ähnlichem verbiegen,[8] „allein לחם ist sonst wohl *Brodkorn*, aber nicht Baumfrucht".[9] LXX und Vulgata haben Brot Brot sein lassen, mußten aber dafür, עֵץ nicht als ‚Baum‘, sondern in der Bedeutung ‚Holz‘ verstehend, kreativ mit dem Prädikat des Satzes umgehen, wenn sie Jeremias Feinde als Lebensmittelverfälscher auftreten ließen und ἐμβάλωμεν ξύλον εἰς τὸν ἄρτον αὐτοῦ bzw. *mittamus lignem in panem eius* lasen.[10] Um daraus dann aber einen lebensbedrohlichen Anschlag zu machen, muß man das ‚Holz‘ noch zusätzlich als giftige Substanz interpretieren, wie es TJon[11] und mittelalter-

---

sich auf ihn berufend RUDOLPH, Jeremia, 80). Das ist eine elegante, wenn auch allerdings für das Verständnis des *überlieferten* Textes unnötige Operation mit wenig Erkenntnisgewinn.

6 Zwar kann אך auch in die Zukunft verweisen (vgl. GESENIUS[18.1], 29, etwa Gen 24,41; Ex 12,44; Dtn 29,19), die (in allen Varianten als solche aufgefaßte) Perfektform in V. 18b läßt eine derartige Übersetzung allerdings nicht zu.

7 Gegen CORNILL, Jeremia, 150; RUDOLPH, Jeremia, 80 u.a. Mit GIESEBRECHT, Jeremia, 70; DUHM, Jeremia, 112 u.a.

8 Vgl. die King James Version: „Let us destroy the tree with the fruit thereof" bzw. LUTHER 1545: „Lasst vns den Bawm mit seinen früchten verderben". So auch moderne rabbinische Ausleger: בלחמו sei zu deuten als בפריו, da alles Eßbare ‚Brot‘ genannt werde, auch wenn Fleisch dabei sei: „כל מאכל קרוי לחם, ונמצא גם על בשר" (PIORKA, דרך, 376). Vgl. ebenfalls REVENTLOW, Liturgie, 251.

9 HITZIG, Jeremia, 91.

10 Womöglich interpretierten sie das finale Verb נַשְׁחִיתָה als נַשְׁלִיכָה, נָשִׁיתָה oder נִשְׁלְחָה (vgl. RUDOLPH, BHS).

11 Er paraphrasiert עץ als סמא דמותא.

liche[12] wie moderne Ausleger[13] unternehmen, oder aber, wie die ältere christliche Tradition, allegorisch verstehen. Sie konnte darin – wenig überraschend – einen Hinweis auf das Kreuz und im ‚Brot' eine Anspielung auf das Abendmahl bzw. das Corpus Christi sehen.[14] Es ist jedoch durchaus sinnvoll, für עֵץ die Bedeutung ‚Baum' anzunehmen:[15] Die Baummetapher knüpft gezielt an das Bild vom grünen, schönen, fruchtbaren Ölbaum von 11,16[16] an und wird in der ‚Reprise' der ersten Konfession in 12,2[17] erneut aufgenommen.[18] Somit ist sie fest in Text und Kontext verankert, und es gilt, eine Lesart zu suchen, die zum einen mit einem Mindestmaß an Konjektur auskommt, zum anderen diese versübergreifenden Zusammenhänge wahrnimmt und berücksichtigt. Einer solchen folgt in der Tat die überwiegende Mehrheit der Exegeten,[19] wenn sie, sich auf Hitzig berufend,[20] statt des problematischen בְּלַחְמוֹ unter Berufung auf עֵץ לַח in Ez 17,24 und 21,3 בְּלֵחוֹ liest, „in seinem Saft". Zu dieser Lesart kann man nun auf verschiedenen Wegen gelangen. Hitzig selbst nimmt einen Schreiberfehler für die Einfügung des מ an,[21] Dahood deutet es, unter Zuhilfenahme der ugaritischen Grammatik, als „enclitic *mêm*"[22] und kann so, wie auch Brockington mit dem Vokalisierungsvorschlag בְּלֵחֲמוֹ,[23] den Konsonantenbestand unangetastet lassen.[24]

---

12 Kimchi deutet עץ als עץ שהוא סם המות (vgl. Miqraot gedolot, 105.).

13 Vgl. EHRLICH, Randglossen, 274, VOLZ, Studien, 102 f. Letzterer möchte נַשְׁלִיכָה חֵמַת צֶפַע בְּלַחְמוֹ lesen: „[W]ir wollen Schlangengift in seine Speise tun" (ebd., 103).

14 So etwa Justin der Märtyrer, Cyprian oder Laktanz, vgl. BURKITT, Justin Martyr, 372.

15 Damit ist auch der Außenseitervorschlag Houbergs zurückzuweisen. Er möchte für den ursprünglichen Text lesen: „lᵉkhû našᵉthah ˀéseḇ laḥmo: ‚Allons, faisons de tourments son pain (quotidien)'" (HOUBERG, Note, 676; ähnlich auch schon BURKITT, Justin Martyr, 373). Allein die Vielzahl der vorzunehmenden Konjekturen in Vokalisation wie Konsonantenbestand entlarvt diese Lesart als nach den Regeln der Textkritik methodisch nicht zu verantworten.

16 זַיִת רַעֲנָן יְפֵה פְרִי-תֹאַר.

17 נְטַעְתָּם גַּם-שֹׁרָשׁוּ יֵלְכוּ גַּם-עָשׂוּ פֶרִי.

18 Zur literarkritischen Deutung dieses Sachverhaltes vgl. u. S. 33–38.

19 Vgl. u.a. RUDOLPH, BHS und GESENIUS[18.3], 604.

20 Vgl. HITZIG, Jeremia, 91. Wie viele gute Ideen, so scheint auch diese noch weit älter zu sein. McKane und Hubmann spüren ihr bis in das 18. Jahrhundert nach, vgl. MCKANE, Jeremiah I, 257; HUBMANN, Untersuchungen, 159, n. 22.

21 Vgl. ebd., 92. Eine Analogie bietet ihm Ez 24,5, wo עצים statt עצמים zu lesen sei.

22 DAHOOD, Ugaritic Studies, 66. Vgl. auch DERS., Lexicography IV, 409. Dort favorisiert er die Vokalisierung „lēḥimô" (ebd.).

23 Vgl. BROCKINGTON, Text, 203.

24 Eine weitere Variante bietet Holladay in seinem Kommentar: Er möchte die Form von der Verbwurzel לחם I, ‚kämpfen', ableiten, verweist dafür auf Ps 35,1 und vokalisiert בְּלַחֲמוֹ: „Let us destroy the tree through his opponent" (HOLLADAY, Jeremiah 1–25, 363). Seiner Meinung nach wenden sich somit die Feinde an „someone

Dies sollte man in jedem Falle in Vers 20. Seit Hitzig[25] möchte man immer wieder mit Verweis auf die inhaltliche Nähe von Ps 22,9; 37,5 sowie Prov 16,3, statt des überlieferten גִּלִּיתִי von der Wurzel גלה, גַּלּוֹתִי ("ich habe gewälzt") von גלל lesen.[26] Grund dafür gebe die Verbindung mit der Präposition אֶל, zudem sei es widersinnig, wenn Jeremia JHWH etwas offenbare, was dieser ihn in 11,18 „wissen ließ".[27] Nun wird tatsächlich in der ganzen Bibel außer an der Parallelstelle 20,12 ein רִיב weder ‚gewälzt' noch ‚aufgedeckt', eine direkte Vergleichsstelle kann für eine Entscheidung also nicht angeführt werden. Allerdings wird zum einen גלה durchaus mit אֶל verbunden,[28] zum zweiten gibt es keinen Übersetzungszeugen für die Konjektur,[29] zum dritten werden in 11,18 Jeremia die *Pläne* der Gegner deutlich – eine *Rechtssache* wird daraus jedoch erst dadurch, daß er sie vor den *Richter* bringt, und das geschieht in 11,20a. Zum vierten schließlich konnte bislang noch kein Kommentator den Bedeutungsunterschied zwischen einem ‚gewälzten' und einem ‚aufgedeckten' Rechtsstreit darlegen. Die Konjektur ist somit ein typisches Beispiel für eine unnötige ‚Verbesserung' und als solche wissenschaftshistorisch zu archivieren.

Die antwortende Gottesrede wirft zwei weitere textkritische Fragen auf: In 11,21aβ findet sich in MT נַפְשְׁךָ, im griechischen Text suchen die Gegner dagegen τὴν ψυχήν μου zu verderben, wodurch zahlreiche Exegeten veranlaßt werden, für den Urtext die Lesart נַפְשִׁי zu reklamieren. Ganz offensichtlich sind bei beiden Varianten die ‚Doppelpunkte' für die wörtliche Rede unterschiedlich gesetzt. Während in LXX Gott erst in V. 22aβ zu Wort kommt, läßt der hebräische Text JHWH bereits die Adresse des Gerichtswortes vortragen. Dies ist eine Stileigenheit, die im Jeremiabuch auch an anderer Stelle begegnet.[30] Der griechischen Lesart ist daher nicht von vornherein der Vorrang einzu-

---

already identified as an opponent of Jrm" (ebd., 373). Dies hieße jedoch, einen unnötigen Bruch in der Metapher in Kauf zu nehmen: Ein ‚Baum' hat keinen ‚Gegner'.

25 Vgl. HITZIG, Jeremia, 92.

26 Vgl. RUDOLPH, BHS, RUDOLPH, Jeremia, 80; DUHM, Jeremia, 113; DONNER, Confessions, 57. Anders u.a. HUBMANN, Untersuchungen, 53.

27 Dieser Logik folgt auch Holladay. Er möchte, wie schon V. 19, auch diesen Vers nach Ps 35 umgestalten und deshalb lesen אֵלַי גִּלִּיתָ יְרִבַי, „to me you have revealed my adversaries" (HOLLADAY, Jeremiah 1–25, 363), um eine Inklusion zu V. 18 herzustellen (ebd., 367). Abgesehen von den enormen Eingriffen in den Konsonantenbestand, die man dafür in Kauf nehmen müßte, erfüllte so der Viertelvers seine begründende Funktion als Vertrauensaussage nicht mehr. Nichts spricht für diese Konjektur.

28 Vgl Ez 16,37; Am 3,7; häufiger mit גלה im Nifal, vgl. u.a. I Sam 3,21; 14,8.11.

29 LXX liest mit ἀπεκάλυψα wie MT, ebenso die Vulgata: *revelavi*.

30 Vgl. Jer 12,14; 14,15. Dort findet sich die beschriebene Differenz zwischen MT und LXX allerdings nicht. Vgl. auch ITTMANN, Konfessionen, 37, besonders ebd., n. 91.

räumen, zumal sie stark nach einer Glättung aussieht:[31] Es sollte das Wort JHWHs auf seine Botschaft konzentriert werden.

Eine explikative Ergänzung im masoretischen Text dürfte dagegen die Wiederholung der Botenspruchformel in V. 22 darstellen, die in der Septuaginta fehlt.[32] Sie unterbricht die JHWH-Rede, ist deswegen aber keineswegs einfach „superfluous here".[33] Ein Abschreiber hat sie eingefügt und das Tetragramm um den Titel צְבָאוֹת aus der Anrufung von V. 20 ergänzt, um die Abgrenzung zwischen JHWHs Zitat der Gegner und seiner eigentlichen Rede deutlich zu machen.[34] Ersteres wirkt nun wie eine Parenthese: Wie in einem kleinen Exkurs werden die Feinde Jeremias näher dargestellt. Akzeptiert man dieses *textkriti-sche* Urteil, so fällt als Konsequenz die Doppelung der Wortereignis-formel als Argument für eine *literarkritische* Scheidung innerhalb der fraglichen Verse allerdings aus. Beides auf einmal ist nicht zu haben.[35]

Bei der Konkretion des göttlichen Gerichtshandelns gleicht die Sep-tuaginta die ‚jungen Männer' an die folgenden ‚Söhne und Töchter' sowie möglicherweise an Jeremias Bitte in der Konfession 18[36] sekundär an, indem sie sie ebenfalls wie eine Form mit Suffix 3. m. pl. wiedergibt (νεανίσκοι αὐτῶν). Nicht nachzuvollziehen ist Volz' Vorschlag einer Emendation metri causa qua Dittographie.[37]

Die Konfession 12 wartet mit nicht minder geringen Textproblemen auf als die vorangehenden Verse. V. 2 beschreibt das Prosperieren der

---

31 So nannte schon Hitzig die LXX-Variante die „leichtere und schlechtere Lesart" (HITZIG, Jeremia, 92), und auch Duhm riet zur Vorsicht, eben weil sie „plan und vernünftig" sei: Es sei deswegen „nicht ganz sicher, ob hier nicht absichtliche Ver-besserung der LXX oder ihrer Vorlage anzunehmen ist" (DUHM, Jeremia, 113).

32 Ein deutliches Mehr an Gottesspruchformeln ist einer der generellen Unterschiede zwischen Jer^MT und Jer^LXX. In insgesamt acht Fällen ist sie hebräisch belegt während sie im griechischen Text fehlt (vgl. JANZEN, Studies, 85; STIPP, Messenger Formulas, 72–77). Es handelt sich um Jer 11,22; 13,12; 18,11; 22,30; 23,16; 29,25; 31,37; 35,19.

33 CRAIGIE/KELLEY/DRINKARD, Jeremiah 1–25, 175. Ähnlich O'Connor: „unnecessary here" (O'CONNOR, Confessions, 10).

34 Gegen Hitzig (vgl. HITZIG, Jeremia, 92) und unter den neueren Hubmann, der sie aus strukturellen Gründen für den Urtext veranschlagt. Als Argument dafür dient letzterem die alternierende Verwendung der Gottesbezeichnungen. Den Wechsel zwischen bloßem Tetragramm und יהוה צבאות deutet er als planhaftes Kompo-sitionsprinzip. Dies ist m.E. eine Überbewertung, zumal Hubmann nicht darlegt, welchem Kompositions*ziel* dieses Prinzip dienen sollte (vgl. HUBMANN, Unter-suchungen, 53.82).

35 Für eine *literarkritische* Argumentation mit der doppelten Botenformel vgl. THIEL, Redaktion I, 159; HERMISSON, Rechtsstreit, 7.

36 Vgl. Jer 18,21: לָכֵן תֵּן אֶת־בְּנֵיהֶם לָרָעָב וְהַגִּרֵם עַל־יְדֵי־חֶרֶב וְתִהְיֶנָה נְשֵׁיהֶם שַׁכֻּלוֹת וְאַלְמָנוֹת וְאַנְשֵׁיהֶם יִהְיוּ הֲרֻגֵי מָוֶת בַּחוּרֵיהֶם מֻכֵּי־חֶרֶב בַּמִּלְחָמָה׃

37 הבחורים soll aus einer Dittographie von בחרב und ימתו herrühren (vgl. VOLZ, Jeremia, 136), ihm folgend RUDOLPH, Jeremia, 82; WEISER, Jeremia, 94).

Frevler mit dem Wort יֵלְכוּ, wörtlich „sie gehen", wogegen LXX
ἐτεκνοποίησαν hat, „sie haben geboren", und womöglich יָלְדוּ anstatt
der ungewöhnlichen Form von הלך gelesen hat.[38] Damit ist allerdings
die Metapher verlassen und dem folgenden ‚Fruchttragen' vorgegrif-
fen. Rudolph[39] schlägt, auch hierin Volz[40] folgend, die Konjektur יִלְחוּ
vor, „sie stehen im Saft". Diese ist jedoch nicht nötig, bietet doch Hos
14,7 eine Vergleichsstelle für die Wurzel הלך im Rahmen einer Baummetapher[41] – wenn auch, anders als hier, mit den ‚Zweigen' als explizi-
tem Subjekt.[42] Welcher Variante man letztlich folgen mag – es ist in
jedem Falle das Wohlergehen der רְשָׁעִים, das metaphorisch dargestellt
und beklagt wird.

Vers 3 ist in der Septuaginta um einiges kürzer als in MT. LXX hat
zum einen kein Äquivalent für תִּרְאֵנִי, zum anderen fehlt der Viertelvers
12,3bα. In der Tat wirkt das fragliche Wort wie nachträglich eingeschrieben, sprengt es doch als Imperfektform die Folge zweier
Perfekte.[43] Gleichwohl ist dieser Nachtrag, der nach der Trennung der
Überlieferungsstränge von LXX und MT erfolgte, nicht ohne Absicht
vorgenommen worden: Er verstärkt das Beziehungsgeflecht zwischen
den beiden Abschnitten 11,18–23 und 12,1–6 in einem antithetischen
Rückbezug auf 11,18. Spricht der Beter dort davon, JHWH habe *ihn*
erkennen (הוֹדִיעַנִי) und sehen lassen (הִרְאִיתַנִי), so betont er nun sein
eigenes Erkannt- und Gesehensein.

Dagegen ist der fehlende Viertelvers wohl nicht als Nachtrag in
MT, sondern als in LXX ausgefallen zu betrachten, „wohl aus Versehen":[44] Sein Fehlen stört ein ansonsten intaktes Metrum. Auch im
ältesten Textzeugen, der Handschrift 4QJer[a], scheint er vorhanden zu

---

38 Vgl. BHS. Ähnlich HITZIG, Jeremia, 93.
39 Vgl. BHS sowie RUDOLPH, Jeremia, 84.
40 Vgl. VOLZ, Jeremia, 140.
41 Vgl. EHRLICH, Randglossen, 275.
42 Diese seien daher, so Piorka, auch in Jer 12 gedanklich nach Hos 14 zu ergänzen:
    „(הושע יד) יונקותיהם כמו ילכו יונקותיו" (PIORKA, דרך, 376).
43 Vgl. DUHM, Jeremia, 115.
44 Ebd. Für Diamond ist es „a matter of mechanical error". Er vermutet den Grund im
    Homoioarkton von התקם und הקדשם (DIAMOND, LXX and MT, 39). Stipp dagegen
    rechnet MT hier unter die Lesarten „von geringem Gewicht" (STIPP, Sondergut, 107),
    da er eine *Parallele* in Ps 44,23 habe. Dieser Begriff wäre indes weiter zu spezifizieren
    und sein argumentativer Gehalt zu prüfen. Gewiß bietet Ps 44,23 eine motivliche
    und sogar terminologische Parallele zu Jer 12,3 MT, doch sagt dieser (motiv- oder
    auch literarkritisch zu bewertende) Sachverhalt an sich rein gar nichts über das *text-*
    geschichtliche Verhältnis von LXX und MT in Jer aus.

sein, zumindest deuten die – mehr oder weniger gut – erhaltenen Buchstaben תקם כ darauf hin.[45]

Auch in Vers 4bβ läßt sich mit Hilfe der Qumranfunde eine alte Frage erhellen, die zudem deutlich macht, wie im Jeremiabuch gelegentlich textkritische Probleme redaktionsgeschichtliche Entwicklungen widerspiegeln. Während MT mit „nicht sieht er unsere Zukunft" offen läßt, wer das Subjekt in diesem Ausspruch der ‚sie' ist, JHWH oder – näherliegend – Jeremia, wird die Septuaginta deutlicher: οὐκ ὄψεται ὁ θεὸς ὁδοὺς ἡμῶν. Die Differenz ist also eine zweifache: Zum einen unterscheiden sich die Versionen darin, daß lediglich die griechische Ausgabe explizit das Subjekt benennt, zum anderen haben beide je unterschiedliche Objekte: Hier ist es „unsere Zukunft" (אַחֲרִיתֵנוּ), dort sind es „unsere Wege" (ὁδοὺς ἡμῶν, hebräisch entspräche dem אָרְחוֹתֵנוּ).[46] Die bereits erwähnte Qumranhandschrift 4QJerᵃ bezeugt nun an der Stelle, an der im Hebräischen ein etwaiges Subjekt stehen müßte, unmittelbar vor dem Abriß des Fragmentes recht deutlich die Buchstaben יה[47] – es liegt nahe, hierin den erhaltenen Anfang eines Tetragramms zu sehen.[48] Berücksichtigt man, daß sich 4QJerᵃ im allgemeinen „very close to 𝔐"[49] bewegt und an den Stellen, an denen ein Korrektor sichtbar wird, die Korrekturen immer „towards 𝔐"[50] gehen, so ist die Lesart mit Gottesbezeichnung durch zwei Zeugen aus verschiedenen Textfamilien und somit außerordentlich stark belegt. Darüber hinaus steht ihr Vorhandensein in LXX bei gleichzeitigem Fehlen in MT dem allgemeinen Verhältnis zwischen Septuaginta und MT entgegen. Eine der Kardinaldifferenzen zwischen beiden Überlieferungen ist bekanntlich, daß die hebräische das Tetragramm wesentlich öfter nennt als die griechische ein Äquivalent dafür bietet.[51] Eine nachträgliche Einfügung

---

45 Vgl. DJD 15, 160; ebd., Tafel XXV. Ebenso schon Janzen, Studies, 176; ihm folgend Hubmann, Untersuchungen, 55.

46 Vgl. Rudolph, BHS.

47 Erhalten sind von V. 4b כי אמרו לוא יראן{כ}ה יה (vgl. DJD 15, 160 und ebd., Tafel XXV).

48 Vgl. ebd., sowie Janzen, Studies, 176.

49 Tov, DJD 15, 152.

50 Ebd.

51 Dies betrifft vor allem die Menge der JHWH-Spruch- und Botenspruchformeln. נְאֻם יְהוָה scheint im masoretischen Text 52mal öfter zu begegnen als die griechischen Äquivalente in LXX (vgl. Schmid, Buchgestalten, 19, n. 74). Ob dieser Befund als redaktionelle Bereinigung der hebräischen Vorlage der griechischen Übersetzung zu deuten ist, durch die im hebräischen Text noch spürbare literarische „Verwerfungslinien rezensionell verkleistert worden" (Levin, Verheißung, 71) seien oder im Gegenteil protomasoretische Ergänzer von Gottesspruchformeln redaktionelle Brüche verwischten (vgl. Stipp, Messenger Formulas, 82 f.), ist für unsere Frage nicht von Belang (vgl. aber Schmid, Buchgestalten, 15–23).

widerspräche demnach einer Straffungstendenz von LXX[52] – bzw. wenn man textgeschichtlich das umgekehrte Entwicklungsmodell vertreten wollte, genausogut einer dann anzunehmenden Erweiterungstendenz von MT. Daß sich im griechischen Text ὁ θεός findet und nicht das für die Übersetzung des Tetragramms zu erwartende ὁ κύριος, stellt keinen Einwand gegen sein Vorhandensein in der älteren Textfassung dar. Von den 1364 in Jer[MT] vorkommenden Nennungen JHWHs werden immerhin fünf nicht mit ὁ κύριος, sondern mit ὁ θεός wiedergegeben.[53] Somit spricht alles dafür, den Gottesnamen für ursprünglich und nicht „eingeschoben"[54] zu halten. Zu rechnen ist jedoch mit dem Tetragramm, nicht, wie von Rudolph vorgeschlagen, mit אֱלֹהִים.[55]

Wie verhält es sich nun aber mit dem Objekt des Satzes? Hier scheiden leider die Jeremiafragmente von Qumran als Textzeugen aus. Geht man jedoch davon aus, JHWH sei als Subjekt des Satzes anzusehen, so erhebt sich die Frage, warum er nicht „das Danach" der Einwohner des Landes sehen können sollte, übersetze man es nun mit ‚Zukunft' oder mit ‚Ende'.[56]

אַחֲרִית paßt daher nur zum Subjekt Jeremia.[57] Der Spott der Gegner richtet sich dann entweder gegen sein Prophetsein – er sei nicht in der Lage, die Zukunft vorherzusehen – oder aber gegen seine Vergeltungs-

---

52 Gegen Hyatt, der – freilich vor Entdeckung der Schriften von Qumran – meint, „the subject ‚God' is only interpretation" (HYATT, Jeremiah, 916). Daß jedoch bei Jer[LXX] gegenüber Jer[MT] durchaus mit Streichungen zu rechnen ist und die griechische Überlieferung nicht einfach aufgrund eines pauschal und buchübergreifend angewandten *lectio brevior potior*-Argumentes für textgeschichtlich älter zu erklären ist, haben jüngere Forschungen belegt. Vgl. SCHMID, Buchgestalten, 15–23, besonders 19.

53 Jer 1,2; 4,4; 9,19; 14,10; 50,15 (LXX 27,15), vgl. STIPP, Sondergut, 54. Gegen Barthélemy, für den der von ihm angenommene Unterschied in den Gottesbezeichnungen von LXX und 4QJer[a] das entscheidende Kriterium darstellt, MT für ursprünglich und die beiden anderen Zeugen als nachträglich explikativ erweitert anzusehen (vgl. BARTHÉLEMY, Critique Textuelle 2, 571).

54 HUBMANN, Untersuchungen, 55. Hubmanns Entscheidung überrascht umso mehr, als er als erster das erwähnte Qumranfragment heranzieht.

55 Vgl. RUDOLPH, BHS sowie RUDOLPH, Jeremia, 84.

56 Beide Aspekte spielen wohl ineinander, was bei Übersetzungen gelegentlich zu nicht ganz glücklichen Verrenkungen führt. Deutlich wird dies bei Seebaß, der sich veranlaßt sieht, die Landesbewohner behaupten zu lassen, JHWH sähe nicht „das, was bei uns herauskommt" (SEEBASS, אַחֲרִית, 225). McKane verbindet dagegen gelungen beide Momente: „He does not foresee what our end will be" (McKANE, Jeremiah I, 260).

57 Vgl. PIORKA, דרך, 376: „לֹא יִרְאֶה אֶת אַחֲרִיתֵנוּ. נַאֲרִיךְ יָמִים מִמֶּנּוּ, מִן הַנָּבִיא" (Hervorhebung Piorka). Anders sieht es jedoch Fischer. Er möchte in der Gegenrede eine bewußte Gegenaussage zu Dtn 32,20 (אֶרְאֶה מָה אַחֲרִיתָם) lesen und darin ein „Beispiel von Verdrängung" (FISCHER, Jeremia 1–25, 433, im Original kursiv) sehen. Es empfielt sich, Piorka zu folgen, anstatt derartige psychoanalytische Kategorien anzulegen.

bitte von V. 3.[58] Ein Rückblick auf 11,21 f. zeigt, daß sich beides nicht ausschließen muß, wird hier doch Jeremias Rache, die JHWHs Rache ist, in Form eines *prophetischen* Gerichtswortes angekündigt.

Das Objekt des Viertelverses hängt also direkt am Subjekt; eine Mischform zu konstruieren, ergäbe keine inhaltlich kohärente Aussage. Folgt man LXX hinsichtlich des Tetragramms, so ist auch ihre Lesart des Objekts als die ältere anzusehen.[59] Die Bosheit der Landesbewohner von V. 4a äußert sich demnach darin, daß sie eine göttliche Sanktion ihres Verhaltens negieren, mithin JHWH die Eigenschaft des Richters absprechen, als den ihn der Beter in 12,1 und 11,20 angerufen hat.[60]

Die MT-Variante mag in einer Haplographie von יראה יהוה ihren Ursprung genommen haben, der sodann die ‚Wege' zur ‚Zukunft' angepaßt wurden. Damit wurden Verbindungslinien ins Jeremiabuch gelegt und vorhandene verstärkt: In 17,11 ereilt das „Ende" (אַחֲרִית) den reichen Toren, in 5,31 wird mit diesem Begriff das (böse) Ende der falschen Heilsprophetie beschrieben und in 23,20 wie 30,24 das Ende der Tage, das, wie man aus dem jeweils vorhergehenden Vers weiß, das Ende der רְשָׁעִים mit sich bringen wird, deren Wohlergehen in 12,1 beklagt wurde. Der Terminus als solcher ist also aus dem semantischen und, wie in 17,11, unmittelbar räumlichen Umfeld der Konfessionen durchaus vertraut. Der Leser von MT vermag aufgrund der erwähnten Belegstellen so bereits den Einwand der Frevler von 12,4 als das zu beurteilen, was er ist: eine hybride Fehleinschätzung. Das wichtigste Stichwort für die Lösung des Problems des Konfessionenjeremia von 12,1–6 gibt sich dieser im Zitat der Widersacher somit selbst vor: Am *Ende* wird sich alles klären. Die masoretische Variante schafft zugleich

---

58   So POHLMANN, Ferne, 67. Er hält freilich MT für LXX vorgeordnet, da eine Negation der göttlich gesicherten Ethik, wie sie die Septuagintalesart impliziere, nicht mit der Einstellung der angesprochenen Gegner vereinbar sei. Sie begegne erst – später – in Ps 10; 73; Hi 21 und Sap 2 (vgl. ebd. 65). Gerade die Infragestellung der göttlich garantierten Weltordnung durch das Glück der Frevler ist jedoch das Thema der Anklage Gottes durch den Beter in der Konfession 12. Die LXX-Lesart fügt sich dem hervorragend. Jer 12,4 läßt sich demnach nicht tendenzkritisch in dem Sinne auswerten, daß der Vers älter sein müsse als die erwähnten Psalmen, weil der Grad der Entfremdung zwischen Beter und Gegnern ein geringerer sei (gegen ebd.). Angesichts der topischen Formulierungen, die in den Konfessionen verwendet werden, erscheint es methodisch fraglich, aus ihnen Rückschlüsse auf Positionen möglicher Gegner einer ebenfalls möglichen Trägergruppe zu schließen.

59   Vgl. u.a. JENNI, אחר, 115; GESENIUS[18.1], 42.

60   Durchaus entspricht dem die beschriebene Haltung der Frevler von Ps 10,5.11; 73,11; 94,7. Wie auch in den Eingangsversen der Konfession 12 formuliert sich in diesem Gegenausspruch die Erfahrung einer fundamentalen Störung der Weltordnung, wie sie etwa Ps 1 skizziert. Es grünen nicht die Gerechten (vgl. Jer 12,2 mit Ps 1,3), weshalb die ‚Frevler' behaupten können, ihre Handlungen würden nicht dem göttlichen Gericht unterzogen werden (vgl. Jer 12,4b mit Ps 1,6).

eine Sachparallele zum Konfessionenvers 18,18 und rückt mit ihrer
Änderung die zweite Konfession wieder näher an das Leben Jeremias
heran. Indem sie ihn als Subjekt von V. 4b einführt, vollzieht sie somit
eine Art Biographisierung, die, wie im folgenden zu zeigen sein wird,[61]
tatsächlich eine *Re*biographisierung ist.

In 12,5 ist es der Partizipialsatz אַתָּה בוֹטֵחַ, der Übersetzern und
Kommentatoren Anstoß gibt. Hitzig, der befindet, die Formulierung
mache die Frage „lahm und müssig",[62] schlägt deshalb die Konjektur
אַתָּה בוֹרֵחַ vor – freilich ohne Anhalt in der antiken Textüberlieferung.
Auf diese, genauer gesagt, die Septuaginta, will sich Baumgartner
stützen, wenn er ein לֹא[63] einfügen möchte. Die dafür zugrundegelegte
griechische Lesart οὐ πέποιθας findet sich jedoch nur im Codex Vaticanus sowie wenigen anderen Septuagintahandschriften und erweist
sich als gegenüber der sowohl von Rahlfs als auch von Ziegler übernommenen Variante σὺ πέποιθας schwächere Lesart. Sie läßt sich, ebenso wie moderne Konjekturversuche, als das Verständnis verein-
fachende Abänderung erklären.[64] So bleibt zu entscheiden, wie der
masoretische Text zu übersetzen sei. Unter Berufung auf die Interpretation, die TJon bietet,[65] und abgeleitet von der arabischen Wurzel
baṭaha, schlug Driver 1937 für אַתָּה בוֹטֵחַ die vielbeachtete[66] Übersetzung „thou tumblest down"[67] vor, eine Deutung, für die sich
Solomon Skoss indes schon zwei Jahre vorher eingesetzt hatte und die,
wie er in seinem Beitrag zeigt,[68] bereits bei jüdischen Exegeten des
Mittelalters bekannt war.[69] Sie konnte sich im deutschsprachigen Raum
nicht durchsetzen,[70] ist aber nach wie vor in Bibelübersetzungen und

---

61 Vgl. S. 47–50.
62 HITZIG, Jeremia, 95. Vgl. ihm folgend u.a. auch DUHM, Jeremia, 115; CORNILL, Jere-
    mia; 158, CONDAMIN, Jérémie, 102.
63 Vgl. BAUMGARTNER, Klagegedichte, 51. Mit ihm RUDOLPH, Jeremia[1], 74, vgl. auch
    Rudolphs Apparat in BHK[3]. Bereits in seinem Apparat zur BHS findet diese
    Konjektur jedoch keine Erwähnung mehr, und in der dritten Auflage seines
    Kommentars spricht er sich explizit gegen sie aus (vgl. RUDOLPH, Jeremia, 84).
64 Vgl. STUMMER, Bemerkungen, 267 f. Anneli Aejmelaeus verdanke ich den Hinweis,
    daß die Ähnlichkeit der Unzialen Sigma und Omikron eine derartige Verwechslung
    der beiden Buchstaben leichtmachte.
65 אֵת מתבטח ונפיל.
66 Vgl. BLAU, Homonyme, 244; EHRMAN, Note, 153.
67 DRIVER, Problems, 111; vgl. DERS., Interprétation, 341 f.
68 Vgl. SKOSS, בטח, 549–553. Er führt nicht nur durchaus beeindruckende Argumente
    für seine Lesart an, sondern kann ihre kontinuierliche Tradition vom Targum über
    David ben Abraham al-Fāsī und Rashi bis hin zu Kommentaren des 18. Jahrhunderts
    aufweisen.
69 Vgl. DRIVER, Difficult Words, 59–61; ZOLLI, Note, 564 f.
70 Vgl. GERSTENBERGER, בטח, 301; GESENIUS[18.1], 138.

Kommentaren präsent.[71] Die Absicht, die hinter diesem Verbesserungs-
versuch steht, ist klar: 12,5b soll im Sinne von 12,5a als ein zweites
Bildwort lesbar gemacht werden, das *a minore ad maius* schließt.[72] Dieser
Sinn ist dem Text sicherlich angemessen, er läßt sich aber auch mit der
herkömmlichen Übersetzung von בטח erzielen.[73]

Die letzte, mehr übersetzungstechnische denn textkritische, Frage
des an solchen nicht armen Textabschnittes, stellt sich in Vers 6: Offensichtlich hat die LXX מָלֵא im Sinne von ‚sich versammeln' verstanden[74]
und nicht im Sinne von *plena voce* (so die Vulgata) wie an der
Ver_gleichsstelle Jer 4,5.[75] Für Volz[76] und, in seinem Gefolge, Rudolph,
ist dies der Grund, die Konjektur קָשְׁרוּ אַחֲרֶיךָ כֻלָּם, „sie haben sich allesamt hinter deinem Rücken verschworen",[77] einzuführen. Diese Veränderung vermag jedoch weder den vorliegenden masoretischen Text
noch die antiken Übersetzungen zu erklären. Daß der Konsonantenbestand nicht variabel ist, sollten LXX und auch TJon[78] deutlich
machen, die ihn beide ganz offensichtlich voraussetzen. Es gilt, den
vorliegenden Text zu erklären, nicht, ihn zu verbessern. Interessant ist
hier der Vorschlag von Snijders, מָלֵא als wörtliche Rede im Sinne einer
vorgeblichen Unterstützung der verräterrischen Brüder zu lesen: „sie
rufen hinter dir ‚fülle dich' (mit Kraft, *malleʿ pi* imp., d.h. sei stark)",[79]
abzulehnen die gewagte Interpretation Hubmanns.[80]

---

71 Vgl. etwa die New English Bible oder die New Revised Standard Version sowie
    HYATT, Jeremiah, 917; MCKANE, Jeremiah I, 264.
72 Vgl. WEISER, Jeremia, 105.
73 Vgl. GESENIUS[18.1], 138.
74 Vgl. Num 14,24; 32,11.12; Jos 14,8.9.14. Für eine Variante dieser Bedeutung von 12,6
    votiert Driver unter Bezugnahme auf THOMAS, מלאו, 47–52. Dieser meint, an der
    Vergleichsstelle Jer 4,5 sei, ebenso wie in 12,6, מלא als „military term" (Ebd., 52)
    aufzufassen und mit „bewaffnet euch" (so DELCOR, מלא, 902 zu Jer 4,5) wiederzu-
    geben. Für Driver ergibt sich daraus für 12,6 die Bedeutung „They cry after thee ‚All
    together!' or ‚Help! Help!'" (DRIVER, Jeremiah XII,6, 177 f. Anders noch, für Jer 12,6
    die gleiche Bedeutung wie für 4,5 annehmend, DRIVER, Problems, 99 f.).
75 Vgl. hebräisch dort קִרְאוּ מַלְאוּ וְאִמְרוּ mit griechisch κεκράξατε μέγα εἴπατε.
76 Vgl. VOLZ, Jeremia 134 f.
77 RUDOLPH, Jeremia, 80; DERS., BHS; vgl. ebenso WEISER, Jeremia, 94.
78 TJon vertritt freilich eine ganz eigene Interpretation: מלא deutet er offensichtlich als
    aramäisch מלה ‚Wort', und interpretiert den Vorgang als üble Nachrede: אמרו עלך
    מלין בישן.
79 SNIJDERS, מָלֵא, 884.
80 Dieser bietet einen besonders originellen Vorschlag für 12,6. Er liest מָלֵא ebenfalls als
    wörtliche Rede der Gegner, die damit aber eigentlich aussagen möchten, was in Jer
    25,34 über die *Hirten* gesagt wird, so daß zu lesen sei: „מלא ימיו לטבוח" (HUBMANN,
    Untersuchungen, 105). Diese Interpretation kennt – und verwirft – bereits Michaelis
    (vgl. MICHAELIS, Observationes, 130), und es stellt sich die Frage, warum die besagte
    Aussage denn nicht auch geschrieben stehe. Für Hubmann ist dies dem von ihm
    postulierten kompositorischen Prinzip geschuldet, innerhalb von 11,18–12,6 die

Man wird wohl doch, gestützt auf die Vergleichsstelle Jer 4,5, die weit weniger strittig ist als es Thomas glauben machen möchte,[81] zur Übersetzung ‚laut' zurückzukehren haben.[82] Die vorliegende Parallelisierung durch das zweimalige נַם־הֵמָּה gibt vor, darin einen Ausdruck ‚treulosen Handelns' (בגד) zu sehen, ohne näher bestimmen zu können, woran genau bei dieser einzigartigen Formulierung zu denken ist. Warum die Übersetzer der Septuaginta sich hier, 12,6, anders entschieden haben als dort, 4,5, wird wohl ein Geheimnis bleiben müssen.

2.2 Die Konfessionen im Rahmen von Jer 11–12

Stillschweigend war, bei der Übersetzung wie bei der Klärung textkritischer und übersetzungstechnischer Fragen, bisher vorausgesetzt worden, daß der Abschnitt 11,18–12,6 als von seinem unmittelbaren Kontext separable Sinneinheit gelesen werden könne. Diese Prämisse ist nicht selbstverständlich, schließlich ist uns der fragliche Text nicht einzeln, sondern ausschließlich im Rahmen seiner literarischen Umgebung überliefert – und ob überhaupt angenommen werden darf, daß er jemals einen anderen Ort als diesen hatte, wird erst noch zu untersuchen sein. Freilich hebt sich der Block 11,18–12,6 von seinem Kontext signifikant ab – wie auch die anderen Konfessionstexte. Nur aus diesem Grunde ist allein die Themenstellung der vorliegenden Arbeit zu rechtfertigen. Wie aber verhalten sich nun die Konfessionen 11 und 12 zu den sie umgebenden Stücken? Wie läßt sich die literargenetische Relation dieser zu jenen angemessen beschreiben?

Es wurde bereits angedeutet, daß 11,18 gegenüber dem vorangehenden Text eine Unterbrechung bedeutet, gleichwohl aber mit diesem eng verbunden ist. Der Leser begegnet, von Kapitel 10 kommend, in 11,1–13 zunächst einem, wie Duhm es formulierte, „leeren Phrasenschwall",[83] einer Art Konvolut bekannter deuteronomistischer

---

wörtliche Rede der Gegner, angefangen von zehn Wörtern, von Zitat zu Zitat um drei zu reduzieren, so daß hier, in 12,6, nur noch ein einziges zu stehen komme (vgl. HUBMANN, Untersuchungen, 96–106, bes. 96 und 105; ihm folgend BRANDSCHEIDT, Gotteszorn, 242). Ein derartiges sukzessives Verstummen widerspräche allerdings der Hauptaussage der Gottesantwort in der Konfession 12: Sie deutet keine Erfüllung der Bitte des Beters an, sondern stellt diesem vielmehr eine Steigerung seiner Bedrängnis in Aussicht.

81 Vgl. THOMAS, מלא, 47 f.
82 Vgl. MCKANE, Jeremiah I, 267 f.; CARROLL, Jeremiah, 283; PIORKA, דרך, 376.
83 DUHM, Jeremia, 107.

Topoi.[84] Unabhängig davon, ob man diesen Abschnitt als einheitlich betrachtet[85] oder, wie sich im folgenden zeigen wird, mit größerer Plausibilität in verschiedene Schichten zerlegt, man nenne sie deuteronomistisch oder anders:[86] Offensichtlich sind der Charakter und die Funktion des Abschnittes. Anhand bekannter Stereotypien bietet er eine theologisch pointierte Bündelung des Vorangehenden und faßt Schuld wie Gericht unter der Deutekategorie des „Bundes" (בְּרִית), genauer gesagt der Abfolge von Bundesschluß, Bundesbruch und Bundesstrafe zusammen.[87]

Analog zur Tempelrede in Kapitel 7 dient die Passage dazu, das zweite der beiden Kernstücke von Klagen und Gerichtsworten im Jeremiabuch (die Kapitel 4–6 auf der einen, 8–10 auf der anderen Seite) definitiv zu begründen und, konsequent, jeweils in einem Fürbitteverbot (7,16; 11,14) kulminieren zu lassen.[88] Dieses erfolgt einigermaßen abrupt mit plötzlichem Subjektwechsel. Waren in V. 13 noch Juda und

---

84 Thiel sieht in 11,1–17 einen „durchgehend von D formulierten Zusammenhang", der einen authentischen Jeremiaspruch (V. 15 f.) aufgenommen habe (THIEL, Redaktion I, 156).

85 Vgl. THIEL, Redaktion I, 156; SCHMID, Buchgestalten, 296 f. mit Vorbehalt. Letzterer konzediert, daß es sich um ein „literarisch sehr schwieriges Kapitel" (ebd.) handelt. Darüber hinaus zeigt er überzeugend, wie 11,1–14.17 und 31,31–34 in einem wechselseitigen Entsprechungsverhältnis von altem und neuem Bund stehen. Reicht hier die Tradition des Bundesbruches bereits von den אָבוֹת רִאשֹׁנִים bis in die Gegenwart (11,10), so ist es dort die בְּרִית חֲדָשָׁה, die JHWH dem dereinst gegenüberstellen wird (31,31) (vgl. ebd.; vgl. auch bereits HOLLADAY, Architecture, 162 und RÖMER, anciens pères, 26).

86 Kiss findet drei verschiedene deuteronomistische Schichten, deren älteste (11,9–14) in V. 11a ein Jeremiawort verarbeite. Seine Argumente vermögen jedoch durchweg nicht zu überzeugen. So deklariert er 11,4–5a als sekundäre Ergänzung, weil die Stelle „sich in den Denkinhalt [ihres] unmittelbaren Kontextes mühelos einfügt" (KISS, Klage Gottes, 24). Abgesehen davon, daß die eher unübliche Methode, einen literarkritischen Schnitt mit inhaltlicher Kohärenz zu begründen, nicht weiter erklärt wird, unternimmt es Kiss nicht, das jeweilige theologische Profil seiner Schichten überzeugend herauszuarbeiten. Eine andere Schichtung nimmt Levin vor: Für ihn sind 11,3b–6 die Grundschicht, auf die sich 31,27–34 beziehe, V. 9a.10b–11 eine erste Ergänzung, V. 9b–10a (mit 12?) eine zweite Ergänzung, V. 14 und 13 Nachträge zu V. 12 und V. 7 f. Nachträge zu V. 3b–6 (vgl. LEVIN, Verheißung, 75). V. 17 fällt bei seiner Analyse unter den Tisch.

87 Die geradezu pleonastische Verwendung des Schlüsselterminus ist auffallend. Von den 23 Belegen im Jeremiabuch insgesamt und den lediglich neun in Jer 1–25 finden sich allein fünf in Jer 11,2–10 (vgl. SCHMID, Buchgestalten, 295, n. 458). Die von Holladay erkannte Klammer zum „Neuen Bund" von Kapitel 31 erweist sich bereits terminologisch als evident: „The passage 11:1–17 then depicts the call to obey the old covenant, to which the people failed to respond, so that a new covenant becomes necessary." (HOLLADAY, Architecture, 162. Vgl. auch Levins Schichtung, LEVIN, Verheißung, 75; sowie die Fußnoten 85 und 86).

88 Vgl. SCHMID, Buchgestalten, 300.

Jerusalem angeredet, so ist es in V. 14 offensichtlich auf einmal der Prophet.

Die Verse 15 und 16 ragen deutlich aus dem Vorangegangenen heraus. Angeredet wird nun eine Größe 2. f. sg., vermutlich[89] nicht mehr in Prosa, sondern metrisch. Der überlieferte Text ist hier leider alles andere als klar.[90] Eindeutig und für das Verständnis der ersten beiden Konfessionen relevant sind jedoch die folgenden Punkte:

- In 11,15 wird ein ‚Liebling‘ (יָדִיד oder יְדִידוּת) angeredet.[91]
- Es geht um den Tempel und um den Kultus (בֵּיתִי; בְּשַׂר־קֹדֶשׁ).[92]
- In V. 16 wird auf die angeredete Größe das Bild eines Baumes angewandt (זַיִת רַעֲנָן).

V. 17, der nicht mehr JHWH selbst sprechen läßt, sondern von ihm in der dritten Person redet, verknüpft nun V. 15 f. mit der deuteronomistischen Predigt: Die Wurzel נטע knüpft an das Bild vom Baum von V. 16 an, der Vorwurf an V. 14: Sie (jetzt wieder die 3. Person m. pl.) haben dem „Baal geräuchert" (לְקַטֵּר לַבָּעַל). Auffallend ist hierbei, daß in diesem zusammenfassenden Vers Israel und Juda *nicht* vorgeworfen wird, den Bund gebrochen zu haben. Die den Versen 2–10 so wichtige בְּרִית findet weder im weiteren Verlauf der Rede noch in V. 17 auch nur Erwähnung.[93] Das Thema scheint mit dem Gerichtswort von V. 11 erledigt zu sein, an seine Stelle tritt in V. 12 f. der Vorwurf verfehlten Kultes, ausgedrückt in der Metonymie des „Räucherns" (קטר) vor fremden Göttern. V. 17 verknüpft daher zwar die Verse 12 f. und 15 f. miteinander, nimmt aber keinerlei Bezug auf 11,2–11.

---

89   Die Verse 11,15 f. sind m.E. zu schlecht überliefert, um darüber wirklich entscheiden zu können.

90   Eine sorgfältige Darlegung der Problematik findet sich bei McKANE, Jeremiah I, 247–251. Vgl. den vorsichtigen Rekonstruktionsversuch von DRIVER, Problems, 108–111.

91   Es sei denn, man macht aus ihm ‚Körbe‘ (דוּדִים), vgl. RUDOLPH, Jeremia, 78; DERS., BHS. Einen interessanten, wenn auch reichlich spekulativen Versuch, 11,15 lesbar zu machen, bietet WILHELMI, Altäre, 119–121.

92   Holladay meint, „the use of ‚my beloved,‘ here לידידי, surely carries overtones of fertility cults" (HOLLADAY, Style, 47; anders, Rudolphs Lesart folgend, DERS., Jeremiah 1–25, 354). Dafür gibt es keinerlei Hinweise.

93   Es ist daher nicht zutreffend, wenn Wanke meint, die Endgestalt des Abschnittes 11,1–14 sei „eine Prosarede, die in drei Abschnitten (V. 1–5.6–8.9–14) um das Stichwort b°rīt (Verpflichtung, Bund) kreist" (so WANKE, Jeremia 1, 120. Hervorhebung H. B.). Aus dem gleichen Grund vermag auch der Vorschlag von Christl Maier nicht zu überzeugen, die Jer 11,1–17 im ganzen als „Bundesrede" bezeichnet und eine Grundschicht eruiert, die 11,2a.3aβ.4aβb.6.8b*[nur עשׂו ולא].9–10a.11–12.15–17a enthalten haben soll. Ergänzungen seien 11,1.2b–3aα.3b–4aα.5, ferner V. 10b.17b und V.13 und 14 sowie der masoretische Textüberschuß V. 7 f.* (vgl. MAIER, Lehrer, 178). Dieser Vorschlag vereint zu viel disparates Material, um einheitlich zu sein, zudem berücksichtigt er nicht die literarischen Klammern zum Kapitel 12.

V. 12 dagegen ist sehr wohl mit V. 11 verbunden: Hier wie dort wird zu jemandem „geschrien" (זָעַק אֶל), in V. 12 zu den falschen Göttern, die nicht helfen *können*, in V. 11 zu JHWH selbst, der nicht hören *will*.

Es legen sich von daher zwei Vermutungen nahe. Zum einen ist es wahrscheinlich, daß 11,2–11 und 11,12 f. unterschiedlichen literarischen Schichten angehören. Zum anderen ist anzunehmen, daß 11,2–11, der Abschnitt über den Bund, jünger ist als die Verse 12 f. über das „Räuchern" – und ebenfalls jünger als Vers 17, der die Verse 12 f. und 15 f. miteinander verbindet. V. 11, das die Bundesthematik abschließende Gerichtswort, ist gezielt auf V. 12 hin gestaltet: Das verfehlte Anrufen fremder Götter erfolgt nun – wenn man ehrlich ist, mit einer gewissen häretischen Konsequenz – *nach* dem wirkungslosen Anrufen Gottes. Der erste Anschluß von V. 12 dürfte dagegen in 10,22 zu suchen sein: Auf die dortige Nachricht von der bevorstehenden Zerstörung der „Städte Judas" (עָרֵי יְהוּדָה) folgte – sicherlich nicht primär auf der gleichen literarischen Ebene – das vergebliche Flehen eben jener „Städte Judas und Einwohner von Jerusalem" (עָרֵי יְהוּדָה וְיֹשְׁבֵי יְרוּשָׁלַם) zu fremden Göttern von 11,12. Noch älter als diese theologische Deutung der bevorstehenden Zerstörung dürfte dagegen die Klage über die Verheerung des Landes in 12,10 f. sein, die über das Stichwort „Wüste" (שְׁמָמָה) an 10,22 und – allerdings nicht auf derselben literarischen Ebene[94] – mit den „Hirten" (רֹעִים) an 10,21 anschließt.

V. 14, das zweite Fürbitteverbot, läßt sich auf der Ebene des Endtextes im Verhältnis zu den Versen 11 und 12 zusammen nun als deren Gegenstück und komplementäres Element zugleich bestimmen. Ist es in V. 11 das Volk, das kein Gehör bei Gott findet, so gilt dies in V. 14 selbst vom Propheten. Die sprachlichen Verbindungslinien werden besondes deutlich, wenn man die Unterschiede zur ansonsten wörtlichen Parallele von 7,16 ins Auge faßt. Gegenüber dieser weist 11,14 zwei zusätzliche Zeitangaben auf: JHWH werde zum einen nicht hören „zur Zeit ihres Übels" (בְּעֵת רָעָתָם),[95] an einem Termin also, der bereits

---

94 In beiden Fällen sind unterschiedliche ‚Hirten' gemeint: In 10,21 sind es die Könige von Juda, die ihre Herde zerstreut haben (vgl. 23,1), in 12,10 sind die ‚vielen Hirten', die den Weinberg verwüstet haben, dagegen die fremden Heerführer (vgl. 6,3). Zudem unterscheidet sich 10,21 vom Grundbestand der Klage 10,19.22 und ihrer ersten Fortschreibung in 10,20 (vgl. S. 278–280) dadurch, daß der Vers bereits eine Begründung für die Verwüstung bietet. Er ist deshalb wohl als spätere Ergänzung zu betrachten (vgl. DUHM, Jeremia, 105; MCKANE, Jeremiah I, 234; WANKE, Jeremia 1, 117).

95 MT liest בְּעַד רָעָתָם. Die gewählte Lesart wird jedoch von zahlreichen hebräischen Handschriften, der Septuaginta (ἐν καιρῷ κακώσεως αὐτῶν), der Vulgata (*in tempore adflictionis eorum*) und dem Targum (בעידן בישתהון) gestützt (vgl. BHS, HUB). In der

am Ende von V. 12 genannt wurde. Zum anderen ist dies die „Zeit, wenn sie zu mir rufen" (בְּעֵת קָרְאָם אֵלַי),[96] die strukturell in 11,14 den Platz einnimmt, an dem sich in 7,16 das einfache Akkusativobjekt (אֹתָךְ) befindet – und die nun inhaltlich sehr stark an V. 11 erinnert,[97] wenn auch hier wie dort für „rufen" jeweils unterschiedliche Verbwurzeln gebraucht werden.[98] Thiel ist daher voll und ganz zuzustimmen, wenn er, unter Berufung auf Volz, feststellt, das Ende von V. 14 sei „unter Aufnahme der Versschlüsse von 11 und 12"[99] formuliert.

Eine weitere Differenzierung der voneinander getrennten Abschnitte würde an dieser Stelle zu weit und vom Thema abführen, wenn sie auch durchaus geboten zu sein scheint.[100] Der verbreiteten Ansicht, den Kern von 11,1–14 in „a curse uttered by Yahweh"[101] in V. 3 bzw. in seiner unmittelbaren Umgebung zu sehen, stehen in jedem Falle jedoch die kurz dargestellten Textbeobachtungen, insbesondere die des Zusammenhanges von 10,22 und 11,12, entgegen. Berücksichtigt man sie, so stellt sich die Entstehung des fraglichen Abschnitts in einem anderen Lichte dar. In aller gebotenen Kürze thetisch zusammengefaßt, geben sie begründeten Anlaß zu folgenden Vermutungen:

Der ursprüngliche Kern von Kapitel 11 ist – es mag paradox klingen – nicht in diesem selbst, sondern im Zusammenhang der Klagen von 10,22 und 12,10 f. zu suchen.

Regel folgen ihr daher mit gutem Grund die Kommentatoren (vgl. etwa DUHM, Jeremia, 111; MCKANE, Jeremiah I, 240; CARROLL, Jeremiah, 267; RUDOLPH, BHS). Anders jedoch RUDOLPH, Jeremia, 76: „שׁוּ ist gehaltvoller."

96 Die von Rudolph vorgeschlagene Konjektur קְרָאֵךְ (vgl. RUDOLPH, BHS; DERS., Jeremia, 76) ist abzulehnen. Sie kann sich lediglich auf den Targum stützen (קדמי בעידן דאת מצלי עליהון) und will den Text bewußt nach 7,16 korrigieren (vgl. auch MCKANE, Jeremiah I, 236.240, der meint, die Lesart von MT sei „inconsequential" [ebd., 240]). Diese Textänderung ist jedoch nicht nur unnötig, sondern verstellt zudem den Blick auf die Verbindung mit 11,11. Für die Lesart nach MT vgl. u.a. GIESEBRECHT, Jeremia, 64; CARROLL, Jeremiah, 266.

97 Jer 11,11: „Und sie werden zu mir schreien, aber ich werde nicht auf sie hören." (וְזָעֲקוּ אֵלַי וְלֹא אֶשְׁמַע אֲלֵיהֶם).

98 In Jer 11,11 ist es זעק, in 11,14 קרא.

99 THIEL, Redaktion I, 154, vgl. VOLZ, Studien, 96. Freilich wird die Sache komplizierter, wenn man, anders als Thiel, die Komposition des Abschnittes nicht einer einzigen Redaktion, man nenne sie D oder anders, zuschreibt. Die oben getroffenen Beobachtungen lassen zwar sehr wohl darauf schließen, daß V. 14 das Ende von V. 12 aufgreift, im Falle von V. 11 könnte die Abhängigkeit aber auch umgekehrt sein. Es wäre durchaus denkbar und plausibel, daß V. 11, dessen Anliegen es ja ist, auf V. 12 hinzuführen, diesen gewissermaßen nach dem Vorbild von V. 14 ergänzen sollte.

100 So liegen etwa 11,12 und 11,13, das Zitat von 2,28, sicherlich nicht primär auf einer Ebene (mit LEVIN, Verheißung, 75, vgl. auch WANKE, Jeremia 1, 122), und auch der Bundesabschnitt erweckt nicht gerade den Eindruck literarischer Einheitlichkeit.

101 MCKANE, Jeremiah I, 237.

Zwischen diese dürften in einem nächsten Schritt die schwierigen Verse 11,15 f. eingefügt worden sein: V. 15 bringt auf diese Weise die Verwüstung durch den Feind aus dem Norden (10,22) mit verfehlter kultischer Praxis in Verbindung, V. 16 ergänzt die Agrar- oder Gartenbaummetaphorik von 12,10 f. (der verwüstete Weinberg) passend durch den von JHWH selbst entflammten Ölbaum. Das Unheil wird auf diese Weise nicht mehr nur beklagt, sondern durch eine Anklage Gottes begründet und auf diesen selbst ursächlich zurückgeführt.[102]

11,12 bietet demgegenüber, in einem dritten Schritt, eine weitere Zuspitzung des Vorwurfs kultischen Fehlverhaltens: Nicht nur unlauterer JHWH-Kult hat die Städte Judas ins Unglück gebracht, sondern das vergebliche „Räuchern" vor *fremden* Göttern.

V. 17 bindet sodann V. 12 samt der Erweiterung durch V. 13, die die sprichwortartige Wendung von 2,28 zitiert und darüber hinaus für die Fremdgötterverehrung die Chiffre „Baal" einführt, mit den älteren Versen 15 f. zusammen.

Dies geschieht offensichtlich noch in Unkenntnis des Bundesabschnittes 11,1–11*, der in weiteren Fortschreibungen die kultischen Verfehlungen durch das Theologumenon des Bundesbruches interpretiert. Im Fürbittverbot von 11,14 laufen schließlich beide Linien ineinander.

Die weisheitlichen Reflexionen über Willensfreiheit (10,23), die Bitte um maßvolle Zurechtweisung oder Züchtigung durch JHWH (10,24) sowie um Bestrafung der Völker (10,25) sind wohl als weitere spätere Ergänzungen der Klage von 10,22 zu werten.[103]

Unversehens hat sich aus den Überlegungen über den vorlaufenden Kontext der Konfessionen 11 und 12 die Genese von Kapitel 11 in mindestens sechs Schritten erschlossen und sich der Blick bereits über den Konfessionenblock hinaus auf Kapitel 12 gerichtet. Betrachtet man nun den Abschnitt 11,18–12,6 innerhalb dieses Rahmens, so ist zunächst festzustellen, daß der Vers 11,18 *tatsächlich* einen neuen Einsatz im Lesezusammenhang darstellt. Wie V. 17 beginnt er mit וַיהוָה, hebt sich dann aber durch einen Sprecherwechsel deutlich von diesem ab. Eine 1. Person singular spricht nun über und vor allem zu JHWH. Es folgen, in zwei Redegängen, in denen abwechselnd der Beter zu Gott

---

102 Gegen Kiss ist V. 16 als einheitlich und ,autochthon' an seinem Platze zu verteidigen. Man kann ihn *nicht* von Jer 20,3 abhängig machen, nur weil an beiden Stellen JHWH einen Namen nennt (קְרָא יהוה שְׁמֵךְ). Abgesehen davon, daß man nicht erfährt, welche Intentionen mit dieser angeblichen Übernahme verbunden sein sollten, ist dies gewiß keine „frappante Ähnlichkeit", von der man behaupten könne, sie lege „die Wahrscheinlichkeit einer literarischen Abhängigkeit nahe" (KISS, Klage Gottes, 30).

103 Vgl. S. 279–281.

ruft[104] und dieser ihm antwortet,[105] je nach Definition eine,[106] zwei[107] oder auch drei[108] Konfessionen Jeremias.

Der Abschluß dieser Texteinheit oder -einheiten ist ebenfalls klar auszumachen, auch wenn klassische Marker für einen Neuansatz, wie Botenspruchformel oder Vergleichbares, in 12,7 fehlen. Wieder ist es ein Wechsel der Redeform, der die Abschnittsgrenze markiert: Hatte JHWH in 12,6 *zu* einer 2. Person masculinum gesprochen, so berichtet er ab 12,7 *von* eigenen Tätigkeiten in der 1. Person singular. Wie bereits in 11,15 geht es wieder um den Tempel (בֵּיתִי) und um JHWHs ‚Geliebten' (יְדִידוּת נַפְשִׁי).

Unbeschadet dieser deutlichen Abgrenzungen zum vor- wie nachlaufenden Kontext, die überhaupt erst dazu berechtigen, das Stück einer separaten Auslegung zu unterziehen, erweist sich dieses zugleich als sprachlich auf vielerlei Weise eng mit jenem verbunden. Es ist nicht nur der gleiche Versanfang in 11,17 und 11,18, der diese Behauptung rechtfertigt, sondern vor allem die Beobachtung, daß sich V. 18 über die erneut aufgegriffene Baummetapher schön an V. 16 anschließt. Hier ist die 2. Person femininum, also Zion / Jerusalem[109] der „fruchtbare grüne Ölbaum",[110] dort planen die Gegner, „den Baum in seinem Saft"[111] zu verderben und auszureißen.

Dagegen ist die Anbindung an den in 12,7 dem Abschnitt nachfolgenden Text wesentlich schwächer. Man wird nicht behaupten können, daß die Konfessionen in irgendeiner Weise die Klage JHWHs von Kapitel 12 thematisch vorbereiteten oder darauf hinführten. Es ist lediglich das Stichwort ‚Haus' (בַּיִת), das, noch dazu jeweils gänzlich verschiedenen Semantiken angehörend, die Gottesrede von 12,6, die Warnung vor der eigenen Familie (vor dem ‚Haus' des Vaters), mit

---

104 11,18–20; 12,1–4.

105 11,21–23; 12,5–6.

106 Vgl. u.a. NÖTSCHER, Buch Jeremias, 110–114; O'CONNOR, Confessions, 15; POHL-MANN, Ferne, 45 f.

107 So die überwiegende Mehrzahl der Exegetinnen und Exegeten.

108 Vgl. BAUMGARTNER, Klagegedichte, 29–33; 52–60. Er unterscheidet 11,18–20 von 11,21–23 und 12,1–6.

109 Das nächstliegende Bezugswort für die Feminin-Suffixe von 11,16 f. wäre allerdings יָדִיד in 11,15, doch ist das Wort masculinum. Gleichwohl wird man, gerade angesichts des korrupt überlieferten Textes, nicht ganz fehlgehen, wenn man die Möglichkeit in Betracht zieht, „der Geliebte" von 11,16 sei weiblichen Geschlechts vorzustellen und als solche mit Zion / Jerusalem gleichzusetzen. Immerhin liest die Septuaginta ἡ ἠγαπημένη, und in 12,7 ist von יְדִידוּת, also einer grammatikalisch weiblichen ‚Geliebten' die Rede.

110 זַיִת רַעֲנָן יְפֵה פְרִי־תֹאַר.

111 נַשְׁחִיתָה עֵץ בְּלַחְמוֹ.

derjenigen von 12,7 verbindet, in welcher JHWH kundgibt, daß er den Tempel (‚mein Haus') verlassen habe.[112]

Welche Folgerungen kann man nun jedoch aus diesen Beobachtungen für die Bestimmung des literargeschichtlichen Verhältnisses der Konfession 11–12 zu ihrer Umgebung ziehen? Es hat sich gezeigt, daß zum einen 11,18 sinnvoll und überlegt an den vorausgehenden Text anschließt, die Konfessionen selbst *nicht* auf den nachfolgenden Abschnitt in irgendeiner Weise hinleiten und 12,6 bestenfalls durch einen doch eher hölzernen Stichwortanschluß mit 12,7 verknüpft ist.

Zum anderen jedoch ist nicht zu übersehen, daß sich eben dieser Vers 12,7 ganz hervorragend an 11,17 anfügen ließe: Wie bereits erwähnt, schließt JHWHs Überantwortung seines oder seiner ‚Geliebten' (יְדִידוּת) von 12,7 sprachlich wie inhaltlich konsequent an dessen (יָדִיד) oder deren frevelhaftes Treiben im Tempel an (בְּבֵיתִי, 11,15), der nun, in 12,7, verlassen wird (עָזַבְתִּי אֶת־בֵּיתִי). Anders als im Verhältnis zu 12,6, wird *hier* der Begriff ‚Haus' beide Male im selben Sinne gebraucht. Darüber hinaus wird in 12,7 bewußt ein Mißverständnis, das mit der Deutung des dortigen ‚Hauses' im Sinne von 11,17 („Haus Israel und Haus Juda")[113] möglich wäre, dadurch ausgeschlossen, daß dieses Themenfeld durch den Terminus „mein Erbe" (נַחֲלָתִי) aufgegriffen und erklärt wird.[114] 12,7 fügt sich demnach wesentlich besser an 11,17 an als an 12,6, ein Umstand, der in der Tat wohl daher rührt, „daß 11,18–12,6 offensichtlich einen vorgegebenen Textzusammenhang unterbrechen".[115]

---

112 Gleichwohl *ist* das eine Verbindung, und man wird Nötscher widersprechen müssen, wenn dieser behauptet: „Ein Zusammenhang mit dem Vorausgehenden besteht nicht" (NÖTSCHER, Buch Jeremias, 114). Seine Anschauung ist allerdings nachvollziehbar und dann unausweichlich, wenn man, wie er und zahlreiche Ausleger seiner Zeit, den verbindenden Vers 12,6 vor 11,18 plaziert (vgl. ebd.). Dafür gibt es jedoch keine hinreichenden Gründe.

113 בֵּית־יִשְׂרָאֵל וּבֵית יְהוּדָה.

114 Die Rezeptionsgeschichte macht allerdings deutlich, daß ‚Haus' in 12,7 auf der Ebene des Endtextes – sicherlich nicht zufällig – ein sehr offener Begriff ist: McKane möchte ihn tatsächlich im Sinne einer Kombination von 11,17 und 12,6 auf „Israel as Yahweh's family and chosen people" beziehen (MCKANE, Jeremiah I, 269), Duhm möchte ‚Haus' und ‚Erbe' synonym parallel lesen und deutet es als das Land (vgl. HITZIG, Jeremia, 97; DUHM, Jeremia, 116; ebenso RUDOLPH, Jeremia, 89; WEISER, Jeremia, 106). Für die primäre Bedeutung ‚Tempel' vgl. bereits TJon (בית מקדשׁי), ebenso Kimchi (vgl. Miqraot gedolot, 110); CORNILL, Jeremia, 162.

115 POHLMANN, Ferne, 45. Vgl. auch ebd. n. 8. Sein Fazit, der Abschnitt sei „als ad hoc erstelltes Kompositgebilde für die Verklammerung zwischen 11,15–17 und 12,7 ff geschaffen" (ebd. 45 f.) worden, wirft jedoch mehr Fragen auf als es beantwortet. Immerhin waren die Kapitel 11 und 12 *ohne* die Konfession offensichtlich besser miteinander ‚verklammert', als sie es mit dieser sind. Man wird darin also kaum den strukturellen Sinn oder die Intention ihrer Einfügung sehen können. Ferner bleibt

Von diesem Standpunkt aus lassen sich nun auch noch die bei den bisherigen Überlegungen zur Entstehung des Gesamtzusammenhangs der Kapitel 11 und 12 noch unberücksichtigten Verse 12,7–9 einordnen. Sie nehmen den „Weinberg" (כֶּרֶם) von 12,10 auf und deuten ihn als JHWHs „Erbe" (נַחֲלָה). Dabei stellt V. 7 den hermeneutischen Schlüssel für die ihm folgenden beiden Bildwörter zur Verfügung: In der Reihenfolge des Lesens wird V. 7a, das Verlassen des „Erbes", nun durch den brüllenden Löwen von V. 8 dargestellt, die Überantwortung des „Geliebten" von V. 7b durch das Gefressenwerden des Vogels (oder der Hyäne)[116] von V. 9. Man ist daher versucht, V. 7 als Auslegung der Verse 8 und 9 anzusehen und deshalb jünger zu datieren als diese. Er selbst liegt sprachlich und theologisch auf einer Ebene mit 11,15 f., indem er, wie es dort geschieht, das beklagte Unheil auf JHWH selbst zurückführt, ohne es jedoch mit theologisch geprägten Anklagepunkten gegen das Volk zu begründen, wie dies im späteren Vers 11,17 und im noch späteren Bundesabschnitt 11,1–11* der Fall ist. 11,17 entpuppt sich somit nicht nur als Bindevers zwischen 11,12 f. und 11,15 f., sondern zudem noch zwischen 11,15 f. und 12,7–9.

Von diesem Befund der Kapitel 11 und 12 läßt sich die These, die Konfessionen Jeremias bildeten zusammen „den Kern einer (vordeuteronomistischen) Sammlung in Jer 10–20",[117] die Hermisson aus seiner Analyse der Kapitel 14 und 15 gewinnt,[118] nicht bestätigen. Tatsächlich spricht alles dafür, daß genau das Gegenteil der Fall ist: Weder der ältere Bogen von 10,22 zu 12,10 noch der jüngere von 11,15 f. zu 12,7 noch der jüngste von 11,17 zu 12,7 setzen den Abschnitt 11,18–12,6 bereits voraus. Dieser stellt deshalb stattdessen in der komplexen und vielschichtigen Entstehungsgeschichte der Kapitel 11 und 12 das jüngste literarische Stratum zwischen 11,1 und 12,13 dar. Eine Vorentscheidung über die Fragen nach Verfasser, ursprünglichem Ort und Datierung dieser oder gar aller Konfessionen soll und kann damit jedoch noch nicht getroffen werden. Wenn auch, unter der Prämisse der oben getroffenen Deutung der literargeschichtlichen Verhältnisse in den Kapiteln 11 und 12, Hermissons Ansicht aus der Anzahl denkbarer

---

leider im Ungefähren, was Pohlmann mit dem Begriff „Kompositgebilde" meint. Denkt er dabei an eine Zusammenstellung *schriftlich* überlieferter, gar jeremianischer, Fragmente oder, wahrscheinlicher, aber nicht explizit gesagt, an die Komposition verschiedener Sprachstile und Redeformen?

116 Wieder einmal ist die textkritische Lage schwierig. Die Frage, ob ein Vogel oder eine Hyäne zur Beute der „Tiere des Feldes" wird, ist jedoch für unsere Fragestellung unerheblich. Eine hervorragende Darstellung der Problematik findet sich bei MCKANE, Jeremiah I, 269–273.

117 HERMISSON, Rechtsstreit, 34.

118 Vgl. ebd.

Entstehungs- und Überlieferungshypothesen ausscheidet, so bleiben doch immerhin noch zwei grundverschiedene mögliche Erklärungsvarianten übrig. Neben der Ansicht, die Konfessionen 11 und 12 seien tatsächlich erst zum Zeitpunkt ihrer Einfügung in ihren nachmaligen Kontext und für diesen verfaßt worden, ist auch die beliebte These ihrer separaten Überlieferung – über welchen Zeitraum hin auch immer – und späteren Einarbeitung in das Jeremiabuch durch einen Redaktor nicht generell auszuschließen.[119] Beider Plausibilität wird sich anhand der Exegese auch der anderen Konfessionentexte bewerten lassen. Zunächst gilt es, nachdem nun die Umgebung des Abschnittes 11,18–12,6 literarkritisch sortiert ist, diesen selbst in den Blick zu nehmen.

2.3 Die Konfessionen 11 und 12

Nähert man sich der Texteinheit, ohne sie bereits im Vorfeld aufgrund sprachlicher, metrischer oder formaler Kriterien präjudizierend literarkritisch aufgeteilt zu haben, so erweist sie sich ganz von selbst als nicht in drei,[120] sondern in zwei Abschnitte gegliedert, die sich jeweils aus der Abfolge Beterrede – JHWH-Rede ergeben: Der Beter spricht in den Versen 11,18–20 und 12,1–4, Gott antwortet 11,21–23 und 12,5–6. Legt man nun diese beiden Redegänge nebeneinander, so zeigt sich, daß sie sowohl in ihrer Makro-, als auch in ihrer Mikrostruktur parallel zueinander aufgebaut sind. Beide beginnen mit einer *Exposition der Problemlage*, einmal, in 11,18 f., in Form eines Berichtes über die Pläne der nicht näher erklärten ‚sie‘, das andere Mal, in 12,1 f., mit der Klage über das Wohlergehen der Frevler. In beiden Fällen folgt sodann eine *Vertrauensaussage* (11,20a; 12,3a), die an Gott als gerechten Richter appelliert. Es schließt sich die *Bitte des Beters* um Rache bzw. Bestrafung der Gegner an (11,20b; 12,3b). Beide Konfessionen enden schließlich mit einer *Antwort JHWHs*, die freilich formal wie inhaltlich jeweils unterschiedlich ausfällt. Das eine Mal (11,21–23) ist sie eine formtypisch eingeleitete Gerichtsankündigung[121] über die nun mit den ‚Männern von

---

119 Letzterer wird von den Vertreterinnen und Vertretern dieser These dann gerne „deuteronomistisch" genannt (vgl. u.a. THIEL, Redaktion I, 160–162; ITTMANN, Konfessionen, 55; DIAMOND, Confessions, 189 f.; O'CONNOR, Confessions, 158; BRANDSCHEIDT, Gotteszorn, 292–294).

120 Gegen BAUMGARTNER, Klagegedichte, 29.53.

121 Vgl. Westermanns Beschreibung des Gerichtswortes: „Die häufigste Einleitung ist laken ko ᵓamar jhwh oder eine Abwandlung dieser Botenformel" (WESTERMANN, Grundformen, 107).

Anatot' identifizierten Feinde, das andere Mal, in 12,5 f. ein doppeltes Bildwort, das den Beter auf eine ausstehende Verschlechterung seiner durch die Feinde verursachten schlimmen Situation hinweist und dies damit begründet (כִּי, 12,6), daß sie nun selbst im Kreis der engsten Familie zu suchen sein würden.

Diese Übereinstimmungen im Aufbau pflegt man seit Baumgartners Untersuchung dadurch zu erklären, daß beide Konfessionen derselben Gattung des ‚Klagelieds eines Einzelnen' (KE) angehören. Sicherlich kann nicht bestritten werden, daß sich die vorliegenden Passagen in Struktur, Metaphorik und Gestus eng an die besagte Gattung anlehnen, gleichwohl ist bereits bei ihnen zu beobachten, was sich auch für die weiteren Konfessionstexte bestätigen wird: Sie muten wie KE-Psalmen an, sie *sind* es aber nicht. „Jeremiah plays with the lament form, creatively adapting it to the content of his message."[122] Das wird deutlich, wenn man die von Baumgartner herangezogenen Gunkelschen Gattungskriterien auf sie anzuwenden sucht.[123] So kann bereits 11,18 nur schwer als „Anrufung" verstanden werden, und JHWHs Antworten sträuben sich in beiden Fällen gegen eine Kategorisierung als „Heilsorakel". Im für die Form der Klage untypischen Gerichtswort von 11,21–23 könnte man bestenfalls dem Inhalt nach, implizit und gewissermaßen *sub contrario*, von einer Heilsbotschaft für den Beter sprechen, ganz gewiß jedoch nicht in den Versen 12,5–6 mit ihrer Aussage des ‚Alles wird noch viel schlimmer'.[124] Von einem abschließenden „Lobgelübde" des Beters kann darüber hinaus keine Rede sein. Das letzte Wort in diesem Disput behält nicht er, sondern JHWH.

Aus diesem Grunde ist es m.E. zu vermeiden, sich bei der Untersuchung des Aufbaus der Konfessionen zu stark von den formkritischen Schablonen der älteren Psalmenforschung leiten zu lassen und ratsam, ihre speziellen Termini nur unter großer Zurückhaltung zu verwenden.

Die Parallelisierung läßt sich zudem über den gemeinsamen Aufbau hinaus bis in den Bereich der verwendeten Metaphern und betretenen Sprachfelder hinein beobachten.

---

122 O'CONNOR, Confessions, 25. Denkt man bei „Jeremiah" in diesem Falle primär an den Sprecher im Buch und nicht an den Verfasser, trifft die Formulierung den Charakter der Texte hervorragend; vgl. auch CULLEY, Confessions, 79. Hermissons Diktum, 11,18–23 sei „alles andere als ein formgerechtes Klagegebet" (HERMISSON, Rechtsstreit, 22), geht in die gleiche Richtung.

123 Vgl. BAUMGARTNER, Klagegedichte, 7–27.

124 Vgl. MCKANE, Interpretation, 46 f: „[T]he oracle points to adversity and insecurity". Clements deutet JHWHs Antwort in 12,5 allerdings als Bestätigung Jeremias: „He is assured that he is on the right track" (CLEMENTS, Jeremiah, 81). Das ist m.E. indes schwer nachzuvollziehen.

Beide Male geht es (wie in den Konfessionen allgemein),[125] um einen Rechtsstreit (רִיב),[126] in 11,20 wie in 12,1. Dem korrespondiert, daß JHWH in beiden Fällen als „gerecht" (צַדִּיק, 12,1) bzw. als „gerechter Richter" (צֶדֶק שֹׁפֵט, 11,20) tituliert wird, der die Herzen[127] (und Nieren[128]) prüft.

Ferner begegnet das Bild der Schlachtschafe von 11,19 wieder in 12,3. Hier ist Jeremia das zahme Schaf (אַלּוּף כְּכֶבֶשׂ), das zum Schlachten (לִטְבּוֹחַ) geführt wird (11,19), dort (12,3) sollen die ‚Frevler' wie Kleinvieh zur Schlachtung (לְטִבְחָה כְּצֹאן) hinweggerissen werden.

Auch die bereits erwähnte Baummetaphorik von 11,19 begegnet in der Konfession 12 wieder (12,2), und hier wie dort ist von einem Vergeltungstermin die Rede: Einmal ist es ein angekündigter, partikularer, das „Jahr *ihrer* Heimsuchung" (פְּקֻדָּתָם שְׁנַת 11,23), das andere Mal ein erflehter, universaler, der „Tag des Mordens" (הֲרֵנָה יוֹם 12,3).

Diese bis in kleine Details hineinreichende Parallelität der beiden Konfessionen erweist sie als eng aufeinander bezogen und in ihrer jetzigen Form überlegt aufgebaut. Neben dem methodischen Negativargument gegen die in früheren Jahren unter dem Etikett der Textkritik durchgeführten und außerordentlich beliebten Versverschiebungen stellt diese Beobachtung nun noch ein definitives Positivargument zur Verfügung. Kann man die von Cornill[129] begonnenen, von Volz[130] und vielen übernommenen[131] und von Rowley[132] ins Extrem geführten Umstellungen von Einzelversen innerhalb der Konfessionen negativ mit der Begründung zurückweisen, daß keiner der Versuche die Frage beantwortet, wie es, unter der Annahme der jeweiligen Konstruktion, schließlich zum Endtext gekommen sei, so verbietet es nun die oben

---

125 In der Tat begegnet die Wurzel רִיב „in allen Konfessionen außer in der vierten (17) und siebenten (20,14 ff)" (HERMISSON, Rechtsstreit, 13), nämlich in 11,20; 12,1; 15,10; 18,19 und 20,12.

126 Nicht zu Unrecht tragen zwei zentrale Untersuchungen zu den Konfessionen dieses Schlüsselwort bereits im Titel: Holladays Aufsatz „Jeremiah's Lawsuit with God" (HOLLADAY, Lawsuit) und Hermissons Beitrag „Jahwes und Jeremias Rechtsstreit" (HERMISSON, Rechtsstreit).

127 12,3aβ: וּבָחַנְתָּ לִבִּי אִתָּךְ.

128 11,20aβ: בֹּחֵן כְּלָיוֹת וָלֵב.

129 Vgl. CORNILL, Jeremia. Er postuliert eine Abfolge 12,1–2.5–6; 11,18–23.15–16; 12,7–12. (Vgl. ebd., 162).

130 Vgl. VOLZ, Jeremia, 134 f.

131 Vgl. u.a. RUDOLPH, Jeremia, der, im Gefolge Volz' vorschlägt: 11,18; 12,6; 11,19–20a; 12,3; 11,20b–23. (Vgl. ebd., 80–83). Identisch WEISER, Jeremia, 94. Vgl. die umfangreiche Darstellung bei HUBMANN, Untersuchungen, 32–41, sowie ebd. die Tabelle auf Seite 42.

132 Rowley möchte die Abfolge 11,18; 12,6; 11,19–20; 12,1–3; 11,21–23; 12,4–5 als ursprüngliche etablieren (vgl. ROWLEY, Text, 226 f.).

beobachtete Parallelstruktur geradezu, derartige Operationen vorzunehmen. Es gibt nicht nur keinen Grund für sie, es gibt sogar einen guten Gegengrund: Jede von ihnen „disturbs the present redactional coherence of the poem".[133]

Diese festgestellte Kohärenz bedeutet nun jedoch nicht, daß beide Konfessionen mit ihren vielen semantischen Übereinstimmungen zweimal dasselbe aussagen würden oder daß 12,1–6 lediglich eine leichte Variation von 11,18–23 darstellte. Stattdessen wird *jede* der sechs aufgezählten Parallelen hier wie dort in signifikant anderem Sinne verwendet.

So legt der Beter der ersten Konfession dem als gerechten Richter be- und anerkannten Gott seinen Rechtsfall in der Gewißheit vor, die Entscheidung werde in seinem Sinne ausfallen (11,20), in 12,1 dagegen ist die Stimmung eine ganz andere. JHWHs Gerechtigkeit wird zwar konzediert, aber dennoch vehement in Frage gestellt. Die Wendung דבר אֶת מִשְׁפָּטִים, mit der die Sprechhaltung des Konfessionenjeremia gegenüber JHWH hier beschrieben wird, steht nicht etwa für das diskursive Bereden juristischer Alltagsfragen, sondern muß im Sinne von ‚anklagen' verstanden werden. Dies ist an den beiden übrigen Belegstellen dieses nur im Buch Jeremia vorkommenden Idioms eindeutig der Fall,[134] und die Annahme, es sei hier etwas anderes gemeint als dort, erscheint als eine ein wenig willkürliche *constructio ad sensum exoptatum*. Man fühlt sich irritiert, wenn Jeremia in derartigem Ton mit seinem Auftraggeber spricht, und sucht deshalb ganz automatisch nach einer weniger anstößigen Übersetzungsmöglichkeit. Das hat eine lange Tradition: Offensichtlich überschritt das Skandalon eines gegenüber JHWH derart offensiv und forsch auftretenden Propheten in 12,1 bereits für die Verfasser von TJon die Grenze des Schicklichen. Die Anklage gegen Gott ist hier in eine Frage an ihn umgewandelt worden.[135] JHWHs Stellung als Richter bleibt auf diese Weise unangetastet, Jeremia holt gewissermaßen nur ein Gutachten ein.[136] Die große

---

133 O'CONNOR, Confessions, 19.

134 Neben Jer 12,1 sind dies Jer 1,16 und 4,12. HOLLADAY, Lawsuit, 281, BAUMGARTNER, Klagegedichte, 54 und DIAMOND, LXX and MT, 37, n. 11 nennen noch die Verse 39,5 und 52,9. Hier liegt jedoch ein anderer Fall vor: דבר מִשְׁפָּטִים ist hier nicht mit *nota accusativi*, sondern mit der Präposition אֶת verbunden.

135 שאילת דינין אנא שאיל מן קדמך.

136 Diamond will eine derartige Abmilderung auch in der LXX-Übertragung κρίματα λαλήσω πρὸς σέ finden (vgl. DIAMOND, LXX and MT, 37.46). Diese Behauptung hält jedoch einem Vergleich mit den eindeutigen Belegstellen Jer 1,16 und 4,12 nicht stand. An beiden Fällen ist die fragliche Wendung ohne Zweifel im anklagenden Sinne zu verstehen und von LXX mit der gleichen Wendung wie in 12,1 wiedergegeben (vgl. Jer 1,16: λαλήσω πρὸς αὐτοὺς μετὰ κρίσεως; Jer 4,12: νῦν δὲ ἐγὼ λαλῶ κρίματα πρὸς αὐτούς). Nach Muraoka ist κρίμα πρός zudem generell adversativ zu verstehen

Differenz zwischen 12,1 und 11,20 wird durch eine derartige Entschärfung allerdings ebenso verwischt wie durch die Harmonisierungsversuche moderner Exegeten.[137] Dagegen bemerkte bereits Baumgartner richtig, daß der Beter hier in „herbem Seelenschmerze"[138] eine Wendung gebrauche, die „sich sonst auf die Tätigkeit des Richters"[139] beziehe. So ist tatsächlich mit Holladay festzuhalten „[that] Jeremiah is not pleading his case before Yahweh. Rather, he is *passing judgment* upon him".[140]

Dieser anklagende Ton gilt auch für das Attribut des Herzen- und Nierenprüfers, das JHWH als Richter in 11,20 zugeschrieben wird. In Kapitel 12 geschieht dies nicht auf hymnische Art und Weise durch ein Partizip (בֹחֵן, 11,20), sondern, durch eine Perfektform ausgedrückt (בְחַנְתָ,12,3a), auf den konkreten Einzelfall des Propheten bezogen und ist somit mit einem besonderen, fordernden Nachdruck versehen. Entsprechend ist auch nicht von irgendwelchen „Nieren", sondern von ganz bestimmten, nämlich denjenigen der Frevler, die Rede – und das im Rahmen der Anklage (12,2). Hier hat nach Meinung des Sprechers Gott offensichtlich seinem ihm in 11,20 zugeschriebenen Prädikat nicht Genüge geleistet, steht doch das Wohlergehen der Besagten in diametralem Gegensatz zu ihrer inwendigen Gottesentfernung. Augenscheinlich etabliert es somit einen Zustand, der alles andere als צַדִּיק genannt werden kann.

(vgl. MURAOKA, Lexicon, 139, mit Verweis auf Hos 5,1 – vgl. aber Dtn 5,31! Für κρίσις und πρός in diesem Sinne vgl. II Mac 4,43; Hos 12,3; Mi 6,2; Jer 27,34 LXX [=50,34 MT]; 32,31 LXX [=25,31 MT]). Für die *Vulgata* mag Diamonds Beobachtung dagegen zutreffen. Sie vertritt mit *iusta loquar ad te* in 12,1 die nicht-anklagende Lesart (vgl. dagegen *loquari iudicia mea cum eis* in 1,16 und 4,12).

137 Ein solcher ist etwa die Abänderung von אוֹתְךָ in אִתְּךָ, die Duhm vornimmt (vgl. DUHM, Jeremia, 114). Sie findet sich übernommen u.a. bei RUDOLPH, Jeremia, 84 und WEISER, Jeremia, 100.

138 BAUMGARTNER, Klagegedichte, 54.

139 Ebd.

140 HOLLADAY, Lawsuit, 282 (Hervorhebung Holladay), vgl. auch DERS., Style, 49 f.; DERS., Spokesman, 92 f.; SCHREINER, Last; 180, HUBMANN, Untersuchungen, 50; HOLLADAY, Jeremiah 1–25, 375 f. Auch Boecker kommt, unabhängig von Holladay, zu einem ähnlichen Ergebnis. Er sieht in Jer 12,1, ausgehend vom Syntagma רִיב אֶל von 12,1a, „Jahwe hier gleichzeitig als Rechtspartner (als Angeklagter) und als Richter vorgestellt" (BOECKER, Redeformen, 132). Die Gegenmeinung, hier gehe es lediglich um ‚über das Recht reden' oder ‚recht reden' vertritt JOHNSON, מִשְׁפָּט, 102, unter Berufung auf BLANK, Jeremiah, 119, indem er die Jeremiastelle mit Jes 32,7 und Ps 37,30 vergleicht. Dort ist jedoch lediglich von מִשְׁפָּטִים דבר *ohne* Akkusativobjekt die Rede. Reventlow meint sogar, es handele sich in 12,1 um eine „vorsichtige Form der Einleitung" (REVENTLOW, Liturgie, 246). Holladays Argumente sind m.E. die besseren.

Eine Umkehrung der Zuschreibung ist bei der Schaf- und der Baummetapher zu beobachten. Bezeichnet sich der Konfessionenjeremia in 11,19 *selbst* als Schlachtschaf, so möchte er in 12,3 *seine Gegner* dazu erklären. Umgekehrt wenden *diese* auf ihn in der wörtlichen Rede von 11,19 das Bild eines Baumes an, das *er* in 12,2 zur Verdeutlichung ihres Wohlergehens heranzieht. In beiden Fällen verlagert sich dabei der Bedeutungsschwerpunkt der Metapher auf der Sachebene. „Wie ein Schaf" ist der Prophet in Kapitel 11 primär aufgrund seiner Unwissenheit – für die Frevler dagegen liegt die Betonung auf dem finalen Aspekt: „Wie Kleinvieh" sollen sie geschlachtet werden. Ein ‚Baum' ist Jeremia in der Rede der Gegner vor allem insofern, als dieser sich nicht gegen das ihm zugedachte Schicksal seiner Rodung wehren kann – bei diesen dagegen drückt das Bild ihre nicht nur unverdiente, sondern gegen die Ordnung der Welt[141] stehende Prosperität aus. Man kann daher geradezu von einer Metaphernverschränkung sprechen, die, unbeschadet der oben beobachteten Parallelität der beiden Textabschnitte hinsichtlich ihres Aufbaus, mit einem Chiasmus ihrer Abfolge[142] einhergeht.

Auch hinsichtlich des jeweiligen Vergeltungstermins bestehen signifikante Unterschiede. Es bleibt festzuhalten, was oben bereits erwähnt wurde: Hier, in der Konfession 11, ist der „Tag ihrer Heimsuchung" (11,23) zum einen auf eine bestimmte Gruppe, nämlich die „Männer von Anatot" beschränkt – dort, in der Konfession 12, ist der „Tag des Mordens" offensichtlich universal zu verstehen. Ersterer wird zum anderen dem Propheten in der göttlichen Antwort von JHWH selbst als Lösung seines Problems in Aussicht gestellt – Letzter dagegen muß von Jeremia herbeigefleht werden.

Das Verhältnis der beiden Konfessionen zueinander läßt sich also zweifach charakterisieren. Zum einen weisen sie in Aufbau und Semantik eine derart große Nähe[143] zueinander auf, daß man in der Tat „ausschließen [kann], daß die Texte unabhängig voneinander entstanden sind."[144]

Zum anderen weist jedoch die Auflistung der Differenzen, die gerade in diesen Gemeinsamkeiten liegen, deutlich darauf hin, daß beide Abschnitte nicht von gleicher Hand stammen. Diese Vermutung erhält selbst dann neue Nahrung, wenn man Pohlmanns drei inhaltliche Kriterien, die er als Maßstab für die literarkritische Beurteilung

---

141　Vgl. Ps 1; Jer 17,5–8.
142　Vgl. O'CONNOR, Confessions, 16.
143　Neben der obigen Aufstellung des Textbefundes vgl. auch HERMISSON, Rechtsstreit, 12; BAK, Klagender Gott, 119.
144　HERMISSON, Rechtsstreit, 11.

der Konfessionstexte heranzieht und anhand derer er die Einheitlichkeit des Abschnittes 11,18–12,6 wahrscheinlich machen möchte,
probeweise an die Texte anlegt. Seine Leitfragen nach dem Verhältnis
von Beter und Gott, Gegnern und Gott sowie Beter und Gegnern,[145]
lassen sich eben *nicht* dahingehend beantworten, daß es bei beiden
Konfessionen jeweils als identisch zu bestimmen wäre.[146] Ersteres
unterscheidet sich bereits durch den unterschiedlichen Ton: Ist es in der
Konfession 11 von Zuversicht auf Rettung und das Vertrauen in Gottes
richtendes Eingreifen bestimmt, so in der Konfession 12 von fordernder
Anklage. Diese Differenz wird noch deutlicher, wenn man die Beziehung gewissermaßen von der anderen Seite aus, im Spiegel der göttlichen Antworten, betrachtet: Verheißt JHWH hier seinem Propheten
Rettung durch die Vernichtung seiner (des Beters!) Feinde, so speist er
ihn dort mit einer schön formulierten Durchhalteparole ab. Das ist
etwas anderes.

Ähnlich verhält es sich auch mit Pohlmanns zweiter Kategorie:
Während die Gegner in der Konfession 12 explizit als רְשָׁעִים gekennzeichnet und als heuchlerische JHWH-Ferne charakterisiert werden
(12,2.4bβ), so spielt ihr Verhältnis zu Gott in 11,18–23 *prima vista*
überhaupt keine Rolle. Natürlich impliziert es auch eine Störung des
Verhältnisses zu JHWH, wenn man sich an dessen wahren Propheten
vergreifen möchte, weshalb diese Absicht zum Trost des Beters auch
nicht ohne angemessene Sanktion bleiben wird – allein, es scheint die
Betreffenden nicht als „Frevler" zu qualifizieren und wird daher auch
nicht mit der Frage nach der Authentizität ihrer Frömmigkeit verbunden.

Schließlich erweisen sich die beiden Pohlmannschen Beziehungs-
dreiecke auch hinsichtlich ihrer letzten Seite als offensichtlich nicht miteinander kongruent. Sieht man davon ab, daß die Feinde des Sprechers
diesem in beiden Fällen in irgendeiner Art unfreundlich gesinnt sind –
andernfalls wären sie nicht seine Gegner –, so stehen sie zu diesem
dennoch keineswegs beide Male in der gleichen Beziehung. Das beginnt damit, daß es sich bei ihnen, liest man die Texte neben- und nicht
hintereinander, erst einmal um unterschiedliche Personengruppen
handelt. In der Konfession 11 werden „sie" mit den „Männern von
Anatot" identifiziert (11,21.23), in der Konfession 12 ist ihr Kreis
wesentlich weiter gefaßt: Es geht in 12,1 um die רְשָׁעִים generell, in 12,4
dann sogar um alle „Bewohner des Landes" (יֹשְׁבֵי־בָהּ). Daß zu dieser
massa perditionis nun gemäß der Antwort JHWHs sogar Mitglieder des

---

145 Vgl. POHLMANN, Ferne, 30.
146 Vgl. ebd., 33.

engsten Familienkreises gerechnet werden müssen (12,6), ist demgegenüber keine erneute Einschränkung oder Fokussierung, sondern
drückt eine besondere Zuspitzung und Verschärfung der einsamen
Lage des Beters aus.[147] Ihre Stellung diesem gegenüber ist ebenfalls in
beiden Konfessionen nicht einfach gleichzusetzen, denn Mordpläne
(11,19) fallen sicherlich unter eine andere Kategorie als מָלֵא-Rufen
(12,6), was auch immer man sich darunter vorstellen mag,[148] und „treu-
loses Handeln" (בגד, 12,6). Darüber hinaus sind die Initiativen in beiden
Abschnitten unterschiedlich gelagert: In 11,19 sind es die Gegner, die
unmittelbar gegen den Beter aktiv werden und ihn dadurch moti-
vieren, JHWH um Beistand anzurufen, weil *sie* in *ihm* offensichtlich ein
Problem sehen – in der Konfession 12 gewinnt man dagegen den Eindruck, es verhalte sich genau umgekehrt. Der dortige Sprecher sieht
sich primär nicht durch konkrete Angriffe gegen seine Person bedroht,
sondern stört sich am Faktum einer generell vorherrschenden Un-
rechtssituation zugunsten der „Frevler". *Er* hat ein Problem mit *ihnen*,
oder, anders ausgedrückt: In der Konfession 11 sind die „Männer von
Anatot" die Gegner Jeremias, in der Konfession 12 jedoch ist Jeremia
der Gegner der רְשָׁעִים.

Mit dieser Beobachtung ist die Pohlmannsche Kriteriologie bereits
überschritten und durch eine vierte Frage ergänzt, die jedoch nicht
außer acht gelassen werden darf, wenn man anhand inhaltlicher Gesichtspunkte über literarische Verhältnisse urteilen möchte: Die Frage
nach der Problemlage, nach der vom Beter jeweils beklagten Situation.
Auch hier ist die Differenz zwischen den beiden Abschnitten offensichtlich. Der Konfessionenjeremia von 11,18–12,6 leidet darunter, daß
Gegner ihn, notfalls endgültig und mit Gewalt, vom Prophezeien
abhalten möchten[149] – in 12,1–6 spielt dagegen keine irgend geartete
prophetische Tätigkeit des Beters eine Rolle oder wird auch nur

---

147 Vgl. das Klagemotiv der Verfolgung selbst durch den engsten Freundeskreis in Jer
9,3 f.; Mi 7,5 f.; Hi 6,15 (hier in Verbindung mit dem Bild des „Trugbaches", vgl. Jer
15,18); Ps 55,13–15, sowie dazu KEEL, Feinde, 133 f. Zu dieser Gruppe mag man noch
Ps 41,10 zählen. Ps 31,12, die Schilderung des erbärmlichen Zustands des Beters,
gehört eher nicht in diesen Zusammenhang (gegen POHLMANN, Ferne, 46, n. 12).
Natürlich ist es auch diesem Topos zu schulden, daß Jeremias Verfolger in der Konfession 11 die „Männer von Anatot" sind. Dennoch sind sie mit den in V. 6 Angesprochenen nicht einfach deckungsgleich. Aus beiden zusammen läßt sich deshalb
keine gemeinsame redaktionelle „,Anathoth' exegesis" stricken (McKANE, Jeremiah
I, 255, unter Aufnahme einer These Nicholsons, vgl. NICHOLSON, Jeremiah 1–25, 114,
vgl. auch HUBMANN, Untersuchungen, 74; BRANDSCHEIDT, Gotteszorn, 244).

148 Vgl. S. 22 f.

149 Jer 11,21: לֹא תִנָּבֵא בְּשֵׁם יְהוָה וְלֹא תָמוּת בְּיָדֵנוּ.

erwähnt.[150] Nicht das *eigene Unglück*, sondern *fremdes Glück*, nämlich das der „Frevler", geben ihm hier Anlaß zur Klage[151] – die von Brueggemann beobachtete Nähe zu Hi 21,7 ist augenfällig.[152] Bereits Bernhard Duhm bemerkt zu diesem thematischen Bruch, daß „wir hier den Gegensatz zwischen den Frommen und den glücklichen Gottlosen haben, der recht eigentlich das Hauptproblem der nachexilischen Dichter" darstelle, weshalb „das Gedicht für ein jüngeres Produkt zu halten"[153] sei.

In der Tat wird man durch die bei den beiden Abschnitten vorliegende Gleichzeitigkeit von starker Ähnlichkeit in Form und Sprache bei gleichzeitiger inhaltlicher Differenz ein wenig an das Verhältnis von 1. und 2. Thessalonicherbrief erinnert – und in ähnlicher Weise wie dort wird es auch hier zu bewerten sein. 12,1–6* erscheint als eine klassische Fortschreibung von 11,18–23*.[154] Die zweite ist eine *relecture* der ersten Konfession, eine Reprise des dortigen Themas unter anderen Vorzeichen. Das dort am Bild des klagenden Propheten ausgebreitete Problem der Kompatibilität von Leid und göttlicher Erwählung wird hier generalisiert und zur Frage nach dem ‚Glück der Gottlosen' ausgedehnt. Von der Konfession 12 her gelesen, *wird* der Jeremia der Konfession 11 zum exemplarisch leidenden Gerechten schlechthin und seine Gegner zu den wider alle Ordnung bislang ungestraften „Frevlern". Ganz offensichtlich ist aus der Sicht des oder der Fortschreiber das in 11,23 angekündigte „Jahr ihrer Heimsuchung" (שְׁנַת פְּקֻדָּתָם) bislang ausgeblieben. Sie sehen die von ihnen wahrgenommene Störung der Weltgerechtigkeit noch immer nicht behoben. Nach wie vor gibt es gegenüber dem göttlichen Richter Grund zur Klage, die der Konfessionenjeremia ein weiteres Mal artikuliert. Der zweifache Rede-

---

150 Es sei denn, man läse in 12,4bβ nach MT „unsere Zukunft" und nicht mit LXX „unsere Wege". Es erstaunt nicht, daß Pohlmann sich für die Lesart nach MT entscheidet (vgl. POHLMANN, Ferne, 65), schließlich ist ihm daran gelegen, 11,18–12,6 als literarisch einheitlichen Text herauszustellen. Die thematische Unterschiedlichkeit beider Texte ist indes bereits Baumgartner bewußt, der darum zu 12,3 anmerkt: „[H]ier redet Jeremia ja eben nicht als Prophet [...]. Hier spricht vielmehr der einzelne Fromme" (BAUMGARTNER, Klagegedichte, 55).

151 Gegen Ro, der, Pohlmann folgend, meint, in 12,1 werde die „alle weiteren ‚Konfessionen' übergreifende Problemsicht" formuliert (RO, Armenfrömmigkeit, 159 f.).

152 Vgl. BRUEGGEMANN, Rhetorical Questions, 373, sowie Hi 21,7 (מַדּוּעַ רְשָׁעִים יִחְיוּ) mit Jer 12,1 (מַדּוּעַ דֶּרֶךְ רְשָׁעִים צָלֵחָה).

153 DUHM, Jeremia, 114. Auch Keel sieht diese Nähe zu späten Texten des Alten Testaments, geht jedoch von der Jeremianiziät der Konfessionen insgesamt aus und kommt so zu dem Schluß, Jeremia habe ein neues „Image" des רָשָׁע geschaffen (vgl. KEEL, Feinde, 116 f.).

154 Gegen u.a. ROTHSTEIN, Jeremia, 757; NÖTSCHER, Buch Jeremias, 110; POHLMANN, Ferne, 45 f.; BAK, Klagender Gott, 127, die für literarische Einheitlichkeit votieren.

gang des Endtextes erhält so eine gewisse dramatische Zuspitzung, wenn die Klage *vor* Gott der Konfession 11 mit der Konfession 12 durch eine Klage *gegen* Gott fortgeführt wird.

Wie ist es nun aber um die literarische Einheitlichkeit dieser beiden Einzelstücke bestellt? Lassen sich weitere – ältere oder jüngere – Schichten herausarbeiten? Gerne werden in diesem Zusammenhang in der Konfession 11 die Verse 21–23 in Frage gestellt, in denen „schon der prosaische und dazu schlechte Stil den Ergänzer"[155] verrate. Dieses Urteil Bernhard Duhms spiegelt deutlich das Prophetenbild des späten 19. Jahrhunderts wider: Des Propheten Stimme ist die eines inspirierten Genies und äußert sich deswegen ausschließlich in wohlgesetzten Versen.[156] Auch wenn diese Ansicht in späteren Werken explizit nicht weiter vertreten wird, so wirkt doch das Duhmsche Urteil implizit bis in die jüngste Zeit hinein fort. Dies gilt ebenso für die in der Regel nicht begründete, aber alles andere als selbstverständliche Prämisse, ein Grundbestand der Konfessionen müsse auf Jeremia selbst zurückgeführt werden, wie auch für die literarkritische Bewertung von 11,21–23. Auch wenn das stilistische Argument nun formkritisch untermauert wird, bleibt es doch im großen und ganzen das gleiche: Die Konfessionen seien Klagen, Klagen seien Lyrik, ergo könne Prosa nicht originär zur Klage und somit auch nicht zum Grundbestand der Konfessionen gehören,[157] am allerwenigsten, wenn sie sich, wie die strittigen Verse, einer anderen Gattung zuweisen lasse.[158] Dabei läßt sich jedoch zum einen beobachten, daß die Bestimmungen, welche Textanteile jeweils metrisch und welche prosaisch zu lesen seien, keineswegs gleich ausfallen. Während es Baumgartner gelingt, auch das bewußte Gerichtswort als das „zweite Lied",[159] also lyrisch zu lesen, möchte McKane von

---

155 DUHM, Jeremia, 113.

156 „[D]em Jeremia [sind] nur prophetische Dichtungen von einer bestimmten Form zuzuschreiben [...], aber keine Prosa oder Halbprosa" (ebd., VII).

157 Vgl. THIEL, Redaktion I, 158 f. Seiner Meinung nach seien 11,18.21–23 qua prosaischer Gestalt „von D überformt" (ebd., 159). Ittmann hat dagegen überzeugend nachgewiesen, daß man das Vokabular der fraglichen Stellen nicht ohne weiteres als typisch deuteronomistisch bezeichnen kann (vgl. ITTMANN, Konfessionen, 38). Seiner Meinung nach – und darin ist er weniger überzeugend – habe Jeremia selbst seine Konfessionen in einem späteren Schritt überarbeitet und u.a. 11,21 eingetragen (vgl. ebd., 43).

158 Vgl. REVENTLOW, Liturgie, 256. Es handele sich „um ein normales Gerichtswort mit Begründung", das daher „aus einem grundsätzlich anderen Sitz im Leben" (ebd.) stamme. Damit trägt er die Scheidung innerhalb des Textes sogar bis in ein fiktives vorliterarisches Stadium hinein.

159 BAUMGARTNER, Klagegedichte, 33.

der ganzen Konfession 11 lediglich V. 20 als „poetry"[160] verstanden
wissen. Zum anderen ist das ‚Dogma der reinen Form', das im vergangenen Jahrhundert aus der Psalmenexegese in die prophetischen
Bücher hineingetragen wurde, nicht zuletzt durch die Psalmenforschung selbst relativiert worden. Akrosticha bieten ein gutes Beispiel
für offensichtliche literarische Einheitlichkeit, auch wenn sie „in der Tat
Anleihen bei den verschiedensten literarischen Gattungen machen".[161]
Bei einer Betrachtungsweise, die vorrangig nicht nach einem vorschrift-
lichen *Sitz im Leben* sucht, sondern primär den literarischen *Sitz im Buch*
erklären will, kann eine formkritische Beobachtung daher allein nicht
ausschlaggebend sein, um einen literarischen Schnitt zu vollziehen.

Neben ihr wird jedoch gelegentlich noch ein weiteres Argument
herangezogen, um die fraglichen Verse aus der Konfessionengrundschicht auszuscheiden: In ihnen fänden sich literarische Verknüpfungen in andere Teile des Jeremiabuches, weshalb ihre Zugehörigkeit zur
Grundschicht für nicht denkbar erachtet wird. In der Tat ist nicht zu
leugnen, daß sich die Worte der Gegner von 11,21 direkt auf Kapitel 26,
Jeremias Tempelrede, beziehen. Wie Hubmann und Ittmann zutreffend
festgestellt haben,[162] begegnet im Jeremiabuch nur in 26,8 f.[163] und 11,21
die Wendung נִבָּא בְשֵׁם־יְהוָה, um ‚echte' JHWH-Prophetie zu bezeich-

---

160 MCKANE, Jeremiah I, 254. Diesen Vers sieht er überdies als sekundär aus 20,12
   eingefügt an (vgl. ebd.) – interessanter- und wohl fälschlicherweise unter Berufung
   auf Rudolph, der ganz im Gegenteil 20,12 ausscheiden möchte (vgl. RUDOLPH,
   Jeremia, 133). Auf diese Weise macht McKane aus der gesamten Konfession 11 einen
   sekundären Kommentar zu 12,1–5 (vgl. ebd. 255). Er übersieht dabei die Parallelkon-
   struktion von 11,20 mit 12,3, die eine sekundäre Einfügung des erstgenannten Verses
   aus 20,12 unwahrscheinlich macht, ebenso wie die inhaltlichen Gesichtspunkte, die
   es nahelegen, das Abhängigkeitsverhältnis beider Konfessionen umgekehrt zu bestimmen. Man merkt, daß er seine Beobachtungen an dieser Stelle womöglich zu
   stark von seinen selbstgeschaffenen Fortschreibungsgesetzen leiten läßt. Wenn generell gilt: „poetry generates prose" (ebd., lxi), kann man zu keinem anderen Ergebnis
   als dem seinen kommen. M.E. stellt aber gerade das Nebeneinander der vielen kleinräumigen Fortschreibungen in Jer ein Phänomen dar, das von extremer kreativer
   Freiheit und Lebendigkeit zeugt, und das sich in seiner Entstehung schwerlich
   adäquat durch derartige Formgesetze fassen läßt.
161 J. BECKER, Wege, 77. Pohlmann dehnt Beckers Aussage, die dieser *nur* auf Akrosticha
   bezieht, allerdings, wenn er sie, noch dazu ohne Beispiele zu nennen, pauschal auf
   „zahlreiche den KT verwandte Psalmen" überträgt (POHLMANN, Ferne, 29). Nichtsdestoweniger ist seine Hinwendung von einer überbetonten Formkritik zu einer
   stärkeren Beachtung inhaltlicher Kohärenz berechtigt. Bereits Welten warnt davor,
   „an der Vielfalt der Formen [...] Anstoß [zu] nehmen" (WELTEN, Leiden, 144).
162 Vgl. HUBMANN, Untersuchungen, 65; ITTMANN, Konfessionen, 37.
163 26,8: „Und als Jeremia vollendet hatte, alles zu sagen, was JHWH befohlen hatte, zu
   allem Volk zu sagen, ergriffen ihn die Priester und die Propheten und das ganze
   Volk, sprechend: Du sollst wahrhaftig sterben" (מוֹת תָּמוּת).
   26,9: „Warum prophezeist du im Namen JHWHs" (מַדּוּעַ נִבֵּיתָ בְשֵׁם־יְהוָה).

nen,[164] darüber hinaus sind die beiden Stellen auch darin miteinander vergleichbar, daß ihnen die Todesdrohung gegen den Propheten gemeinsam ist. Ebenso offensichtlich ist, daß sich zu Vers 23 eine nahezu wörtliche Parallele in 23,12b findet,[165] im Abschnitt „für die Propheten" (לַנְּבִאִים, 23,9).

Zudem irritieren die plötzlich auftauchenden „Männer von Anatot" – wird doch der Name von Jeremias Heimatstadt nur an wenigen, der *opinio communis* nach sicherlich nicht auf den Propheten selbst zurückzuführenden, Stellen im Buch genannt.[166] Wie man diese beiden Verbindungen nun allerdings bewertet, ist eine Frage der Prämissen. Zu Belegen für eine sekundäre Ergänzung werden sie erst dann, wenn man – explizit oder implizit – ein vorschriftliches Überlieferungsstadium der Konfession 11 im Munde des Propheten voraussetzt. Nimmt man dies jedoch nicht als bereits gegeben an, so rechtfertigen die Querverbindungen an sich noch keine literarkritische Unterscheidung. Ihre unstrittige *literarische* Funktion erfüllen sie im Rahmen der Konfessionengrundschicht im gleichen Maße, wie wenn man sie einem späteren Redaktor zuschriebe.

Die Existenz eines solchen aus ihrem Charakter als buchübergreifende Verbindungen zu schließen, besteht dagegen kein zwingender Anlaß. Die Hinweise auf die Kapitel 23 und 26 wollen in jedem Falle die Klage des Propheten im Rahmen des Jeremiabuches kontextualisieren. Sie lassen bei der Lektüre die aus dem Rahmen der Jeremiaerzählungen bekannten Verfolgungen durch „die Priester, Propheten und das ganze Volk" (26,8) sowie die Auseinandersetzung mit den falschen Heilspropheten (23,12) vor dem geistigen Auge des Lesers erscheinen und tragen so dazu bei, das Bild eines um seines Auftrags willen leidenden Propheten im ersten Teil des Jeremiabuches (Kapitel 1–20*) zu etablieren.

Das inhaltliche Argument für eine literarkritische Operation, es vertrage sich der „heimliche Anschlag" von V. 18 nicht mit der „offenen Drohung"[167] von V. 21, verfängt demgegenüber ebenfalls nicht. Über die genaue Art und Weise der in 11,18 beschriebenen „Pläne" läßt

---

164 An den anderen Belegstellen wird so nur von Pseudoprophetie gesprochen, vgl. Jer 14,14 f.; 23,25; 27,15; 29,9.21.

165 Vgl. Jer 23,12b: כִּי־אָבִיא עֲלֵיהֶם רָעָה שְׁנַת פְּקֻדָּתָם נְאֻם־יְהוָה mit Jer 11,23: כִּי־אָבִיא רָעָה אֶל־אַנְשֵׁי עֲנָתוֹת שְׁנַת פְּקֻדָּתָם.

166 Der Name erscheint neben der Konfession 11 nur in der Buchüberschrift (1,1), im Rahmen der Auseinandersetzung mit Schemaja (29,31) und in der Geschichte vom Ackerkauf (32,7.8.9). „The motif ‚the men of Anathoth' represents a late strand in, and is peripheral to, the tradition" (CARROLL, Jeremiah, 281).

167 HERMISSON, Rechtsstreit, 7. Vgl. auch THIEL, Redaktion I, 159 f.; HUBMANN, Untersuchungen, 65–67; ITTMANN, Konfessionen, 36 f.

sich wenig bis gar nichts aussagen, da die gewählten Formulierungen generell der Gattung der Feindklage entstammen und daher stark topisch sind. Dies gilt für die מַחְשָׁבוֹת[168] ebenso wie für deren Heimlichkeit[169] – die freilich in 11,18 f. nicht ausdrücklich betont wird, sondern bestenfalls aus der Kundgabe der feindlichen Pläne durch JHWH und der Selbstbezeichnung des Beters als eines zahmen Lammes erschlossen werden kann.

So bleiben die sperrigen „Männer aus Anatot", die es zu erklären gilt. Sie erfüllen, unabhängig auf welcher Ebene der Textgenese man sie ansiedelt, eine zweifache Aufgabe. Zum einen illustrieren sie in der Tat den „Topos der Klage über die Feindschaft der nächsten Angehörigen",[170] darüber hinaus bilden sie jedoch zum anderen, indem sie im Buchablauf den Namen von Jeremias Heimatort ein zweites Mal erwähnen, eine literarische Brücke zum Beginn des Buches, wie sie auch in den anderen Konfessionen, und dort, wie sich zeigen wird, ebenfalls im ältesten Textstratum, gefunden werden kann.[171]

Dadurch wird die Problematik, die die Grundschicht der Konfessionen bestimmt, nämlich das Leiden des Propheten trotz und gerade wegen seiner besonderen Erwählung durch JHWH, bereits in der Buchüberschrift vorbereitet und noch vor seiner Berufung angedeutet. So wie Jeremia schon *prae conceptionem* zum Prophetsein bestimmt ist (1,5), so sind damit ebenfalls bereits Leid und Verfolgung angelegt, die ihm widerfahren werden. Seiner Herkunft nach ist er beides zugleich, gewissermaßen ‚Erwählter und Gequälter', das eine von Mutterleib an, das andere von Vaterstadt her. Und wie es die Elternmetapher bereits impliziert, ist dadurch – ebenfalls von Anfang an – das eine unlöslich mit dem anderen verbunden.

Das letzte Argument schließlich, das einen literarkritischen Schnitt innerhalb der Konfession 11 begründen soll, ist der Versuch, die Wiederholung der Botenspruchformel von 11,21 in 11,22 als Wiederaufnahme zu interpretieren. Es wird jedoch bereits durch den textkritischen Befund entkräftet.[172]

Demnach lassen sich keine stichhaltigen Argumente beibringen, die literarkritische Operationen innerhalb des Abschnittes 11,18–23 rechtfertigen.

---

168 Vgl. Ps 56,6; mit der Wurzel חשׁב noch Ps 10,2; 21,12; 35,4; 41,8; 140,3.5 (vgl. BAUMGARTNER, Klagegedichte, 31).

169 Ein besonders schönes Beispiel ist Ps 64,7.

170 HERMISSON, Rechtsstreit, 7.

171 Vgl. die Verbindungen zum Berufungsbericht in 15,16.20 f. und 20,7. Vgl. S. 128–132; 248.

172 Vgl. S. 16.

Ähnlich verhält es sich mit 12,6. Die Behauptung, V. 6 sei als Auslegung des doppelten Mahnwortes von 12,5 unzureichend oder ver-
fehle dessen Kern,[173] verbunden mit der Beobachtung, daß beide Verse
mit כִּי beginnen, führt zu der Ansicht, es handele sich bei diesem um
die sekundäre Auslegung „eines für sich nicht mehr zureichend verstandenen Bildwortes".[174] Diese Behauptung, die Miteinbeziehung der
engsten Verwandten in die Gruppe der in 12,1 beklagten רְשָׁעִים gebe
gar keine homogene Erklärung des im Sinne von 12,5 angekündigten
Schwereren [...], da die *Vergleichspunkte* divergieren",[175] sei also nicht
die dort bildhaft angekündigte Verschlimmerung der Lage des Beters,
verkennt die Dimension der dort getroffenen Aussage. Wenn selbst die
Mitglieder der eigenen Familie zu jenen „Frevlern" gerechnet werden
müssen, die „treulos handeln",[176] und denen der verzweifelte Zorn des
Beters gilt, so ist damit ein Grad der Vereinsamung erreicht, der weit
über die Feindschaft der „Männer von Anatot" aus der Konfession 11
hinausgeht.[177] Der Verlust selbst der engsten familiären Bindungen, wie
ihn V. 6 andeutet, führt den bereits in 11,21 und 11,23 verwendeten
Topos von der Bedrohung aus dem engsten Freundeskreis über das mit
diesem dort ausgedrückte Maß an Entfremdung hinaus zu einem nicht
mehr überbietbaren Extremzustand: Jetzt steht einer gegen alle – und
alle gegen einen. Die Wiederaufnahme des Satzanfanges mit כִּי ist
daher nicht als Zeichen für eine literarische Naht zu bewerten, sondern
als bewußte, auf der gleichen Ebene anzusetzende Parallelisierung von
Bildwort und Deutung.[178] Ein weiteres, überaus starkes strukturelles
Argument für die Einheit der Konfession 12 hat zudem Diamond
beigebracht. Er entdeckt in der Abfolge der finalen Verben einen chiastischen Aufbau des ganzen Abschnittes und somit eine kohäsive

---

173 Ein jüngstes Beispiel dieser Ansicht ist Kiss. Er meint, in V. 5 und V. 6 kämen „unterschiedliche Lebenssituationen" zum Ausdruck, weshalb er in V. 6 „einen isolierten,
   wahrscheinlich auf den Propheten zurückgehenden Spruch" (KISS, Klage Gottes, 45)
   erkennen möchte. Kiss bringt allerdings keine Argumente bei, um die angesprochene Wahrscheinlichkeit zu untermauern.
174 HERMISSON, Rechtsstreit, 7. Eine „dtr. Erweiterung" sieht hier auch Ahuis, der allerdings den (historisch-jeremianischen) Kern von 11,18–23 in 12,1–4abα.5 finden
   möchte und die gesamte Konfession 11 zur sekundären Ergänzung erklärt (vgl.
   AHUIS, Gerichtsprophet, 81–88). Er erweist sich dabei als Gefangener seiner selbstgeschaffenen formkritischen Strukturen aus „Beauftragung" und „Klage gegen den
   Auftraggeber" (vgl. ebd., 80 f.).
175 HUBMANN, Untersuchungen, 74 (Hervorhebung im Original gesperrt).
176 Vgl. die bewußte Inklusion von 12,1 und 12,6 über die Wurzel בגד: כָּל־בֹּגְדֵי בֶגֶד
   (12,1); נַם־הֵמָּה בָּגְדוּ בָךְ (12,6).
177 Deswegen können 11,21–23 und 12,6 nicht zusammen als Anatot-Redaktion der
   gleichen literarischen Ebene zugeordnet werden (gegen MCKANE, Jeremiah I, 255).
178 Vgl. GUNNEWEG, Konfession, 402.

Struktur, die V. 6 zwingend einschließt.[179] Der Vers ist daher integraler Bestandteil der ersten Konfessionenfortschreibungsschicht in 12,1–6*.

Einen anderen Fall stellt dagegen der Vers 12,4 dar. Unvermutet erfolgt ein Subjekt- wie Themenwechsel: Ging es eben noch um die „Frevler" und ihr Gedeihen, so ist nun vom „Land" und seinem „Vertrocknen" die Rede, das auf die Bosheit nicht einer bestimmten Gruppe, sondern (aller) „seiner Bewohner" (יֹשְׁבֵי־בָהּ) zurückgeführt wird. Dieser sprachliche wie thematische Bruch gibt Grund zu der Annahme, daß der Vers 12,4 oder zumindest 4abα nicht einer der beiden bisher herausgearbeiteten Schichten zwischen 11,18 und 12,6 zuzuschreiben ist.[180] Dieses literarkritische Einzelurteil stellt einen der wenigen Punkte dar, hinsichtlich derer tatsächlich innerhalb des Gros der jüngeren Forschung weitgehender Konsens herrscht.[181] Dieser ist jedoch bereits wieder verlassen, wenn es um die relative Einordnung des Dreiviertelverses in seine unmittelbare Umgebung oder gar um seine Auslegung geht. Vermeylen sieht in ihm, zusammen mit dem folgenden V. 5 „un oracle jérémien",[182] während Pohlmann die Mehrheitsmeinung wiedergibt, für die das fragliche Stück „allerdings ein deutlicher Nachtrag"[183] ist. Um seine Auffassung von 12,4abα.5 als Kondensationskeim des

---

179 „The verbal link with בגד in v.1 is part of a larger chiastic structure spanning the whole passage: דבר–בגד–עשה–ראה–ראה–עשה–בגד–דבר" (DIAMOND, Confessions, 43). Dieses Argument widerlegt auch die These Wankes, der Kern des Konfessionenblocks sei in der Klage 12,1–4* zu suchen, die später jeremianisiert worden sei (vgl. WANKE, Jeremia 1, 125).

180 Das findet bereits Hitzig: „Nun aber ist Vers 4. in diesem Zusammenhange unbegreiflich. [...] Kurz, Vers 4., welcher weder mit dem 3. noch mit dem 5. V. zusammenhängt, während dgg. unter sich diese beiden, und welcher nicht von dem Glücke der Frevler u.s.w., sondern vom Unglücke des Landes handelt, gehört nicht hieher [sic!], und ist vielmehr als Klage über Dürre zu 14,1–9. zu verweisen." (HITZIG, Jeremia, 93; vgl. ähnlich NÖTSCHER, Jeremias, 47 f.). Auch Hitzig nimmt bereits 12,4bβ von diesem Urteil aus (vgl. HITZIG, Jeremia, 93.).

181 Vgl. so unterschiedliche Arbeiten wie die von ITTMANN, Konfessionen; 44, VERMEYLEN, Essai, 244; AHUIS, Gerichtsprophet, 83 f.; POHLMANN, Ferne, 45, n. 6; WANKE, Jeremia 1, 127. Ausnahmen bilden Hubmann und Diamond. Letzterer meint: „There is no need to see v. 4 as contextually misplaced" (DIAMOND, Confessions, 48) und sieht eine „chiastic structure of the question-problem elements" (ebd., 39) von V. 1 und V. 4. Diese Struktur vermag jedoch bei weitem nicht in dem Maße zu überzeugen wie seine Beobachtungen zu 12,1–6 insgesamt (vgl. ebd., 43), die auch *ohne* V. 4abα zutreffen. Ähnlich wie Diamond und ebenfalls mit einer Strukturanalyse argumentierend: HUBMANN, Untersuchungen, 139.

182 VERMEYLEN, Essai, 247. Auf seiner Auslegung fußt der Vorschlag Sternbergers, Jer 12,5 als authentisches Orakelfragment zu isolieren. Er stellt 12,5; 49,19; 15,19–21.11–14 zu einem Kriegsorakel zusammen, dessen „destinataire [...] très certainement un roi", genauer gesagt „[le] roi judéen Yoyaqım" gewesen sei (STERNBERGER, Oracle, 471). Wie man sich den Vorgang dieser Zerstückelung und postulierten Neukontextualisierung vorzustellen habe, bleibt jedoch unklar.

183 POHLMANN, Ferne, 45, n. 6.

ganzen Abschnittes 11,18–12,6 zu belegen, argumentiert Vermeylen vor allem wortstatistisch, indem er das verwendete Vokabular als typisch jeremianisch herausstellen möchte. Damit bewegt er sich freilich zum einen in einem hermeneutischen Zirkel, da er die „Authentizität" der herangezogenen Parallelstellen meint fraglos voraussetzen zu können,[184] zum anderen macht sein Sprachbeweis die fraglichen Verse bestenfalls als dem Jeremia*buch* zugehörig plausibel, sagt jedoch wenig bis gar nichts über ihre Autorschaft oder ihr Alter aus: Auch in der Antike wurde zitiert. ‚Typisch jeremianische Sprache' ist daher in erster Linie die typische Sprache des Buches Jeremia – quer durch die Jahrhunderte seiner Entstehung – und nicht zwangsläufig der semantische Code des Propheten selbst. Zudem ist sein Entstehungsmodell für den ganzen Abschnitt[185] mit einem weiteren Problem behaftet: Es berücksichtigt nicht die Einbettung des Konfessionenblocks in den Kontext der Kapitel 11 und 12. Zieht man die hierfür getroffenen Beobachtungen, insbesondere die verschiedenen die Konfessionen umfassenden Klammern, mit in Betracht, erscheint es als extrem unwahrscheinlich.

So wird man in der Tat den Dreiviertelvers als spätere Eintragung in die erste Konfessionenfortschreibung zu lesen haben. Will man nun nicht an die Separatüberlieferung frei flottierender Jeremialogien bis zu dem relativ späten Zeitpunkt der Textgenese, an dem man mit der Einschreibung von 12,1–6* zweifelsohne angelangt ist, oder an wilde Versverschiebungen glauben,[186] so ist davon auszugehen, daß 12,4abα eine weitere Fortschreibung der Konfessionen 11 und 12 darstellt.[187] Welche Idee jedoch könnte sie motiviert haben?

Verfolgt man die ‚Dürrespur' in das Buch Jeremia hinein, so ergibt sich, daß von einer Trockenheit neben 12,4 noch in den Kapiteln 4; 9; 14 und 23 die Rede ist. In allen Fällen liegt der Grund für dieses „Vertrocknen[188] des Landes" (אָבְלָה הָאָרֶץ, 23,10) in der Schuld der Gesamt-

---

184 „Authentique" sind für ihn fraglos Jer 4,21.28; 9,9; 14,6 (vgl. VERMEYLEN, Essai, 244–246).

185 Er sieht 12,4abα.5 als „oracle jérémien" (ebd., 247), 11,21 f. als „deux versets deutéronomistes" (ebd., 248), 11,18–19* als ersten „commentaire postexilique" (ebd., 251) sowie den Rest, 11,20.23; 12,1–3.4bβ.6, als „nouvelle relecture postexilique" (255).

186 Solche scheint Hitzig anzunehmen, wenn er den Abschnitt nach Kapitel 14 verweist (vgl. HITZIG, Jeremia, 93).

187 Holladay nimmt wohl völlig zu Recht an, daß 12,4 „[was] added at the time the drought complex was integrated into the growing corpus" (HOLLADAY, Architecture, 134).

188 Fischer möchte in 12,4 אבל mehr im Sinne von ‚trauern' und in 23,10 mehr von ‚vertrocknen' verstanden wissen (vgl. FISCHER, Jeremia 1–25, 432.691). Er spiegelt mit der Bedeutung ‚trauern' die Lesart von LXX (πενθήσει) und Vg. (*lugebit*) sowie die ältere Forschung wider, die – natürlich für beide Belegstellen identisch – lediglich von *einer* Wurzel אבל ausgeht (vgl. GESENIUS[17], 5), nicht jedoch die jüngere, die,

heit begründet.[189] Sie hat zur Folge, daß sich auch dieser Teil des Fluches (vgl. 23,10: אָלָה) von Dtn 28[190] am Volk erfüllt. Diese Verbindungen in den weiteren Buchkontext, von denen zwei in Textabschnitte weisen, die bereits mit der Grundschicht motivisch (so 9,3 mit 11,21.23 bzw. im Rahmen der Fortschreibung 12,6) oder terminologisch (so 23,12 mit 11,23) verknüpft sind, machen deutlich, daß in 12,4 die Schuld ebenso wie das resultierende Übel von den „Frevlern" auf die Größe des Volkes insgesamt ausgedehnt und somit kollektiviert wird. In dieser Hinsicht liegt der Vers ganz auf der theologischen Linie der Vergleichsstellen im Jeremiabuch und seiner engen Parallele Hos 4,3.[191] Auch dort handelt es sich um einen רִיב, jedoch ist es, anders als in der Konfession 12, kein Prozeß, der gegen JHWH gerichtet wäre, sondern einer, den er, in seiner Doppelfunktion als Ankläger und Richter, selbst anstrengt. Die Dürre, „das Gericht eines Sintbrandes",[192] ist die angemessene Strafe für die in den Versen Hos 4,1b.2 angeführten Verfehlungen, wie sie es in Jer 12,4 für die nicht näher explizierte „Bosheit" der Landesbewohner ist.

Gleichwohl sticht ein gravierender Unterschied zur Hoseaparallele ins Auge. Hier, in Jeremia, findet sich die Dürre nicht innerhalb eines

---

bereits seit Drivers Beitrag von 1936, eine vom akkadischen *abālu*ᵦ abgeleitete Wurzel אבל2 „austrocknen, verdorren" kennt (vgl. DRIVER, Confused Roots, 73–75; GESENIUS¹⁸·¹, 8, mit den Belegstellen Jes 24,4.7; 33,9; Jer 12,4; 23,10; Hos 4,3; Am 1,2 sowie KBL³, 7), wenngleich diese auch Gegenstand der Diskussion bleibt: KUTSCH, Trauerbräuche, 88 f. und SCHARBERT, Schmerz, 47–58 wollen auf einer Wurzel beharren, wobei ersterer sie mit der Grundbedeutung ‚vertrocknen', letzterer mit ‚trauern' ansetzt, und auch Baumann und Stolz wollen lieber von „Bedeutungsvarianten derselben Wurzel" (BAUMANN, אָבַל, 47; vgl. STOLZ, אבל, 28) als von zwei selbständigen Lexemen sprechen.

189 In Kapitel 4 ist es in V. 22 die ‚Weisheit', Übles zu tun (חֲכָמִים הֵמָּה לְהָרַע), die in V. 28 die Dürre zur Folge hat (עַל־זֹאת תֶּאֱבַל הָאָרֶץ), in Kapitel 9 folgt die Klage über die verwüsteten Weidegründe, die von Vieh und Vögeln verlassen sind (9,9), auf die Racheankündigung JHWHs „an einem Volk wie diesem" (9,8). In Kapitel 14 schließt an die Beschreibung der Dürre von V. 1–6 ein kollektives Sündenbekenntnis (חָטָאנוּ לָךְ, 14,7) an, und in Kapitel 23 wird das Land zur Wüste, weil „,sie' (3. m. pl.) nach Bösem streben" (מְרוּצָתָם רָעָה, 23,10).

190 Vgl. Dtn 28,22–24.

191 עַל־כֵּן תֶּאֱבַל הָאָרֶץ וְאֻמְלַל כָּל־יוֹשֵׁב בָּהּ בְּחַיַּת הַשָּׂדֶה וּבְעוֹף הַשָּׁמַיִם וְגַם־דְּגֵי הַיָּם יֵאָסֵפוּ. Die wörtlichen Gemeinsamkeiten mit 12,4 sind hervorgehoben.

192 WOLFF, Hosea, 85. Der Begriff Wolffs verdeutlicht hervorragend den Strafcharakter, der in der Totalität des Verdorrens zum Ausdruck kommt. Er macht ferner unmißverständlich klar, daß es in Hos 4,1–3 und Jer 12,4 ebensowenig um eine ökologische Katastrophe geht wie in Gen 6–8 um die Auswirkungen des Treibhauseffektes. Fischer dagegen möchte aufgrund des Plurals בְּהֵמוֹת in Jer 12,4 „annehmen, daß die verschiedensten Arten von der Ausrottung getroffen werden – eine Erfahrung, die leider auch für die gegenwärtige Welt gilt" (FISCHER, Jeremia 1–25, 432). Unbeschadet des Wahrheitsgehaltes der letzten Aussage an sich wäre ihre Eisegese in Jer 12,4 zumindest hermeneutisch zu reflektieren.

Gerichtswortes aus dem Munde Gottes, sondern im Rahmen einer Klage, die der Beter an und gegen ihn richtet.[193] Die Einleitung עַד־מָתַי ist hierbei nicht primär eine „typisch jer Frage",[194] sondern ein für die Klage in ihren verschiedenen Gattungen typischer und charakteristischer Ausdruck.[195] Das „wie lange" von V. 4 knüpft damit gezielt an das „warum" von V. 1 an, fragt es doch ebenso wie jenes in der Klage „nach dem Abgewandtsein Gottes".[196] Indem die zweite Fortschreibung das Dürremotiv unter dieser Frageformel in die zweite Konfession integriert, wird in dieser eine Parallelstruktur zur Klage über das Prosperieren der „Frevler" von 12,1 f. etabliert. Wie dieser, so geht es auch jener nicht vornehmlich um die Kausalität, die hinter Aufblühen wie Verdorren paradoxerweise einmal in einem Versäumnis, das andere Mal in der Strenge des göttlichen Richters zu suchen wäre, sondern um die Terminierung beider Zustände. Berücksichtigt man zusätzlich zu dieser Erkenntnis die Verknüpfung, die durch die Einschreibung von 12,4abα zum Kapitel 14 aufgebaut wird, so erhellt sich eine mögliche Intention dieser zweiten Fortschreibungsschicht. Dort folgt auf die Schilderung der Dürre eines der beiden kollektiven Sündenbekenntnisse,[197] die das Kapitel zu der „großen Liturgie" machen, die es auf der Ebene des Endtextes[198] darstellt.

Durch die Integration des gleichen Themas vollzieht sich in der Konfession 12 demnach nicht nur eine Kollektivierung von Schuld und Strafe, sondern auch und vor allem eine Kollektivierung der Klage. Die Konfessionen 11 und 12 sollen auf eine ähnliche Weise gelesen werden wie die Volksklage von Kapitel 14. Ein Jeremia, der nun für das (wahre) Volk stellvertretend spricht, verlangt vom Richter JHWH einerseits rechtmäßiges hartes Durchgreifen (12,3) gegen die „Frevler", andererseits jedoch auch, wenn nicht die Revision des getroffenen Urteils, so doch eine Begrenzung des verhängten Strafmaßes über die „Bewohner". Die Rede von ihrer Bosheit bindet zudem so den kollektiv gelesenen Konfessionenblock noch enger an seinen vorlaufenden Kontext, in dem die „Bewohner Jerusalems" (יֹשְׁבֵי יְרוּשָׁלַם, 11,12) vergeblich zu

---

193 „The legal sentence issued by the Judge in Hos 4:3 is converted in Jer 12:4 into an accusation against the Judge himself" (O'CONNOR, Confessions, 20).

194 FISCHER, Jeremia 1–25, 432. Von den 29 Belegen für diese Wendung im AT finden sich lediglich 6 im Buch Jeremia (Jer 4,14.21; 12,4; 23,26; 31,22; 47,5).

195 Für „wie lange?" findet man in diesem Zusammenhang neben עַד־מָתַי (vgl. Ps 6,4; 74,10; 80,5; 82,2; 90,13; 94,3) noch die Wendungen עַד־אָנָה, (vgl. Ps 13,2.3; Hab 1,2) עַד־מֶה (Ps 4,3; 79,5; 89,47) und כַּמֶּה (Hi 7,19; Ps 35,17; 119,84).

196 „Die Frage ,wie lange?' fragt ebenso wie die Warum-Frage nach dem Abgewandtsein Gottes" (WESTERMANN, Struktur, 53).

197 Jer 14,7.20.

198 Zu Kapitel 14 vgl. S. 101–112.

JHWH schreien (11,11), wenn er an ihnen Übles mit Üblem (רָעָה בְּגִלָל
רָעַת, 11,17) vergelten wird. Die Klage antwortet so auf das vorhergehende Gerichtswort.[199]

Wie verhält sich nun schließlich die Dürre in Ps 107,34, die als
weitere Parallele zum Einschreibungsvers 12,4 genannt wird,[200] zu
diesem? In der Tat ist die Begründung für Gottes desertifizierendes
Handeln dort wörtlich die gleiche wie in Jer 12: Es ergeht „wegen der
Bosheit seiner Bewohner"(מֵרָעַת יֹשְׁבֵי־בָהּ), was für Kiss Grund zu der
Annahme ist, die Jeremiastelle als „von Ps 107 entlehnt"[201] anzusehen.
Will man nun tatsächlich über eventuelle Abhängigkeiten zwischen
beiden Stellen spekulieren, so muß ein Vergleich allerdings über das
Feststellen identischer Buchstabenfolgen hier wie dort hinausgehen. Es
ist wichtig zu beachten, daß das Motiv von der Dürre als Strafe hier, im
Psalm, nicht wie bei den prophetischen Belegen im Rahmen eines
Gerichtswortes oder einer Klage Verwendung findet, sondern in einer
weiteren, gänzlich anderen literarischen Gattung vorliegt: Ps 107 ist ein
Toda-Psalm und sein als „Zusatzdichtung"[202] bzw. „schriftgelehrte literarische Fortschreibung"[203] angesehener Teil ab den Versen 33 „trägt
eindeutig hymnische Züge."[204] Die Verwandlung fruchtbaren Landes in
eine Salzwüste (Ps 107,34) und – nicht zu vergessen – *vice versa* seine
Wiederbewässerung (V. 35) werden nicht beklagt, sondern als Groß-
taten der Gerechtigkeit in der Geschichte „zum Lob der Gnade Gottes
und seiner Wunder"[205] besungen.

Eine Übernahme der fraglichen Wendung aus diesem Kontext in
den Zusammenhang von Jer 12 und eine damit beabsichtigte Verbindung beider Stellen, wie sie Kiss annimmt,[206] erscheint aus zwei
Gründen unwahrscheinlich. Zum einen ist die dann nötige Annahme,
das Dürremotiv sei aus dem Gerichtskontext erst in die Gattung des
Dankpsalmes exportiert und von dort in die Gerichtsklage reimportiert
worden, wenig plausibel, zum anderen fällt als es extrem schwer, eine

---

199 Vgl. FISCHER, Jeremia 1–25, 432.
200 Vgl. KISS, Klage Gottes, 47, FISCHER, Jeremia 1–25, 432.
201 KISS, Klage Gottes, 47.
202 DUHM, Psalmen, 392.
203 SEYBOLD, Psalmen, 430.
204 KRAUS, Psalmen 60–150, 914. Vgl. auch BEYERLIN, 107. Psalm, 98 f.
205 SPIECKERMANN, Hymnen, 143. Das „tema del metabolismo degli elementi" (RAVASI,
     Salmi III, 215) will nicht Gottes *potentia absoluta* illustrieren, sondern sein gerechtes
     Eingreifen in die Geschichte preisen. Eine elaborierte „tipologia esodica" (ebd.) kann
     jedoch m.E. in den Versen 34 f. nicht gesehen werden.
206 Vgl. KISS, Klage Gottes, 47. Er unternimmt nicht den Versuch, seine These einer
     literarischen Abhängigkeit theologisch zu interpretieren.

denkbare theologische Intention hinter dem letztgenannten Schritt zu imaginieren.

Umgekehrt wäre dagegen eine Umwertung des Motives von seiner Deutung als Fluch, um dessen Aufhebung gefleht wird, hin zu seiner Interpretation als Manifestation der göttlichen Gerechtigkeit im Rahmen einer theologischen Geschichtsdeutung, wie sie Ps 107,33–43 darstellt, eher denkbar. Eine solche Transformation von der aktuellen Klage zum Lobpreis in der heilsgeschichtlichen Metaschau ist m.E. *motivgeschichtlich* nicht zu leugnen – um jedoch zwingend eine *literarische* Interdependenz postulieren zu können, sind die Gemeinsamkeiten von Ps 107,34 und Jer 12,4 wohl nicht ausreichend. Allerdings ist diese Möglichkeit nicht generell von der Hand zu weisen. Will man einmal annehmen, Ps 107,34 greife bewußt Jer 12,4 auf und wolle eine literarische Verbindung zu dieser Stelle herstellen, so erhielte der Abschnitt eine Deutung, die durchaus der Gattung des Dankliedes entspräche. Er ließe sich dann als die dankbare Antwort der Beter auf die Erhörung der vom Konfessionenjeremia kollektiv vorgebrachten Klage verstehen. Der Psalm blickt auf die Dürre als ein vergangenes Ereignis zurück, das zudem durch Gottes wasserspendendes Handeln in V. 35 ausbalanciert und in den Großrahmen seiner „Wohltaten" (חֲסָדִים, V. 43) eingeordnet ist. Die Fragen „warum?" und „wie lange?" der Konfession 12 sind auf diese Weise offensichtlich befriedigend beantwortet. Innerhalb des Jeremiabuches ist die Antwort eine andere: Hier wird auf das endgültige Gericht über die Völker verwiesen.[207]

Die außerjeremianische Rezeption der ersten beiden Konfessionen betrifft allerdings nicht nur ihre jüngste Schicht. Die Unschuldsbeteuerung des Beters von 11,19, er sei wie ein zutrauliches Schaf (כֶּבֶשׂ) gewesen, das „zum Schlachter geführt wird" (יוּבַל לִטְבוֹחַ), hat ihre nicht minder bekannte, von ihr abhängige,[208] Parallele im vierten Gottesknechtslied Jes 52,13–53,12. Dort vergleicht die berichtende Wir-Gruppe in 53,7 das Verhalten des ,Ebed' im Leiden mit dem eines Lammes (שֶׂה), „das zur Schlachtung geführt wird" (לַטֶּבַח יוּבָל). In 53,8 schließlich ist er ,aus dem Lande der Lebendigen' (מֵאֶרֶץ חַיִּים) hinweggerissen – wie es die Feinde des Konfessionenjeremia in 11,19 mit diesem vorhaben (vgl. וְנִכְרְתֶנּוּ מֵאֶרֶץ חַיִּים).

---

207 Vgl. S. 285.

208 Vgl. HERMISSON, Studien, 176 (der allerdings bei beiden Texten die entsprechenden Propheten als Verfasser betrachtet); gegen BAK, Klagender Gott, 213, der dafür eintritt, in den Konfessionen Jeremias würden bereits die Gottesknechtslieder verarbeitet. Er begründet diese These ausschließlich mit seiner Datierung der Jeremiaklagen „in die späte nachexilische Zeit" (ebd.) im Vergleich zur unhinterfragt übernommenen ,Authentizität' der Ebed-JHWH-Lieder. Das ist kein starkes Argument.

Die Unterschiede zwischen beiden Stellen bestehen aber nicht nur darin, daß in Jes 53 bereits ausgeführt ist, was sich in Jer 11 noch im Stadium der Planung befindet. Auch die Metapher vom Schlachtschaf wird hier und dort unterschiedlich gebraucht. In Jer 11 hebt der Sprecher den Aspekt der Ahnungslosigkeit hervor, der diesem Bild innewohnt, in Jes 53 dagegen geht es um die Wehrlosigkeit des ‚Ebed' und seine Geduld im unverschuldeten Leiden.

Dieses schließlich wird im vierten Gottesknechtslied theologisch ganz anders betrachtet als in den Konfessionen Jeremias. Während es in Jer 11 vom Beter als ein sinnwidriger Zustand beklagt wird, der von JHWH durch rächendes Gerichtshandeln (vgl. 11,20) beendet werden muß und soll, erfährt es in Jes 53 eine theologische Deutung. Ihm wird sühnende Wirkung zugunsten der ‚Vielen' (vgl. Jes 53,11) zuerkannt; es wird als stellvertretendes Leiden gedeutet und ihm dadurch ein heilswirkender Sinn zugewiesen. Etwas derartiges wird im Jeremiabuch auf keiner literarischen Ebene der Konfessionen und auch sonst nicht behauptet. Diese Lösung des Konfliktes von Leiden und Erwählung, die in jenem nicht einen Gegensatz, sondern den Inhalt der *vocatio* sieht, ist eine theologische Spitze, die auch im Jesajabuch selbst singulär und unrezipiert blieb.[209] „Die literarisch dokumentierte Weiterführung ihrer theologischen Optionen ist jedenfalls erst außerhalb des Alten Testaments bezeugt."[210]

---

209 Aus diesem Grunde läßt sich über die Rezeption der Konfession 11 in Jes 53 kein Anhaltspunkt für ihre Datierung gewinnen. Anders als die drei ersten Gottesknechtslieder, die in ihrem unmittelbaren Kontext in 42,5–7; 42,18–25; 49,7–13; 50,10 f.; 54,11–17a weitere Fortschreibungen erfuhren (vgl. KRATZ, Kyros, 144) und im tritojesajanischen Bereich, etwa Jes 61,1 f. aufgenommen werden (vgl. ebd., 146), steht das vierte allein in seinem Kontext (vgl. auch STECK, Gottesknechts-Texte, 155–172). Steck sieht freilich auch das vierte Gottesknechtslied bereits von der Ebed-Israel-Schicht rezipiert (vgl. ebd., 164), überzeugt in diesem Punkt jedoch nicht, wenn er den Aspekt der „weltweite[n] Erhöhung" (ebd.) als von dort entlehnt betrachtet. Es ist dagegen eher umgekehrt wahrscheinlich, daß das vierte Gottesknechtslied nicht nur Jer 11, sondern auch schon die drei ersten Ebed-JHWH-Lieder und möglicherweise auch bereits ihre Fortschreibungen kennt. Spieckermann sieht schließlich in Jes 59,16 einen Reflex auf Jes 53,12 (vgl. SPIECKERMANN, Stellvertretungsgedanke, 153). Während nämlich die Verfasser von 53,12 die Mittlerschaft des ‚Ebed' zugunsten der ‚Übeltäter' behaupten (לַפֹּשְׁעִים יַפְגִּיעַ), sieht JHWH in 59,16, daß es niemanden gebe, der diese Rolle übernehme (אֵין מַפְגִּיעַ), weshalb er selbst nun darangehe, Gerechtigkeit durchzusetzen. Die Beziehung beider Stellen zueinander ist alles andere als eindeutig. Sie läßt sich ebensogut in umgekehrter Richtung erklären als von Spieckermann vorgeschlagen.

210 SPIECKERMANN, Stellvertretungsgedanke, 153; vgl. DERS., Stellvertretung, 137.

2.4 Zusammenfassung und Auswertung

Es hat sich herausgestellt, daß der Abschnitt Jer 11,18–12,6 nicht nur als ganzer in einen bereits bestehenden, komplex gewachsenen literarischen Zusammenhang eingefügt worden ist, sondern daß an und in ihm drei weitere Schichten voneinander zu trennen sind: Eine Konfessionengrundschicht in 11,18–23, eine erste Fortschreibung in 12,1–3.4bβ.5–6 sowie eine zweite Ergänzung in 12,4abα.

Die Grundschicht konnte im Rahmen ihres Kontexts auf zweifache Weise bestimmt werden: Zum einen stellt sie auf redaktioneller Ebene das jüngste Textstratum im Rahmen der Kapitel 11 und 12 dar, zum anderen ist sie nicht nur durch Stichwort- und Motivverbindungen an den sie umgebenden Kontext angebunden, sondern weist darüber hinaus literarische Verbindungen in das weitere Jeremiabuch hinein auf.

Als Erklärung für diesen Befund kann die These, die Konfessionen seien nach längerer oder kürzerer eigenständiger Überlieferung redaktionell in das entstehende Buch eingepaßt worden, nicht dienen. War sie nach der bloßen Kontextanalyse noch theoretisch denkbar, so kann sie nicht aufrechterhalten werden, wenn die Verbindungen zu den Kapiteln 1; 23 und 26, die sich in der ersten Konfession eruieren lassen, bereits durch die Grundschicht geknüpft sind.

Damit bleibt als Modell für ihre Entstehung nur eine Lösung denkbar: Bereits das erste literarische Stratum, die Konfession 11, ist als Einschreibungstext anzusehen, der in und für seinen nachmaligen Kontext verfaßt wurde.[211]

Für seine Auslegung ergeben sich aus dieser Folgerung gewichtige Konsequenzen. Mit der Bestimmung als literarisches Produkt rückt jede wie auch immer vorzustellende Situation ihrer „Verkündigung",[212] mit der Einordnung als Spätling im Kontext der Kapitel 10–12 der Prophet des sechsten Jahrhunderts überhaupt in weite Ferne. Es ist davon auszugehen, daß zwischen der Konfessionengrundschicht und dem historischen Jeremia ein Graben von mehreren Jahrhunderten klafft.

Ist es eigentlich bereits seit Baumgartners formkritischen Erkenntnissen aus methodischen Gründen nicht zulässig, aus den Konfessionen Jeremias Informationen über seinen Charakter, sein Gefühls- und

---

211 Diese Vermutung äußert bereits Welten: „Mit großer Wahrscheinlichkeit sind sie [sc. die Konfessionen] auch erst für diesen bereits vorhandenen Zusammenhang geschaffen worden" (WELTEN, Leiden, 145).
212 ITTMANN, Konfessionen, 19 und *passim*.

Glaubensleben zu gewinnen,[213] so macht diese redaktionskritisch eru-
ierte Kluft jeden derartigen Versuch endgültig unmöglich. Damit ist
einer biographisch-psychologischen Auslegung[214] eine ebenso klare
Absage zu erteilen wie jener biographisch-theologischen Deutung, die
in der Abfolge der Texte eine theologische Entwicklung des Propheten
hin zu einer Befreiung von „seiner engen Bindung an gesellschaftliche
Vorstellungen"[215] erkennen möchte. Ebensowenig kann es die primäre
Intention der Texte gewesen sein, in einem mündlichen Vortrag vor
Freunden des Propheten als „Rechenschaftsbericht"[216] fungiert zu
haben und später, in publizierter Form, jenen vor einer breiteren
Öffentlichkeit als echten JHWH-Propheten zu legitimieren.[217]

Gleichwohl ist es nicht verwunderlich, daß gerade die Kon-
fessionen traditionell im Zentrum der Jeremiabiographien stehen. Die
Grundschicht in 11,18–23 *will* ja als eine Selbstäußerung des Mannes
gelesen werden, dessen Namen das Prophetenbuch trägt und dessen
Ergehen und Erleben in den sogenannten „Fremdberichten" in der
dritten Person geschildert wird. Die Bezüge zur Buchüberschrift, zum
Fremdprophetenabschnitt von Kapitel 23 und zur Schilderung der
Tempelrede in Kapitel 26 verdeutlichen, daß es hier nicht um die
Exponierung eines exemplarischen ‚Leidenden Gerechten', sondern um
einen ganz konkreten, in einen mehr oder weniger fiktiven historischen
Kontext eingepaßten ‚Leidenden Propheten' geht. Dieser Jeremia leidet,
obwohl und gerade weil er der wahre Prophet JHWHs ist – und er
leidet wegen und an seiner Verkündigung. Sein eigenes Leiden korres-

---

213 Baumgartner selbst ficht dies indes nicht weiter an, dennoch „das heiße morgenländische Temperament" unter „seinem weichen Gemüt" festzustellen – „wehe,
wenn es losgelassen!" (BAUMGARTNER, Klagegedichte, 32). Carroll wehrt sich zurecht gegen diese Form der doppelten unterschiedlichen Auslegung des selben Text-
phänomens, wenn er für eine Bestimmung des historischen Rahmens der Konfessionen die gleiche Vorsicht und Zurückhaltung wie für die Psalmenexegese einfordert
(vgl. CARROLL, Confessions, 116).

214 Exemplarisch, nicht zuletzt wegen seiner breiten Wirkungsgeschichte, mag dafür
das Werk John Skinners stehen, der vermittels der Konfessionen Zugriff auf „the
inner life of Jeremiah" (vgl. SKINNER, Prophecy, 201–230) haben zu können glaubt.
Sie zeigten demnach nicht zuletzt die Unvollkommenheit in der Frömmigkeit des
Propheten, nämlich „an incomplete possession by the spirit of love, which is the
medium of perfect communion with God" (ebd., 229), kurz: Jeremias großer Fehler
war es, nicht Christ zu sein, „[he] had not learned the lesson of the Cross" (ebd., 230).

215 ITTMANN, Konfessionen, 148.

216 Ebd., 195.

217 Vgl. O'CONNOR, Confessions, 26.95. In diesem Punkt, „The Setting of the Confessions in the Prophet's Life" (ebd., 95), zeigt sie eine starke Nähe zu Ittmann (vgl.
ITTMANN, Konfessionen, 197). Es stellt sich zudem die Frage, nach welchen Kriterien
den Konfessionen ein höherer legitimatorischer Stellenwert zukommen sollte als
jedem anderen Prophetenwort oder gar dem Berufungsbericht.

pondiert somit dem eigenen Leiden Gottes an dem von ihm verhängten Gericht über den „Geliebten meiner Seele" (יְדִדוּת נַפְשִׁי 12,7), das sich an den ersten Konfessionenblock anschließt.[218] Als „Mund" Gottes (vgl. כְּפִי תִהְיֶה, Jer 15,19), der dessen Wort in sich trägt, verkörpert er einerseits *dessen* Leiden wie auch anderseits *zugleich* das Problem des leidenden Erwählten.

So ist diese Jeremiadeutung, die das Grundstratum der Konfession 11 prägt, sehr wohl eine biographisch-theologische – jedoch in dem Sinne, daß das γράφειν den βίος nicht nachzuvollziehen und um seiner selbst willen darzustellen wünscht, sondern sich aus dem ge- und beschriebenen Prophetenbild seinen eigenen βίος Ιερεμίου προφήτου allererst konstruiert. Der Jeremia der Konfessionengrundschicht stellt somit bereits so etwas wie eine Ableitung der Ableitung dar: Sein Leben bildet die Folie, auf deren Hintergrund sich aus dem Munde des Propheten die Frage erhebt, wie Leid und göttliche Erwählung miteinander kompatibel sein könnten. Der Beitrag zur Biographie des Propheten, den die Konfessionengrundschicht leistet, ist somit bereits Metabiographie. Anhand des konkreten Einzelfalles transzendiert sie diesen, um an ihm ein grundsätzliches theologisches Problem darzustellen und zu diskutieren. Dieser Jeremia ist nicht mehr nur Jeremia, sondern zugleich das Paradigma einer eigenen Prophetentheorie und -theologie.[219]

Damit ist bereits eine Richtung vorgegeben, die von der ersten Fortschreibungsschicht in Jer 12,1–3.4bβ.5–6 weiter verfolgt wird. Sie verallgemeinert die Frage nach dem Leiden des Erwählten, indem sie seine Kehrseite, das Wohlergehen der „Frevler", beklagt. Ohne daß er im Text selbst als solcher bezeichnet würde, *wird* dadurch der Konfessionenjeremia zum ‚Leidenden Gerechten', der kraft seiner herausgehobenen Stellung als Prophet wie Mose[220] in der Lage ist, die Klage über das von Schreiber wie Leser erfahrene Unrecht in der Welt als Anklage gegen den gerechten Gott vorzubringen. Die erste Konfessionenfortschreibung weitet das Jeremiabild der Grundschicht im Sinne einer kollektiv-exemplarischen Deutung hin aus – und so erstaunt es

---

218 „[J]ust as the prophet laments his circumstances, so the *Qina* metre in the judgment speech (vv. 7–13) marks out Yahweh's lament over his own people's rejection of him." (DIAMOND, Confessions, 154).

219 Bereits Gerhard von Rad schrieb den Texten deshalb neben ihrer persönlichen Bedeutung für den Propheten, die für ihn außer Zweifel stand, „paradigmatische Bedeutung für ganz Israel" zu (VON RAD, Theologie II, 216). Ähnlich Blank: „[H]e [sc. Jeremiah] made of himself a paradigm" (BLANK, Paradigm, 113). Vgl. auch BERRIDGE, Prophet, 148, hier allerdings ausschließlich auf den Einzelvers Jer 17,14 bezogen und zugunsten von „Jeremiah's individual experience" (ebd.) relativiert.

220 Vgl. Dtn 18,18 mit Jer 1,9.

nicht, daß deren moderne Vertreter in der Regel von der Konfession 12 aus argumentieren[221] und die dortige Terminologie mit der von Jer 11 synonym verstehen wollen.[222] Gleichwohl bleibt es auch in der Fortschreibung der Jeremia des Gesamtbuches, der dieses neue Gewand angelegt bekommt, und es ist zu fragen, inwieweit und in welchem Sinne er dadurch zu einer „Identifikationsfigur"[223] für die Leser des Buches wird. Die allgemein übliche Interpretation in diesem Zusammenhang, eine Gruppe sich als ungerechtfertigt verfolgt verstehender Frommer habe diese Figur ins Jeremiabuch eingetragen, um sich mit dem Propheten zu identifizieren,[224] bereitet einige Schwierigkeiten. Wie wäre dieser ' Vorgang der Identifizierung vorzustellen? Inwiefern könnten sich andere „unschuldig Leidende an der Leidensgestalt Jeremias trösten"?[225] Es drängt sich der Gedanke auf, es werde hierbei an etwas wie eine *imitatio Christi sub specie Veteris Testamenti* gedacht,[226] und diese Vorstellung erweist sich als theologisch nicht nachvollziehbar. Was den Gedanken der Leidensnachfolge Christi einzig ermöglicht und sinnvoll macht, ist dessen Heilswirkung, an der man dadurch in besonderer Weise partizipieren und, wie im Falle der Heiligen nach römisch-katholischer Lehre, ein besonderes *meritum* bei Gott erwerben kann. Diese soteriologische Potenz des Leidens gründet schließlich unabdingbar in der Göttlichkeit desjenigen, der seine Jünger selbst in die Leidensnachfolge ruft.[227] Nur weil es der Weg ist, den Gott

---

221 Vgl. BAK, Klagender Gott, 124; GUNNEWEG, Konfession 401; POHLMANN, Ferne, 49.65.

222 Vgl. POHLMANN, Ferne, 46–51. Er setzt das „Jahr ihrer Heimsuchung" von 11,23 als eschatologischen Termin mit dem „Tag des Mordens" von 12,3 gleich – und übersieht dabei offensichtlich das Suffix bei der ersten Wendung, wenn er vom „,Jahr *der* Heimsuchung' (*snt pqdt*m)" spricht (ebd., 47. Hervorhebung H.B.).

223 POHLMANN, Identifikationsfigur, 155 und *passim*.

224 Vgl. POHLMANN, Identifikationsfigur, 165 f.; STOLZ, Psalmen, 67. Dies ist auch die Vorstellung, die van Oorschots Vorstellung der ‚Rollendichtung' zugrundeliegt, das er an Esr 9 entwickelt und auf die Gottesknechtslieder ebenso übertragen möchte wie auf die Konfessionen (vgl. VAN OORSCHOT, Nachkultische Psalmen, 83 f.). Die Definition seines Konzeptes lädt indes nicht dazu ein, darin den Konfessionenjeremia wiederzufinden. Er führt mit seinen Klagen kaum die „Adressaten durch Lehre und Ermahnung in grundlegende Lebens- und Glaubenshaltungen" ein (ebd., 80).

225 WELTEN, Leiden, 147.

226 Vgl. etwa die Deutung, die Brandscheidt den Konfessionen in ihrer Endgestalt zuschreibt: „Wer dem Beispiel des Propheten folgt, und das heißt, wer in Erkenntnis seiner Schuld den von Gott gewiesenen Weg auf sich nimmt, der kann auch seine Not betend vor Gott bringen" (BRANDSCHEIDT, Gotteszorn, 294). In den Konfessionen Jeremias ist indes weder von irgendeiner Schulderkenntnis des Sprechers die Rede noch davon, daß dieser „den von Gott gewiesenen Weg auf sich nimmt". Er hat schlicht keine andere Wahl (vgl. Jer 20,9).

227 Vgl. Mk 8,34; Mt 10,34; 16,24; Lk 9,23.

selbst beschritten hat, kann er auch für den Gläubigen ein Weg zur eigenen ‚Vergottung', zur θέωσις, sein.[228] An eine derartige positive Umwertung des Leidens ist jedoch bei keinem der dem Buch Jeremia inhärenten Prophetenbilder zu denken, „es fehlt jede Märtyrerverherrlichung, aber auch jeder Gedanke an eine Imitatio".[229]

Gleichwohl erscheint der Begriff der Identifikation als sinnvoll und angemessen, um sich dem theologischen Profil der ersten Fortschreibung zu nähern – allerdings in einem diametral entgegengesetzten Sinne: Es ist ihr Konfessionenjeremia, der sich mit dem Leiden seiner Leser und Schreiber identifiziert, indem er ihre Anklage gegen das Unrecht in seine Klage über eigene Verfolgung integriert und mit dieser verschmelzen läßt. Er ist Subjekt, nicht Objekt der Identifikation.

Diese Tendenz wird von der zweiten, kollektivierenden Fortschreibung weiter verfolgt, indem sie den Kreis der Klagenden noch weiter ausdehnt. Für sie steht nun Jeremia nicht mehr nur stellvertretend für die Frommen vor Gott, er verkörpert geradezu das ganze wahre Israel, das sich nach einem Ende des als Gericht gedeuteten Leidenszustandes sehnt. Der Prophet wird somit kollektiv-repräsentativ gesehen, und wenn man die Konfession von dem durch sie eingetragenen Einzelvers 12,4abα aus und seiner Verbindung zu Kapitel 14 her liest, erscheint sie tatsächlich als „ein Volksklagelied in individuellem Gewande".[230] Das macht die beiden Konfessionen 11 und 12 jedoch noch nicht zu „liturgical compositions"[231] mit irgendeinem fiktiven Sitz im Kultus. Die redaktionsgeschichtliche Einordnung der zweiten Fortschreibungsschicht verbietet es ferner, sie als Argument heranzuziehen, um ein Selbstverständnis des historischen Jeremia im Sinne einer „corporate personality"[232] zu behaupten oder Rückschlüsse über den Charakter des Prophetenamtes im Juda des sechsten Jahrhunderts zu ziehen. Die kollektivierende Lesart ist vielmehr das letzte Garn, das dem vielfarbig schimmernden Mantel hinzugewebt wirbt, in den gehüllt Jeremia in dem nach ihm benannten Buch seinen Lesern begegnet.

Möglich wird sie nicht nur durch die Eintragung des kollektivierenden Dreiviertelverses, sondern auch durch die Offenheit bereits der beiden ersten Straten auf sie hin. Die topische Sprache und der

---

228 Nicht zuletzt hieraus entsprang die Hochschätzung der Märtyrer in der Alten Kirche. Sie galten als „eifrige Nachahmer (μιμηταί) Christi", wobei „es Christus selbst ist, der in ihnen leidet" (FRANK, Nachfolge, 687, mit Verweis auf die Kirchengeschichte des Eusebius).

229 VON RAD, Konfessionen, 234.

230 REVENTLOW, Liturgie, 249.

231 CARROLL, Confessions, 111.

232 REVENTLOW, Liturgie, 209.

gleiche Metaphernschatz finden in Individual- wie in Volksklagen Verwendung. Ist das Bild des ‚Schlachtschafes', als das sich der Beter in 11,19 sieht, erst einmal, wie in 12,3, auf eine Gruppe übertragen, so kann man, mit Ps 44[233] im Kopf, auch bereits im ersten Beleg eine Selbstbezeichnung der klagenden Gemeinschaft sehen. Weiß man, daß in Ps 83,5 die Feinde das Volk Israel ausrotten wollen, damit „seines Namens nicht mehr gedacht werde",[234] so wird man auch Jer 11,19 entsprechend lesen.[235] Zudem bietet auch der Kontext des Jeremiabuches Anhalt für dieses Verständnis: Das „Jahr ihrer Heimsuchung" (שְׁנַת פְּקֻדָּתָם), das in 11,23 den „Männern von Anatot" in Aussicht gestellt wird, gilt nicht nur den Falschpropheten von 23,12, sondern wird letzten Endes, in 48,44, auch Moab ereilen[236] – und damit keinen Gegner des Propheten, sondern einen selbst schon typologisch gewordenen Feind ganz Israels. Ebenso wird die göttliche ‚Rache' (נְקָמָה), die der Konfessionenjeremia in 11,20 und 20,12 an seinen Feinden vollstreckt sehen möchte, schließlich an Ägypten (vgl. 46,10) und intensiv an Babel exekutiert (vgl. Jer 50,15.28; 51,6.11.36).[237]

So wird anhand der Genese von Jer 11,18–12,6 die jeweilige Berechtigung sowohl des biographisch-theologischen als auch des kollektiv-exemplarischen als auch des kollektiv-repräsentativen Deutungsansatzes der Konfessionen sichtbar. Sie spiegeln in ihrem heutigen Nebeneinander im Konzert der modernen Forschung sowohl einen diachronen Prozeß in der Genese der Jeremiagestalt wider, als sie auch angemessen das Ergebnis dieser Entwicklung, den kanonischen Propheten in seinen verschiedenen Endgestalten repräsentieren. Dieser ist nicht einfach mit dem Jeremia der jüngsten Ergänzungsschicht, dem „Zion-Jeremia", gleichzusetzen, vielmehr sind dessen Vor-Bilder im doppelten Sinne nach wie vor in ihm selbst enthalten und ihre Deutungshorizonte bewahrt.

---

233 Vgl. Ps 44,12: „Du gibst uns dahin wie Schlachtvieh, und unter die Völker hast du uns zerstreut" (תִּתְּנֵנוּ כְּצֹאן מַאֲכָל וּבַגּוֹיִם זֵרִיתָנוּ) und Ps 44,23: „Denn um deinetwillen werden wir getötet jeden Tag. Wir sind geachtet wie Schlachtschafe" (כִּי־עָלֶיךָ הֹרַגְנוּ כָל־הַיּוֹם נֶחְשַׁבְנוּ כְּצֹאן טִבְחָה). Es ist nicht auszuschließen, daß Jer 11,19; 15,15, kollektiv gelesen, bei der Formulierung des letztgenannten Verses im Hintergrund stehen.

234 Vgl. וְלֹא־יִזָּכֵר שֵׁם־יִשְׂרָאֵל עוֹד (Ps 83,5) mit וּשְׁמוֹ לֹא־יִזָּכֵר עוֹד (Jer 11,19).

235 Es ist daher auch nicht verwunderlich, daß die entsprechenden Belege von den Vertretern einer kollektiv-repräsentativen Deutung der Konfessionen insgesamt zur Stützung ihrer These herangezogen werden (vgl. CARROLL, Confessions, 109).

236 Vgl. Jer 48,44b: כִּי־אָבִיא אֵלֶיהָ אֶל־מוֹאָב שְׁנַת פְּקֻדָּתָם נְאֻם־יהוה.

237 Vgl. GOSSE, Confessions, 59. Er zieht daraus jedoch die Folgerung, *Jerusalem* leide, um den Propheten Jeremia zu rächen (vgl. ebd., 61). Eher jedoch wird die Rache für den leidenden Zionjeremia an den Feinden Israels vollstreckt.

Diese ihm dadurch innewohnende „superfluity of sense, multi-plicity of meaning, polysemousness"[238] bewirkt, daß dieser bunt schil-lernde Jeremia für vielfältige Deutungen offenbleibt: Die masoretische Textvariante in 12,4b, die gegenüber der Septuagintalesart als Rebio-graphisierung und Reprophetisierung des Klagenden ausgemacht wurde, gibt Zeugnis davon, daß die Entwicklung von der paradigma-tischen Gestalt des Leidenden Propheten zum Leidenden Gerechten und schließlich Leidenden Israel keine Einbahnstraße in Richtung Kollektivierung blieb. Auch der Jeremia der Fortschreibungen bleibt der Prophet aus Anatot, wenn auch seine Rolle zusammen mit dem Text gewachsen ist.

Inwieweit diese Schlüsse, die sich anhand von exemplarischen Beobachtungen an Jer 11,18–12,6 ergeben haben, sich in der Gesamt-schau werden halten lassen oder ergänzt, wenn nicht gar revidiert werden müssen, wird die Analyse der übrigen Konfessionen erweisen.

---

238 POLK, Persona, 165.

3. „JHWH, gedenke meiner" – Jer 15,10–21

3.1 Der Text

15,10   Weh mir, meine Mutter, daß du mich geboren hast, einen Mann des Streites und einen Mann des Haders für das ganze Land! Nicht habe ich [Geld] geliehen und nicht hat man von mir geliehen, [aber] sie alle verfluchen mich!

15,11   <u>Es sprach JHWH: „Wahrlich, ich habe dich gelöst [?] zum Guten, wahrlich, ich habe dich treffen lassen in böser Zeit und in bedrängter Zeit den Feind.</u>

15,12   <u>Wird zerbrechen Eisen Eisen vom Norden und Erz?</u>[1]

15,13   Dein Vermögen und deine Schätze werde ich zum Raub geben, {nicht} als Lösegeld und für alle deine Sünden und in deinem ganzen Gebiet.

15,14   Und ich werde dich dienen lassen deinem Feind in einem Land, das du nicht kennst, denn Feuer ist entbrannt in meiner Nase, gegen euch brennt es."

15,15   Du weißt es:
JHWH, gedenke meiner und suche mich heim und räche mich an meinen Verfolgern! Raffe mich nicht hinweg, während du langmütig im Zorn bist, erkenne, daß ich um deinetwillen Schande trage!

15,16   Fanden sich deine Worte, so aß ich sie, und es ward mir dein Wort zur Freude und zum Entzücken meines Herzens, denn dein Name ist über mir ausgerufen, JHWH, Gott Zebaoth.

15,17   Nicht saß ich im Kreis der Scherzenden und jubelte; durch deine Hand saß ich allein, denn mit Grimm hast du mich angefüllt.

15,18   Warum ist mein Schmerz andauernd und meine Wunde so schlimm? Sie weigert sich zu heilen! Wahrhaftig, du bist mir geworden wie ein Trugbach, Wasser, dem man nicht glaubt.

15,19   Darum, so spricht JHWH: „Wenn du umkehrst, werde ich dich umkehren lassen; vor mir wirst du stehen; und wenn du hervorbringst Wertvolles anstatt Wertloses, sollst du wie mein

---

1   Der Text der Verse 15,11 f. ist derart korrupt überliefert, daß kein Übersetzungsvorschlag für sich in Anspruch nehmen könnte, seine tatsächliche Urfassung wiederzugeben. Vgl. S. 63–71.

Mund sein. Sie werden sich zu dir umkehren, du aber kehre nicht zu ihnen um.

15,20 Und ich mache dich diesem Volk zur festen, ehernen Mauer. Sie werden gegen dich kämpfen, aber dir nichts vermögen, denn ich bin mit dir, um dich zu retten und dich herauszureißen, Spruch JHWHs.

15,21 Und ich werde dich herausreißen aus der Hand von Bösen und befreien aus der Gewalt von Tyrannen."

Haben sich bereits die Konfessionen 11 und 12 als nicht arm an textkritischen Fragen erwiesen, so zeigt schon der erste Blick in die Anfangsverse der Konfession 15, daß der Schwierigkeitsgrad in dieser exegetischen Disziplin durchaus noch zu steigern ist. Der Text befindet sich ohne Zweifel „in einem äußerst verwahrlosten Zustande".[2] Dies betrifft noch nicht die ersten drei Viertel von V. 10, die bis auf geringfügige Abweichungen in den Übersetzungen eindeutig überliefert sind,[3] und auch nicht die nur scheinbare Variante in V. 10bα,[4] wohl aber sein Ende. Hier liegt zum einen mit כֻּלֹּה מְקַלְלַונִי das Verb des Satzes in einer grammatischen „Unform"[5] vor, zum anderen bietet LXX eine

---

2 DUHM, Jeremia, 134.

3 So faßt LXX die Klage als Frage auf und hat, womöglich מי statt כִּי lesend, für das masoretische כִּי יְלִדְתָּנִי ὡς τίνα με ἔτεκες; ferner läßt sie, wie wohl auch einige hebräische Handschriften, ein ,אִישׁ' aus und gibt die beiden Konstruktusverbindungen ,Mann des Streites' und ,Mann des Haders' nicht nominal, sondern partizipial, mit ἄνδρα δικαζόμενον καὶ διακρινόμενον, wieder.

4 Carroll urteilt, „[t]he commercial images of borrowing or lending in MT are more generalized in G's depiction of the speaker as not having helped (ophelesa) or been helped " (CARROLL, Jeremiah, 326). Diese Auslegung beruht auf der in Rahlfs Septuagintaausgabe angeführten, von ὠφελέω ,helfen', abzuleitenden Form ὠφέλησα. Bereits bei Ziegler findet sich aber, gestützt auf die wichtigsten Textzeugen und Varianten, mit ὠφείλησα von ὀφείλω ,schulden', eine Übersetzung, die dem Hebräischen sehr nahesteht. HUB deutet die scheinbare Alternative daher zurecht als „inner-𝕾 corruption" (vgl. auch schon MICHAELIS, Observationes, 130). Der einzige Unterschied von LXX gegenüber MT besteht darin, daß die beiden Glieder der Leihmetapher vertauscht sind. Carrolls Deutung der vermeintlichen LXX-Aussage – „Why should such a solitary hermit be cursed?" (CARROLL, ebd.) – bietet ein schönes Beispiel für die kreative Potenz, die Schreibfehlern zuweilen innewohnt. Tatsächlich hat dieser sogar eine eigene Tradition begründet, denn auch VL scheint die Version ohne Iota zugrundezulegen. Ähnlich wie Carroll hat der Codex Wirceburgensis non profui neque profuit mihi quisquam (RANKE, VL, 275). TJon dagegen gibt sicherlich kein anderes Verständnis der Metapher wieder, auch wenn Haywards Übersetzung dies nahezulegen scheint. Er übersetzt לא רשׁן בי mit „[t]hey have no power over me" (HAYWARD, Targum, 93), doch gibt es keinerlei Anlaß anzunehmen, רשׁא sei hier nicht in der Bedeutung „leihen, ein Darlehn bei Jemdm. haben, etwas zu fordern haben" (LEVY, Wörterbuch I, 437) verwendet (vgl. DALMAN, Wörterbuch, 389 und Dtn 15,2; 24,10 f. TO).

5 EHRLICH, Randglossen, 282.

Fassung, die mindestens ein Wort mehr als der hebräische Text aufweist und somit die Frage nach dem Umfang ihrer Vorlage aufwirft. Sie
liest: „Meine Kraft ist verschwunden durch die, die mich verwünschen".[6] Offensichtlich haben die Übersetzer כלה als Perfektform der
gleichnamigen Wurzel verstanden und כָּלָה gelesen, doch bleibt offen,
woher sie die ,Kraft' genommen haben. Giesebrecht schlägt vor, hierin
den Reflex eines im MT entfallenen und als כֹּחִי mißdeuteten כֹּה zu
sehen, das ursprünglich zur Botenspruchformel gehört habe, mit der V.
11 anhebt,[7] Rudolph möchte es als Spur des כִּי verstanden wissen, das
er als Einleitung für 10bβ für grammatikalisch erforderlich hält und das
aufgrund einer Haplographie zwischen בִי und כלה in MT ausgefallen
sein soll.[8] Beide Hypothesen müssen also bei der Überlieferung des
Textes einen zweifachen, sich ergänzenden Irrtum an einem einzigen
Wörtchen postulieren, nämlich einen Lesefehler bei der griechischen
und einen Schreibfehler bei der hebräischen Ausgabe. Diese Annahme,
es liege der LXX-Fassung die Fehlübersetzung eines nicht mehr vorhandenen Wortes zugrunde, entpuppt sich somit als hochgradig speku-
lativ und unwahrscheinlich. Man wird stattdessen wohl eher mit einer
„exegetical expansion"[9] zu rechnen haben, die durch das Verständnis
von כלה angeregt wurde. Die Klage von V. 10 wurde im Sinne der Klage des Beters von Ps 31,11 und 71,9 verstanden und entsprechend
ergänzt.[10] Um schließlich das Verb im MT lesbar zu machen, bietet sich
der Eingriff an, den „ein weiser Christ",[11] nämlich Johann David Michaelis, bereits vor 200 Jahren vorgeschlagen hat. Es gilt lediglich, die
Wortabtrennung minimal zu variieren und die masoretische Vokali-

---

6   ἡ ἰσχύς μου ἐξέλιπεν ἐν τοῖς καταρωμένοις με.
7   Vgl. GIESEBRECHT, Jeremia, 89.
8   Vgl. RUDOLPH, BHS; DERS., Jeremia, 104.
9   MCKANE, Jeremiah I, xxiv und 345.
10 In beiden Fällen wird das Vergehen der Lebenskraft hebräisch mit den Worten כֹּחַ
    und כלה sowie im Griechischen mit ἰσχύς und ἐκλείπω wiedergegeben. Diamond,
    der in dieser angenommenen Orientierung der Übersetzer von Jer 15,10 am Psalter
    einen Beleg für eine generelle Tendenz der Septuaginta sieht, die Konfessionen
    Jeremias im Sinne eines „cultic lament" (DIAMOND, LXX and MT, 38) zu inter-
    pretieren, führt als Beleg noch Ps 39,11 (LXX 38,11) an. Diese Stelle ist insofern
    interessant, als auch sie im Griechischen ein ἰσχύς aufweist, das im MT keine Ent-
    sprechung hat, für den Vergleich ist sie jedoch nur bedingt tauglich, da diese ,Kraft'
    hier nicht diejenige ist, deren Vergehen beklagt wird, sondern die ,Kraft deiner [sc.
    Gottes] Hand', die dieses Vergehen verursacht (ἀπὸ τῆς ἰσχύος τῆς χειρός σου ἐγὼ
    ἐξέλιπον). Unbeschadet dessen und unabhängig davon, ob man Diamonds These im
    ganzen zustimmt, ist die Annahme, die Übersetzer der LXX hätten sich bei der Über-
    tragung von Jer 15,10 an der Bedeutung von כלה im Kontext der Klagen des
    Psalters orientiert und den Vers entsprechend ergänzt, durchaus plausibel.
11 „חכם נוצרי אחד" (PIORKA, דרך, 378).

sation in קִלְלוּנִי כֻּלְּהֶם zu ändern,[12] um eine grammatikalisch korrekte Lesart zu erhalten, die zudem von allen Varianten mehr oder weniger gedeckt wird.[13] Diese Konjektur gehört daher zu den wenigen Fällen in der Auslegung der Konfessionen, bei denen man tatsächlich von so etwas wie einer *communis opinio* sprechen kann.[14]

Die wirklichen Schwierigkeiten beginnen mit Vers 11. Man kann zwar noch eindeutig sagen, daß die Masoreten den Vers als JHWH-Rede verstehen, die Septuaginta und ihr folgend Vetus Latina dagegen Jeremia sprechen lassen möchten, wenn sie nicht mit אָמַר יְהוָה sondern γένοιτο δέσποτα bzw. *fiat domine*[15] einsetzen. Ebenso klar ist, daß diesem Verständnis offensichtlich die Lesart אמן statt אמר zugrundeliegt. Schwierig wird es jedoch, wenn darüber zu urteilen ist, welche der beiden Varianten die ältere, ,ursprüngliche', ist. Jede kann als Lesefehler der anderen gedeutet werden, umso mehr, als beide mit grammatikalischen Schwierigkeiten behaftet sind. Gegen die hebräische Version wird ins Feld geführt, daß die bloße Wendung אָמַר יְהוָה ohne כִּי, כֹּה oder אֲשֶׁר nicht am Anfang, sondern am Ende einer göttlichen Rede zu stehen habe,[16] und die Fassung der Septuaginta sieht sich mit einem ähnlichen Einwand konfrontiert. Auch אָמֵן werde immer rückbezüglich auf eine Aussage verwendet, wolle das Wort doch „sagen, daß etwas Ausgesprochenes feststeht, ,wahr' ist."[17] Beide Verdikte können indes bei näherer Betrachtung nicht absolut gesetzt werden. So hat Talmon die Möglichkeit der Verwendung von ,amen' als Einleitung zur Bekräftigung eines Eides für das Alte Testament wenn auch nicht beweisen, so doch immerhin plausibel machen können.[18] Die Schwäche seiner These bleibt jedoch, daß er für sie keinen einzigen unkonjizierten biblischen Beleg anführen kann[19] und auch sein externer Zeuge, das

---

12 Vgl. MICHAELIS, Observationes, 132.

13 Vgl. LXX ἐν τοῖς καταρωμένοις με; Vg. *omnes maledicunt mihi*; TJon כולהון מלטטין לי; VL *maledicentibus mihi* bzw. *in his, qui maledicunt mihi* (Vgl. RANKE, VL, 275).

14 Diamond betont allerdings, sich nicht dieser, sondern dem *Qere* anschließen zu wollen. Inwiefern er dies mit der Übersetzung „each one curses me" (DIAMOND, Confessions, 52; vgl. ebd., 219, n. 4) tatsächlich praktiziert, bleibt jedoch fraglich.

15 RANKE, VL, 275.

16 „[E]x more Hebraeorum אמר יהוה pertinebit ad praecedentia" (MICHAELIS, Observationes, 132; vgl. auch GIESEBRECHT, Jeremia, 89).

17 WILDBERGER, אמן, 194; vgl. GERSTENBERGER, Complaints, 402, n. 36. Rudolph möchte das Wort deshalb auch mit 15,10 zusammen verstanden wissen: „[D]as ,so soll es sein' bezieht sich auf die Fluchworte der Gegner" (Rudolph, Jeremia, 104). So auch schon Duhm: „Amen will Jer zu dem Fluch der Leute sagen" (DUHM, Jeremia, 134).

18 Vgl. TALMON, Amen, 124–129.

19 Er selbst nennt allerdings Jer 11,5 (vgl. ebd., 127). Dort jedoch bekräftigt Jeremia mit seinem ,Amen' keineswegs das Folgende, sondern, und das ist durch den Neuansatz von 11,6 mit וַיֹּאמֶר יְהוָה אֵלַי eindeutig, die *vorangehende* JHWH-Rede. Man kann hier

Ostrakon von Yabneh Yam, nicht so verläßlich ist, wie er glauben machen möchte – ist doch gerade die Lesung der als Beweis angeführten Zeilen 11 und 12 höchst umstritten und unsicher.[20] So bleibt als zweifelsfreie Grundlage für sein Postulat einer „introductory oath or assertion formula ʾâmên"[21] lediglich eine einzige Mischnastelle[22] und der Verweis auf das Neue Testament[23] übrig – das ist nicht allzu viel.

Ähnlich ist es um die MT-Lesart bestellt. Zwar läßt sich ein weiterer und eindeutiger Beleg für die Einleitung einer Gottesrede mit bloßem אָמַר יְהוָה finden,[24] doch ist dieser selbst wieder textkritisch höchst unsicher, fehlt er doch ersatzlos in LXX und wird allgemein als ein späterer Nachtrag angesehen – zumindest für den Glossator also lag diese unübliche Art, einen Gottesspruch einzuleiten, im Bereich des grammatikalisch Möglichen. Immerhin begegnet im Gesamtzusammenhang des Alten Testaments die Wendung nicht *nur* eindeutig nachgestellt, sondern auch parenthetisch,[25] und in manchen dieser Fälle ist es lediglich eine Frage der masoretischen Versunterteilung, ob die Formel abschließend oder einleitend zu verstehen ist.[26] Es ist eindeutig: Ohne

---

also mitnichten von einer einleitenden Formel reden (vgl. DIAMOND, Confessions, 218, n. 3). Talmons weitere Belege sind Jes 25,1 und Jer 3,19. In beiden Fällen muß er von LXX ausgehen und aus deren ‚Amen' erst aus deren γένοιτο rekonstruieren, im ersten Falle aus אָמֵן, im zweiten אֵיךְ. Diamond, der in Jer 15,11 selbst MT folgt, nennt noch I Reg 1,36 und Jer 28,6 (vgl. DIAMOND, Confessions, 218, n. 3) – aber auch an diesen beiden Stellen leitet das ‚Amen' weniger den folgenden Eid ein, als daß es das Vorhergehende in seiner Geltung bestätigt.

20 Cross liest hier zwar in der Tat „Truly, I am innocent of (any) gu[ilt]" (CROSS, Notes, 45) für „ʾmn [n]qty mʾ[šm]" (TALMON, Amen, 127), aber nicht, ohne Albrights Einspruch dagegen anzumerken (vgl. ebd., 45, n. 49), und Donner/Röllig übersetzen nicht אָמֵן, sondern אִם: „wenn ich frei bin von Schuld" (KAI II, 201, vgl. ihre Abschrift des Textes in KAI I, Nr. 200: אם נ[נ]קתי מא[שם]). Eine Abbildung der fraglichen Scherben findet sich in KAI III, Tafel XXXI, sie vermag jedoch nicht mehr, als die Unleserlichkeit des entsprechenden Zeilenbereiches zu belegen.

21 TALMON, Amen, 129.

22 Sot 2,5.

23 Er nennt Mt 5,18; 26,13; Lk 21,32; Joh 1,51; 3,3.

24 Jer 46,25 (26,25 LXX).

25 Von den 367 Belegen für אָמַר יְהוָה im AT begegnen 62 ohne einleitendes כִּי, כֹה, אֲשֶׁר oder כַּאֲשֶׁר, davon 18 nicht nachgestellt, sondern in Parenthese, nämlich Jes 48,22; 49,5; 57,19; 65,7; 66,20; Jer 30,3; 44,26; 49,18; Hag 2,9; Sach 8,14; Mal 1,2; 1,10; 1,13; 1,14; 2,16; 3,10; 3,17; 3,19. Ehrlich möchte auch 15,11 parenthetisch lesen, indem er die JHWH-Rede bereits mit den letzten beiden Worten von 15,10 beginnen läßt und den Rest dieses Verses direkt vor 15,15 plazieren möchte (vgl. EHRLICH, Randglossen, 282).

26 Vgl. Jer 44,26: לָכֵן שִׁמְעוּ דְבַר־יְהוָה כָּל־יְהוּדָה הַיֹּשְׁבִים בְּאֶרֶץ מִצְרָיִם הִנְנִי נִשְׁבַּעְתִּי בִּשְׁמִי הַגָּדוֹל אָמַר יְהוָה אִם־יִהְיֶה עוֹד („Darum, höret das Wort JHWHs, ganz Juda, die ihr im Lande Ägypten wohnt: Siehe, ich schwöre bei meinem großen Namen, spricht JHWH, wahrlich, es soll nicht mehr..."). Einen ähnlichen Fall stellt Jes 49,5 dar: וְעַתָּה אָמַר יְהוָה יֹצְרִי מִבֶּטֶן („Und jetzt, spricht JHWH, der mich von Mutterleib bereitet

bereits mit inhaltlichen Prämissen zu operieren, die den weiteren Vers 15,11 anbelangen,[27] läßt sich die Frage nicht eindeutig lösen. Beide Varianten sind mit zu großen Unsicherheiten behaftet. Immerhin ist die Fehlinterpretation eines Resh als Nun durch die Septuaginta auch sonst keine Seltenheit,[28] was der masoretischen Lesart des Versanfangs einen, wenn auch geringen, Wahrscheinlichkeitsvorsprung gegenüber der griechischen Variante verleiht.

Jeder Versuch aber, die Frage des Versanfangs von seinem weiteren Verlauf und seiner Aussage her zu entscheiden, muß scheitern. Hier ist nahezu alles im Unklaren, und die Verwirrung reicht bis zu den antiken Übersetzungen zurück. Seit dieser Zeit kreist das gelehrte Denken um drei Schlüsselfragen: Wie läßt sich die singuläre Form שרותך erklären? Welche Bedeutung hat hier פגע im Hifil, und schließlich, damit zusammenhängend, was ist mit את־האיב am Versende anzufangen?

Das erste Problem ist sicherlich das schwierigste, ist hier doch bereits der hebräische Text mit sich selbst uneins. Das *Ketib*, betrachtet man es nicht als „überhaupt nicht zu übersetzen",[29] wird in der Regel von einer Wurzel שרר, ‚fest, stark sein', abgeleitet, die allerdings nur nichtbiblisch und aramäisch belegt ist.[30] Demnach spreche JHWH seinem Propheten Kraft für die weiteren Aufgaben zu.[31] Ein zweiter Vorschlag, den Konsonantenbestand zu deuten, führt ihn auf ein nicht bekanntes hebräisches Verb שרר zurück, das aus dem Substantiv שׁוֹרֵר, ‚Feind',[32] erschlossen wird und dementsprechend ‚anfeinden' heißen soll.[33] Die Ermutigung durch Gott würde dadurch ambivalent: Jeremias

---

hat...''): Ist das ‚jetzt' der Beginn der JHWH-Rede, die in 49,6 fortgeführt wird – dann läge parenthetischer Gebrauch vor – oder gehört es zur Redeeinleitung? Im zweiten Falle käme man einer Vergleichsstelle für Jer 15,11 sehr nahe.

27   Letzten Endes ist auch Talmons Hauptargument ein inhaltliches: „The similarity with 17:16 and 18:19 [gemeint wohl: 18,20, H.B.] is so striking that no introductory formula is needed to make evident that 15:11 is an utterance of the prophet." (TALMON, Amen, 126). Diese postulierte Ähnlichkeit mit den anderen Konfessionen steht aber keineswegs fest!

28   Talmon selbst führt I Reg 1,36; Hos 12,1; Jos 15,18; Jud 1,14 sowie für Eigennamen Gen 14,24; Jos 7,1; 10,3 an. Als innerhebräische Beispiele nennt er II Sam 22,33 – Ps 18,33; Esr 2,2 – Neh 7,7; Jes 48,10 MT – 1QJesᵃ. (vgl. TALMON, Amen, 126, n. 11).

29   DUHM, Jeremia, 134.

30   Vgl. KBL3, 1528 f.; LEVY, Wörterbuch I, 520.

31   Vgl. CRAIGIE/KELLEY/DRINKARD, Jeremiah 1–25, 206.

32   Vgl. Ps 5,9; 27,11; 54,7; 56,3; 59,11, sowie Ps 92,12 nach LXX und Vg.

33   Vgl. u.a. HITZIG, Jeremia, 118; HUBMANN, Untersuchungen, 262; DIAMOND, Confessions, 219, n. 4.

Leiden wird zwar als solches anerkannt, aber es geschieht gewissermaßen ‚nur zu seinem Besten'.[34]

Das *Qere* ist demgegenüber allerdings nicht viel besser zu deuten,
wenn man es, wie üblich, auf שרא oder שרה, ‚lösen', zurückführt, ein
Wort, das ebenfalls im Aramäischen verbreiteter ist als im Hebräischen
und in der Bibel nur je einmal belegt ist.[35] Es liegt daher näher,
anzunehmen, daß bereits die Masoreten das Wort in dem Sinne
verstanden wissen wollten, in welchem es Hieronymus in der Vulgata
und, wenn auch mit leicht anderem Akzent, TJon auffassen, nämlich als
Ableitung von שְׁאֵרִית bzw. שֵׁרִית,[36] ‚Rest'. Ersterer versteht das heilvoll
gedeutete Gotteswort *si non reliquiae tuae in bonum* offensichtlich als an
das Volk gerichtet, letzterer hat dagegen den Propheten selbst als Adressaten im Blick, wenn er auf die Verheißung „gewiß wird dein *Ende*
zum Guten sein" die Ankündigung folgen läßt, daß ‚sie' (3. Person pl.)
kommen und ihn anflehen werden.[37] Im Sinne der Vulgata verstehen
die fragliche Stelle auch die griechischen Rezensionen von Aquila
(υπολειμμα bzw.-λημμα) und Symmachus (υπελειφθης),[38] zusammen mit
den Masoreten lassen sie JHWH dadurch sein eigenes Urteil revidieren,
das er zwei Verse vorher gefällt hatte: Dort ist davon die Rede, daß
selbst der ‚Rest' dem Schwert überantwortet werden solle.[39]

Eine andere Deutung der strittigen Form bei gleicher Lesung findet
man dagegen in der Vetus Latina nach der Fassung des Codex Wirceburgensis. Auch hier wird שְׁאֵרִית auf das Volk bezogen und, wie im
Targum, nicht als ‚Rest', sondern als ‚Ende' gedeutet, aber, anders als
dort, ganz eindeutig *nicht* heilvoll verstanden: *fiat dme consummatio
illorum si non adstitit ibi*.[40]

Die lateinische Version, wie sie im Kommentar des Hieronymus
überliefert ist, scheint mit *Fiat domine dirigentibus illis si non astiti tibi*[41]
dagegen ganz auf der Linie der Septuaginta zu liegen, die eine vierte
eigenständige Lesart aufweist und κατευθυνώντων αὐτῶν anbietet. Das
scheint darauf hinzudeuten, daß sie eine Verbform von ישר oder אשר
verstanden wissen möchte – an einigen Stellen werden diese Wurzeln

---

34 „[S]urely I have set you at odds for good" (DIAMOND, Confessions, 52); vgl. auch u.a.
    HOLLADAY, Architecture, 143; DERS., Spokesman, 96).
35 Hebräisch Hi 37,3; aramäisch Dan 5,16, vielleicht noch Dan 5,12 (vgl. KBL3, 1795).
36 Diese Kurzform findet sich I Chr 12,39.
37 אמר יוי אם לא סופך יהי לטב אילא ייתון ויבעון מנך.
38 Vgl. ZIEGLER, Jeremias, 226.
39 Vgl. Jer 15,9: „Und ihren Rest werde ich dem Schwert übergeben vor ihren Feinden"
    (וּשְׁאֵרִיתָם לַחֶרֶב אֶתֵּן לִפְנֵי אֹיְבֵיהֶם).
40 RANKE, VL, 275. Hier liegt vermutlich ein Satzfehler der Edition vor. Es muß wohl
    heißen „*adstiti tibi*".
41 Ebd. Vgl. auch CChr.SL 74, 149: *si non adstiti tibi*.

im Griechischen mit κατευθύνω wiedergegeben[42] – und das Wort לטוב entweder ausgelassen (bzw. nicht vorgefunden) hat oder es bereits im Verb integriert sieht. Letztere Möglichkeit könnte darauf hinweisen, daß man diesen Genitivus Absolutus in etwa mit „als sie prosperierten" wiedergeben müßte,[43] Hieronymus dagegen für seinen Kommentar eher die Grundbedeutung von ישר im Sinn hatte. Beide Varianten geben dem Leser ihre ganz eigenen, übersetzungsimmanenten, Fragen auf: Was meinten ihre Verfasser damit auszusagen? Der Wunsch, die Septuaginta verständlich zu interpretieren, mag daher der Vater des Änderungsvorschlags Walter Baumgartners sein, das schwierige Wort als אשרתיך, „ich führe dich zum Guten",[44] zu lesen.

Damit ist nun bereits der Bereich der antiken Deutungen verlassen und das nicht minder weite Feld moderner Konjekturversuche betreten. So lehnt etwa Ehrlich die oben beschriebene und am besten bezeugte nominale ‚Rest'-Lesart mit der Begründung ab, die Schwurformel אם־לא könne „nur bei einem Verbalsatz gebraucht werden".[45] Deswegen schlägt er vor, den Text in אֲשִׁיתְךָ לַטֶּבַח zu verändern[46] – aus etwas ‚Gutem' (לטוב) macht er somit eine Gerichtsankündigung, ja ein regelrechtes Gemetzel. Er geht dabei jedoch nicht nur allzu freizügig bei der Streichung und Hinzufügung von benötigten Buchstaben zu Werke, auch seine Motivation, die behauptete grammatikalische Unmöglichkeit der nominalen Lesart, erweist sich in der alttestamentlichen Gesamtschau als nicht haltbar.[47]

Deutlich mehr Respekt gegenüber dem überlieferten Konsonantenbestand legt dagegen ein anderer, weit verbreiteter Vorschlag an den Tag, der von der Wurzel שרת, ‚dienen', ausgehen und שֵׁרַתִּיךָ vokalisieren möchte.[48] So, und in Verbindung mit der Einleitung der Septuaginta gelesen, wird der Vers von einer Weissagung JHWHs zur Unschuldsbeteuerung des klagenden Propheten.[49] Diese Variante,

---

42 Vgl. für ישר I Sam 6,12; Ps 5,9; Prov 9,15; 15,21. Zweimal wird außerdem das Adjektiv יָשָׁר mit dem Verb κατευθύνω wiedergegeben (Prov 15,8; 29,27), einmal das Substantiv מִישׁר (Prov 1,3) und einmal מִשׁוֹר (Mal 2,6). Für אשר läßt sich als einziger Beleg Prov 23,19 anführen (vgl. HATCH/REDPATH, Concordance, 750).

43 Vgl. LUST/EYNIKEL/HAUSPIE, Lexicon, 332.

44 BAUMGARTNER, Klagegedichte, 61.

45 EHRLICH, Randglossen, 283.

46 Vgl. ebd., 282.

47 Es lassen sich zwei eindeutige Belege für die Verwendung der Schwurformel im Nominalsatz anführen: Gen 42,16 und Hi 17,2a.

48 Vgl. u.a. CONDAMIN, Jérémie, 131; VOLZ, Jeremia, 130; RUDOLPH, Jeremia, 104; DERS., BHS, HERMISSON, Rechtsstreit, 9, n. 18; DERS., Dritte Konfession, 9, n. 27.

49 Eine Sonderansicht vertritt Roshwalb, die, allerdings ohne zu argumentieren, *Gott* zu Jeremia sagen läßt: „Have I not served you well?" (ROSHWALB, Build-Up, 131). Von einem derartigen *status exinanitionis*, wie ihn ein solcher ‚Gottes-Dienst' im

gewissermaßen eine verbesserte Weiterentwicklung der Duhmschen Konjektur,[50] würde natürlich schön in den Kontext einer Konfession passen. Doch zum einen ist sie in keiner antiken Version überliefert, und zum anderen hängt sie stark an der Lesart des Versanfanges nach LXX. Prophetisches Handeln wird zudem an keiner (anderen) Stelle im Alten Testament als ‚dienen' bezeichnet, der Begriff ist, auf Gott bezogen, vielmehr ein kultischer[51] – ein Umstand, der diese Deutung nicht eben plausibler macht.

Singulär steht allem bisher Gesagten noch der Vorschlag Seybolds gegenüber, der JHWH zu Jeremia in V. 11a sagen läßt: „Ich habe dich doch gepanzert/gewappnet gegenüber/hinsichtlich übler Rede",[52] und der in 11b fortfährt: „Führwahr, ich habe dich ja die Giftpfeile *nicht* treffen lassen!"[53] Um dorthin zu gelangen, muß er jedoch nicht nur den ‚Feind' am Versende streichen, sondern darüber hinaus ein Hebräisch zugrundelegen, das er mit wenigen Fachvertretern teilen dürfte.[54] Bislang ist er der einzige Vertreter seiner Lesart geblieben.

Bei der Präsentation der Lösungsvorschläge für das Kernproblem von V. 11a dürfte bereits deutlich geworden sein, daß mit diesem die beiden verbleibenden Textfragen von V. 11b eng verbunden sind: Wie ist פגע im Hifil zu übersetzen und wie der ‚Feind' am Versende einzubeziehen?

Meint ersteres ein neutrales oder positives ‚treffen',[55] ein schmerzliches ‚treffen lassen' wie in Jes 53,6 oder ein ‚eindringlich bitten, eintre-

---

Genitivus subiectivus bezeichnen würde, ist indes an keiner Stelle im AT die Rede (vgl. SEYBOLD, Schutzpanzer, 267).

50   „אָמֵן יי אִם אֲשָׁמְתִּי" (DUHM, Jeremia, 134).

51   Vgl. ENGELKEN, שרת, 502.

52   SEYBOLD, Schutzpanzer, 270.

53   Ebd., 271. Hervorhebung Seybold.

54   Er bemüht u.a. eine Wurzel שרה III/IV ‚panzern', die von שִׁרְיָה, ‚Schutzpanzer' abzuleiten sei (vgl. ebd., 268), ferner ein טוב IV im Sinne von ‚Wort, Rede' (vgl. ebd., 270), muß statt בְּעַת in 11b „biʿut", „Schrekken, Schrecknisse" (ebd., 271) lesen und dies dann im Sinne von Giftpfeilen deuten. Nun kennt KBL[3] keine Wurzel שרה III/IV, GESENIUS[17] verweist lediglich auf das Hapax Legomenon שִׁרְיָה von Hi 41,18 (vgl. ebd., 863), das man wohl besser mit ‚Pfeil' (vgl. KBL[3], 1526) übersetzt, sowie auf שִׁרְיוֹן. Einen Beleg für das Verb gibt es nicht. Auch die Existenz eines טוב IV ist höchst unsicher. GESENIUS[18.3] weiß davon gar nichts (vgl. ebd., 417–420), und KBL[3] kann nur auf zwei ausgesprochen fragliche, erst entsprechend zu konjizierende Belege verweisen (Ps 39,3 und Hos 14,3; vgl. KBL[3], 356). Angesichts dieser Fülle von lexikalischen Postulaten, die Seybold aufstellt, überrascht es ein wenig, wenn er den Vertretern der שרת-Variante vorwirft, sie würden „alle textkritischen Bedenken in den Hintergrund treten" lassen (SEYBOLD, Schutzpanzer, 267).

55   Vgl. Vg.: *[S]i non occurri tibi [...] adversum inimicum.* Vgl. BAUMGARTNER, Klagegedichte, 61 und GERSTENBERGER, Complaints, 402: „I will intervene on your behalf [...] against the enemy."

ten für' wie es in Jes 53,12,[56] ebenfalls vom עֶבֶד, ausgesagt wird? Ist es nun schließlich wieder *Gott*, der, wie in der Vulgata, dem Adressaten heilvoll *gegen* den Feind begegnet, diesen unheilvoll *auf* den Feind treffen läßt oder gar, wie man aus der Lesart des Targum[57] erschließen könnte, bewirkt, „daß der Feind dich [sc. Jeremia] demütig bitten müsse"[58]? Oder ist es *Jeremia*, der beteuert, bei JHWH gestanden zu haben,[59] Fürbitte geleistet zu haben, um den Feind abzuwenden,[60] wenn nicht gar „für den Feind eingetreten"[61] zu sein?[62] Ein solcher fürbittender Prophet würde natürlich hervorragend in den Konfessionskontext passen, könnte man doch auf diese Weise den schwierigen Vers *in toto* als Konfessionskontext passen, könnte man doch auf diese Weise den schwierigen Vers *in toto* als Sachparallele zu 18,20b[63] erklären.[64] Oder ist aus dem letzten Wort, dem ‚Feind', vielleicht gar ein ‚Freund' zu machen, der von der Wurzel אהב abzuleiten wäre, und der den ganzen Vers zu einer Liebeserklärung JHWHs machen würde?[65]

Es ist offensichtlich: Weder Sprecher noch Adressat noch Aussageintention können im Vers 15,11 mit den Mitteln der Textkritik eindeutig bestimmt werden. Dieser kann darum unter keinen Umständen zur Basis exegetischer Aussagen über die Konfession 15 insgesamt gemacht werden.

Jede der zahlreichen und allesamt auf ihre Weise unbefriedigenden Lesarten ist ganz offensichtlich bereits durch eine implizite Deutung des Textzusammenhangs der Verse 10–21, wenn nicht gar von einer bestimmten Interpretation des Konfessionenzyklus insgesamt vorgeprägt.

---

56 Vgl. auch Jer 36,25 sowie, ohne בְּ, Jes 59,16. Der mögliche sechste Beleg für פגע Hifil, Hi 36,22, ist selbst zu unsicher, um weiterhelfen zu können.

57 Vgl. S. 66, n. 37.

58 GESENIUS[17], 633.

59 Vgl. LXX: παρέστην σοι.

60 Vgl. Diamonds Übersetzung der Septuaginta: „[D]id I not stand before you [...] against the enemy" (DIAMOND, LXX and MT, 46).

61 MAIBERGER, פגע, 506. Vgl. auch die Mehrzahl der Kommentatoren.

62 Es wird deutlich, daß auch die Deutung der *nota accusativi* bzw. Präposition אֵת und ihre Wiedergabe durch die Septuaginta mit πρός alles andere als einhellig ist. Neben diesen zwei Möglichkeiten wird angeboten, sie in לְ (vgl. ITTMANN, Konfessionen, 48, n. 145), אֶל (vgl. RUDOLPH, BHS), wenn nicht gar לֹא (vgl. SEYBOLD, Schutzpanzer, 271) zu ändern.

63 „Gedenke meines Stehens vor dir, Gutes über sie zu reden, deinen Zorn von ihnen abzuwenden." (זְכֹר עָמְדִי לְפָנֶיךָ לְדַבֵּר עֲלֵיהֶם טוֹבָה לְהָשִׁיב אֶת־חֲמָתְךָ מֵהֶם).

64 Vgl. u.a. ITTMANN, Konfessionen, 46. In diesem Zusammenhang wird gerne darauf verwiesen, daß פגע בְּ (allerdings im *Qal*) zu den Aktivitäten gehört, die Jeremia im ersten Fürbittverbot von 7,16 verwehrt werden und zu denen er die falschen Heilspropheten in 27,18 ironisch auffordert.

65 So BAUMGARTNER, Klagegedichte, 61 nach Jes 41,8. Diese Lesart (אתה אהבי) wurde als „du bist mein Freund" von der Zürcher Bibel übernommen.

Sie kann diese somit nur in den Vers hineintragen, um sie später wieder aus ihm herauszulesen.

Das gilt gleichermaßen für den änigmatischen Vers 12. Er ist, nach masoretischer Lesart, „heller Unsinn; warum soll man nicht Eisen zerbrechen können, wenn es auch aus dem Norden kommt?"[66] Auch hier helfen die antiken Varianten nicht unbedingt weiter. So liest LXX: „Wird etwa Eisen erkannt? Und eine erzene Umfassung ist deine Stärke".[67] Sie geht also beim Prädikat des Satzes nicht von der aramaisierenden Wurzel רעע II[68] aus, die allgemein für den MT angenommen wird, sondern von ידע – offenbar liegt eine Daleth-Resh-Verwechslung vor.[69] Darüber hinaus scheint sie nur ein einziges ,Eisen' vorzufinden, den ,Norden' nicht als solchen, sondern als צָפוּי (so Duhm[70]) oder מִצָּפוֹן (so Rudolph[71]) zu deuten und das erste Wort von V. 13 (חֵילְךָ) noch in den Vers 12 hineinzuziehen – mit einem Resultat, für welches das Duhmsche Verdikt nicht minder zutrifft als für den Text der Masoreten. Ähnlich steht es um die Vulgata und die antiken griechischen Rezensionen – es läßt sich gerade noch mit Mühe herausfinden, wie sie ihre Vorlage verstanden haben könnten, doch den Sinn dieser zu erhellen, vermögen sie nicht. Dies gilt für Symmachus, der für das Verb κακώσει anbietet und es offensichtlich von רעע I ableitet, dies gilt für die Aquila (αρμοσει) und der Vulgata (*numquid foederabitur ferrum ferro a aquilone*) gemeinsame Variante, die sich wohl als Deutung nach רעה II[72] verstehen läßt, und dies gilt für TJon, der eine Art Midrasch über von Norden kommende Könige von Eisen und Bronze bietet, den Paraphrase zu nennen übertrieben wäre.[73]

Zu befriedigen vermögen indes auch die modernen Neudichtungen nicht, sei es, daß man auf Duhm rekurrierte, der hier nicht viel Überliefertes stehen läßt,[74] sei es, daß man sich an Seybold halte,[75] der an

---

66 Duhm, Jeremia, 134.

67 εἰ γνωσθήσεται σίδηρος καὶ περιβόλαιον χαλκοῦν ἡ ἰσχύς σου.

68 Vgl. Gesenius[17], 768; Wagner, Aramaismen, 107.

69 Rudolph meint, die Übersetzer ins Griechische hätten die Form הֲיֵרַע gelesen (vgl. Rudolph, BHS).

70 Vgl. Duhm, Jeremia, 134.

71 Vgl. Rudolph, BHS.

72 Vgl. HUB, die als Erklärung für diese Übersetzung רַע anbietet. Für die ansonsten schlecht belegte Wurzel רעה II ,sich einlassen mit' vgl. Gesenius[17], 766; KBL[3], 1176 f.

73 מלך דתקוף כברזלא יסק לסעיד מלך דתקיף כברזלא וכנחושתא ייתי מציפונא עלה למתברה. Es wäre denkbar, daß diese ,Könige' ihre Existenz der Ableitung des Wortes הֲיֵרַע von der Wurzel רעה I ,weiden' und seiner Deutung im Rahmen der verbreiteten Hirtenmetapher verdanken (vgl. z.B. Jer 23,1–8; 25,34–36).

74 הֲזֵרַע בַּרְזֶל מִצָּלִי מִצְחִי נְחֻשֶׁת. „Ist ein Arm von Eisen an meiner Schulter, meine Stirne Erz?" (Duhm, Jeremia, 135).

dieser Stelle ein wenig zurückhaltender verfährt. Dieses Urteil ist gleichermaßen über den Deutungsvorschlag Roshwalbs zu fällen, die in צָפוֹן nicht die Himmelsrichtung, sondern eine Gottesbezeichnung erkennen möchte, durch die Jeremia in seiner Eigenschaft als „iron from God"[76] Standfestigkeit verheißen werde. Ihre Herleitung vermag durchweg nicht zu überzeugen.[77]

Exkurs: Jer 15,12–14 und Jer 17,1–4

Einen schnellen Ausweg aus dieser Misere scheint dagegen Rudolph zu weisen. Ausgehend von der Tatsache, daß die Verse 13 und 14 eine nahezu wörtliche Parallele in 17,3 f. haben, und verbunden mit der Auffassung, sie seien von dort, aus einem ‚intakten‘ Gerichtswort, in die Konfession 15 eingedrungen,[78] vermag er auch den Ursprung von 15,12 in Kapitel 17 wiederzufinden, nämlich als eine entstellte Fassung von 17,1.[79] Das ‚Eisen‘ (בַּרְזֶל) stamme von dort, der ‚Griffel‘ (צִפֹּרֶן) sei in Kapitel 15 zum ‚Norden‘ (צָפוֹן) geworden, ‚Juda‘ (יְהוּדָה) zu ‚wird zerbrochen‘ (הֲיָרֹעַ) und ‚eingraviert‘ (חֲרוּשָׁה) zum ‚Erz‘ (וּנְחֹשֶׁת).[80] Damit ist für ihn belegt, daß in Kapitel 15 lediglich „ein ungehöriger Einschub aus 17,1–4"[81] vorliege – mit der Konsequenz, daß man sich um eine Erklärung dort nicht weiter zu bemühen habe.

---

75 „Zerbricht Eisen vor Pfeilspitzen aus Bronze?" (SEYBOLD, Schutzpanzer, 272). Die ‚Pfeilspitzen‘ erhält er, indem er den ‚Norden‘ durch den ‚Griffel‘, צִפֹּרֶן, von 17,1 ersetzt und diesen dann umdeutet.

76 ROSHWALB, Build-Up, 130.

77 Um zu diesem Schluß zu gelangen, geht Roshwalb von der zweiten Vision in Jer 1 aus, die sie als Theophanie interpretiert – hierfür muß sie freilich ein Hebräisch bemühen, nach welchem der סִיר נָפוּחַ מִפְּנֵי צָפוֹנָה von 1,14 nicht, wie gemeinhin üblich, ein von Norden her überkochender Kessel, sondern „[a] burning thornbush [...], and its appearance is like that of Ṣaphonah (that is, like that of God's countenance)" (ebd., 122, Hervorhebung Roshwalb) sein solle. In ihrer schwer nachzuvollziehenden Eigennamentheorie, nach welcher צָפוֹן praktisch überall als Epitheton JHWHs zu verstehen sei, dürfte auch der Grund dafür zu suchen sein, daß sie vor Kapitel 19 im Buch Jeremia keine einzige Erwähnung des ‚Feindes aus dem Norden‘ zu finden vermag (vgl. ebd., 114). Die entsprechenden Stellen Jer 4,6; 6,1; 6,22 und 13,20 werden von ihr indes gar nicht angesprochen.

78 Bereits für Duhm sind deshalb die Verse „13 14 [...] bei 17,3.4 zu behandeln; dass sie nicht hierher gehören, ist ziemlich allgemein anerkannt" (DUHM, Jeremia, 135).

79 חַטַּאת יְהוּדָה כְּתוּבָה בְּעֵט בַּרְזֶל בְּצִפֹּרֶן שָׁמִיר חֲרוּשָׁה עַל־לוּחַ לִבָּם וּלְקַרְנוֹת מִזְבְּחוֹתֵיכֶם – „Die Sünde Judas ist aufgeschrieben mit eisernem Griffel, mit diamantener Spitze eingraviert auf der Tafel ihrer Herzen und den Hörnern ihrer Altäre."

80 Vgl. RUDOLPH, Jeremia, 106.

81 Ebd.

Es läßt sich nicht leugnen, daß von diesem Angebot eine gewisse Verlockung ausgeht – man kann elegant die Auslegung von Vers 12 umgehen –, und auch daran mag es liegen, daß es bis in die jüngste Zeit bereitwillig angenommen wird.[82] Es ist jedoch mit mehreren entscheidenden Schönheitsfehlern behaftet:

So ist, erstens, die angebotene Lösung der Probleme in Kapitel 15 lediglich eine scheinbare und keine tatsächliche. Schließlich läßt sich, ganz unabhängig davon, wer die Verse 15,12–14 geschrieben, welche Quellen er dafür genutzt haben und zu welchem Zeitpunkt das geschehen sein mag, nicht bestreiten, daß *jetzt* die entsprechenden Passagen im Text stehen, und zwar in allen seinen überlieferten Varianten. Wenn man also eine von Jer 17 abhängige Einfügung annehmen möchte, so ist davon auszugehen, daß damit eine bestimmte Absicht verbunden war, die herauszufinden Aufgabe des Exegeten bleibt. Es wäre dann literar- und redaktionskritisch zu argumentieren, anstatt einhellig überlieferte Verse zu eliminieren und damit die methodischen Grenzen und Kompetenzen der Textkritik bei weitem zu überschreiten.[83]

Es wäre etwa, und das ist der zweite Einwand, zu erklären, wie es überhaupt dazu habe kommen können, daß ein Schreiber zwar offensichtlich in der Lage gewesen sein müsse, die Verse 17,3 f. einigermaßen korrekt in das Kapitel 15 zu übertragen, aber beim Kopieren von 17,1 so gründlich habe scheitern können.[84]

---

82 Vgl. etwa McKANE, Jeremiah I, 343; HERMISSON, Konfession 15, 4; KISS, Dritte Konfession, 42, n.2. In seiner Monographie geht Kiss jedoch insofern über die Rudolphsche Einstellung hinaus, indem er nun nur noch die Verse 13 und 14 als von 17,3 f. abhängig betrachtet und sich durchaus um ihre Auslegung im Kontext der Konfession 15 bemüht (vgl. KISS, Klage Gottes, 147–149).

83 Diesen Einwand gegen die zu seiner Zeit übliche Nichtdeutung von 15,12–14 oder 15,13 f. erhebt pointiert bereits Gerstenberger. Er wirft dieser Haltung zurecht „disregard for the historical growth of the text" vor (GERSTENBERGER, Complaints, 394). Vgl. als einen frühen Verfechter dieser eher redaktionsorientierten Anschauung auch HUBMANN, Untersuchungen, 209, und 217–244 zu den „Doppelüberlieferungen" im Jeremiabuch allgemein. Der letztgenannte Terminus für das Phänomen der Wiederholungen in Jer ist indes nicht sehr glücklich gewählt und leistet Mißverständnissen hinsichtlich der Genese des Prophetenbuches Vorschub. Schließlich handelt es sich um einen in der neutestamentlichen Exegese geprägten und genau definierten Begriff, der dort *Traditionsstücke* meint, die sowohl in Mt als auch in Lk aus zwei voneinander *unabhängigen* Quellen (Q und Mk) belegt sind (z.B. das Logion Mk 4,25, das in Mt 13,12; Lk 8,18 wie in Mt 25,29; Lk 19,26 belegt ist; vgl. SCHNELLE, Einführung, 78). Dies ist bei den Dubletten im Jeremiabuch eindeutig nicht der Fall. Zu ihrer redaktionskritischen Interpretation vgl. neben Hubmann auch MARX, Doublets, 106 f. und MACCHI, Doublets, *passim*. Beide gehen allerdings auf den hier verhandelten Fall (15,13 f. / 17,1–4) nicht ein.

84 Diesen Einwand versucht Hermisson zu umgehen, indem er für die postulierte Übernahme das mechanistische Denken in Kategorien von Abschreibefehlern verläßt und redaktionskritisch argumentiert. Für ihn impliziert der Import aus Kapitel

Schließlich jedoch, und das ist das dritte und schlagende Argument gegen Rudolphs These, ignoriert sie völlig den textkritischen Befund in Kapitel 17: Das Gerichtswort 17,1–4, das die Ursprungsstelle für 15,12–14 sein soll, fehlt in der Septuaginta komplett und ersatzlos. Gewöhnlich wird, sofern man sich mit diesem Problem auseinandersetzt, als Erklärung hierfür eine *aberratio oculi*[85] postuliert: Ein Schreiber sei vom Tetragramm in 16,21 direkt zum Tetragramm in 17,5 gesprungen und habe den Bereich dazwischen schlicht vergessen. Eine derartige Blickverirrung ist jedoch anhand des vorliegenden Textes schwer nachzuvollziehen[86] und angesichts der großen Sorgfalt, die bei der Tradierung der biblischen Bücher obwaltete, mehr als unplausibel.[87] Es hätte daher schon immer näher gelegen und den gängigen textkritischen Vorgehensweisen entsprochen, den Abschnitt 17,1–4 nicht als im griechischen Text ausgefallen, sondern als im hebräischen später eingefügt anzusehen, doch standen dem offensichtlich die allgemein präjudizierten Echtheitskriterien für Prophetenlogien entgegen. Er paßte wohl einfach zu gut in das Bild vom donnernden Gerichtspropheten und konnte, noch dazu metrisch gesetzt, als mehr oder weniger formtypisches Gerichtswort aufgefaßt[88] und im Rahmen der für protestantische Exegeten allzeit attraktiven jeremianischen Kultkritik[89] gelesen werden. „[W]enn irgend etwas im Buche Jer echt ist, so sind es diese Verse"[90], so lautete daher die von Cornill prägnant gefaßte *opinio communis*, und es mag an der Vehemenz liegen, mit der sie vertreten wurde, daß sie bis in unsere Tage und oft unhinterfragt übernommen wird.[91]

Dabei liefert, auch unabhängig vom textkritischen Befund, die sonst gerne als Echtheitskriterium bemühte, hier aber in der Regel voll-

---

17 eine bewußte Kollektivierung, und der kryptische V. 12 sei in diesem Sinne das Ergebnis eines Deutungsversuches von 17,1 nach 15,20 (vgl. HERMISSON, Konfession 15, 4–8; die gleiche These vertritt bereits PATERSON, Reinterpretation,41.43). Damit tragen sie den ersten beiden Kritikpunkten an Rudolph Rechnung – das folgende dritte Argument trifft sie jedoch gleichermaßen.

85 Vgl. CORNILL, Jeremia, 209; ihm folgend u.a. RUDOLPH, Jeremia, 113, und sogar rein textkritisch orientierte Studien wie STIPP, Sondergut, 62 f.; DERS., Konkordanz, 107, n. 8 und JANZEN, Studies, 117. Letzter erwägt auch die Möglichkeit einer Haplographie, die daher rühre „that 15.11ff and 17.1–4 would have stood in adjacent columns of an ancient manuscript" (ebd., 133). Vgl. auch, Janzen bis in die Wortwahl hinein folgend, PARKE-TAYLOR, Formation, 28.32.

86 Man verläuft sich nicht so leicht von כִּי־שְׁמִי יְהוָה (16,21) zu כֹּה אָמַר יְהוָה (17,5).

87 „Ce type de faute est d'autant plus invraisemblable" (BOGAERT, Jérémie 17, 61).

88 So ist er für Thiel „ein authentischer, aus Anklage (1f.) und Ankündigung (3f.) bestehender Spruch" (THIEL, Redaktion I, 202).

89 „[D]er Prophet sagt in schneidender Schärfe, daß Jahwe den heidnischen Kult der Leute von Juda als Zeugnis wider sie betrachte" (VOLZ, Studien, 144).

90 CORNILL, Jeremia, 209.

91 Vgl. etwa MCKANE, Jeremiah I, 387; WANKE, Jeremia 1, 163; MAIER, Lehrer, 347.

kommen außer acht gelassene Wortschatzanalyse Indizien, die eine vorexilische Verortung des Abschnittes zumindest hätten fraglich werden lassen können. Die wichtigsten Schlüsselwörter von 17,1 etwa, der von literarkritisch innerhalb des Abschnitts differenzierenden Zeitgenossen als „original form of the statement"[92] angesehen wird, haben ihre Parallelen ausschließlich in offensichtlich späten Weisheitsschriften: Der ‚eiserne Griffel' findet sich nur noch in Hi 19,24,[93] die ‚Tafel des Herzens' neben Jer 17,1 ausschließlich im Kontext der Reden des Weisheitslehrers von Prov 7,3 und, vermutlich von dort übernommen, in Prov 3,3.[94] Beide Proverbienstellen wie auch Jer 17,1 rezipieren hierbei eindeutig Dtn 6,6 und 6,8.[95] Erstere zielen dabei in Richtung einer Identifikation von Weisheit und Tora, wie sie in Sir 24 und später in der Mischna explizit vollzogen wird,[96] letztere stellt die exakte Antithese zu beiden Größen dar: Es sind eben nicht die Worte Gottes (so Dtn 6,6) als Worte der Weisheit (so Prov 7,3), die mitten im innersten Zentrum jedes einzelnen verankert sind, sondern die größtmögliche Torheit, die Sünde des Götzendienstes. Die ‚Tafel' des Herzens wird so zum apostatischen Gegenstück zu den לֻחֹת הָאֶבֶן bzw. אֲבָנִים vom Sinai[97] – ein Überlieferungskomplex, der zweifelsohne in Jer 17,1 ebenfalls bereits vorausgesetzt wird.

Das Hauptargument für einen Wechsel gegenüber der gängigen Auffassung des Abhängigkeitsverhältnisses zwischen Jer 15 und 17 bietet jedoch eine Neubewertung der Lücke in Jer 17 LXX. Erst in jüngerer Zeit[98] ist es offensichtlich möglich, hier hinter formkritische

---

92 CARROLL, Jeremiah, 349; vgl. THIEL, Redaktion I, 202.

93 Interessanterweise haben alte Textzeugen von LXX auch hier die Wendung mit Asteriscus und Metobelus eingeklammert, vgl. ZIEGLER, Iob, 295.

94 Vgl. PLÖGER, Sprüche, 32. Prov 3,3b ist im ansonsten intakten Metrum überhängend und fehlt zudem in der LXX nach den Codices Vaticanus und Sinaiticus, vgl. BHS sowie RAHLFS, LXX.

95 Mit MAIER, Fremde Frau, 154; gegen A. Müller, WEISHEIT, 125, für den das Schreiben der Weisungen auf das Herz in Prov 7 „lediglich eine Metapher" (ebd.) sei, die er alltagsweltlich erklären möchte.

96 Vgl. Ab 6,9b.

97 Vgl. Ex 24,12; 31,18; 34,1.4; Dtn 4,13; 5,22; 9,9–11; 10,1–3; I Reg 8,9. Gegen Couroyer, der für die Tafeln von Jer 17,1 „une interprétation littérale" (COUROYER, Tablette, 432) favorisiert und an eine Art Umhängeamulett zu denken scheint.

98 Zwar hielt bereits Ehrlich – ohne zu argumentieren – die Verse 15,13 f. für „hier ursprünglich" (EHRLICH, Randglossen, 283; vgl. auch HOLLADAY, Tree, 172, der bereits 17,1–4 als „doubtless secondary" einstuft – anders dann DERS., Jeremiah 1–25, 484), seine Auffassung erfuhr jedoch keinerlei Rezeption. Reventlow erwägt die literarische Abhängigkeit der Verse 17,1–4 von 15,13–14 im Konjunktiv (vgl. REVENTLOW, Liturgie, 213, n. 55), geht diesem Gedanken jedoch nicht weiter nach und erklärt die Doppelung durch das „Vorliegen eines festen Formulars, das zu mehrmaliger Verwendung geeignet" gewesen sei (ebd., 213). Da diese Theorie mit einer nicht (mehr)

und prophetietheologische Dogmen zum überlieferten Text selbst zurückzukehren und damit zu einer wesentlich einfacheren Erklärung für das Fehlen von 17,1–4 in der Septuaginta zu finden. Es liegt ja eigentlich auf der Hand: Die Verse konnten schlicht deshalb nicht ins Griechische übertragen werden, weil sie in der hierfür verwendeten hebräischen Vorlage noch nicht enthalten waren. In dieser folgte – wie es in der Septuaginta nach wie vor der Fall ist – auf das Bekenntnis zu JHWH als „meine Kraft und mein Schutz und meine Zuflucht am Tag der Bedrängnis",[99] das in 16,19 die Ankündigung der Völkerwallfahrt und die Absage an *selbstgemachte* Götter einleitet, konsequent in 17,5 die Verfluchung desjenigen, der sich auf Menschen und *seine eigene* Kraft verläßt.[100]

Dieser kompositionelle Zusammenhang im hinsichtlich seiner strukturellen Kohäsion insgesamt schwierig zu verstehenden Kapitel 17 wird durch das eingefügte Gerichtswort von 17,1–4 im protomasoretischen Jeremiabuch unterbrochen,[101] auch wenn sich das Orakel über die Stichwortverbindung ‚Herz' gleichermaßen sinnvoll an die folgenden Weisheitsworte anschließt.[102] Nimmt man diese literarkritische Beobachtung zum textkritischen Befund hinzu, liegt der Schluß ausgesprochen nahe, Jer 17,1–4 tatsächlich als Einschreibungstext zu betrachten, dessen Entstehung, darauf weist die Textkritik, zum denkbar spätesten Zeitpunkt zu veranschlagen ist: Er wuchs dem jeremianischen Corpus zu einem Zeitpunkt zu, als sich die beiden Überlieferungsströme, die einerseits in die Septuaginta und andererseits in den Masoretischen Text münden sollten, bereits voneinander getrennt hatten.[103] Gegen Cornills selbstbewußte Aussage hat man demnach hier

---

existenten Größe operiert, bleibt sie unbelegbar. Eine direkte literarische Interdependenz, bei welcher Jer 15 den *gebenden* Part einnimmt, ist demgegenüber wesentlich wahrscheinlicher. Vgl. GOSSE, Jérémie 17, 171; BOGAERT, Livre, 386 f.; DERS., Jérémie 17, 62, und auch bereits TOV, Aspects, 153, der den Befund allerdings nicht redaktionskritisch auswertet, sondern lediglich meint, daß der Kopist von Proto-MT aufgrund bereits im Buch befindlicher Dubletten „may [...] have felt at liberty to continue this practice" (ebd.). Fischer zeigt sich demgegenüber in seinem jüngsten Kommentar wieder unentschieden und konstatiert lediglich: „Auch die LXX bringt die Doppelung schon in Jer 15, doch nur dort" (FISCHER, Jeremia 1–25, 504, n. 8).

99 יְהוָה עֻזִּי וּמָעֻזִּי וּמְנוּסִי בְּיוֹם צָרָה.

100 אָרוּר הַגֶּבֶר אֲשֶׁר יִבְטַח בָּאָדָם וְשָׂם בָּשָׂר זְרֹעוֹ – „Verflucht der Mann, der auf Menschen vertraut und Fleisch für seinen Arm hält".

101 Vgl. BIDDLE, Polyphony, 103.

102 Vgl. die לוּחַ לִבָּם von 17,1 mit dem abgewandten Herz des Verfluchten von 17,5 und dem ‚trotzigen und verzagten Ding' (עָקֹב הַלֵּב מִכֹּל וְאָנֻשׁ) von 17,9 und JHWH als Herzensprüfer in 17,10 (vgl. O'CONNOR, Confessions, 108).

103 Diese Einordnung des Abschnittes verbietet es, 17,2 f. aufgrund seines deuteronomistischen Charakters unter Verweis auf die Nähe zu Dtn 12,2 f.; I Reg 14,23 und II Reg 17,10 von einem Orakelgrundbestand literarkritisch zu scheiden (vgl. hierfür

gewiß kein Prophetenwort des sechsten oder gar siebten Jahrhunderts[104] vor sich, sondern befindet sich vielmehr am diametral entgegengesetzten Ende des Jeremia-Zeitstrahls.

Von diesem Ergebnis ausgehend können nun die von Rudolph beobachteten signifikanten Ähnlichkeiten im Konsonantenbestand zwischen 15,12 und 17,1 erklärt werden, ohne daß das Resultat von den skizzierten drei Kritikpunkten an seiner Übernahmethese berührt werden muß. Insbesondere der zweite Einwand löst sich in Wohlgefallen auf: Die Differenzen zwischen dem kryptischen Vers 15,12 und dem Beginn von Kapitel 17 müssen nun nicht mehr in einem Kompetenzdefizit seitens des Schreibers gesucht werden, der ersteren mangelhaft übertragen haben sollte. Stattdessen kann umgekehrt 17,1 als einer der ersten Versuche gesehen werden, 15,12 lesbar und verständlich zu machen, einen Vers, der sich womöglich schon seinerzeit einer eindeutigen Interpretation ebenso beharrlich widersetzte wie heutzutage.

Diese Annahme gewinnt an Plausibilität, wenn man sie redaktionskritisch überprüft. Sucht man nach einem Grund für den Einschub der fraglichen Verse ausgerechnet zwischen 16,21 und 17,5, so läßt sich dieser bei näherer Betrachtung durchaus auch entdecken. So wird in 16,19 Gott als Zuflucht ‚am Bedrängnistag' (בְּיוֹם צָרָה) angerufen, zu einem Zeitpunkt also, der die Zeitangabe aus der Konfession 15, näherhin in Vers 15,11, in Erinnerung ruft. Dort findet das Heils- oder – nach masoretischer Lesart[105] – Unheilshandeln JHWHs ebenfalls „zur Zeit von Übel und zur Zeit von Bedrängnis" (בְּעֵת־רָעָה וּבְעֵת צָרָה) statt. Man mag einwenden, daß eine derartige Qualifizierung eines Termins, der für eine göttliche Strafaktion vorhergesagt wird, den an ihm zu erwartenden Ereignissen adäquat und im gerichtsprophetischen Rahmen ein Allerweltsbegriff sei, doch ist dem tatsächlich nicht so. Sie findet sich im Jeremiabuch lediglich an insgesamt vier Stellen, die

---

THIEL, Redaktion I, 202 f.; BRANDSCHEIDT, Gerichtsklage, 65 und bereits HYATT, Jer and Dtn, 256 sowie DERS., Jeremiah, 949). Als Glosse, jedoch ohne sie ‚deuteronomistisch' zu nennen, bezeichneten die von Thiel inkriminierten Teile auch schon VOLZ, Studien, 144; DERS., Jeremia, 183, sowie, ihm folgend, RUDOLPH, Jeremia, 114). Ist der gegenüber Jer 15,13 f. sekundäre Charakter und seine relative Datierung zutreffend, so ist damit nicht nur die Suche nach einem protojeremianischen Kern, sondern auch die Klassifizierung vermeintlicher Ergänzungen als deuteronomistisch hinfällig. Die Redaktoren jener Zeit schöpfen theologisch, sprachlich und stilistisch aus mannigfachen Quellen – nicht zuletzt aus deuteronomistischen (vgl. FREVEL, Aschera, 417 f.).

104 Hubmann möchte etwa 17,1 f. (in einer von ihm rekonstruierten Form) „noch in die Zeit Joschijas oder schon in die Zeit Jojakims" einordnen (HUBMANN, Textgraphik, 36, n. 20).

105 Vgl. die Darlegung der textkritischen Problematik für 15,11, S. 63–70.

zweifelsohne alle in Korrespondenz miteinander stehen.[106] Aufschlußreich ist neben 15,11 hier besonders ein Blick auf 30,7: Hier und in den
Folgeversen wird ein Blick auf das *Ende* jener עֵת צָרָה für Jakob
geworfen, das sich in 30,8 zuallererst dadurch auszeichnet, daß „sie" –
in Aufhebung des Urteils von 15,14 bzw. 17,4 nun eben – „*nicht mehr*
Fremden dienen" werden.[107]

Die terminologische Parallele zwischen 15,11 und 16,19 dürfte somit der Grund für die *relecture* der als Gottesrede aufgefaßten Kon-
fessionenverse 15,12–14 gerade im Kontext der Götzenbildpolemik von
16,19–21 sein[108] und zugleich den interpretatorischen Schlüssel für das
Verständnis der Ursprungsstelle an die Hand geben, das dieser
kreativen Zitation zugrundeliegt. Wenn ihre Verfasser die in der Konfession 15 vorderhand an den Propheten gerichtete Ankündigung einer
‚Zeit der Bedrängnis' nun mit dem ebenfalls eigentümlich zwischen
Singular und Plural changierenden Bekenntnis von 16,19[109] in Verbindung bringen und daran ein die Gesamtheit miteinbeziehendes
Gerichtswort anschließen, wollen sie wohl auch Klage und göttliche
Antwort von 15,10–14 überindividuell verstanden wissen. Ihrer Lesart
nach ist auch bereits dort nicht nur Jeremia, sondern das Volk als
ganzes angeredet. Somit führen sie die Tendenz zur zunehmenden Kollektivierung, die bei der Analyse von 11,18–12,6 für die Fortschreibungen der Konfessionengrundschicht eruiert werden konnte, über das
eigentliche Konfessionencorpus hinaus weiter.

Für sie ist die ‚Zeit der Bedrängnis', an deren Ende die direkte
Gottesherrschaft unter dem *David redivivus* stehen soll,[110] offensichtlich
noch nicht überstanden, sondern hat sich im Gegenteil noch weiter
zugespitzt. Schuld daran ist die in 17,1 gegenüber der Parallele von
Kapitel 15 hinzugefügte „Sünde Judas" (חַטַּאת יְהוּדָה), die in erster Linie
als kultische Verfehlung gesehen wird – es wird, wie Bogaert es zutreffend formuliert, das Land zugleich in Kategorien einer andauern-

---

106 Es handelt sich um Jer 14,8; 15,11; 16,19 und 30,7. Zu 14,8 und 15,11 im Rahmen der
zweiten Konfessionenfortschreibungsschicht vgl. S. 135 f.

107 Vgl. 30,8: „Sie werden an ihm [sc. jenem Tage] nicht mehr Fremden dienen" – וְלֹא־
יַעַבְדוּ־בוֹ עוֹד זָרִים (mit 15,14: „Und ich mache dich zum Knecht deiner Feinde" –
וְהַעֲבַדְתִּיךָ אֶת־אֹיְבֶיךָ) in der Lesart nach LXX und einigen hebräischen Handschriften,
vgl. S. 88.

108 Den von M. Smith für die Anfügung von 17,1 an 16,21 angeführten Stichwortzusammenhang „knowledge occurring also in 16:21 and 17:1" (M. SMITH, Laments, 53),
kann ich nicht nachvollziehen.

109 Vgl. „*meine* Kraft und *meine* Burg und *meine* Zuflucht" (עֻזִּי וּמָעֻזִּי וּמְנוּסִי) in 16,19a
gegenüber „*unseren* Vätern" (אֲבוֹתֵינוּ) in 16,19b.

110 Vgl. Jer 30,9.

den „expiation"[111] und zugleich „profanation"[112] beschrieben. Während in 16,19 selbst für die ‚Völker' durch Erkennen und Ablegen ihres idolatrischen Kultirrtums (שֶׁקֶר) der Weg von den ‚Enden der Erde' zu JHWH frei wird, manifestiert sich für Juda gerade hier, im Kultus, die Perseveranz des Abfalls. In der Tat zeugt die durch die Fortschreiber hergestellte Antithese von bekehrten Völkern und abgefallenem Volk von bitterer Ironie.[113]

Als Ort der unauslöschlich eingeschriebenen Sünde werden in 17,1 folgerichtig die schon durch ihren Plural als frevelhaft gekennzeichneten Altäre ausdrücklich betont. Auch der Terminus מִזְבֵּחַ hatte wohl für die protomasoretischen Endredaktoren eine zentrale Bedeutung: Er findet sich – das mag angesichts des Etikettes ‚kultkritisch', das dem Jeremiabuch anhaftet, überraschen – neben 17,1 nur noch an einer einzigen weiteren Stelle, im Urteil über die Vielgötterei Jerusalems von 11,13.[114] Mit Bogaert kann man wohl zurecht eine Beziehung zwischen beiden Abschnitten annehmen, die in einer Art unheilsgeschichtlichen Bogens innerhalb der hebräischen Ausgabe erkennbar wird: Der in 11,7 f. MT ebenfalls in einem Überschuß zu LXX betonte Bundesbruch der *Väter* soll dem andauernden Frevel der *Söhne* von 17,2 korrespondieren.[115]

Diese Emphase eines kultischen Sündenverständnisses und Betonung des Götzenbildfrevels zu einem Zeitpunkt, da sich die beiden erhaltenen Jeremiabuchüberlieferungen bereits voneinander getrennt haben, legt es nun nahe, die buchinterne Rezeption der Konfession 15 mit der Krise um Antiochus' IV Epiphanes Tempelentweihung[116] im

---

111 BOGAERT, Jérémie 17, 66, unter Verweis auf Dtn 15 und TJon.

112 Ebd., 68.

113 „The irony of this indictment is biting" (STULMAN, Jeremiah, 166).

114 Gegenüber der griechischen Variante wird er hier im Hebräischen besonders betont, vgl. das einfache ἐτάξατε βωμοὺς θυμιᾶν τῇ Βααλ von LXX mit der doppelten Verwendung im MT: שַׂמְתֶּם מִזְבְּחוֹת לַבֹּשֶׁת מִזְבְּחוֹת לְקַטֵּר לַבָּעַל.

115 Vgl. BOGAERT, Jérémie 17, 71.

116 Hierbei handelte es sich wohl um um das Anbringen eines Altaraufsatzes, also einen „Altar auf dem Altar" (KEEL, Massnahmen, 104), auf dem möglicherweise Antiochus Schweine als Opfer darbringen ließ (vgl. ebd. und SASSE, Geschichte, 182 f.), eher nicht um einen „Altarfetisch des verfemten Baal Schamin" (so BRINGMANN, Reform, 131; vgl. gegen diese Auffassung KEEL, Massnahmen 108–111), und wohl sicher nicht um eine Zeusstatue, wie früher unter Berufung auf Hieronymus' Kommentar *De Antichristo in Danielem* (vgl. CChr.SL 75, 921) gerne behauptet wurde (vgl. etwa HARTMAN/DI LELLA, Daniel, 252 f. Dagegen vgl. KEEL, Massnahmen, 106 f.). Der Kirchenvater mag bei seiner Erklärung der Makkabäerkrise den zweiten jüdischen Krieg 131–135 n. Chr. im Sinne gehabt haben, der nach Cassius Dio (bzw. der einzig erhaltenen Zusammenfassung des Xiphilinos) ausbrach, weil Hadrian Jerusalem in Aelia Capitolina umbenannte und auf dem Tempelberg einen Juppiterkult etablierte (vgl. CASSIUS DIO LXIX,12).

Jahre 167 v. Chr. oder 168 v. Chr.[117] in Verbindung zu bringen.[118] Die ‚Hörner des Altars' von 17,1 benennen somit präzise das Zentrum des seleukidischen Kultfrevels und stehen zugleich als pars pro toto für den geschändeten und verunreinigten Tempelkult insgesamt. Daher kann man aus ihrer Nennung weder eine grundsätzliche Ablehnung von Sühneriten durch den Sprecher ableiten,[119] noch sollte man in ihnen obskure „phallic images"[120] suchen – sie bezeichnen schlicht das, was sie sind. Warum aber, so könnte man einwenden, ist in 17,1 von ‚Altären' im Plural die Rede, wenn der Vers auf die Entweihung des einen Altars im Jerusalemer Tempel abzielt? Diese auf den ersten Blick irritierende Tatsache läßt sich jedoch auf zweifache Weise im Rahmen der vorgeschlagenen historischen Einordnung erklären:

Zum einen ist die Vielzahl von Kultstätten als Topos für potenzierten Frevel schlechthin erkennbar[121] – wie auch der ganze Vers 2 aus den bekannten stereotypen Elementen desdeuteronomistischen Begriffsarsenals konstruiert ist[122]– zum anderen weiß Josephus von einem

---

117 Vgl. BRINGMANN, Reform, 15–28, besonders 28.

118 Vgl. BOGAERT, Jérémie 17, 72 und I Mac 1,43.54 LXX sowie Jos.Ant. XII,253. Bogaert verbindet mit diesem Schluß die These, die gängige Datierung von 4QJer^a sei zu revidieren, für die in der Regel aufgrund paläographischer Kriterien eine Entstehung zwischen 275 und 175 v. Chr. veranschlagt wird (vgl. TOV, DJD 15, 150). In der Tat repräsentieren die zu besagter Rolle gerechneten Fragmente eine Ausgabe des Jeremiabuches, die der protomasoretischen nahesteht (vgl. ebd., 152), und es wäre reizvoll, diese anhand äußerer und innerer Kriterien übereinstimmend datieren zu können – allein, weder die fraglichen Textstücke von Kapitel 11 noch die von Kapitel 17 sind in den Qumrandokumenten erhalten, und es kann daher aus dem überlieferten Bestand nicht zwingend geschlossen werden, daß 4QJer^a bereits *im ganzen* den Umfang der späteren kanonischen Fassung repräsentiert habe. Die Annahme von mehreren sukzessiven Einschreibungen nach der Trennung beider Überlieferungsstränge ist ebenso denkbar wie das von Bogaert vertretene Modell einer einzigen protomasoretischen Endredaktion – und m.E. sogar wahrscheinlicher. Wie er plädiert indes auch Schenker für eine einzige „rédaction longue", die er anhand von Jer 33,14–26 um 140 v. Chr. ansetzt (vgl. SCHENKER, Rédaction Longue, 292).

119 Vgl. WEISER, Jeremia, 144, unter Verweis auf Ex 29,12; Lev 4,7; 8,15; 16,18.

120 HOLLADAY, Jeremiah 1, 487. Er treibt damit die alte These auf die Spitze, hinter den in 17,2 kritisierten und aus der dtr Polemik vertrauen Topoi seien heidnische „fertility rites" (CARROLL, Jeremiah, 349) anzunehmen. Dem gesamten Abschnitt unterliegt seiner Meinung nach „a texture of sexual innuendo" (HOLLADAY, Jeremiah 1, 487), weshalb er in nahezu jedes Wort eine entsprechende verborgene Tiefenbedeutung hineinzuprojizieren vermag (cf. ebd., 487 f.). *In concretu* erweist sich das als ebenso befremdlich wie gezwungen.

121 Vgl. von Manasse II Reg 21,5; daneben auch Ez 6,4.5.6.13; Hos 10,2.8; 12,12.

122 Vgl. FREVEL, Aschera, 421. Die von ihm dennoch offengehaltene Frage, ob „das Paar Ascheren und Altäre als bloßes Klischee" gedient habe oder man mit einem „Baustein für eine nachexilische Ascherakritik" (ebd., 422) zu rechnen habe, ist im Lichte der oben angestellten Beobachtungen eindeutig im ersten Sinne zu beantworten.

Befehl, tatsächlich auch in anderen Städten Judas Altäre zu errichten,[123] und auch II Mac 6,8 erwähnt eine Ausdehnung der Opferprobe auf umliegende Orte.[124]Ein Verstoß gegen Dtn 12, wie ihn Jer 17,1 implizit anklagt, liegt demnach durchaus im Bereich des historisch Möglichen.

Die Antiochus-These bietet zudem, gewissermaßen rückwirkend, ein weiteres Argument, um die Situierung des fraglichen Abschnittes ausgerechnet in Kapitel 17 zu erklären. Schließlich findet sich hier, in 17,19–27, die eigentümliche Passage, die auf die Einhaltung des Sabbats in Jerusalem dringt. Andernfalls sei ein Zornesfeuer JHWHs zu erwarten, das nicht gelöscht werden könne[125] – ein solches also, wie es nach

---

123 Vgl. Jos.Ant. XII,253: οἰκοδομήσαντας δὲ ἐν ἑκάστῃ πόλει καὶ κώμῃ τεμένη αὐτῶν καὶ βωμοὺς καθιδρύσαντας θύειν ἐπ᾽ αὐτοῖς σῦς καθ᾽ ἡμέραν προσέταξεν („sie erbauten aber in jeder Stadt und Dorf ihre Tempel und errichteten Altäre, und er befahl, auf ihnen täglich Schweine zu opfern").

124 ψήφισμα δὲ ἐξέπεσεν εἰς τὰς ἀστυγείτονας Ἑλληνίδας πόλεις Πτολεμαίου ὑποθεμένου τὴν αὐτὴν ἀγωγὴν κατὰ τῶν Ιουδαίων ἄγειν καὶ σπλαγχνίζειν („es ging aber ein Gebot aus an die benachbarten griechischen Städte, auf Vorschlag von Ptolemais, bezüglich der Juden ebenso zu verfahren und Opfermahlzeiten zu veranstalten").

125 וְלֹא תִכְבֶּה [...] אֵשׁ וְהִצַּתִּי. Dieses Motiv erscheint im Jeremiabuch neben 17,27 noch mit ähnlicher Formulierung in 7,20 sowie in 4,4b und 21,12, wobei die beiden letztgenannten Belege miteinander wortgleich sind und deutlich die Züge von sekundären Einschreibungen in ihren Kontext tragen. So unterbrechen 21,11 f. die Gerichtsankündigung gegen Jerusalem mit einem Drohwort gegen die Könige Judas, welches dem Königskapitel 22 zum Teil wörtlich ist (vgl. 21,12aγ mit 22,3aβ), v.a. aber thematisch vorgreift und von dort entlehnt sein dürfte (vgl. bereits STADE, Bemerkungen, 278 f.), auch wenn die Mehrzahl der neueren Forscher dahin tendiert, die Abhängigkeit umgekehrt zu bestimmen (vgl. THIEL, Redaktion I, 238). Für Hermisson gehen 21,11 f. auf das Konto dreier unterschiedlicher Redaktionen (vgl. HERMISSON, Königsspruch-Sammlung, 39 f.; 56 f.). Möglicherweise bot das Stichwort des ‚Feuers' von 21,11 den Anlaß für diese Königsglosse – denn auch in 21,14 steht seine Ankündigung durch JHWH dem Königsabschnitt voran.
In Kapitel 4 ist es die Wiederaufnahme der „Männer von Juda und Einwohner von Jerusalem" in 4,4aβ aus 4,3 bzw. dem über diese Adressaten redaktionell verbundenen Vers 4,5, welche die an die Herzensbeschneidung gekoppelte Drohung als Glosse kenntlich macht (vgl. SCHMID, Buchgestalten, 277, n. 359. Für ihn ist 4,3 f. eine Fortschreibung von 3,1–4,2).
In 17,27 dagegen begegnet die Phrase im Rahmen eines einheitlichen Textzusammenhanges, allerdings in einem, der als ganzer zu den jüngsten Stücken des Jeremiabuches zu zählen ist (vgl. zum Sabbatabschnitt S. 157–162).
Ohne an eine Bedingung geknüpft zu sein, sondern im Rahmen eines Gerichtswortes, erscheint das Motiv ferner in 7,20 – hier mit Formulierungen, die eine literarische Verbindung mit der Weissagung Huldas aus II Reg 22,17 verraten. Eine weitere Parallele bietet Am 5,6, auch dies ein „Nachtrag" im Zusammenhang von Am 5,1–17, der eindeutig 5,4 wiederaufnimmt (vgl. WOLFF, Joel und Amos, 269; JEREMIAS, Mitte, 210 f.; DERS., Tod, 226; SCHART, Entstehung 75 f.; KRATZ, Worte, 72). So ist schwer zu sagen, welche der angeführten Stellen für sich beanspruchen kann, das Motiv des Zornesfeuers JHWHs erstmalig mit der Eigenschaft verbunden zu haben, nicht löschbar zu sein.

17,4 bereits entbrannt *ist*.[126] Bekanntlich war auch das Verbot des Sabbats Bestandteil der Maßnahmen Antiochus'[127] – für einen schriftgelehrten Zeitgenossen mußte der Kontext der Kapitel 16 und 17 mit ihrer Verbindung von Götzenpolemik und Sabbatermahnung geradezu für eine Deutung der eigenen Gegenwart präfiguriert erscheinen, die lediglich der exegetischen Explikation bereits an anderem Orte, nämlich in Kapitel 15, überlieferter Prophetenzeugnisse bedurfte. Die seleukidische Eroberung Jerusalems[128] und die daran anschließenden Repressalien ließen sich als Manifestation genau des in Jer 17,27 für den Fall andauernder Sabbatverletzung angedrohten göttlichen Zornesbrandes deuten, dessen Ursache sie und die partielle Kollaboration[129] sein mußten. Vergehen und Strafe fallen in dieser Sichtweise somit beinahe in eins.

Gleichwohl verharrt auch diese, womöglich letzte, Redaktion des Jeremiabuches nicht in der düsteren Gegenwart des Gerichts, sondern spannt den Bogen darüber hinaus, hin zu seiner Aufhebung. Auch wenn die Sünde in 17,1 denkbar tief festgeschrieben ist und der Zorn JHWHs in 17,4, über die Vorlage von 15,14 hinausgehend, עַד־עוֹלָם währt, so bedeutet diese singuläre Aussage[130] dennoch nicht ‚für immer'. Am Ende des hebräischen Jeremiabuches, in Jer 50,20, und „in

---

Interessant zu sehen ist indes, daß in den *bedingten* Feuerdrohungen in Jer 4,4; 17,27; 21,12 damit ethische Aufforderungen sanktioniert werden, die gewissermaßen beide Tafeln des Dekaloges widerspiegeln: Das Sabbatgebot von Kapitel 17 repräsentiert hierbei die erste, die sozialen Imperative von Kapitel 21 die zweite Tafel, und die Aufforderung zur Herzensbeschneidung stellt so gesehen sowohl die Voraussetzung für beide als auch das Integral beider dar – wie sie auch in Dtn 10,16–21 zweifach konkretisiert wird: Im Sinne der Fremdenliebe (10,19) und der Gottesfurcht (10,20).

126 כִּי־אֵשׁ קָדְחָה בְאַפִּי עַד־עוֹלָם תּוּקָד.

127 Vgl. I Mac 1,45 und KEEL, Massnahmen, 113.

128 Vgl. II Mac 5,11–20.

129 Vgl. I Mac 1,52. Diese Zusammenarbeit von Teilen der Bevölkerung – möglicherweise von Hellenisten *à la* Menelaos – ist m.E. der Grund, warum in 17,1 von der ‚Sünde *Judas*' die Rede ist und nicht etwa von der ‚Sünde Babels' oder einer vergleichbaren Chiffre für die Seleukiden. Auch II Mac 5,17 legt Wert darauf, die primäre Verantwortung für die Verwüstung Jerusalems beim Volk selbst zu verorten: καὶ ἐμετεωρίζετο τὴν διάνοιαν ὁ Ἀντίοχος οὐ συνορῶν ὅτι διὰ τὰς ἁμαρτίας τῶν τὴν πόλιν οἰκούντων ἀπώργισται βραχέως ὁ δεσπότης διὸ γέγονεν περὶ τὸν τόπον παρόρασις. („Und Antiochus überhob seinen Sinn und erkannte nicht, daß *wegen der Sünde der Bewohner der Stadt* der Herr eine kurze Zeit zürnte, weswegen das Vorbeisehen an dem Ort geschah.") Das liegt ganz auf der Linie von Jer 17,1.

130 Im Alten Testament findet sich kein weiterer Beleg für ein Zürnen JHWHs עַד־עוֹלָם. Die nächste Parallele stellt Ps 85,6 dar. Hier wird Gott angefleht, seinen Zorn eben nicht ‚für ewig' währen zu lassen: „Willst Du unser etwa ewig zürnen?" (הַלְעוֹלָם תֶּאֱנַף־בָּנוּ). Vgl. aber Jes 33,14 für das „verzehrende Feuer'"(אֵשׁ אוֹכֵלָה), dem die ‚ewige Glut' (מוֹקְדֵי עוֹלָם) parallelgesetzt ist, sowie 1QS II,8. Hier werden die ‚Männer des Loses Belials' der ‚Finsternis ewigen Feuers' überantwortet (באפלת אש עולמים).

jenen Tagen und zu *jener* Zeit", die eben nicht mehr eine ‚Zeit der Bedrängnis' ist, werden die Sünden Judas (חַטַּאת יְהוּדָה) vergeben werden
und nicht mehr auffindbar sein.[131] Stattdessen wird es ‚Babel' sein, das
‚für immer' der Zerstörung anheimgegeben wird.[132] Die Voraussetzung
für diese eschatologische Wendung der Geschichte ist ein schöpferi-
scher Akt Gottes selbst. Mag der Bundesbruch auch auf den Tafeln der
Herzen festgeschrieben sein (17,1), so vermag das, wie Gosse formuliert,[133] JHWH nicht davon abzuhalten, schließlich an derselben Stelle
seine Tora schriftlich zu verankern.[134] Gleichwohl ist es offenbar nötig,
als Voraussetzung hierfür das Trägermedium, also das menschliche
Herz, zu erneuern, das durch die Gravur mittels eines צִפֹּרֶן שָׁמִיר nachhaltig, wenn nicht gänzlich, für eine Neubeschriftung unbrauchbar geworden ist. Für die anthropologische Umprägung durch Gott bedarf es
einer *tabula rasa*. Man darf daher vermuten, daß die Verfasser von Jer
17,1–4 nicht nur eine Brücke zu Jer 31 schlagen wollten, sondern auch
diejenigen Texte im Sinn hatten, die mit dieser Stelle auf das engste
verwoben sind, nämlich die Passagen vom Neuen Bund in Jer 32,37–41
und vom Neuen Herzen in Ez 11,17–21 – vielleicht sogar bereits die von
beiden abhängige jüngste gedankliche Synthese in Ez 36,23bβ–32.[135] Die
Annahme, den Ergänzern sei dieses interprophetische Beziehungsgeflecht vertraut gewesen, vermag ein neues Licht auf die Schreibwerk-
zeuge von Jer 17,1 zu werfen: Der ‚eiserne Stift' und der ‚diamantene
Griffel' sind demnach nicht nur einfach Bilder für die Tiefe und Dauer-
haftigkeit der Verderbnis, die mitten im Personzentrum der kollektiven
Entität ‚Juda' und ihrer Angehörigen eingeprägt ist, sondern sie erweisen sich auch als die dem verwendeten Untergrund adäquaten Hilfs-

---

131 בַּיָּמִים הָהֵם וּבָעֵת הַהִיא נְאֻם־יְהוָה יְבֻקַּשׁ אֶת־עֲוֹן יִשְׂרָאֵל וְאֵינֶנּוּ וְאֶת־חַטֹּאת יְהוּדָה וְלֹא תִמָּצֶאינָה
     כִּי אֶסְלַח לַאֲשֶׁר אַשְׁאִיר (Jer 50,20).

132 Vgl. Jer 51,26.39.57.62.

133 „Ce péché sera finalement pardonné cf. 31,34 et 50,20, après Yahvé ait lui-même écrit
     sa Loi sur le fond de leur coeur (31,33)" (GOSSE, Jérémie 17, 173); vgl. auch SCHMID,
     Buchgestalten, 68.

134 Vgl. Jer 31,33: נָתַתִּי אֶת־תּוֹרָתִי בְּקִרְבָּם וְעַל־לִבָּם אֶכְתֲּבֶנָּה – „Ich werde meine Tora in ihr
     Innerstes legen und auf ihre Herzen will ich sie schreiben."

135 Anja Klein macht in ihrer bisher unveröffentlichten Arbeit für die literarische und
     theologische Genese der Konzepte von Neuem Bund und Neuem Herzen die
     Entwicklung Jer 32,37–41*→Ez 11,17–21*→Jer 31,31–34*→Jer 24,6 f.*→Ez 36,23bβ–32*
     überaus plausibel. Besonders eine gedankliche Verbindung von Ez 36 und Jer 17,1–4
     ist reizvoll vorzustellen, handelt es sich doch in beiden Fällen um Passagen, die zwar
     in MT, aber nicht in der LXX bzw., so im Falle von Ez 36*, einem ihrer ältesten
     Zeugen, dem Papyrus 967, sowie der Vetus Latina nach dem Codex Wirceburgensis
     (vgl. RANKE, VL), vertreten sind (vgl. zu Ezechiel: LUST, Ezekiel 36–40). Beide Fälle
     spiegeln somit die jüngsten Fortschreibungsstrata der jeweiligen Bücher wider und
     dürften schon allein deswegen ähnlich zu datieren sein.

mittel. Aus ihrer Härte läßt sich auf die Härte des Werkstoffes schließen: Es ist nicht ein Herz aus Fleisch und Blut, sondern das alte, das steinerne Herz (לֵב הָאֶבֶן) aus Ez 11,19 und 36,26, welches das Material für die לוּחַ לְבָּם von Jer 17,1 liefert. Diese steinernen Tafeln der Sünde werden so bildlich in größtmögliche Nähe und gedanklich in größtmöglichen Gegensatz zu den לֻחֹת הָאֶבֶן vom Sinai gerückt. Anstatt ihrer, deren Inhalt nach Dtn 6,6 auf dem Herzen eines jeden einzelnen stehen sollte, ist nun an gleicher Stelle ihr frevelhaftes Gegenstück zu finden – ein Zustand, der nur durch einen operativen Eingriff Gottes selbst behoben werden kann und werden wird.

Die Jeremia-Editoren der Makkabäerzeit haben somit das Prophetenbuch in ein heilsgeschichtliches Konzept gefaßt, das den Bogen vom Bundesbruch der Väter in der Vergangenheit von Jer 11[136] über den fortgesetzten Abfall der Söhne in der Gegenwart von Jer 17 bis hin zur noch ausstehenden Neuschöpfung des Menschen als Bundespartner JHWHs von Jer 31[137] und dem ersehnten Vergeltungsgericht an den Unterdrückern in Jer 51 schlägt.

Da sie den Zorn Gottes über Israel als עַד־עוֹלָם andauernd in 17,4 eintrugen, obwohl Ihnen die Heilsaussichten von Jer 31 und 51 bereits wohl vertraut waren, kann darüber spekuliert werden, ob sie letztere tatsächlich nicht mehr in dieser Weltzeit erwarteten, sondern sich die Heilswende nur noch in Verbindung mit einem neuen, kommenden עוֹלָם vorstellten.[138] Somit wäre den Verfassern von Jer 17,1–4 ein Denkkonzept vertraut gewesen, wie es im Kontext einer sich entwickelnden Apokalyptik allmählich Gestalt gewann, deren Anfänge wohl tatsächlich in der Makkabäerzeit zu vermuten sind.[139] Natürlich ist eine Verwendung des Wortes עוֹלָם im Sinne nicht nur eines Zeitraumes, sondern auch einer mehr räumlich verstandenen ,Welt' oder eines Welt-

---

136 Es ist in diesem Zusammenhang nicht uninteressant, daß auch das Fragment eines Jeremia-Apokryphons 4Q385ᴮ, das den Propheten als Mahner des Gesetzes sowohl gegenüber den Deportierten in Babylon als auch den Flüchtlingen in Ägypten darstellt, die Warnung vor dem Götzendienst der Väter hervorhebt. Die Angesprochenen sollen, möglicherweise in Anlehnung an Jer 11,10, nicht den ,Götzen der Heiden' (פ]ִֶ[ס]ִֵילי הגויים אחרי, DIMANT, Apocryphon, 15, vgl. BROOKE, Reception, 189 f.) nachlaufen. Dimant datiert das Fragment aufgrund seiner Affinität mit II Mac 2,1–4 ins zweite Jahrhundert.

137 Vorsichtige Überlegungen über den Charakter der kompositionellen Verbindung zwischen Jer 11; 17 und 31 finden sich wohl erstmalig bei HOLLADAY, Architecture, 160.

138 Diese Gegenüberstellung von עולם הזה und עולם הבא wurde später eine Grundkonstante jüdischen wie christlichen eschatologischen Denkens, vgl. bBer 34b; bShab 63a; bSan 99a, aber auch das Nicaeno-Constantinopolitanum: πιστεύομεν εἰς [...] ζωὴν τοῦ μέλλοντος αἰῶνος (BSLK, 26).

139 Vgl. KRATZ, Apokalyptik, 591; K. MÜLLER, Apokalyptik, 55.

zeitalters innerhalb einer Abfolge mehrerer derartiger Äonen für die biblischen Texte hoch umstritten.[140] Auch Jer 17,4 kann gewiß nicht als schlagender Beleg hierfür angesehen werden. Die Hypothese, den zeitgenössischen Exegeten sei der Gedanke einer wie auch immer vorzustellenden Ablösung ‚dieser Welt' durch eine spätere oder kommende bereits vertraut gewesen,[141] ermöglicht es aber immerhin, die im Gesamtrahmen des Buches durchaus miteinander korrespondierenden, dabei aber zugleich konkurrierenden Konzeptionen je unterschiedlicher ‚Ewigkeiten' zusammenzudenken. Diese Spekulation läßt sich darüber hinaus mithilfe einer weiteren textlichen Veränderung in 17,4 gegenüber der Vorlage von 15,14 zusätzlich plausibilisieren: Dem hier wie dort genannten Sklavendienst bei den Feinden geht die Ankündigung voraus, das Volk habe ‚seine Hand[142] loszulassen von seinem Erbe'. Die eigentümliche Formulierung mit der Wurzel שׁמט weist, auch unabhängig von der Konjektur des zweiten Wortes, auf die Gesetze über das ‚Erlaßjahr' nach Dtn 15 und vor allem Ex 23 – eine Verbindung, die von TJon weiter verdeutlicht wird.[143] Diese Interpretation des Gerichts als eines reinigenden Aktes für das Land korrespondiert zum einen hervorragend mit der redaktionellen Anbindung

---

140 So möchte etwa Preuß den Begriff bereits in Dan 2,44; 7,14.18; 12,2 f. sowie in Sap 13,9 und – mit Fragezeichen versehen – in Jes 40,28 sowie Ps 104,5; 148,6 in diesem Sinne verstanden wissen (vgl. PREUSS, עוֹלָם, 1156 f.), während Jenni dieses Verständnis für die vorchristliche Zeit generell kategorisch ablehnt (vgl. JENNI, Wort ʿolām I, 221; DERS., Wort ʿolām II, 34 f.; DERS., עוֹלָם, 242 f.). Der Terminus läßt biblisch zuweilen zumindest beide Deutungen zu. Vgl. allein zu Qoh 9,6 für לְעוֹלָם die Einheitsübersetzung „auf ewig" mit der Lutherbibel von 1984 „auf der Welt". Brin möchte ein Verständnis im Sinne von ‚Kosmos', wie man es im mischnischen Hebräisch findet (vgl. Ber 9,2; Ab 5,1) für die biblischen Schriften ebenfalls ablehnen, sieht es aber in einigen wenigen Qumrandokumenten durchaus als belegt an (vgl. BRIN, Time, 289–293). Seine strikte Differenzierung zwischen räumlicher und zeitlicher Bedeutung hilft jedoch nur bedingt weiter, da ‚diese' Welt im Gegenüber zur ‚kommenden' sicherlich beide Dimensionen einschließt und gewissermaßen raumzeitlichen Charakter hat. Ein solcher Äonenaspekt wäre dem belegten und in seiner Bedeutung umstrittenen Idiom עולם קצי von 4Q417 2 I,7–8 (vgl. MARTÍNEZ/TIGCHELAAR, Study Edition, 858 f.) dann zuzuschreiben, wenn man es eschatologisch und nicht im Sinne von מֵעוֹלָם rückbezogen auf den Anfang der Zeit (oder Welt) versteht (vgl. für die Diskussion beider Möglichkeiten BRIN, Time, 273. 283).

141 Es ist wichtig, in diesem Zusammenhang zu betonen, daß von ‚Vorstellungen' und ‚Gedanken' die Rede ist, nicht von einer allgemein verbreiteten und genau umrissenen ‚Lehre' (vgl. K. MÜLLER, Apokalyptik, 108).

142 Lies statt des unverständlichen וּבְךָ, für welches die griechische Rezension Lukians und Vg. mutmaßlich die Übersetzung von לְבַדְךָ, nämlich μόνη bzw. sola bieten (vgl. BHS), יָדְךָ. Diese Konjektur unter Zuhilfenahme von Dtn 15,3, ist „as old as J. D. Michaelis" (McKANE, Jeremiah I, 386), ja sogar noch älter, beruft sich dieser doch für sie bereits auf seinen Vater (vgl. MICHAELIS, Observationes, 149).

143 „Und ich werde einen Feind über ihr Land bringen, und es wird wüst werden wie im Erlaßjahr" (ואיתי סנאה על ארעכון ותהי צדיא כשמיטתא).

an den Sabbatabschnitt von 17,19–27 und somit der historischen Situation. Zum anderen und darüber hinausgehend erinnert sie jedoch an die Deutung der 70 Jahre von Jer 25,11 in II Chr 36,21, in denen das Land seine Sabbate nachgeholt habe.[144] Anders als für die Chronisten ist diese heilige Brache für die Ergänzer von Jer 17,1–4 jedoch offensichtlich noch nicht vollendet, das Zornesfeuer brennt noch. Indes dauert kein Erlaßjahr für immer. Der Binnenlogik von V. 4 entspricht es daher ebenso wie dem redaktionellen Bogen über das ganze Jeremiabuch, daß die göttliche Strafe zwar עַד־עוֹלָם, gleichwohl aber nicht ‚auf ewig' verhängt ist, sondern auf *diesen* Äon beschränkt bleibt.

Unabhängig davon, ob man dieser letzten Interpretation folgen mag oder nicht, bleibt in jedem Falle festzuhalten, daß bei der Beziehung zwischen Jer 15,13 f. und 17,1–4 die erstgenannte die gebende Stelle und die letztere deren Interpretation im Rahmen einer protomasoretischen Buchredaktion darstellt, die am sinnvollsten in die makkabäische Zeit zu datieren ist. Aus dieser Erkenntnis jedoch die literarische Einheitlichkeit der Konfession 15 zu folgern,[145] wäre ein Trugschluß. Die literarkritischen Verhältnisse innerhalb des Abschnittes 15,10–21 stehen auf einem ganz anderen Blatt als die Konfessionenrezeption in der Mitte des zweiten vorchristlichen Jahrhunderts.

Leider fällt mit dieser Einordnung 17,1–4 als Übersetzungsrichtlinie für den änigmatischen Vers 15,12 weitgehend aus. Dessen primärer Bedeutung kann sich nur tastend genähert werden, und dies ist wohl nicht möglich, ohne Überlegungen über die Bedeutung der Verse 11–14 insgesamt und in ihrem unmittelbaren Kontext miteinzubeziehen. Die methodische Grenze zwischen philologischer Analyse und Literarkritik läßt sich also auch hier nicht strikt einhalten, beide Betrachtungsweisen des Textes müssen an diesem Punkt einander zuspielen. Dadurch steigt natürlich die Gefahr, Hauptthesen über die Genese des Abschnitts auf argumentationsimmanenten Zirkularschlüssen zu gründen. Es ist deshalb hier besonders deutlich und sorgfältig zu differenzieren, welche Aussage den Status einer Textbeobachtung und welche den einer abgeleiteten Schlußfolgerung hat. Die Belege für die unheilvolle Vermischung beider Ebenen in der Exegese sind Legion.

---

144 Vgl. GOSSE, Jérémie 17, 178 f.; BOGAERT, Jérémie 17, 66.
145 So HUBMANN, Synoptisches, 413, gegen Hermissons Vorschlag, 15,13 f. als Einfügung aus 17,3 f. redaktionskritisch zu interpretieren (vgl. HERMISSON, Konfession 15, 5). In seiner früheren Monographie deutet Hubmann dagegen 15,13 f. noch als „sekundäre Weiterinterpretation" (HUBMANN, Untersuchungen, 258) von 17,3 f., freilich mit anderem Skopus als Hermisson.

Das Ergebnis des obigen Exkurses kann nun jedoch nicht bedeuten, daß 17,1–4 für die Klärung textkritischer Fragen in Kapitel 15 vollkommen irrelevant wäre. Freilich ist offensichtlich geworden, daß die beschriebene kritische *relecture* der Konfession 15 eine durchaus kreative war, dennoch ist es nicht unwahrscheinlich, daß sie die Grundtendenz ihrer Vorlage beibehalten hat, die möglicherweise im Zuge der noch späteren Überlieferung des masoretischen Textes einer Revision unterzogen worden sein könnte. So läßt sich eindeutig zeigen, daß die Verfasser von 17,1–4 MT die aus dem Kapitel 15 entlehnten Wendungen und Bilder unheilvoll verstanden wissen wollen – wohingegen dort die immanenten textkritischen Divergenzen sich nicht zuletzt an der Frage scheiden und entscheiden, ob von einer Heils- oder Gerichtsaussage auszugehen ist. Diese Grunddifferenz, die bereits bei der Behandlung der Varianten zu Vers 11 als für die verschiedenen antiken Ausgaben signifikant herausgestellt werden konnte, ist auch der Kern der verbleibenden kleineren Textprobleme der Verse 13 und 14.

Generell ist es wahrscheinlicher anzunehmen, die Autoren von 17,1–4 hätten gerade wegen der Gerichtsintention auf die erste Gottesrede der Konfession 15 zurückgegriffen und späteren Kopisten von Endtextvarianten sei deren partiell heilvolle Umdeutung zuzuschreiben, als vom umgekehrten Fall auszugehen. Danach hätte eine rettungsorientierte Vorlage in Kapitel 15 die Redaktoren zu dem Gerichtswort von Kapitel 17 inspiriert, wodurch wiederum spätere Schreiber veranlaßt worden seien, qua Assoziation in ersteres straforientierte Interpretamente zu reimportieren. Darüber hinaus kann ein generell heilvoller Charakter für 15,11–14 von *keiner* der überlieferten Textfassungen behauptet werden, steht doch an aller Ende der Zorn Gottes.[146] Indes ist für die Prüfung der fraglichen Einzelfälle der Rückgriff auf Kapitel 17 nie das ausschlaggebende, sondern immer nur ein ergänzendes Kriterium, das jedoch den Vergleich der Primärvarianten zusätzlich zu erhellen und durchaus eine textkritische Entscheidung zugunsten einer unheilsorientierten Lesart zu stützen vermag.

---

146 כִּי־אֵשׁ קָדְחָה בְאַפִּי עֲלֵיכֶם תּוּקָד. Hubmann möchte allerdings das Urteil der Verbannung und den entbrannten Zorn JHWHs auf die *Feinde* Jeremias beziehen und so ein Heilsorakel für den Propheten konstruieren (vgl. HUBMANN, Untersuchungen, 270; vgl. auch O'CONNOR, Confessions, 37 f.). Dieses soll nach Hubmanns Meinung allerdings auch in V. 13 jenem den Verlust seiner persönlichen Habe ankündigen, dem er „sühnende Wirkung" (ebd., 269) zuschreibt. Worin die ‚Sünde', um deretwillen dies nach 15,13 geschehen sollte, bei Jeremia zu suchen sei, legt Hubmann nicht dar. Dies gälte es jedoch zu plausibilisieren, andernfalls bleibt diese Interpretation ebenso unwahrscheinlich wie unverständlich.

In 15,13 etwa möchten MT, und davon abhängig Vg und TJon, anders als LXX,[147] die Besitztümer *„nicht als Lösegeld"* für die Sünden dahingegeben wissen (לֹא בִמְחִיר bzw. *gratis*[148]) – eine kleine Glosse, die vermutlich die Heilsworte von Jes 45,13bβ[149] (und vielleicht auch 55,1), die Freilassung der Gola *sola gratia*, im Sinn hat und womöglich daran gemahnen möchte, daß es sich zu guter Letzt umgekehrt verhalten wird: Im folgenden Vers Jes 45,14, der mit dem vorangehenden Halbvers thematisch eng verbunden ist,[150] wird Zion (angesprochen in der zweiten Person femininum singular) nicht wie in Jer 15,13 der eigene Reichtum geraubt, sondern fremder, nämlich die Schätze Ägyptens, Kuschs und Sabas, zugetragen.

Für die Entscheidung der Lösegeldfrage von 15,13 ist der Vergleichsvers 17,3 zwar gänzlich irrelevant,[151] bei der Daleth-Resh-Problematik in 15,14 verhält es sich dagegen anders. Wieder vertritt hier die hebräische Fassung eine heilvolle Lesart, indem sie den Feind vorbeiführt (וְהַעֲבַרְתִּי) *„in ein Land hinüber, das du nicht kennst,* etwa: wo der Pfeffer wächst"[152] – und wieder folgt ihr, wenngleich von neuem unheilvoll interpretierend, die Vulgata.[153] Zahlreiche hebräische Handschriften haben hier aber die entsprechende Form von der Wurzel עבד, ‚dienen', und LXX sowie TJon belegen dazu auch das entsprechende Objektsuffix der zweiten Person masculinum singular, wie es an der Vergleichsstelle 17,4 auch im masoretischen Text zu finden ist: Sie lesen die Form וְהַעֲבַדְתִּיךְ.[154] Es ist demnach nicht der Feind, der vorüberziehen oder dienen, sondern umgekehrt die angeredete Größe, die in einem fremden Land versklavt werden wird. Man kennt diese Formulierung ähnlich aus dem Deuteronomium. So ist es in Dtn 28,47 f. Bestandteil

---

147 ἀντάλλαγμα διὰ πάσας τὰς ἁμαρτίας σου.

148 Interessanterweise scheint die Vulgata zwar der masoretischen Vorlage zu folgen, sie aber alles andere als heilvoll zu interpretieren.

149 „Und meine Verbannung läßt er [sc. Kyros] frei, nicht für Lösegeld und nicht für ein Geschenk" (וְגָלוּתִי יְשַׁלֵּחַ לֹא בִמְחִיר וְלֹא בְשֹׁחַד).

150 Vgl. KRATZ, Kyros, 93.

151 17,3 hat dieses Wort aus 15,13 nicht übernommen – vielleicht, weil der Gedanke einer ‚Bezahlung' für die Sünden auch deren Abgeltung impliziert. Das liefe einer Festschreibung der Sünde עַד־עוֹלָם zuwider. In Kapitel 17 wurde daraus ein Wort aus dem Standardfrevelvokabular deuteronomistischer Prägung: „deine Höhen" (בָּמֹתֶיךָ). Rudolph möchte hier den Text nach 15,13 korrigieren (vgl. RUDOLPH, Jeremia, 114 und BHS) – das ist unangebracht und steht, davon abgesehen, in latentem Widerspruch zu seiner eigenen Übernahmethese.

152 HITZIG, Jeremia, 119.

153 Sie will den Feind nicht *in* ein fremdes Land weg-, sondern aus einem solchen *herbei*führen: *Et adducam inimicos tuos* de *terra qua nescis*.

154 Einige hebräische Handschriften belegen allerdings auch hier eine Form der Wurzel עבר (vgl. BHS), wie wohl auch Zeugen der Übersetzung Theodotions (vgl. HUB).

des Fluchkataloges, aufgrund mangelnder Gottesliebe „deinem Feind
dienen" zu müssen (וְעָבַדְתָּ אֶת־אֹיְבֶיךָ), und auch das Motiv des ‚nicht
Kennens' ist aus diesem Kapitel vertraut, wenn es hier auch, in Vers 64,
mit anderen *Göttern* verbunden ist: „Dort [sc. in der Diaspora] wirst du
anderen Göttern dienen, die du nicht kennst".[155] Somit entspricht die
Strafe dem wortgleich weitaus häufiger überlieferten Vergehen,[156] das
sie ahndet. Dem willentlichen Frevel in der Freiheit korrespondiert der
erzwungene in der Gefangenschaft.

Auf diese Weise ist der Fluch auch im Jeremiabuch in 16,13 aufgenommen und hierbei die Nichtkenntnis von den Göttern auf das
Land übertragen worden.[157] In 14,18 müssen sogar Priester und Propheten in „ein Land ziehen, das sie nicht kennen" (סָחֲרוּ אֶל־אֶרֶץ וְלֹא יָדָעוּ).[158]
Von diesen Stellen in der unmittelbaren Nachbarschaft der Konfession
15 ist es nur noch ein kleiner Schritt zum Dienen des Feindes (*Genitivus
objectivus*) in „einem Land, das du nicht kennst" (בְּאֶרֶץ לֹא יָדָעְתָּ) von
15,14a. Diese Beobachtungen evozieren geradezu literarkritische Vermutungen, denen an anderer Stelle nachgegangen werden soll.[159] Indes
lassen sich auch hier die methodischen Grenzen nicht starr einhalten.
Es ist nicht zuletzt die vermutete Abhängigkeit von den angeführten
deuteronomistischen Formeln, die in Jer 15,14 eine textkritische Entscheidung mit LXX gegen MT und im Sinne von 17,4 plausibel macht
und argumentativ stützt. Die hebräisch überlieferte Lesart läßt sich
demgegenüber als sekundär heilvoll interpretierter oder interpretieren-
der Lese- (ד-ר-Irrtum) und Schreibfehler (Haplographie von ך und י)
erklären – und bewegt sich somit auf der gleichen Linie wie die ‚Rest'-
Lesart von 15,11.[160]

---

155 וְעָבַדְתָּ שָׁם אֱלֹהִים אֲחֵרִים אֲשֶׁר לֹא־יָדַעְתָּ.

156 Vgl. Dtn 11,28; 13,3.7.14; 29,25; 32,17; Jer 7,9; 19,4; 44,3. Die Formel erweitert die
weitaus häufigere vom bloßen Dienen „anderer" Götter, vgl. Dtn 7,4; 8,19; 11,16;
17,3; 28,14; 29,25; 30,17; 31,20; Jos 23,16; 24,2; 24,16; Jdc 2,19; 10,13; I Sam 8,8; 26,19;
I Reg 9,6.9; II Reg 5,17; 17,35; II Chr 7,19.22; Jer 11,10; 13,10; 16,11; 22,9; 25,6; 35,15;
44,3.

157 „Und ich werde euch wegschleudern von diesem Land *in das Land, das ihr und eure
Väter nicht kennt, und ihr werdet dort anderen Göttern dienen* (עַל־הָאָרֶץ אֲשֶׁר לֹא יְדַעְתֶּם
אַתֶּם וַאֲבוֹתֵיכֶם וַעֲבַדְתֶּם־שָׁם אֶת־אֱלֹהִים אֲחֵרִים) Tag und Nacht, ich aber werde euch nicht
Gnade geben." Dtn 28,64 und Jer 16,13 sind die einzigen Belege für das Dienen
anderer Götter als Bestandteil der Strafe.

158 Darüber hinaus begegnet die Wendung noch in der Klage über Konja in Jer 22,28,
der samt seinen Nachkommen verstoßen wird עַל־הָאָרֶץ אֲשֶׁר לֹא־יָדָעוּ. Duhm,
Rudolph, Weiser und Kessler lassen dagegen in 14,18 ‚Priester und Propheten' nicht
fort-, sondern das Land „durchziehen" und „von Sinnen" sein (RUDOLPH, Jeremia,
100; vgl. DUHM, Jeremia, 130; WEISER, Jeremia, 126, KESSLER, Drought, 71.77). Dafür
müssen sie jedoch die Präposition אֶל in die nota accusativi אֶת konjizieren.

159 Vgl. S. 115 f.

160 Vgl. S. 66.

Anders liegen die Dinge jedoch beim vorletzten Wort von Vers 14: Hier ist *gegen* die von einigen hebräischen Handschriften bezeugte und mit 17,4 übereinstimmende Lesart zu entscheiden. An dieser Stelle statt עֲלֵיכֶם wie dort עַד־עוֹלָם lesen zu wollen, wäre eine unnötige Harmonisierung, die zudem von keiner der antiken Übersetzungen gedeckt wird. Wollte man sie übernehmen, so würde man zudem die diachron zu deutende klimaktische Entwicklung hin zur theologischen Spitzenaussage von 17,4 verschleiern.[161]

Mit Übergang zu Vers 15 bekommt man innerhalb der Konfession textkritisch gesehen ein wenig sichereren Boden unter die Füße. Die Differenzen zur Septuaginta bleiben zwar auch im folgenden zahlreich, lassen sich jedoch in der Regel relativ leicht erklären. So ist in Vers 15 das Fehlen der im jetzigen Kontext sperrigen Anrede JHWHs mit אַתָּה יָדַעְתָּ in der LXX wohl eher auf eine Glättung hier als auf eine Ergänzung im hebräischen Text zurückzuführen. Die *lectio brevior* ist hier keineswegs *potior*, beseitigt die Kürzung doch eine Spannung in der hebräischen Vorlage, die ein deutlicher Hinweis auf literarkritisch zu interpretierende Wachstumsvorgänge ist. Die klassisch gewordene Lesart Rudolphs läßt, nachdem man sich der Verse 12–14 entledigt hat, die beiden Worte an das Ende von 15,11 anschließen, der wiederum mit der LXX als Jeremiarede verstanden wird. Auf diese Weise erhält man eine Art Chimäre aus hebräischer und griechischer Textüberlieferung,[162] die als Lösung unmöglich ist, wenn man, wie dargelegt,[163] in V. 11 bei der Lesart der Masoreten bleibt.[164] In der Tat ist es auch in diesem Fall plausibel, die beiden Worte als ursprünglichen Abschluß der ersten Jeremiarede zu verstehen, nur ist dieser bereits am Ende von V. 10 zu suchen. Dann zeigt sich, daß sich die Phrase hier auch metrisch vorzüglich einfügt – oder, um es vorsichtiger zu formulieren, zumindest die Parallelität beider Halbverslängen zueinander deutlich verbessert. Ihre Wanderung über vier Verse hinweg dürfte jedoch weniger einem Schreiberversehen anzulasten sein, als von der späteren Einfügung der Verse 11–14 Zeugnis geben.

Ein weiteres im hebräischen Text überliefertes Wort von V. 15 scheint in der Septuaginta nicht übersetzt worden zu sein: Es findet

---

161 Gegen RUDOLPH, BHS; DERS., Jeremia, 104 sowie MCKANE, Jeremiah I, 344, n. 7. Es liegt auf der Hand, daß die Grundlage dieser Emendation die oben kritisierte Abhängigkeitsthese ist.

162 Vgl. RUDOLPH, Jeremia, 104.

163 Vgl. S. 65.

164 Dann kann man auch Duhm nicht zustimmen, der die Worte in seine Rekonstruktion von V. 12 einbauen möchte (vgl. DUHM, Jeremia, 135).

sich dort kein Äquivalent für תִּקָּחֵנִי.[165] Diamond vertritt die Ansicht, hier werde, wie auch an anderen Stellen innerhalb der griechischen Fassung der Konfessionen, die Tendenz spürbar, theologisch anstößige oder als „near-blasphemous"[166] angesehene Aussagen zu entschärfen. Dies erscheint hier als nicht unplausibel, zumindest dann, wenn man die leicht änigmatische griechische Fassung dahingehend versteht, daß JHWH zum Abbruch seiner Geduld gegenüber den Feinden gedrängt wird,[167] ohne – wie im MT – vom Beter vorgehalten zu bekommen, es sei gerade jene, die ihn in Todesgefahr bringe. Die Septuaginta vertritt demnach hier tatsächlich eine ‚frommere' und daher gegenüber dem MT wohl sekundäre Lesart.

Hinsichtlich der Vokalisierung der Wurzel אָרך im gleichen Abschnitt ist ihr jedoch zu folgen. Es ist ihre nominale Lesart im Sinne von אֹרֶך der masoretischen Punktation als Adjekiv אָרֵך vorzuziehen, die grammatisch nicht leicht zu verstehen ist. Vermutlich war es die, zweifellos vom ursprünglichen Text bereits intendierte, Erinnerung an die entsprechende Wendung der bekannten und theologisch zentralen „Gnadenformel",[168] die JHWH als ‚langsam zum Zorn' (אֶרֶך אַפַּיִם)[169] beschreibt, die hier die Federführung der Masoreten bestimmte.

Darüber hinaus bietet LXX im Zusammenhang der Verse 15 und 16 nun eine Vielzahl weiterer Abweichungen vom hebräischen Text.[170] So läßt sie V. 16 nicht mit einem neuen Hauptsatz beginnen, sondern versteht das erste Verb als Partizip, das auf das finite Verb des Nebensatzes von 15b rückzubeziehen ist. Auf diese Weise ist hier nicht vom ‚Finden' der Worte JHWHs durch den Propheten, sondern von ihrer Verachtung durch seine Gegner die Rede. Seit Michaelis' Kommentar

---

165 LXX hat stattdessen μὴ εἰς μακροθυμίαν. Ebenso VL, die nach dem Codex Wirceburgensis *non in pati*entia*m* hat (vgl. RANKE, VL, 275. Die recte gestellten Buchstaben sind konjiziert).

166 DIAMOND, LXX and MT, 37.

167 So möchte Diamond – wohl zu Recht – den elliptischen Ausdruck im Sinne von „avenge me...do not be patient" (ebd.) wiedergeben.

168 SPIECKERMANN, Barmherzig, 4. Mit dem Begriff „Gnadenformel" bezeichnet er die in der Systematischen Theologie für die Lehre von den Eigenschaften Gottes zu den *loci classici* zählende Reihung „Barmherzig und gnädig, langsam zum Zorn und reich an Güte und Treue" (רַחוּם וְחַנּוּן אֶרֶך אַפַּיִם וְרַב־חֶסֶד וֶאֱמֶת; Ex 34,6) und ihre Varianten.

169 Vgl. Ex 34,6; Num 14,8; Joel 2,13; Jon 4,2; Nah 1,3; Ps 86,15; 103,8; 145,8; Neh 9,17.

170 Es lohnt sich, die beiden Verse in der griechischen Fassung einmal in Gänze zu betrachten. Es heißt dort:
15,15 Κύριε, μνήσθητί μου καὶ ἐπίσκεψαί με καὶ ἀθῴωσόν με ἀπὸ τῶν καταδιωκόντων με, μὴ εἰς μακροθυμίαν· γνῶθι ὡς ἔλαβον περὶ σοῦ ὀνειδισμὸν
15,16 ὑπὸ τῶν ἀθετούντων τοὺς λόγους σου· συντέλεσον αὐτούς, καὶ ἔσται ὁ λόγος σου ἐμοὶ εἰς εὐφροσύνην καὶ χαρὰν καρδίας μου, ὅτι ἐπικέκληται τὸ ὄνομά σου ἐπ᾽ ἐμοί κύριε παντοκράτωρ.

ist die Annahme akzeptiert, daß diese Übersetzung auf einer Meta-thesis in ihrer Vorlage beruhen dürfte: statt נִמְצְאוּ ist מִנְאֲצֵי übertragen worden.[171] Auch für die Differenz beim zweiten Verb des Satzes, im Griechischen ein an Gott gerichteter Imperativ, hat bereits Michaelis eine plausible Erklärung gegeben. Hier ist wohl nicht die Wurzel אכל, sondern, wie schon in Vers 10, כלה gelesen worden.[172]

Beide Fälle lassen sich hervorragend als Lese- bzw. Schreibfehler in der Septuagintavorlage verstehen. So findet sich die anzunehmende Form von נאץ tatsächlich auch im MT, allerdings in Jer 23,17, wo durch sie die Anhänger der falschen Heilspropheten näher bezeichnet wer-den. Sie sind diejenigen, „die das Wort JHWHs verachten".[173] Wie sich bei der Untersuchung der Konfession 11 gezeigt hat, besteht tatsächlich eine literarische Verbindung zwischen den Lügenpropheten von Kapitel 23 und den Gegnern des Konfessionenjeremia,[174] ein Zusam-menhang, der einem Kopisten durchaus bewußt gewesen sein mag und ihn – gezielt oder aus Versehen – zu einer Angleichung von 15,16 an 23,17 bewegt haben könnte.[175]

Für eine fälschliche Rückführung einer Form von אכל auf die Wurzel כלה durch die LXX-Übersetzer gibt es sodann eine eindeutige Parallele in II Chr 30,22.[176] Somit sprechen gute Gründe dafür, an dieser Stelle nicht vom hebräischen Text abzuweichen,[177] um der Septuaginta ganz[178] oder in Teilen[179] zu folgen. Der unleugbare motivliche Zusam-

---

171 Vgl. MICHAELIS, Observationes, 140. Aquila und Symmachus belegen den MT, mit ευρεθησαν bzw. ευρισκοντο (vgl. ZIEGLER, Jeremias).

172 Michaelis denkt an וְכַלֵּם (vgl. ebd.).

173 לִמְנַאֲצֵי דְּבַר יְהֹוָה (mit der Vokalisierungsänderung und Verseinteilung nach LXX; vgl. BHS). Da die Parallele auf dem unvokalisierten Text beruht und das Partizip Plural von נאץ betrifft, wird die Gültigkeit der Beobachtung nicht davon tangiert, ob man die Konjektur nach LXX übernimmt, mit MT לִמְנַאֲצֵי דִּבֶּר יְהֹוָה liest oder, wie McKane – freilich ohne Textzeugen – דבר יהוה ganz streicht (vgl. McKANE, Jere-miah I, 577 f.). Eine hübsche Parallele für die an LXX orientierte Lesart bieten aller-dings die מנאצי דברו von 1QS V,19.

174 Vgl. Jer 11,23 mit 23,12b; dazu S. 43 f.

175 Daß die Übersetzer die Form in Jer 15,16 mit ἀθετέω, in 23,17 dagegen mit ἀπωθέω wiedergegeben haben, muß dem nicht entgegenstehen. Beide Worte liegen in ihrer Bedeutung nahe beieinander (vgl. LUST/ EYNIKEL/HAUSPIE, Lexicon, 12; 79).

176 Vgl. HUB. Dort, in II Chr, findet sich für וַיֹּאכְלוּ in der LXX συνετέλεσαν.

177 Mit BARTHÉLEMY, Critique Textuelle 2, 601 f. Auch hier vertreten die antiken Ver-sionen von Aquila und Symmachus die Lesart von MT, Aquila mit ἡδόμην, Symma-chus mit εφαγον (vgl. ZIEGLER, Jeremias).

178 So DUHM, Jeremia, 135.

179 Unter diese Kategorie fallen der Vorschlag Drivers, LXX nur in den ersten beiden Wörtern zu folgen, dann aber eine Form von יכל anzunehmen und וָאֲכִילֵם, „[I] have endured them" (DRIVER, Problems 114) zu lesen oder auch die Variante der New English Bible, den anstößigen Imperativ „vernichte sie" durch eine ähnliche Kon-

menhang zwischen der MT-Variante und Ez 2 f. kann hier kein Argument für die Entscheidung sein. Er dürfte eher auf literarische Interdependenz der jeweiligen Grundtexte zurückzuführen sein als „von einer ganz unangebrachten Erinnerung"[180] masoretischer Rezensenten herrühren.

Die Frage schließlich, ob man in 15,16aβ mit dem *Ketib* wie im ersten Viertelvers den Plural „deine Worte" oder mit dem *Qere*, vielen (so BHS) hebräischen Handschriften, LXX, Aquila, Symmachus und Vg. den Singular zu lesen habe, ist in der Vergangenheit von der Exegese zu einer Art theologischen Grundsatzfrage stilisiert worden. An dem einen umstrittenen ⸯ scheint für viele zu hängen, ob hier die Rede von mehreren, gleichsam berufstypischen Einzeloffenbarungen sei oder von dem einen und einzigen Wort Gottes gesprochen werde, das dem Frommen seines „Fußes Leuchte" (Ps 119,105) und, in Gestalt der Tora, „süßer als Honig" (Ps 19,11; 119,103) ist.[181] Nicht zuletzt Jeremias moralische Reputation scheint bei dieser Frage wieder einmal auf dem Spiel zu stehen, denn im ersten Falle müßte hier wohl des Propheten Freude an der zu überbringenden Gerichtsbotschaft gemeint sein.[182] Dem stehe jedoch nicht nur das Sittengesetz,[183] sondern auch das weitere Zeugnis des Buches entgegen, nach welchem er sich das ‚Entzücken' seines Herzens nicht so recht anmerken läßt:[184] „[D]ie Unheilsbotschaft ist für Jeremia keine Wonne und Herzensfreude, sondern eine Qual."[185]

Nun läßt es sich indes nicht leugnen, daß, sofern man nicht wie Duhm konsequent der Septuaginta folgt, V. 16aα und 16aβ parallel zueinander stehen und sich der Plural im ersten Viertelvers nicht wegdeuten läßt. Somit legt es sich nahe anzunehmen, daß mit den ‚Worten'

---

jektur (mit יכל im Qal), nämlich וָאַכְלֵם zu ersetzen, die – nicht ganz leicht nachvollziehbar – „I have to suffer" heißen soll, sowie das anschließende Futur von ἔσται außer acht zu lassen (vgl. New English Bible; BROCKINGTON, Text, 204).

180 DUHM, Jeremia, 135.

181 Der Vater dieser Auffassung dürfte Gustav Hölscher sein: „Das ‚Wort Jahwes' (v. 16) ist nicht das Prophetenwort, sondern ist etwa nach Ps. 119 zu verstehen." (HÖLSCHER, Profeten, 397. Vgl. REVENTLOW, Liturgie, 220; BAK, Klagender Gott, 142 f.)

182 Spieckermann nennt sie daher eine „bittere Freude" (SPIECKERMANN, Barmherzig, 6). Damit trägt er zwar implizit die spätere Rezeption der Stelle aus Apk 10,9 f. in den Jeremiatext hinein, die Charakterisierung ist jedoch dem Klageduktus der gesamten Konfession 15 durchaus nicht unangemessen. In 15,16 selbst dürfte eine derartige Trübung des Bildes allerdings wohl nicht beabsichtigt sein. Hier geht es mehr um die Betonung des geleisteten Gehorsams.

183 Diese Überlegung dürfte letztlich der (unausgesprochene) Grund dafür sein, daß Rothstein und Condamin LXX folgen, aber zusätzlich noch das anstößige συντέλεσον αὐτούς als Glosse streichen (vgl. ROTHSTEIN, Jeremia, 769; CONDAMIN, Jérémie, 134).

184 Vgl. etwa Jer 1,6; 4,19 und aus dem Kontext der Konfessionen 20,8 f.

185 DUHM, Jeremia, 135 f.

in beiden Fällen etwas ähnliches wenn nicht das gleiche gemeint ist. Die Auslegungsfrage, ob der Konfessionenjeremia hier eher seine freudige Pflichterfüllung oder mehr seine Frömmigkeit in den Vordergrund stellen möchte, ist von daher nicht anhand des Numerus in 16aβ zu entscheiden.[186] Was man sich unter dem merkwürdigen ‚Finden' der Worte vorzustellen habe und woran der Beter der Konfession nun genau seine Freude gehabt haben will, ist davon unberührt, ob man in 16aβ, der Verbform וַיְהִי und den antiken Übersetzungen Glauben schenkend, den Plural als Schreibfehler nach 16aα ansieht oder ob man die Varianten als Korrekturen betrachtet, die einer kleinen Verkürzung des finalen Waw bei einem dann anzunehmenden Prädikat וַיְהִ mit den entsprechenden Psalmstellen im Hinterkopf Folge leisten, und das *Ketib* beibehält.[187] Die Frage wird selbst davon nicht tangiert, daß man – freilich ohne Textzeugen – das zweite דְּבָרֶיךָ als Dittographie ansieht und ganz streicht.[188]

Auch in den verbleibenden Versen der Konfession 15 weist LXX zahlreiche *variae lectiones* gegenüber dem hebräischen Text auf, die jedoch samt und sonders als die jeweils schwächere Lesart angesehen und erklärt werden können.

Dies gilt zuallererst für das offensichtlich lexikalische Problem der LXX-Übersetzer mit der Form וָאֵעָלוֹ in 15,17.[189] Sie, und, wohl davon abhängig, auch die Vetus Latina,[190] haben dafür eine Imperfektform von εὐλαβέομαι, ‚fürchten', eingetragen. Sinnvoll wird diese Interpretation nur dadurch, daß beide auch die Syntax anders strukturieren als die Masoreten. Während von diesen das Verb noch zur ersten Vershälfte gerechnet wird, zieht es LXX bereits zum Nachfolgenden, wie es auch, allerdings bei einer näher am Hebräischen liegenden Übersetzung, bei Aquila und Symmachus sowie der Vulgata der Fall ist.[191] Auf diese Weise erhält die antithetische Struktur von V. 17 einen neuen Akzent: Während es im masoretischen Text der Gegensatz von ge-

---

186 Vgl. BAK, Klagender Gott, 140.

187 Vgl. u.a. MCKANE, Jeremiah I, 351.

188 Vgl. BRIGHT, Jeremiah, 106, sowie DERS., Lament, 63, sich in beiden Fällen zurecht auf Duhm und fälschlicherweise auf Giesebrecht berufend (vgl. DUHM, Jeremia 135; GIESEBRECHT, Jeremia, 91).

189 Vgl. HUB. Das wird nicht zuletzt daran deutlich, daß die Wurzel עלז an den vier in Jer vorkommenden Stellen jeweils durch ein völlig anderes griechisches Äquivalent repräsentiert wird: In Jer 11,15 ist es διαφεύγω, in 15,17 εὐλαβέομαι, in Jer 50,11 κατακαυχάομαι und in Jer 51,39 καρόω.

190 Sie hat: *uerebar a facie manus tuae* bzw. *timebam a facie manus tuae* (vgl. Ranke, VL, 275).

191 Vg. hat *gloriatus sum a facie manus tuae*. Die beiden griechischen Zeugen übersetzen das Verb noch näher am MT mit εγαυριασαμην bzw. εχαρην (vgl. ZIEGLER, Jeremias).

selliger Freude der anderen zum einsamen Grimm des Propheten ist, der vom Beter aufgebaut wird, so lesen sich die Varianten mehr im Sinne einer Fortsetzung von V. 16: Der offensichtlich falschen Freude der ‚Scherzenden' wird hier das ‚Jauchzen' des Sprechers über das Ergriffensein von der Hand JHWHs entgegengehalten. Dadurch gewinnt auch der weitere Vers einen anderen Charakter. Die Einsamkeit, die im MT Gegenstand der Klage ist, wird mehr zu einer trotzig bekannten und bejahten Selbstabsonderung.

Verständnisschwierigkeiten scheinen auch die von LXX angebotene Version von Vers 18[192] maßgeblich gestaltet zu haben. Der ‚Schmerz' (כְּאֵב) aus der hebräischen Vorlage wurdeoffensichtlich als Partizip von der Verbwurzel כאב gelesen und im Sinne einer Hifilform übersetzt,[193] während נִצָּה wohl nicht als Adjektiv, sondern als finite Verbform der Wurzel נצח aufgefaßt wurde, die mit der Bedeutung ‚besiegen' aramäisch[194] und im nachbiblischen Hebräisch[195] belegt ist.[196] Auch die Frage von Septuaginta und Vetus Latina[197]nach einer Heilungsmöglichkeit für die beklagte Wunde ist schnell als Lesefehler erklärt. Statt des Verbums מֵאֵן ist hier, vermutlich inspiriert durch das Fragewort ‚wa-

---

192 ἵνα τί οἱ λυποῦντές με κατισχύουσίν μου; ἡ πληγή μου στερεά πόθεν ἰαθήσομαι; γινομένη ἐγενήθη μοι ὡς ὕδωρ ψευδὲς οὐκ ἔχον πίστιν.
„Warum beschämen / überwinden mich die, die mich betrüben? Mein Schlag ist ernst; woher werde ich geheilt werden? Sie [sc. die Wunde] ist mir geworden wie lügnerisches Wasser, welches keine Zuverlässigkeit hat."

193 Um zum Sinn von LXX zu kommen, müßte man im Hebräischen die Konsonantenfolge מכאבי vorfinden. Eine solche postuliert Rothstein („makʾôbaj", ROTHSTEIN, Jeremia, 769), wobei er den griechischen Text recht frei, nämlich mit „Warum <sind meine Schmerzen (so) mächtig>" (ebd.) übersetzt.

194 Vgl. LEVY, Wörterbuch II, 125; RUDOLPH, BHS.

195 Vgl. DALMAN, Wörterbuch, 262; HUB.

196 Daß diese Bedeutungsveränderung der Wurzel נצח zur Zeit der antiken Bibelübersetzungen im Schwange war, wird auch durch die Wiedergabe der Psalmeneinleitung לַמְנַצֵּחַ, zwar nicht in der Septuaginta (sie hat εἰς τὸ τέλος, vgl. aber die Überschrift von PsSal 8: εἰς νεῖκος), wohl aber bei Aquila (τῷ νικοποιῷ), Symmachus (ἐπινίκιος) und Theodotion (εἰς τὸ νῖκος) deutlich (vgl. GESENIUS¹⁷, 517). Eine Art Mittelposition zwischen der masoretischer Lesart der fraglichen Form in 15,18, die auch von Symmachus repräsentiert wird (διαμενον), und LXX bietet Aquila mit εἰς νικος (vgl. ZIEGLER, Jeremias). Dieser idiomatische Ausdruck, der im Sinne von „until (final) victory is won or to the end, for ever" (LUST/EYNIKEL/HAUSPIE, Lexicon, 417) zu verstehen ist, kommt somit dem biblisch-hebräischen נִצָּה nahe, zielt aber zugleich bereits spürbar in Richtung der aramäischen Bedeutung der Verbwurzel. Schöne Vergleichsstellen hierfür sind II Sam 2,26 (MT: לְנֶצַח, LXX: εἰς νῖκος) und Jer 3,5 (MT: לָנֶצַח, LXX: εἰς νεῖκος). Vgl. auch Am 1,11; 8,7; Zeph 3,5; Hi 36,7.

197 Sie hat unde sanabor (vgl. RANKE, VL, 276).

rum' zu Beginn des Verses, an die Präpositionen אָן und מִן gedacht,[198] sowie das Prädikat gewissermaßen dem Suffix der ‚Wunde' angepaßt und im Sinne einer 1. Person Imperfekt Nifal[199] verstanden worden.[200]

Den Vorwurf von V. 18b, ‚lügnerisch' zu sein, möchten die Übersetzer ferner nicht auf Gott, sondern auf die erwähnte Verletzung beziehen – eine Deutung der Form תִהְיֶה als 3. Person femininum Singular, die grammatikalisch ebenso zulässig ist wie die gemeinhin übliche Lesung als 2. Person masculinum Singular. Das Bild wird dadurch indes nicht gerade verständlicher: Inwiefern sollte Jeremia durch seine Wunde getäuscht worden sein? Die motivliche Parallelstelle Hi 6,15–21 verdeutlicht durch eine breite doppelte Ausführung in den Versen Hi 6,15–17.18–20 den Hauptvergleichspunkt (man mag, ein wenig altmodisch, vom *tertium comparationis* sprechen), der unter die Überschrift ‚enttäuschte Hoffnung' zu setzen wäre. Dieser Sinn kann der Septuagintavariante von Jer 15,18 schwerlich abgerungen werden, das Bild vom ‚trügerischen Born' erscheint in ihr gänzlich verfehlt. Ein Bezug auf JHWH dagegen ist im Kontext der reichen Wassermetaphorik des Jeremiabuches semantisch eindeutig verständlich und stellt zugleich eine einzigartige theologische Zuspitzung dar. Wird Gott als ‚Trugbach' apostrophiert, so konterkariert dies gezielt seine Selbstbezeichnung als „Quell lebendigen Wassers" (מְקוֹר מַיִם חַיִּים) von 2,13. Berücksichtigt man, daß das Bild dort im Gegensatz zu den „rissigen Zisternen" verwendet wird, denen sich Israel fälschlicherweise und anstelle Gottes zugewendet habe, so wird mit der Anklage des Konfessionenjeremia von 15,18 JHWH selbst gefährlich in die Nähe eines Götzen gerückt.[201] Dieser Umstand erklärt die Interpretation der Septuaginta: Wie schon in Vers 15, so wird auch hier das Bemühen spürbar, der Klage des Propheten ein wenig die Spitze zu nehmen und sie im Rahmen des theologisch Denk- und Sagbaren zu halten.[202]

Eine Glättung ist auch für die griechische Variante der göttlichen Antwort in den Versen 20 f. anzunehmen, wenn auch keine theologische, sondern eine stilistische. In der Septuaginta fehlen die Gottes-

---

198 Sei es als מֵאַיִן (so RUDOLPH, BHS) oder מֵאָנָה (so HUB). Letztere verweist zur Erklärung auf II Reg 5,25. Hier ist (korrekt) die Präposition מֵאַיִן (so das *Qere*) bzw. מֵאָן (so das *Ketib*) mit πόθεν übersetzt.

199 Dem entspräche אֶרְפָּא (vgl. RUDOLPH, BHS).

200 TJon, die griechischen Rezensionen sowie Vg. gehen indes mit MT.

201 Vgl. HOLT, Fountain, 111.

202 Vgl. DIAMOND, LXX and MT, 37 f. Diese Entschärfung ist von Vg. beibehalten worden (*facta est mihi*). Die gleiche Tendenz wird auch im Targum spürbar. Hier haben die Interpreten die hebräische Vorlage offensichtlich durchaus so verstanden, daß es Gott selbst ist, dem der Vorwurf gilt, haben ihn aber in eine Bitte an ihn umgewandelt: Er solle nicht *sein Wort* für Jeremia zur Lüge werden lassen (לא יהי מימרך לי כדבין).

spruchformel von V. 20 sowie beide Verben[203] von V. 21. Dem mag die
Absicht einer Straffung oder auch bloßes Versehen, etwa eine Haplographie von והצלתיך zugrundeliegen[204] – auf jeden Fall wird auf diese
Weise, wie bereits in V. 15, ein Textphänomen, hier eine Wiederaufnahme, egalisiert, das einen deutlichen Hinweis auf Bearbeitungsschichten
innerhalb des Urtextes geben könnte. Auch in diesem Fall ist es
demnach besser, streng beim MT zu bleiben.[205]

Dies haben die Übersetzer bei der Antwort JHWHs von V. 19 ganz
offensichtlich versucht und gerade dadurch zwar kein textkritisches
Problem im eigentlichen Sinne geschaffen (denn der zugrundeliegende
protomasoretische Text steht außer Frage), aber eine nicht zuletzt
rezeptionsgeschichtlich interessante Interpretationsfrage angestoßen.
Während es heute nicht in Zweifel gezogen wird, hier יצא Hifil in der
gut belegten Bedeutung ‚Worte hervorbringen'[206] und מן exklusiv, im
Sinne von ‚ohne / außer / anstatt'[207] zu verstehen,[208] orientierten sich die
antiken Leser näher an den Primärbedeutungen beider Wörter. Das
mußte die Frage aufwerfen, was damit gemeint sein könnte, ‚Wertvolles von Wertlosem herauszuführen'.[209] Zwei Antworten wurden
gegeben. Zum einen interpretierte man integrativ und sah hier für den
Propheten gewissermaßen einen Auftrag zur Mission: Er solle, so TJon
und, ihm folgend, die Auslegungen von Rashi und Kimchi, aus Frevlern Gerechte machen.[210]

Zum anderen konnte jedoch auch separativ gelesen und das
Herausführen des Wertvollen als Akt der Scheidung und Unterscheidung begriffen werden. Dies spiegelt die Vulgata, die mit *si seperaveris
pretiosum a vili* eine Übersetzung anbietet, die sich ihrerseits, ebenso
trefflich wie die erste Deutung, allegorisch auf die Personengruppen
der ‚Guten' und ‚Bösen' hin verstehen läßt, dabei aber naturgemäß

---

203 Rahlfs bietet allerdings einen Septuagintatext, der mit λυτρώσομαι ein Äquivalent für
ופדתיך enthält (vgl. RAHLFS, LXX), Ziegler dagegen folgt im Text dem Codex Sinaiticus und verbannt das Verb, mit Asteriscus versehen, in den Apparat (vgl. ZIEGLER,
Jeremias).

204 Vgl. JANZEN, Studies, 117; DIAMOND, Confessions, 231, n. 5.

205 Gegen DUHM, Jeremia, 138.

206 Vgl. (mit unterschiedlichen direkten Objekten) Hi 8,10; 15,13; Qoh 5,1; Num 13,22;
14,36 f.; Prov 10,18; Dtn 22,14.19 sowie Neh 6,19 (vgl. auch PREUSS, יָצָא, 808).

207 Vgl. GESENIUS[17], 434. Gute Vergleichsbelege sind Hi 11,15; 21,9.

208 Vgl. die Übersetzung, S. 60.

209 Vgl. LXX: ἐὰν ἐξαγάγῃς τίμιον ἀπὸ ἀναξίου.

210 So hat TJon ואם תתיב רשיעיא למהוי צדיקיא רעות מימרי תקיים („und wenn du umkehren machst die Frevler, daß sie Gerechte sind, wirst du das Wohlgefallen meines
Wortes aufrichten"). Vgl. damit den Kommentar Rashis אם תוציא אדם הגון מאדם
רע שתחזירנו למוטב („wenn du herausführst würdige Menschen von bösen Menschen, daß sie umkehren zum Besseren" [Miqraot gedolot, 137]).

einen ganz anderen Akzent setzt als diese. Auch sie findet sich möglicherweise in der mittelalterlichen jüdischen Auslegungstradition, bei Joseph Kara,[211] ganz sicher jedoch im Kommentar von Hieronymus,[212] und hat mutmaßlich über diesen Weg sogar kanonische Ehren erlangt. Man begegnet ihr wieder in Luthers Bibelübersetzung von 1534, und hier nicht etwa als explikativer Glosse, sondern im Fließtext: „Und wo du die fromen lerest sich sondern von den bösen leuten / so soltu mein Lerer sein".[213]

An die Stelle des qualitativen Kriteriums, dem nach vorliegender Übersetzung von 15,19 die Rede des Propheten durch Gott unterworfen wird, tritt so beide Male ein teleologisches, einmal im Sinne einer ‚expansiven' (TJon, Rashi, Kimchi), ein anderes Mal im Sinne einer ‚hermetischen Ekklesiologie' (Hieronymus, Luther).

3.2 Die Konfession im Rahmen von Jer 14–16

Nicht alle der zahlreichen textkritischen Fragen des Abschnittes Jer 15,10–21 konnten im Vorangehenden eindeutig beantwortet werden, und besonders die disparaten Übersetzungsvarianten zu den Versen 11 und 12 legen es nahe zu vermuten, daß sie womöglich schon zu vorchristlichen Zeiten nicht mehr eindeutig verstanden werden konnten und es hohen interpretatorischen Aufwandes bedurfte, sie sinnhaft zu deuten. Die Entscheidung, ob hier nun eine Heils- oder eine Unheilsbotschaft übermittelt werde und ob diese einer Einzelperson oder einer Gruppe gelte, konnte anscheinend nur dann getroffen werden, wenn die Grenzen von Exegese und Eisgraphie keine starren waren. Die Untersuchung der textkritischen Differenzen hat damit einmal mehr verdeutlicht, daß Textkritik zuweilen als verlängerte Redaktionskritik verstanden werden kann und muß:[214] „The Canonical Shape" im Sinne

---

211 Er hat schlicht צדיק מרשע. אם תוציא (‚„Wenn du herausführst': [den] Gerechten vom Frevler" [Miqraot gedolot, 137]). Das ist in beide Richtungen interpretabel.

212 „[S]i sanctos quosque meos de numero peccantium tuis sermonibus segregaris, eris quasi os meum" (CChr.SL 74, 153). Gleichwohl findet sich bei ihm auch der Bekehrungsgedanke, wenn er den ersten Teil der göttlichen Bedingung, אִם־תָּשׁוּב וַאֲשִׁיבְךָ, (Vg. si converteris convertam te) transitiv versteht und im Sinne von „si conuerteris a peccatis populum, et ego de tribulatione conuertam te in laetitiam" (ebd.) auslegt.

213 LUTHER 1534. Ebenso LUTHER 1545, nun jedoch mit einer korrigierenden Randglosse: „Ebra. Kansu das köstliche vom schnöden scheiden / soltu wie mein Mund sein." Den Hinweis auf die Lutherbibel verdanke ich Dr. Henning Jürgens, Mainz.

214 Vgl. U. BECKER, Exegese, 18; KRATZ, Redaktionsgeschichte, 368.

eines eindeutig zu definierenden Endtextes existiert – überspitzt gesagt
– zumindest hier, in Jer 15,10–21, nicht. Umgekehrt lassen bereits die
Interpretationsversuche der antiken Tradenten erahnen, daß man in
Kapitel 15 ein Textgefüge vor sich hat, das Ergebnis oder Zwischener-
gebnis intensiver theologischer – und redaktioneller – Arbeit ist. Darüber hinaus geben sie, bei aller Divergenz, Zeugnis davon, daß für ihre
Vertreter die Deutung des unmittelbaren Kontextes erkenntnisleitend
für das Verständnis der Konfession selbst ist. Diese Vorgehensweise ist
und bleibt sachgemäß, setzt sie doch bei der einzigen Gestalt an, in der
die Passagen überliefert sind. Sie soll daher auch im folgenden, wie
schon bei der Untersuchung der ersten beiden Konfessionen,[215] angewandt, gegenüber den antiken Lesarten jedoch um die diachrone
Fragestellung erweitert werden: Wie verhält sich das Stück 15,10–21
literargeschichtlich zu seiner Umgebung? Welche redaktionellen Strata
lassen sich in dieser selbst, im Zusammenhang Jer 14–16 insgesamt,
ausmachen? Was trennt, was verbindet den Abschnitt „über die Dürre"
(Jer 14,1), das Fürbittverbot 15,1 und seine Konsequenzen, die Konfession und schließlich die Aufträge an den Propheten zu zeichenhafter
Ehelosigkeit und sozialer Abstinenz von Kapitel 16?

   In diesem Zusammenhang wird zurecht auf den hervorragenden
strukturellen Anschluß der Konfession an die mit 14,1 beginnende Ab-
folge von menschlicher Rede zu Gott und darauf ergehender göttlicher
Antwort hingewiesen.[216] In gleicher Weise wie im Kapitel der ‚großen
Liturgie' setzt sich der Redewechsel in 15,10–21 fort. Die Passage steht
dem Abschnitt 14,1–15,4 bzw. 15,9[217] geradezu als eine Art kleineres
Spiegelbild gegenüber: Hier wie dort alterieren in einem zweifachen
Redegang Klage bzw. Bitte[218] und Reaktion JHWHs.[219]

   Der gewählte Vergleich des Spiegels greift jedoch selbstverständlich zu kurz: Schwerer als diese vordergründige Gemeinsamkeit auf
makrostruktureller Ebene wiegen im Gegenüber der beiden Partien
zweifellos die Differenzen. So ist es in Kapitel 14 eine Gruppe in der
1. Person Plural, die JHWH anruft, während der Beter der Konfession

---

215 Vgl. S. 23–31.
216 Vgl. FISCHER, Jeremia 1–25, 472. Gitay faßt die Redewechsel von 14,2–15,9 in
    dramaturgischen Kategorien. Die Spannung zwischen Gericht und Bemühungen, es
    abzuwenden finde statt „on two, parallel stages as in a theatre" (GITAY, Rhetorical
    Criticism, 16). Bereits Gerstenberger spricht hier von „opposite but corresponding
    roles in one drama" (GERSTENBERGER, Complaints, 401).
217 Beuken / van Grol zeigen u.a. anhand der sprachlichen engen Verbindungen zwi-
    schen 15,5–9 und 14,2–6 überzeugend, daß die Verse kompositionell nicht vom
    Abschnitt 14,1–15,4 getrennt werden können (vgl. BEUKEN/VAN GROL, Jer 14, 322).
218 Hier ist es 15,10.15–18, dort 14,7–9.19–22.
219 Auf der einen Seite in 15,11–14.19–21, auf der anderen in 14,10–12; 15,1–4.

15 offensichtlich mit Gott alleine redet, und auch die eben hervorgehobene Parallelität der Redeabläufe ist nicht perfekt: Die Verse
14,13–16 bieten einen weiteren Wortwechsel des Propheten mit Gott,
der innerhalb der ‚Klageliturgie‘ ebenso wie innerhalb des Kapitelzusammenhangs 14–15 ohne Entsprechung bleibt. Es ist dies Jeremias
Einwand gegen das Vernichtungsurteil von 14,12, mit dem er sich über
das eben ergangene Fürbittenverbot hinwegsetzt. Er zielt auf eine
Belastung der falschen Heilspropheten zugunsten des Volkes. Der Erfolg des Supplikanten entspricht jedoch dem Verdikt von 14,11 f. Zwar
ergeht wirklich in V. 15 ein gesondertes Gerichtswort über die inkrimi-
nierte Gruppe, es bezieht jedoch in seinen Konsequenzen das Volk
unterschiedslos mit ein (14,16).

Bereits diese kleine Oberflächenbeobachtung legt es nahe, den
Zusammenhang der Kapitel 14–16 als einen allmählich gewachsenen
zu begreifen. Gleichwohl läßt er auf der Endtextebene eine sinnvolle
und kohärente gedankliche Abfolge des Lesezusammenhangs zu. So
dürfte es kein Zufall sein, daß der Einstieg der Konfession 15 mit der
formal an die Mutter des Beters gerichteten Klage (אוֹי־לִי אִמִּי) über das
eigene Geborensein erfolgt. Er korrespondiert hervorragend mit dem
unmittelbar vorangehenden Kontext: In den Versen 5–6 wird der personifizierten *Frau Jerusalem* von JHWH die Vernichtung angekündigt,
gefolgt von einem nun wieder an das Volk in der 3. Person masculinum
Plural gerichteten Gerichtswort. Dieses beschreibt, passend dazu, das
in Perfektformen formulierte und also bereits vollstreckte Urteil[220]
vornehmlich unter dem Aspekt der zerstörten Familienstrukturen, also
gewissermaßen unter ‚weiblichen‘ Gesichtspunkten. Das Volk ist *kinderlos gemacht* (שׁכל, 15,7), die Anzahl seiner *Witwen* ist unermeßlich
(עָצְמוּ־לִי אַלְמְנֹתָו, 15,8), der „Verwüster am Mittag“ ist *über die Mütter*
(עַל־אֵם, 15,8) gekommen. V. 9 schließlich faßt das allgemeine Schicksal –
gleichermaßen im Gegensatz wie in Übereinstimmung mit dem Lied
der Hannah von I Sam 2,5b[221] – paradigmatisch in das Bild vom ‚Verdorren‘ derjenigen, die sieben Kinder geboren hat. Damit wird zum
einen ein Bogen zur Dürreklage am Anfang von Kapitel 14 gespannt,
wo in 14,2 die ‚Tore Judas‘ die Verschmachtenden sind[222] und Jerusalem aufschreit, zum zweiten die Verse 15,7–9 noch besser an das

---

220 Beuken/van Grol sehen hier dennoch „an announcement of future judgment"
   (BEUKEN/VAN GROL, Jer 14, 321) und berufen sich hierfür auf das *perfectum propheticum* (vgl. ebd., 319), dessen Existenz freilich selbst hochumstritten ist.
221 Vgl. dort עֲקָרָה יָלְדָה שִׁבְעָה וְרַבַּת בָּנִים אֻמְלָלָה („die Unfruchtbare hat sieben geboren
   und die Kinderreiche ist verdorrt") mit Jer 15,9 אֻמְלְלָה יֹלֶדֶת הַשִּׁבְעָה („die sieben
   geboren hat, ist verdorrt").
222 אָבְלָה יְהוּדָה וּשְׁעָרֶיהָ אֻמְלְלוּ.

Gerichtswort über die personifizierte Stadt von 15,5 f. angebunden, und zum dritten thematisch wie auch mit den Stichwörtern ‏ילד‎ und ‏אם‎ hervorragend zur Konfession 15 übergeleitet. In diesem Rahmen klagender und beklagter Frauen ist die Aussage des Aufschreis von 15,10 jedoch zugleich verstörend und skandalös. Der Beter schließt sich nicht den weinenden, kinderlos und unfruchtbar gewordenen Müttern an, sondern beklagt, ganz im Gegenteil zu ihnen, die Tatsache seines Geborenseins. Dennoch liest sich die Klage des Propheten in eigener Sache auf diese Weise als direkte Fortsetzung zu denen des Volkes von Kapitel 14: *Seine* Wunde ist nach 15,18 unheilbar (‏מַכָּתִי אֲנוּשָׁה‎), wie diejenige der „Tochter meines Volkes" von 14,17 (‏מְאֹד מַכָּה נַחְלָה‎).[223] Zugleich wirkt die Konfession damit wie ein verzweifeltes Aufbegehren gegen das zweimal ergangene Verbot, Fürbitte zu leisten. Dieser Eindruck wird dadurch verstärkt, daß die zweite Antwort JHWHs (15,19–21) im Gesamtkontext als eine konditionierte Revision des Verdiktes von 15,1 erscheint: Beide Antworten beginnen mit ‏אם‎, doch während diese Konjunktion in V. 1 einen nur als Irrealis zu verstehenden Konditionalsatz einleitet (‏אִם־יַעֲמֹד‎), ist V. 19 (‏אִם־תָּשׁוּב‎), das wird aus V. 19aβ ersichtlich, als Realis zu verstehen. Im ersten Falle wird das ‚Stehen vor JHWH' selbst für prominente Fürbitter wie Mose und Samuel zwecklos, im zweiten Falle wird es Jeremia für den Fall seiner ‚Umkehr' dagegen als Möglichkeit wiedereröffnet (‏לְפָנַי תַּעֲמֹד‎).[224] Jeremia, der Prophet wie Mose,[225] wächst somit, auch wenn über den genauen Inhalt oder Erfolg dieser zugestandenen Position direkt nichts ausgesagt wird, ein Stück über sein großes Vorbild hinaus. Er ist, in Abwandlung von Mt 12,41 f. / Lk 11,31 f., ‚mehr als Mose'.[226] Zugleich läßt sich im Gegenüber von 15,1 und 15,19 nun doch eine Wirksamkeit der Klage des Propheten erkennen. Das bedingte Zugeständnis Gottes läßt sich, zumindest was Jeremia anbelangt, entgegen den Aussagen des vorausgehenden Kontextes als ein Schritt eben jenes ‚Erbarmens' deuten, dessen er sich in 15,6 als ‚müde' erklärt hatte (vgl. ‏נִלְאֵיתִי הִנָּחֵם‎).[227]

Auch zum nachfolgenden Text von Kapitel 16 läßt sich die Konfession 15 hervorragend in Beziehung bringen. Zwar hebt mit der

---

223 Häusl spricht davon, daß in 14,17 „das Volk [...] als vergewaltigte Tochter gezeichnet" (HÄUSL, Bilder, 267) werde. Die Wurzel ‏שבר‎ allein vermag diese Deutung jedoch sicherlich nicht zu tragen.

224 Vgl. KISS, Klage Gottes, 115. Aus dieser Beobachtung auf der Ebene des Endtextes läßt sich allein jedoch nicht schließen, daß der Verfasser von 15,1 die Konfession 15 bereits vorausgesetzt haben müßte (gegen ebd., 118).

225 Vgl. Dtn 18,18 und Jer 1,9.

226 Vgl. FISCHER, Jeremia 1–25, 99 im Hinblick auf Jer 16,15; 31,31.

227 So MT. Die Septuaginta hat offensichtlich statt Nifal Piel gelesen und übersetzt καὶ οὐκέτι ἀνήσω αὐτούς.

Wortereignisformel in 16,1 eindeutig ein neuer Abschnitt an,[228] doch steht dieser nicht unverbunden zum Vorausgehenden. Im Selbstbericht wird nun die Beauftragung Jeremias zu drei Zeichenhandlungen geschildert, die man indes allesamt bessser als Zeichen*nicht*handlungen bezeichnete, handelt es sich doch bei den entsprechenden Instruktionen ausschließlich um Verbote: „Du sollst dir keine Frau nehmen und keine Söhne und keine Töchter an diesem Ort haben" (16,2),[229] „Du sollst in kein Vereinshaus gehen" (16,5)[230] und „Du sollst nicht in ein Haus gehen, in dem ein Gastmahl stattfindet" (16,8).[231] Liest man diese Anweisungen von der Konfession 15 herkommend, so kann man schwerlich anders, als in ihnen die Konkretisierung von Jeremias ‚zweiter Berufung' von 15,19–21 zu sehen. „Kehre nicht zu ihnen um" (לֹא תָשׁוּב אֲלֵהֶם, 15,19) bedeutet somit *in praxi* den radikalen Ausschluß aus dem gesellschaftlichen Leben. Er illustriert und ergänzt in Kapitel 16 zugleich die Selbstdarstellung des Propheten von 15,16 f.[232] Betont dieser dort, schon früher nicht im ‚Kreis der Scherzenden' gesessen zu haben (V. 17), sondern seine Freude am Wort JHWHs gefunden zu haben,[233] so wird ihm die Partizipation an Festen nun, in 16,9, untersagt, um zu zeigen, daß es mit dieser Form gemeinsamen Vergnügens und mit ‚Freudenruf und Jubelruf'[234] bald ein Ende haben werde – die Stichwortverbindung von שִׂמְחָה und שָׂשׂוֹן ist evident.

Um die Konfession 15 in diesem Rahmen literarhistorisch relativ zu verorten, ist es erforderlich, nun nach der Genese des ihn dominierenden Kapitels 14 zu fragen, das sich zwar ohne Zweifel als redaktionelle, aber wohl kaum als ursprüngliche Einheit präsentiert.[235] Gerne wird hierbei das Modell einer Komposition verschiedener prophetischer Überlieferungsstücke durch einen oder mehrere Redaktoren zugrunde-

---

228 In LXX ist der Übergang jedoch wesentlich gleitender. Die Wortereignisformel fehlt, stattdessen findet sich der Verweis auf den göttlichen Sprecher nachgestellt und im Zusammenhang mit 16,2 gesehen, in Form einer Parenthese: καὶ σὺ μὴ λάβῃς γυναῖκα λέγει κύριος ὁ θεὸς Ισραηλ.

229 לֹא־תִקַּח לְךָ אִשָּׁה וְלֹא־יִהְיוּ לְךָ בָּנִים וּבָנוֹת בַּמָּקוֹם הַזֶּה.

230 אַל־תָּבוֹא בֵית מַרְזֵחַ.

231 וּבֵית־מִשְׁתֶּה לֹא־תָבוֹא.

232 Vgl. u.a. THIEL, Redaktion I, 198; HYATT, Jeremiah, 945; CORNILL, Jeremia, 201; MCKANE, Jeremiah I, 366.

233 וַיְהִי דְבָרְךָ לִי לְשָׂשׂוֹן וּלְשִׂמְחַת לְבָבִי.

234 קוֹל שָׂשׂוֹן וְקוֹל שִׂמְחָה.

235 Gegen VOLZ, Jeremia, 162; RUDOLPH, Jeremia, 97; REVENTLOW, Liturgie, 151; O'CONNOR, Confessions, 135–137; FOHRER, Abgewiesene Klage. Letzter geht von der Einheitlichkeit des Abschnittes 14,2–15,2 aus, die Jeremia selbst gesprochen habe, allerdings nicht als echte Klageliturgie, sondern deren Form kritisch aufnehmend, „um die darauf folgende Ablehnung durch JHWH verständlich zu machen" (ebd., 80).

gelegt,[236] doch ist es entstehungsgeschichtlich wahrscheinlicher, stattdessen auch hier ein sukzessives Wachstum im Rahmen von Fortschreibungsprozessen anzunehmen, das sich durchaus logisch nachvollziehen läßt.

Erkennt man mit Levin[237] in 14,17aβ–18a eine prophetische Klage, die noch nicht den Gerichtsgedanken enthält und in einem sehr frühen, wenn nicht dem ältesten Buchzusammenhang direkt an 13,18–19a anschloß,[238] so läßt sich an diesem archimedischen Punkt der Hebel für die literarische De- und Rekonstruktion des näheren Zusammenhangs ansetzen. So kann als zweite Stufe der Entstehung auch hier Levins „2. sg. fem.-Schicht"[239] erkannt werden. Sie trägt das Bild von der Frau Zion/Jerusalem in 13,20–22.25–27*[240] sowie 15,5 f.[241] ein.[242] Die Betonung

---

236 Vgl. THIEL, Redaktion I, 180; WANKE, Jeremia 1, 140; BIDDLE, Polyphony, 81 f. Beuken/van Grol vermuten sogar „that Jeremiah himself, possibly together with Baruch, had a hand in this composition" (BEUKEN/VAN GROL, Jer 14, 342).

237 Vgl. LEVIN, Verheißung, 154, n. 22; DERS., Wort Jahwes, 264, n. 29. Pohlmanns Analyse beruht auf ähnlichen Prämissen, er rechnet allerdings lediglich 13,18 f. zur ältesten Schicht (vgl. POHLMANN, Klage Gottes, 129–132). Vgl. auch, ohne genaue Textabgrenzung, SCHMID, Buchgestalten, 330–334.

238 Die fast wörtliche Wiederholung des Weinens in 14,17 (תֵּרַדְנָה עֵינַי דִּמְעָה) nach 13,17b (וְתֵרַד עֵינִי דִּמְעָה) bezeugt, daß bereits zu einem sehr frühen Zeitpunkt der Buchwerdung eine Klammer um die beiden Stellen gelegt wurde. Es ist deutlich zu sehen, daß die 2. sg. fem.-Schicht in 13,20 bereits die Verbindung von 13,17b und 13,18(–19?) voraussetzt, führt sie doch die ‚Herde' (עֵדֶר) von hier mit der ‚Herrlichkeit' (תִּפְאַרְתֵּ) von dort zusammen. Das bedeutet, daß ihr auch schon das in 13,17b und 13,19 behandelte Thema der Gola vertraut gewesen sein muß. Die Bestandsdifferenz zwischen Levin und Pohlmann für die Grundschicht (vgl. S. 102, n. 237) ist daher für den hier verhandelten Fragenkomplex von nachrangiger Bedeutung. Wichtiger ist die Frage nach dem ursprünglichen Anschluß nach hinten. Ihn möchte Levin in 20,14a.15.18a sehen, also in der letzten Konfession (Vgl. LEVIN, Verheißung, 154, n. 22; DERS., Wort Jahwes, 264, n. 29.) Gute Gründe sprechen gegen diese Einordnung (vgl. S. 250 f.). In diesem Punkt wird man sich eher an Pohlmann zu halten haben, der die Fortsetzung in Levins übernächster Stelle sieht, in 22,10 (vgl. POHLMANN, Ferne Gottes, 131).

239 LEVIN, Verheißung 156. Vgl., ihm folgend, SCHMID, Buchgestalten, 336–338.

240 Vgl. SCHMID, Buchgestalten, 337. Levin spricht in diesem Kontext nur von den Versen 13,20–22 (vgl. LEVIN, Verheißung, 156). In der Tat gehen die Verse 25–27* einen Schritt weiter als jene, indem in ihnen JHWH selbst der angeredeten Frauengestalt das Gewand über den Kopf zieht (vgl. 13,26 mit 13,22). Dadurch wird das passivum divinum der vorangehenden Verse expliziert und die Drastik der Aussage verstärkt– die theologische Grundtendenz bleibt dabei gewahrt. V. 27 dürfte dieser Stufe allerding nur in seinem Grundbestand angehören, der in 27aα.bα, wenn nicht gar nur im Weheruf von 27bα zu suchen sein dürfte. Die Interpretation der Schande von V. 26 (קְלוֹנֵךְ) und der Vergewaltigung von V. 22 (נֶחְמְסוּ עֲקֵבָיִךְ) als frevlerischer Höhenkult dürfte jünger sein als die bloße Klage darüber.

241 Holladay meint, hier habe „Jrm evidently [...] Ps 122:6–8 in mind" (HOLLADAY, Jeremiah 1–25, 441; vgl. auch BERRIDGE, Prophet, 178 f.), und auch Kraus verweist bei der Psalmstelle auf Jeremia (vgl. KRAUS, Psalmen 60–150, 841). Die Annahme einer

der Vergeblichkeit der Klage über das Schicksal der personifizierten
Stadt rahmt so direkt die vom Propheten selbst vergossenen Tränen
über die so neu gedeutete „Jungfrau, die Tochter meines Volkes" (בְּתוּלַת
בַּת־עַמִּי) von 14,17.[243]

Dieser Zusammenhang erfuhr nun offensichtlich in weiteren
Fortschreibungen unterschiedliche Interpretationen. Die älteste unter
ihnen dürfte wohl jene darstellen, die den Gegenstand in Kapitel 14
eintrug, der später als sein Hauptthema gelten sollte:[244] Die Dürreschilderung 14,2–6 fand ihren Platz zwischen 13,27* und 14,17. Man ist
versucht, die Denkweise, die dieser Ergänzung zugrundezuliegen
scheint, mit dem in der Exegese derzeit (allzu) beliebten Wort ‚mi-
draschartig' zu beschreiben. Auch wenn dieser Terminus oft überstra-
paziert wird, ist er hier insofern am rechten Platz, als in der Tat ein
mehrdeutiges Schlüsselwort durch eine um dieses herumgewobene
und es explizierende Szene gedeutet wird:

Sprachlich ist die Einschreibung des Dürreabschnittes leicht nachzuvollziehen: Das aufsteigende Geschrei Jerusalems führt den Weheruf
über die Stadt von 13,27 fort und schließt sich somit thematisch wie
auch durch die beidmalige Namensnennung formal eng an diesen an.
14,6 dagegen führt über das Augenmotiv direkt auf 14,17 hin: Hier sind
es die Augen der Schakale, die ob der herrschenden Trockenheit
verlöschen (כָּלוּ עֵינֵיהֶם), dort sind es diejenigen des Klagenden, die, im
neu hergestellten Lesezusammenhang nun *darüber* vor Tränen über-
fließen (תֵּרַדְנָה עֵינַי דִּמְעָה).

Inhaltlich zu erklären, was die Einfügung des Stückes in den
Klagezusammenhang von 13,27* und 14,17 f. motiviert haben mag,
wird dagegen weitaus schwieriger. Die im vorangehenden getroffenen
literarkritischen Beobachtungen machen es nicht so leicht, hier schlicht
die persönliche Erfahrung des historischen Jeremia im Hintergrund zu

---

literarischen Interdependenz beider Stellen ist indes unwahrscheinlich. Sie beruht
lediglich auf der gemeinsamen Verbindung der Wörter שָׁאַל שָׁלוֹם – ohne zu
berücksichtigen, daß sie an beiden Stellen unterschiedlich konstruiert ist: In Jer 15,5
mit der Präpositon לְ, (wie in Gen 43,27; Jdc 18,15; I Sam 10,4; 17,22; 25,5; 30,21;
II Sam 8,10; 11,7; I Chr 18,10), in Ps 122 (singulär im AT) dagegen mit direktem
Objekt. Die näherliegenden Vergleichsstellen wären daher die erstgenannten, bei
denen die Formel zweifellos schlicht im Sinne von ‚grüßen, sich nach dem Ergehen
erkundigen' verwendet wird – wie in Jer 15,5. Daraus läßt sich keine literarische Abhängigkeit stricken (vgl. zu Recht KISS, Klage Gottes, 127, n. 49).

242 Der nächste Anschluß auf dieser Ebene könnte in 21,13a.14b zu finden sein.

243 Auch Beuken / van Grol beobachten bei 14,17 „ [a] good transition to 15,5" (BEUKEN/
VAN GROL, Jer 14, 333), werten sie jedoch nicht literarkritisch aus.

244 Vgl. die Überschrift von 14,1, die aus allem Folgenden Worte „über die Dürre"
(עַל־דִּבְרֵי הַבַּצָּרוֹת) macht.

vermuten,[245] ebensowenig erlaubt es das offensichtliche sukzessive Wachstum des Stückes, hier eine intakte Klageliturgie aus dem Kreis des Jerusalemer Tempels „en een vasten ten tijde van droogte"[246] zu finden.

Es ist eher anzunehmen, daß die breite Darstellung der Trockenheit auf einer fast spielerischen Auslegung der semantischen Unschärfe der Wurzel אבל beruht, die bekanntlich sowohl ‚trauern' als auch ‚vertrocknen' bedeuten kann.[247] In den Kontext des Klagens und Trauerns über Jerusalem wird somit die Klage des Landes selbst eingefügt, die zugleich als dessen Verdorren interpretiert wird. Anstoß für diese kreative Deutung könnte der Zusammenhang 4,28–31 gewesen sein: Hier folgt auf das Trauern / Verdorren des Landes und das sich Betrüben / Verfinstern des Himmels[248] in 4,30 f. die Klage über die verwüstete Tochter Zion, die wie eine Gebärende aufstöhnt – eine Verbindung also, die auch hinsichtlich der Doppeldeutigkeit der entsprechenden Schlüsselverben ein gutes Vorbild für die Einschreibung des Dürreabschnittes in Kapitel 14 abgibt. In 14,2 wird dieser Umgang mit den beiden Bedeutungsfeldern besonders deutlich: Liest man den Vers im Zusammenhang und von Kapitel 13 herkommend, so wird man darin zuerst das ‚trauernde' Juda finden, das jedoch bereits mit der zweiten Verbform אֻמְלָלוּ, die vom ‚Verschmachten' seiner ‚Tore' kündet, eher als ein ‚vertrocknendes' verstanden wird – wenngleich auch die Wurzel אמל die besagte Ambivalenz latent in sich trägt.[249] Das dritte Verb

---

245 Vgl. etwa die Ansicht Stahls, der den historischen Ursprung für die verschiedenen prophetischen Dürreschilderungen von Jes 24,3–6; 33,9; Jer 4,27 f.; 14,2–6; 12,4abα; Hos 4,3; Am 8,8a; Nah 1,4 f.; Zeph 1,2 f. in der „Zeit des Jeremia" sieht (STAHL, Deshalb trocknet, 172) und die entsprechenden Stellen für die ältesten hält.

246 HELMERS-VAN TRICHT, Profeet, 65. Es bleibt,unklar, ob sie diese Liturgie am ersten oder zweiten Tempel ansiedelt; da sie sich auf Reventlow beruft, ist wohl erstes anzunehmen. Ihre Hauptthese will sich damit allerdings nicht recht vertragen. Sie betrachtet die Falschprophetenthematik als thematischen Mittelpunkt der Perikope, da sie auch den räumlichen Mittelpunkt sei – wie auch Jer 28,10, ein Vers aus der Jeremia-Chananja-Kontroverse, die Mitte des Buches bilde: „Tellen we de woorden van de gehele perikoop en zoeken we naar het midden, dan komen wij [...] uit in vers 15: het oordeel over de valse profeten; en dan te bedenken dat de middelste verzen van het gehele boek 28:10 en 11 zijn: de confrontatie tussen de ware en valse profeet" (ebd., 77). Wollte man dem Jeremiabuch tatsächlich eine derartige protokabbalistische Substruktur unterstellen, so könnte man sie wohl kaum für ein vom Tempelkult übernommenes Traditionsstück veranschlagen.

247 Vgl. die Diskussion zu 12,4, S. 46–49.

248 (4,28). עַל־זֹאת תֶּאֱבַל הָאָרֶץ וְקָדְרוּ הַשָּׁמַיִם

249 Zwar bezeichnet sie mehrheitlich das konkrete ‚Verwelken', wie etwa in Jes 16,8; 24,7; Joel 1,12; Nah 1,4, doch findet sich auch für sie die eher übertragene Verwendung im Sinne von ‚verzweifeln' (vgl. Jes 19,8). Die gleiche Zweideutigkeit von אמל und אבל nebeneinander wie in Jer 14,2 ist wohl auch bei Hos 4,3 anzunehmen.

schließlich läßt den Leser wieder schwanken, neigen sich doch eben diese Tore trauernd zur Erde (קָדְרוּ לָאָרֶץ).[250] So bleibt vorerst offen, ob das anschließende Schreien Jerusalems allgemein der Vergewaltigungsmetaphorik von Kapitel 13 Rechnung trägt oder speziell durch eine Dürre motiviert ist, wie sie die Folgeverse dann dezidiert ausmalen. Sie machen auf diese Weise den ‚schweren Schlag‘, der nach 14,17 das Volk getroffen hat und in 14,18 in seinen Folgen als Belagerung geschildert wird,[251] von einer politischen zu einer kosmischen Katastrophe. Auch hier ergänzt nun das Motiv der Trockenheit neben der Vernichtung durch den Feind die Konsequenzen des Bundesbruchs nach Dtn 28[252] und illustriert, buchimmanent, die Klage JHWHs von 2,13.[253]

Des weiteren erhielt der Prophet durch die Einschreibung von 15,2b eine erste Antwort auf seine Klage von 14,17b.18a. In ihr gibt sich JHWH selbst als Urheber des שֶׁבֶר גָּדוֹל zu erkennen und deutet diesen als *selektives* Gericht, das nun nicht mehr der 2. sg. fem.-Größe, sondern ‚ihnen‘, dem in der 3. Person masculinum bezeichneten Volk, gilt. Er greift darin die Heimsuchungen ‚Schwert‘ (חֶרֶב) und ‚Hunger‘ (רָעָב) von 14,18 auf und komplettiert sie durch ihre Verdoppelung: Um den Ernst der göttlichen Strafe zu betonen – und gewiß auch, um der historischen Wirklichkeit gerecht zu werden – ensteht so durch die Hinzufügung von ‚Pest‘ (מָוֶת) und ‚Gefangenschaft‘ (שְׁבִי) ein erstes Plagenquadrupel, an dessen Verhängung direkt die rhetorische Frage von 15,5 anschließen kann.

Diese Fortschreibung interpretiert nun im Anschluß an diese Verwerfungsaussage von 15,5 f. in 15,7–9a ebenfalls den Topos des Verdorrens vor dem Hintergrund der personifizierten Darstellung der Frau Jerusalem und bezieht ihn auf die Frauen im Volk: In eben jenen ‚Toren‘ (בְּשַׁעֲרֵי הָאָרֶץ), die in 14,2 selbst verschmachten, wird nun in 15,7 das Volk ‚geworfelt‘. Im Bild des Trennens von Spreu und Weizen wird

---

250 Auch das Verb קדר ist in sich vielschichtig: So bleibt es offen, ob bei der Parallelstelle Jer 4,28 (וְקָדְרוּ הַשָּׁמַיִם) die Himmel ‚betrübt sind‘ oder ‚sich verfinstern‘, wenn hier קדר und אבל ebenfalls nebeneinander stehen. In Ps 35,14 etwa werden beide eindeutig nicht für metereologische Phänomene, sondern nahezu synonym für ‚trauern‘ verwendet.

251 Die Beweinten sind „vom Schwert Erschlagene" (חַלְלֵי־חֶרֶב) und „Hungerkranke" (תַּחֲלוּאֵי רָעָב).

252 Vgl. das Nebeneinander von Dürrestrafe und Feindstrafe in Dtn 28,22–24.25 f. (vgl. S. 48).

253 Die Frage, ob dieser Einschreibung die Erfahrung einer bestimmten, wenn auch historisch nicht greifbaren Trockenheit zugrundeliege, ist angesichts dieses Umstandes eher nachrangig. Im Zentrum steht wohl mehr die topische Verwendung als Chiffre für das umfassende göttliche Strafgericht denn eine Stellungnahme zu „aktuellen Problemen der Generation der Exils- und der frühen Nachexilszeit" (so WANKE, Jeremia 1, 140).

somit eben jenes *partielle* Gericht dargestellt, das in 15,2b durch die knappe Bestimmung der verschiedenen Strafen für die jeweils davon Betroffenen ausgedrückt worden war.

Die Konsequenz ist das im folgenden beschriebene Elend der Frauen und Mütter, deren eine in 15,9 exemplarisch als Verdorrte beschrieben wird (אֻמְלְלָה). Diese ‚Siebengebärerin' teilt somit das Schicksal der ‚Frau Jerusalem' bzw. der mit ihr parallelisierten Tore Judas von 14,2 und bleibt damit in der Deutung auf jene wie auch auf die beklagte „Jungfrau, die Tochter meines Volkes" (בְּתוּלַת בַּת־עַמִּי)[254] von 14,17 hin transparent.[255]

Damit steht zwar mit der Frauen- und Mütterthematik der Brückenkopf sowohl für den Anschluß der Konfession 15 als auch des Kapitels 16, doch ist es ratsam, zuerst das weitere Wachstum innerhalb von Kapitel 14 zu verfolgen, ehe Aussagen über das Verhältnis der drei Größen zueinander getroffen werden können.

So dürften die beiden bereits aufeinander bezogenen ersten Auslegungen des älteren Klage-Anklage-Zusammenhangs nun jeweils weitere Ergänzungen erfahren haben, die vermutlich in kleinräumigen Sequenzen erfolgten, sich aufgrund ihrer stark formelhaften Sprache und ähnlicher theologischer Tendenz allerdings nur schwer in ein einigermaßen gesichertes diachrones Verhältnis zueinander setzen lassen. Man wird *grosso modo* von einem Schub sprechen können, der beide Fürbittverbote und die ihnen folgenden Gerichtsaussagen, also 14,11–17a.18b* sowie 15,1–2a.3a.9b* umfaßt haben dürfte.

Diese These wirft allerdings einige Fragen auf: Wieso sollten die Fürbittverbote ohne die vorherigen kollektiven Klagepassagen in den Text gekommen sein, auf die sie doch antworten?[256] Was sollte das

---

254 In LXX fehlt ein Äquivalent für ‚Jungfrau'. RUDOLPH, Jeremia, 100 sowie JANZEN, Studies, 40 folgen dieser *lectio brevior*. Es ist indes auch denkbar, daß die Übersetzer in starkem Bewußtsein des Zusammenhanges mit Kapitel 13 und dort gegen die Frauengestalt erhobenen Vorwurfs der Hurerei (vgl. 13,27) in 14,17 ihre Virginität, die der Begriff im Hebräischen nicht unbedingt aussagt (vgl. Joel 1,8; TSEVAT, בְּתוּלָה, 875), nicht mehr für attributabel hielten.

255 In der Tat begegnet die Wurzel אמל im Jeremiabuch nur in 14,2 und 15,9. Dies stützt die These einer gezielt gestalteten intertextuellen Relation zwischen beiden Stellen. Für Holladay bilden deshalb die Verse 14,2–6 und 15,5–9 „the original form of the drought complex" (HOLLADAY, Architecture, 147), der protojeremianischen Ursprungs sei. M.E. hat man hier jedoch bereits ein, wenn auch frühes, Stadium fortschreibender buchinterner Exegese vor sich.

256 Vgl. SKINNER, Prophecy, 131, n. 1; MCKANE, Jeremiah I, 327. Nicholson nimmt deswegen an, die für ursprünglich erklärten Abschnitte 14,1–10 und 14,17–22 hätten 14,11–16 und 15,1–4 als ihre Fortschreibungen motiviert (vgl. NICHOLSON, Preaching, 101; vgl. DERS., Jeremiah 1–25, 132.134).

Thema der Verse 14,13–16, die Heilsprophetie, im Kontext der Dürrethematik stimuliert haben?

Da sich die zweite Frage auch dann stellt, wenn man die literarischen Verhältnisse in Kapitel 14 anders beurteilt als hier vorgeschlagen, soll ihr zuerst nachgegangen werden. Verlockend wäre es, in diesem Zusammenhang auf Kapitel 23 zu verweisen, näherhin auf den Abschnitt ab 23,9, der לַנְּבִאִים, „über die Propheten", überschrieben ist, denn schließlich kommt hier das Verdorren des Landes (אָבְלָה הָאָרֶץ, 23,10) unmittelbar neben der Ruchlosigkeit der Priester und Propheten zu stehen (כִּי־נַם־נָבִיא נַם־כֹּהֵן חָנֵפוּ, 23,11). Jedoch ist hier Zurückhaltung geboten: Die Passage 23,9–12 erweckt nicht eben den Eindruck literarischer Einheitlichkeit,[257] und es kann nicht ohne weiteres ausgeschlossen werden, daß die Verbindung von Falschprophetie und Dürre in Kapitel 14 Grund für die Eintragung von 23,10aβ war und nicht umgekehrt besagter Vers die Heilsprophetenthematik dort inspirierte.[258] Auf sichererem Grund steht man dagegen, wenn man in den unmittelbaren Kontext blickt: In 13,25 wurde der Frau Jerusalem von JHWH vorgeworfen, sie habe sich auf ‚Trug' verlassen,[259] also auf jene Art von Verkündigung, die Falschpropheten zu dem macht, was sie sind,[260] und derer sie in 14,14 geziehen werden. Dieses Stichwort gibt das Motiv für die Fürbitte von 14,13 vor, die, unmittelbar nach ihrem eigenem Verbot stehend und zusammen mit diesem dem Textgewebe eingefügt, von vornherein zum Scheitern verurteilt ist – selbst JHWH bleiben nur noch die Tränen (14,17aα macht die Klage des Propheten zu seiner eigenen), und die Verbannung betrifft nun, dank der Ergänzung von 14,18b, auch die des שֶׁקֶר schuldigen Autoritäten.[261]

Damit ist nun bereits ein Teil der Antwort auf die erste Anfrage gegeben: Für die vergebliche Fürbitte benötigt man nicht die Volksklageabschnitte, sie ist mit 14,13 bereits vorhanden. Dies ist, da ein negatives, freilich ein schwaches Argument, das sich jedoch durch den

257 Vgl. WANKE, Jeremia 1, 208, VOLZ, Jeremia, 231.

258 Ähnlich verhält es sich mit 23,11aα, dessen sprachliche Nähe zu 14,18bα zu augenscheinlich ist, um nicht von einer literarischen Verbindung zu zeugen, die ebenfalls in beide Richtungen denkbar ist.

259 וַתִּבְטְחִי בַּשֶּׁקֶר.

260 Vgl. für שֶׁקֶר und בטח die Warnung 7,4 sowie die Vorwürfe 7,8; 28,15; 29,31, für שֶׁקֶר als Merkmal falscher Propheten noch 5,31; 23,14.25.26.32; 27,10.14.15.16; 29,9.21.23.

261 Meyer möchte 14,18b im (aus Volksklage, JHWH-Antwort und prophetischer Klage bestehenden) Grundbestand von 14,1–15,9* belassen und sieht in diesem Halbvers den Anlaß für die Ergänzung der Verse 14,13–16 (vgl. MEYER, Jeremia, 65). Die oben getroffenen literarkritischen Beobachtungen legen es dagegen nahe, das Verhältnis umgekehrt zu bestimmen.

Verweis auf die Parallelstellen von Kapitel 7 und 11 ein wenig stärken läßt: Weder 7,16 noch 11,14 geht eine explizit ausformulierte Fürbitte des Propheten voraus. Wie 14,11 nach 14,6 und 15,1 nach 14,18 folgen sie als Kulmination auf Unheilsschilderungen und Gerichtsworte.

Indes gibt es auch positive Indizien für die literarische Nachrangigkeit der Volksklagen gegenüber 14,11 und 15,1. So entpuppt sich der Vers 14,10 als typisches Montageelement, das die eingearbeitete Volksklage mit dem folgenden verknüpfen soll: Das Nichtgefallen aus V. 12 (אֵינֶ֫נִּי רָצָם) wird mit den Schlüsselwörtern עָוֹן und חַטָּאת aus V. 7 verschweißt, wofür sogar ein passendes Hoseazitat zur Verfügung steht.[262]

Im zweiten Fall ist es zum einen die (zugegebenermaßen schwache) Verbindung über das Stichwort ‚Volk', die 15,1 direkt an 14,17 f. anschließt,[263] zum anderen die einmalige Zuspitzung des Interdikts auf Mose und Samuel hin.[264] Sie entspricht der Doppelung ‚Prophet und Priester' von 14,18b: Nicht nur frevelhafte Autoritäten haben demnach keinen besänftigenden Einfluß mehr auf Gott, sondern selbst der Prophet schlechthin, Mose,[265] und ein über jeden Zweifel erhabener Priester wie Samuel[266] vermögen nichts mehr zu bewirken. Diese Pointe wird durch die Volksklageverse 14,19–22 zerstört – ein deutliches Indiz für ihren literargenetisch nachrangigen Charakter.[267]

Das letzte Fürbittverbot schließlich wird gerne literarkritisch von seinen Konsequenzen in den Versen 2–4 getrennt,[268] und es liegt nahe, etwa die אַרְבַּע מִשְׁפָּחוֹת von 15,3 als durch die Vierzahl der Strafen von V. 2 veranlaßt zu sehen,[269] sowie den nach Dtn 28,25[270] und II Reg 21,9–17; 24,3 gestalteten V. 4, der unvermutet Manasse, den dtr Antikönig schlechthin, ins Spiel bringt, als weitere Glosse zu betrachten.

Tatsächlich war oben 15,2b bereits als älteres, einmal für den direkten Anschluß an 14,18a verfaßtes Stück erkannt worden. Diese Antwort

---

262 Jer 14,10b (יְהוָה לֹא רָצָם עַתָּה יִזְכֹּר עֲוֹנָם וְיִפְקֹד חַטֹּאתָם) stammt aus Hos 8,13 (vgl. auch Hos 9,9). Der Zitatcharakter könnte auch erklären, weshalb JHWH hier, in Jer 14,10, in der 3. Person von sich selbst spricht.

263 Vgl. בַּת־עַמִּי in 14,17 mit הָעָם הַזֶּה in 15,1.

264 Mose und Samuel begegnen, zusammen mit Aaron, als exemplarische Fürbitter und Priester (!) tituliert, noch in Ps 99,6 (vgl. dazu AURELIUS, Fürbitter Israels, 208 f.; SPIECKERMANN, Heilsgegenwart, 163).

265 Vgl. Dtn 18,15–18.

266 Vgl. I Sam 2,18.

267 Pohlmann dagegen stellt die Verse 14,10 und 14,11 auf eine Ebene, die zudem *jünger* sei als das Volksklagestück 14,7–9 (vgl. POHLMANN, Ferne Gottes, 84 f.).

268 Das Argument dafür ist im wesentlichen seit Duhm, die von V. 2 vorgestellte Szenerie übersteige „die Grenzen erlaubter Naivität" (DUHM, Jeremia, 132).

269 Vgl. McKANE, Jeremiah I, 335, ihm folgend KISS, Klage Gottes, 117 f.

270 Vgl. dort וּנְתַתִּים לְזַעֲוָה לְכֹל מַמְלְכוֹת הָאָרֶץ mit וְהָיִית לְזַעֲוָה לְכֹל מַמְלְכוֹת הָאָרֶץ in Jer 15,4 (Lesung nach dem *Qere*).

JHWHs auf die nun mit 14,17a als Gottesklage gelesenen Verse 14,17–
18a wird jetzt nach vorne um 15,1–2a erweitert. Brachte die vierfache
Formel von 15,2b ursprünglich eine Gerichtsvorstellung zum Ausdruck, die lediglich einen Teil des Volkes betroffen sah, so erscheint sie
mit der auf sie hin gestalteten fiktiven Szene aus 14,17–18; 15,1–2a in
einem anderen Licht:

Das Fürbittverbot von 15,1 erscheint durch die mit 14,17a gegebene
Umwandlung der Propheten- in eine Gottesklage nicht zuletzt als eine
Absage JHWHs an sein eigenes Mitleiden mit dem Ergehen seines
Volkes. Das von ihm ausgesprochene Urteil enthält demnach in 15,2 die
gleichen Strafübel, deren Auswirkungen er selbst in 14,18 beweint –
das Gericht erscheint als Überwindung des göttlichen Erbarmens durch
diesen selbst und erhält dadurch in besonderer Weise den Charakter
des Unabwendbaren und Unumkehrbaren. Dazu paßt, daß nun explizit
das ganze Volk, הַזֶּה הָעָם, angeredet wird: Die Vorstellung ist nicht
länger die eines *partikularen*, sondern nunmehr die eines *universalen*
Strafgerichts. Sie äußert sich auch in der Weiterführung des Plagen-
quartetts aus 15,2 in 15,3: Unter Zuhilfenahme der ‚Vögel des Himmels‘
und ‚Tiere des Feldes‘ von 19,7 oder schon von 16,4[271] als Exekutoren
wird der Gedanke einer vollkommenen Vernichtung selbst über den
Tod hinaus auch in 15,2 selbst hineintransportiert – damit ist eine Vierzahl der Verwüstung geschaffen, die innerbiblisch bis in die Johannes-
apokalypse hinein wirksam werden sollte.[272]

Literarisch gelingt die Anknüpfung von 15,3 durch die auf V. 6 vor-
verweisende Wurzel שׁחת, die somit einen weiteren Beitrag dazu leistet,

---

271 Die ursprüngliche Herkunft des ‚Vieh- und Vögel-Motivs‘ ist schwer zu bestimmen.
Neben Jer 15,3; 16,4; 19,7 begegnet es noch in einer fast wörtlichen Parallele zur
letztgenannten Stelle in Jer 34,20 sowie in 7,33. Es wäre verlockend, dort, im Kontext
der mehrfach fortgeschriebenen Tempelrede, den Ursprung dieser Doppelung zu
sehen, doch widersteht dem wieder einmal der textkritische Befund: Obwohl sowohl
in Jer^MT als auch in Jer^LXX belegt, fehlt Jer 7,30–8,3 in der Grundschrift von 4QJer^a und
ist dort lediglich als Korrekturglosse am Rand belegt (vgl. DJD 15, 155). Dahinter
mag lediglich „a mere scribal error, probably with the eye of the copyist jumping
from one open section to the next" (TOV, DJD 15, 152) stecken, das Beispiel von Jer
17,1–4 sollte hier allerdings zur Vorsicht mahnen. Immerhin betrifft die Auslassung
zwei thematische Abschnitte, die stark patchworkartigen Charakter tragen: Sie
vereinen die Tofet-Polemik von Jer 19 mit der Kombination aus Tieren als Gerichts-
vollstreckern und dem Ende des Hochzeitsjubels von Jer 16 sowie einer Applikation
des Themas der Leichenschändung à la II Reg 23 auf die Könige von Juda. Das
spricht gegen die These Levins, der, ohne den Befund von 4QJer^a zu diskutieren,
aufgrund traditionsgeschichtlicher Überlegungen zu dem Schluß kommt, Jer 7,31 sei
nicht nur „die Urstelle für das Kinderopfer im Tophet im Hinnomtal" (LEVIN, Kinderopfer, 236, im Original kursiv), sondern sogar „die Urstelle der gesamten spätalt-
testamentlichen Überlieferung vom Kinderopfer" (ebd., 238, im Original kursiv).
272 Vgl. Ez 14,21; Apk 6,8.

die unterschiedlichen Gerichtstheologien, die hier nebeneinander zu
stehen kommen, miteinander im Sinne der universalen Variante zu harmonisieren. Dies bewirkt schließlich auch die Anfügung des abschließenden Fazits 15,9b, das dem Verdorren den ‚Siebengebärerin'
‚ihre' (3. m. pl.) restlose Vernichtung durch das Schwert hinzufügt. Am
Ende des Gerichts wie des Textabschnitts bleibt niemand verschont.

Mit der Vorstellung vom Gericht über das ganze Volk liegen das
letzte Fürbittenverbot und seine Umgebung schließlich ganz auf der
theologischen Linie der Ablehnung des prophetischen Einwandes von
14,13–16: Dort wird nicht nur den von Jeremia ins Feld geführten
Falschpropheten das Verderben angekündigt, sondern nach V. 16 soll
auch das ‚Volk, dem sie geweissagt haben' getötet und nicht begraben
werden.

In 15,4b, der diesen Gedanken quasihistorisch rückzubinden versucht und sich lediglich durch das Stichwort יְרוּשָׁלַ͏ִם an V. 5 anschmiegt, das nun nicht als Anrede, sondern rein als Ortsbestimmung
gebraucht wird, mag man mit McKane und Kiss[273] tatsächlich eine
weitere Glosse sehen.

Unabhängig davon, wie man sich in dieser letzten Frage entscheiden mag, geht aus dem vorangehenden hervor, daß die in der 1. Person
Plural gehaltenen Stücke 14,7–9.19–22 als die jüngsten Bestandteile von
Kapitel 14 übrigbleiben.[274] Beide Abschnitte führen, wohl als Klagen im
Munde des Propheten verstanden, zu den sie abweisenden Fürbitver-
boten von 14,11 und 15,1 hin und beziehen sich dabei auf ihren jeweils
vorangehenden Kontext. So greift die Anrufung JHWHs als מִקְוֵה יִשְׂרָאֵל
auf allegorische und wortspielerische Weise die Dürrethematik der
vorangehenden Verse auf, vermag das *nomen regens* doch nicht nur
‚Hoffnung', sondern gleichermaßen ‚Versammlung des Wassers' zu
bedeuten.[275] Das Bekenntnis der Volksklage widerspricht so, ebenfalls

---

273 Vgl. MCKANE, Jeremiah I, 335; KISS, Klage Gottes, 117 f.

274 Die Ausgangs- und Schlußthese Bodas, „that Jer 14,1–15,4 provides a window into
     the liturgical practice of the late preexilic Judean community" (BODA, Complaint,
     197) kann somit nicht geteilt werden.

275 Die erste Bedeutung gilt neben Jer 14,8 noch 17,13 (vgl. dazu S. 162); 50,7; Esr 10,2;
     I Chr 29,15, die zweite Gen 1,10; Ex 7,19; Lev 11,36; Jes 22,11 (vgl. GESENIUS[18.3], 728).
     Die Doppeldeutigkeit in 14,8 und 17,13 betont HOLLADAY, Jeremiah 1–25, 433,
     fußend auf DAHOOD, Metaphor, 109; DERS., Lexicography V unter Berufung auf 1QS
     XI,6 und 1QH[a] XX,29 (XII,29); vgl. auch HOLT, Fountain, 106). Van Hecke möchte in
     Jer dagegen ausschließlich letztere gelten lassen (vgl. VAN HECKE, Metaphorical
     Shifts, 72). Dies würde allerdings das reizvolle wortspielerische Ineinander von
     metaphorischer und abstrakter Sprache in 14,8 und 17,13 leugnen, die These ist
     jedoch nicht sehr überzeugend: So wird die Wurzel קוה in den mit 14,8 auf gleicher
     literarischer Ebene liegenden Versen 19 und 22 eindeutig im Sinne von ‚hoffen' ver-

auf der Ebene der reichen Wassermetaphorik des Jeremiabuches, dem die Gerichtsstrafe begründenden Vorwurf Gottes von 2,13.

Im zweiten Redegang ist es dagegen die Wundenthematik von 14,17, an welche die Volksklage anknüpft, wenn sie in V. 19 nach den Gründen des dort konstatierten ‚schweren Schlages‘[276] und nach seiner Heilung fragt.

Freilich wird auch hier, womöglich unter Anspielung auf I Reg 18, mit der rhetorischen Frage nach den regenspendenden Qualitäten der ‚Nichtse‘ in V. 22[277] das mittlerweile zur Überschrift des Kapitels gewordene Thema der Dürre nicht aus den Augen verloren.

Abschließend läßt sich aufgrund der vorgenommenen differenzierenden Schichtung also feststellen, daß der Abschnitt 14,1–15,4 seinen herausgehobenen Rang als ‚große Liturgie‘ erst durch die Einschreibung seiner jüngsten Teile, der Volksklagestücke, und mithin zu einem sehr späten Zeitpunkt der Buchwerdung erlangte.[278]

Aus dem vorangehenden stellt sich die literarische Geneses von Kapitel 14* zusammengefaßt demnach wie folgt dar:

In der an 13,18–19a direkt anschließenden prophetischen Klage 14,17aβ–18a ist der Nukleus des späteren Kapitelzusammenhanges 14–16 zu sehen, der in einem ersten Schritt durch die Eintragung der 2. sg. fem.-Schicht in 13,20–22.25–27* und 15,5 f. erweitert wurde.

Eine nächste Fortschreibung interpretierte die so hergestellte Verbindung von Prophet und Frau Zion, indem sie, inspiriert durch die Doppelbedeutung der Verbwurzel אבל, die Dürreschilderung in 14,2–6 eintrug.

In 15,2b.7–9a wurde dagegen auf einer weiteren Stufe der Aspekt des ‚Verdorrens‘ auf die Frauen im Land bezogen. Das Strafgericht wird, so drückt es das Bild des ‚Worfelns‘ (15,7) aus, hier *partiell* wirksam.

---

wendet, und auch für 17,13 und 50,7 ist eine eindimensionale Lesart in seinem Sinne nicht besonders sinnvoll.

276 Vgl. die Verwendung der Wurzel נכה in 14,17 und 14,19.

277 הֲיֵשׁ בְּהַבְלֵי הַגּוֹיִם מַגְשִׁמִים: ‚Gibt es unter den Götzen/Nichtsen der Völker Regenspender?‘

278 Gegen Kiss, der jüngst etwa für 14,19–22 „jeremianische Verfasserschaft" (Kiss, Klage Gottes, 107) veranschlagt, zugleich aber 14,8–9 zu einer „exilischen Volksklage" (ebd., 87) erklärt, die zwar jünger als die „‚Wir-Klage‘ des Propheten" (ebd.) von 14,2–7, aber älter als die göttliche Antwort der Verse 10–12 sei, die wiederum später ihre „Fortsetzung" (ebd., 104) durch 13–16 erfahren habe. Die Unterteilung der Einheiten 14,2–7.8–9 überzeugt hier ebensowenig wie die Annahme, der zweite Volksklageabschnitt sei älter als der erste.

Einen weiteren Schub bilden demgegenüber die Eintragung der beiden Fürbittverbote und die sich ihnen anschließenden *universalen* Gerichtsaussagen in 14,11–17a.18b*; 15,1–2a.3a.9b*.

Davon abzuheben bleibt die Glosse über Manasse von 15,4b.

Als jüngste Bestandteile des Abschnittes ließen sich die Volksklagen von 14,7–9.19–22 eruieren.

Wie verhalten sich nun dazu die Konfession 15,10–21 und das Kapitel 16? Verbindungen ersterer zu ihrem vorausgehenden Kontext, die, wie sich nun gezeigt hat, nicht auf der Ebene einer Grundschicht oder auch der frühesten Erweiterungen zu suchen sind, ebenso wie die thematische Verknüpfung mit 16,1–9, wurden bereits dargelegt.[279] Unbeachtet blieb bisher der Umstand, daß daneben auch zahlreiche direkte Verbindungen zwischen Kapitel 14,1–15,9 und 16* bestehen, die die Konfession gewissermaßen umgehen.

Es war beobachtet worden, daß der Weheruf von 15,10 sinnvoll an die vorangehenden Verse anschließt und deren Mütterthematik geradezu provokant aufnimmt.[280] Das gleiche läßt sich, abgesehen von der besonderen Spitze des Konfessionenanfangs, allerdings auch von 16,2 sagen: Dem Prophet wird die Heirat untersagt, damit er selbst zum Zeichen für genau die Vorgänge werde, die in 15,8 f. beschrieben und in 16,3 f. unter der Leitvokabel ילד[281] erneut ausgemalt werden.

Doch auch zu Bereichen, die der Wiederaufnahme des Motivs der personifizierten Frau Jerusalems und seiner Auslegung in den Versen 15,5–9 vorangehen, lassen sich Bögen zu Kapitel 16 schlagen: So werden die Opfer des Strafgerichts nach 16,4 nicht bestattet, sondern auf offenem Feld den Vögeln und dem Vieh zum Fraß hingeworfen werden – ganz so, wie es nahezu wortgleich bereits in 15,3 angekündigt wird.[282]

Diese Parallelisierung der Gerichtsauswirkungen betrifft sodann auch die Todesursachen: Neben den in Jer immer wiederkehrenden Größen ‚Schwert' und ‚Hunger' werden in 16,4 auch ‚tödliche Krankheiten' genannt, auf die nicht der Terminus דֶּבֶר, angewandt wird, der sonst in der für das Jeremiabuch typischen Trias üblich ist,[283] sondern

---

279 Vgl. S. 100 f.

280 Vgl. S. 99 f.

281 Vgl. 15,9 (אֻמְלְלָה יֹלֶדֶת) mit der dreifachen Näherbestimmung der Kinder, Mütter und Väter in 16,3 als הַיְלֹדִים, הַיֹּלְדוֹת und הַמֹּולְדִים.

282 Vgl. 15,3b: וְהָיְתָה נִבְלָתָם לְמַאֲכָל mit 16,4: וְאֶת־עֹוף הַשָּׁמַיִם וְאֶת־בֶּהֱמַת הָאָרֶץ לְאֹכֵל וּלְהַשְׁחִית לְעֹוף הַשָּׁמַיִם וּלְבֶהֱמַת הָאָרֶץ. Die Parallele bleibt davon unberührt, ob man sich im zweiten Fall an den MT hält oder LXX folgt, die den Vers umgestellt und ohne Äquivalent für לְמַאֲכָל נִבְלָתָם bietet. Die hebräische Lesart orientiert sich offensichtlich an den Parallelstellen 7,33; 19,7; 34,20.

283 Vgl. Jer 14,12; 21,6.7.9; 24,10; 27,8.13; 29,17.18; 32,24.36; 34,17; 38,2; 42,17.22; 44,13.

mit dem äußerst seltenen Wort תַּחֲלֻאִם bezeichnet werden. Man wird dadurch direkt auf 14,18 verwiesen, finden sich hier doch nicht nur die zweite Belegstelle im Buch Jeremia,[284] sondern auch die beiden anderen Todesarten aus 16,4.[285] Der letztgenannte Vers gibt sich somit als bewußt auf ersteren bezugnehmend zu erkennen.

Die Begründung der zeichenhaften Handlungsverbote verweist noch weiter in den Großabschnitt 14,1–15,9 zurück. So soll Jeremia nach 16,5 nicht in ein Vereinshaus[286] gehen, um mit dessen Bewohnern zu klagen (נוד). Dadurch wird die an Jerusalem gerichtete klagende Frage von 15,5, wer über sie klagen (מִי יָנוּד לָךְ) und sich nach ihrem Wohl (לְשָׁלֹם) erkundigen werde, eindeutig und negativ beantwortet. Begründet wird dieses Verdikt in 16,5 mit dem Entzug von JHWHs שָׁלוֹם, im MT näher bestimmt durch die Begriffe חֶסֶד und רַחֲמִים.[287] Inhaltlich entspricht dem seine ‚Müdigkeit zum Erbarmen', von der in 15,6 die Rede gewesen war.

Die redundante Betonung der lokalen Näherbestimmung „an diesem Ort", die den Abschnitt in 16,2.3 und 9 rahmt, bildet schließlich einen Rückverweis auf den interzessorischen Einwand gegen die Heilspropheten von 14,13, deren Weissagung, es werde JHWH בַּמָּקוֹם הַזֶּה beständig Heil (שָׁלוֹם) walten lassen, durch die drastisch geschilderte Szenerie von 16,1–9 gezielt konterkariert wird.

Insgesamt fällt auf, daß sich die literarischen Verbindungen von 16,1–9 in den Abschnitt 14,1–15,9 hinein auf Aussagen erstrecken, die nach der oben getroffenen diachronen Schichtung den unterschiedlichsten Textstrata angehören, die aber in der Beauftragung Jeremias zur Sozialabstinenz bereits als textlicher Zusammenhang verstanden und

---

284 Im ganzen AT begegnet das Wort nur an fünf Stellen: Dtn 29,21; Jer 14,18; 16,4; Ps 103,3; II Chr 21,19.

285 Vgl. 14,18: [...] מְמוֹתֵי תַחֲלֻאִים יָמֻתוּ [...] mit 16,4: וּבָחֶרֶב וּבָרָעָב יִכְלוּ וְהָיְתָה חַלְלֵי־חֶרֶב וְהָיְתָה תַחֲלֻאֵי רָעָב. Diese Bezugnahme des Gesamtverses 16,4 auf 14,18 ist ein Argument gegen die beliebte literarkritische Scheidung von 4a und 4b (vgl. THIEL, Redaktion I, 196. Sein Kriterium, zwischen den Halbversen bestehe eine „logische Zäsur" (ebd.) erschließt sich m.E. nicht unmittelbar. Nichtsdestoweniger ist sie nahezu *opinio communis*, vgl. u.a. WANKE, Jeremia 1, 157; CARROLL, Jeremiah, 338; SCHREINER, Jeremia 1, 103; MAIER, Lehrer, 125, n. 448).

286 Der Begriff בֵּית מַרְזֵחַ ist schwierig zu deuten, gibt es doch für das *nomen rectum* nur einen weiteren alttestamentlichen Beleg, Am 6,7. Sowohl dieser als auch die antiken Versionen von Jer 16,5 als auch die außerbiblischen Belege lassen vermuten, daß eine primäre semantische Verbindung mit Trauer nicht zwingend angenommen werden kann (vgl. FABRY, מַרְזֵחַ, 15; MAIER/Dörrfuss, Sitzen, 57; SCHORCH, Karneval, 412; auch bereits LORETZ, mrzḥ, 89 f.).

287 Vgl. zu diesem Begriffspaar Ps 25,6; 40,12; 51,3; 69,17; 103,4. Da die beiden Worte (wie auch Teile von 16,6) in LXX fehlen, dürften hier sehr späte explizierende Glossen vorliegen (vgl. STIPP, Sondergut, 108). Die Brücke zu 15,5 tangiert dies jedoch nicht, sie ruht auf dem in beiden Versionen belegten שָׁלוֹם.

amalgamisiert werden.[288] So vereint 16,3 Motive der Witwenfortschreibung von 15,7–9 mit dem lokalisierenden Stichwort aus der Falschprophetenschicht, und 16,4 verbindet die Plagen der Klagegrundschicht von 14,17 mit Elementen des auf das letzte Fürbittenverbot folgenden Gerichtswortes aus 15,3.

Bemerkenswert ist ferner der negative Befund, daß zu den Volksklagestücken 14,7–9.19–22 keinerlei motivliche oder terminologische Brücke gefunden werden konnte – deren Zentralbegriffe עָוֹן und חַטָּאת begegnen erst wieder in 16,10.

Wertet man nun alle diese Beobachtungen im Hinblick auf die Konfession 15 aus, so kann man konstatieren, daß sich – unbeschadet der Verbindungspunkte dieser mit ihrem vor- und nachlaufenden Kontext – 16,1–9 mindestens ebensogut an 15,9 anschließt wie 15,10 und auf jeden Fall besser als an 15,21. Die zwischen den Abschnitten 14,1–15,9 und 16,1–9 durch zahlreiche Anspielungen und terminologische wie motivliche Wiederaufnahmen gezogene dicke Linie wird zudem durch die Verse 15,10–21 wenn schon nicht unterbrochen, so doch gewissermaßen zu einer Kurve verbogen. Zwar kann man nicht, wie in den Kapiteln 11 und 12, verschiedene, eindeutig literargenetisch voneinander zu scheidende Bögen ausmachen, zwischen denen der Konfessionenblock als jüngste Einschreibungsschicht erscheint,[289] doch ist der Befund dennoch durchaus vergleichbar: Die Konfession 15 zieht einen literarischen Zusammenhang auseinander, der, das lassen die Verschmelzungen auf der Endtextebene von 16,1–9 erahnen, auf jeden Fall zu einem Zeitpunkt bestand, als die Fürbittenverbote und ihre Konse-

---

288 Der Grad dieser Verschmelzungen hängt natürlich an der Einschätzung der Redaktionsgeschichte von 16,1–9. Thiel möchte etwa eine vordeuteronomistische Grundschicht in1–3a.4a.5–8.9* mit geringen späteren Erweiterungen belassen (vgl. THIEL, Redaktion I, 201), während Maier die Schichten 16,5aα.8* | 2.3a.4aα.9 | 4ab–5* | 6–7 voneinander abhebt (vgl. MAIER, Lehrer, 126). Damit erhält sie als Kern ein Verbot an Jeremia, weder in ein מַרְזֵחַ-Haus noch in ein Haus der Freude zu gehen, das ohne jede Begründung bleibt und beraubt so die Zeichenhandlung eines ihrer zentralen Gattungselemente (vgl. FOHRER, Gattung, 94; DERS., Symbolische Handlungen, 35 f.). Welche Intention hinter dieser Maßnahme Jeremias vorzustellen sei, bleibt von ihr unausgesprochen, ebenso die Frage, aufgrund welcher Kriterien eine derartige Anweisung in welchem Kontext plaziert worden sein könnte. Aus den gleichen Gründen ist es ebensowenig sinnvoll, die Beauftragung zu den Zeichenhandlungen hier von ihrer theologischen Deutung zu trennen, sie bleiben sonst stumm und unverständlich.
Überzeugender ist hier Levins Vorschlag, der, allerdings ohne explizite Begründung, von einem Kern in 16,1–2.9 ausgeht, den er als Apophtegma versteht (vgl. LEVIN, Verheißung, 169). Die beobachteten Verbindungen zwischen 14,1–15,9 und 16,1–9 und ihre Deutung hinsichtlich der Einordnung der Konfession 15 bleiben davon unberührt.

289 Vgl. S. 31 f.

quenzen bereits in Jer 14–16* standen, die Volksklagepassagen dagegen vermutlich noch nicht. Der Konfessionenjeremia, das belegen die eindeutigen Bezugnahmen in beide Richtungen, zerstört durch seine Klage diese Struktur nicht, lenkt den Gedankenfluß jedoch um: Im Zentrum stehen nun nicht mehr die Ursachen und Folgen des vom Gerichtspropheten verkündeten Unheils für das Volk, sondern (u.a.) die Folgen des gerichtsprophetischen Daseins für den Propheten selbst. Der Schwerpunkt verlagert sich dadurch im Blick auf Kapitel 16 gewissermaßen von der Deuteebene der Verse 1–9 auf deren Zeichen- oder Bildebene.[290]

Auch die Konfession 15 ist daher am besten als in und für ihren nachmaligen Kontext verfaßtes Fort- und Einschreibungsstück zu verstehen. Die im Rahmen der Untersuchung von 11,18–12,6 noch erwogene Möglichkeit der Einfügung eines separat überlieferten Textbausteins[291] erweist sich aufgrund der vielen direkten Bezüge zu ihrer literarischen Umgebung als zunehmend unwahrscheinlich.[292]

3.3 Die Konfession 15

Wendet man sich nun der Konfession 15 selbst mit literarkritischem Blick zu, so sind es zunächst die Verse 15,13 f., die gedeutet werden wollen. Da die klassische These, sie seien aus Kapitel 17 importiert worden, nicht mehr haltbar ist, die Irritation, die diese Unheilsankündigung im Rahmen einer Antwort JHWHs an den Propheten auslöst, aber gleichwohl bestehen bleibt, ist ein neuer oder zumindest modifizierter Erklärungsversuch erforderlich. Dem widerspricht nicht, sie als einem noch zu bestimmenden literarischen Grundbestand der Konfession 15 sekundär zugewachsen anzusehen: Es ist evident, daß das Suffix der zweiten Person Plural von V. 14 (עֲלֵיכֶם) eine andere Adressatengruppe im Blick hat als allein Jeremia, und wenn man möchte, kann man zudem V. 14 als mit den Schlüsselwörtern אַף und ידע auf V. 15 hinführend gestaltet betrachten.[293] Die harmonisierende These, es werde

---

290   Die diachrone Sukzession von 16,1–9* zur Konfession 15 hin ist deswegen zu beachten. Auch wenn für den Endtextleser die Zeichenhandlungen von Kapitel 16 als Auslegung der Verse 15,17.19–21 erscheinen, so können, angesichts der angestellten Beobachtungen, erstere nicht als „midrash on 15:17" (O'CONNOR, 107.138) bezeichnet werden. Für die in der vorliegenden Arbeit dagegen vertretene Auffassung, in 15,17 werde der Gedanke aus 16,8 aufgegriffen, vgl. WERNER, Jeremia 1–25, 150.

291   Vgl. S. 31 f.

292   Gegen u.a. HERMISSON, Rechtsstreit 34; JÜNGLING, Mauer, 23.

293   Vgl. FISCHER, Jeremia 1–25, 507.

dem Propheten hier ein indirektes Heilsorakel erteilt, da sich die angekündigten Strafen lediglich auf seine Gegner bezögen,[294] erscheint als
ein exegetischer Notbehelf, für den es, anders als etwa in 11,22 f., keinen Anhalt im Text selbst gibt.

Einen solchen bietet dem Exegeten dagegen die Formel des Nicht-
Kennens des Landes, in welchem die Adressaten nach V. 14 ihren Feinden dienen müssen. Oben war sie bereits in das Deuteronomium, genauer in das Kapitel 28 hinein, verfolgt worden. Es konnte ferner
festgestellt werden, daß sich die zugrundeliegende Formulierung aus
Dtn 28,48.64 sowohl in dem Nachtrag über die Verbannung selbst von
Priestern und Propheten in 14,18b als auch in 16,13, also die Konfession
rahmend, leicht verändert wiederfinden ließ. Diese Verbindungen
erklären nun allerdings noch nicht den Eintrag des entsprechenden
Halbverses in 15,14 oder seine Bedeutung im Kontext der Prophetenklage. Der Blick nach Dtn 28 vermag indes auch hier weiterzuhelfen:
Dort geht dem Versklavungsurteil von 28,48 mit V. 47 die entsprechen-
de Begründung voraus, die darin liege, JHWH nicht „mit Freude und
Güte des Herzens" (בְּשִׂמְחָה וּבְטוּב לֵבָב) gedient zu haben.[295] Dieses
Scheltwort ist gewissermaßen das Gegenstück zur Beteuerung des
Konfessionenjeremia von 15,16, sein ganz spezieller Gottes-Dienst sei
ihm „zur Freude und zum Entzücken meines Herzens" (לְשָׂשׂוֹן וּלְשִׂמְחַת
לְבָבִי) gewesen. Mit dem vorgeschalteten V. 14a gibt er damit nicht nur
ein Zeugnis seines eigenen Gehorsams, sondern antwortet nun in den
Augen des schriftkundigen Lesers direkt auf das vorangehende Gerichtswort, indem er ihm gewissermaßen seine in Dtn 28,47 bestehende
Rechtsgrundlage entziehen möchte. Diese Lesart ist freilich nur dann
möglich, wenn man in der Abfolge der Verse 14–16 die verschiedenen
Adressaten, hier das Volk, dort Jeremia, ineinanderblendet, ergo den
Konfessionenjeremia im Sinne der bereits in 12,4 erkannten kollektiv-
repräsentativen Redaktion interpretiert. Die Klagen des Beters von
15,10.15–18 kommen so in einer Reihe mit den – von der Konfessionengrundschicht noch nicht vorausgesetzten[296] – Volksklagestücken von
Kapitel 14 zu stehen und setzen nun die Vergebungsbitten der ‚Dürreliturgie' nahtlos fort.

Dies läßt sich auch anhand von V. 13 aufzeigen, der auf subtile Art
und Weise die Vermischung von Feind- und Dürrestrafe des voran-

---

294 Vgl. Hubmann, Untersuchungen, 270; Diamond, Confessions, 63; Wanke, Jere-
    mia 1, 154.

295 Die Verbindung zwischen Dtn 28,47 f. und dem Jeremiabuch insgesamt ist ein-
    deutig: Vgl. das ‚eiserne Joch' (עֹל בַּרְזֶל) von Dtn 28,48 mit Jer 28,14 sowie das ‚Volk,
    dessen Sprache du nicht gehört hast' von Dtn 28,49 mit Jer 5,15.

296 Vgl. S. 114 f.

gegangenen Kapitels fortsetzt und sich in die Reihe der ambivalenten Wassermetaphern im Jeremiabuch einreiht. Es wird hier dem Volk die Plünderung aller seiner Schätze bzw. Vorräte (אוֹצְרוֹת) angekündigt – die אוֹצְרוֹת Gottes im Sinne seiner ,Vorratsräume' sind es aber, aus denen er den lebensnotwendigen Regen spendet[297] oder in denen er ihn gegebenenfalls zurückhält – was Dürre und ein entsprechendes Veröden der menschlichen ,Scheunen' zur Folge hat.[298] Die Klage über die Trockenheit von 14,1–6 schwingt in 15,13 demnach im Subtext mit, die Aufnahme des Sündenbegriffs (חַטֹּאת) in die Gerichtsbegründung vollzieht dazu explizit die sachliche und gedankliche Anknüpfung an die Bekenntnisse der Volksklagen von 14,7.10.20.

Wie steht es nun aber um die zweite Hälfte von V. 14? Auch hier wird man über die eher außergewöhnliche Terminologie – ,brennen' und ,entbrennen' werden im AT nur neunmal mit יקד[299] und fünfmal mit קדח[300] bezeichnet – ins Deuteronomium hineingeführt. Hier findet sich eine fast wörtliche Parallele zu Jer 14,14b im Moselied, in Dtn 32,22.[301] Diese Verbindung überrascht auf den ersten Blick, offenbart aber auf den zweiten durchaus eine gewisse inhärente Logik: In den anschließenden Versen im Deuteronomium (32,24 f.) wird eben die nahezu restlose Vernichtung durch Schwert, Hunger, Krankheit und wilde Tiere angesagt, die man auch in 15,2–9, also im unmittelbaren Vorfeld der Konfession findet. Hier wie dort wird schließlich die Totalität des Strafgerichtes dadurch ausgedrückt, daß selbst die Kinder und Säuglinge nicht verschont werden – das Volk wird ,kinderlos gemacht'.[302]

Somit kann man wohl in Vers 14b eine Ergänzung der Konfession 15 aus dem Moselied sehen.[303] Sie verleiht nun der kollektivierenden Redaktion einen weiteren interessanten Aspekt. Gesetzt den Fall, der oder die Bearbeiter hätten dabei bereits Dtn 32 als ganzes im Sinn gehabt, dann erinnert das Gerichtswort in Jer 15,13 f. nicht nur daran,

---

297 Vgl. Dtn 28,12; Jer 10,13 ‖ 51,16.

298 Vgl. Joel 1,17. Die Verbindung der Dürremetaphern mit Beraubung von Ephraims אוֹצָר findet sich auch Hos 13,15.

299 Lev 6,2.5.6, Dtn 32,22; Jes 10,16; 30,14; 65,5; Jer 15,14; 17,4.

300 Dtn 32,22; Jes 50,11; 64,1; Jer 15,14; 17,4.

301 Dort heißt es: כִּי־אֵשׁ קָדְחָה בְאַפִּי וַתִּיקַד עַד־שְׁאוֹל תַּחְתִּית, „denn ein Feuer ist entbrannt in meiner Nase und brennt bis zur untersten Scheol" – in Jer 15,14 brennt es „gegen euch": כִּי־אֵשׁ קָדְחָה בְאַפִּי עֲלֵיכֶם תּוּקָד.

302 Vgl. שׁכל Piel Dtn 32,25 und Jer 15,7.

303 Vgl. FISCHER, Jeremia 1–25, 506. Mit einer Frühdatierung des Moseliedes operierend, das dem Historischen Jeremia bekannt gewesen sei, vgl. HOLLADAY, Jeremiah and Moses, 19. Die Verbindung sah bereits Duhm, bestimmte die Abhängigkeit aber in anderer Richtung (Vgl. DUHM, Jeremia, 143).

daß alle diese Strafen bereits von Mose angekündigt worden seien, sondern weist bereits darüber hinaus auf die Wende zum Heil, die Rache an den Feinden, die dort, in Dtn 32, ab Vers 35 vorausgesagt wird.

Trifft dies aber zu, so bahnt bereits die Einfügung der Verse 13 und 14 in die Konfession 15 durch die kollektiv-repräsentative Redaktion den gedanklichen Weg für ihre spätere Auslegung in Jer 17.[304] Diese wird dann durch die heilsgeschichtliche Klammer zum Babelorakel den Weg von Sünde über Strafe hin zu Vergebung und schließlich Vergeltung verdeutlichen, der das Jeremiabuch in seiner masoretischen Form als ganzes prägt.

Von diesem Standpunkt aus läßt sich nun, approximativ und mit aller gebotenen Vorsicht, auch ein Licht auf den vorderen Teil der JHWH-Rede, die änigmatischen Verse 11 f., werfen. Hier empfiehlt es sich in Anbetracht des dargestellten texkritischen Befundes,[305] bei der Theoriebildung äußerst behutsam vorzugehen und sich an die schmale Basis zu halten, die als eindeutig übersetzbar angesehen werden kann. Das heißt, es ist von der zweiten Hälfte von V. 11 auszugehen, der in MT und LXX einhellig überlieferten temporalen Adverbialen, die von einer ‚Zeit von Übel' (עֵת רָעָה) und einer ‚Zeit von Bedrängnis (עֵת צָרָה) spricht.[306] Letztere Formulierung konnte bereits als Anlaß für die kollektive *relecture* der Konfession 15 in Kapitel 17 erkannt werden, vermag aber auch für die Erklärung von 15,11 selbst weiterzuhelfen, findet sich doch einer ihrer wenigen Referenzbelege in 14,8 und damit in unmittelbarer Nachbarschaft. Dort wird JHWH als Israels Nothelfer בְּעֵת צָרָה angerufen, hier, in 15,11, führt er diese bedrängte Zeit gegen Juda selbst herauf. Somit kann auch V. 11 als die ablehnende Antwort Gottes auf die vom klagenden Volk durch Jeremia vorgebrachten Bitten verstanden werden, wie es sich bereits für V. 13 f. feststellen ließ. Er ist daher ebenfalls der zweiten, kollektiv-repräsentativen Konfessionenredaktion zuzuschreiben.[307]

---

304 Vgl. S. 71–85.

305 Vgl. S. 63–70.

306 Die Septuaginta gibt sie quasi suffigiert wieder, als καιρός τῶν κακῶν αὐτῶν bzw. καιρός θλίψεως αὐτῶν.

307 Da diese Zuordnung aufgrund des LXX und MT gemeinsamen Textbestandes erfolgte, kann sie für die Erstfassung von V. 11 in Anspruch genommen werden. Damit wird Hermissons Ansicht widersprochen, der eine im wesentlichen nach der griechischen Variante gelesene Urfassung von V. 11 für den Grundbestand der (autobiographisch-theologisch verstandenen) Konfession 15 veranschlagt und die hebräische Lesart im Sinne einer nachträglichen Kollektivierung verstanden wissen möchte (vgl. HERMISSON, Konfession 15, 6). Will man die textkritischen Differenzen an dieser Stelle für eine verlängerte Redaktions- und Rezeptionsgeschichte tatsächlich fruchtbar machen, so empfiehlt es sich eher, umgekehrt bei der LXX-Lesart von

Dies scheint schließlich auch für den noch verbleibenden Vers der ersten Gottesrede, 15,12, angemessen zu sein. Was immer er einst tatsächlich aussagen wollte, fest steht, daß צָפוֹן im Jeremiabuch ausschließlich im Zusammenhang mit dem ‚Feind aus dem Norden‛ bzw. mit dem dazugehörigen ‚Land des Nordens‛ genannt wird,[308] einer Bedrohung also, die nicht den Prophet allein, sondern das ganze Volk betrifft. Schwierig wird es allerdings, wenn man nach der Bedeutung der beiden Metalle fragt. Es ist wohl davon auszugehen, daß hier auf V. 20 angespielt wird,[309] die Neubestätigung Jeremias als ‚eherne Mauer‛ (חוֹמַת נְחֹשֶׁת), einen Vers also, der selbst im Zusammenhang mit des Propheten erster Berufung und Ausrüstung nach 1,18 als „feste Stadt, eiserne Säule und eherne Mauer"[310] gesehen werden muß. Neben den genannten Stellen findet sich die Doppelung von ‚Eisen und Erz‛ in Jer lediglich noch in 6,28, dort ebenfalls reichlich dunkel, doch sicher mit pejorativem Sinn und auf das Volk angewendet,[311] dem Jeremia als Metallprüfer gegenübergestellt wird. Inwieweit die 20 Belege außerhalb des Jeremiabuches zur Erhellung der Stelle beitragen können, ist gleichfalls überaus unsicher.

Es wäre verlockend, in diesem Zusammenhang wieder auf die Flüche von Dtn 28 zu verweisen. Schließlich wird dort in V. 23 die Dürre mit dem Bild des zu Erz gewordenen verschlossenen Himmels

---

einer Rebiographisierung zu sprechen, wie sie bereits bei 12,4 festgestellt werden konnte (vgl. S. 21).

308 Vgl. Jer 1,13.14.15; 3,12.18; 4,6; 6,1.22; 10,22; 13,20; 16,15; 23,8; 25,9.36; 31,8; 46,6.10.20.24; 47,2; 50,3.9.41; 51,48. Gegen ROSHWALB, Build-up, 131, vgl. S. 71 f.

309 Vgl. HERMISSON, Konfession 15, 7.

310 לְעִיר מִבְצָר וּלְעַמּוּד בַּרְזֶל וּלְחֹמוֹת נְחֹשֶׁת. Es ist freilich zu beachten, daß LXX die ‚eiserne Säule‛ nicht bietet und man dafür kaum eine Haplographie von וּלְחֹמוֹת und וּלְעַמּוּד veranschlagen darf (gegen JANZEN, Studies, 119). Es ist hier wohl eher der (auch von Jer 15,20 zitierten) *lectio brevior* zu folgen als von einer bewußten oder versehentlichen Kürzung auszugehen (gegen HERRMANN, BK 12, 42; TALMON, Redundant Reading, 163. Letzterer möchte die Säule als eisenbewehrten Torriegel deuten, der zum Bild der befestigten Stadt gehöre). Eine interessante Erklärung für die nachträgliche Eintragung der ‚eisernen Säule‛ bietet dagegen Georg Fischer: Er sieht eine das ganze Jeremiabuch (in masoretischer Gestalt) übergreifende Inklusion zum gegenüber II Reg 25,17 ausgedehnten Bericht über den Raub der ‚ehernen Säulen‛ (עַמּוּדֵי הַנְּחֹשֶׁת) des Tempels in Jer 52,21–23. Der Prophet übernehme somit in 1,18 „die Funktion dieses verschleppten und verlorengehenden Wahrzeichens" (FISCHER, eiserne Säule, 449) – in stabilerer Form, da aus Eisen statt aus Erz (vgl. ebd.). Eine Herleitung aus dem Arsenal ägyptischer Königstitulaturen, wie sie für die ‚erzene Mauer‛ plausibel ist (vgl. S. 131, n. 360), ist für sie daher eher unwahrscheinlich (gegen GÖRG, Säulen, 147 f.).

311 „Eisen und Erz sind sie alle" (נְחֹשֶׁת וּבַרְזֶל כֻּלָּם).

und der zu Eisen vertrockneten Erde ausgemalt,[312] und man hätte auf diese Weise eine weitere Brücke von der kollektiv gelesenen Konfession zu Jer 14. Doch in 15,12 eine direkte Anspielung auf Trockenheit hineinzulesen, ist beim besten Willen nicht möglich – das bloße Vorkommen der beiden Stichwörter in Dtn 28,23 allein vermag die Argumentationslast dafür nicht zu tragen.

Ähnlich schwierig ist es, wenn man sich an die Belege aus der Chronik hält, die „Eisen und Erz" als Hauptbaustoffe für den Tempel aufführen.[313] Könnte man sich auf sie stützen, so ließe sich mit ihrer Hilfe in 15,12 eine tempelkritische Note entdecken, wie sie Fischer bereits in 1,18 MT zu erkennen vermag.[314] Dies wäre umso reizvoller, als davon auszugehen ist, daß die Volksklagestücke aus Kapitel 14 mit JHWHs heilvoller Präsenz, also tempeltheologisch argumentieren[315] – wieder wäre also eine gezielte Verbindung zwischen der kollektivierenden Redaktion und der jüngsten Schicht der ‚großen Liturgie' gefunden.

Es ließe sich dann, allerdings unter äußerster Dehnung der Syntax, für 15,12 ein Sinn konstruieren, der das erste ‚Eisen' mit dem ‚Erz' zusammenzieht und als Subjekt des Satzes versteht, während das zweite ‚Eisen' als Objekt zum ‚Norden' gehörte: „Werden etwa Eisen und Erz zerbrechen Eisen vom Norden?" Läse man weiterhin das metallische Doppelgespann entweder metaphorisch nach 6,28 oder synekdochisch nach den Chronikbelegen, käme man sinngemäß in etwa zu der rhetorischen Frage: „Werdet etwa ihr, das Volk / der Tempel, dem Feind aus dem Norden trotzen können?" Die negative Antwort wäre bereits impliziert und würde dann durch die folgenden Verse weiter ausgeführt.

Die bloße Anzahl der bei diesen Überlegungen nötigen Konjunktivformen läßt es indes als ratsam erscheinen, diese Interpretationsmöglichkeit nicht über Gebühr zu strapazieren. 15,12 bleibt hinsichtlich seiner primären Bedeutung letztlich zu unsicher und das innerbiblische Vergleichsmaterial zu disparat, um als Fundament für derartige Spekulationen dienen zu können.

---

312 Dtn 28,23: „Und dein Himmel, der über deinem Kopf ist, soll Erz werden und die Erde unter dir Eisen" (שָׁמֶיךָ אֲשֶׁר עַל־רֹאשְׁךָ נְחֹשֶׁת וְהָאָרֶץ אֲשֶׁר־תַּחְתֶּיךָ בַּרְזֶל וְהָיוּ); vgl. auch Lev 26,19 mit umgekehrter Zuordnung.

313 Vgl. I Chr 22,3.14.16; 29,2.7; II Chr 2,6.13; 24,12.

314 Vgl. FISCHER, eiserne Säule, 448 f.

315 Vgl. 14,9: „Du bist doch in unserer Mitte" (וְאַתָּה בְקִרְבֵּנוּ); 14,21: „Beschimpfe doch nicht den Thron deiner Herrlichkeit" (אַל־תְּנַבֵּל כִּסֵּא כְבוֹדֶךָ). Der letztgenannte Beleg erhellt sich weniger von den Begriffsparallelen I Sam 2,8 und Jes 22,23, wohl aber von Jer 17,12 her als Epitheton des Tempels, wird er doch dort parallel gesetzt mit der „Stätte unseres Heiligtums" (מְקוֹם מִקְדָּשֵׁנוּ), vgl. FISCHER, Jeremia 1–25, 487).

Im Rahmen des Plausiblen bleibt es jedoch, hier von einer wie auch immer gearteten Anspielung auf den Feind aus dem Norden auszugehen und hinter dem obskuren Eisen-und-Erz-Bild etwas Unheilvolles, das Volk als ganzes betreffendes, zu vermuten. Will man den im Vorangehenden angestellten Gedankenspielen nicht folgen, bezieht man die Metapher wohl am besten auf den Feind selbst und liest sie als Illustration seiner Härte und Unüberwindbarkeit.[316] Die Zuordnung zur selben Bearbeitungsschicht, der auch V. 11.13 f. angehören, bleibt davon unbenommen, V. 12 reiht sich dann hervorragend in die Gerichtsankündigung der Folgeverse ein.

Demnach sind die Verse 11–14 insgesamt und mithin die ganze erste Gottesrede der kollektiv-repräsentativen Redaktion zuzuschreiben.[317] Sie ist es somit, die dem Abschnitt 15,10–21 seine Strukur aus doppeltem Wechsel von Beter-Rede und JHWH-Rede verleiht, den er mit 11,18–12,6 ebenso wie mit 14,1–15,9 gemein hat. Löst man diese Einschreibung aus der Konfession, so ergibt sich zugleich ein hervorragender Anschluß für das sperrige אַתָּה יָדַעְתָּ von V. 15. Der eigentlich reflexive Charakter dieser Formulierung stellt kein Problem mehr dar, wenn er sich ursprünglich auf die vom Beter vorgebrachte Unschuldsäußerung samt Schilderung seiner Notlage von V. 10 beziehen läßt.[318]

Neben diesem größeren vorgeschalteten Block läßt sich aber wohl noch eine weitere, kleinere, Ergänzung im Rahmen der zweiten Fortschreibungsschicht ausmachen. Sie findet sich im Anschluß an die Anrufung JHWHs mit der Bitte um heilvolles Eingreifen in der zweiten Prophetenrede, in V. 16, der, folgte man dem Formschema der Klage eines Einzelnen, die Funktion einer Unschuldsbeteuerung einnimmt. Auf die doppelte Bekundung des willigen und freudigen Verinnerlichens des göttlichen Wortes durch den Beter folgt in 16b ein begründender כִּי-Satz: „denn dein Name ist über mir ausgerufen, JHWH, Gott Zebaoth".[319] Strukturelle Gründe für eine literarkritische Operation liegen hier letztlich nicht vor. Zwar könnte man auf den ersten Blick

---

316 Vgl. Mi 4,13; Hi 20,24.

317 Gegen G. V. Smith, der meint, „xv 11–12 refer to the prophet while xv 13–14 refer to Judah" (G. SMITH, Use of Quotations, 229). Diese Ansicht läßt sich nur vertreten, wenn man der LXX oder einer von ihr nachhaltig geprägten Lesart folgt.

318 Vgl. ITTMANN, Konfessionen, 48, sowie, ihm folgend, HERMISSON, Konfession 15, 9, die freilich beide V. 11 als Referenzpunkt bestimmen, den sie nach einer konjezierten LXX als prophetische Unschuldsbeteuerung lesen möchten. Die von Hermisson genannten Vergleichsstellen Jer 12,3 und 17,16 sind allerdings nur bedingt hilfreich, da die Wendung im ersten Fall sicher mit direktem Objekt verwendet wird und im zweiten, bei leichter Änderung der masoretischen Versunterteilung, zumindest so gelesen werden kann. Sichere Belege für das reflexive Verständnis sind dagegen Ez 37,3 und Ps 40,10.

319 כִּי־נִקְרָא שִׁמְךָ עָלַי יְהוָה אֱלֹהֵי צְבָאוֹת.

sagen, der Halbvers ‚klappe nach', unterbricht er doch die antithetisch
aufgebaute doppelte Gehorsamsschilderung des Beters, die in V. 17
weitergeführt wird: Dort folgt schließlich auf die zweifache Betonung
der Obödienz im Positiven (‚ich habe gegessen und es war mir zur
Freude') von V. 16 ihr negatives Gegenstück: ‚*Nicht* saß ich und jauchz-
te'. Doch ist andererseits nicht zu leugnen, daß auch dort ein begründender כִּי-Satz folgt und die Parallele zu V. 16 komplettiert.[320] Es ist
daher ein inhaltliches Kriterium, das Anlaß dazu gibt, sich literarkritisch über die strukturelle Konvergenz hinwegzusetzen, und das
sich aus dem direkten Vergleich der beiden Begründungen von V. 17bβ
und 16b erschließt. Während erste sich ohne weiteres als Klage Jeremias über die ihm aufgetragene Gerichtsverkündigung deuten läßt,[321]
ist eine solche prophetenspezifische Interpretation bei letzterer schwierig. Wohl wird versucht, die Formulierung auf den speziellen Status
des Berufenseins zurückzuführen,[322] es läßt sich jedoch nicht leugnen,
daß eine derartige Verwendung des Ausdrucks singulär für das ganze
AT wäre. Zurecht wird darauf verwiesen, daß der ausgerufene Name
ein besonderes Zugehörigkeits- und Eigentumsverhältnis beschreibt,[323]
jedoch ist zu beachten, daß das besagte Idiom dabei niemals auf eine –
prophetische oder andere – Einzelperson angewandt wird. Das Ausge-
rufensein des Namens Gottes gilt stattdessen für das belagerte Rabbat
Ammon in II Sam 12,28, für Jerusalem (Jer 25,29; Dan 9,18 f.), für den
Tempel (I Reg 8,43 ‖ II Chr 6,33; Jer 7,10.11.14.30; 32,34; 34,15), ein
einziges mal (Am 9,12) sogar für die Völker, ansonsten aber für das
eine, besondere Volk (Dtn 28,10; II Chr 7,14; Jes 63,19; und schließlich
Jer 14,9). Der letztgenannte Beleg ist der Schlüssel für den fraglichen
Halbvers 16b: Er soll die Klage des Propheten als Volksklage im Stile
der entsprechenden Passagen von Kapitel 14 verstehbar machen[324] und
liegt damit auf der gleichen Linie wie die Verse 11–14. Durch die Eintragungen der kollektiv-repräsentativ lesenden Redaktion von 15,11–
14.16b wird, wie bereits in der Konfession 11–12, der klagende Prophet
zur Verkörperung der klagenden Frau Zion und des klagenden Volkes.
In 15,5 war an Jerusalem die Frage gerichtet worden, wer um sie klagen
werde. Die Antwort wird nun von der zweiten Konfessionenfortschreibung gegeben: Es ist der Gerichtsprophet selbst, der, wenn auch vorerst

---

320 Vgl. 15,17bβ: Denn mit Grimm hast du mich angefüllt (כִּי זַעַם מִלֵּאתָֽנִי).
321 Vgl. Jer 6,11: „Und von JHWHs Zorn bin ich voll, ich vermag es nicht auszuhalten"
     (נִלְאֵיתִי הָכִיל וְאֵת חֲמַת יְהוָה מָלֵאתִי). Vgl. BAUMGARTNER, Klagegedichte, 37.
322 Vgl. HITZIG, Jeremia, 120; RUDOLPH, Jeremia, 108.
323 Vgl. WEISER, Jeremia, 133.
324 Vgl. KISS, Klage Gottes, 156.

vergeblich, ihr Anliegen vor JHWH vertritt und seine Stimme mit der ihren verschmelzen läßt.

In Analogie zu den Ergebnissen der Untersuchung von Jer 11,18–12,6 wurde diese Zion-Jeremia-Fortschreibung eben bereits als eine zweite bezeichnet, ohne daß bisher in der Konfession 15 eine erste konstatiert worden wäre. In der Tat drängt sich die Frage geradezu auf, ob diese Bearbeitungsstufe, die den klagenden Propheten vornehmlich als Leidenden Gerechten verstanden wissen möchte, auch hier nachzuweisen sei. Das Augenmerk richtet sich hierbei auf literarische Spannungen sprachlicher wie inhaltlicher Art, die man dem Abschnitt schwerlich wird absprechen können, mag man ihn auch in seiner Endgestalt mit einigem Recht als „coherent literary unit"[325] erfassen.

So fällt auf, daß die Gottesrede in V. 20 zwar mit der JHWH-Spruch-Formel bereits zu einem guten Abschluß gekommen ist, jedoch im folgenden Vers noch einmal anhebt.[326] Das letzte finale Verb aus ersterer, נצל Hifil, wird erneut aufgegriffen und nun näher bestimmt. Das sieht aus wie eine typische Wiederaufnahme, die eine literarische Naht markiert[327] – und eine solche ist es wohl auch:[328] Offensichtlich reichte es nicht aus zu wissen, daß der Beter ‚herausgerissen' werden würde, wie es V. 20 unter Zitation der Beistandszusage von 1,19 formuliert; es mußten darüber hinaus noch die Gegner, die in V. 15 als ‚meine Verfolger' (רֹדְפַי) eher am Rande erwähnt worden waren, als die ‚Bösen und Tyrannen' kenntlich gemacht werden – Feinde mithin, die sich schwerlich mit den ‚Männern von Anatot' aus der Konfession 11 in Deckung bringen lassen können. In der Tat verheißt Gott im ersten Halbvers von 21 mit der Rettung aus ihren Händen genau den Rettungsakt, der im Rückblick für den ‚armen' Beter von 20,13 Grund zu hymnischem Lobpreis ist.[329] Hier ist eine Klammer aus Verheißung und Erfüllung über den Konfessionenzyklus gespannt, die für sich genommen, zwar nicht zwingend auf eine literarische Abhängigkeit der

---

325　O'CONNOR, Confessions, 41; vgl. ähnlich DIAMOND, Confessions, 71 f.

326　Vgl. RENDTORFF, neʾum jahwe, 264 f.

327　Auch an dieser Stelle kann man beobachten, wie die Übersetzer von LXX zuweilen literarkritische Fugen glätteten, indem sie diese zu einer *lectio brevior sed infirmior* zusammenzogen (vgl. S. 18, n. 51) und zum Phänomen insgesamt LEVIN, Verheißung, 71).

328　Hubmann möchte dagegen V. 20 und 21 auf der gleichen Ebene und als gemeinsame Ergänzung zum ursprünglichen Ende der Konfession in 15,19 sehen, die sekundär den Bezug zur Berufungsgeschichte eintrage (vgl. HUBMANN, Stationen, 34). Die literarischen Anzeichen für eine Naht liegen aber zwischen den Versen 20 und 21.

329　Vgl. 15,21 וְהִצַּלְתִּיךָ מִיַּד רָעִים mit 20,13 כִּי הִצִּיל אֶת־נֶפֶשׁ אֶבְיוֹן מִיַּד מְרֵעִים.

einen von der anderen Stelle schließen läßt, den Gedanken daran aber nahelegt.[330]

Welches Profil kann nun diesen Widersachern verliehen werden? Während es sich bei den רֵעִים um ein gänzlich unspezifisches und für jede denkbare Form von Negativität deutungsoffenes Abstraktum handelt – ‚böse' zu sein liegt schließlich in der Natur jedes Feindes –, läßt die zweite Gruppe, die der עָרִצִים, eher Rückschlüsse auf die Intention der Ergänzer zu. Das Jeremiabuch selbst hilft hierbei jedoch nur bedingt weiter. Hier begegnet der Begriff nur ein einziges weiteres Mal wieder, zwar ebenfalls im Rahmen einer Konfession, aber doch in gänzlich anderem Zusammenhang. Im Rahmen der Vertrauensaussage von 20,11 wird er vom dortigen Konfessionenjeremia auf JHWH bezogen, den ‚gewaltigen Held' (גִּבּוֹר עָרִיץ) – ein singuläres Gottesprädikat, dem man, auch angesichts von 15,21 und der vorangehenden Konfession 20, eine gewisse Ambivalenz nicht absprechen kann. Erhellender als diese singuläre Aussage sind für den vorliegenden Zusammenhang jedoch die ein wenig zahlreicheren Belege aus den Psalmen und dem Bereich der Weisheitsliteratur. Hier ist der ‚Tyrann' eines der Antonyme des צַדִּיק[331] und begegnet in synonymem Parallelismus zu רָשָׁע.[332] Über die Identifikation der ‚Verfolger' mit dieser Gruppe ist man in 15,21 somit wieder im Konfliktbereich ‚Gerechter – Frevler' angelangt – beim Kernproblem der Konfession 12 also und damit wohl in der ersten, kollekiv-exemplarischen Fortschreibungsschicht.

Dieser hinsichtlich ihres Stiles wie ihrer Thematik weisheitlich geprägten Redaktion, die das Leiden des Propheten als besonderen Fall der allgemein erfahrbaren und Gottes Ordnung in Frage stellenden Inkongruenz von Tun und Ergehen betrachtet, ist wohl auch der einleitende Vers 10 zuzuschreiben. Bereits Baumgartner rechnete ihn nicht zur eigentlichen Konfession, zum „Klagegedicht", sondern sah hier, wie auch schon in 12,1–6, zusammen mit 15,11 und 12 ein „Hiobgedicht"[333] vorliegen. Dies rührt natürlich daher, daß die Klage über das eigene Geborensein dem aus dem Hiobbuch bekannten Topos der

---

330 Ittmann meint, 15,21a sei „als Kurzfassung von 20,13b zu sehen" (ITTMANN, Konfessionen, 49) und entstamme einem zwar nachjeremianischen, aber vordeuteronomistischen Stratum (vgl. ebd., 55). Diese Qualifizierung hängt freilich ausschließlich an seiner autobiographischen Lesart der Grundschicht, der er 20,13 zuzählt. Nimmt man nicht apriorisch ein mündliches Überlieferungsstadium der Konfessionen an, ist es ebenfalls denkbar, die Abhängigkeit umgekehrt zu bestimmen. Für die Einordnung von 20,13 müssen andere, literarische, Kriterien herangezogen werden, vgl. S. 242–244.

331 Vgl. KEDAR-KOPFSTEIN, עָרַץ, 404.

332 Vgl. Jes 13,11; Ps 37,35; Hi 15,20; 27,13.

333 BAUMGARTNER, Klagegedichte, 61.

Selbstverfluchung sehr nahekommt.[334] Zudem fällt auf, daß das Thema in 15,10 ein anderes ist als im Verlauf der Verse 15–20. Liegt in der Grundschicht der Fokus auf der Beziehung zwischen Beter und *Gottheit*, so wird nun, wie auch in Vers 21, die Beziehung des Beters zu seinen *Verfolgern* in den Mittelpunkt gerückt. Dem korrespondiert, daß die für die Unschuldsbeteuerung gewählte Metaphorik nicht wie dort das Leiden um JHWHs willen (vgl. V. 15) bzw. den Umgang mit dem göttlichen Wort (vgl. V. 16a) thematisiert und umschreibt, sondern dem alltäglichen zwischenmenschlichen Rechtsleben, genauer: dem Finanzsektor, entnommen ist. Die zweifellos zutreffende Anmerkung Rudolphs, daß in diesem Bereich „auch eine Freundschaft unter Umständen rasch in die Brüche geht"[335], weist in die richtige Richtung: *Dieser Konfessionenjeremia* beklagt nicht den Gegensatz von prophetischer Erwählung und Verfolgung, sondern die Diastase von untadeligem Verhalten und daraus erwachsenden negativen Konsequenzen, die er in forensischer Terminologie veranschaulicht: Er gilt allen als ‚Mann des Rechtsstreits und Mann des Haders' (אִישׁ רִיב וְאִישׁ מָדוֹן). Der letztgenannte Begriff entstammt wiederum keineswegs typisch prophetischem Vokabular, sondern hat seinen literarischen Sitz ebenfalls im Bereich der Weisheit. Von 17 Belegen für מָדוֹן im Alten Testament entfallen 14 auf das Buch der Proverbien,[336] einer findet sich in Ps 80,7, und neben Jer 15,10 begegnet der Ausdruck sonst nur noch in Hab 1,3b – im Kontext also der Klage über das Wohlergehen und üble Treiben der רְשָׁעִים von Hab 1,4b. Man mag in diesem Halbvers mit Perlitt eine „ungeschickte Glosse"[337] im Buch Habakuk vermuten oder nicht[338] – im Vergleich mit den Konfessionen Jeremias stützt sie die oben getroffene thematische und damit wohl auch literargenetische Einordnung von Jer

---

334 Vgl. Hi 3 und Jer 20,14–18. Vgl. dazu FUCHS, Klage, 216–222. Jer 15,10 bleibt bei ihrem detaillierten Vergleich zwischen der Motivpalette der Klagen Hiobs und der Konfessionen Jeremias allerdings unberücksichtigt.

335 RUDOLPH, Jeremia, 107.

336 Vgl. Prov 6,14; 15,18; 16,28; 17,14; 18,19; 21,19; 22,10; 23,29; 25,24; 26,20.21; 27,15; 28,25; 29,22.

337 PERLITT, ATD 25.1, 50.

338 Vgl. etwa ANDERSEN, Habakkuk, der als Argument die identische Silbenzahl der Gedichthälften Hab 1,2–3ba | 3bb–4 gegenüberstellt (vgl. ebd., 97) und darüber hinaus meint „[that] vv 3aB and 3b make a good bicolon, with *šōd* and *ḥāmās* matching *rîb* and *mādôn*" (ebd., 130). Koenen findet hier sogar seine Grundschicht, die er in V. 1–4.12a.13f. ansetzt (vgl. KOENEN, Heil, 138 f.), und „als deren Verfasser der Prophet Habakuk gelten kann" (ebd., 146). Ob der Gegensatz von ‚Frevler' und ‚Gerechten' in dieser Zeit derart pointiert vorstellbar ist, erscheint mehr als fraglich – ebenso wie der unerklärte Numeruswechsel in 1,12 im Rahmen der Grundschicht (vgl. ebd. 134) deren Abgrenzung nicht eben plausibler erscheinen läßt (vgl. dagegen PERLITT, ATD 25.1, 58).

15,10. Darüber hinaus gibt sie der Vermutung Nahrung, daß die Tendenz, eine prophetische Gestalt auf die Figur des Leidenden Gerechten hin zu transpersonalisieren, nicht allein auf Jeremia beschränkt blieb. Offensichtlich wuchs im Verlauf der Fortschreibungsgeschichte zumindest auch Habakuk diese Rolle des exemplarisch klagenden unschuldig Verfolgten zu.[339]

Somit kann für die erste Konfessionenfortschreibung eine Rahmung der Grundschicht 15,15–20* durch die Verse 10 und 21 konstatiert werden.[340] Trifft dies jedoch zu, so erhebt sich ein gewichtiger Einwand: Der Charakter der Gesamtkonfession als Einschreibungstext war oben nicht zuletzt mit der Anknüpfung von V. 10 über das Stichwort ‚Mutter' an das vorangehende Gerichtswort begründet worden.[341] Wird dieser Vers einem späteren redaktionellen Stadium zugewiesen, so müßte, soll die Generalthese aufrecht erhalten werden, ein neuer – älterer – Anschluß der postulierten Grundschicht an den vorlaufenden Kontext zu finden sein.

Eine derartige Anknüpfung läßt sich nun in der Tat ausmachen und kann dreifach belegt werden: Zum einen greift der Imperativ ‚suche mich heim' (פָּקְדֵנִי) von V. 15, hier allerdings ins Positive gewendet, die Ankündigung JHWHs von 15,3 ‚ich will heimsuchen' (וּפָקַדְתִּי) auf und verdeutlicht so, zusammen mit ‚gedenke' (זָכְרֵנִי) in gleicher Weise auf 14,10 verweisend,[342] das Dilemma des klagenden Propheten: Rettung gibt es für ihn nur durch das Eintreffen des von ihm angekündigten

---

339 Die Nähe von Hab 1,2–4 zu den Konfessionen Jeremias sah bereits Baumgartner, der hier wie dort „deutlich den fein empfindenden, fast nervös anmutenden Menschen" (BAUMGARTNER, Klagegedichte, 88) herauszuhören meinte. Floyd widmet dem Vergleich von Hab 1,2–17 und Jer 15,10–18 einen eigenen Beitrag, dessen Hauptthese es ist, in beiden Fällen eine (autobiographische) Prophetenklage über das Nicht-Verwirklichen eines erstellten Orakels zu sehen. Dabei stützt er sich vor allem auf die problematischen Verse 15,11–14, in denen er eine Modifikation von 17,1–4 sieht (vgl. FLOYD, Complaints, 415 f.). Wie ausführlich gezeigt (vgl. S. 71–85) geht er damit von falschen Prämissen aus.

340 Gerstenberger möchte dagegen gerade in 15,10 f. den Kern des Abschnittes sehen, der von einem „deuteronomistic editor" (GERSTENBERGER, Complaints, 408) um 15,15–21 ergänzt und in das Jeremiabuch eingetragen worden sei. 15,13 f. schließlich seien nachexilisch eingetragen worden „to turn attention back to Israel in her distress" (ebd.). Bereits die Anknüpfung von 15,10 an 15,9 macht es allerdings unwahrscheinlich, daß man hier ein außerhalb des Jeremiabuches entstandenes Klagestück vor sich haben könnte.

341 Vgl. S. 112.

342 Vgl. יְהוָה זָכְרֵנִי וּפָקְדֵנִי (15,15). עַתָּה יִזְכֹּר עֲוֹנָם וְיִפְקֹד חַטֹּאתָם (14,10) mit Im Sinne von Jer 14,10 begegnet die Doppelung von זכר und פקד nur noch an seiner Herkunftsstelle Hos 8,13; 9,9, positiv dagegen in Ps 8,5; 106,4, mit anderem Subjekt als JHWH noch in Jer 3,16.

Gerichts und mithin durch die Erfolglosigkeit seiner Versuche, Fürbitte zu leisten. Es ist das *opus alienum* Gottes, das für ihn das *opus proprium* ist.

Darum, und das ist der zweite Anknüpfungspunkt, erfleht der Konfessionenjeremia ebenfalls in V. 15, JHWH solle nicht mehr ‚langmütig im Zorn' sein (אַל־לְאֶרֶךְ אַפְּךָ), das heißt, er bittet um ein Aussetzen der Gültigkeit der bereits erwähnten „Gnadenformel".[343] Damit fordert er eine Selbstzurücknahme Gottes, wie dieser sie in 15,6 bereits selbst angekündigt hatte: „Ich bin es müde, mich zu erbarmen" (נִלְאֵיתִי הִנָּחֵם). Ein Vergleich etwa mit der Formulierung von Jon 4,2b[344] macht deutlich, daß diese von JHWH selbst konstatierte Abkehr von einem seiner zentralen Wesenszüge sich zu der von Jeremia in 15,15 erflehten komplementär verhält: Der Beter nimmt Gott beim Wort – und zwar bei dem von 15,9.

Zum dritten erfolgt die Anbindung von Vers 15 über das Stichwort der ‚Schande': In 15,9 ist es die kinderlos gewordene Frau, die ganz in Schande ist (בּוֹשָׁה וְחָפֵרָה), in 15,15 ist es Jeremia, der als Prophet um JHWHs Willen Schande trägt (חֶרְפָּה). Dieses letzte Argument wäre für sich genommen gewiß zu schwach, um eine bewußte literarische Bezugnahme von 15,15 auf 15,9 zu behaupten, stützt es sich doch auf die Verwendung lediglich *ähnlicher* und nicht etwa *gleicher* Verbwurzeln (חפר hier, חרף dort) für die Bezeichnung eines gemeinsamen Themenbereiches. Nimmt man jedoch die beiden anderen Beobachtungen hinzu, kann man wohl guten Gewissens einen direkten literarischen Anschluß von 15,15 an 15,9 vertreten. Die Herauslösung von Vers 10 aus der Grundschicht tangiert somit nicht ihren Charakter als Einschreibungstext in den bereits bestehenden Zusammenhang von 15,9 und 16,1.

Es drängt sich nun natürlich die Frage auf, ob diese erste Fortschreibungsschicht neben der Rahmung der Konfession noch weitere Ergänzungen beifügte. Der Blick fällt hierbei ein weiteres Mal auf V. 16, dessen Kernproblem in der ersten Vershälfte bereits unter textkritischen Aspekten berührt wurde.[345] Das Kriterium für seine Beurteilung ist letztlich ein inhaltliches: Was ist hier mit dem ‚Wort' oder den ‚Worten' JHWHs gemeint, an denen sich der Sprecher ergötzt haben will? Sieht man darin eine Betonung des eigenen *prophetischen* Gehorsams, so wird man den Vers der Grundschicht zusprechen. Versteht man die Metapher dagegen als Bekundung allgemeiner Torafrömmig-

---

343 SPIECKERMANN, Barmherzig, 4.
344 „Ach JHWH, ich wußte doch, daß Du ein gnädiger und barmherziger Gott bist, langsam zum Zorn (אֶרֶךְ אַפַּיִם) und von großer Treue und läßt dich gereuen (נחם) des Übels!"
345 Vgl. S. 92 f.

keit im Sinne von Ps 19,11; 119,103, so erscheint es plausibel, hier eine sekundäre „scribal gloss"[346] zu erkennen, die sich dem Porträt des צַדִּיק Jeremia im Sinne von 12,1–6*; 15,10.21 hervorragend einfügen ließe.

Indes läßt sich wohl eine solche rein tora- oder schriftbezogene und damit ‚unprophetische' Interpretation des Loyalitätsbekenntnisses nicht überzeugend begründen. Zwischen den Torapsalmen und dem Bekenntnis von 15,16 besteht ein gewichtiger Unterschied nicht zuletzt darin, wie die Verfasser beider mit der Metaphorik des Essens bzw. Schmeckens arbeiten. Hinterfragt man in Ps 119,103 das Bild daraufhin, inwiefern es seinem Gegenstand angemessen ist, warum also ‚Honig-süße', ‚Gaumen' und ‚Mund' gut, wenn nicht besser dazu geeignet sind, das Wohlgefallen an JHWHs אִמְרָה auszudrücken als Bilder aus dem Wortfeld akustischer Genüsse wie ‚Wohlklang', ‚Harfenspiel', ‚Ohr' und dergleichen, so muß die Antwort lauten: Die Semantik ist ihrem Signifikat dann adäquat, wenn das ‚Wort' tatsächlich als im Mund befindlich vorgestellt wird – und das heißt beim *Sprechen* und wohl lauten *Lesen* der bereits kodifizierten göttlichen Weisung, der תּוֹרָה.[347]

Anders verhält es sich bei Jeremia. Hier liegt der Metapher vom ‚Essen' die Vorstellung des Wortempfangs und der Wortverinner-lichung zugrunde, seiner Rezeption, nicht die seines frommen ‚Wieder-käuens' im Sinne von Meditation und Reproduktion. Jer 15,16 ant-wortet damit direkt auf Gottes Anrede bei des Propheten Berufung: In Jer 1,9 wird Jeremia schließlich dadurch als ‚Prophet wie Mose'[348] ausgezeichnet und ausgerüstet, daß JHWH selbst ihm seine Worte in den Mund legt.[349] Der Konfessionenbeter bewegt sich so mit seiner Metaphorik ganz im Rahmen dieser visionären Szenerie und malt sie weiter aus: Jeremia hat das gegessen, was ‚sich fand'[350], ergo was ihm

---

346 BULTMANN, Prophet in Desperation, 90. Er differenziert dabei nicht zwischen 16a und 16b.

347 Vgl. den gepriesenen Mann von Ps 1,2, der sich dadurch auszeichnet, daß er Tag und Nacht (laut) die Tora JHWHs meditiert (יֶהְגֶּה, vgl. NEGOIŢĂ, הָגָה, 345).

348 Vgl. Dtn 18,18.

349 „Siehe, ich habe meine Worte in deinen Mund gelegt!" (הִנֵּה נָתַתִּי דְבָרַי בְּפִיךָ).

350 Damit ließe sich die umstrittene Nifalform נִמְצְאוּ als eine Art *passivum divinum* erklären. Spekulationen darüber, ob hier auf den Buchfund nach II Reg 22 angespielt und Jeremia als Anhänger eines Josianischen Reformprogrammes dargestellt werde, erweisen sich somit als müßig. Die Idee von Holladay „[that] נמצאו in 15 16 refers to the finding of the scroll in the temple in 621" (HOLLADAY, Jeremiah and Moses, 23), aufgrund derer er gar Jeremias Berufung wie seine ‚Krise' relativ datieren möchte (vgl. auch LUNDBOM, Jeremiah 15, 150 f.; DERS., Jeremiah 1–20, 743), führt daher auf einen Holzweg (vgl. zurecht BULTMANN, Prophet in Desperation, 90, n. 28). Abgesehen davon, daß beide Verfasser zu sehr im historischen Konstrukt der dem

von Gott in 1,9 zugeteilt worden war – er hat sich gewissermaßen bereitwillig füttern lassen.[351]

Zusammengeführt werden beide Aspekte, der des Nachkauens der bereits in einem Dokument kodifizierten Offenbarung wie der des gehorsamen Wortempfangs, tatsächlich dann in Ez 3,3, wenn der Prophet durch den *Verzehr* einer *Schriftrolle* für sein Amt ausgerüstet wird. Ezechiel verinnerlicht damit das geschriebene Gotteswort noch intensiver, als es den Frommen von Ps 1 und Ps 119 möglich wäre, und antizipiert in seinem Wohlgeschmack bereits den Moment seiner Verkündigung, die nun dem Verlesen eines göttlichen Schriftstückes durch den Inverbierten gleichkommt. Diese Fusion zweier ursprünglich noch nicht deckungsgleicher Motive läßt Ez 2 f. als eine ausgeschmückte Rezeption von Jer 15,16 erkennen[352] und macht es umgekehrt unplausibel, die Jeremiastelle als von Ez abhängig deklarieren zu wollen.[353]

Darüber hinaus beschreibt die Charakterisierung von 15,16 als einer (vereinzelten) Glosse das formale Wesen des Verses wohl kaum zutreffend. Unabhängig davon, ob man 15,16a der Grundschicht oder der ersten Überarbeitung zuschreibt, ist nicht zu übersehen, daß der Halbvers über eine Beziehung zu 20,8b gezielt eine antithetische Klammer zum Ende des Konfessionenzyklus hin aufbaut. Dieser Bogen faßt für sich genommen das theologische Problem der Grundschicht in zwei Sätzen zusammen. Dem Gehorsam des berufenen Propheten, für den Gottes Wort ‚Freude' und ‚Entzücken des Herzens' bedeutete, steht eine Realität gegenüber, die es für ihn täglich ‚Schande' und ‚Spott' sein läßt.[354] Freilich wirkt der korrespondierende Halbvers aufgrund seiner Wiederholung des כִּי von 20,8a und seines Charakters als Explikation der dort genannten Begriffsdoppelung חָמָס וָשֹׁד selbst literarkritisch

---

Jeremiabuch immanenten Datierungen gefangen sind, reicht der Nifal von מצא nicht aus, um eine literarische Beziehung zu den Königebüchern zu behaupten.

351 Die ‚gefundenen Worte' meinen somit dezidiert die von JHWH an Jeremia gerichteten und keine von ihm rezipierte schriftliche Tradition – also weder das Deuteronomium noch die Tora noch Aussprüche früherer Propheten, wie dies Stoebe annimmt (vgl. STOEBE, Seelsorge und Mitleiden, 122 f.).

352 Vgl., mit den historischen Propheten Jeremia und Ezechiel operierend, ZIMMERLI, Ezechiel I, 77–79, den jeremianischen „Schülerkreis" ins Spiel bringend, VIEWEGER, Beziehungen, 75 f., sowie, in literarischen Kategorien denkend, KRATZ, Propheten, 83; SCHÖPFLIN, Theologie als Biographie, 165–167. Die traditionsgeschichtliche Linie verläuft also von Jer 15 + Ps 119 zu Ez 2 f. und von dort zum Seher Johannes, dem das Büchlein des Engels zwar süß im Mund, aber bitter im Magen ist (vgl. Apk 10,9 f.).

353 Dies postuliert etwa MILLER, Verhältnis, 2, n. 4; 111. Cornill meint gar, „ohne Ez 2 im Kopfe würde man mit der Jeremiastelle gar nichts anzufangen wissen" (CORNILL, Jeremia, 197).

354 Vgl. כִּי־הָיָה דְבַר־יְהוָה לִי לְחֶרְפָּה וּלְקֶלֶס mit (15,16) וַיְהִי דְבָרֶיךָ לִי לְשָׂשׂוֹן וּלְשִׂמְחַת לְבָבִי (20,8) כָּל־הַיּוֹם.

verdächtig.[355] Beide Teile des Gegensatzpaares können aber in jedem
Falle nur zusammen betrachtet werden, entweder als Produkt der
ersten Redaktion oder als Element der Grundschicht. Die für 15,16 festgestellte motivliche Fortführung des Berufungsberichtes bietet indes
starke Indizien dafür, letzteres anzunehmen: Beide Halbverse, 15,16a
wie 20,8b gehören der Grundschicht der Konfessionen an. Gleichwohl
ist festzuhalten, daß bereits die dem Leidenden Propheten der Konfession 15 hier in den Mund gelegten Formulierungen in hohem Maße
für seine Weiterdeutung zum Leidenden Gerechten hin offen sind, wie
sie durch die Rahmung des Kernbestandes durch 15,10 und 21 tatsächlich erfolgte.[356]

  Gegenüber weiteren literarkritischen Versuchungen erweist sich
die herausgearbeitete Konfessionengrundschicht in 15,15–16a.17–20
nun definitiv als resistent. Weder kann man einzelne Verse aufgrund
ihres vermeintlich deuteronomistischen Charakters ausscheiden,[357]
noch lassen sich die Elemente der JHWH-Antwort, die sich eindeutig
und wörtlich auf das Berufungskapitel 1 beziehen, deswegen als sekundär „mit 1,18 f. kontaminiert"[358] abtrennen. Beide Vorschläge beruhen
auf der *petitio principii*, die Grundschicht der Konfession 15 müsse auf
den historischen Propheten selbst zurückzuführen und damit vordeu-
teronomistisch sein. Die Untersuchung der Kontextbeziehung hat indes
gezeigt, daß davon keineswegs ausgegangen werden kann, man vielmehr anzunehmen hat, daß bereits der ersten Einschreibung, ergo der
Konfessionengrundschicht, mit dem bestehenden Zusammenhang 15,9
| 16,1 ein Jeremiabuch vorlag, das zahlreiche Fortschreibungen erfah-
ren hatte, darunter auch sprachlich wie inhaltlich deuteronomistisch
geprägte. Aus dem gleichen Grund kann die Bezugnahme von 15,20
auf 1,18 f. ebenfalls nicht als Kriterium für eine literarkritische Differenzierung innerhalb des Abschnitts dienen. Gewiß ist nicht zu leugnen,

---

355 Vgl. S. 245–248.
356 Diese Offenheit läßt sich auch bereits an 15,15 beobachten. Hier trägt der Prophet
    qua Amt um JHWHs willen Schande (שְׂאֵתִי עָלֶיךָ חֶרְפָּה) – in Ps 69,8 ist es dagegen
    der Fromme, der sich (so V. 10 im Eifer für den Tempel verzehrt), der diese Worte
    gebraucht (כִּי־עָלֶיךָ נָשָׂאתִי חֶרְפָּה). Ein direkter literarischer Zusammenhang derart,
    daß der Klagende Jeremia hier als Klagender Gerechter in die Fortschreibung von
    Ps 69 Einzug gehalten hat, ist anzunehmen (vgl., sehr zurückhaltend, TILLMANN,
    Wasser, 216; eindeutig HOSSFELD/ZENGER, Psalmen 51–100, 274). Kollektiv-reprä-
    sentativ schließlich läßt sich Jer 15,15 mit Jer 31,19 lesen. Hier ist es Ephraim, der
    nachdem er in V. 18 gebetet hat, JHWH möge ihn umkehren lassen (הֲשִׁיבֵנִי וְאָשׁוּבָה,
    vgl. 15,19!), bekennt, er ‚trage die Schande seiner Jugend' (כִּי נָשָׂאתִי חֶרְפַּת נְעוּרָי).
357 Vgl. AHUIS, Gerichtsprophet, 90 f. Dieser dtr Ergänzung möchte er immerhin
    15 f.19a.20aβb.21 zuschreiben.
358 BAUMGARTNER, Klagegedichte, 34. Er möchte deshalb 20aβb streichen (vgl. ebd.).
    Vgl. auch HUBMANN, Untersuchungen, 292 f.

daß hier die Beistandszusicherung des erweiterten Berufungsberichtes nahezu wörtlich zitiert und damit ein weiterer Rückverweis zu Kapitel 1 geschaffen wird: So wie der Beter in 15,16a an seine Reaktion auf die Bestellung zum Propheten erinnert, so verweist nun auch JHWH in seiner Antwort auf dieses Grunddatum der speziellen Beziehung beider zueinander. Dadurch erhalten nicht nur die Verse 19 f., sondern die ganze Konfession 15 „the sound of a second call"[359], und es besteht kein Grund zu der Annahme, die erneute Zusicherung besonderen Schutzes, den das (in Kapitel 1 sicherlich auch mit der Verleihung königlicher Züge verbundene) Epitheton der ‚ehernen Mauer' einschließt,[360] sei das Werk späterer Überarbeiter. Deshalb jedoch umgekehrt seinen Ursprung in 15,20 sehen zu wollen und die gewiß nicht dem Grundbestand der Berufungserzählung angehörenden Verse 1,18 f. als von dort abgeleitet zu behaupten,[361] ist indes ebensowenig sinnvoll. Der unbezwingbare Mauer-Jeremia wird dort, in Kapitel 1, eindeutig als Gegenstück zur Stadt Jerusalem aufgebaut, der in 1,15 nicht Gottes Hilfe, sondern die von diesem selbst herbeigerufene Belagerung ‚rings um all ihre Mauern' (סָבִיב עַל כָּל־חוֹמֹתֶיהָ) und schließlich die Einnahme durch die ‚Könige des Nordens' angekündigt wird. Ganz anders der Prophet! Er wird von Gott selbst als חֹמוֹת נְחֹשֶׁת deklariert, als Mauer also, die allein schon durch die größere Härte ihres Materials signalisiert, daß sie dem Ansturm der Feinde standhalten wird. Der besondere Schutz JHWHs geht damit vom Zion[362] und der Davidsdynastie[363] auf den quasi königlichen Träger des Gotteswortes über.[364] Das Bild von der ‚erzenen Mauer' hat innerjeremianisch daher seinen festen und ursprünglichen literarischen Sitz in der sekundären Wiederaufnahme der Beistandszusage von 1,8 in 1,18 f. Es ist demnach bereits eine mehrfach erweiterte, wenn nicht gar die uns im Endtext überlieferte Version von Kapitel 1*, der „Ouvertüre des Jeremiabu-

---

359 BRIGHT, Jeremiah, 112; vgl. bereits VON RAD, Theologie II, 214.

360 Vgl. für die Herleitung des Motivs der ‚ehernen Mauer' aus dem Bereich der ägyptischen Königshymnik mit zahlreichen Belegen ALT, murus aheneus, 39 f.; DERS., Pharaonenzeit, 10, n. 3. Dieser Aspekt dürfte in der Tat im Berufungskapitel mitschwingen, das Jeremia nicht zuletzt auch durch seine vorgeburtliche Prädestination mit königlichen Zügen versieht (vgl. HERRMANN, BK 12, 57 f.). In der Konfession 15 treten diese gegenüber dem Gedanken des besonderen Schutzes durch JHWH allerdings in den Hintergrund (vgl. DERS., Eherne Mauer, 351).

361 Vgl. DUHM, Jeremia, 137; JÜNGLING, Mauer, 2.23; HERRMANN, BK 12, 84 f.; PARKE-TAYLOR, Formation, 36.

362 Vgl. etwa Ps 46; 48.

363 Vgl. (unbeschadet der Frage ihres Alters) die Nathanweissagung II Sam 7.

364 Vgl. WERNER, Jeremia 1–25, 41.

ches"[365], die den Autoren der Konfessionen vorliegt und aus der sie zitieren können. Mit der Kombination von Jeremias Berufung, seinem Widerstand und dem göttlichem Rettungsversprechen bildet es gedanklich eine der Voraussetzungen für die Abfassung der Konfessionengrundschicht und stellt, inhaltlich gesehen, gewissermaßen die Rechtsgrundlage dar, auf die sich der klagende Prophet in seinem רִיב mit Gott berufen kann.

3.4 Zusammenfassung und Auswertung

Ähnlich wie bei der Untersuchung von 11,18–12,6 können somit auch bei der Konfession 15 eine Grund– und zwei Bearbeitungsschichten ausgemacht werden. Die erstgenannte, aus den Versen 15,15.16a.17–20 bestehend, läßt sich als Einschreibungstext in den selbst sukzessiv gewachsenen Kontext aus zweifachem Dialog JHWHs mit seinem Propheten in 14,1–15,9* und anschließender Zeichenhandlung in Kapitel 16*, verstehen, der mit diesem über zahlreiche sprachliche und motivliche Anschlüsse verknüpft ist.[366]

Wie bereits 11,18–23, so orientiert sich auch die Konfession 15 formal an der ‚Klage eines Einzelnen', wiederum aber nicht ohne deren Elemente ihren besonderen Intentionen anzupassen. Auf eine *Anrufung* (זָכְרֵנִי וּפָקְדֵנִי) in V. 15 folgt unmittelbar die *Bitte um Rettung* (הִנָּקֶם לִי מֵרֹדְפַי), die sich nun aber bis V. 17 nicht auf eine klassische *Unschuldsbeteuerung* beruft, sondern auf die besondere Stellung des Propheten verweist und seinen JHWH gegenüber in dieser Funktion erbrachten Gehorsam betont.[367] Sie steigert sich sodann bis zu einer *Anklage gegen Gott* (V. 18). Dessen Antwort erfolgt, wie bereits in 11,21, nicht in Form eines Heilsorakels, sondern wird wieder mit einem gerichtsworttypischen לָכֵן eröffnet. Eine besondere Pointe liegt nun allerdings darin, daß dieses Urteil hier, anders als dort und anders als vom Beter erfleht, nicht über seine Verfolger ergeht, sondern über ihn selbst. Es wird nicht der Tag der Vergeltung Gottes an seinen und des Propheten Feinden verheißen, sondern stattdessen eine Bedingung formuliert: Die Erneuerung der prophetischen Berufung und damit auch der Beistandszusage, auf die sich der Prophet implizit gestützt hatte, wird in v. 19 an ein ‚Umkehren' Jeremias geknüpft. Es ergibt sich ein scheinbar

---

365 HERRMANN, BK 12, 51.
366 Vgl. S. 97–101.
367 Klaus Koch führt Jer 15,15–21 dagegen als Musterbeispiel einer ‚Klage des Einzelnen' an und sieht in 15,16 eine klassische Unschuldsbeteuerung (vgl. KOCH, Formgeschichte, 210–213; vgl. ebenso jüngst BRUEGGEMANN, Theology, 163).

paradoxes Bild: JHWH wird vom Konfessionenjeremia ob der Unzu-
verlässigkeit in seiner Funktion als Richter be-klagt und reagiert mit
einer Zurückweisung des Klägers, dem er darüber hinaus die Rolle des
Angeklagten zuweist – „attack is the best method of defence, even for
the deity"[368], wie Robert Carroll dazu lakonisch anmerkt. Man könnte
denken, daß sich JHWH dadurch dem Rechtsstreit schlicht entzieht,
doch führt er durch seine Antwort in Form eines Gerichtswortes genau
die Tätigkeit des Richtens aus, die der Prophet von ihm eingeklagt
hatte, gibt diesem also trotz vordergründiger Abweisung implizit recht.
Man ist wieder versucht, diesen Zusammenhang einen dialektischen zu
nennen, und in der Tat zeichnet sich die Konfessionengrundschicht 15*
in besonderem Maße dadurch aus, daß sie verschiedene vertraute
Theologumena und Motive des weiteren Jeremiabuches und darüber
hinaus zwar aufnimmt, aber deren übliche Konnotationen kritisch
transzendiert und sie selbst dabei geradezu umprägt, wenn nicht gar
‚umwertet'.

Dies beginnt bereits mit der Bitte des Beters, JHWH möge seiner
‚gedenken' (זכר), ihn ‚heimsuchen' (פקד) und ihn ‚rächen' (נקם). Zentrale Formulierungen des göttlichen Gerichtsvokabulars[369] werden hier im
Sinne ihrer Verwendung in den Psalmen[370] aufgegriffen und mitsamt
ihres jeremianischen Sinngehalts positiv interpretiert: JHWHs ‚Begegnen' (פקד) ist für den Propheten dann ein rettendes, wenn es für die
anderen ein strafendes ist. Aus diesem Grund *erfleht* er geradezu die
Außerkraftsetzung der „Gnadenformel", die von Gott selbst bereits
angedeutet worden war. Wie bei Jona[371] liegen seine Leiden gerade in
JHWHs חֶסֶד begründet, anders als bei diesem geht es für Jeremia jedoch nicht nur um gekränkte Eitelkeit und seine Reputation als wahrer
Prophet, sondern, aus der Konfession 11 und den Prophetenerzählungen zu schließen, offenbar um die nackte physische Existenz.

Diese Bedrohung liegt, so eröffnen es die Verse 16 f., gerade im Gehorsam gegenüber dem göttlichen Auftrag begründet. Die quasikönig-
liche Berufung erweist sich für den Erwählten nicht als Segen, sondern
geradezu als Fluch. Die ‚Hand' JHWHs, die ihm nach 1,9 diejenigen
Worte in den Mund gelegt hat, die freudig gegessen zu haben er in V.
16 betont, lastet nun, in V. 17, auf ihm wie eine Krankheit[372] und be-

---

368 CARROLL, Jeremiah, 334.
369 Vgl. Jer 5,9.29; 9,8: „Sollte ich etwa diese Dinge nicht heimsuchen (פקד), Spruch
    JHWHs, und etwa an einem Volk wie diesem mich nicht rächen (נקם)?" 14,10b: „Jetzt
    werde ich ihrer Verfehlungen gedenken (זכר) und ihre Sünden heimsuchen (פקד)".
370 Vgl. Ps 8,5; 106,4; 80,15.
371 Vgl. Jon 4,2; SPIECKERMANN, Barmherzig, 6.
372 Vgl. Jer 15,17 מִפְּנֵי יָדְךָ בָּדָד יָשַׁבְתִּי mit Ps 32,4; 38,3; 39,11.

wirkt seine Absonderung gleich einem Aussätzigen.[373] Die ‚Wunde'
(מַכָּה), über deren Unheilbarkeit der Beter in V. 18 klagt, mag bildimma-
nent als vom Schlagen (נכה) eben dieser Hand herrührend vorgestellt
werden.[374]

JHWH kann ihm nun für diese Verletzung offenbar kein heilendes
Wasser bieten, er erweist sich stattdessen als ‚Trugbach' (אַכְזָב). Auch
hier wird eine der zentralen Gottesmetaphern des Jeremiabuches konterkariert. In 2,13 nennt Gott sich selbst einen ‚Quell lebendigen Wassers' (מְקוֹר מַיִם חַיִּים), den Israel verlassen habe, um ihn gegen ‚rissige
Zisternen' (בֹּארֹת נִשְׁבָּרִים) einzutauschen. Für den Beter der Konfession
15 dagegen sieht die Situation anders aus: Nicht *er* hat JHWH verlassen, sondern *dieser* erweist sich als nicht glaubwürdig (אמן Nif.) und
zeigt dadurch eine bedenkliche Ähnlichkeit mit den in Kapitel 2 ob
ihrer Unfähigkeit zu helfen verspotteten Götzen. Für den Beter und
Leser steht somit nicht weniger als Gottes Gottheit auf dem Spiel.

Dieses Motiv des unzuverlässigen Wasserlaufs findet sich, breiter
ausgemalt, in Hi 6,15–21 wieder – hier nun allerdings nicht auf Gott,
sondern auf die Freunde des Beters angewendet. Von daher mag man
bezweifeln, daß die Parallelen aus den Klagen Hiobs generell „kühner,
extremer, bis zu den Grenzen der Häresie"[375] gestaltet seien als die
entsprechenden Abschnitte aus den Konfessionen. Das Auftreten der
Bachmetapher in der Klage des Leidenden Gerechten Hiob vermag
jedoch wieder gut die interpretatorische Offenheit des in der Konfessionengrundschicht verwendeten metaphorischen Gutes zu illustrieren.
Will man diesen Jeremia kollektiv-exemplarisch verstehen, so ist dies
ohne weiteres möglich. Die Anklage an Gott von 15,18 kann dann im
Sinne derjenigen von 12,1, die prophetische Gehorsamserklärung von
15,16 als Bekenntnis zum Toragehorsam gelesen werden.

Gewünscht wird diese Lesart von einer ersten Redaktion, die das in
der Konfession 15 gezeichnete Jeremiabild von dem über die Diastase
von Berufung und Ergehen klagenden Propheten zu dem eines am
generellen Gerechtigkeitsdefizit der vofindlichen Welt Leidenden Gerechten hin ausweitet: Sie versieht die Grundschicht mit einer als Ver-
ständnishilfe dienenden Rahmung durch die Verse 10 und 21. Diese
trägt die Züge der weisheitlich geprägten kollektiv-exemplarischen
Schicht, die bereits in 12,1-6* erkannt werden konnte.

Weitergeführt wird diese Tendenz dann von der zweiten, kollektiv-
repräsentativen, redaktionellen Überarbeitung. Sie unternimmt es, den

---

373 Vgl. Lev 13,46, wo es vom Aussätzigen heißt, er solle ‚allein wohnen': בָּדָד יֵשֵׁב (vgl.
     REVENTLOW, Liturgie, 246); vgl. auch den גֶּבֶר von Thr 3,27 f.
374 Vgl. zur ‚schlagenden Hand' JHWHs Ex 3,21; 9,15; I Sam 5,6.9; Jes 5,25.
375 FUCHS, Trugbach, 37.

ursprünglich dem Volk und der Stadt gezielt antithetisch gegenübergestellten Jeremia[376] mit diesen Größen zu verschmelzen. Der klagende Prophet kann nun als Verkörperung der klagenden Gemeinschaft auftreten. Auch für diese *relecture* konnte bereits in der Grundschicht Anhalt gefunden werden. JHWH eröffnet dem Propheten die Möglichkeit, ‚umzukehren' – in ganz ähnlichen Worten, wie es ‚Ephraim' in Jer 31,18 erbittet.[377] Ferner mußte die ‚unheilbare Wunde' (מַכָּה אֲנוּשָׁה) des Klagenden von 15,18 in den Augen dieser Redaktoren auf diejenige מַכָּה נַחְלָה מְאֹד verweisen, die der Prophet (oder JHWH) in 14,17 so eindringlich beklagt hatte – was lag demnach näher, als die dort betrauerte ‚Tochter meines Volkes' (בַּת־עַמִּי) in der ersten Person in 15,18 selbst sprechen zu hören? Für die Verfasser von 30,12 jedenfalls war es eindeutig: Sie lassen JHWH zwar die ‚unheilbare Verwundung' der Frau Zion als gerechte Strafe für ihren Abfall erklären, ihn ihr aber auch zugleich Heilung verheißen (30,17).[378] Prophetische Einzelperson und kollektive Personifikation fließen zuletzt ineinander: Der Beter von 15,18, der darüber klagt, einsam und abgesondert zu sitzen, leiht seine Stimme der entrechteten Frauengestalt von 13,20–27, deren Schicksal in Thr 1,1 mit den gleichen Worten beweint wird.[379]

Die Autoren dieser Schicht sind es schließlich, die diese Deutung der Konfession 15 durch den Eintrag des Halbverses 16b und des aus verschiedenen Schriftverweisen zusammengesetzten Gerichtswortes 11–14 explizit machen und dem Text seine heutige Gestalt als zwei-

---

376 Vgl. Jer 1,18.

377 Vgl. Jer 15,19 „wenn du umkehrst, werde ich dich umkehren lassen" (אִם־תָּשׁוּב וַאֲשִׁיבְךָ) mit 31,18 „laß mich umkehren, so werde ich umkehren" (הֲשִׁיבֵנִי וְאָשׁוּבָה) aus dem Munde Ephraims (vgl. zur letztgenannten Stelle KILPP, Niederreißen, 158-164, der sie zu Heilsworten des historischen Jeremia an „ohne Zweifel Nordisraeliten" (ebd., 161) rechnet (vgl. ähnlich ODASHIMA, Heilsworte, 219.301). Schmid sieht hier dagegen eher die „Restitution des ehemaligen Nordreichs [...] im Rahmen einer gesamtisraelitischen Restitution" im Blick (SCHMID, Buchgestalten, 138) und datiert spätexilisch (vgl. ebd., 340).

378 Vgl. 30,12: „Unheilbar ist dein Bruch, schwer dein Schlag" (אָנוּשׁ לְשִׁבְרֵךְ נַחְלָה מַכָּתֵךְ) und 30,17: „Und deine Wunden will ich heilen" (וּמִמַּכּוֹתַיִךְ אֶרְפָּאֵךְ). Vgl. SCHMID, Buchgestalten, 344.

379 Vgl. Thr 1,1: „Wehe, die Stadt sitzt allein!" (אֵיכָה יָשְׁבָה בָדָד הָעִיר) mit Jer 15,17: יָשַׁבְתִּי מִפְּנֵי יָדְךָ בָדָד. Der nachexilische (vgl. SPIECKERMANN, Heilsgegenwart, 247, n. 22) Ps 106 bietet ein weiteres schönes Beispiel dafür, wie individuelle und kollektive Klagesprache ineinandergreifen können: Ruft dort in V. 4 ein Einzelner JHWH ganz ähnlich an wie der Prophet in Jer 15,15, so folgt darauf in V. 6 eine Wir-Gruppe, die ein Sündenbekenntnis ablegt, das demjenigen der Volksklagestücke aus Kapitel 14 nicht unähnlich ist. Diese Spannung schien den Übersetzern von LXX offensichtlich störend zu sein, so daß sie das ganze Stück kollektivierten und in 106,4 für זָכְרֵנִי μνήσθητι ἡμῶν eintrugen (gegen KRAUS, Psalmen 60–150, 896, der mit LXX lesen möchte).

facher Redegang zwischen Zion-Jeremia und JHWH geben. Sie berührt sich in Form und Aussage eng mit den Volksklagestücken 14,7–9.19–22, die die jüngste Schicht der ‚großen Liturgie' 14,1–15,9, bilden, und es ist anzunehmen, daß beide auf der gleichen redaktionellen Stufe liegen. In den Augen der kollektiv-repräsentativen Redaktoren fügt sich der Abschnitt 14,1–15,21 somit zu einer vierfachen Volksklage mit ihrer jeweiligen Zurückweisung zusammen, deren letzte freilich, geknüpft an die Umkehrbedingung, eine Aussicht auf die finale Wende zum Heil hin eröffnet. Aus dieser Sicht ist das stellvertretende Klagen des Mittlers ‚Jeremia' trotz Fürbittverbots und Gerichtsankündigung schließlich erfolgreich.[380]

Eine spätere, protomasoretische, Redaktion konnte die Kondition von 15,19 offenbar noch nicht als erfüllt ansehen. Im wohl in die makkabäische Zeit zu datierenden Abschnitt 17,1–4 entwickelte sie die Ansicht, daß angesichts der kulminierenden kultischen Entweihung Jerusalems eine ‚Umkehr' des Volkes aus eigener Kraft nicht mehr möglich sei. Erst durch ein finales Eingreifen JHWHs selbst und möglicherweise in einem neuen Äon wird der Zirkel von Abfall und Gericht durchbrochen werden können.

---

380 Das von Bracke im Rahmen einer synchronen Lesart der Konfession festgestellte Paradox, „[that] the prophet both personifies the people of God and is also their persecuted victim" (BRACKE, Jeremiah 15:15–21, 176) trifft nicht den Kern der zweiten kollektivierenden Redaktion. Mit der Entwicklung des Sprechers vom Propheten Jeremia zum Israel-Jeremia geht auch eine Verwandlung der Feinde einher. Sie sind nicht länger das Volk, das nun der Klagende repräsentiert, sondern die es verfolgenden ‚Heiden'.

4. „Heile mich, JHWH" – Jer 17,14–18

4.1 Der Text

17,14 Heile mich, JHWH, so werde ich geheilt werden, errette mich, so werde ich errettet werden, denn mein Ruhm bist du.

17,15 Siehe, sie sprechen zu mir: „Wo ist das Wort JHWHs? Es soll doch kommen!"

17,16 Aber ich habe nicht hinter dir her gedrängt wegen des Übels, und einen Unheilstag habe ich nicht begehrt, du weißt es. Der Ausgang meiner Lippen war offen vor dir.

17,17 Werde mir nicht zum Schrecken! Meine Zuflucht bist du am bösen Tag.

17,18 Zuschanden werden sollen meine Verfolger, aber ich, ich soll nicht zuschanden werden! Sie, sie sollen erschrecken, aber ich, ich soll nicht erschrecken! Laß über sie kommen einen bösen Tag, und mit einem doppelten Schlag zerschlage sie!

Die beiden bisher behandelten Konfessionen in den Kapiteln 11–12 und 15 hatten sich durch eine Vielzahl teilweise schwer zu beurteilender textkritischer Problemfälle, wenn nicht gar, wie etwa im Fall von 15,12, durch nahezu unübersetzbare Passagen ausgezeichnet. In Jer 17 verhält es sich in dieser Hinsicht anders. Hier hat man, sieht man von V. 16 einmal ab, in den Versen 14–18 einen einigermaßen glatten und verständlichen Text vor sich. Dies gilt auch für das Ende von Vers 14, auch wenn es in Duhms Augen „besten Falls [...] eine leere Phrase"[1] darstellte, weshalb er es von תְהִלָּתִי (‚mein Ruhm') in תֹחַלְתִּי (‚mein Hoffen') umgeschrieben wissen wollte. Diese Konjektur erfreut sich seitdem großer Beliebtheit und hat über die Arbeit Rudolphs[2] schließlich Eingang in den Apparat der BHS gefunden – sie ist jedoch nicht nur durch keinerlei antike Textzeugen belegt, sondern darüber hinaus vollkommen unnötig. Das fragliche Wort ist aus dem Psalter nicht nur bekannt, son-

---

1   DUHM, Jeremia, 148.
2   Vgl. RUDOLPH, Jeremia, 116.

dern begegnet dort auch in einem ähnlichen Zusammenhang wie hier, nämlich ebenfalls in der Anrufung JHWHs.[3]

Die eigentliche *crux* der Perikope liegt dagegen in der ersten Hälfte von V. 16, und auch hier nicht im Konsonantenbestand, der allen existierenden Varianten offensichtlich identisch vorgelegen haben muß,[4] sondern in der Frage, wie מרעה zu vokalisieren und, mit der vorangehenden Verbform von אוץ verbunden, zu verstehen sei. Die Vokalisation der Masoreten ist hierbei eindeutig: Sie möchten ein Partizip von רעה I, ,weiden, Hirte sein', gelesen wissen. Weniger eindeutig bleibt dabei jedoch, wer mit dem Hirten gemeint ist – JHWH oder Jeremia.

Den ersten Fall nimmt wohl LXX an, die das fragliche Wort ein wenig zu umgehen scheint, wenn sie es – singulär[5] – mit ,nachfolgen' übersetzt.[6] Das anschließende אַחֲרֶיךָ mag, mit dem Gedanken an den ,guten Hirten' JHWH zusammen, hierfür leitend gewesen sein. Unsicherheit schien auch bei der Wiedergabe des Verbums zu herrschen: Die singuläre Verbindung von אוץ mit מִן gaben die Übersetzer mit ἐγὼ δὲ οὐκ ἐκοπίασα[7] wieder – ein Vorschlag, der sich, verstanden als ,ich aber wurde nicht müde' bis in moderne Kommentare[8] und Wörterbücher hinein fortgeschrieben hat.[9] Die Deutung der LXX in diesem Sinne, daß der Sprecher seine Standhaftigkeit in der Nachfolge betont, ist jedoch in sich selbst schon problematisch. Sicherlich ist sie die nächstliegende Übersetzung des Griechischen, und Vg. scheint ihr, jedoch unter verdeutlichender Wiedereinführung des nominalen Hirten JHWH, zu folgen: *non turbatus sum te pastorem sequens.*[10] Κοπιάω kann

---

3 Vgl. Ps 109,1 אֱלֹהֵי תְהִלָּתִי. Freilich liegt hier eindeutig die Konstruktusverbindung ,Gott meines Rühmens' vor und nicht wie in Jer 17,14 ein Nominalsatz.

4 Dies läßt sich wohl auch von 4QJer[a] sagen, zumindest von der durch eine zweite Hand korrigierten Fassung, in der das לא subskribiert nachgetragen sowie die – wohl orthographisch falsche (vgl. FREEDMAN, Orthography, 100 f.) – Verbform אצותי mutmaßlich durch Ausradieren des überschüssigen ו berichtigt worden ist (vgl. TOV, DJD 15, 164; ebd., Tafel XXVII).

5 Vgl. HATCH/REDPATH, Concordance, 734.

6 Sie hat κατακολουθῶν ὀπίσω σου. Man wird hier aber gleichwohl von einer Übersetzung sprechen können (gegen McKane, der meint, „Sept. does not represent מרעה" [MCKANE, Jeremiah I, 409]; vgl. für diese Ansicht schon MICHAELIS, Observationes, 156).

7 Auch κοπιάω findet sich an keiner weiteren Stelle der Septuaginta als Übertragung von אוץ (vgl. HATCH/ REDPATH, Concordance, 778).

8 Vgl. etwa bei McKane: „I have not relinquished following after you" (MCKANE, Jeremiah I, 409) und Carroll: „I have not wearied" (CARROLL, Jeremiah, 360).

9 Vgl. GESENIUS[17], 17: ,sich entziehen'. Diese Bedeutung für אוץ mit מִן kennen dagegen nicht mehr KBL[3] (vgl. ebd., 23) und GESENIUS[18.1] (vgl. ebd., 25).

10 Barthélemy spricht von „une traduction plus littérale en une leçon gonflée" (BARTHELEMY, Critique Textuelle 2, 615).

indes, im LXX-Griechisch, auch für „to work hard, to toil"[11] stehen –
und damit wäre man mit ‚ich habe mich nicht abgemüht, indem ich dir
folgte' im Sinne eines ‚ich bin dir nicht nachgelaufen' sehr nahe an der
gängigen Grundbedeutung von אוץ.[12] Ich halte es daher für wahrscheinlich, daß bei *turbatus sum* von Vg. demgegenüber ein Übertragungsfehler vom Griechischen ins Lateinische vorliegt, der rückwirkend die Deutung der Septuaginta für die folgenden Jahrhunderte
bestimmt hat.[13]

TJon dagegen bezieht in seiner eher freien Paraphrase das Partizip
auf Jeremia selbst, der betont, sich der Aufgabe des drohenden Um-
kehrpredigers nicht entzogen zu haben,[14] eine Interpretation, der in
unterschiedlichen Modifikationen ebenfalls zahlreiche antike[15] wie moderne[16] Ausleger gefolgt sind. Dies wäre freilich nicht nur im Buch Jeremia, sondern auch im ganzen AT der einzige Beleg für die derartige
Bezeichnung eines Propheten. Die Hirtenmetapher hat ebensowenig
mit Bukolik zu tun wie mit Pastoraltheologie, es geht ihr nicht um die
Ausübung „seelsorgerlicher Fürbitte",[17] sondern sie ist für den Bereich
der Politik reserviert. ‚Hirten', das sind politische Führer, natürlich

---

11 LUST/EYNIKEL/HAUSPIE, Lexicon, 350, vgl. Jos 24,13; Sir 6,19; 31,3 LXX.

12 Holladay meint dagegen, sich auf einen Rat Hubmanns berufend, LXX wolle im
    Sinne von „to be ‚best man'" verstanden wissen – und MT solle deswegen nach
    רעה II (vgl. Jdc 14,20) מֵרֵעַ gelesen werden (HOLLADAY, Jeremiah 1–25, 504). Er
    erklärt leider nicht, auf welche Art das Bild des ‚Brautführers' auf den Propheten hin
    zu interpretieren wäre.

13 In seinem Kommentar wird spürbar, daß dieser Umstand wohl auch Hieronymus
    selbst bewußt war. Er führt die Passage im Textteil als „*non turbatus sum – siue non
    laboraui – sequens te*" (CChr.SL 74, 169) an und bezieht sich in der Auslegung durch-
    wegs auf die zweite, der vorgeschlagenen Septuaginta- und MT-Übersetzung näher-
    stehende Version (vgl. ebd.).

14 ואנא לא עכבית על מימרך מלאתנבאה עליהון לאתבותהון לדחלתך („Aber ich verhin-
    derte/widersetzte mich nicht gegen dein Wort, über sie zu prophezeien, um sie
    umzuwenden, daß sie dich fürchten"). Der von HUB vertretenen Auffassung, bei
    עכבית liege in etwa die gleiche (Fehl-) Deutung von אצתי vor wie beim ἐκοπίασα
    von LXX, vermag ich nicht zu folgen.

15 Vgl. Rashis Deutung, der, im Unterschied zu LXX und TJon, das Verbum in seinem
    allgemein üblichen Sinn ‚drängen' versteht und das – prophetische – Hirtenamt,
    wohl von Jer 18,20 her, als ein fürbittendes versteht: לא מהרתי לזרוך להביאם מהיות
    רועה טוב מחזר אחריך לבקש עליהם רחמים („nicht eilte ich, dich anzuspornen, sie [sc.
    die ‚Vergeltungshandlungen' {פורענות} bzw., genusadäquater, die ‚Worte'] kommen
    zu lassen; weil ich ein guter Hirte war, folgte ich dir nach, um über sie Erbarmen zu
    erbitten.' [Miqraot gedolot, 150 f.]).

16 Vgl. u.a. WEISER, Jeremia, 143; BLANK, Jeremiah, 106; DIAMOND, Confessions, 79.

17 WEISER, Jeremia, 148 Er liegt damit, ohne es auszusprechen, ganz auf der Linie
    Rashis.

zuallererst der König, und das ist auch im Jeremiabuch nicht anders.[18] Wollte man daher für diese Lesart plädieren, so müßte man sie im Sinne der Übertragung eines zentralen monarchischen Attributs auf den Propheten und auf das prophetische Amt interpretieren. Der Blick auf die Berufungsgeschichte hat gezeigt, daß es im Verlauf der Fortschreibung des Jeremiabuches tatsächlich die Tendenz gibt, den Propheten mit königlichen Zügen zu versehen, auf die deren einstige Trägerschaft, die Davidsdynastie, keinen Anspruch mehr erheben kann.[19] Für die Masoreten, die den ganzen Kanon im Blick hatten, mag es zudem nicht weiter verwunderlich gewesen sein, den ‚Propheten wie Mose' auch mit den gleichen Titeln zu versehen wie diesen, der in Jes 63,11 möglicherweise[20] als ‚Hirt seines [sc. JHWHs] Kleinviehs' bezeichnet wird. Darüber hinaus folgten sie vielleicht, wie ebenfalls moderne Exegeten, der Assoziation, ihn, dann aber symbolisch überhöht, in der Nachfolge des Hirten Amos zu sehen.[21] Damit ist jedoch noch nicht gesagt, daß diese Lesart auch diejenige ist, die die Verfasser des Abschnittes im Blick hatten. So ist, spätestens seit Michaelis,[22] unumstritten, daß zumindest die LXX-Rezensionen von Aquila, Symmachus und Theodotion für ihre Übersetzungen die Vokalisation מֵרֹעֶה voraussetzen.[23] Dieser Vorschlag ist seitdem, verschiedentlich variiert,[24] trotz

---

18   Vgl. WALLIS, רָעָה, besonders 570–572.574 f.; SOGGIN, רעה, 794. Vgl. u.a. Jer 2,8; 3,15; 10,21; 23,1–4; 25,34–36 (gegen BERRIDGE, Prophet, 141, der 2,8 als Beleg für die Bezeichnung von Propheten als Hirten heranziehen möchte). Zu dieser Textgruppe ist auch Jer 31,10 zu zählen. Hier wird JHWHs rettendes Handeln mit der Tätigkeit eines Hirten verglichen, d.h. er wird als sein Volk befreiender König gezeichnet.

19   Vgl. S. 131.

20   Freilich ist diese Lesart von Jes 63,11 ebenfalls nicht ganz gesichert. So fehlt etwa der Name ‚Mose' in LXX. Das tangiert freilich die oben geäußerte Vermutung zum masoretischen Mosebild nicht – schwieriger wird es mit dem Umstand, daß im hebräischen Text von ‚Hirten' im Plural die Rede ist und man sich den auf Mose zu beziehenden Singular wieder aus dem Griechischen oder dem Targum zurückholen muß. Vgl. die Darstellung der Problematik (mit einem Plädoyer für Mose und Aaron als den gemeinten Hirten) bei GOLDENSTEIN, Gebet, 65–71.

21   Hierzu könnte die Kombination mit dem Herbeiwünschen des ‚unheilvollen Tages' von V. 16b (vgl. Am 5,18) beigetragen haben (vgl. BERRIDGE, Prophet, 145). Allerdings ist zu beachten, daß auch der Prophet Amos niemals als רֹעֶה bezeichnet wird. Er gilt in 1,1 als נֹקֵד, in 7,14 als בּוֹקֵר.

22   Vgl. MICHAELIS, Observationes, 156.

23   Sie alle bieten das eindeutige griechische Äquivalent απο κακιας. Fraglich bleibt auch ihr Verständnis von אוֹץ: Aquila und Theodotion haben εγω δε ουκ εκραταιωσα απο κακιας οπισω σου (‚ich aber habe nicht stark gemacht [~אוֹץ im Sinne von drängen? HUB schlägt dagegen einen Hörfehler nach der Wurzel עוז vor] von/wegen des Üblen hinter dir her'; vgl. ZIEGLER, Jeremias), während Symmachus mit εγω δε ουκ ηπειχθην (‚ich aber habe nicht gehindert'; vgl. ebd.) interessanterweise die gleiche Deutung bietet wie TJon.

seiner eher bescheidenen antiken Bezeugung vielfach aufgenommen worden[25] und wird auch in vorliegender Arbeit vertreten. Nicht zuletzt läßt sich auf diese Weise, wählt man für מִן die Bedeutung ‚wegen', für אוּץ ohne weitere Verrenkungen sinnvoll die Grundbedeutung ‚drängen' verstehen, und man kann zudem mit V. 16aβ einen schönen Parallelismus membrorum herstellen.[26]

Dies gilt allerdings inhaltlich auch nur dann, wenn man sich hier wieder am MT orientiert und nicht an LXX und Vg. Letztgenannte haben nämlich aus dem ‚Unheilstag' (אָנוּשׁ   יוֹם) einen ‚Menschentag' (יוֹם אֱנוֹשׁ) gemacht[27] – was immer man sich darunter vorstellen mag.[28] Hier handelt es sich offensichtlich um den gleichen Übersetzungsfehler, wie er auch in 17,9b vorliegt.[29]

4QJer[a] weist nun noch – *prima manu* – einige Abweichungen gegenüber dem MT auf, die jedoch, soweit sie gravierender sind, von der Hand des Korrektors samt und sonders im protomasoretischen Sinne verbessert worden sind. Es handelt sich um Plene/Defektiv-Fälle (אבושה statt אבשה in 17,18), eine Dittographie (zweimaliges שברם statt שברון שברם in 17,18) und orthographische Varianten (וארפה statt וארפא in 17,14), die alles in allem nicht von einer eigenen Vorlage des ersten Schreibers, sondern von einer überraschend hohen Fehlerquote bei seiner Arbeit zeugen.[30]

---

24   Unter diese Kategorie fallen die Vorschläge, den Text entweder in לְרָעָה zu verändern (vgl. RUDOLPH, Jeremia, 116; DERS., BHS), ein בְּרָעָה, „in böser Absicht" (VOLZ, Studien, 151) daraus zu machen oder in dem מ einen verschluckten ‚Tag' zu sehen und יוֹם רָעָה zu lesen (vgl. ALTHANN, Consonantal *ym*, 562, in der Nachfolge Ehrlichs רַצְתִּי לְיוֹם רָעָה, vgl. EHRLICH, Randglossen, 287). Sie alle stellen unnötige Konjekturen dar.

25   Vgl. u.a. DUHM, Jeremia, 148; CARROLL, Jeremiah, 360.

26   Nur am Rande erwähnt sei der Vorschlag Seybolds, „von *r*ᶜ*h* II ‚sich verbinden'" auszugehen, um dann bei „Ich aber habe mich nicht – anders als die Genossenschaft (der *n*ᵉ*bî'îm*) – hinter dich gedrängt" (SEYBOLD, Rebhuhn, 68) herauszukommen. Das ist m.E. grammatikalisch nicht möglich.

27   Vgl. LXX ἡμέραν ἀνθρώπου οὐκ ἐπεθύμησα und Vg. *diem hominis non desideravi*.

28   So interpretiert Theodoret den Begriff als etwas Negatives, wenn er erklärend paraphrasiert „ἐγὼ δὲ οὐδὲ [...] ἐβουλήθην αὐτοὺς περιπεσεῖν τοῖς κακοῖς (ich aber [...] wollte nicht, daß sie [sc. die Gegner vom vorhergehenden Vers] den Übeln anheimfallen" (PG 81, 495–806). Hieronymus etwa deutet den Terminus dagegen positiv im Sinne von „*uel uitam longiorem uel prospera quaeque huius saeculi*" (CChr.SL 74, 169). Interessanterweise scheint sich Luther, wie das schon bei 15,19 beobachtet werden konnte (vgl. S. 97), mehr am Kirchenvater als am Urtext orientiert zu haben, liest man doch bei ihm: „So hab ich menschen rhum nicht begert" (LUTHER 1534) – 1545 heißt es dann, nach LXX korrigiert: „So hab ich Menschen tag nicht begert" (LUTHER 1545), und in der Randglosse dazu: „Das ist rhum bey den Menschen" (ebd.).

29   Auch hier bietet LXX (nicht Vg.) für das hebräische אֱנשׁ ein ἄνθρωπος.

30   Vgl. TOV, Corrections, 309 f.; DERS., DJD 15, 152. Die Liste ist nicht vollständig. Vgl. ebd., 164.

4.2 Die Konfession im Rahmen von Jer 16–17

Im Vorangehenden konnte zumindest der überlieferte Konsonantenbestand der Konfession 17 als gesichert und die verbleibenden textkritischen Probleme als vergleichsweise überschaubar dargestellt werden. Dies trifft jedoch nur dann zu, wenn man die literarische Einheit
wie vorgenommen abgrenzt. Denn anders als bei den bisher untersuchten Abschnitten herrscht keineswegs Konsens darüber, was als ‚Text'
und was als ‚Kontext' zu gelten habe. Wird es noch von niemandem in
Zweifel gezogen, daß mit der Wortereignisformel in 17,19 etwas Neues
beginnt, so bleibt es Gegenstand der Diskussion, ob die Verse 17,12 f.
eher einen „hymnusartigen Introitus zur folgenden Klage"[31] darstellten
– und somit Bestandteil der Konfession wären –, den Abschluß der
„general observations of vv. 5–13"[32] bildeten oder gar „[s]o wenig wie
[17,11] [...] etwas mit Jeremia und seinem Buch zu thun"[33] hätten.
Darüber hinaus wird die Position vertreten, auch die, unter dem Titel
‚allgemeine Beobachtungen' eher unzureichend bestimmten, weisheitlich geprägten Sentenzen der Verse 5–11 bereits der Konfession zuzu-
zählen.[34] Zur leichteren Beurteilung dieser Frage ist es an dieser Stelle
gerechtfertigt und notwendig, eine Übersetzung der fraglichen Verse
einzuschieben:

17,5   [So spricht JHWH:][35] Verflucht der Mann, der auf Menschen
        vertraut und Fleisch zu seinem Arm macht und von JHWH
        sein Herz abkehrt.

17,6   Er wird sein wie ein Dornstrauch[36] in der Steppe, und nicht
        wird er sehen, daß Gutes kommt, und er wird bleiben im
        Dürren in der Wüste, im salzigen Land, wo man nicht wohnt.

---

31 WERNER, Jeremia 1–25, 168. Vgl. u.a. auch BAUMGARTNER, Klagelieder, 40; BERRIDGE,
    Prophet, 137; STAMM, Bekenntnisse, 371; CARROLL, Confessions, 121. Begrich deutete
    die Verse als klagetypische Vertrauensäußerung (vgl. BEGRICH, Vertrauensäußerun-
    gen, 249).

32 CARROLL, Jeremiah, 361. Vgl. u.a. auch VOLZ, Jeremia, 183.

33 DUHM, Jeremia, 147.

34 Vgl. MOTTU, Confessions, 102–104, im Gefolge Holladays (Vgl. HOLLADAY, Archi-
    tecture, 132. 158; DERS., Spokesman, 98 f.). Letztgenannter nimmt jedoch die Verse
    11–13 davon aus.

35 Die Botenspruchformel fehlt in LXX. Sie wurde zusammen mit den Versen 17,1–4 in
    den protomasoretischen Text eingefügt, da die Unterbrechung des Zusammenhan-
    ges 16,21–17,5 einen Neuansatz nötig machte. Vgl. dazu den Exkurs S. 71–85, bes.
    S. 76 f.

36 Das Wort עַרְעָר ist, sieht man vom ebenso unklaren עֲרוֹעֵר von Jer 48,6 ab, lediglich
    noch in Ps 102,18 belegt und meint dort ‚nackt' bzw. ‚hilflos', weshalb Fischer diese
    Bedeutung auch hier finden möchte (vgl. FISCHER, Jeremia 1–25, 542, vgl. „destitute"

17,7   Gepriesen der Mann, der auf JHWH vertraut und dessen Zuflucht JHWH ist.

17,8   Er wird sein wie ein Baum, der gepflanzt ist am Wasser und der über einem Kanal seine Wurzeln ausstreckt. Nicht wird er fürchten,[37] daß Hitze kommt, und grünes Laub ist auf ihm. Und im Jahr der Dürre wird er nicht besorgt sein und er wird nicht davon ablassen, Frucht zu bringen.

17,9   Trügerisch[38] ist das Herz mehr als alles, und unheilbar[39] ist es. Wer wird es erkennen?

17,10   Ich, JHWH, bin ein Herzerforscher, ein Nierenprüfer, um zu geben einem jeden nach seinem Wege,[40] nach der Frucht seiner Taten.

17,11   Ein Rebhuhn brütet[41] und bringt keine Jungen hervor[42] – einer macht Gewinn, aber nicht mit Recht. In der Hälfte seiner Tage[43]

---

bei MCKANE, Jeremiah I, 288 f.). Sowohl LXX als auch Vg. als auch TJon sprechen jedoch vom Dornbusch als der einzig sinnvollen Parallele zum grünenden Baum von V. 8 (vgl. DUHM, Jeremia, 144: „Es wird eine Pflanze sein, die ,nackt', kümmerlich aussieht"). KBL[3] verweist zudem auf den Beleg 1QH[a] XVI,24 (VIII,24) (rekonstruiert, vgl. MARTÍNEZ/TIGCHELAAR, Study Edition, 182 f.) sowie auf die Verwendung in Ugarit (vgl. KBL[3], 840).

37   So gelesen mit dem *Ketib*, LXX, Vg. und in Parallele zu V. 8b (לֹא יִרְאֶה). Das *Qere* vokalisiert ,nicht wird er sehen' (וְלֹא יִרְאֶה), ebenso liest TJon (וְלֹא יֶחֱזֵי).

38   In den antiken Übersetzungen hat das Herz andere Eigenschaften: Nach Vg. ist es, nahe am MT, ,krumm' (*pravum*, vgl. Symmachus σκαμβοτερα und Aquila περικαμπης), nach LXX ,tief' (βαθύς). Rudolph vermutet hier einen Lesefehler: Statt עָקֹב sei עָמֹק verstanden worden (vgl. RUDOLPH, BHS), das in LXX tatsächlich oft mit βαθύς übersetzt wird, auch in Verbindung mit dem Herzen (vgl. Ps 63,7; Prov 20,5; 25,3; HATCH/REDPATH, Concordance, 189). Für die Vetus Latina ist es dagegen ,schwer' (*grave*, vgl. RANKE, VL, 278 f.). Hier liegt offensichtlich ein innergriechischer Übertragungsfehler zugrunde, der über βαρύς ,schwer', führte (für griechische Zeugen dieser Lesart vgl. ZIEGLER, Jeremias, 233 f.). 4QJer[a] stützt (wahrscheinlich) MT (vgl. DJD 15, 163).

39   Wie auch in 17,16 lesen LXX, Symmachus und Vg. hier ,Mensch' (אֱנוֹשׁ), vgl. S. 141.

40   Nach dem *Qere* ist der Plural zu lesen, wie ihn LXX vertritt und wie er an der Parallelstelle 32,19 Verwendung findet. Vg. dagegen orientiert sich mit dem Singular am *Ketib*.

41   LXX hat hier offensichtlich das ,Rebhuhn' (קֹרֵא) zweimal wiedergegeben, wenn sie es noch mit ἐφόνησεν πέρδιξ ,rufen' (קָרָא) läßt (so RAHLFS, LXX. Bei Ziegler findet sich die „lectio duplex" [ZIEGLER, Jeremias, 235] nur noch im Apparat.) Ferner hat sie für דגר ,sammeln' (συνάγειν) gesetzt – möglicherweise wurde das Wort nach der aramäischen Bedeutung der Wurzel verstanden (vgl. überzeugend SAWYER, Note, 324). TJon bietet in seiner Paraphrase beide Bedeutungen, ,brüten' wie ,sammeln' an, Vg. lediglich ,brüten'.

42   In der Regel wird ילד hier i.S. von ,Eier legen' übersetzt. Die hier vorgeschlagene Übersetzung beruht auf Sawyers „fresh look at the language and ornithology of the verse" (SAWYER, Note, 324), dessen wohlbegründeter Vorschlag nicht zuletzt eine gute Kombination von Bild- und Sachebene des Gleichnisses ermöglicht. Seybolds Einwände dagegen vermögen nicht zu überzeugen (vgl. SEYBOLD, Rebhuhn, 58), viel

wird er ihn verlassen und an seinem Ende wird er ein Narr sein.

17,12   Thron der Herrlichkeit, erhaben von jeher[44], Ort unseres Heiligtums![45]

17,13   Hoffnung Israels, JHWH! Alle, die dich verlassen, werden zuschanden werden und die Abweichler[46] werden auf die Erde geschrieben werden,[47] denn sie haben die Quelle des lebendigen Wassers[48] verlassen, JHWH.

In der Tat fällt auf, daß in den Versen, die der Anrufung JHWHs in 17,14 vorangehen, zahlreiche sprachliche und gedankliche Wendungen begegnen, die sich mit den Konfessionen – und nicht nur mit 17,14–18 – eng berühren: Das Thema des ‚Zuschandenwerdens' (בוש) in V. 13 weist auf V. 18 voraus, das unheilbare (אנש) Herz von V. 9 ruft die unheilbare (אֲנוּשָׁה) Wunde von 15,18 ebenso in Erinnerung wie es den

---

43   So das *Qere. Ketib* hat den Singular.

44   LXX hat kein Äquivalent für מֵרֹאשׁוֹן מָקוֹם, das bei 4QJer[a] zumindest fragmentarisch belegt ist (vgl. DJD 15, 163). „Alexandrini [...] plane omiserunt" (MICHAELIS, Observationes, 154), und in der Tat gibt die hier plausible Vorstellung einer Haplographie bzw. *aberratio oculi* von מרום zu מקום die beste Erklärung für die Auslassung (vgl. DUHM, Jeremia, 147; JANZEN, Studies, 117).

45   Es ist umstritten, ob V. 12 als Vokativ zu verstehen sei (vgl. etwa MCKANE, Jeremiah I, 402) oder als Nominalsatz (vgl. u.a. WANKE, ZBK, 166). Die inhaltliche Differenz beider Anschauungen bleibt begrenzt, sofern man nicht eine ganze Tempelagende darauf aufbauen möchte, wie es Reventlow unternimmt, in dessen Vorstellung hier „verschiedene Chöre aufeinander antworten" (REVENTLOW, Liturgie, 231).

46   Der Codex Petropolitanus scheint im *Ketib* die schwer zu deutende Form ‚die von mir zurückweichen' von einem eigens hierfür zu postulierenden Derivat יְסוּר vorzuschlagen (vgl. GESENIUS[17], 304. GESENIUS[18.3] sowie KBL[3] kennen es nicht mehr). Bisher nicht diskutiert, aber denkbar, wäre auch eine Deutung des *Ketib* vom Wort יְסוּר ‚Tadler' her, das in Hi 40,2 belegt ist. Das *Qere* dagegen hieße ‚und die mich verlassen' (וְסוּרַי). Beide möchten die zweite Vershälfte offenbar als JHWH-Rede verstanden wissen – anders als u.a. Baumgartner (vgl. BAUMGARTNER, Klagegedichte, 40; RUDOLPH, BHS), der das Suffix anpassen und וְסוּרֶךָ lesen möchte. LXX und Vg. bezeugen dagegen das einfache, unsuffigierte Partizip Plural, das im *status constructus* (vor der Präposition בְ, vgl. GESENIUS/KAUTZSCH § 130 a mit Verweis auf Jes 9,2; II Sam 1,21; Ps 136,8 f.) bei gleichem Konsonantenbestand wie das *Qere* וְסוּרֵי hieße (vgl. DUHM, Jeremia, 147). 4QJer[a] stützt, gegen das *Ketib* von BHS, mit וסורי diese Deutung (vgl. DJD 15, 163).

47   Die VL-Fragmente des St. Gallen-Palimpsestes bietet hier einen interessanten Zusatz. Er hat „qui dicesserunt *a terra* scribantur in libro *mortis*" (BURKITT, Old Latin, 87, kursiv wie Original) und denkt hier womöglich an ein Gegenstück zum ‚Buch des Lebens' von Ps 69,29 (und Phil 4,3; Apk 3,5; 17,8; 20,12.15).

48   LXX hat lediglich ‚Quelle des Lebens' (πηγὴν ζωῆς) – möglicherweise „by attraction to Ps. xxxvi 10; cf. Prov. xiv 27" (DIAMOND, LXX and MT, 39).

gleichartigen ‚Tag' von 17,16 vorbereitet, das Thema der Herzensprüferschaft JHWHs von V. 10 ist aus den Konfessionen 11 und 12 ebenso vertraut wie schließlich die Metapher vom grünen und vom verdorrenden Baum der Verse 5–8.

Definiert man die Konfessionen Jeremias allerdings als die im gleichnamigen Buch von einem Einzelnen vorgebrachten Klagen in eigener Sache, die zum Teil eine göttliche Antwort erfahren, so wird man den Anfang der Konfession 17 im eigentlichen Sinne nicht vor V. 14 sehen können: In V. 12 f. ist es eine Gruppe in der ersten Person Plural, die JHWH anruft, und die Verse 5–11 werden, gemäß der Botenformel von 17,5[49] und der Selbstbezeichnung von 17,10, nicht vom Propheten, sondern von Gott selbst gesprochen und können gewiß nicht als Klage gelesen werden. Freilich ist aus den beiden vorangehenden Kapiteln das Phänomen der Fortschreibung eines Konfessionengrundtextes sowohl durch eine weisheitlich geprägte wie auch durch eine im Plural formulierende, kollektivierende Schicht bekannt, und beides, Sprache der Weisheit in 5–11 f. und Wir-Gruppe in V. 12 f. liegt hier offensichtlich vor. Die enge Anbindung des unmittelbaren Prätextes an 17,14–18 ist deshalb weiter im Auge zu behalten. Auf redaktioneller Ebene lassen sich *alle* Elemente von 17,5–13 als „constituent part of the confession"[50] ansehen.[51] Ihre entstehungsgeschichtlich relative Positionierung zur Konfession 17 im engeren Sinne selbst sowie beider Beziehung zu ihrer literarischen Umgebung gilt es jedoch vor einer übereilten Übertragung bisher erlangter Erkenntnisse auf das Kapitel 17 eigenständig zu untersuchen. Dafür ist es sinnvoll, den Faden dort wieder aufzunehmen, wo er bei der Exegese der Konfession 15 niedergelegt worden war: in Kapitel 16, beim dreifachen Auftrag JHWHs an den Propheten, auf zeichenhafte Weise soziale Abstinenz zu üben.

Unbeschadet der Frage nach der literarischen Einheitlichkeit des Stückes 16,1–9* ist offensichtlich, daß die Begründung des dritten Verbotes in V. 9 einen gewissen Abschluß darstellt: Über das Wortspiel mit den Wurzeln יָשַׁב und תָּבֹשׁ (vgl. לָשֶׁבֶת, V. 8 mit מִשְׁבִּית, V. 9) wird die Zeichenhandlung schlüssig erklärt. Der Prophet soll nicht an fröhlichen Festen teilnehmen, um durch diese Demonstration zu antizipieren, daß Freuden- und Jubelruf ein Ende gemacht werden wird.

Mit einer neuen Redeeinleitung schließt sich hieran ab V. 10 eine Zweitbegründung an, die nun ihrerseits die vorhergehende Deutung interpretiert und mit der fiktiven Rückfrage des Volkes auf die vorher-

---

49 Dies gilt allerdings so nur für MT. In LXX fehlt die Formel ebenso wie 17,1–4 (vgl. dazu S. 142, n. 35).

50 DIAMOND, Confessions, 81. Er hat dabei allerdings lediglich 17,12 f. im Blick.

51 Vgl. S. 177–179.

gehenden Worte einsetzt. Sie bringt nun, ganz im Stil der von deuteronomistischer Theologie geprägten Reden des Jeremiabuches, die Sünde der Väter ins Spiel (V.11), die von denen der gegenwärtigen Generation noch überboten würden (V. 12) und zielt auf die Erfüllung des Fluches von Dtn 28,64 in V. 13,[52] dem Dienen anderer Götter in der Verbannung.[53]

Wie zuweilen in den deuteronomistischen Passagen, so bleibt im folgenden auch hier das Land Ägypten nicht unerwähnt – allerdings nicht im Rückblick auf den Exodus als das grundlegende Datum der (gebrochenen) Bundesbeziehung zwischen JHWH und seinem Volk, sondern als Ausblick auf ein zu erwartendes Überbietungsgeschehen: In den Versen 14 und 15, die aus 23,7 f. entlehnt sein dürften,[54] wird der neue Exodus der gesamten Diaspora verheißen. Die Rückführung in das Land, „das ich *ihren* Vätern (לַאֲבוֹתָם) gegeben habe", steht so in V. 15 der Wegführung in ein Land, von dem „*eure* Väter" (אֲבוֹתֵיכֶם) nichts gewußt haben (V. 13) direkt gegenüber.[55]

Dieser Einschub läßt nun auch das Aufgebot der ‚Jäger' und ‚Fischer' von V. 16, die ‚sie' (nun eine Gruppe in der 3. Person masculinum Plural) nach V. 16 „von allen Bergen und allen Hügeln und Felsklüften"[56] fangen sollen, als Sammlungsaktion für die kommende Heimkehr erscheinen – und nicht als Bild für die Vergeblichkeit jedes Versuches, vor Gottes Gericht zu entfliehen. Als solches offenbart es sich jedoch dann, wenn man es mit dem Folgevers zusammennimmt: „Denn meine Augen sind auf allen ihren Wegen, und ihre Schuld ist nicht verborgen vor meinen Augen."[57]

„Darum", so schlösse sich V. 21, wie eben V. 16 mit הִנְנִי und Partizip konstruiert, hervorragend daran an, werden ‚sie' nun JHWH richtig kennenlernen. Die Erkenntnisformel[58] verdeutlicht, daß sein Gottsein hier über seine ‚Macht' (יָד) und ‚Stärke' (גְּבוּרָה) bestimmt wird.

---

52 Vgl. dazu S. 88.
53 Thiel verweist überzeugend auf die Parallelstellen 5,19; 9,11–15 (vgl. THIEL, Redaktion I, 198).
54 Vgl. THIEL, Redaktion I, 199, sowie bereits DUHM, Jeremia, 141; vgl. auch HOLLADAY, Jeremiah 1–25, 476; MARX, Doublets, 110; MAIER, Lehrer, 320.
55 Vgl. RÖMER, Väter, 452.
56 מֵעַל כָּל־הַר וּמֵעַל כָּל־גִּבְעָה וּמִנְּקִיקֵי הַסְּלָעִים.
57 כִּי עֵינַי עַל־כָּל־דַּרְכֵיהֶם [...] וְלֹא־נִצְפַּן עֲוֺנָם מִנֶּגֶד עֵינָי. Der Teilsatz „nicht werden sie vor mir verborgen sein" (לֹא נִסְתְּרוּ מִלְּפָנָי) fehlt in LXX. Es dürfte sich dabei um eine sehr späte, nach Jes 40,27 heilvoll interpretierende Glosse handeln (vgl. S. 156) – wie auch bei dem das Gericht auf etwas Vorläufiges reduzierenden ‚zuvor' (רִאשׁוֹנָה) von V. 18, das ebenfalls im Griechischen nicht belegt ist.
58 „Und sie werden erkennen, daß mein Name JHWH ist" (וְיָדְעוּ כִּי־שְׁמִי יְהוָה).

Im Lesezusammenhang des Endtextes folgt jedoch naturgemäß V. 18, der nun eine Auslegung des Kernbegriffs עָוֹן von V. 17 bietet. Diese ‚Schuld' wird nun, gedoppelt mit ‚Sünde' (חַטָּאת), mit der Entweihung (Wurzel חלל) des Landes durch ‚Greuel' (שִׁקּוּצִים) und ‚Scheusale' (תּוֹעֵבוֹת) identifiziert. Das ist geradezu ein komplettes hamartiologisches Kompendium in einem Satz und wirkt als solches auf den ersten Blick im Buch Jeremia eher befremdlich. An keiner weiteren Stelle wird hier der Begriff תּוֹעֵבָה gebraucht, wenn von Götzenbildern die Rede ist. ‚Greuel', das sind entweder Akte[59] oder es ist das in den Augen JHWHs unrein gewordene Land als ganzes.[60] Auch חלל I, ‚entheiligen', läßt sich nur ein weiteres Mal, in Jer 34,16, aufweisen, gängig ist dagegen חלל II, ‚durchbohren', das zahlreich in den Gerichtsankündigungen zu finden ist.[61] Anders ist dies im Buch Ezechiel: Beide Wurzeln werden nicht weniger als 60 mal gebraucht, und mit der möglichen Doppelbedeutung wird bewußt gespielt. Wenn etwa in Ez 6,4 und öfter[62] die Altäre zerbrochen und die ‚Erschlagenen' (חֲלָלִים) vor die ‚Götzen' (גִּלּוּלִים) geworfen werden, klingen offensichtlich beide Konnotationen an: Die frevlerischen Kultstätten werden schlimmstmöglich verunreinigt. Natürlich wird im Kontext der Auslegung von Jer 16,18 oft und zu Recht auf 2,7 als Bezugsstelle verwiesen, die Anklage an das angesprochene Volk, nach der Herausführung aus Ägypten, ‚mein Land und mein Erbe' (אֶת־אַרְצִי וְנַחֲלָתִי)[63] ,unrein' (טמא, *nicht* חלל) und ‚zum Greuel' (לְתוֹעֵבָה) gemacht zu haben. Doch darüber hinaus atmet die Bezeichnung der Götzenbilder in 16,18 eindeutig ezechielischen Geist: Neben II Reg 23,13 und der fraglichen Jeremiastelle findet man nur dort die תּוֹעֵבוֹת und שִׁקּוּצִים als festes Begriffspaar.[64]

Dieses Vergehen soll nun, so wird pointiert herausgestellt, ,zweifach' (מִשְׁנֶה) vergolten werden.[65] Hier sieht man gerne eine Anspielung

---

59 Vgl. mit עשׂה Jer 6,15; 7,10; 8,12; 32,35; 44,4.22.

60 Vgl. Jer 2,7.

61 Vgl. Jer 8,23; 14,18; 25,29.33; 31,5; 34,16; 41,9; 51,4.47.49.52.

62 Vgl. auch Ez 6,13; 9,7.

63 Vgl. in 16,18: מִלְאוּ אֶת־אַרְצִי [...] עַל חַלְלָם אֶת־אַרְצִי (,,weil sie mein Land entweiht [...] und mein Erbe angefüllt haben").

64 Vgl. Ez 5,11; 7,20; 11,18.21. Angesichts dessen wird die Zuschreibung des Verses zu Jeremia selbst, die Preuß noch erwägt (vgl. PREUSS, תּוֹעֵבָה, 585) überaus unwahrscheinlich. Die redaktionskritische Analyse von Kapitel 16 liefert weitere Argumente dagegen (vgl. S. 153–156).

65 Es wird davon ausgegangen, daß מִשְׁנֶה auch hier in dieser Bedeutung gelesen werden kann und soll. Dagegen und zugunsten einer einfachen Lesart ,Lohn' bzw. „*quid pro quo*" (TSEVAT, Alalakhiana, 126) votieren Ehrlich aus moralischen Gründen (weil „JHVH ein gerechter Gott ist, der nicht doppelt straft" [Ehrlich, Randglossen, 285]), Tsevat und, ihm folgend, von Rad mit einer akkadischen Parallele aus Alalakh

an die beiden Verbannungsschübe von 597 und 587,[66] doch sollte der Umstand nicht zu leichtfertig übergangen werden, daß das Jeremiabuch nicht weniger als *drei* Golot kennt (vgl. Jer 52,28–30). Buchimmanent wäre es daher sinnvoller, wollte man sich darauf beziehen, auch von einer dreifachen Heimsuchung zu sprechen.

Natürlich liegt es ebenfalls nahe, an die Strafe zu denken, die Jerusalem nach Jes 40,2 doppelt empfangen und ertragen hat[67] – doch heißt hier ‚doppelt' כִּפְלַיִם und nicht, wie in Jer 16,18, מִשְׁנֶה, ein kleiner, aber feiner terminologischer Unterschied.[68] Der Bezugspunkt dürfte daher weniger bei DtrJes zu suchen als im Jeremiabuch selbst zu finden sein: Die zweifache Strafe entspricht hier ganz einfach der zweifachen bösen Tat (שְׁתַּיִם רָעוֹת) des Volkes von 2,13, nämlich JHWH, den ‚Quell lebendigen Wassers' verlassen und sich stattdessen an ‚rissige Zisternen' gewandt zu haben. Letztere sind schnell als Götzen gedeutet, und so antwortet die zweifache Sühne für die ‚Entweihung' des Landes von 16,18 direkt auf das zweifache Vergehen von 2,13. Daß die Zweizahl außerdem auch auf die vorher genannten ‚Fischer' und ‚Jäger' zutrifft, ist unbestreitbar, stellt m.E. demgegenüber aber einen eher nachrangigen Aspekt dar.[69]

Die angekündigte Bestrafung des Götzenfrevels von Vers 18 provoziert nun in V. 19 f. den Einspruch eines treuen Bekenners,[70] der die Be-

---

(vgl. TSEVAT, Alalakhiana 125 f., VON RAD, כִּפְלַיִם, 81). Diese Auffassung hat sich nicht durchsetzen können, (vgl. KBL³, 614. GESENIUS¹⁸·³, 758).

66   Vgl. WANKE, ZBK, 161.

67   Vgl. MCKANE, Jeremiah I, 378. Vgl. auch schon Duhm, der in seinem Jesajakommentar in der ersten Auflage die Ansicht vertritt, Jes 40,2 sei „eine deutliche Anspielung auf Jer. 16,18" (DUHM, Jesaja¹, 264), dies jedoch im Jeremiakommentar widerruft: „Für meine zu Jes 40,2 ausgesprochene Meinung [...] sage ich pater peccavi; unser Autor ist viel jünger" (DERS., Jeremia, 141; vgl. auch DERS., Jesaja², 257: „keine Anspielung"). In der fünften Auflage wird der Spieß dann umgedreht, wenn es heißt, Jes 40,2 werde „nachgeahmt 61,7; Jer 16,18" (DERS., Jesaja⁵, 288). Vgl. im Sinne der jüngsten Duhm-Auflage auch KRATZ, Kyros, 201, n. 652. Anstatt 16,18 oder 17,18 betont letztgenannter die Bedeutung der Abfolge von Jer 25 über Jer 50 f. zu Jes 40 (vgl. KRATZ, Anfang II, 259). Das ist weit ertragreicher.
     Fischer schließlich möchte in Jer 16,18 ergänzend einen Bezug zur doppelten Entschädigung bei Diebstahl gemäß Ex 22,3.6.8 sehen und meint, der Vers erscheine *„wie eine Kombination von Ex 22 mit Jes 40"* (FISCHER, Jeremia 1–25, 534. Hervorhebung Fischer). Mit Recht weist er aber zugleich auf die Differenz hin: Dort, im Bundesbuch, ist es der Missetäter, der zu vergelten hat (שׁלם), hier, Jer 16,18, ist es Gott selbst.

68   Eine eindeutige intertextuelle Verbindung besteht dagegen zwischen Jer 16,18 und Jes 61,7: Dort korrespondiert der zweifachen (מִשְׁנֶה) Schande der in Aussicht gestellte zweifache (מִשְׁנֶה) Landbesitz des erlösten Gottesvolkes (vgl. STECK, Prophetenbücher, 101, n. 136).

69   Holladay sieht hierin die Hauptintention (vgl. HOLLADAY, Jeremiah 1–25, 479).

70   Vgl. MAIER, Lehrer, 295, n. 112.

kehrung auch der Völker, weg von ihren Nicht-Göttern hin zu JHWH und ihre Wallfahrt von den ‚Enden der Erde' in Aussicht stellt und damit noch die angekündigte Rückführung der Diaspora von V. 15 überbietet. Zugleich bilden seine bekehrten ‚Heiden' der Zukunft einen scharfen Kontrast zum ‚Israel' der literarischen Gegenwart nach V. 12: Dessen Angehörige verhalten sich, so klagt JHWH, schlimmer ‚als eure Väter' (מֵאֲבוֹתֵיכֶם), jene dagegen, so läßt sie der Sprecher von V. 19 f. selbst beteuern, wollen den ‚Trug' (שֶׁקֶר) ‚unserer Väter' (אֲבוֹתֵינוּ) hinter sich lassen. Während erstere das Erbland (נַחֲלָה, 16,18) JHWHs mit ihren Greueln erfüllt haben, wissen letztere, daß ihre Väter mit den falschen Göttern nichts als eine Täuschung besaßen (Wurzel נחל, 16,19).

In diesen Zusammenhang gebracht äußert sich die Macht JHWHs, die er nach V. 21 zur Erkenntnis bringen möchte, nun nicht mehr in seinem richtenden, sondern in seinem rettenden Eingreifen in die Geschichte nicht nur Israels und Judas, sondern der ganzen Welt.

Diesem heilsuniversalistischen Ausblick schließt sich nun im masoretischen Text mit 17,1–4 antithetisch die Passage über die fortdauernde Sünde Judas an,[71] in der Fassung, wie sie LXX überliefert, folgen dagegen unmittelbar die weisheitlich geprägten Verse 17,5–11, die einen anderen Gegensatz aufbauen. Sie halten, auf der Ebene des Endtextes, dem Frommen von 16,19, dessen ‚Stärke' (עוֹז) JHWH allein ist, den Mann entgegen, der menschliches Vermögen, ‚Fleisch' (בָּשָׂר), zu seiner ‚Macht' (זְרוֹעַ) erklärt.[72]

Sprachlich und thematisch sind die sich daran anschließenden Verse alle durch die Frage nach dem Verhältnis von Tun und Ergehen und über das Stichwort des Herzens (לֵב)[73] eng miteinander verbunden. Allerdings springen bei der jeweiligen Durchführung dieses Themas Unterschiede in die Augen, die es nahelegen, mehrere Bearbeitungsstufen anzunehmen. So ist in V. 5–8 das Kriterium, das zwischen einem verfluchten und einem gesegneten Menschen unterscheidet, ob man auf JHWH vertraut (Wurzel בטח) oder von ihm abweicht (Wurzel סור). Das Rebhuhngleichnis von V. 11 dagegen hat, etwas konkreter, die zu erwartenden negativen Folgen ethisch fragwürdigen Verhaltens im Wirtschaftsleben im Blick. In dem hier kritisierten unrechtmäßigen Erwerben von Reichtum kann – und soll – man jetzt sicherlich sehen, was es *coram mundo* bedeutet, sich von JHWH im Stile von V. 5 abzuwenden. Für sich genommen thematisieren die Verfluchung hier und das Vogelgleichnis dort jedoch unterschiedliche Konzepte oder Dimensio-

---

71 Vgl. dazu den Exkurs S. 71–85.
72 Vgl. S. 75.
73 Vgl. Jer 17,5.9.10.

nen von Gerechtigkeit – auch ohne daß der Schlüsselbegriff צֶדֶק im ganzen Abschnitt genannt werden müßte.

Zwischen beide Betrachtungen kommt nun noch mit V. 9 f. eine Reflexion über das Wesen des menschlichen Herzens zu stehen, die die Alternative von V. 5 und 7 zwar nicht in Frage stellt, aber doch problematisiert: Ist des Menschen Herz *per se* ‚trügerisch' (עָקֹב) und ‚unheilbar' (אָנֻשׁ), so ist es selbst womöglich gar nicht in der Lage, einem willentlichen Abwenden von oder Hinwenden zu JHWH, wie es Verfluchung und Makarismus ausmalen, zuhanden zu sein. Auf jeden Fall wird konstatiert, daß eine Zuschreibung des jeweiligen Herzenszustandes durch andere Menschen nicht ohne weiteres möglich sei, sondern Gott, dem Herzensprüfer allein, zustehe. Dieses, aus den Konfessionen bereits wohlvertraute Gottesprädikat wird hier auf besondere Weise näher beschrieben: In V. 10b, der mit einem Infintiv constructus an den vorangehenden Partizipialsatz nicht eben glatt anschließt, wird das Stichwort ‚Frucht' (פְּרִי) von V. 8 aufgegriffen und im Sinne einer individuellen Vergeltungslehre angemerkt, daß JHWHs ‚Prüfen der Herzen' auch den entsprechenden, sich auf den Lebenswandel und die jeweiligen Taten beziehenden Lohn umfaßt – ein Gedanke, der sich nahezu wortgleich in 32,19 findet.[74]

Die Alternative von Vertrauen auf und Abweichen von JHWH, die den Grund für Segen oder Fluch des einzelnen in V. 5–8 bildet, bestimmt nun auch den Lobpreis der Wir-Gruppe von V. 12 f. Während die Sprecher JHWH als ihre ‚Hoffnung' oder auch als ihren ‚Brunnen' (מִקְוֵה) preisen,[75] sich also zweifellos zu denen rechnen, die gemäß V. 7 f.

---

74 An dieser Stelle fehlt in LXX der letzte Viertelvers. Man kann also nicht ohne weiteres davon ausgehen, daß 32,19 von 17,10b abhängig sei, auch wenn die sekundäre Natur des Verses im Kontext des Gebets Jeremias augenfällig ist: Entgegen dem Gedanken der Schuldhaftung über Generationen hinweg, wie ihn 32,18 vertritt, trägt er die individuelle Haftung jedes einzelnen ein (vgl. WANKE, Jeremia 2, 305). Stattdessen könnte man mit einer zweifachen literarischen Interaktion zwischen beiden Stellen rechnen: Der Nachtrag 32,19abα hätte dann einen Glossator motiviert, diesen Gedanken der Indivualvergeltung auch als Deutung sowohl der Baummetapher wie des Rebhuhngleichnisses in Jer 17,10 einzutragen, wobei das Stichwort der ‚Frucht' von V. 8 zur Kreation der singulären Wendung ‚gemäß der Frucht seiner Taten' (כִּפְרִי מַעֲלָלָיו) inspirierte (für die generell typische Verbindung von דֶּרֶךְ und מַעֲלָל vgl. WEIPPERT, Prosareden, 144–147). Diese Wortschöpfung erwies sich nun ihrerseits wieder als fruchtbar, da sie, nach der Trennung von LXX und MT, ergänzend nach 32,19bβ reimportiert werden konnte. Die gleiche Formulierung konnte darüber hinaus, ebenfalls in einer im MT gegenüber LXX überschüssigen protomasoretischen Glosse, in 21,14a, dazu dienen, erneut die Vorstellung einer kollektiven Haftung zu transportieren: Dort wird, je nach Kontextbezug, den Einwohnern der Stadt oder den Königen von Juda, angesagt, JHWH werde sie gemäß der ‚Frucht *eurer* Taten' (כִּפְרִי מַעַלְלֵיכֶם) heimsuchen.

75 Vgl. zur Ambivalenz des Ausdrucks die Bemerkungen zur Parallelstelle 14,8, S. 110.

dem grünen Baum gleichen, sollen die Abweicher (Wurzel סור, vgl.
V. 5) das ihnen zustehende Ende erfahren. Diese סוּרִים werden, im
Rahmen der Wassermetaphorik konsequent, im Zitat als diejenigen bezeichnet, die die ‚Quelle des lebendigen Wassers verlassen'[76] hätten –
traf dieser Vorwurf in 2,13 noch das *ganze* Volk Israel, so wird er hier
auf eine *partikulare* Größe, eine bestimmte Gruppe übertragen.

Die Anrufung des Einzelbeters von 17,14, der von JHWH Heilung
erfleht, schließt sich daran hervorragend an. Er beruft sich so auf Gottes
eben gepriesene Eigenschaft als gesundmachendes, Labsal spendendes
Lebenswasser – ein Aspekt, der bei der ursprünglichen Verwendung
der Metapher in Kapitel 2 zwar sicherlich nicht im Vordergrund steht
(dort geht es um den Gegensatz von sprudelndem Quell hier und
rissigen Brackwassertümpeln dort), hier aber im Subtext durchaus
mitschwingen dürfte. Die oben bereits genannte Frage,[77] ob die beiden
Verse eher den Abschluß der vorangehenden Weisheitssprüche bildeten, mit denen sie über die Apostasie-Thematik verbunden sind oder
den Auftakt zur Konfession 17 darstellen, zu der sie mit dem ‚Lebenswasser' hinführen, erscheint auf der Ebene der kritischen Endtext-
lesung als eher müßig. Ganz offensichtlich möchten sie auf *beide* Bereiche bezogen werden. Sie runden, entgegen der Meingung McKanes,[78]
gleichermaßen die Vertrauensthematik der vorangehenden Verse ab,
wie sie auf die folgende Prophetenklage hinführen.

Diese orientiert sich, wie bereits die Konfessionen 11, 12 und 15,
ebenfalls am Aufbau eines Klagelieds des Einzelnen, ja, kein Text aus
der ganzen Gruppe präsentiert sich so formnah wie sie: Auf die Anrufung (V. 14) folgt in V. 15 eine Schilderung der Notlage in Form eines
Gegnerzitats. Diese ‚sie' (הֵמָּה), die spöttisch das Eintreffen des Wortes
JHWHs herausfordern, sind vor dem literarischen Hintergrund der
anderen Klagegebete[79] und der Jeremiaerzählungen sofort als die
immer wieder auftretenden Gegenspieler Jeremias nicht zuletzt aus
prophetischen Kreisen[80] erkennbar. Im Rahmen von Kapitel 17 kann
man jedoch schwerlich anders, als in ihnen die Verkörperung derjenigen ‚Abweicher' zu sehen, die in V. 5 f.13 auf je unterschiedliche Weise
verflucht werden.

V. 16 läßt sich nach dem Klageformular als Unschuldsbeteuerung
bestimmen, allerdings als eine sehr spezifische. Der Sprecher scheint

---

76 כִּי עָזְבוּ מְקוֹר מַיִם־חַיִּים.
77 Vgl. S. 142.
78 Er meint, V. 12 f. „have no connection with anything that precedes or follows them
    in chapter 17" (McKane, Jeremiah I, 404).
79 Vgl. Jer 11,18 f.23; 15,15; 18,18 f.; 20,7.10 f.
80 Vgl. exemplarisch die Auseinandersetzung zwischen Jeremia und Hananja Jer 28.

sich eher gegenüber den Gegnern als vor Gott rechtfertigen zu wollen, zumindest wenn man das von diesen herausgeforderte ‚Wort JHWHs' von V. 15 mit dem vom Propheten nicht herbeigewünschten ‚Übel' (רָעָה)[81] und ‚Unheilstag' (יוֹם אָנוּשׁ) in eins setzt.[82] Diese letztgenannte „unparalleled expression for a day"[83] ruft im Kontext das ‚unheilbare Herz' von V. 9 und zugleich die Wunde, die der Prophet in 15,18 beklagt hatte, in Erinnerung. Dieser letztgenannte Bezug gibt vermutlich McKane den Anlaß, hier keine Anspielung auf das Gericht über Juda zu sehen, sondern den Begriff auf Jeremia selbst zu beziehen.[84] Es stellt sich dann jedoch die Frage, warum es der Prophet betonen müßte, für sich selbst kein Übel herbeigewünscht zu haben. Das tut kaum jemand, und weder findet sich dieser Vorwurf oder Verdacht im Buch an irgendeiner Stelle, noch trägt eines der vielfältigen tradierten Prophetenbilder derart masochistische Züge, daß es sinnvoll wäre, ihnen durch eine pointierte Aussage zu widersprechen. Die Rede vom ‚Unheilstag' leitet vielmehr über das Vertrauensbekenntnis von V. 17, JHWH sei des Beters Zuflucht ‚am bösen Tag' (בְּיוֹם רָעָה) gezielt zu den Bitten von V. 18 hin. Denn anders als noch in V. 16 beteuert, wird eben dieser ‚böse Tag' jetzt auf die ‚Verfolger' herabbeschworen, die, im Gegensatz zum Sprecher, aber genau wie die Apostaten von V. 13, ‚zuschanden werden' (Wurzel בושׁ) und erschrecken sollen (Wurzel חתת). Sie sollen zerschmettert werden (Wurzel שׁבר), und das in potenzierter Form, nicht einfach, sondern mit einem ‚zweifachen Schlag' (מִשְׁנֶה שִׁבָּרוֹן).

Diese letzte Bitte erinnert den Leser ohne Zweifel an die Ankündigung Gottes von 16,18, „ihr Vergehen und ihre Sünde" zweifach (מִשְׁנֶה) zu vergelten. JHWH wird so an seine eigene Gerichtsankündigung erinnert und die Gegner des Klagenden nebenbei mit den Feinden Gottes parallelisiert. Wie in V. 13, vermittelt durch das Zitat von 2,13, die ‚Abweichler' die Rolle einnehmen, die vorher das Volk als ganzes gespielt hatte, so sind es hier die ‚Verfolger'.

Hieran schließt nun, einigermaßen abrupt mit der Botenspruchformel eingeleitet und ohne eindeutig erkennbaren Anschluß nach vorne, die in sich abgeschlossene Passage an, die die Sabbatobservanz zum Kriterium für Wohl oder Wehe von Stadt und Land erhebt. Sie führt die klassische Alternative von ‚hören' (V. 24) / ‚nicht hören' (V. 27) aus und endet mit der Beschreibung der Konsequenzen für den

---

81 Vgl. die textkritische Diskussion S. 137–141.
82 Vgl. S. 141.
83 M. Smith, Laments, 55.
84 „He [sc. Jeremiah] does not find a perverse kind of pleasure in being reduced to isolation and tasting rejection" (McKane, Jeremiah I, 414).

zweiten Fall: JHWHs unlöschbares Zornesfeuer werde die Häuser Jerusalems verzehren, ein Feuer, das in makkabäischer Zeit in der Ergänzung 17,1–4 aufgegriffen und als Strafe für die Tempelentweihung noch עַד־עוֹלָם verlängert wurde.[85]

Mit diesem Ausblick ist zum Thema offensichtlich alles Denkbare gesagt, und die nur im Jeremiabuch, dort allerdings nicht weniger als zwölfmal begegnende, ganz eigene Version der Wortereignisformel, „Das Wort, welches erging an Jeremia" (הַדָּבָר אֲשֶׁר הָיָה אֶל־יִרְמְיָהוּ)[86], eröffnet in 18,1 nicht nur ein neues Kapitel, sondern mit einem neuen Abschnitt auch einen neuen Themen- oder Bildbereich.

Jeremia geht zum Töpfer, beobachtet ihn und soll dann, gemäß der Erzähllogik der Kapitelfolge 18–19, dort einen Krug kaufen, um ihn zeichenhaft zu zerschmettern (Wurzel שׁבר, vgl. 19,10 f.). Wie schon durch seine zeichenhafte Sozialabstinenz in 16,1–12 antizipiert er so das zu erwartende Gericht über das Volk, dem von JHWH auf diese Weise eben das Schicksal zugewiesen wird, das der Prophet in 17,18 für seine Gegner erfleht hatte.

Bereits diese erste Lektüre der Kapitel 16–18 macht deutlich, daß man es hier mit einem Konglomerat äußerst heterogener Texte zu tun hat, die sowohl in ihrer Form als auch in ihrer theologischen Ausrichtung stark differieren. Als gemeinsamer Nenner ließe sich allenfalls die Frage nach der Ursache und nach den Adressaten von Heil und Unheil finden – eine Überschrift, die in ihrer Globalität allerdings ohne weiteres auch über den Kanonteil der hinteren Propheten als ganzen gesetzt werden könnte.

Wie ist dennoch in diesen „hodgepodge"[87] ein wenig diachrone Ordnung zu bringen, und wo ist innerhalb dieser schließlich die Konfession 17 zu verorten?

Hierfür erscheint es ratsam, erneut im Kapitel 16, im Anschluß an die dreifache Zeichenhandlung, anzusetzen und die Analyse mit der Suche nach ihrer ältesten literarischen Fortsetzung zu beginnen.

Da 16,10–13 oben bereits als die erneute Interpretation der vorhergehenden Deutung erkannt worden war, liegt es nahe, die Verse als jünger einzuordnen als die, auf die sie sich beziehen.[88] Die hieran anschließende Verheißung eines neuen Exodus 16,14 f. setzt nun ihrer-

---

85 Vgl. S. 81–85.

86 Vgl. Jer 7,1; 11,1; 18,1; 21,1; 25,1; 30,1; 32,1; 34,1; 34,8; 35,1; 40,1; 44,1. Weippert kommt nur auf elf Belege, weil sie den letzten – aus welchen Gründen auch immer – nicht berücksichtigt (vgl. WEIPPERT, Prosareden, 72 f.).

87 BRIGHT, Jeremiah, LVI, auf das ganze Jeremiabuch bezogen.

88 Maier sieht hier eine „dtr. Bearbeitung des Berichts über Jeremias zeichenhaftes Verhalten" (MAIER, Lehrer, 324).

seits bereits dieses Stück voraus, das sie einer heilvollen Uminterpretation unterzieht, ist also noch später anzusetzen. Beide Stücke kommen demnach als ursprüngliche Weiterführung von 16,9 nicht in Frage.

Anders verhält es sich dagegen mit V. 16 und V. 21. Diese Verse
passen sprachlich wie inhaltlich-theologisch hervorragend an 16,9: Man
erhält auf diese Weise eine mehr oder weniger kohärente Abfolge von
Handlungsankündigungen JHWHs, die allesamt mit הִנְנִי + Partizip
beginnen und das Strafgericht Gottes thematisieren. Dabei folgen sie
einem klimaktischen Aufbau: Auf das Abbrechen von Freudengeschrei
und Jubelruf (‚siehe, ich lasse aufhören', הִנְנִי מַשְׁבִּית) folgt das Aufgebot
der Jäger und Fischer als Exekutoren des göttlichen Strafwillens (‚siehe,
ich sende', הִנְנִי שֹׁלֵחַ). Beide münden schließlich in das Ziel, das im
Erkennen von JHWHs Macht in seinem Zorn besteht (‚siehe, ich lasse
sie erkennen', הִנְנִי מוֹדִיעָם).

Die Begründung von V. 17* (ohne den MT-Überhang gegenüber
LXX),[89] die das Zutageliegen „ihres Vergehens" (עֲוֹנָם) anführt, dürfte
auf der gleichen Ebene anzusiedeln oder wenig jünger sein. Durch sie
wird bereits die auf einer späteren Stufe eingetragene Rückfrage des
Volkes von 16,10, „Was ist unser Vergehen" (מֶה עֲוֹנֵנוּ), vorbereitet.

Der mögliche Einwand, man nehme mit der Annahme dieser
Dreierkette eine Inkongruenz im Numerus zwischen 16,9 und 16,16 f.
in Kauf, da doch in ersterem Vers das Volk in der *zweiten* Person Plural
angesprochen werde, während es in V. 16 in der *dritten* Person Gegenstand der Rede ist, läßt sich schnell entkräften. Die sperrige Wendung
‚für eure Augen und zu euren Tagen' (לְעֵינֵיכֶם וּבִימֵיכֶם) aus 16,9[90] läßt
sich als aktualisierende Glosse erklären, die durch Inhalt wie Numerus
auf die Anrede der Verse 10–13 hinführen will.

Diese liefern nun, zwischen 16,9* und 16,16 eingeschrieben, die
geschichtstheologische Begründung für das Gerichtshandeln Gottes
nach: Eure Väter *und ihr* seid hinter fremden Göttern hergelaufen, die
ihr nicht kanntet, also müßt ihr in ein Land, das ihr nicht kennt und
dort fremden Göttern dienen: Die Verwandtschaft mit Dtn 28,64 ist
offenkundig.[91]

Damit ist nun die Verbindung aus ‚Land' (אֶרֶץ, 16,13), ‚andere
Götter' (אֱלֹהִים אֲחֵרִים, 16,13) und ‚Vergehen' (עָוֹן, 16.10.17) geschaffen,
die dem Verfasser von V. 18 eine perfekte Vorlage dafür bieten, in

---

89   vgl. dazu S. 156.
90   Die Formel ist innerbiblisch ohne Äquivalent. In ihrer Doppelung trägt sie so etwas
     wie das Substrat deuteronomisch-deuteronomistischer Präsenstheologie in das
     Gerichtswort ein, vgl. Dtn 1,30; 9,17; 29,1; I Sam 12,16; Zeph 3,20 sowie Ez 12,25;
     Hab 1,5.
91   Vgl. S. 88, n. 157.

ezechielisierendem Stil[92] sein götzenpolemisches Programm einzu-
bringen.

Doch bieten die deuteronomistischen Passagen nicht nur eine
hervorragende Plattform zur weiteren Ausdifferenzierung des Schuld-
aufweises, sondern ermöglichen es auch, die Wende zum Heil innerhalb dieses Abschnittes zu vollziehen. Die Erwähnung der *Weg*führung
in die Gola provoziert geradezu den Gedanken der *Rück*führung, und
die Stereotypen über die Schuld der Väter mögen es nahegelegt haben,
an das Land Ägypten zu denken, das sonst ein beliebter Bestandteil
ähnlicher Geschichtsrückblicke ist.[93] So konnte unter Zuhilfenahme von
23,7 f.[94] der Exodustopos eingetragen, ja, ebenso wie dort, noch überboten werden: Nicht weniger als die Rückkehr der weltweiten Diaspora wird verheißen, der nun das Land, aus dem sie vormals wegge-
führt worden war (16,13), zueigen gegeben werden soll (16,15).

Einem weiteren Ergänzer war dies offensichtlich noch nicht genug.
Er konnte literarisch bereits sowohl auf der Götzenpolemik von V. 18
wie auf dem Gedanken des neuen Exodus von V. 15 aufbauen und
beides weiterführen. So wird, nach V. 19, nicht nur die Diaspora zu-
rückkehren, sondern sogar die Völker werden sich JHWH zuwenden,
„von den Enden der Erde" herbeiströmen und nicht mehr länger dem
nichtigen ‚Windhauch' (הֶבֶל) huldigen. An die Stelle der Heimkehr der
Erwählten tritt so die große Wallfahrt der Bekehrten.[95] Der Gedanke an
Götterbilder ist diesem Autor gerade noch ein Wortspiel wert: Die
Götter, die man ‚sich macht' (יַעֲשֶׂה־לֹּו) sind, so V. 20, selbstverständlich *Nicht*-Götter (לֹא אֱלֹהִים). Er kann darüber hinaus wohl noch
auf mehr zurückgreifen als nur auf seinen unmittelbar vorausgehenden
Kontext. Seine in Assonanzen und Alliterationen schwelgende lyrische
Anrufung „JHWH, meine Kraft und meine Burg, meine Zuflucht am
Tag von Bedrängnis" (בְּיוֹם צָרָה עֻזִּי וּמָעֻזִּי וּמְנוּסִי) wirkt wie die – wo-

---

<small>92 Vgl. S. 147.</small>

<small>93 Vgl. Jer 7,22.25; 11,4.17; 31,32; 34,13; Dtn 29,24; Jdc 2,12; I Reg 9,9; II Reg 21,15; Ez 20,36.</small>

<small>94 Mit u.a. THIEL, Redaktion I, 199; WANKE, ZBK I, 160; gegen FISCHER, Jeremia 1–25, 531.681 f., der die Abhängigkeitsverhältnisse umgekehrt bestimmt, ohne indes Argumente für diese Ansicht beizubringen. Seine Beobachtung zu 23,7 f., der Spruch hänge „‚logischer' mit V 3–6 zusammen als im Kontext von Kap. 16" (ebd., 682) steht dem eher entgegen. Lust wiederum schreibt beide Partien dem gleichen Redaktor zu (vgl. LUST, Gathering, 136) und führt sie auf die „‚return and gathering' formula" (ebd., 122 und *passim*) von Jer 29,14; Ez 34,13 u.ö. zurück. Tendenzkritisch und von einer höheren Warte aus gesehen ist das plausibel, literarhistorisch im engeren Sinne betrachtet ist es das eher nicht. Gleichwohl gibt die Situierung von 23,7 f. in LXX nach 23,40 Fragen auf und läßt an einer allzu festen Verankerung der beiden Verse innerhalb des Kapitels 23 Zweifel entstehen.</small>

<small>95 Vgl. Jes 2,2–21; 17,7 f.; Jer 3,17; Mi 4,1–4.</small>

möglich unter Zuhilfenahme von Ps 28,8[96] – elaboriertere und elegantere Fassung des Vertrauensbekenntnisses von 17,17b „Meine Zuflucht bist du am Unheilstag" (מַחֲסִי־אַתָּה בְּיוֹם רָעָה).[97]

Mit diesem Ausblick auf eine Art finaler Allversöhnung ist das Kapitel 16 definitiv von einer Gerichts- zu einer Heilsankündigung geworden. Dieser Entwicklung tragen schließlich auch noch die beiden in der LXX nicht überlieferten kleinen Glossen im protomasoretischen Text Rechnung. Sie runden das Bild ab und versuchen, die noch hervorstehenden Unheilskanten ein wenig abzuschleifen. So macht das רִאשׁוֹנָה von V. 18 aus der ursprünglich letztgültigen ‚doppelten Vergeltung' etwas Vorletztes. Sie wird von einem Endstadium zu einer Durchgangsstufe, einer Art Purgatorium, das auf dem Weg hin zur ultimativen Heilszeit durchlaufen werden muß.[98] Subtiler geht, bei ähnlicher Intention, die Einschreibung in V. 17aβ mit der Ergänzung des Sätzchens „nicht verborgen sind sie vor mir" zu Werke. ‚Sie', damit können im Hebräischen nur „alle ihre Wege" (כָּל־דַּרְכֵיהֶם) gemeint sein, über denen nach V. 17aα die Augen JHWHs stehen. Auf den ersten Blick fügt sich diese Aussage zwar hervorragend in die Straf- und Verfolgungsterminologie des ursprünglichen Verses ein, bei genauerer Betrachtung läßt sich die Einfügung jedoch als heilvoll uminterpretierende Lesefrucht eines Glossators erkennen. Er assoziierte beim Blick Gottes auf die Wege offenbar Jes 40,27: „Warum sagst du denn, Jakob, und sprichst, Israel: ‚Verborgen ist mein Weg vor JHWH (נִסְתְּרָה דַרְכִּי מֵיהוָה), und vor meinem Gott geht mein Recht vorüber'?" Die Antwort erfolgt nun in Jer 16,17 MT: Eure Wege „sind *nicht* verborgen vor mir" (לֹא נִסְתְּרוּ מִלְּפָנָי).[99]

---

96 „JHWH ist die Kraft (עֹז) seines Volkes und eine Rettungsburg (מָעוֹז יְשׁוּעוֹת) seines Gesalbten."

97 Auf der Endtextebene ist Biddle daher rechtzugeben, wenn er meint: „The speaker of 16:19 may be identified with the speaker of 17:14–18" (BIDDLE, Polyphony, 111). Dennoch ist darüber hinaus die intertextuelle Beziehung zwischen 16,19 und 17,17 diachron mit einer Richtung zu versehen. Diese geht von 17,17 zu 16,19. Dieser Umstand belastet auch sein Modell einer Inklusion von 16,19 zu 17,18, die eine „tripartite structure" (ebd., 106) umschließe. Diachron gesehen war „[t]he phrase ‚day of trouble/evil'" (ebd., 105) zweifelsohne fortschreibungsleitend, so daß der Ausdruck, wie gleichfalls die Frage von ‚vertrauen' und ‚abweichen' auch auf der Endtextebene als Leitmotiv wirken. Das muß aber noch nicht eine durchkomponierte Struktur ergeben – so vermag auch Biddles Modell nicht zu überzeugen. Die Stücke, die er strukturell einander gegenüberstellt, entsprechen sich nicht (vgl. ebd., 106).

98 Vgl. ganz äquivalent Jes 65,7 mit dem ebenfalls in MT (und in Vg.) ggü. LXX überschießenden רִאשׁוֹנָה vor den folgenden Heilsaussagen.

99 Die Frage von Jes 40,27 findet auch bereits innerhalb des Deuterojesajabuches ihre Antworten, etwa in Jes 45,19 und 45,15–17 (vgl. KRATZ, Kyros, 62 f. 100).

Das Kapitel 16 offenbart sich somit als aus vielen kleinräumigen Fortschreibungen gewachsen, die auf seinem, ursprünglich aus den drei Zeichenhandlungen von 16,1–9* und ihren Fortsetzungen in den Gerichtsankündigungen von V. 16 und V. 21 bestehenden Grundbestand aufbauen konnten.

In Kapitel 17 stellen sich die Verhältnisse demgegenüber anders und komplizierter dar. Zwar ist es offensichtlich, daß die heterogenen Blöcke, aus denen es zusammengestellt ist, diachron voneinander zu unterscheiden sein müssen, und es ist ebenso deutlich, daß die in sich noch auszudifferenzierenden Weisheitsworte 17,5–11*, der kollektive Lobpreis 17,12 f., die Konfession 17,14–18 und der Sabbatabschnitt 17,19–27 zugleich durch motivliche und sprachliche Verknüpfungen miteinander verwoben sind. Doch die Reihenfolge des Fortschreibungsprozesses im einzelnen ist nicht ohne weiteres eindeutig nachzuvollziehen. Viele intertextuelle Verbindungen sind aus sich selbst heraus zunächst ambivalent und lassen sich sowohl in die eine als auch in die andere Richtung sinnvoll deuten.

Im engeren Blick auf die Verse 14–18 selbst kommt noch hinzu, daß hier ganz offensichtlich die Kontextbeziehung eine andere ist als bei den bisher untersuchten Konfessionen 11,18–12,6 und 15,10–21. Ließ sich dort ein sprachlicher, thematischer und gedanklicher Zusammenhang entdecken, der durch das Einschreiben der Klagegebete unterbrochen oder in eine andere Sinnrichtung umgebogen wurde,[100] so ist dies hier *prima vista* nicht der Fall. Löst man probeweise die Konfession aus dem Text heraus, so erhält man keineswegs einen besseren literarischen Anschluß als zuvor. Die Aufforderung an Jeremia von 17,19, sich ins Tor zu stellen und die Einhaltung des Sabbat einzufordern, kommt nach der Verwünschung der סוּרִים von V. 13 durch die Wir-Gruppe ebenso unverbunden und abrupt wie nach derjenigen der רֹדְפִים durch den Einzelbeter von V. 18.

Dadurch wird die oben anhand der Untersuchung von Kapitel 11–12 und 14–16 aufgestellte These, es handele sich bei den Konfessionen Jeremias um Einschreibungstexte, jedoch noch nicht widerlegt. Es wäre stattdessen denkbar, daß ähnliche Zusammenhänge wie dort durch noch jüngere, ,postkonfessionelle' Fortschreibungen verdunkelt worden wären – daß durchaus mit solchen zu rechnen ist, belegen 16,19 f.

Um dem nachzugehen, soll im folgenden mit der Hypothese gearbeitet werden, daß sich die Entstehung des Abschnitts 17,14–18 ähnlichen Umständen verdanke, wie sie für 11,18–12,6 und 15,10–21 erarbeitet werden konnten. Es ist daher zu fragen, ob, unbeschadet des

---

100 Vgl. S. 30 f.114 f.

Bruches zwischen 17,18 und 17,19, ein sinnvoller Anknüpfungspunkt der Konfession 17 nach vorne und hinten sowie gegebenenfalls eine über sie hinwegreichende, ältere literarische Brücke besteht.

Die Suche danach ergibt im Sabbatabschnitt 17,19–27, das wurde bereits angedeutet, zunächst ein rein negatives Ergebnis. Unabhängig davon, wie man das diachrone Verhältnis beider Stücke zueinander beurteilen mag, läßt sich im Vorfeld beim besten Willen keine Linie finden, die dort weiterverfolgt oder erneut aufgegriffen werden würde. Läßt man diese Perikope jedoch versuchsweise außen vor, so verweist die Bitte des Konfessionenjeremia, JHWH möge seine Feinde mit einem (doppelten) Schlag (שִׁבָּרוֹן) zerschlagen (Wurzel שׁבר) nicht nur auf die ,doppelte Sünde' von 2,13, deren einer Bestandteil bekanntlich die Hinwendung zu ,brüchigen Zisternen' (בֹּארֹת נִשְׁבָּרִים) ist. Sie zielt vielmehr auch auf die Töpferthematik der beiden folgenden Kapitel – auch wenn die Metaphorik dort zunächst auf den Vergleichspunkt der Verfügbarkeit des Tons in der Hand des Töpfers hin abzielt und noch nicht auf den der Zerbrechlichkeit von Geschirr. Dies geschieht explizit erst – eine Konfession später – in 19,11: Dort dient dann das Zerschmettern (Wurzel שׁבר) des Kruges als Bild für das göttliche Gericht.[101]

Dennoch trägt natürlich die Töpfermetaphorik insgesamt mit ihren konstitutiven Elementen ,Ton' und ,Krug' bereits in Kapitel 18 über das dort hervorgehobene *tertium comparationis* hinaus die Zerbrechlichkeitsaspekte in sich, die dann in Kapitel 19 expliziert werden. Die Verknüpfung eines ,doppelten Zerschmetterns' mit dem Bild des an der Töpferscheibe arbeitenden Handwerkers muß somit nicht unbedingt als abwegig und konstruiert erscheinen. Akzeptiert man diesen Zusammenhang demnach als einen gewollten, so kann man hier eine Beziehung von Konfession und Kontext erkennen, die durchaus eine gewisse Analogie zur derjenigen in Kapitel 15 aufweist: Wie dort, so fordert auch hier der klagende Prophet JHWH dazu auf, eine von ihm bereits getroffene Entscheidung zum strafenden Handeln tatsächlich auszuführen. In 15,15 ist es Gottes Müdigkeit zum Erbarmen nach 15,6, von der der Beter verlangt, daß sie nun auch wirksam werde,[102] hier, in 17,18, ist es die – aus Lesersicht antizipierte – Erinnerung an die Zeichenhandlung von Kapitel 19. Im Zusammenhang gelesen liefert letztere dem Leser somit die göttliche Bestätigung der Bitte von 17,17 und eine Antwort auf die Frage, wer denn eigentlich die Gegner Jeremias seien, über die er den ,Tag des Unheils' heraufbeschwört: Es ist

---

101 Vgl. für diese Beobachtung AHUIS, Gerichtsprophet, 117. Er möchte diese literarische Verbindung von 17,18 und 19,11 jedoch auf der *mündlichen* Ebene der Verkündigung des historischen Propheten Jeremia auswerten.

102 Vgl. S. 127.

‚dieses Volk und diese Stadt', und damit letzten Endes alle anderen. Ihre Strafe soll ihrem Vergehen entsprechen: Auf die doppelte Sünde (2,13) wird ein doppelter Schlag antworten (17,18), ihre Hinwendung zu zerbrechlichen Konstrukten (2,13) hat ihre eigene Zerbrechlichkeit (19,11) und schließlich ihr eigenes Zerbrechen (17,18) zur Folge.

An dieser Verbindung hat die Sabbatpassage offenbar kein Interesse mehr. Sie orientiert sich als Alternativpredigt bestenfalls an der antithetischen Struktur aus Segen und Fluch bzw. Vertrauen und Abweichen (17,5–8) des Vorausgehenden,[103] vor allem jedoch am Folgenden,[104] und hier an einem ganz bestimmten Teil des Töpferkomplexes, nämlich der Umkehrthematik von 18,7–12. Deren Ablehnung aufgrund der ‚verkehrten bösen Herzen' von 18,12[105], wie auch schon in 16,12, mag im Kontext der Herzensthematik von Kapitel 17 den Anlaß für die Einschreibung der Sabbatpredigt mit ihrer Warnung vor der Halsstarrigkeit der Väter gerade hier geboten haben – ihr Material lag dagegen an anderer Stelle bereit. Jacob Wright hat dargelegt, in welchem Maße der Verfasser des Abschnitts bemüht war, sich an der Einleitung der Königssprüche von Jer 22,1–5 zu orientieren.[106] Darüber hinaus entpuppt sich das Stück als Patchwork aus Elementen der großen Reden des Jeremiabuches, insbesondere aus Kapitel 7 und 11, aber auch aus den Heilsweissagungen von Kapitel 33. So vereint 17,23 das ‚Nicht-Hören' aus 7,24.26 und 11,8[107] sowie die ‚Halsstarrigkeit' aus 7,26[108] mit der Weigerung, ‚Zucht anzunehmen' aus 7,28.[109] Die Aussicht auf den heilvollen Zustand, die in 17,26 an die Befolgung des Ruhegebotes gebunden ist, erkennt man dagegen an ihrer umfassenden Ortsangabe als Schwesterstück zu 32,44 und 33,13.[110] Doch während die verheißene

---

103 Vgl. DIAMOND, Confessions, 168.

104 Gegen Holladay, der meint, „the sabbath passage is here because of a double link: it was triggered by *kisseʾ*, ‚throne' (vv. 12, 25), and by the three occurrences of *yôm* in vv. 16–18, which offer occasion for the sevenfold repetition of the word in the present passage" (HOLLADAY, Architecture, 158). Sein Vorgehen erscheint ein wenig schematisch: Der ‚Unheilstag' oder ‚böse Tag' von 17,14–18 ist doch zu sehr etwas anderes als der יוֹם הַשַּׁבָּת, und der כִּסֵּא כָבוֹד als der aus 22,4 nach 17,25 importierte ‚Thron Davids', als daß man darin eine gezielte Anknüpfung sehen könnte.

105 Vgl. 18,12bβ: „Ein jeder wird nach der Verkehrtheit seines bösen Herzens tun" (נַעֲשֶׂה אִישׁ שְׁררוּת לִבּוֹ־הָרָע), vgl. für diese Wendung Dtn 29,18; Ps 81,13, v.a. aber Jer 3,17; 7,24; 9,13; 11,8; 13,10; 16,12; 23,17.

106 Vgl. WRIGHT, Rebuilding Identity, 230.

107 Vgl. auch Jer 35,15; 44,5.

108 Vgl. auch Jer 19,15.

109 Vgl. auch Jer 5,3; 32,33; 35,13.

110 Vgl. Jer 17,26 „von den Städten Judas und von der Umgebung Jerusalems und vom Land Benjamin und von der Schefela und vom Gebirge und vom Südland" mit „im Land Benjamin und in der Umgebung Jerusalems und in den Städten Judas und in

Restitution sich in Kapitel 32 darin manifestiert, daß wieder langfristige Verträge abgeschlossen werden und in Kapitel 33 die Wiederbelebung der Städte mit Herden im Blick ist, wird das Heil in 17,26 im ununterbrochenen Strom der Opfergaben nach Jerusalem sichtbar und ist damit der kultischen Thematik der Perikope angemessen.[111] Die „bewußte Nachahmung dtr. Phraseologie des Jeremiabuches"[112] ist also offensichtlich. Das einzige Element, das nicht aus dem weiteren Jeremiabuch abgeleitet werden kann, ist das Thema: der Sabbat.

Will man hier nicht ein authentisches Prophetenwort versteckt sehen,[113] kommt man nicht umhin, den Bericht Nehemias in Neh 13,15–22 näher in den Blick zu nehmen, der dem Abschnitt 17,19–27 terminologisch und inhaltlich außerordentlich nahesteht.[114] Die beobachtete enge sprachliche Anlehnung der Jeremiapredigt an vergleichbare Stellen innerhalb des Prophetenbuches macht es unwahrscheinlich, die ganze Passage als von Neh 13 abhängig zu betrachten.[115] Um dagegen lediglich eine geistige Verwandtschaft zu behaupten, die aus der zeitlichen Nähe beider Schriften und der Beschäftigung mit dem gleichen Problem resultiere,[116] ist die Parallele zu stark. Will man umgekehrt

---

den Städten des Gebirges und in den Städten der Schefela und in den Städten des Südlands" (32,44) und mit „in den Städten des Gebirges und in den Städten der Schefela und in den Städten des Südlands und im Land Benjamin und in der Umgebung Jerusalems und in den Städten Judas" (33,13). Levin hält von diesen Listen 32,44 für die älteste, die anderen beiden seien „an der Reihenfolge als sekundär zu erkennen" (LEVIN, Verheißung, 175, n. 83). Die Einordnung als solche überzeugt, auch wenn dies das dafür genannte Argument nicht vermag.

111 „[L]e rédacteur utilise des expressions et formules présentes dans le livre de Jérémie, mais [...] le vocabulaire est celui du milieu sacerdotal tardif" (BRIEND, Sabbat, 34).

112 VEIJOLA, Sabbatgebot, 256.

113 Vgl. RUDOLPH, Jeremia, 120 f.; WEISER, Jeremia, 149 f. Selbst in manchen jüngsten Beiträgen läßt sich diese Auffassung finden: Gladson etwa meint, die Frage der jeremianischen „provenance of this oracle [...] must be left open" (GLADSON, Jeremiah 17:19–27, 35). Dem widerspricht der oben erwähnte Patchworkcharakter entschieden.

114 Vgl. hier wie dort das Verbot, Lasten am Sabbat durch die Tore zu bringen, Neh 13,19b: „Und von meinen Knechten stellte ich in die Tore, damit keine Last am Sabat hineinkäme" (וּמִנְּעָרַי הֶעֱמַדְתִּי עַל־הַשְּׁעָרִים לֹא־יָבוֹא מַשָּׂא בְּיוֹם הַשַּׁבָּת) mit Jer 17,21: „Hütet euch bei eurem Leben, daß ihr nicht eine Last aufhebt am Sabbat und sie kommen laßt in die Tore Jerusalems" (הִשָּׁמְרוּ בְּנַפְשׁוֹתֵיכֶם וְאַל־תִּשְׂאוּ מַשָּׂא בְּיוֹם הַשַּׁבָּת וַהֲבֵאתֶם בְּשַׁעֲרֵי יְרוּשָׁלָ͏ִם).

115 So VEIJOLA, Sabbatgebot, 257. Auch Duhm setzt, ohne eigentliche Textanalyse, Jer 17,19–27 jünger an als Neh 13 (vgl. DUHM, Jeremia, 150).

116 Vgl. CARROLL, Jeremiah, 368 sowie bereits THIEL, Redaktion I, 208. Letzterer muß annehmen, daß die Problematik mehr oder weniger identisch in exilischer wie nachexilischer Zeit bestanden habe, da er Jer 17,19–27 unter allen Umständen von D verfaßt sein lassen möchte, und „D gehört eindeutig noch in die Exilszeit" (ebd.). Dieser Zuweisung widerrät der von Veijola nachgewiesene postdeuteronomistische Charakter des Stückes (vgl. VEIJOLA, Sabbatgebot, 256).

Neh 13 auf Jer 17 insgesamt zurückführen,[117] so stellt sich die Frage nach dem Woher der Sabbatthematik. Eine Möglichkeit ist es, hier eine direkte „pseudo-citation"[118] von Dtn 5,12 zu sehen, der deuteronomischen Fassung des Sabbatgebotes, die von Jer 17,19–27 auf jeden Fall vorausgesetzt wird – wie darüber hinaus auch die Todesstrafe für seine Übertretung, die im priesterschriftlichen Gesetz beheimatet ist.[119] Eine andere Lösung bietet sich an, wenn man die literarischen Interdependenzen nicht monolinear ansetzt, sondern von einem Wechselspiel zwischen Neh und Jer 17 ausgeht. Dies gelingt Wrights literarkritischer Analyse von Neh 13. Er hebt mit Neh 13,15aβb.17bβ.19b.22a die Stücke ab, die, um verstanden werden zu können, Jer 17 voraussetzen, und erhält dadurch einen Kern, der seinerseits die Bildung von Jer 17,19–27 angestoßen haben könnte.[120]

Wie dem auch sei: Der Abschnitt 17,19–27 unterbricht die Verbindung der Konfession 17 zur Töpferthematik und kann deshalb wohl zu Recht als ‚postkonfessionelles' Einschreibungsstück beurteilt werden. Damit, und mit der Verbindung zu Neh 13, gibt er einen Hinweis für den *terminus ad quem* der Abfassung zumindest der Konfessionengrundschicht. Zwar beruht Veijolas Verortung der Sabbatpredigt mit Briend ins späte 5. oder frühe 4. Jahrhundert als „früheste[m] Zeitpunkt a quo"[121] im wesentlichen auf der angenommenen direkten Abhängigkeit von Neh 13, doch ändern sich die Dinge nicht wesentlich, wenn

---

117 Dies möchte Fishbane: „[T]his pericope [sc. Jer 17,19–27] was *received* by Nehemiah [...] in its present form" (FISHBANE, Biblical Interpretation, 132, n. 71), vgl. auch, ihm folgend, GLADSTONE, Jeremiah 17:19–27 *passim* sowie FISCHER, Jeremia 1–25, 564; LUNDBOM, Jeremiah 1–20, 809.

118 FISHBANE, Biblical Interpretation, 133. Seine Hauptthese, Jeremia als Fortschreiber bzw. Fortsprecher der Tora zu deuten, wird vielfach aufgegriffen. (vgl. MAIER, Lehrer, 214 f. sowie kritisch GLADSTONE, Jeremiah 17:19–27, 38). Eine reziproke Beziehung nimmt dabei Schart an, der einerseits „the deuteronomic version" (SCHART, Sabbath, 266) des Sabbatgebotes für Jer 17 voraussetzt, andererseits aber annimmt, aufgrund der Problematik, die in letztgenanntem Text angesprochen werde, sei „the donkey, the most important animal for transporting heavy loads" (ebd.) in die Liste von Dtn 5,14 eingefügt worden.

119 Vgl. Num 15,32–36, dazu VEIJOLA, Sabbatgebot, 258, n. 73.

120 Vgl. WRIGHT, Rebuilding Identity, 233. Auch Reinmuth nimmt bereits eine ganz ähnliche „wechselvolle Textgeschichte" (REINMUTH, Bericht Nehemias, 301; vgl. auch MAIER, Lehrer, 218–221) an. Er möchte allerdings zusätzlich in Neh 2,3.13.17 eine Quelle für Jer 17 erkennen: „Hier findet sich nämlich die gleiche Begriffskombination" (ebd., 294), nämlich ‚Tor' (שַׁעַר), ‚Feuer' (אֵשׁ) und ‚anzünden' (יצת). Bei genauer Betrachtung erweist sich diese Parallele jedoch als zu schwach, um eine literarische Abhängigkeit zu postulieren. Alle genannten Elemente lassen sich besser aus dem Jeremiabuch selbst heraus erklären, vgl. Jer 22,4; 51,58 für die ‚Tore', 11,16; 21,14; 32,29; 43,12; 49,2.27; 50,32; 51,58 für das ‚verbrennen mit Feuer' und – ohne Vergleichspunkt in Neh – 4,4b; 7,20; 21,12 für den Aspekt der Unlöschbarkeit (vgl. S. 80 f., n. 125).

121 VEIJOLA, Sabbatgebot, 258, n. 74; vgl. BRIEND, Sabbat, 35.

man in diesem Punkt Wright folgt. Auch er geht schließlich davon aus, daß Jer 17,19–27 die Sabbatthematik aus dem Grundbestand von Neh 13 aufgenommen habe – so oder so wird man auf die späte Perserzeit verwiesen.

Wie steht es nun aber um den Anschluß nach vorne? Hier wurde bereits beim ersten Durchgang durch den Text festgestellt, daß das hymnische, den Tempel als ‚Thron der Herrlichkeit' preisende Stück 17,12 f. die Konfession mit den vorangehenden Weisheitssprüchen verbindet – zumindest mit den Versen 5–8, mit denen es das Thema der ‚Abweicher' teilt. Es liegt also nahe, 17,12 f. als jünger einzuordnen als die beiden Stücke, auf die es sich direkt stützt – und zugleich als älter als die Verse 9–11, die ihrerseits diese Verbindung unterbrechen: Die Wassermetaphorik von 17,13 in ihrem Rückbezug auf 2,13 will direkt an den grünenden, an Wasserflüssen gepflanzten Baum von 17,7 f. angeschlossen sein.[122] Durch die eingefügte Reflexion über die menschliche Natur und das Rebhuhngleichnis wird dieser Anschluß dagegen aufgebrochen und die Doppeldeutigkeit des Eröffnungswortes מִקְוֵה von V. 13, wie auch der Rekurs auf die Apostatenproblematik schwerer verständlich.[123]

Diese eingefügten drei Verse sind nun in sich alles andere als einheitlich und in ihrem Verhältnis zueinander schwierig zu bestimmen, da es sich offensichtlich um mehrere kleinere Glossen handelt, die jeweils einzelne Aspekte aus dem ihnen vorliegenden Grundtext aufgreifen und weiterspinnen.

So bearbeitet V. 9 f., angestoßen durch die von V. 5 vollzogene Verfluchung dessen, der sein Herz von JHWH abwendet, und möglicherweise in Erinnerung an die in 16,12 angeklagte allgemeine Herzensverstockung, die Frage, inwieweit eine nach V. 7 f. gepriesene Haltung überhaupt im Bereich des menschlichen Wollens und Zuschreibens stehe. Sowohl für seine Frage, als auch für seine Antwort greift er dafür auf Formulierungen der Konfessionen zurück: Das Herz ist ‚unheilbar' (אָנֻשׁ) wie der Vergeltungstag von 17,18 und des Propheten Wunde von 15,18 – möglicherweise als Ergebnis einer gedanklichen Verknüpfung der letztgenannten Stelle mit der Klage von 4,19.[124] JHWH dagegen begegnet in V. 10a als der Herzensprüfer, wie man ihn bereits aus 11,20; 12,3 (und 20,12) kennt – oder zumindest beinahe so. Denn es geht zwar auch an den drei Vergleichsstellen darum, daß JHWH erkenne (יָדַע, 12,3; 17,9), daß er prüfe (בחן) – und zwar Herz (לֵב) und Nieren

---

122 Vgl. HOLT, Fountain, 108, ohne literarkritische Folgerungen.

123 Gegen Koenen, der die Enstehung von 17,1–18 in den Schritten 17,1–4.14–18 | 5–8 | 9 f. | 11 | 12–13 postuliert (vgl. KOENEN, Heil, 196).

124 „Oh Wände meines Herzens! Mein Herz pocht"! (קִירוֹת לִבִּי הֹמֶה־לִּי לִבִּי).

(כְּלָיוֹת) – es besteht aber dennoch ein kleiner terminologischer Unterschied: Dort wird ‚gesehen' (רָאה, 12,3; 11,20), hier dagegen ‚erforscht' (חקר, 17,10), wie im Alten Testament an lediglich einer weiteren Stelle, in der Volksklage Ps 44,22.

Weniger an den Voraussetzungen als vielmehr am Ergebnis ist das kurze Gleichnis von V. 11 orientiert. Es illustriert noch einmal den Antityp zum fruchttragenden Gerechten von V. 8, knüpft das negative Resultat des Toren jedoch nicht an die Frage des rechten Glaubens, sondern an die seiner ethischen Konkretion bzw. deren Vernachlässigung *coram mundo*. Antithetisch zum erhabenen Bild des Tempels ‚von Anbeginn' (מֵרָאשׁוֹן, V. 12) steht nun das klägliche Dasein des Betrügers ‚an seinem Ende' (בְּאַחֲרִיתוֹ, V. 11). Sein Hab und Gut hat *ihn* verlassen (Wurzel עזב) – eine eher milde Form des ‚Zuschandenwerdens', wie es in V. 13 denen angesagt wird, die ihrerseits JHWH verlassen haben (Wurzel עזב).

Ein weiterer Glossator verknüpft schließlich über V. 10b unter Zuhilfenahme von 32,19[125] Baummetapher und Rebhuhngleichnis ebenfalls unter dem Gesichtspunkt der ‚Frucht' (פְּרִי) miteinander, die er nun aber nicht als das Ergebnis der göttlichen *iustitia distributiva*, sondern als deren Voraussetzung bzw. Beurteilungsmaßstab verstanden wissen möchte.

Bei der Suche nach dem ältesten Anschlußpunkt für die Konfession 17 ist man so bei 17,8 angelangt. Doch auch die Malediktion und Benediktion von 17,5–8 sind kaum der ursprüngliche Nächstkontext für die Konfession 17. Sie geben stattdessen eine erste Interpretation dessen, was der Beter – oder seine Gegner, die er zitiert, – in 17,15 mit dem ‚Wort JHWHs' gemeint haben sollen. Kann man nach der bloßen Lektüre der Klage, insbesondere aus der expliziten Parallelisierung des דְּבַר־יְהוָה von V. 15 mit dem יוֹם אָנוּשׁ von V. 16, kaum anders, als hierin eine Anspielung auf die Unheilsverkündigung Jeremias zu sehen, so ändert sich dies, sobald man die Verse 5–8 davorsetzt. Die ‚Verfolger' zweifeln nun weniger das Eintreffen eines Strafgerichts über Juda an als vielmehr die Existenz einer Weltordnung, nach der Gottvertrauen belohnt wird und Unglaube sich rächt, und als deren Promulgator der Prophet nun primär gesehen wird.[126]

---

125 Vgl. S. 150, n. 74.

126 Die Verse 5–8 lassen sich somit als Fortschreibung der Konfession 17 verstehen. Koenen hebt dagegen die vielfachen Anknüpfungspunkte an 17,1–4 hervor, die „einen Redaktor mit dazu bewogen haben, v5–8 hinter v1–4 einzufügen" (KOENEN, Heil, 191). Die Ergebnisse aus der Analyse von 17,1–4 im Verhältnis zu 15,12–14 machen es jedoch nötig, die diachrone Ordnung umzustellen. Die beobachtete Anbindung beider Stücke aneinander wird dadurch nicht tangiert. Koenens abgeleiteter

Freilich ließe sich diese Entwicklung diachron zunächst auch in umgekehrter Richtung erklären, doch sprechen zwei Argumente dagegen: Das erste ist die Analogie zu den bereits untersuchten Konfessionen 11 und 15. In beiden Fällen ließen sich Erweiterungen ausmachen, die weisheitlich geprägt waren und darauf abzielten, den Konflikt zwischen Prophet und Volk, der die Konfessionengrundschicht prägt, als Gegensatz zwischen dem Gerechten und den Frevlern zu verstehen.[127] Besonders aus der ersten Konfessionenfortschreibung in 12,1–6* ist die aus der Grundschicht (11,19) aufgenommene und in diesem Sinne weitergesponnene Baummetaphorik vertraut – es ist nicht nötig, die Stichworte ‚Frucht' (פְּרִי, vgl. 12,2; 17,8) und ‚Wurzeln' (Wurzel שׁרשׁ, vgl. 12,2; 17,8) hierbei gesondert zu erwähnen. Die gedankliche Nähe liegt auf der Hand, wenn auch der Umstand noch zu erklären sein wird, daß hier, in Kapitel 17, nun genau diejenige Weltanschauung vertreten – und von den *Gegnern* Jeremias in Frage gestellt wird, – die der Prophet in Kapitel 12 *selbst* anzweifelt.

Das zweite Argument baut auf diesem Analogieschluß auf. Ließe man die Weisheitsworte erst einmal beiseite, so wäre, da 17,1–4 in diesem Fall außer Acht gelassen werden kann, eine Anschlußmöglichkeit von 17,14 in 16,21 zu vermuten. Tatsächlich passen beide Abschnitte ganz hervorragend aneinander: Die Anrufung JHWHs mit der Bitte um heilendes Eingreifen folgt konsequent auf die von ihm selbst angekündigte Offenbarung seiner Macht und Stärke. Eben dies wäre ja die Bestätigung des – prophetischen – Beters, die gemäß dem Wort seiner Feinde bislang ausbleibt (V. 15), und von ihm selbst umso heftiger erfleht wird (V. 18). Vor allem jedoch korrespondiert sein Wunsch nach zweifacher Zerschmetterung seiner Gegner von 17,18 (מִשְׁנֶה שִׁבָּרוֹן) hervorragend mit der auf 16,21 unmittelbar[128] vorausgehenden angesagten doppelten Vergeltung (וְשִׁלַּמְתִּי מִשְׁנֵה). Ohne Kenntnis von 16,18 und in der räumlichen Trennung des Endtextes dagegen ist diese Bitte von 17,18 nahezu unverständlich – das belegen nicht zuletzt die modernen Interpretationsversuche, die ihren Skopus primär in einer skandalösen „Überbietung des ius talionis"[129] ausmachen möchten. Im Anschluß an Kapitel 16 sieht das anders aus: Die zweifache Vergeltung dort ist, wie gesehen, die Antwort auf die zweifache Sünde von 2,13[130] –

Schluß, V. 5–8 seien „einmal ein selbständiger Text gewesen" (ebd.), fällt jedoch mit seinen Argumenten.

127 Vgl. Jer 12,1–3.4bβ.5–6; 15,10.21.

128 16,19 f. konnte als Ergänzung identifiziert werden, die bereits die Konfession 17 voraussetzt, vgl. S. 155 f.

129 RUDOLPH, Jeremia, 119.

130 Vgl. zurecht WEISER, Jeremia, 149.

wenn Jeremia nun, in Kapitel 17, die Exekution dieses verhängten Urteils einfordert, verlangt er nicht mehr und schlimmeres als eine Strafe,
die zum einen dem Maß nach angemessen und zum anderen bereits
verhängt ist.

Somit erweist sich die Konfession 17 als an ihren primären Vor- wie
Nachtext auf ganz ähnliche Weise angeschlossen. Beide Male besteht
das verbindende Element darin, daß vom Propheten bereits im Namen
JHWHs ausgesprochene oder noch durch eine Zeichenhandlung
darzustellende Gerichtsankündigungen nun vom Beter tatsächlich
eingeklagt werden, dort das ‚Zerschmettern‘ (שבר, 17,18, vgl. 19,10 f.),[131]
hier die doppelte Retribution. Das nach 17,15 ob seines Nicht-Eintref-
fens verspottete ‚Wort JHWHs‘ ist in diesem Kontext ebenso wie bei
der Einzellektüre der Konfession nichts anderes als die prophetische
Unheilsbotschaft.

Nachdem die ursprüngliche literarische Umgebung von 17,14–18
nun freigelegt ist, stellt sich weiterführend die Frage nach der diachronen Position der Konfession innerhalb dieses Rahmens. Auch hier
ist es zunächst die Hypothese, es verhalte sich mit dem fraglichen Text
ähnlich wie in Kapitel 11–12 und 15, welche die Beobachtungen leiten
soll. Auf diese Weise läßt sich, ergänzend zu dem eben dargelegten
Umstand der engen literarischen Verbindung der Prophetenklage von
Kapitel 17 mit ihrem Primärkontext ebenfalls feststellen, daß sie gleichzeitig problemlos aus diesem gelöst werden kann, ohne daß eine
spürbare Lücke entstünde. Dieses alte Argument Duhms für den
sekundären Charakter der Gottesknechtslieder[132] ist, da lediglich ein
negatives, zunächst ein schwaches – es gilt für die meisten Texte des
Alten Testaments. Darüber hinaus zeigt sich jedoch, daß der Gang
Jeremias zum Töpfer in 18,1–6 eine geradezu plastische Fortsetzung
von Kapitel 16 abgibt. Endet dieses in 16,21 mit der dann für 17,14 als
Brückenkopf wichtigen Ankündigung JHWHs, er werde seine ‚Macht‘
(יַד) und ‚Stärke‘ (גְּבוּרָה) offenbaren, so erscheint das Töpfergleichnis
von Kapitel 18 geradezu als Illustration und Demonstration dieser
Aussage. Das metaphorische Hauptgewicht liegt hier eindeutig auf der
Verfügungsmacht des Handwerkers gegenüber seinem Werkstoff. Bild-
und Sachebene gehen so, einem Wortspiel gleich, nahtlos ineinander
über: Das Gefäß verdirbt unter der Hand des Töpfers (בְּיַד הַיּוֹצֵר, 18,4),
woraufhin er es verwirft und ein neues herstellt. Die Deutung folgt auf
dem Fuß: Ihr seid „wie Ton in der Hand des Töpfers" (כַּחֹמֶר בְּיַד הַיּוֹצֵר,

---

131 Vgl. S. 158 f.
132 Vgl. DUHM, Jesaja⁵, 311.

18,6). In der Handlung des Handwerkers wird somit symbolisch die Hand/Macht (יָד) JHWHs offenbar, ganz so, wie es in 16,21 verheißen wird.

Wie bei den Konfessionen 11–12 und 15, so existiert demnach auch bei der Konfession 17 ein literarischer Zusammenhang, in den die Klage selbst zwar hervorragend eingebettet ist, den sie aber zugleich unterbricht und umdeutet: Der Machterweis JHWHs im Gericht dient mit ihr nicht mehr allein als Sühne des göttlichen Zornes, sondern zugleich der Rehabilitation und Bestätigung seines Stellvertreters, des Propheten. Dieser zweifache Befund hatte oben zu dem Schluß geführt, 11,18–12,6 und 15,10–21 als in und für ihren Kontext verfaßte Einschreibungstexte zu bestimmen – es ist daher nur folgerichtig, dies auch von 17,14–18 zu behaupten. Die Arbeitshypothese, die oben der Analyse der literarischen Verhältnisse im Kapitelzusammenhang 16–18 zugrunde gelegt wurde, hat sich damit bestätigt. Anders als dies bei den beiden ersten untersuchten Abschnitten der Fall war, erweist sich die Konfession 17 jedoch nicht als das jüngste Stück innerhalb ihres näheren Kontextes, sondern ganz im Gegenteil als der relativ älteste Baustein von Kapitel 17.

Zusammengefaßt läßt sich über die Entstehung des Kapitelzusammenhanges 16–18 demnach folgendes sagen:

Die Zeichenhandlung 16,1–9* mit ihrer Fortsetzung in V. 16 (f.) und 21, bildet die Grundlage des Abschnittes, die bereits die literarische Anknüpfung des Töpfergleichnisses 18,1–6 ermöglicht.

Diese Basis erfährt zunächst in Kapitel 16 zahlreiche Erweiterungen, von denen der fiktive Redewechsel zwischen Jeremia und dem Volk über die Ursachen des kommenden Gerichts in 16,10–13 die älteste ist.

Deren Antwort, die Schuld liege in der Verehrung ‚anderer Götter' wird von einem weiteren Ergänzer aufgegriffen, der diesen Umstand nun unter Zuhilfenahme ezechielisierender Sprache und in Anspielung auf 2,13 als ‚Entweihung' deutet, die ‚doppelt' gesühnt werden solle.

Damit sind die Eckpfeiler vorhanden, auf die sich die Einschreiber der Konfession 17,14–18 stützen können.

Sie wird ihrerseits mehrfach nach vorne fortgeschrieben, zunächst in der weisheitlichen Antithese des ‚verfluchten' und ‚gepriesenen' Mannes von 17,5–8, dann im tempelfrommen Lobpreis der Wir-Gruppe von 17,12 f.

Jünger als beide sind vermutlich die Glossen über die Natur des menschlichen Herzens 17,9–10a sowie das Rebhuhngleichnis von 17,11, die ihrerseits beide durch V. 10b unter Verwendung von 32,19 interpretiert werden.

Darüber hinaus erfolgt im Anschluß an die Konfession, aber mit stärkerer Anlehnung an die folgenden Kapitel, die Einschreibung des Sabbatabschnittes 17,19–27.

Abgesehen von diesen Entwicklungen in Kapitel 17 erfährt ferner Kapitel 16 eine heilvolle Umdeutung, in einem ersten Schritt durch 16,14 f., der die Wegführung von V. 13 mit der Heimkehr der weltweiten Diaspora beantwortet, in einem zweiten Schritt mit V. 19 f., der daraus die Wallfahrt der Heiden ableitet.

Ein dritter Schritt in diese Richtung findet durch die Kleinglossen von 16,17 (in Erinnerung an Jes 40,27) und in V. 18 auf einer Ebene statt, auf der sich masoretischer Text und Septuagintavorlage bereits getrennt haben.

Dies ist auch der *terminus a quo* für die in LXX nicht überlieferte Ergänzung von 17,1–4, die *relecture* von 15,12–14, die nun wieder ein Bild zeichnet, das alles andere als heilvoll genannt werden muß und wohl mit der Krise um Antiochus' IV Tempelentweihung in Zusammenhang steht.

Diese Auflistung erweckt den Anschein, die diachrone Abfolge aller aufgeführten kleinräumigen Einzelfortschreibungen sei *en detail* nachvollziehbar. Dem ist natürlich nicht so. Der Mangel an expliziten literarischen Bezügen über den unmittelbarsten Kontext hinaus macht es schwer zu beurteilen, ob etwa beide Heilsweissagungen von Kapitel 16 bereits älter sind als 17,14–18 oder ob auch 16,14 f. zum ‚postkonfessionellen' Material gehört, wie dies von 16,19 f. mit einiger Sicherheit angenommen werden kann.

Ebensowenig ist, aus dem gleichen Grunde, letztgültig das literarische Verhältnis der eindeutig jüngeren Stücke zueinander zu klären. Welche der Fortschreibungen der Konfession nach vorne, also von 17,5–13*, finden die Verfasser des Sabbatabschnittes bereits vor? Kennen sie bereits 16,19 f. oder verhält es sich umgekehrt? Die Autoren von 17,19–27 interessiert von Jeremia zu wenig der klagende Prophet und das Problem des Leidens im Angesicht der Erwählung und zu sehr der deuteronomistische Umkehrprediger, als daß man von ihnen Hinweise in diese Richtung erwarten könnte. Eine definitive Antwort auf diese Frage ist m.E. nicht möglich.

4.3 Die Konfession 17

Wie steht es nun aber, angesichts dieser Vielzahl an kleineren und größeren Fortschreibungen und Glossen im Kontext, um die literarische Integrität von 17,14–18 selbst?

Beim Durchgang durch den Text im Rahmen der Kontextanalyse wurde bereits bemerkt, daß sich die Klage des Propheten hier besonders nahe am Formschema der Klage eines Einzelnen orientiert. Seit Baumgartner ist es unbestritten, in ihrem Aufbau die Gattungselemente „v. 14 Bitte, v. 15 Klage [...], v. 16 Unschuldsmotiv, v. 17 Bitte und Vertrauensmotiv, v. 18 Bitte und Fluch" zu erkennen.[133] Auch wenn man sicherlich gut beraten ist, die Formkritik im Dienste der Literarkritik nicht über Gebühr zu beanspruchen, offenbart sich doch hinter diesem Aufbau eine Geschlossenheit des Stückes, die man nur mit einer gewissen Gewalt aufbrechen kann – und dies daher nur mit sehr guten Gründen tun sollte. Brandscheidt etwa möchte V. 14 vom Grundbestand dessen, was sie als „Mittlerklage"[134] bezeichnet, lösen und stattdessen zu V. 12 f. rechnen.[135] Es ist ihr unverständlich, wie „hier die ausdrücklich an Jahwe gerichtete Bitte um ‚Heilung' und ‚Rettung'"[136] mit einem klagenden Individuum verbunden werden könne; sie deutet diese daher kollektiv nach 3,22; 14,9; 30,17; 33,6. In der Tat stellt Brandscheidt mit ihren Belegen einen Interpretationsrahmen zur Verfügung, innerhalb dessen 17,14 im Sinne der zweiten Konfessionenfortschreibung gelesen werden kann – und mit 17,12 f. vermutlich auch gelesen werden will[137] –, sie verliert dabei jedoch die näherliegende Bezugsgröße aus den Augen: Diese wäre der leidende Prophet von 15,18, der – primär nur von sich selbst –, klagt, daß seine Wunde nicht heilen wolle (מֵאֲנָה הֵרָפֵא)[138] und dem JHWH in 15,20 bereits Erlösung in Aussicht stellt, „denn ich bin mit dir, um dich zu retten" (כִּי־אִתְּךָ אֲנִי לְהוֹשִׁיעֶךָ).

Das Zwiegespräch der Konfession 15 bildet daher den unmittelbaren Verständnishintergrund für 17,14. Jeremia greift seine dortige Klage ebenso wie Gottes Antwort auf und richtet sie nun an diesen als

---

133 BAUMGARTNER, Klagegedichte, 43. Vgl. etwa WANKE, Jeremia 1, 167; WERNER, Jeremia 1–25, 170.

134 BRANDSCHEIDT, Gerichtsklage, 71 und *passim*.

135 Sie urteilt daher: „Mit der persönlichen Not des Propheten Jeremia, der sich in der folgenden Klage mit seinen Feinden auseinandersetzt [...] hat diese Bitte nichts zu tun" (BRANDSCHEIDT, Gotteszorn, 266). Stattdessen vermeint sie „die gleiche kultische Atmosphäre zu spüren wie in V. 12 und V. 13" (ebd.).

136 BRANDSCHEIDT, Gerichtsklage, 69.

137 Vgl. S. 142–145.

138 Vgl. AHUIS, Gerichtsprophet, 117; HERMISSON, Rechtsstreit, 26.

doppelte Bitte: „Heile mich" (רְפָאֵנִי) und „rette mich" (הוֹשִׁיעֵנִי)![139] Es gibt keinen Grund, weder formaler noch inhaltlicher Natur, 17,14 vom Grundbestand der Konfession zu scheiden.

Dies gilt auch für Versuche, V. 18 abzutrennen, die zwar literarkritisch begründet werden, letztlich aber, wie ähnliche Eingriffe bei den anderen Konfessionen auch, moralisch motiviert sind.[140] Wenn Jeremia die Zerschlagung seiner Gegner wünsche, so heißt es, widerspreche er damit „dem unzweifelhaft echten 16. Verse in gröbster Weise. Was Jer in v. 16 f. unter Anrufung von Jahwes Zeugnis von sich abweist, gerade das thut v. 18"[141]. Diese Beobachtung ist zwar der Sache nach zweifellos richtig, rechtfertigt aber keinen literarkritischen Schnitt. Es ist vielmehr absolut kohärent, daß am Ende einer Klage die Bitte um die Aufhebung ihres Grundes zu stehen kommt. Der Anlaß der Konfession 17 sind unmittelbar die spottenden ‚Verfolger', mittelbar das Ausbleiben des ‚Wortes JHWHs'. Erlösung kann es folgerichtig für den Beter nur dann geben, wenn die Gegner schweigen, was konsequenterweise dann der Fall sein wird, wenn sich dieses ‚Wort' erfüllt. Daß der Prophet in V. 16 beteuert, er habe kein Unheil herbeigesehnt, steht dazu in keinerlei Widerspruch, sondern verstärkt gewissermaßen den moralischen Druck auf Gott: Der Beter hat im Namen JHWHs – gegen den eigenen Willen – seine Pflicht erfüllt, nun ist dieser an der Reihe, seinen Teil des Vertrages[142] einzuhalten. Die Verbindungen von 17,18 mit 19,11 und 16,18 machen dabei deutlich, wovon hier der Sache nach die Rede ist: Es geht um die prophetische Gerichtsverkündigung und die Verzö-

---

139 Diese Anknüpfung an die Konfession 15 gilt unbeschadet des Umstandes, daß beide Anrufungen aus Klagen des Psalters wohlvertraut sind, vgl. zu רְפָאֵנִי Ps 6,3, zu הוֹשִׁיעֵנִי Ps 3,8; 6,5; 7,2; 22,22; 31,17; 54,3; 59,3; 69,2; 109,26; 119,94. Ittmann meint dennoch, in 17,14 werde „die Ebene traditioneller Klagebitten verlassen" (ITTMANN, Konfessionen, 161), da die Bitte um Heilung nicht mit einem „konkreten körperlichen Gebrechen" (ebd.) verbunden werde. Diese Aussage erscheint beim Blick auf Ps 41 etwas überspitzt. Auch dort stellen mehr die Feinde und ihre üble Nachrede die Not dar, von der der Beter ‚geheilt' werden möchte als eine näher beschriebene Krankheit (vgl. Ps 41,5 f.).

140 Dies wird deutlich bei Duhms Begründung für die Zuweisung von 11,21–23 an den „Ergänzer": „Jeremia selber aber hätte schwerlich über persönliche Gegner sich in so grimmigen Drohungen gehen lassen" (DUHM, Jeremia, 113).

141 DUHM, Jeremia, 149; vgl. CORNILL, Jeremia, 218.

142 Die Kategorie des Vertrages zwischen Gott und dem Propheten ist natürlich insofern problematisch, als man mit Blick auf Jer 1 nicht behaupten könnte, daß ihrer Beziehung eine beiderseitige Willenserklärung zugrundeläge. Dennoch entsteht durch die Berufung durchaus eine Art wechselseitiger Bindung, nicht zuletzt durch die Beistandszusagen JHWHs (vgl. Jer 1,8.18 f.). Ihre Erfüllung kann Jeremia nun einklagen.

gerung ihrer Erfüllung, in V. 15 ebenso wie in V. 18.[143] Diese aus dem
Kontext erschlossene Deutung des ‚Wortes JHWHs' läßt sich auch aus
dem direkten Vergleich beider Verse argumentativ stützen. Die Bitte
von 17,18, „den *ywm rˁh* herbeizuführen, ist im AT sonst völlig unüb-
lich, ebenso *hbyʾ* als Aufforderung an Jahwe"[144] – erklärbar wird der ungewöhnliche Imperativ Hifil von בוא jedoch dann, wenn man in ihm
die direkte Antwort auf das spöttische יָבוֹא נָא der Gegner von V. 15
erkennt: Sie werden nun in gewisser Weise beim Wort genommen.
Nicht nur JHWHs und Jeremias, auch ihr Wort wird sich nun mit dem
Eintreffen des Strafgerichts erfüllen, das sie, anders als es der Prophet
nach V. 16 getan hatte, leichtfertig auf ihren Kopf heraufbeschwören –
ein Zusammenhang voll bitterer Ironie. Zugleich wird damit deutlich,
daß zwischen dem ‚Unheilstag' von V. 16, dem ‚Wort JHWHs' von V.
15 und dem ‚bösen Tag' von V. 17 und 18 eine sehr große inhaltliche
Nähe besteht. Alle drei Begriffe reden von denselben Ereignissen, aber
unter verschiedenen Aspekten: In V. 15 aus Sicht der Widersacher, die
Jeremias prophetische Kompetenz in Frage stellen, in V. 16 mit dem
Ziel, zwischen menschlichem Willen und prophetischer Aufgabe zu
differenzieren, in V. 17 f. schließlich, um anhand des unterschiedlichen
Ergehens den Gegensatz von Prophet und Volk zu pointieren.[145]

V. 18a erweist sich zudem als durch die zweifache antithetische
Epanalepse von בוש und חתת strukturell eng an die Anrufung von
V. 14 angebunden.[146] Sie entspricht stilistisch der dortigen zweimaligen
Geminatio von רפא und ישע und läuft klimaktisch auf die finale Figura
etymologica mit der Wurzel שבר zu.[147] Die Dreierbeziehung Beter –

---

143 Damit wird der Auffassung widersprochen, in 17,15 werde von Jeremia ein aus-
     stehendes Heilsorakel eingefordert (vgl. REVENTLOW, Liturgie, 237; CARROLL,
     Confessions, 122; DERS., Jeremiah, 363).
144 POHLMANN, Ferne, 52, n. 42.
145 Wenn der ‚böse Tag' von V. 18 derartig mit dem Kommen des ‚Wortes JHWHs' von
     V. 15 im Sinne einer Erfüllung der Unheilsweissagung des Propheten verbunden ist,
     sollte man in ihm, ähnlich wie im ‚Jahr ihrer Heimsuchung' von 11,23, primär noch
     nicht den eschatologischen Gerichtstermin sehen. Dies unternimmt Pohlmann mit
     Verweis auf die Belege Jer 51,2; Ps 27,5; 41,2 (vgl. POHLMANN, Ferne, 52, n. 42.59–61).
     In Jer 51 ist allerdings ausschließlich von der Heimsuchung Babels die Rede, und
     auch Ps 27 und 41 sprechen eher allgemein von einer ‚bösen Zeit' als vom End-
     gericht (vgl. KRAUS, Psalmen 1–59, 225.313). Dies ist eher beim letzten, von Pohl-
     mann nicht angeführten Beleg, Prov 16,4, der Fall, in dem von der negativen Prä-
     destiation des רָשָׁע für den יוֹם רָעָה die Rede ist (vgl. MEINHOLD, Sprüche 2, 266).
     Dieser Beleg verdeutlicht, daß der Termin von 17,18 – ähnlich wie in 11,23 – für eine
     derartige Deutung auf redaktioneller Ebene durchaus offen sein konnte.
146 Vgl. O'CONNOR, Confessions, 48.
147 Diese Akkumulation verschiedener Stilmittel der Wiederholung dient Holladay als
     Beleg für die Jeremianizität der Konfession 17: „[T]he prophet was fond of repeating
     verbs in two conjugations [...] or the like" (HOLLADAY, Style, 46). Wie viele andere

Gegner – JHWH wird über das Leitmotiv des ‚Erschreckens' zusammengefaßt. Gott soll dem Konfessionenjeremia nicht ‚zum Schrecken' (לִמְחִתָּה, V. 17) werden, nicht er, sondern seine Feinde sollen davon befallen werden (יֵחַתּוּ הֵמָּה וְאַל־אֵחַתָּה אָנִי, V. 18).

Faktisch spricht daher wenig für, aber nahezu alles gegen eine literarkritische Differenzierung innerhalb von 17,14–18.[148]

Das letztgenannte Stichwort חתת illustriert nun nicht nur zusammen mit den anderen stilistischen Beobachtungen den wohlgeordneten, vielfach strukturell verschränkten Aufbau des Gebetes, es weist auch über die eigentliche Konfession wie die Gattung der Klage insgesamt hinaus und ins weitere Jeremiabuch hinein. Denn im Gegensatz zu seinem Geschwisterbegriff בוש,[149] ist חתת durchaus kein typisches Wort der Psalmensprache; man sucht die Wurzel dort vergebens.[150] Anders verhält es sich im Jeremiabuch.[151] Die Anweisung, ‚nicht vor *ihnen* zu erschrecken',ist Bestandteil des Berufungsberichtes in Jer 1,17[152] – der Aufschrei des Beters von 17,17 greift dies auf und spielt den Ball wieder zurück: Werde *Du* mir nicht zum Schrecken – *sie* sollen erschrecken![153] Wie es bereits bei den Klagegebeten in Kapitel 11 und 15 beobachtet werden konnte, so bildet auch hier wieder die Bestellung zum Propheten auf zweierlei Weise den Grund der Konfession. Sie ist letzten Endes die Ursache für das Leiden des Beters – aber sie bietet auch

---

verfällt er hierbei der *petitio principii*, der Prophet selbst müsse qua Genie stilistisch wertvolleres Hebräisch gesprochen oder geschrieben haben als die fortschreitenden Epigonen.

148 Dies gilt auch für Vermeylens Vorschlag, 17,14.16 f. als „un petit psaume de la communauté pieuse" (VERMEYLEN, Essai, 267) von 17,12 f.15.18 zu trennen, die „une situation nouvelle, caractérisée par la persécution" (ebd.) vor Augen hätten. Die recht starke Orientierung des Abschnittes an der Gattung der Klage eines Einzelnen spricht ferner ebenso gegen Lundboms Vorschlag, einen (jeremianischen) Kern aus V. 13–16 zu extrahieren (vgl. LUNDBOM, Jeremiah, 88 f.).

149 Die Wurzel hat 31 Belege im Psalter, (vgl. u.a. Ps 6,11; 22,6; 25,2.3.20; 31,2.18; 35,4.26) und ist generell typisch für die Feindklage (vgl. STOLZ, בוש, 271; SEEBASS, בוש, 578 f.).

150 Einzige Ausnahme ist מְחִתָּה in Ps 89,41 – dort jedoch von den zerstörten Mauern Jerusalems weniger in der Bedeutung ‚Schrecken' als mehr ‚Verwüstung' (vgl. MAASS, חתת, 301).

151 Die Wurzel חתת begegnet hier in 16 Versen. Gleichwohl ist es wohl ein wenig übertrieben, das Nomen מְחִתָּה bei lediglich einer weiteren Belegstelle (Jer 48,39) als „favorite word of Jeremiah's" (CRAIGIE/KELLEY/DRINKARD, Jeremiah 1–25, 236) zu bezeichnen.

152 Hermisson erwägt deshalb, ob 1,17 „möglicherweise" (HERMISSON, Rechtsstreit, 18) von 17,17 abhängig sei. Die vielfältigen Bezugnahmen aller Konfessionen auf den Berufungsbericht in seiner Letztgestalt machen es jedoch wahrscheinlicher, dort die gebende Stelle zu sehen.

153 Vgl. O'CONNOR, Confessions, 50; DIAMOND, Confessions, 86.

die Basis, auf der er gegenüber Gott argumentieren und von ihm die –
aus Konfessionensicht zweimal[154] – zugesagte Errettung einklagen kann.

Noch deutlicher als es bei 11,18–12,6 und 15,10–21 der Fall gewesen
ist, tritt somit in der Grundschicht der Konfession 17 Jeremia im Bild
des an seinem Auftrag und trotz seiner Berufung leidenden Propheten
in Erscheinung.

Ebenso wie bei den ersten beiden behandelten Abschnitten erfährt
diese Darstellung auch hier durch Fortschreibungen gewisse Modifikationen und Interpretationen – anders als dort jedoch nicht durch eine
komplette *Reprise* der Konfessionengrundschicht, wie im Falle von
12,1–6*, und auch nicht durch Einschreibungen in die Klage selbst, wie
bei 15,10–21, sondern durch Ergänzungen nach vorne. Das heißt nichts
anderes, als daß die Bausteine von 17,5–13, die oben bereits allesamt
jünger datiert werden konnten als die Verse 14–18, nun tatsächlich als
auf die Konfession 17 bezogene Interpretationen gedeutet werden
sollen – die eingangs behandelte Frage nach der Abgrenzung der Texteinheit[155] erscheint auf redaktioneller Ebene in einem neuen Licht.

Bereits beim ersten Durchgang durch den Text war die sprachliche
und thematische Nähe der Verse 5–8 zur kollektiv-exemplarischen
Konfession 12 erkannt worden.[156] Es liegt daher nahe, sie auch derselben Redaktion zuzuweisen wie diese.[157] Jeremias Hilferuf schließt sich
nach ihrer Einschreibung direkt an die Benediktion dessen an, der auf
JHWH vertraut – er selbst wird nun zum exemplarischen Prüfstein für
die Belastbarkeit dieses Axioms. Er bekennt sich zu Gott als seiner
,Zuflucht' (מַחְסֶה, 17,17) und muß einerseits deswegen den Spott derer
ertragen, die diesen Ordnungszusammenhang der von JHWH garan-

---

154 Vgl. Jer 1,8.18; 15,20.
155 Vgl. S. 142–145.
156 Vgl. S. 149 f.
157 Angesichts der relativen Schichtung des ganzen Kapitels 17 ist es daher so gut wie
   unmöglich, in 17,5–8 Worte des Historischen Jeremia, etwa „the prophet's comment
   upon the news of Megiddo [sc. 609]" (DAVIDSON, Interpretation of Jer xvii, 205)
   finden zu wollen. Ähnlich wie er urteilt Holladay, allerdings aufgrund stilistischer
   Kriterien: „Here, surely, we see the master hand at work, again too great for later
   generations to grasp" (HOLLADAY, Style, 52; vgl. DERS., Jeremiah 1–25, 490). Schwer
   verständlich ist seine Anschauung, hier „Jrm's response to the diction of 15:18 and
   19" zu sehen und die Verse „during the great drought described in 14:1–6" zu
   datieren (DERS., Jeremiah 1–25, 490 f.). Die Wasser- und Dürremetaphoriken der
   verschiedensten redaktionellen Ebenen werden hier unkritisch miteinander
   vermengt. Auf redaktioneller Ebene ist ihm zwar rechtzugeben, wenn er urteilt,
   „[t]he passage 17:5–8 [...] does belong in the series of ,confessions'" (DERS., Architecture, 153), seine Einschätzung, in ihnen die von JHWH in 15:19 geforderte „repen-
   tance to God" (ebd., im Original kursiv) zu sehen, überzeugt dagegen nicht. Immerhin folgen noch drei weitere Konfessionen, die in der Schärfe ihrer Anklage an Gott
   15,10–21 keineswegs nachstehen.

tierten „schicksalswirkenden Tatsphäre"[158] nach 17,5–8 als nicht evi-
dent erachten (V. 15), kann aber aus diesem Vertrauen heraus andererseits der Erhörung seiner Bitten von V. 17 f. gewiß sein. Berücksichtigt
man diese beiden Aspekte, so hebt sich der scheinbare Gegensatz zu
12,1–6* auf, der Prophet preise hier, in Kapitel 17, eben die Weltordnung, deren faktische Inexistenz er dort, in Kapitel 12, beklage. Mit
der Abfolge 17,5–8.14–18 ist klargestellt, daß es sich bei den weisheitlichen Versen nicht um die naive Proklamation einer heilen Welt *contra
experientiam* handelt. Auf den Makarismus folgt die Klage. Dieser bildet
somit für jene die argumentative Voraussetzung, übernimmt also die
gleiche Funktion, die auf der Ebene der Grundschicht die Bezugnahme
auf die prophetische Berufung eingenommen hatte. Nicht anders
verhält es sich in Kapitel 12: Daß der dortige Konfessionenjeremia das
Prosperieren, Wurzelnschlagen und Fruchtbringen der Frevler anklagt,
ist nur dann möglich, wenn die Diastase zwischen dem Ist- und einem
Soll-Zustand erkannt und bekannt werden kann und JHWH als צַדִּיק
(12,1) vorausgesetzt wird.

Hier wie dort ist der Blickwinkel gegenüber der Grundschicht erheblich ausgeweitet: Es geht nicht mehr um die Problematik prophetischer Existenz zwischen Heil und Unheil. Der Beter tritt aus dieser
Rolle heraus und schlüpft stattdessen in die des universalen exemplarischen גֶּבֶר. Grundlage des Klagens ist nicht mehr eine *vocatio specialis*,
sondern die Geordnetheit der Schöpfung, nach welcher das Kriterium
der Erwählung eine Glaubensfrage (בטח, 17,5.7) ist. Ebenso erscheinen
die Gegner nun nicht mehr primär als die Feinde des Propheten,
sondern als diejenigen, die, so die Lesart von V. 15 in diesem Kontext,
an eine derartige Ordnung nicht glauben und damit ihr Abweichlertum
(V. 5) bekunden.[159]

Konnte für das Bildmaterial und die damit illustrierten Zusammenhänge im Falle von 12,1–6 bereits auf die motivliche Nähe zu Psalm 1
verwiesen werden, so liegt hier, in 17,5–8, ganz offensichtlich sogar
eine literarische Beziehung vor:[160] Die Verwandtschaft von Ps 1,3 und
Jer 17,8 ist offensichtlich und ebenso wohlbekannt wie die traditionsgeschichtliche Verankerung der Baummetapher im Bereich der altorientalischen Weisheitsliteratur. Sieht man sich deren nächste Parallele,

---

158 KOCH, Vergeltungsdogma, 93; vgl. ebd., *passim*.
159 Vgl. KOENEN, Heil, 199, allerdings mit Einbeziehung von 17,1–4 in den Bezugsrahmen für 17,5–8. Dem ist auf diachroner Ebene ebenso zu widersprechen wie
Ahuis, der 17,12 f. die Funktion zuweist, „17,14–18 mit 17,1–4 zu verklammern"
(AHUIS, Gerichtsprophet, 118). 17,1–4 ist das jüngste Stück des ganzen Abschnittes
(vgl. S. 71–85).
160 Gegen Carroll, der meint, „there are sufficient differences [...] for there to be no
question of borrowing or dependence" (CARROLL, Jeremiah, 351).

das Kapitel 4 aus der Lehre des Amenemope, und die beiden alttestamentlichen Stellen aber genauer an, so läßt sich, neben vielen kleinen
Unterschieden im Detail, eine Hauptdifferenz zwischen allen drei
Passagen ausmachen: Die Gruppen derer, die gepriesen bzw. verflucht
werden, sind jeweils andere. Bei Amenemope steht der bald verdor-
rende „Heiße im Haus des Gottes",[161] also der Ehrgeizling und rück-
sichtslose Karrierist,[162] dem „Schweiger, der sich abseits hält"[163] gegenüber. Bei Jeremia wird dagegen derjenige, der von JHWH abweicht,
dem, der auf ihn vertraut, entgegengesetzt, und in Ps 1 schließlich
besteht der Unterschied zwischen dem Frommen, der sich Tag und
Nacht„in die Tora JHWHs" (בְּתוֹרַת יְהוָה, Ps 1,2) meditierend vertieft,
und dem Frevler. Der ramessidische Weise hält also dem Lebensmodus
einer *vita activa* sein ethisches Ideal der *vita contemplativa* gegenüber – in
Jer 17 ist die Frage von Gedeihen oder Verdorren dagegen eine des
rechten Glaubens geworden, die sich in Ps 1 schließlich zum Kriterium
der diesen aktualisierenden *praxis pietatis* zuspitzt. Vertrauen auf Gott
manifestiert sich hier in der Liebe zu seiner Offenbarung in der Schrift.
Angesichts dieses traditionsgeschichtlichen Gefälles von Jer 17 zu Ps 1
ist es daher eher unwahrscheinlich, daß Jer 12,1 f. und 17,5–8 „vari-
ations by Jrm of that psalm"[164] darstellen.[165] Erkennt man zudem in Ps
1,2 das Zitat aus Jos 1,8,[166] ferner Ps 37,3.5.31; 40,4.5.8 f. „als gedankliche
und literarische Brücke"[167], sowie die Übernahme von Elementen der
Tempel- und Zionstheologie in Ps 1,[168] so kann man schwerlich anders,
als in Jer 17,5–8 eine der gebenden Stellen für das „Proömium des Psalters"[169] zu erkennen.[170] Dessen Entstehung bietet somit einen relativen

---

161 TUAT III, 230.

162 Vgl. die Erläuterung Shirun-Grumachs ebd., Anm. 1 a.

163 Ebd.

164 HOLLADAY, Jeremiah 1–25, 490; vgl. DERS., Architecture, 152; DERS., Spokesman, 93.

165 Ebenso schwierig erscheint es, in Jer 17,5–8 „eine traditionsgeschichtlich gegenüber
     der Amenemope-Version ältere Stufe" (SCHOTTROFF, Fluchspruch, 132) zu erkennen.

166 Vgl. DUHM, Psalmen, 3; KRATZ, Tora Davids, 285 f.

167 KRATZ, ebd., 285.

168 Vgl., unter Verweis auf Ps 52,10; 92,13–15 und den Tempelstrom von Ez 47,12,
     CREACH, Like a Tree, 34–46.

169 KRATZ, Tora Davids, 284.

170 Vgl. DUHM, Psalmen, 3; KRAUS, Psalmen 1–59, 6; MERENDINO, Sprachkunst, 49.
     Lipinski konstruiert dagegen ein Abhängigkeitsmodell, in das er zu den drei be-
     kannten Größen Ps 1, Jer 17 und Amenemope noch zwei unbekannte einfügt: einen
     ägyptischen „archétype" (LIPINSKI, Macarismes, 336), auf den Amenemope sowie
     eine verschollene „adaption hébraïque" (ebd.) zurückgehen sollten, die ihrerseits
     nun wieder Vorlage für Jer 17 und Ps 1 gewesen sei. Dieser Vorschlag ist nicht nur
     deshalb unwahrscheinlich, weil er mit inexistenten Größen operiert, sondern auch,

terminus ad quem für die erste Fortschreibung von 17,14–18 und, geht man nicht von einzelnen Mikroergänzungen aus, sondern akzeptiert die These kapitelübergreifender Schichten, der kollektiv-exemplarischen Redaktion als ganzer.

Lassen sich die Verse 17,5–8 mit dieser in Verbindung bringen, so stellt sich natürlich die Frage, wie es im vorliegenden Text um die zweite, die kollektiv-repräsentative Ergänzungsschicht, bestellt sei.

Der Blick fällt hierbei sofort auf die Verse 17,12 f., die nach vorliegender Analyse dem Kapitel 17 in einem nächsten Schritt zugewachsen sind und nicht mehr von einer Einzelperson, sondern von einer Gruppe im Plural vorgetragen werden. Sie verraten ihre literarische Verwandtschaft durch die ungewöhnliche Terminologie, die sie gebrauchen. So begegnete der כִּסֵּא כָבוֹד bereits in der Argumentation der Volksklage von 14,21, und auch das Wortspiel mit der Wassermetaphorik[171] in der Anrufung Gottes als מִקְוֵה ('Hoffnung'/'Brunnen') konnte im Kontext der sogenannten 'Großen Dürreliturgie' beobachtet werden, im ersten der beiden in der 1. Person Plural gehaltenen Stücke, in 14,8. Beide Abschnitte, die im Rahmen von Kapitel 14 als die jüngsten ausgemacht werden konnten und die in 14,1–15,9 die charakteristische, sogenannte liturgische Gestalt von doppeltem Redewechsel zwischen Betendem/n und JHWH allererst erschaffen, wurden oben der zweiten kollektivierenden Konfessionenredaktion zugeordnet. Sie lassen in Kapitel 14 den im Dialog mit Gott befindlichen Propheten in, wenn man so will, einer Art *gender crossing* zum Sprachrohr der Volksklage und der Frau Zion/Jerusalem werden, und nichts anderes geschieht durch 17,12 f. mit der Konfession 17: Die Sprecher machen sich durch ihren Lobpreis die in den Versen 5–8 skizzierte Weltanschauung zueigen und lassen durch ihre erneute Verdammung der סוּרִים keinen Zweifel daran, auf welcher Seite des dort skizzierten Gegensatzes sie sich selbst verorten: Wer JHWH und seine Präsenz im Tempel[172] derart elaboriert[173] anruft, der kann nur dem wahren, auf ihn vertrauenden

---

weil er Zusammenhänge literarkritisch auswertet, die besser traditionsgeschichtlich gedeutet wären.

171 Vgl. S. 110 f.

172 Zum traditionsgeschichtlichen Hintergrund der hier durchscheinenden Gottesbergvorstellung als 'erhaben von jeher' vgl. MCKANE, Jeremiah I, 406 mit Verweis auf Ugarit sowie METZGER, Thron, *passim*.

173 Auffällig ist die wunderschöne dreimalige Alliteration von V. 12 (vgl. METZGER, Thron, 238), weniger auffällig, aber nicht unplausibel die Verschränkung von V. 12 und V. 13 durch eine *Inclusio* (vgl. ebd. 239) – die kunstvolle Abstimmung beider Verse aufeinander, die er beobachtet, spricht leise gegen Metzgers eigene These, V. 12 habe vor seiner Verbindung mit V. 13 ein literarisches Eigenleben gehabt (vgl. ebd.).

Israel angehören. Die *Invocatio* dient so der Vorbereitung für die Klage von V. 14–18, die nun nicht mehr der paradigmatische Prophet, auch nicht der exemplarische Gerechte, sondern der kollektive, das leidende Israel repräsentierende Jeremia vorträgt.[174]

Man findet also die gleiche Sprache wie an den Vergleichsstellen in Kapitel 14, und man findet die gleiche Tendenz – der Schluß liegt daher nahe, hier wie dort die gleiche Redaktion am Werke zu sehen.

Die Ergänzung von Elementen der Zionsverehrung zum bereits im frömmigkeitstheologischen Sinne[175] interpretierten Weisheitsparadigma von 17,5–8 in Ps 1 könnte dabei einer der Anstöße gewesen sein, den Tempel mit JHWHs wasserspendender Gegenwart als den intendierten Pflanzort des immergrünen Baumes in einer Art Rückkopplung nun auch in Jer 17 einzuspeisen. Er wird zu einer Art neuen Garten Eden, in dem das wahre Israel getreu dem Berufungsauftrag an Jeremia von 1,10, durch diesen gepflanzt ist und sich in ihm artikulieren kann.

Die ‚Verfolger' von 17,18 sind dadurch nicht länger nur die Widersacher des Propheten oder die Frevler im allgemeinen, es sind die ‚Abweicher' nach V. 13, die sich durch ihre Apostasie von der ‚Hoffnung Israels' abgeschnitten haben und damit den ‚Völkern' gleichzurechnen sind. Auf diese Weise wird nun auch die Konfession 17 vom Gegensatz zwischen dem wahren Israel und den ‚Heiden' bestimmt. Erleichtert wird dies auch hier wieder durch die sprachliche Brücke zu den Fremdvölkerorakeln:[176] Dort ist es zu guter Letzt Moab[177] sowie Babel und – in einem hebräischen Überschuß gegenüber LXX – seine ‚Götzen' (עֲצַבִּים und גִּלּוּלִים), die ‚zuschanden werden' (בוש) und ‚erschrecken' (חתת),[178] ebenso wie im Jeremiabuch ausschließlich Babel ein יוֹם רָעָה verheißen wird, wie ihn 17,18 erfleht.[179]

Die Einschreibung von V. 9 f. trägt dieser Verschmelzung von klagender Einzelgestalt und betendem Kollektiv Rechnung, wenn sie durch den Rückgriff auf JHWHs Herzens- und Nierenprüferschaft einerseits auf ein Thema zurückgreift, das bereits der Konfessionengrundschicht am Herzen liegt, dabei jedoch andererseits sprachliche

---

174 Diamond möchte in 17,12 f. dagegen zusammen mit 17,1–4 „judgment oracles" (DIAMOND, Confessions, 166) sehen und „false confidence in the temple" (ebd.) angeklagt wissen. Davon, daß das Vertrauen der Beter hier ein falsches sei, läßt sich im Text m.E. nichts finden.

175 Der Begriff ‚Frömmigkeitstheologie' entstammt der mediaevistischen Forschung Berndt Hamms. Ich halte ihn hier für ebenfalls angemessen. Vgl. HAMM, Frömmigkeitstheologie, 11.

176 Vgl. BAK, Klagender Gott, 161.

177 Vgl. Jer 48,1.20.39.

178 Vgl. Jer 50,2.

179 Vgl. Jer 51,2, mit Aufnahme der ‚Worfler' von 15,7.

Varianten heranzieht, die eine Verbindung zur Volksklage von Ps 44 nahelegen.[180]

Demgegenüber zeigt die Rebhuhnglosse von V. 11, daß der Gang der Fortschreibungen nicht auf einer theologischen Einbahnstraße stattfindet. Indem sie die schlichte Botschaft ‚Unrecht Gut gedeihet nicht' einträgt, nimmt sie eine gewisse Distanz zu den Fragen von Leiden und Erwählung ein. Sie holt das Thema der Gerechtigkeit Gottes auf die Erde zurück in den Bereich der Alltagsethik und verficht, den vorhergehenden Schichten zum Trotz, einen Standpunkt, der ein explizites richtendes Eingreifen Gottes, einen יוֹם רָעָה wie V. 18, ein Herzensgericht wie V. 10 und auch ein ‚auf die Erde schreiben' wie V. 13 nicht nötig hat: Nicht erst ‚am Ende der Tage' (בְּאַחֲרִית הַיָּמִים, 23,20; 30,24) muß der große Gerechtigkeitsausgleich geschehen, sondern bereits ‚an seinem Ende' (בְּאַחֲרִיתוֹ, 17,11) wird der Übeltäter seine Torheit einsehen.

Eine globale Perspektive nimmt dagegen wieder der Verfasser von 16,19 f. ein, der die Anrufung JHWHs von 17,14 aufnimmt und sich, ebenso wie 17,12 f. mit dem Verhältnis von Israel und den Völkern auseinandersetzt. Anders als diese löst er das Problem jedoch nicht exklusiv, durch Auffüllen der *massa perditionis* mit Apostaten, sondern inklusiv: Selbst die Heiden werden letzten Endes Teil der anbetenden Gemeinde.

Die Frage nach dem Grund des Leidens stellt sich dieser universalen Sicht nicht. 16,19 baut zwar auf dem Gedankengang der Konfession 17 vom Leidenden Propheten zum Gotteslob der Gemeinschaft im Tempel auf, hebt jedoch deren einigendes Grundthema in den finalen Lobpreis auf.

4.4 Zusammenfassung und Auswertung

Die Untersuchung der Konfession 17 in ihrem unmittelbaren Kontext hat nun ein sehr ähnliches Bild ergeben wie in den vorangehenden Kapiteln, wenngleich sich auch die literarischen Verhältnisse *en detail* anders darstellen als dort.

Konnten die Abschnitte 11,18–12,6 und 15,10–21 als in sich geschichtete jüngste Einschreibungen in die sie umgebenden Texte ausgemacht werden, so erweist sich die primär als Konfession zu bestimmende Klage 17,14–18 umgekehrt als ältester Bestandteil von Kapitel 17.

---

180 Vgl. S. 162 f. In diesem Zusammenhang sei daran erinnert, daß Ps 44,12.23 bereits für die kollektiv-repräsentativen Lesart der Konfessionengrundschicht 11,18–23 eine Rolle spielt. Dort ist es das Bild des Schlachtschafes, das die Verschmelzung von klagendem Propheten und klagendem Volk erleichtert (vgl. S. 58).

Nach Abtragen späterer Ergänzungen tritt die Analogie zu den beiden ersten Prophetenklagen jedoch stark zutage: Auch sie ist als Einschreibungstext in eine ihrerseits sukzessive gewachsene Matrix zu verstehen, die in der mehrfach erweiterten Zeichenhandlung von Kapitel 16 und dem Töpfergleichnis von Kapitel 18, näherhin in 16,1–18.21; 18,1 ff. zu fassen ist.[181]

Direkt die Konfession 15 weiterführend, klagt der Prophet nun auch hier von JHWH das tatsächliche Eintreffen des im Kontext angekündigten oder zeichenhaft präfigurierten Strafgerichtes ein, dessen Verzögerung ihn dem Spott seiner Widersacher preisgibt.

Wie in den Kapiteln 12 und 15 erfährt dieses Bild des Leidenden Propheten Jeremia auch in Kapitel 17 im Rahmen der bekannten zwei Konfessionenfortschreibungen seine Ausweitung. Durch Voranstellen der Verse 5–8 wird seine Klage zur Aufforderung an Gott, die rechte Ordnung im Verhältnis zwischen Gerechten und Frevlern im allgemeinen wiederherzustellen. In einem nächsten Schritt macht dagegen der Lobpreis der Wir-Gruppe Jeremia erneut zur Verkörperung des ganzen wahren Israel, das von JHWH seine Bestätigung gegenüber den Heiden erwartet, zu denen auch die ‚Abweichler' zu zählen sind.

Anders als in Kapitel 12 und 15 ist damit die Textgeschichte noch nicht an ihr Ende gekommen: Weitere kleine Ergänzungen fügen sich in das Vexierbild des Konfessionenjeremia ein und überschreiten es, so die erneut zwischen kollektiv-exemplarischer und kollektiv-repräsentativer Sicht vermittelnde Reflexion über das menschliche Herz von V. 9 f. und die Rebhuhnglosse von V. 11, welche die Frage nach der Gerechtigkeit Gottes wieder als selbstverständlich beantwortet ansieht und gewissermaßen von der Dogmatik auf den Bereich der Ethik zurückverweist.

Gänzlich außerhalb der Konfession stehend, doch gleichwohl auf sie und ihre kollektive Lesart Bezug nehmend, eröffnet 16,19 f. mit der Bekehrung der Heiden schließlich eine inklusive Variante, um scheinbar alle Probleme des Leidens auf einmal zu lösen. Wenn *alle* authentische Verehrer JHWHs sind, kann es die Verfolgung seines Propheten ebensowenig geben wie den Gegensatz von Glaubenden und Unglaubenden oder wahrem Israel und Abweichlern.

Weder die Grundschicht von 17,14–18 noch eine ihrer Ergänzungen hat der Klage eine göttliche Antwort folgen lassen wie bei den vorangehenden Konfessionen. Anders als der Prophet, der in den Kapiteln 18 und 20 noch einmal seine Stimme erheben wird, hat JHWH mit 15,21

---

181 Gegen O'Connor, die meint: „Unlike the first two confessions, common images or motifs do not link this one to the surrounding material" (O'CONNOR, Confessions, 108 f.).

offensichtlich alles gesagt, was es aus seiner Sicht zum Thema zu sagen gibt. Die Rettung des Propheten, des Gerechten, des erwählten Volkes wird von ihm nicht mehr erneut bestätigt, sie findet im Fortgang des Buches wie der Geschichte einfach statt.

5. „Gib acht auf mich, JHWH" – Jer 18,18–23

5.1 Der Text

18,18 Und sie sprachen: Auf, laßt uns gegen Jeremia Pläne planen, denn es wird nicht verloren gehen Weisung vom Priester und Rat vom Weisen und ein Wort vom Propheten. Auf, laßt uns ihn mit der Zunge schlagen und nicht achtgeben auf alle seine Worte.

18,19 Gib acht auf mich, JHWH, und höre die Stimme meiner Rechtsgegner!

18,20 Wird Gutes mit Bösem vergolten? – denn sie haben meinem Leben eine Grube gegraben. Gedenke meines Stehens vor dir, um über sie Gutes zu reden, um deinen Zorn von ihnen abzuwenden.

18,21 Darum, gib ihre Söhne dem Hunger preis und liefere sie aus in die Hände des Schwertes, und ihre Frauen sollen kinderlos und Witwen sein, und ihre Männer sollen Dahingeraffte der Pest[1] sein, ihre jungen Männer Erschlagene des Schwertes im Krieg.

18,22 Geschrei soll gehört werden aus ihren Häusern, wenn du plötzlich über sie eine Horde kommen lassen wirst. Denn sie haben eine Grube gegraben, um mich zu fangen und Schlingen verborgen meinen Füßen.

18,23 Du aber, JHWH, kennst alle ihre Beratungen gegen mich zum Tode. Vergib nicht ihre Schuld, und ihre Sünde tilge nicht aus vor dir! Sie sollen Gestrauchelte vor dir sein, zur Zeit deines Zornes handle an ihnen!

---

1 Im Hebräischen wie in den antiken Übersetzungen steht wörtlich ‚Tod' (מָוֶת), es ist jedoch von einem metonymischen Gebrauch des Wortes auszugehen. Vgl. die Vierzahl von Jer 15,2 aus Tod/Pest, Schwert, Hunger und Gefangenschaft sowie KBL³, 534; GESENIUS¹⁸·³, 651 mit zusätzlichem Verweis auf Jer 43,11; Hi 27,15; Sir 40,9.

Wie schon die zuletzt betrachtete Konfession 17, so zeichnet sich auch der Abschnitt 18,18–23 dadurch aus, daß er – sieht man einmal von der Septuagintafassung von V. 20 ab – kaum echte textkritische Probleme aufwirft. Es sind vor allem Details, die zur Diskussion stehen.

So wird etwa in V. 18 gerne eine Mischlesart aus Syriaca und Septuaginta vertreten, um die singuläre Metapher des ‚mit der Zunge Schlagens‘ leichter erklären zu können. Man entlehnt hierbei aus erstgenannter die suffigierte Form ‚mit *seiner* Zunge‘ und folgt letzterer, wie auch der Vetus Latina,[2] hinsichtlich der fehlenden Negation im letzten Versviertel. Die Gegner verschließen damit nicht ihre Ohren gegenüber der Rede des Propheten, sie wollen auf sie stattdessen ‚genau hören‘, damit er – בִלְשׁוֹנוֹ – „sich durch ein unbedachtes Wort ans Messer liefern"[3] werde. Eine derartige Variantenmischung innerhalb eines Halbverses erscheint jedoch methodisch ebenso fraglich, wie die syrische Lesart „ohne den geringsten Zweifel"[4] für die bessere zu halten. Sie steht allein auf weiter Flur, gegen alle anderen Zeugen, eingeschlossen 4QJer[a].[5] Hier, in der Handschrift aus Qumran, findet man eindeutig die masoretische Lesart belegt, bei der ‚Zunge‘ ebenso wie bei der zur Diskussion stehenden Negation ואל, die hier unmittelbar vor einer größeren *lacuna* zu stehen kommt.

Soll diese Verneinung mit LXX ausgelassen werden, so wird in der Regel inhaltlich argumentiert: Ein simples Weghören der Feinde lasse sich nicht mit den Mordplänen der ersten Vershälfte und von V. 23 vereinbaren.[6] Diese oder eine ähnliche Überlegung mag bereits die Übersetzer von LXX bei ihrer Arbeit geleitet haben. Ihre Lesart hebt den Rechtsstreit zwischen dem Beter und seinen Gegnern hervor, während der hebräische Text mehr den Umkehrpropheten Jeremia im Kontext des ganzen Kapitels im Blick hat. Wie ‚sie‘ im wichtigen Anknüpfungsvers 18,12 auf die Umkehrforderung שׁוּבוּ נָא von V. 11 mit

---

2 Sie hat, nach dem Codex Wirceburgensis, dem ἀκουσόμεθα von LXX folgend, schlicht *audiemus*. Die sperrige ‚Zunge‘ hat sie dagegen, anders als ihre griechische Vorlage, zugunsten eindeutiger Handgreiflichkeit beiseite gelassen: *uenite et feriamus illum* (vgl. RANKE, VL, 279). Dem kommt Ehrlich nahe, wenn er ב nicht instrumental, sondern kausal versteht: „[W]ir wollen ihn totschlagen für seine Zunge" (EHRLICH, Randglossen, 291). Jenni sieht hier ein klassisches ב *instrumenti* (vgl. JENNI, Präpositon Beth, 125 f.).

3 RUDOLPH, Jeremia, 122; vgl. VOLZ, Studien, 161; DERS., Jeremia, 195 f.

4 EHRLICH, Randglossen, 290.

5 Vgl. DJD 15, 165.

6 Vgl. RUDOLPH, Jeremia, 122. Volz emendiert aus dem gleichen Grund zu נַשְׁקְרָה ‚wir wollen auflauern‘. „Die Gegner belauern Jeremia in seiner prophetischen Tätigkeit; das ist für ihn das schwerste Berufshindernis und für seine offene, liebevolle Natur, die sich gerne aussprach, eine Qual gewesen" (VOLZ, Studien, 161; vgl. DERS., Jeremia, 196).

einem ‚nichts da' (נוֹאָשׁ) antworten, so wollen sie auch in V. 18 *nicht*
hören. Damit artikulieren sie mehr ihre Grundeinstellung JHWHs
Boten gegenüber, als daß sie den Inhalt ihrer Pläne gegen ihn verrieten.
Der Gegensatz zu den genannten – und zumal eher topisch denn
konkret ausgemalten – Anschlägen ist daher lediglich ein scheinbarer.
LXX verschleiert dagegen tendenziell die intertextuellen Zusammenhänge im näheren Kontext[7] und vertritt in diesem Fall die *lectio facilior*.[8]
   Das ist im Folgevers ähnlich, wenn der griechische Text nicht von
der ‚Stimme der Rechtsgegner' (קוֹל יְרִיבָי), sondern von der des ‚Rechts-
streites' (τοῦ δικαιώματός μου, also רִיבִי)[9] spricht.[10] יְרִיב ist mit lediglich
zwei bis drei Belegen ein äußerst seltenes Lexem,[11] so daß es nicht
weiter überrascht, daß die Übersetzer das Standardwort רִיב gelesen
haben. Der Bedeutungsunterschied ist, äquivalent zur Größe des fraglichen Buchstabens, ein kleiner aber feiner: Während JHWHs Aufmerk-
samkeit von der hebräischen Fassung eher auf das Gegnerzitat des
vorhergehenden Verses, also auf deren finstere Pläne, zurückgelenkt
wird,[12] läßt sich der griechische Text besser auf den folgenden V. 20aα
beziehen. Der Beter rückt damit stärker das generelle Problem ‚Wird

---

7 Ein derartiges Verschleifen von Textauffälligkeiten und sich darin möglicherweise
   manifestierenden redaktionellen Narben durch LXX läßt sich öfter beobachten (vgl.
   LEVIN, Verheißung, 71 sowie die Beobachtungen zu Jer 15,20, S. 95 f.).
8 Vgl. u.a. RUNNING, Syriac Version, 235.
9 Vgl. RANKE, VL, 279 f. mit *uocem iustitiae meae* gegenüber Vg. *vocem adversariorum
   meorum*. TJon wird in der Regel als Stütze für die Lesart von LXX angeführt, doch ist
   dies nicht ganz unproblematisch. Hier findet man für den ganzen Vers גלי קדמך
   יוי דיני ושמיע קדמך עלבני („offengelegt sei vor dir, JHWH, mein Rechtsstreit und
   gehört werde bei dir *meine Erniedrigung*" – Hayward übersetzt die Imperative als
   Perfektformen: Der Grund hierfür ist mir nicht einsichtig [vgl. HAYWARD, Targum,
   102]). In dieser Paraphrase wird wohl Jer 18,19 durch die Brille von 11,20 gelesen,
   vgl. 11,20bβ MT גליתי את־ריבי כי אליך („denn zu dir habe ich meine Rechtssache
   offenbart") sowie 11,20 TJon קדמך אמרית ית עלבני („vor dir habe ich *meine
   Erniedrigung* ausgesprochen"). Wenn auch die Aussage der von LXX ähnlich ist,
   kann daher ein direkter Rückschluß auf die Textvorlage des Targum nur mit Vorsicht angestellt werden.
10 Thompson behauptet: „The Qumran text reads *ryby*" (THOMPSON, Jeremiah, 439),
   stütze also LXX. Dem widerspricht Hubmann entschieden: „[A]n der entscheidenden Stelle [ist] eine Lücke!" (HUBMANN, Jer 18, 280, n. 61). Beides ist nicht zutreffend.
   Man findet in 4QJer^a den Schreibfehler דברי, der von gleicher Hand in das – mit MT
   übereinstimmende – ירבי korrigiert wurde (vgl. DJD 15, 165 f.).
11 Die zweite Stelle ist Ps 35,1. Hier hat LXX ἀδικοῦντάς με, laut Apparat der BHS findet
   sich jedoch bei einigen hebräischen Handschriften sowie der Syriaca ebenfalls die
   Lesart ריבי. Ein möglicher dritter Beleg wäre Jes 49,25 – doch steht hier der masoretischen Bezeugung nicht nur LXX (κρίσις), sondern auch 1QJes^a (*prima manu* ריבך,
   korrigiert רוביך, vgl. PARRY/QIMRON, 1QJes^a, 83) entgegen (vgl. GESENIUS^18.2, 497).
12 Anders Hubmann. Er möchte in V. 20aα die Worte der Gegner finden, die von V. 19
   eingeleitet würden (vgl. HUBMANN, Jer 18, 284–286; ihm folgend M. SMITH, Laments, 20).

Gutes mit Bösem vergolten' ins Zentrum seiner Klage als die aktuelle
Bedrohungssituation.

Ein lexikalisches Problem wird auch der größeren Verwirrung zugrundeliegen, die in der LXX-Fassung von V. 20aβ vorliegt. Anstelle
von ‚denn sie haben meinem Leben eine Grube gegraben'[13] liest man
dort: ‚denn sie haben beredet Sprüche gegen mein Leben und mir ihre
Vergeltung verborgen'.[14] Der Ansatzpunkt für das Verständnis dieser
Fassung dürfte im ersten Objekt zu suchen sein. Wie bereits Michaelis
festgestellt hat,[15] liegt hier, wie auch in V. 22,[16] eine Verwechslung von
שׁוּחָה, ‚Grube' mit שִׂיחָה, ‚Rede', vor.[17] Von diesem Mißverständnis ausgehend, läßt sich für das griechische Verb wohl am ehesten eine *translatio ad sensum* annehmen.[18] Eine Verwechslung von כָּרוּ und קָרְאוּ
könnte zwar das συλλαλεῖν erklären, ist aber doch eher unwahrscheinlich und dazu ohne Vergleichsstück in der Bibel. Das Wort findet sich
hier entweder als Äquivalent für das hebräische דבר[19] oder, in Prov
6,22, für שִׂיח,[20] ‚nachsinnen', ‚anreden'. Dies könnte darauf hindeuten,
daß die ‚Grube' der hebräischen Vorlage im Griechischen zur Sicherheit
zweimal wiedergegeben wurde, einmal durch das Objekt und einmal
durch das Verb. Warum in 18,22 für dieselbe hebräische Form ein
anderes Wort, nämlich ἐγχειρέω,[21] ‚unternehmen', Verwendung fand,
bleibt jedoch ebenso rätselhaft wie zunächst die zweite Hälfte des
Viertelverses 18,20aβ. Zwar deutet das ‚verbergen' (κρύπτω) darauf hin,
daß man sich hier an V. 22 orientierte, doch ist es unerklärlich, wie aus
den dortigen ‚Schlingen' (פַּחִים, LXX παγίδες) ,ihre Vergeltung' (ἡ κόλασις
αὐτῶν) werden konnte. Dem entspräche das hebräische מִכְשׁוֹל,[22] das
eigentlich „Anstoß, etwas worüber man strauchelt"[23] bedeutet, und das

---

13 כִּי־כָרוּ שׁוּחָה לְנַפְשִׁי.

14 ὅτι συνελάλησαν ῥήματα κατὰ τῆς ψυχῆς μου καὶ τὴν κόλασιν αὐτῶν ἔκρυψάν μοι. (vgl.
RANKE, VL, 280: *quia locuti sunt uerbum aduersus animam meam et punitionem suam
absciderunt*).

15 Vgl. MICHAELIS, Observationes, 165.

16 Hier hat LXX: ‚denn sie haben eine Rede angehoben, mich zu fangen und Schlingen
vor mir verborgen' (ὅτι ἐνεχείρησαν λόγον εἰς σύλλημψίν μου καὶ παγίδας ἔκρυψαν ἐπ'
ἐμέ).

17 Vgl. Hi 15,4; Ps 119,97.99, im ersten Falle in LXX mit ῥήματα wiedergegeben, im
zweiten mit μελέτη.

18 Vgl. HUB mit Verweis auf Ps 119,85. Dort hat LXX für das hebräische ‚Gruben
graben' (כרה שִׂיחוֹת) ‚Geschwätz erzählen' (διηγέομαι ἀδολεσχίας).

19 So Ex 34,35 und I Reg 12,14 (im Codex Alexandrinus). In Jes 7,6 scheint es ferner für
das fehlverstandene קוץ ‚erschrecken' zu stehen.

20 Vgl. HATCH/REDPATH, Concordance, 1301.

21 Vgl. noch Jer 49,16 (LXX 30,10); 51,12 (LXX 28,12) sowie II Chr 23,18.

22 Vgl. Ez 14,3.4.7; 18,30; 44,12.

23 GESENIUS[17], 423.

an anderer Stelle auch entsprechend übersetzt wird.[24] Der Unterschied im Konsonantenbild zwischen diesen beiden Worten ist kein geringer, und das macht es eher schwierig, hier „in der LXX eine *Dublette* aus 18,22 [zu sehen], die der Übersetzer noch in seiner hebr. Vorlage hatte".[25] Gleichwohl dürfte des Rätsels Lösung eher im Bereich einer anzunehmenden hebräischen Fassung des Achtelverses zu finden sein als im griechischen Text. Rekonstruiert man anhand der Ezechielbelege für κόλασις, so erhält man für die fragliche Form מכשולם. Das läßt sich zwar beim besten Willen nicht in V. 22 wiederfinden, wohl aber, im masoretischen Text lediglich um ein י umfangreicher, in V. 23. Dort sollen die Feinde des Beters ‚Gestrauchelte', מֻכְשָׁלִים, bzw., nach LXX, ‚ihre Schwäche' (ἡ ἀσθένεια αὐτῶν) vor JHWH sein, was *exakt* dem postulierten מִכְשׁוֹלָם von V. 20 entspräche.[26]

Diese Beobachtung vermag zunächst nicht mehr, als wahrscheinlich zu machen, *wie* die Vorlage der Übersetzer in etwa ausgesehen haben könnte, sie erklärt aber noch nicht, *warum* sie so ausgesehen haben könnte. Einen möglichen Hinweis hierauf bietet Jes 8,14. Hier ist davon die Rede, daß JHWH „den beiden Häusern Israel" „zum Stolperstein" (לְצוּר מִכְשׁוֹל), und, parallel dazu angeordnet, den „Einwohnern Jerusalems" „zur Schlinge" (לְפַח) werde.

Jer 18,20aβ in der Fassung der Septuaginta(vorlage) läßt sich so am besten als exegetische Glosse verstehen. Die unmittelbare Nachbarschaft des Derivats von כשל mit פַח mag bei einem schriftkundigen Leser die Assoziation von Jes 8,14 angeregt haben, der er Rechnung trug, indem er den dortigen ‚Stolperstein' der Beinahedublette 18,20 beifügte. Auf diese Weise legte er eine Klammer von dort nach 18,23: Die Feinde des Beters setzen diesem mit Schlingen und Hindernissen zu, über die sie aber, so die Bitte von V. 23, selbst zu Fall kommen sollen. Daß dies letzten Endes und ohne Zweifel geschehen wird, verbürgt der diskrete Hinweis auf das Jesajabuch. Hier, in Jes 8,14, hat JHWH es schließlich bereits angekündigt, die Angelegenheit selbst in die Hand zu nehmen. Die Anschläge der Gegner müssen somit auf sie selbst zurück- und sie in ihre eigene Grube hineinfallen.[27]

---

24 Vgl. Lev 19,4; I Sam 25,31; Ps 119,165 (σκάνδαλον); Jes 8,14 (λίθος προσκόμματος); 57,14 (σκῶλον); Jer 6,21 (ἀσθένεια); Ez 3,20; 7,19 (βάσανος).

25 ZIEGLER, Beiträge, 87 (Hervorhebung H. B.). Vgl. JANZEN, Studies, 27; STIPP, Sondergut, 146, die für die Vorlage von LXX שמנו לי ופחם postulieren, sowie BARTHÉLEMY, Critique Textuelle 2, 630.

26 Vgl. Jer 6,21.

27 Vgl. Ps 7,16; Prov 26,27; Sir 27,25–29. Freilich geht die Verbindung von Jer 18 und Jes 8 über die bekannten Belege der Weisheitsliteratur hinaus. Das Scheitern der Gegner von Jer 18 erfolgt nicht quasiautomatisch, sondern aufgrund eines eigens gefaßten Entschlusses JHWHs in Jes 8.

Diese, dem masoretischen, kürzeren Text gegenüber sekundäre Ergänzung[28] in der LXX-Vorlage und der geschilderte Zusammenhang wurden offensichtlich, wie auch der erste Teil des Viertelverses, von den Übersetzern nicht mehr verstanden; die שִׂיחָה-שׁוּחָה-Verwirrung mag auch hier ursächlich im Hintergrund stehen.

Wegen dieser protoseptuagintarischen Glosse aber den in allen Varianten eindeutig bezeugten *ersten* Teil des Viertelverses aus textkritischen Gründen auszuscheiden,[29] besteht keinerlei Anlaß.[30] Die Doppelung zwischen V. 20 und V. 22 ist stattdessen unter literarkritischen Gesichtspunkten in den Blick zu nehmen.[31]

Die verbleibenden Textprobleme des Abschnittes nehmen sich dem bisher Erörterten gegenüber bescheiden aus. In V. 23 irritiert ein wenig das überflüssige Yod beim Imperativ אַל־תְּמְחִי, und bei der anschließenden Aufforderung liegt ein *Qetib-Kere*-Fall vor, dessen Relevanz durch die Alternative von Imperativ Plural und Perfekt consecutivum bestimmt wird. Der Bedeutungsunterschied geht gegen Null, die *Qere*-Lesart וְיִהְיוּ vermag es jedoch, das überzählige Yod des vorhergehenden Wortes als fälschlich der Worttrennung zum Opfer gefallenes und verkürztes Waw zu erklären.[32]

LXX liest hier nun den Singular ‚es sei‘, doch ist das am ehesten als Folge ihrer Deutung der ‚Gestrauchelten‘ (מִכְשָׁלִים) als ‚ihrer Schwäche‘ (מִכְשׁוֹלָם) zu bewerten, der Kongruenz im Numerus gezollt wurde. Rudolph möchte hier zwar die griechische Fassung übernehmen,[33] doch rät die Untersuchung der Verse 20 und 22 eher dazu, beim Vertrauen auf die Septuaginta Vorsicht walten zu lassen. McKane liest, Ehrlich folgend,[34] „with 1 [!] Hebrew manuscript"[35] מֻשְׁלָכִים und übersetzt „‚so that they are cast out from your presence‘".[36] Die recht bescheidene Bezeugung dieser metathetischen Lesart spricht jedoch eher gegen als für sie.

---

28 Gegen VOLZ, Studien, 163 f., der gerade im LXX-Überstand den authentischen Kern des Verses vermutet (vgl. DERS., Jeremia, 196).

29 Vgl. u.a. GIESEBRECHT, Jeremia, 107; RUDOLPH, Jeremia, 122; DERS., BHS; MCKANE, Jeremiah I, 439.

30 Vgl. BARTHELEMY, Critique Textuelle 2, 630.

31 Vgl. S. 211 f.

32 Duhm deutet die Form dagegen als Aramaismus und nimmt sie als Beleg dafür, in V. 23 eine junge Ergänzung zu sehen (vgl. DUHM, Jeremia, 159).

33 Vgl. RUDOLPH, Jeremia, 124; DERS, BHS.

34 Vgl. EHRLICH, Randglossen, 291.

35 MCKANE, Jeremiah I, 441.

36 Ebd.

5.2 Die Konfession im Rahmen von Jer 18–19

Bereits die Einleitung der Konfession 18 mit einer Narrativform macht deutlich, daß sie, zumindest in ihrer vorliegenden Gestalt, nicht losgelöst von ihrer unmittelbaren Umgebung im Jeremiabuch verstanden werden will und kann. Das Prädikat verlangt grammatisch wie semantisch nach einem Rückbezug, die ‚sie' von V. 18 können nicht im luftleeren Raum existieren. Noch stärker als bei den bisher untersuchten Prophetenklagen wird dadurch der Blick über den Einzeltext hinaus auf den rahmenden Gesamtzusammenhang gelenkt. Die Rede vom ‚Rahmen' mag hierbei als Präjudiz über das literarische Verhältnis des Abschnitts zu seinem Kontext erscheinen – und vor dem Hintergrund der letzten drei Kapitel dürfte es schwierig sein, ohne ein solches an den Text heranzutreten –, doch ist sie, auch unabhängig davon, schlicht inhaltlich gerechtfertigt: Die Perikope 18,18–23 befindet sich in der Mitte eines Komplexes, der, sei es im Rahmen eines Gleichnisses wie in 18,1–12, sei es im Rahmen einer Zeichenhandlung wie in 19,1–13, auf verschiedene Weise das metaphorische Feld des Töpfers, seines Rohstoffes und seiner Erzeugnisse traktiert und die Konfession 18 umschließt.

Zunächst, in 18,1–6, dient der an der Scheibe arbeitende und den Ton nach seinen Vorstellungen gestaltende Handwerker als Gleichnis für das Verhältnis zwischen JHWH und Israel. Diese Auslegung des Gesehenen wird, formal ganz ähnlich wie in den Fortschreibungen der Zeichenhandlung in Kapitel 16,[37] in den Versen 7–10 jedoch deutlich ausgeweitet und die Bildebene dabei ganz und gar verlassen. An die Stelle des ‚Hauses Israel', das in V. 6 ‚in der Hand' JHWHs ist, tritt, generalisiert, irgendein beliebiges ‚Volk und Königreich', das, je nach seinem Verhalten und entgegen vorhergehender Verheißungen, in Aufnahme des Programmes von 1,10 alternativ Heil oder Unheil empfangen wird. Ein Einzelaspekt des vorherigen Bildes, die der Töpfererde eigene Plastizität, wird ganz auf eine solche des Willens JHWHs hin übertragen.[38] Seine Möglichkeit der ‚Reue' (Wurzel נחם V. 8.10) steht nun im Zentrum der Auslegung, die an einem besonderen Erwählungsverhältnis Gottes zu Israel nicht interessiert zu sein scheint.

Dies ändert sich erneut mit V. 11: Nun ist der Focus wieder enger, es geht um die ‚Männer Judas und Einwohner Jersualems', gegen die, in Rückkehr zur Töpfermetaphorik, JHWH Unheil ‚bildet' (יוֹצֵר), das

---

37   Vgl. S. 153–156.

38   „[W]hat is destroyed and reformed is the *divine intention*. Yahweh is the potter and Yahweh's intentions are the clay" (DAVIES, Potter, 26; Hervorhebung Davies).

sich freilich durch Bußfertigkeit noch abwenden ließe. Das Schicksal des Südreiches gerät so zum Spezialfall des in den vorhergehenden Versen illustrierten Grundsatzes der Flexibiliät des göttlichen Willens. Dieses Angebot erfährt jedoch seitens der Angeredeten die denkbar schärfste Ablehnung: ‚Nichts da' (נוֹאָשׁ)[39]. Mag JHWH auch ‚einen Plan planen' (חֹשֵׁב מַחֲשָׁבָה, V. 11), er wird von den Adressaten schlicht nicht zur Kenntnis genommen. Sie wollen stattdessen ‚unseren Plänen' (מַחְשְׁבוֹתֵינוּ) folgen, die der Verstocktheit (שְׁרִרוּת) ihrer bösen Herzen entspringen (V. 12).

Diese schroffe Absage kann göttlicherseits nicht unbeantwortet bleiben. Wieder ohne jeden Bezug auf Ton, Steine, Scherben und dergleichen, dient sie dem in den Versen 13–17 folgenden Gerichtswort als Begründung (לָכֵן, V. 13). War oben, in den Versen 7–10, die grundsätzliche Möglichkeit jedes Volkes (גּוֹי, V. 7.9) herausgestellt worden, auf JHWHs Bußaufruf zu reagieren, so werden die Heiden (גּוֹיִם, V. 13) nun sogar zur positiven Folie, vor der sich die ‚Jungfrau Israel' negativ abhebt. Sie werden, ganz ähnlich wie die ‚Inseln' in 2,10 f., als Zeugen für die ‚unerhörte' (מִי שָׁמַע כָּאֵלֶּה, V. 13) Abscheulichkeit (שַׁעֲרֻרִת) aufgerufen, als die sich die assonante Verbohrtheit (שְׁרִרוּת) von V. 12 herausstellt. Bevor nun aber näher dargelegt wird, was genau sich der Leser unter diesem Abstractum vorzustellen habe, wird die Unglaublichkeit des Vorwurfs in V. 14 durch eine zweite, diesmal doppelte, rhetorische Frage weiter zugespitzt. Diese selbst ist nun seit der Antike[40] alles andere als leicht verständlich, nach Oswald Loretz gar „zu den tatsächlich schwierigsten [Stellen] des Alten Testamentes"[41] zu zählen. Er selbst behilft sich, indem er nicht weniger als vier Worte streicht[42] – doch auch mit wesentlich bescheideneren Konjekturen[43] kann man mit Barbiero den Vers schließlich doch noch sinnvoll lesen.[44]

---

39 Vgl. Jes 57,10; Jer 2,25.

40 Vgl. etwa LXX: „Werden vom Fels Brüste weichen" (μὴ ἐκλείψουσιν ἀπὸ πέτρας μαστοί) – anstelle des masoretischen ‚Feldes' (שָׂדַי) wurde offenbar ohne Rücksicht auf (Sinn-)Verluste der Plural von שַׁד gelesen (vgl. MICHAELIS, Observationes, 162).

41 LORETZ, Stichometrie, 170.

42 Vgl. ebd.

43 Zur Diskussion der verschiedenen Angebote vgl. ALBRIGHT, Catalogue, 23 f.; DAHOOD, Philological Notes sowie, alle bisherigen Vorschläge kritisch abwägend und auswertend, BARBIERO, Schnee.

44 Vgl. BARBIERO, Schnee, 376–381. Er verschiebt lediglich bei dem kryptischen ‚mein Feld' (שָׂדַי) den diakritischen Punkt zu שַׁדַּי und sieht im ‚höchsten Fels' mit BARTHÉLEMY, Critique Textuelle 2, 622 die Spitze des Hermon (vgl., ohne Konjektur, sondern generell für שָׂדֶה die Bedeutung ‚highland' postulierend, PROPP, Sadeh, 231). Die beliebte Metathesis von ינתשו (‚sie werden ausgerissen werden') zu ינשתו (‚sie werden austrocknen') (vgl. u.a. RUDOLPH, BHS, McKANE, Jeremiah I, 428) in 14b vollzieht er nicht mit. Das erlaubt ihm, eine intertextuelle Verbindung zu V. 7 zu

Der doppelten theoretischen Unmöglichkeit, daß Schnee den höchsten Libanongipfel verlassen könnte (ohne zu schmelzen) oder der Jordan[45] aus seinem Flußbett zu reißen sei, steht in V. 15 das Handeln Israels als praktizierte Unmöglichkeit gegenüber. „Mein Volk" (עַמִּי) hat JHWH vergessen und sich, anders als der Fluß, von seinen hergebrachten, ‚ewigen Wegen' (שְׁבִילֵי עוֹלָם) auf ‚ungebahnte Pfade' (דֶּרֶךְ לֹא סְלוּלָה) verführen lassen und damit, so V. 16, das Land zur Wüste (לְשַׁמָּה) und zum Gespött (שְׁרִיקֹת, *Qere*) werden lassen.[46] Die Strafe hierfür kündigt der folgende Vers an: JHWH selbst wird gegen ‚sie' zu Felde ziehen und sie dem Feind überantworten, „am Tag ihres Verderbens" (בְּיוֹם אֵידָם), einem Zeitpunkt, wie er im Jeremiabuch sonst nur Ägypten in Aussicht gestellt wird.[47]

Die Angesprochenen zeigen sich jedoch von dieser Aussicht offensichtlich unbeeindruckt und setzen ihr frevlerisches Treiben fort: Wie in V. 12, so schmieden sie auch in V. 18 finstere Pläne, diesmal jedoch nicht, indem sie ein Angebot JHWHs ignorieren, sondern indem sie sich gezielt gegen seinen namentlich genannten Propheten wenden. Damit geben sie diesem allen Grund, sich mit der Konfession 18 klagend an Gott zu wenden und ihn anzuflehen, ‚zur Zeit seines Zornes' (V. 23) endlich an ihnen tätig zu werden.

Genau dies kündigt – ein weiteres Mal und nun ohne Umkehrperspektive – die Zeichenhandlung an, zu der der Prophet in 19,1 anstelle einer Antwort beauftragt wird: Er soll einen Krug kaufen und ihn öffentlich zerschmettern, um diese unzweideutige Handlung anschließend auf „dieses Volk und diese Stadt" (19,11) hin zu interpretieren. Letzteres wird dem Propheten jedoch erst in 19,10 f. aufgetragen, nachdem ihm von 19,2b–19,9 zunächst der Inhalt einer Predigt diktiert worden ist, die bis Vers 5 noch einmal *en detail* begründet, warum das Strafgericht kommen wird, um es anschließend in seinen Auswirkungen denkbar drastisch zu beschreiben.

---

erkennen, der Rede JHWHs vom ‚ausreißen' (נתשׁ) eines Volkes oder Königreiches (vgl. BARBIERO, Schnee, 381).

45 In den ‚fremden, kühlen, strömenden Wassern' von V. 14b sieht Barbiero mit Barthélemy „les sources initiales du Jourdain" (BARTHÉLEMY, Critique Textuelle 2, 624 [im Original kursiv]; vgl. BARBIERO, Schnee, 380).

46 V. 16 ist, durch den Infinitiv constructus לָשׂוּם parallel zu לָלֶכֶת von V. 15 b konstruiert und somit wie dieser noch von dem finiten Verb וַיַּכְשִׁלוּם abhängig. Deswegen ist der Vers noch als Beschreibung der Schuld des Volkes zu sehen und noch nicht als Ankündigung seiner Strafe (mit MCKANE, Jeremiah I, 428; BARBIERO, Schnee, 387, gegen VOLZ, Jeremia 193; RUDOLPH, Jeremia, 122).

47 Vgl. Jer 46,21. Auf Fremdvölker wird der Terminus ferner in Dtn 32,22 angewendet, auf Israel noch in Ob 1,13. Einzelpersonen werden davon II Sam 22,19; Ps 18,19; Hi 21,30; Prov 27,10 betroffen.

Doch auch nach der Deutung des Zeichens scheint noch Redebedarf zu bestehen. Nicht die Zeichenhandlung selbst, sondern der Ort des Geschehens, der in V. 6 mit dem mysteriösen Tofet identifiziert worden war, inspiriert nun zu weiteren finsteren Vorhersagen bis Vers 13: Am Ende werde die Stadt ebenso unrein sein wie diese Stätte, die, nach der offenbar intendierten Identifikation von V. 4 und V. 6, als Brennpunkt jeder nur erdenklichen Form von Frevel vorgestellt wird.

Auch wenn über die Ausführung dieser unterschiedlichen Aufträge nichts weiter verlautet, wird sie doch im anschließenden Vers 14 vorausgesetzt. Er berichtet im Narrativ von einer Rückkehr Jeremias „vom Tofet" zum Vorhof des Tempels und einer erneuten Kurzpredigt dort, die schließlich in Kapitel 20 Paschhur auf den Plan ruft und ihm den Anlaß für die Verhaftung des Propheten liefert.

Dieser Ablauf, von der Umkehrpredigt über ihre Ablehnung hin zu des Propheten Vergeltungsbitte und der szenischen Präfiguration des in ihr erflehten Gerichtes in Kapitel 19, die Jeremias Inhaftierung zur Folge hat, ist in sich durchaus schlüssig. Geradezu dramatisch verschärft sich der dreifache Konflikt der vergangenen Kapitel und nähert sich seiner Klimax. Auf einer ersten Ebene wird dies in der Beziehung zwischen JHWH und seinem Volk greifbar. Durch seine explizit artikulierte Unbußfertigkeit beschwört es sehenden Auges all jene Ereignisse herauf, die das Kapitel 19 in einer Abundanz des Schreckens aufeinandertürmt.[48] Zu leiden hat jedoch vorerst ein anderer: Die Ablehnung des göttlichen Wortes manifestiert sich nicht zuletzt in der Feindschaft gegen seine inkarnierte Form, den Propheten. Kontinuierlich spitzt sich die Spannung zwischen seinen Gegnern und ihm zu. Dies kann nicht ohne Folgen für das dritte Paar im System der handelnden Personen bleiben, das Verhältnis von JHWH zu Jeremia. So strebt auch der Konfessionenzyklus seinem Höhepunkt in Kapitel 20 entgegen.

Gleichwohl ist es offensichtlich, daß dieser rote Faden ein über längere Zeit hin gesponnener ist und die heterogenen Elemente, die er zusammenbindet, ebenfalls in sich geschichtet sind. Die erarbeiteten Ergebnisse der vorangehenden drei Kapitel legen es nun nahe, 18,18–23, die Klage des Propheten, als Unterbrechung des redaktionellen Zusammenhangs zweier mit dem Töpferbild arbeitender Zeichenhandlungen[49] anzusehen, deren jeweilige Uneinheitlichkeit bereits bei

---

48 Damit ist in gewisser Weise im Rahmen von Kapitel 1–25 das letzte Wort gesprochen. Wie O'Conner treffend festgestellt hat, erfolgt nach Kapitel 18 kein weiterer Aufruf mehr zur Umkehr: „Henceforward in cc 1–25, there will be no more appeal to the people" (O'CONNOR, Confessions, 144).

49 Jer 18,1–12 ist nach der klassischen Definition Fohrers zwar keine Zeichenhandlung (vgl. FOHRER, Symbolische Handlungen, 72), weil der Prophet selbst lediglich

synchroner Lesung ins Auge fällt. Diesem Verdacht ist im folgenden detaillierter nachzugehen und dabei zunächst bei den beiden Töpfer-stücken einzusetzen.

Daß die Umschwünge in der Deutung der Parabel von Kapitel 18 diachron zu interpretieren sind, ist weitgehend unumstritten, und auch hinsichtlich ihrer literarischen Schichten herrscht *grosso modo* seltene Harmonie: Der Kern des Abschnitts ist demnach in 18,2–6 zu suchen.[50] Diese Verse schildern, in sich kohärent und abgeschlossen, den Auftrag zu einer Handlung (V. 2), ihre Durchführung (V. 3 f.) und abschließend die Deutung des Geschehens (V 5 f.). Mit der Aussage, das Volk sei wie Ton in der Hand JHWHs, schwingt, so Wanke, in der verwendeten Metaphorik für kundige Ohren der Unheilsaspekt bereits mit[51] und muß nicht weiter ausgeführt werden.[52]

Genau dies praktiziert jedoch eine Fortschreibung in den Versen 11 und 12. Indem sie das vorhandene Bildmaterial ummodelliert – der ‚Ton' ist nun nicht mehr das Volk, sondern das vorbereitete Unheil –, baut sie eine Drohkulisse auf, vor deren Hintergrund an das Volk der Aufruf zu Umkehr (שׁוב) und Besserung (יטב Hifil) ergeht.[53] Dieser Ruf verhallt zwar nicht ungehört, wird aber abgelehnt. Die Angesprochenen verhalten sich stattdessen genau so, wie es nach 7,24 und 11,8 bereits ihre Väter getan hatten: sie folgen ihrem verstockten bösen Herzen.[54]

Zuschauer ist, Wanke hebt jedoch demgegenüber mit Recht die Aktivität des Beob-achtens hervor (vgl. WANKE, Töpfer, 151.155; ders., Jeremia 1, 172, sowie bereits WEIPPERT, Prosareden, 53). Damit mögen die Gattungskriterien im strengen Sinne nicht erfüllt sein, in der symbolischen Deutung einer ausgeführten Aktion, die beide Perikopen, Jer 18 wie 19, auszeichnet, liegt jedoch in jedem Falle ihre große formale Nähe zueinander (vgl., in diesem Sinne differenzierend, WERNER, Jeremia 1–25, 174).

50   Die Differenzen innerhalb der Forschung betreffen Details. Levin etwa möchte noch V. 4b und 6b ausscheiden und den Verfassern der Verse 7–10 zuweisen (vgl. LEVIN, Verheißung, 176 f.), Brekelmans dagegen V. 11a für die Grundschicht veranschlagen (vgl. BREKELMANS, Jeremiah 18,1–12, 346).

51   Vgl. WANKE, Töpfer, 160 f., mit Verweis auf Jes 29,15; 45,9; 64,7 – bei allen Ver-gleichsstellen für das Motiv wird Schuld thematisiert. Er richtet sich damit (wie auch schon THIEL, Redaktion I, 214) gegen die Interpretation Blanks, der das Bild heilvoll deuten möchte: „The potter could repair the damage which he had done" (BLANK, Jeremiah, 215; vgl. VOLZ, Jeremia 192; CARROLL, Jeremiah, 372).

52   Gegen Brekelmans, der meint, „vv. 1–6 as such are an incomplete text" (BREKEL-MANS, Jeremiah 18,1–12, 346), und deshalb im Gefolge Nicholsons, der „an original saying of Jeremiah" (NICHOLSON, Preaching, 80) in V.6.11a findet, noch V. 11a zur Grundschicht rechnen möchte. Damit handeln sich beide jedoch einen semantischen Bruch in der Töpfermetapher ein. In den Versen 2–6 ist das *Volk* der Ton, der bearbeitet wird, in V. 11a ist es dagegen das *Unheil*, das JHWH ‚töpfert' (הִנֵּה אָנֹכִי יוֹצֵר עֲלֵיכֶם רָעָה, vgl., diese Beobachtung synchron auslegend, DAVIES, Potter, 27).

53   Vgl. Jer 23,22; 25,5; 26,3; 35,15; 36,3.7.

54   Vgl. Jer 11,8 (וַיֵּלְכוּ אִישׁ בִּשְׁרִירוּת לִבָּם הָרָע) und 18,12 (אַחֲרֵי מַחְשְׁבוֹתֵינוּ נֵלֵךְ וְאִישׁ שְׁרִרוּת לִבּוֹ־הָרָע נַעֲשֶׂה). Vgl. auch 7,24, sowie, auf die aktuelle Generation bezogen, systema-

Demgegenüber dehnt die weitere Eintragung in V. 7–10[55] die Möglichkeit zur Umkehr (שׁוּב, V. 7.) von den angesprochenen einzelnen auf die Völkerwelt insgesamt aus,[56] läßt dabei aber auch die umgekehrte Alternative bestehen, daß JHWH sich *seines* Wohltuns (יטב Hifil, V. 10) gereuen lassen könnte.

Bei der zweiten Zeichenhandlung, die sich mit der Töpferthematik befaßt, verhält es sich ganz ähnlich wie in Kapitel 18. Auch hier ist deutlich zu erkennen, daß der ursprüngliche Bestand aus Beauftragung zu einer Handlung und ihrer Deutung in V. 1.2a* (ohne אֶל־גֵּיא בֶן־הִנֹּם אֲשֶׁר).10.11a,[57] überarbeitet worden ist,[58] um zuletzt die Gestalt einer der großen Reden des Buches zu erhalten.[59]

Thiel macht dafür seine deuteronomistische Redaktion D verantwortlich,[60] doch ist ein sukzessives Wachstum in mehreren Schritten weit wahrscheinlicher. So steht „dieser Ort" (הַמָּקוֹם הַזֶּה) zunächst in V. 4 parallel zu „dieser Stadt" (הָעִיר הַזֹּאת) von V. 8. Die Identifikation mit dem Tofet, die V. 6 vornimmt,[61] erscheint demgegenüber als sekundär. McKanes Schichtung, die von dieser Grundbeobachtung ausgeht, ver-

---

tisch in den Ergänzungsschichten der Zeichenhandlungen 13,10; 16,12, sowie 9,13; 23,17.

55   Weippert meint dagegen: „Der Textbefund läßt zwischen Vers 6 und 7 auf keine Nahtstelle schließen" (WEIPPERT, Prosareden, 53). Das ist schwer nachzuvollziehen. Es ändert sich in V. 7 die Redeweise von einer direkten Anrede in ein Reden über etwas, es ändert sich die Deutung des Bildmaterials, und es wird ein völlig neues Thema aufs Tapet gebracht.

56   Vgl. ähnlich Jer 12,14–17 Dieser universalistische Aspekt macht es problematisch, sie deuteronomistisch zu nennen (mit BREKELMANS, Jeremiah 18,1–12, 348, gegen THIEL, Redaktion I, 214. Allerdings hebt bereits Thiel den außergewöhnlichen Charakter des Stückes hervor, vgl. ebd., 216). Brekelmans führt ferner 3,17 als Vergleichsstelle an – dieser Vers von der Völkerwallfahrt kennt jedoch, anders als 18,7–10, keine negative Alternative mehr. Damit geht er einen großen Schritt weiter und dürfte weniger mit 12,14–17 und 18,7–10 als eher mit 16,19 auf eine Ebene zu stellen sein. Hier, in 3,17, werden 18,12 und das folgende Gerichtswort 18,13–17 aufgegriffen und im Geiste von 18,7–10 weitergeführt: Die ‚Völker' sind nicht mehr nur Zeugen und Kontrastfolie für die Sünde Israels wie in 18,13, sie gehören sogar zur Gemeinde der JHWH-Verehrer, werden ihre Umkehrmöglichkeit nach 18,7–10 sicherlich wahrnehmen und, anders als das Volk in 18,12, *„nicht mehr* der Verkehrtheit ihres bösen Herzens folgen"* (וְלֹא־יֵלְכוּ עוֹד אַחֲרֵי שְׁרִרוּת לִבָּם הָרָע).

57   Vgl. THIEL, Redaktion I, 219; MCKANE, Jeremiah I, 451; WANKE, ZBK.AT 20/1, 180.

58   Friebel allerdings ignoriert literarkritische Argumente ebenso wie die entsprechende Literatur und möchte, gestützt auf Holladays Kommentar (vgl. HOLLADAY, Jeremiah 1–25, 536 f.) „an oracular unit (not merely a literaly unit)" finden (FRIEBEL, Sign-Acts, 117).

59   Vor allem die Gemeinsamkeiten mit Jer 7 sind augenfällig.

60   Vgl. THIEL, Redaktion I, 219.

61   Vgl. V. 6: „Man wird diesen Ort (לְמָקוֹם הַזֶּה) nicht mehr Tofet nennen und Tal Ben Hinnom, sondern Würgetal".

mag weitestgehend zu überzeugen.[62] Er findet eine erste Fortschreibung der Zeichenhandlung in den Versen 2b.3 f.7–9, die, darin den
auch in den Kapiteln 16 und 18 erkannten ersten Ergänzungen nicht
unähnlich,[63] die Begründung für das ursprünglich mit dem Stichwort
‚zerbrechen' nur symbolisch dargestellte Gericht nachliefert und seine
Auswirkungen ausmalt.

Das Tofet wird in diesen Zusammenhang erst in einem weiteren
Schritt mit V. 12 f. eingefügt, und ist damit noch nicht mit der Thematik
des Kinderopfers verbunden, sondern dient zunächst „as a paradigm of
ruin or devastation".[64]

Dies ändert sich jedoch durch die Einschreibung von V. 5 f., die das
Vergießen unschuldigen Blutes von V. 4[65] als Kinderopfer interpretiert
und am Tofet verortet.[66]

In einem letzten Schritt wird diese Lokalisierung in den Auftrag
von V. 2a eingetragen und mit den Versen 14 f. eine zusammenfassen-
de Überleitung geschaffen, die den Propheten zurück in die Stadt und
zum Tempel bringt.

Zwischen diesen beiden Blöcken, 18,1–12 und 19,1–15, stehen nun
zwei weitere, bisher noch nicht behandelte Texteinheiten, die augenscheinlich nicht von dem ansonsten dominierenden Bildmaterial geprägt sind: Die Konfession 18 in 18,18–23 und das ihr vorangehende
Gerichtswort in 18,13–17. Wie verhalten sich nun beide zueinander und
zu dem sie umgebenden Kontext, dessen Erzählgang der beiden auf-
einanderfolgenden symbolischen Handlungen sie auf den ersten Blick
gleichermaßen zu unterbrechen scheinen?

---

62 Vgl. MCKANE, Jeremiah I, 451–456, sowie, identisch, WANKE, ZBK.AT 20/1, 182 f.
    (Anders noch WANKE, Baruchschrift, 8–19. Dort trennt er, ganz Rudolph folgend
    [vgl. RUDOLPH, Jeremia, 127] eine erzählende Grundschicht 19,1–2a*.10–11a.*14 f.* von
    einer „Interpolation" [WANKE, Baruchschrift, 18] 19,2b–9.11b–13).

63 Vgl. S. 153 f. und S. 190 f.

64 MCKANE, Jeremiah I, 454.

65 Vgl. Dtn 19,10; I Sam 19,5, Jes 59,7, Joel 4,19; Prov 6,17, sowie vor allem II Reg 21,15;
    24,4 nahezu gleichlautend wie Jer 19,4, und, im Jeremiabuch selbst, Jer 2,34; 7,6; 22,3;
    26,15.

66 McKane betrachtet die Verse hierbei als „derived directly from 7.31 f." (ebd., 455).
    Die oben (vgl. S. 109, n. 271) angestellten Beobachtungen zum Fehlen von 7,30–8,3 in
    der *prima manu*-Fassung von 4QJer^a lassen an diesem Punkt Zweifel entstehen.
    McKanes Deutung von 19,5 f. als „mistaken exegesis of v. 4" (ebd.) in Anknüpfung
    an die Ortsnennung von V. 12 f. erklärt die Verse, die womöglich schon II Reg 23,10
    kennen, hervorragend aus ihrem unmittelbaren Kontext heraus, so daß sich die
    Richtung der literarischen Abhängigkeit zu Jer 7 sehr gut umgekehrt vorstellen
    ließe. Die mit 7,32 nahezu wortgleiche Glosse in 19,11b, die von LXX nicht belegt ist,
    gibt einen weiteren Hinweis darauf, daß der Austausch zwischen den Kapiteln 7
    und 19 gerade in der jüngsten Zeit der Buchwerdung intensiv war.

Wie es bereits für die bisher untersuchten drei Konfessionstexte konstatiert werden konnte, so trifft auch in 18,18–23 die Beobachtung einer Störung des kontextuellen Gedankenganges nur einen Aspekt. Ähnlich wie dort, so lassen sich auch hier wieder etliche Verbindungen zur näheren Umgebung erkennen. Dies beginnt mit den gleichartig gestalteten Versen 18 und 12, die nicht nur durch den einleitenden Narrativ, sondern auch durch das Thema der ‚Pläne‘ (מַחֲשָׁבוֹת) unzweifelhaft aufeinander bezogen werden wollen. Ebenso knüpft der Gegensatz von ‚gut‘ (טוֹב) und ‚schlecht‘ (רָע) von V. 20 an die Alternative des Abschnittes 18,7–10 (הָרָעָה, V. 8; הַטּוֹבָה, V. 10) wie an die daran anknüpfende Aufforderung JHWHs, sich zu bessern (יטב Hifil, V. 11), an. Jeremia betont hierbei ‚Gutes‘ über ‚sie‘ gesprochen zu haben, um JHWHs Zorn abzuwenden (שׁוב Hifil), ihn also die dort als ‚Reue‘ Gottes (Wurzel נחם) bezeichnete Willensbewegung vollziehen zu lassen, die er für den Fall einer Umkehr (שׁוב Qal, V. 8.11) in Aussicht gestellt hatte.[67]

Des Beters Feinde verlassen sich dagegen für ‚ihre Beratungen‘ (עֲצָתָם, V. 23) in V. 18 auf den ‚Rat‘ (עֵצָה) des Weisen, der, als ‚Rat Judas‘ (עֲצַת יְהוּדָה) nach 19,7 von JHWH zunichte gemacht werden wird. Ein weiterer möglicher Vorverweis auf Kapitel 19 läßt sich ferner in den Verwünschungen des Sprechers über seine Gegner sehen. Wenn er in V. 21 ‚ihren Männern‘ das Schicksal zuweist, von der Pest dahingerafft (Wurzel הרג) zu werden, so zielt dieser Begriff bereits auf die in 19,6 eben aufgrund des massenhaften Sterbens proklamierte Umbenennung des Tales Ben Hinnom in ‚Würgetal‘ (גֵּיא הַהֲרֵגָה) voraus.

Doch nicht nur mit den beiden erweiterten symbolischen Handlungen von 18,1–12 und 19,1–13 ist die Konfession verbunden, sondern auch zum Gerichtswort der Verse 13–17 lassen sich Bezüge feststellen. Manifest wird dies in V. 23: Hier sollen die Feinde vor JHWH ‚Gestrauchelte‘ (מַכְשָׁלִים) sein und damit eben das vollenden, was ‚sie‘, die in einer *constructio ad sensum* im Plural genannten Angehörigen ‚meines Volkes‘ in V. 15 begonnen haben, als sie von ‚ihnen‘, wohl den im ersten Halbvers ebenfalls mit שָׁוְא eigentlich in der Einzahl genannten Götzen, zu Fall gebracht wurden (Wurzel כשׁל). JHWH soll darum gegen sie aktiv werden, „zur Zeit deines Zornes" (בְּעֵת אַפְּךָ), was zweifelsohne „am Tag ihres Verderbens" (בְּיוֹם אֵידָם) der Fall sein wird, mit dem der Gerichtsabschnitt in V. 17 schließt. Die finale Bitte der

---

67 Davies sieht darüber hinaus noch eine Verbindung von 18,1–12 zur Konfession über die Brücke von ‚verderben‘ (שׁחת, 18,4) und ‚Grube‘ (שׁוּחָה, 18,20.22 Qere) gegeben (vgl. DAVIES, Potter, 30). Das erscheint als ein wenig weit hergeholt.

Konfession wird auf diese Weise der göttlichen Strafankündigung parallelgestellt.[68]

Somit sind die beiden fraglichen Perikopen durchaus aufeinander bezogen. Ob jedoch diachron betrachtet die Konfession an das Gerichtswort anknüpft oder aber dieses jener vorgeschaltet ist, läßt sich von dieser Feststellung aus noch nicht beurteilen. Ein Blick auf die Einbindung auch der Verse 13–17 in ihren Kontext vermag jedoch zur Klärung der Verhältnisse beizutragen.

Auch dieses Stück ist nämlich, wie bereits beim ersten Durchgang durch den Text angedeutet wurde, durch vielerlei Fäden mit dem Gesamtzusammenhang der Kapitel 18 und 19 verwoben.[69]

So knüpfen etwa die ‚Völker' (גוֹיִם), die in V. 13 gleichermaßen als Zeugen wie Kontrastfolie für die Frevel der ‚Jungfrau Israel' auf den Plan gerufen werden, an die Thematik der Verse 7–10 an. Die Rede von der Umkehrmöglichkeit eines jeden Volkes (גּוֹי, V. 7.8.9), und die in V. 13 angeklagte ‚Abscheulichkeit' (שַׁעֲרֻרָת) gerät in ihrer Assonanz mit der ‚Verstocktheit' (שְׁרִרוּת) der unbußfertigen Sprecher von V. 12 zu deren Illustration und Konsequenz.

In V. 14 wird sodann, in der zweiten Hälfte der rhetorischen Doppelfrage, der Jordan als Bild der Beständigkeit beschworen, dessen Wasser nicht aus ihrem Flußbett gerissen (Wurzel נתשׁ) werden könnten. Noch bevor dem in den Folgeversen das Verhalten Israels entgegengesetzt wird, schwingt so bereits ein drohender Unterton mit, hatte JHWH selbst doch kurz zuvor, in V. 7, betont, daß für Völker diese Möglichkeit sehr wohl bestehe: Sie werden, in unmißverständlichem Anklang an Jer 1,10, gegebenenfalls ‚ausgerissen' (Wurzel נתשׁ). V. 15 benennt dann, worin der beklagte Frevel konkret zu suchen sei, nämlich im Götzendienst. Er stellt die Konsequenz des ‚Wandelns' (הלך, V. 12) nach dem eigenen verkehrten Herzen dar und entpuppt sich für die Gestrauchelten in V. 15 als Weg (הלך, V. 15) in die Irre.[70]

Ebenso eng und vielfältig sind die Verbindungen in das Kapitel 19 hinein. Der Unmöglichkeit, daß Schnee den höchsten Libanongipfel

---

68   Barbiero möchte ferner zum ‚Tun' (עשׂה) der Abscheulichkeiten durch die ‚Jungfrau Israel' von V. 13 in Jeremias Aufforderung von V. 23, an ihnen zu ‚handeln' (עשׂה) eine Entsprechung finden (vgl. BARBIERO, Schnee, 384, n. 15). Auch hier wirkt der Versuch, eine intendierte Anknüpfung sehen zu wollen, eher gezwungen denn überzeugend. עשׂה ist ein Allerweltswort (und biblisch in nicht weniger als 2640 Fällen belegt).

69   Vgl. DIAMOND, Confessions, 170.

70   Hier könnte man die Kritik an Barbiero (vgl. S. 194, n. 68) natürlich zurückspiegeln. Anders als in seinem Fall hängt die postulierte Verbindung jedoch nicht nur an einem in unterschiedlicher Weise gebrauchten Stichwort, sondern an der Parallelität der ganzen Weg- und Wandel-Metaphorik zwischen V. 12 und V. 15.

verlassen könne (עזב), steht in 18,14 nicht nur der Vorwurf des
Folgeverses, sondern auch derjenige von 19,4 gegenüber: ‚Sie' haben es
nämlich getan, JHWH verlassen (עזב), um, so die klassisch deuteronomistische Formel,[71] „anderen Göttern" zu räuchern (קטר). Dieses Vergehen wird nun auch bereits in 18,15 verurteilt, allerdings in leicht
modifizierter Form. Auch hier wird ‚geräuchert' (קטר), jedoch, singulär
im Alten Testament,[72] „dem Nichtigen" (לַשָּׁוְא). Darin liegt zweifelsohne
eine Verschärfung gegenüber der Aussage von 19,4, die bereits einen
Hinweis auf die diachrone Relation beider Passagen geben kann. Die
dort genannten ‚fremden Götter' sind in 18,15 bereits keine mehr. Sie
sind ihrer Göttlichkeit enthoben und nurmehr nichtig. Gleichwohl ist
ihre Verehrung alles andere als harmlos, das zeigen nicht nur die
Folgen, die in 18,15 f. genannt werden, sondern auch der mögliche
Anklang an das zweite Gebot (Ex 20,7; Dtn 5,11).[73] Bei aller Depoten-
zierung der Götzen ist dies jedoch (noch) nicht die Sichtweise, wie sie
die Heiden in 16,19 proklamieren, die ihrer Väter Götter lediglich als
שֶׁקֶר und הֶבֶל betrachten.

Die Konsequenzen des Frevels sind hier, in Kapitel 18, vielmehr
fatal. Das Land ist zur Wüste und zum ‚Gepfeife' geworden, das bei
allen Vorüberziehenden Kopfschütteln hervorruft – eine Beschreibung,
wie sie, praktisch mit denselben Worten, in Jer 19,8 als Prophezeiung
gegen Jerusalem ergeht.[74] Der Unterschied beider Verse ist, abgesehen
davon, daß hier vom Land und dort von der Stadt die Rede ist, ein
kleiner, aber bedeutsamer: 18,16 spricht durch den vom Narrativ in

---

71   Vgl. dazu AURELIUS, Ursprung, 11 f.; DERS., „Ich bin der Herr", 339–341.

72   Illegitime Rauchopfer erfolgen sonst mit dem Dativ ‚anderen Göttern' (לֵאלֹהִים
      אֲחֵרִים), vgl. II Reg 22,17; Jer 1,16; (11,12 ohne אַחֵר); 19,4; 44,3.5.8.15; (48,35 לֵאלֹהָיו);
      II Chr 28,35; 34,25, ‚dem Baal' (לַבַּעַל), vgl. II Reg 23,5; Jer 7,9; 11,13.17; 32,29; ‚dem
      ganzen Heer des Himmels' (לְכֹל צְבָא הַשָּׁמַיִם), vgl. Jer 19,13 (II Reg 23,5), sowie ‚der
      Himmelskönigin' (לִמְלֶכֶת הַשָּׁמַיִם), vgl. Jer 44,17.18.19.25. Insgesamt fällt auf, daß sich
      das Jeremiabuch durch eine gewisse Vorliebe für diese Art des Kultfrevels auszeich-
      net. Hierin wird gerne „einwandfrei deuteronomistische Sprache" (HERRMANN,
      BK 12, 78) konstatiert – auch wenn, wie zu sehen ist, die Formulierungen „eigenarti-
      gerweise nicht im Deuteronomium, aber häufiger in der Chronik" (ebd.) begegnen.

73   לֹא תִשָּׂא אֶת־שֵׁם־יהוה אֱלֹהֶיךָ לַשָּׁוְא. Vgl. auch Ps 24,4; 139,20 (vgl. zu Ps 24 SPIECKER-
      MANN, Heilsgegenwart, 198).

74   Vgl. 18,16: „zu machen ihr Land zur Wüste, zu ewigem Gepfeife. Jeder, der an ihm
      vorüberzieht, wird sich entsetzen und den Kopf schütteln" (לָשׂוּם אַרְצָם לְשַׁמָּה שְׁרִיקֹת
      עוֹלָם כֹּל עוֹבֵר עָלֶיהָ יִשֹּׁם וְיָנִיד בְּרֹאשׁוֹ [Qere]) mit 19,8: „Und ich werde diese Stadt zur
      Wüste und zum Gepfeife machen. Jeder, der bei ihr vorübergeht, wird sich entsetzen
      und pfeifen über alle ihre Wunden" (וְשַׂמְתִּי אֶת־הָעִיר הַזֹּאת לְשַׁמָּה וְלִשְׁרֵקָה כֹּל עֹבֵר עָלֶיהָ
      יִשֹּׁם וְיִשְׁרֹק עַל־כָּל־מַכֹּתֶהָ). Am Ende des Buches werden schließlich, bei gleichzeitiger
      Restitution Zions (vgl. Jer 30,17), die Feinde Edom (vgl. 49,17) und Babel (vgl. 50,13)
      dieses Schicksal erleiden (vgl. GOSSE, Masoretic Redaction, 78). Dieser Bogen ent-
      spricht demjenigen, den die kollektiv-repräsentative Konfessionenredaktion schlägt.

V. 15 abhängigen Infinitiv constructus von einem Zustand, der, unbeschadet der Imperfekt-Verbformen in 16b, zumindest in Teilen als bereits eingetreten vorgestellt wird und, als unmittelbar durch die Götzenverehrung verursacht, zum Bereich der *Schuld*beschreibung zu rechnen ist.[75] In Kapitel 19 dagegen wird JHWH selbst in der Zukunft all diese Dinge herbeiführen; hier sind sie Bestandteil seines schrecklichen *Straf*gerichts.

Zu diesem zählt auch in 18,17 die Zerstreuung ‚vor dem Feind' (לִפְנֵי אוֹיֵב), durch dessen Schwert die Einwohner Jerusalems nach 19,7 fallen sollen (וְהִפַּלְתִּים בַּחֶרֶב לִפְנֵי אֹיְבֵיהֶם).

Der Grund für all diese breit ausgemalten Schreckensszenarien ist schließlich nach 19,15 in der Ablehnung der Worte JHWHs durch das Volk zu suchen. Sie haben nicht gehört, sondern stattdessen ihren ‚Nacken verhärtet' (הִקְשׁוּ אֶת־עָרְפָּם), weshalb auch Gott ihnen nun, nach 18,17, den Rücken (עֹרֶף) zuwendet.[76]

Wie ist diese Vielzahl von beobachteten Bezügen nun auszuwerten? Zunächst einmal entpuppt sich der Abschnitt 18,13–17 nicht als der Brocken jeremianischen Urgesteins, für das er, aufgrund seines lyrischen Charakters, nach wie vor gerne gehalten wird.[77] *Jeder* Vers des in sich kohärenten Stückes ist auf das engste entweder mit dem vorangehenden oder mit dem folgenden Kontext verbunden – es literarkritisch zu sezieren, um einen älteren Kern zu eruieren, erscheint daher nicht geraten.[78] Die Möglichkeit, in ihm den ältesten Bestandteil der Kapitelfolge zu sehen, um die herum nach und nach alles andere gewachsen sei,[79] scheidet ebenfalls aus. Es sind gerade die jüngeren Fortschreibungen der beiden Zeichenhandlungen, zu denen die Bezüge des Gerichtswortes bestehen und die sich oben hinreichend aus ihren Muttertexten selbst hatten erklären lassen. Wollte man sie zusätzlich von 18,13–17 abhängig machen, müßte man auf den verschiedenen

---

75 Vgl. BARBIERO, Schnee, 386.

76 Mit der Hifil-Lesart nach LXX. Nach masoretischer Vokalisation (Qal), wie sie Barbiero favorisiert (vgl. BARBIERO, Schnee, 389), wird JHWH dagegen den [sc. dann ihren] Rücken sehen, wenn sie vor den Feinden zu fliehen versuchen. Man würde dann aber wohl beim ‚Rücken' und den ‚Gesichtern' die entsprechend suffigierten Formen erwarten. Der beobachtete Stichwortbezug wird von dieser textkritischen Entscheidung jedoch nicht tangiert.

77 Holladay etwa datiert „to the period in 605 or soon thereafter" (HOLLADAY, Jeremiah 1–25, 522), Lundbom noch ein wenig früher, „in Josiah's reign" (LUNDBOM, Jeremiah 1–20, 824). Vgl. auch BARBIERO, Schnee, 385, n. 47).

78 Gegen Kiss, der jüngst in 18,13aβ–15a (also mitsamt der ‚Räuchern des Nichtigen') sowie 18,17 zwei redaktionell kombinierte Jeremialogien finden möchte (vgl. KISS, Klage Gottes, 184 f.190).

79 Wanke etwa betrachtet 19,8 als „[i]n Anlehnung an 18,16 gebildet" (WANKE, Baruchschrift, 11).

literarischen Ebenen von 18,1–12* und 19,1–15* jeweils die doppelte Referenz auf sowohl den eigenen Grundtext als auch auf 18,13–17 postulieren. Das ist nicht sehr wahrscheinlich.

Der umgekehrte Weg dagegen vermag leichter vorgestellt zu werden: Beide symbolischen Handlungen samt ihren jüngsten Ergänzungen,[80] der internationalen Umkehrreflexion von 18,7–10 und den Überleitungsversen 19,14 f., waren bereits Bestandteil der Vorlage, in die das Gerichtswort 18,13–17 eingeschrieben wurde. Der Abschnitt selbst bildet daher ein spätes Bindeglied zwischen den Kapiteln 18 und 19, der die Begründung für das ‚Zerbrechen' des Volkes ganz unter das Zeichen des Götzendienstes stellt. Die zu diesem Zweck von den Verfassern geschaffene Formulierung ‚dem Nichts räuchern' von 18,15 stützt diese relative Datierung[81] insoweit, als sie eine eher fortgeschrittene Auseinandersetzung mit der Götzenproblematik voraussetzt und von daher, ebenso wie das nach Duhm „aramäische Wort שְׁבִיל"[82] im gleichen Vers, in eine vergleichsweise späte Zeit weist.

Wenn nun aber dieses Gerichtswort bereits die jüngeren Bestandteile der Zeichenhandlungskomplexe voraussetzt, wie verhält es sich zur Konfession 18?

Angesichts der Tatsache, daß es vorderhand die Parallele von 18,12 und 18,18 auseinanderzieht, mittels derer 18,18–23 an die Umkehrverweigerung des störrischen Volkes angeschlossen wird, steigt der Verdacht auf, es könnte sogar noch jünger sein als diese.[83]

Bei näherer Betrachtung erweist sich diese These jedoch als unplausibel. Es ist vielmehr der Abschnitt 18,18–23, der die Abfolge aus zeichenhaft vorgestellter Alternativpredigt (18,1–10), Ablehnung der Buße durch das Volk (18,11 f.) und daraus resultierendem Strafentschluß

---

80 Die Glosse in 19,11b nicht mitgerechnet.

81 שָׁוְא als Bezeichnung für Götzen findet sich neben Jer 18,15 nur Jon 2,9 und Ps 31,7.

82 DUHM, Jeremia, 157. WAGNER, Aramaismen, führt es freilich nicht als einen solchen auf, und auch die gängigen Wörterbücher unterscheiden das hebräische שְׁבִיל vom armäischen שְׁבִילָא. Die einzige weitere biblische Belegstelle ist Ps 77,20 (sowie 1QH[a] XV,15 [VII,15] in der Formulierung לשבילי כבוד [vgl. KBL³, 1295]). Duhm möchte deshalb die ‚ewigen Pfade' als Glosse streichen – er zerstört dadurch aber den intakten *Parallelismus membrorum* der vier verschiedenen Bezeichnungen für ‚Weg' in 18,15b.

83 Diese Option insinuiert Wanke, wenn er in 18,12 mit LXX für die einleitende Narrativform וַיֹּאמְרוּ als ursprüngliche Lesart votiert, die V. 1–12 mit V. 18.19–23 verknüpft habe (vgl. WANKE, Jeremia 1, 172, n. 234). Andererseits meint er zu 18,13–17, es könne „nicht ganz ausgeschlossen werden […], daß der Abschnitt von Jeremia selbst stammt" (ebd., 175), auch wenn ein jüngerer Prophet als Verfasser wahrscheinlicher sei. In 18,13–17 einerseits einen älteren Text zu finden, ihn andererseits aber als redaktionell jüngstes Element in Kapitel 18 anzusehen, erscheint jedoch als ein allzu weiter Spagat, der zudem durch die Bezüge zu Kapitel 19 noch fraglicher wird.

JHWHs (18,13–17), der in Kapitel 19 verkündet und szenisch präfiguriert wird, unterbricht. Die vielfältigen direkten Anknüpfungen des Gerichtswortes an Kapitel 19 werden durch die Klage des Propheten dagegen undeutlich gemacht. Sie lenkt stattdessen, auch hierin den ersten drei untersuchten Konfessionenblöcken überaus ähnlich, den Gedankengang in eine ganz neue Richtung. Das *peccatum originale* des Volkes, die Abkehr von JHWH, manifestiert sich in ihrer Sicht weniger in der Hinwendung zu ‚anderen Göttern' als in der Ablehnung seines Wortes, die in der Verfolgung seines erwählten Propheten sichtbar wird. Die Passage 18,13–17 unterbricht zudem die Anknüpfung an V. 12 keineswegs. Die Konfession ist insgesamt vielmehr gezielt als Parallele zu V. 12–17 gestaltet, schließt also nicht nur an die Ablehnung des göttlichen Angebotes, sondern auch an das folgende Gerichtswort an. Sie setzt, wie V. 12, in V. 18 mit den Worten der Gegner über ihre ‚Pläne' ein, setzt diese dadurch im folgenden zur Anklage der Verse 13–16 in Beziehung und endet, nach einem eigenen Gerichtswort in V. 21–23, mit der Bitte nach dem ‚Tag des Zornes'. Dieser greift, wie bereits bemerkt,[84] den „Tag ihres Verderbens" von V. 17 auf, an dem nun die Widersacher, in Aufnahme von V. 15, endgültig ‚straucheln' sollen. Der Beter erfleht daher in seinen Verwünschungen – wie auch in den anderen Konfessionen –, daß JHWH nun die angekündigte Strafe tatsächlich eintreffen lassen möge, weniger, um Götzendienst und andere Verfehlungen zu sanktionieren, als vielmehr, um die Treue gegenüber seinem eigenen Wort und dessen Verkörperung, dem erwählten Propheten, zu beweisen.

Die Konfession 18,18–23 erweist sich somit als jüngster Einschreibungstext in den ursprünglich aus zwei symbolischen Handlungen in 18,1–6*; 19,1–2a*.10.11a bestehenden Zusammenhang, die bereits deren mehrfache Fortschreibungen in 18,11 f.; 18,7–10 sowie 19,2b–4.7–9; 19,11f.; 19,5 f.; 19,14f. und das verbindende jüngere Zwischenstück 18,13–17 voraussetzt.

5.3 Die Konfession 18

Dieses Ergebnis hat wiederum Folgen für die Analyse des Konfessionentextes selbst. Ist er als jüngstes Stück und als für seinen näheren Kontext verfaßt erkannt, so fällt auf literarische Auffälligkeiten ein anderes Licht, als wenn man formkritisch nach einer kleinen und reinen, vielleicht gar mündlich überlieferten, Einheit suchte.

---

84   Vgl. S. 194.

An derartigen echten oder vemeintlichen Kohärenzstörungen besteht freilich kein Mangel. Hatte man noch in 17,14–18 eine nahezu gattungsreine Individualklage vor sich, so irritiert hier bereits das Gegnerzitat zum Auftakt. Es wird mit einer Narrativform eingeleitet und präsentiert sich damit eindeutig nicht im metrischen Gewande, sondern gibt sich als erzählende Prosa zu erkennen. Seine Funktion steht außer Zweifel. Der Vers dient der Anknüpfung an 18,12: Die Gegner JHWHs sind auch Jeremias Gegner, und die dortigen ‚Pläne‘ ihres bösen Herzens entsprechen hier den finsteren Anschlägen gegen den Propheten. Sie ‚planen‘ (חשׁב) gegen ihn, und, so die wortspielerische Parechese in den zwei einander parallel zugeordneten Kohortativen (לְכוּ), sie wollen nicht auf ihn aufmerken (קשׁב).

Diese Formulierung wird nun unmittelbar in die Anrufung des Beters von V. 19 übernommen, mit der die eigentliche Klage einsetzt. JHWH soll sich besser verhalten als die Feinde, er möge sowohl auf ihn, den Flehenden, aufmerken (קשׁב) als auch die Stimme seiner Gegner hören (שׁמע). Für den Leser ist aber genau dies schwieriger, als es den Anschein hat. Während der Zitatcharakter von V. 18 unstrittig ist, besteht keine Einigkeit darüber, wer als Sprecher von V. 20aα anzunehmen sei. Sollte sich hier, analog zu 17,15, in ihren eigenen Worten die Verblendung der Feinde artikulieren, die sich für moralisch integer und deshalb, mit Prov 13,21 im Rücken,[85] jenseits jeremianischer Gerichtsprophetie stehend hielten?[86] Freilich widerspräche dieser Teil der Notschilderung dann dem Duktus der Gesamtklage, wie ihn der zweite Halbvers vorgibt, in dem man so etwas wie eine Unschuldsbeteuerung erkennen mag. Sie zeichnet in groben Zügen das Problem des Klagejeremia dieser Konfession, nämlich ‚Gutes‘ über ‚sie‘ gesprochen zu haben und dennoch Verfolgung erleiden zu müssen. Es ist daher, analog zu allen Vergleichsstellen für die fragliche Wendung,[87] der erste Versteil eher als verzweifelte Anfrage des Beters denn als bitterer Hohn seiner Feinde zu lesen.[88] Hubmanns Vorschlag vermag jedoch den sperrigen Charakter von V. 20a zu offenbaren: Hier ist ‚Gutes‘ (טוֹבָה) die gute Tat, die nach einer angemessenen Antwort verlangt, während טוֹבָה in V. 20b den *Inhalt* von Jeremias Fürbitte beschreibt, die als

---

85 „Sündern folgt Übles, aber Gerechten wird mit Gutem vergolten" (חַטָּאִים תְּרַדֵּף רָעָה וְאֶת־צַדִּיקִים יְשַׁלֶּם־טוֹב); vgl. auch Prov 17,13.

86 Vgl. HUBMANN, Jeremia 18, 284 f.

87 Die Formel ‚Böses anstatt Gutes vergelten‘ findet sich immer im Munde des Klagenden, vgl. Gen 44,4; Ps 35,12; 38,21; 109,5 sowie I Sam 25,21. Daß sonst immer רָעָה תַּחַת טוֹבָה steht und nicht תַּחַת־טוֹבָה רָעָה wie in Jer 18,20, ist für den Vergleich irrelevant.

88 Vgl. u.a. BAUMGARTNER, Klagegedichte, 19.

solche das Argument darstellt, das JHWH zu rettendem Einschreiten im Sinne des Beters bewegen soll: „Gedenke meines Stehens vor dir".[89]

Die nun folgende Bitte spricht jedoch eine andere Sprache als diese Erinnerung. Sie ergeht in „wutentbrannten Verwünschungen"[90] und transzendiert die Gattung der Klage, indem sie, wie ein prophetisches Scheltwort, mit לָכֵן eingeleitet wird und im folgenden kräftig aus dem Repertoire jeremianischer Unheilsweissagungen schöpft. Gleichwohl *ist* sie kein Gerichtswort: Jeremia bleibt der Sprecher, keine Botenspruchformel weist die geschilderten Schrecken als göttliches Wort aus. JHWH ist der Adressat, an den sich die beiden Imperative in V. 21 (‚gib', תֵּן, ‚überantworte sie', וְהַגִּרֵם) ebenso richten wie das Futur von V. 22 (‚du wirst kommen lassen', תָּבִיא). Die normale Sprechrichtung der Unheilsverkündigung ist damit umgekehrt: Sie verläuft nicht von JHWH durch den Propheten zum Volk, sondern wegen des Volkes vom Propheten zu JHWH. Das Strafgericht wird in die Klage integriert, nicht jedoch als zu wendende Not, sondern ganz im Gegenteil als Gegenstand der Bitte.[91] Damit stellt der Konfessionenjeremia ein weiteres Mal das Verständnis von Heil und Unheil auf den Kopf.[92] Seine Rettung liegt im Eintreffen der Vernichtung der anderen.[93]

Begründend mit כִּי eingeleitet, schließt sich in V. 22b erneut eine Schilderung der Not an, die nun wieder die konkrete Sprache, in der die Gerichtsschrecken geschildert worden waren, mit der topischen der Klagepsalmen vertauscht[94] und ein weiteres Mal auf die aus diesem

---

89 זְכֹר עָמְדִי לְפָנֶיךָ.
90 DUHM, Jeremia, 158.
91 Vgl. AHUIS, Gerichtsprophet, 34 f. Dies ist für ihn mit ein Grund, die Verse 20–21a aus dem Grundbestand auszuscheiden, vgl. dazu S. 206.
92 Vgl. dazu, im Rahmen von 15,10–21, S. 133.
93 Davies, der das ganze Kapitel 18 als „joke" (DAVIES, Joking, 191) betrachten möchte, sieht daher in 18,19–23 „a delightfully ironic contribution" (ebd., 198) – Grund zu lachen gibt es hier jedoch weder für JHWH noch für das Volk, schon gar nicht für den Propheten, und auch nicht für den Leser. Der Abschnitt verdiente es eher, tragisch denn witzig genannt zu werden.
94 Gegen Davies, der meint, hier sei, zumindest auf der Erzählebene, von einer tatsächlichen Fallgrube die Rede (vgl. DAVIES, Potter, 29 f.). Natürlich liegt es nahe, hier eine Anspielung auf die Erzählung von Jeremia in der Grube (Jer 38) zu sehen. Dort ist jedoch von einer Zisterne (בּוֹר) die Rede (vgl. Jer 38,6.7.9.10.11.13). Freilich ist auch deren traditionsgeschichtlicher Hintergrund in der Topik der Klage zu suchen (vgl. Ps 7,16; 28,1; 30,4; 40,3; 88,5.7; 143,7). In Kapitel 38, „[Jeremiah is] thrown into the courtyard of Šeol – and that is the coded content of the muddy pit" (HOLT, Potent Word, 165). Die Bildsprache ist in Jer 18 und 38 die gleiche – die Grenze von einer ‚tatsächlichen' zu einer ‚bloß' metaphorischen Grube ist damit aber aufgehoben und die Spekulation darüber auf literarischer (nicht historisierender) Ebene eher müßig.

Kontext bekannte gegrabene ‚Grube'[95] sowie, ergänzend dazu, auf die
ausgelegten ‚Schlingen'[96] rekurriert.

Mit einem Vertrauensbekenntnis im ersten Halbvers[97] leitet V. 23
schließlich zu einer erneuten Bitte über, die nun den schärfstmöglichen
Gegensatz zu V. 20 markiert. Es ist das Negativ einer Fürbitte,[98] wenn
der Beter, hamartiologisches Schlüsselvokabular konzentrierend, von
JHWH erfleht, Schuld (עָוֹן) *nicht* zu vergeben (כפר) und Sünde (חַטָּאת)
nicht zu tilgen (מחה). Stattdessen soll er, so faßt der letzte Halbvers noch
einmal den ganzen Komplex der Bitten zusammen, ‚zur Zeit seines
Zornes' gegen die Feinde einschreiten. Hatte der Beter noch in V. 20
seine Versuche betont, den ‚Grimm' (חֵמָה) JHWHs abzuwenden, so ruft
er ihn (אַף) nun geradezu herbei.

Spannungen formaler wie inhaltlicher Art prägen somit die
Konfession 18 in hohem Maße. Prosa steht neben metrisch verfaßten
Stücken, die Beteuerung des Beters, Fürbitte geleistet zu haben, neben
deren absolutem Gegenteil.

Welche literarkritischen Schlüsse jedoch aus diesen Beobachtungen
gezogen werden können, hängt wieder stark an den exegetischen Prämissen, unter denen sie ausgewertet werden. Die Dinge liegen hier
ganz ähnlich wie in Kapitel 11.[99] Sucht man eine mündlich überlieferte
Einheit, so kann man gar nicht anders, als V. 18 ob seines zweifelsohne
redaktionellen Charakters aus dem Grundbestand auszuscheiden.[100] Ist
aber der ganze Abschnitt 18,18–23 als jüngster Bestandteil des Kapitelzusammenhangs 18–19 erkannt, erscheint der Vers in einem anderen
Licht. Sein an V. 11 f. anknüpfender Charakter ebenso wie die Tatsache,
daß er einen kleinen szenischen Rahmen für die folgende Klage konstruiert, und seine prosaische Gestalt lassen vor diesem Hintergrund
nicht zwingend den Rückschluß zu, er sei einer anderen Hand zuzuweisen als die folgenden Verse.[101] Er greift das Thema des ‚Pläne

---

95 Vgl. Ps 57,7; 119,85.
96 Vgl. Ps. 69,23; 91,3; 119,110; 124,7; 140,6; 141,9; 142,4. Vgl. auch Prov 7,23; 22,5; Hi
    18,9; 22,10; Qoh 9,12, sowie, von der Anfeindung des Propheten, Hos 9,8.
97 Vgl. zu אַתָּה יָדַעְתָּ in dieser Funktion Ps 69,20; 142,4; I Reg 8,39 (=II Chr 6,30) sowie
    auf der Ebene der ersten Konfessionenredaktion Jer 15,15, in der Konfessionen-
    grundschicht Jer 17,16; im Rahmen eines Lobgelübdes, Ps 40,10, eines Schuldbe-
    kenntnisses Ps 69,6 sowie bei einem Danklied Ps 139,2.
98 Vgl. etwa als Positiv die Fürbitte Moses Ex 32,32: „Jetzt aber, hebe doch ihre Sünde
    auf! Wenn nicht, so tilge mich aus dem Buch, das du geschrieben hast!" (וְעַתָּה אִם־
    תִּשָּׂא חַטָּאתָם וְאִם־אַיִן מְחֵנִי נָא מִסִּפְרְךָ אֲשֶׁר כָּתָבְתָּ).
99 Vgl. S. 42.
100 Vgl. u.a. THIEL, Redaktion I, 218; ITTMANN, Konfessionen, 39; DIAMOND, Con-
    fessions, 92; O'CONNOR, Confessions, 56 f.; MCKANE, Jeremiah I, lxvii.
101 Vgl. in diesem Sinne POHLMANN, Ferne, 76.

Planens' (חֹשֵׁב מַחֲשָׁבוֹת) aus 11,19 erneut auf, aus einem Vers, mit dem
ihn zudem ein sehr ähnlicher Aufbau verbindet: Beide Male werden
die fraglichen Anschläge metaphorisch dargestellt (dort im Rahmen
der Baummetapher, hier durch das änigmatische ‚mit der Zunge
schlagen'), und in beiden Fällen äußert sich das Übelwollen der Feinde
in einem doppelten Kohortativ.[102] 18,18 ist darum auf der gleichen
redaktionellen Ebene anzusiedeln wie 11,19[103] – gleichwohl jedoch auf
einer anderen als der Vers 18,12, auf den sich die Eröffnungsszene der
Konfession 18 direkt bezieht.[104] Wie bereits beobachtet,[105] führt er
diesem gegenüber ein gänzlich neues Thema ein. Hier geht es um die
Verweigerung der Umkehr, dort um die Anfeindung des Propheten.
Das spricht mehr für eine *relecture* als für eine auf die gleiche Hand
zurückzuführende, von Anfang an intendierte Bipolarität der Unbußfertigkeit.

    Die primäre Zugehörigkeit des Verses 18,18 zur Konfession er-
scheint demnach weniger fraglich, als es die *opinio communis* glauben
machen möchte, die ihn bis in jüngste Arbeiten hinein[106] nach wie vor
gerne mit dem seinerzeit von Thiel mehr aus Verlegenheit gewählten[107]
und eher verfehlten Etikett ‚deuteronomistisch' versieht. Die Frage
nach der literarischen Integrität des Verses selbst kommt zudem dabei
zu kurz. Immerhin unterbricht die dreigliedrige Begründung von V.
18a, die als Rückversicherungsinstanzen Priester, Weise und Propheten
anführt, die parallele Abfolge der beiden Kohortative „auf, laßt uns
planen" (לְכוּ וְנַחְשְׁבָה) und „auf, laßt uns ihn schlagen" (לְכוּ וְנַכֵּהוּ) auf

---

102 Vgl. 11,19 נַשְׁחִיתָה und נִכְרְתֶנּוּ mit 18,18 übergeordnet נַחְשְׁבָה und konkretisiert נַכֵּהוּ
      sowie אַל־נַקְשִׁיבָה.

103 Gegen Vermeylen. Er vertritt die Variante, daß Jer 18,18 zwar auch der „rédaction
      deutéronomiste du livre" (VERMEYLEN, Essai, 267) zuzuschreiben seien, sieht hierin
      jedoch nicht eine spätere Ergänzung, sondern den *ältesten* Teil der Konfession. Die
      Verse 19–23 stammten dagegen vom „second rédacteur postexilique" (ebd.). Den
      deuteronomistischen Charakter von 18,18 begründet er merkwürdigerweise mit
      seiner „parallèle avec Jér 11,21–22 Dtr" (ebd.) – ohne auf 11,19 einzugehen. Dieser
      freilich ist nach seiner Analyse „un commentaire postexilique" (ebd., 251), also
      jünger. Das will nicht recht einleuchten. Ähnlich, allerdings einige Jahre älter datie-
      rend, gruppiert Kiss, der in V. 18 „wahrscheinlich einen Prophetenspruch" (KISS,
      Klage Gottes, 192) findet, der später um V. 21–22a und in einem dritten Schritt um V.
      19–20.22b.23 erweitert worden sei (vgl. ebd., 193–196).

104 Gegen Hubmann, für den „V. 18 mit V. 11 f. [...] auf die *gleiche Stufe* der Textent-
      wicklung gehört" (HUBMANN, Jer 18, 292, Hervorhebung Hubmann).

105 Vgl. S. 193.

106 Vgl. MCKANE, Jeremiah I, 437; MAIER, Lehrer, 309 f.

107 Auch Thiel mußte konstatieren: „Ganz eindeutig ist die Terminologie nicht" (THIEL,
      Redaktion I, 218). Sein Sprachbeweis bewegt sich ganz innerhalb des Jeremiabuches,
      und auch theologisch fällt es schwer, hier deuteronomistische Akzente wieder-
      zufinden.

eine Art, die eher irritiert. Üblicherweise sieht man in der Trias und ihrer Verbindung mit ‚Weisung', ‚Rat' und ‚Wort' „einen geprägten Spruch".[108] Diese Annahme stützt sich im wesentlichen darauf, daß in Ez 7,26b eine Variante des Diktums zu finden ist, die weitgehend, aber nicht gänzlich, mit Jer 18,18 gleichlautend ist. Dort liest man: „Und sie werden ein Gesicht vom Propheten suchen, aber Weisung wird verloren gehen vom Priester und Rat von den Ältesten".[109]

Ehe man nun aber aufgrund der Unterschiede zum Zitat der Jeremiagegner wie üblich auf eine frei flottierende und daher leicht variable Tradition hinter beiden Stellen rückschließt, lohnt es sich, beider Differenzen näher in den Blick zu nehmen. Abgesehen davon, daß im Ezechielbuch das Gegenteil dessen vorausgesagt wird, was die Feinde in Jer 18 behaupten, bestehen drei Unterschiede zwischen beiden Versen.

– Zum ersten wird bei Ezechiel vom Propheten nicht ein ‚Wort' (דָּבָר) verlangt, sondern ein ‚Gesicht' (חָזוֹן).
– Zum zweiten wird der ‚Rat' (עֵצָה) nicht vom ‚Weisen' (חָכָם) einge holt, sondern bei den ‚Ältesten' (זְקֵנִים).
– Zum dritten ist die Sentenz in Ez 7,26 im Vergleich mit Jer 18,18 aufgesprengt. Das erste der drei Glieder, die prophetische Vision, wird grammatisch nicht unter das Prädikat אבד, ‚vergehen' gestellt, sondern ist dem einleitenden ‚suchen' (בקשׁ) zugeordnet.

Die beiden terminologischen Unterschiede (Punkt eins und zwei) lassen sich am besten vor dem Hintergrund der jeweiligen Prophetenbücher erklären.

So spielt in der Auseinandersetzung zwischen wahrer und falscher Prophetie, wie sie das Ezechielbuch darstellt, das visionäre Element eine herausragende Rolle,[110] während im Jeremiabuch auch die interne Kontroverse in erster Linie um ein auditives Phänomen kreist. Es geht nicht um die Frage, ob JHWH etwas ‚sehen läßt', sondern ob und wie er sein ‚Wort' mitteilt.[111]

---

108 THIEL, Redaktion I, 218. Vgl. bereits Duhm, der hier, unter Auslassung des ‚Propheten', den er *metri causa* streicht, ein „volkstümliche[s] Sprichwort" (DUHM, Jeremia, 157) vermutet.
109 וּבִקְשׁוּ חָזוֹן מִנָּבִיא וְתוֹרָה תֹּאבַד מִכֹּהֵן וְעֵצָה מִזְּקֵנִים.
110 Vgl. Ez 7,13 (wenn man nicht, wie üblich, in חָרוֹן konjiziert); 7,16; 12,22.23.24.27; 13,16, sowie für חזה Ez 12,27; 13,6.7.8.9.16.23; 21,34; 22,28 gegenüber den zwei Belegen für חָזוֹן in Jer 14,14; 23,16.
111 Vgl. Jer 5,13; 7,4.8; 14,14; 15,16; 17,15; 20,8; 23,16.17.21.28.30.35.36.37.38; 27,14.16.18; 28,9; 37,17; 38,14 gegenüber Ez 13,6.7.8; 14,9.

Ähnlich steht es um die jeweiligen Ratgeber. ‚Weise' treten in Jer durchaus im Zentrum der Diskussion in Erscheinung,[112] ‚Älteste' dagegen nur an drei Stellen;[113] bei Ezechiel dagegen stellt sich das Verhältnis umgekehrt dar.[114]

Diese beiden Beobachtungen sprächen für sich genommen in der Tat für die Übernahme eines Traditionselementes, das in beiden Fällen dem jeweiligen Buchkontext angepaßt worden wäre. Das ändert sich jedoch, wenn man den dritten Punkt hinterfragt: Wie läßt sich die einleitende Verbform וּבִקְשׁוּ in Ez 7,26b erklären? Beim Lesen des Textes sticht sofort ins Auge, daß sie nicht für sich allein steht, sondern bereits kurz vorher, in V. 25 begegnet. Dort wird ‚Friede' gesucht, aber nicht gefunden.[115] Sieht man ferner, daß der darauf folgende Weheruf von V. 26a sich zwar hervorragend an die Trauer des Königs von V. 27 anschlösse, von dieser jedoch durch das Diktum über Propheten, Priester und Älteste getrennt wird, so spricht viel dafür, letzteres nicht zur Grundschicht zu zählen.[116] Wie bereits von Zimmerli erkannt, hat man hier, in 7,26b, stattdessen ein „kommentierendes Element"[117] vor sich, das mittels einer Wiederaufnahme des im zweiten Fall eher sperrigen וּבִקְשׁוּ von V. 25 in den Text eingekuppelt wurde.

Ist also die Erklärung für die ersten beiden Differenzen zu Jer 18,18 in einer terminologischen Anpassung an das Ezechielbuch zu finden, die der dritten aber in der sekundären Einpassung der Sentenz zwischen Ez 7,26a und Ez 7,27, und ist der Restbestand beider Parallelen weitgehend wortgleich, so büßt der Gedanke an ein fiktives Traditionselement erheblich an Plausibilität ein. Es sind eher nicht zwei separate Überlieferungen der Größe X, die man vor sich hat, sondern ein Halbvers, der in direkter literarischer Abhängigkeit[118] zu einem anderen

---

112 Vgl. Jer 8,8 f.; 9,11.22; 10,7; 50,35; 51,37.

113 Vgl. Jer 19,1; 26,17; 29,1.

114 Vgl. חָכָם in Ez 27,8.9; 28,3 nur im Abschnitt gegen Tyrus, זָקֵן dagegen neben 7,26 noch 8,1.11.12; 9,6; 14,1; 20,1.3 sowie, wieder gegen Tyrus, 27,9.

115 „Und sie werden Frieden suchen, aber da ist keiner" (וּבִקְשׁוּ שָׁלוֹם וָאָיִן).

116 So etwa Pohlmann, der in Ez 7,10–19*.25.26.27a eine „originale Unheilsansage" (POHLMANN, Hesekiel 1, 122) sieht.

117 ZIMMERLI, Ezechiel I, 184. Schwer nachzuvollziehen ist darum Viewegers Entscheidung, Zimmerli zwar folgen, aber Ez 7,26b dennoch „mit einiger Wahrscheinlichkeit noch auf Ezechiel selbst zurückführen" (VIEWEGER, Beziehungen, 107) zu wollen.

118 Auch Vieweger möchte die Ezechielstelle auf den Einfluß von Jer 18,18 zurückführen, bewegt sich aber ganz auf der mündlichen Ebene. Danach wurde 18,18 „vom Propheten selbst verfaßt" (VIEWEGER, Schülerkreis, 29) und durch den „Schülerkreis Jeremias" mitsamt der Konfession „an Ezechiel" (ebd., 31; vgl. auch DERS., Beziehungen, 105–108) übermittelt. Dem widersprechen sämtliche beobachtete *literarische* Beziehungen im Jeremia- wie im Ezechielbuch.

steht. Dafür daß deren Richtung von Jer 18 zu Ez 7 geht und nicht
umgekehrt,[119] spricht neben dem sekundären Charakter von Ez 7,26b
die feste terminologische Verankerung der Stelle im Jeremiabuch. Auch
wenn die Trias aus Priestern, Propheten und Weisen als solche hier wie
dort singulär ist,[120] so spielt in Jer immerhin das Duo aus ,Priestern und
Propheten' eine gewisse Rolle.[121] Der Leser weiß spätestens seit 6,13,
daß auch sie nur auf Lug und Trug aus sind (שֶׁקֶר), und er weiß auch,
was ihnen dafür blüht: Sie werden, so 6,15, wie des Beters Feinde nach
17,18, ,zuschanden werden' (בוש) und schließlich, „zur Zeit, da ich sie
heimsuche" (בְּעֵת־פְּקֻדְּתִים, vgl. 11,23), ,straucheln' (כשל). Mit den Weisen
ist es ähnlich. Auch sie sollen nach 8,9 ,zuschanden werden' (בוש), weil
sie das Wort JHWHs verworfen hätten. Vor dem Hintergrund der Konfessionen, deren Grundschicht in immer neuen Variationen um die
Erfüllung des göttlichen Wortes und seine Infragestellung in der Person des Propheten ringt, erscheint das Dreigestirn von 18,18 somit nicht
lediglich als „spontane Zusammenstellung",[122] sondern als bewußte
Bezugnahme auf Jer 6 und 8.[123] Wollen sich die Gegner Jeremias auf
diejenigen „Institutionen"[124] stützen, die samt ihren Trägern aufgrund
ihrer manifesten Abkehr von JHWH bereits dem Untergang geweiht
sind, so geben sie damit von vornherein zu erkennen, wes Geistes Kind
sie sind – und welchen Endes sie deshalb gewärtig sein müssen. Der
Viertelvers 18,18aβ mag deshalb im Rahmen der Konfession 18 womöglich eine erklärende Glosse darstellen, durch die das Klagegebet noch
deutlicher in die buchimmanente Auseinandersetzung des Propheten
mit den verschiedenen repräsentativen Würdenträgern gerückt wird – er

---

119 Gegen LEENE, Shofar, 196 und, ihm folgend, FISCHER, Jeremia 1–25, 586. Leenes
     Argumentation für die angebliche Abhängigkeit der Jeremiastelle von Ez 7 bleibt
     mir verschlossen, wenn er meint, „one linguistic argument seems to be decisive,
     namely the negative in Jer. 18:18" (LEENE, Shofar, 196).

120 Mit den ,Ältesten' findet sie sich dagegen ein weiteres Mal in Jer 29,1. Auch dieser
     Beleg stützt eher die These einer Abhängigkeit der Ezechielstelle von Jer 18 als
     umgekehrt. Gegen Leene, der meint, „that Ezekiel's elders had to stand aside for the
     wise, in accordance with Jer. 49:7" (LEENE, Shofar, 195).

121 Vgl. Jer 2,8.26; 4,9; 5,31; 6,13; 8,1.10; 13,13; 14,18; 23,11.33.34; 26,7.8.11.16; 27,16; 29,1;
     32,32. Im Ezechielbuch ist dagegen der Befund, abgesehen von 7,26, negativ.

122 ITTMANN, Konfessionen, 52.

123 Womöglich ist es Jer 18,18 wiederum zu verdanken, daß in der masoretischen Ver-
     sion des Jeremiabuches die Verse 6,13–15 in 8,10–12 ergänzt wurden (sie fehlen in
     LXX), und so die Verurteilung der Priester und Propheten direkt hinter derjenigen
     der Weisen von 8,9 zu stehen kam.

124 WANKE, Jeremia 1, 177.

liegt nichtsdestoweniger ganz auf der theologischen Linie der Konfessionengrundschicht und kann daher mit ihr zusammen ausgelegt werden.[125]

Über Thiel hinausgehend, möchte ferner Ahuis auch die Verse 21–22a als Prosa und daher „dtr. Erweiterung"[126] verstanden wissen, deren sekundärer Charakter zusätzlich durch die inhaltliche Nähe zu 11,22 f. belegt werde.[127]

Ahuis' Klassifizierung des Stückes ist jedoch mehr als zweifelhaft. Abgesehen davon, daß allein das Versmaß oder sein vermeintliches Fehlen allgemein bei den Konfessionen kein hinreichendes Kriterium für literarkritische Operationen abgibt,[128] vermag etwa Diamond die fraglichen Verse auch sehr gut metrisch zu lesen.[129] Auch ihr Deuteronomismus liegt, wie bereits bei V. 18, mehr im Auge des Betrachters, als daß er sich sprachlich oder theologisch aufzeigen ließe – es sei denn, man wollte die gesamte jeremianische Gerichtsprophetie dieser Kategorie zuweisen. Diese nämlich wird hier zweifellos rezipiert – wie auch von den in der Tat vergleichbaren Versen 11,22 f. Es liegt daher nun nahe, beide Passagen der gleichen redaktionellen Ebene zuzuordnen, und das war bei 11,22 f. die Konfessionengrundschicht.[130] Somit gibt es keinerlei Anlaß, 18,21 f. einer späteren Hand zuzuschreiben.

Diesem Argument ließe sich nun vorwerfen, daß es rein dem Systemzwang der vorliegenden Arbeit entspringe – die auf seiner Grundlage getroffene Enscheidung wird jedoch von einer weiteren Beobachtung gestützt, wenn man nach der Herkunft von 18,21 f. fragt.

Es ist offenkundig, daß das als Bitte vorgebrachte Gerichtswort nicht die wörtliche Wiedergabe einer bekannten Passage des Jeremiabuches darstellt. Für Hermisson ist dies nicht weiter verwunderlich, „denn ein Prophet zitiert sich nicht".[131] Dem mag man für den historischen Jeremia zustimmen oder nicht, auf literarischer Ebene ist diese Aussage angesichts der zahlreichen Dubletten und direkten Bezugnahmen im Jeremiabuch durchaus bezweifelbar: Der Jeremia des Buches zitiert sich andauernd. Hier jedoch, in 18,20 f., eröffnet sich

---

125 Der Vers konnte in späterer Zeit wohl eschatologisch gedeutet werden. Er wird möglicherweise – Steudel nennt diese Rekonstruktion „nicht unproblematisch" (STEUDEL, Midrasch, 113) – in 4Q177 MidrEschat[B] XI,6 zitiert, worauf, nach einer *lacuna*, die Erklärung folgt, dies (?) beziehe sich auf ‚das Ende der Tage' (לאחרית הֿ[י]מים, vgl. zu diesem Begriff ebd., 161–163), wie es David im anschließenden Zitat von Ps 6,2 f. beschreibe (vgl. ebd., 74.79).

126 AHUIS, Gerichtsprophet, 35.

127 Vgl. EICHLER, Jeremia, 71.

128 Vgl. dazu die Erwägungen zu 11,18–23, S. 39–42.

129 Vgl. Diamond, Confessions, 93.

130 Vgl. S. 44.

131 HERMISSON, Rechtsstreit, 19.

zunächst ein sehr weiter Bezugsrahmen: Was anklingt, ist die jeremianische Gerichtsbotschaft in ihrer ganzen Breite. Dies gilt für die Formen
des Unheils (Schwert, Hunger, Tod / Pest)[132] ebenso wie für die betroffenen Gruppen (Männer, Frauen, Söhne, Jünglinge)[133], ihr Schicksal
(Witwendasein, Kinderlosigkeit, Tod in der Schlacht)[134] und dessen
unerwartetes Eintreten.[135] Es drängt sich angesichts dieser pleona-
stischen Aneinanderreihung der Eindruck auf, der Beter stelle alle nur
denkbaren und aus der Jeremiaüberlieferung bekannten Unheilstopoi
zusammen und destilliere daraus so etwas wie das allumfassende
Gerichtswort schlechthin, das stellvertretend für alle anderen zu stehen
vermag.

Nichtsdestoweniger gibt es eine Passage, zu der die beiden Verse
eine besonders große Affinität aufweisen: In 15,2–9 finden sich alle der
oben aufgeführten Elemente ebenfalls.[136] Auf der Ebene des Endtextes
und auch auf der des vorkonfessionellen Jeremiabuches[137] schließt
dieser in mehreren Schritten sukzessiv gewachsene Abschnitt direkt an
15,1 an und bildet so die Konkretion des vierten und letzten Fürbitten-
verbots. Die Unschuldsbeteuerung des Beters von 18,19 gewinnt dadurch einen zusätzlichen Aspekt. Wenn er JHWH anfleht, dieser möge
sich daran erinnern, wie er fürbittend vor ihm gestanden habe (עמד
לְפָנֶי), und daraufhin Bitten folgen läßt, die der letzten, definitiven Absage an seine interzessorischen Versuche entsprechen, die nur an dieser
Stelle in Jer ebenfalls mit der Formulierung ‚vor JHWH stehen' bezeichnet werden,[138] so reicht seine Aufforderung „gedenke!" (זְכֹר) über 18,19
hinaus. Sie erstreckt sich stattdessen gleichermaßen auf V. 20 f.: Gott
soll sich nicht nur an Jeremias Fürbitte erinnern, sondern auch an seine
eigene Reaktion darauf, ihre Ablehnung.[139]

Durch diese gemeinsame Bezugnahme auf Kapitel 15 erweisen sich
die Verse 18,20 f. als auf das engste mit 18,19 verbunden. Ihre Aussage

---

132 Vgl. für רֶעָב ,חֶרֶב, מָוֶת *Jer 15,2*. Oft ist das dritte Glied ‚Pest' (דֶּבֶר), vgl. Jer 14,12;
     21,7.9; 24,10; 27,8.13; 29,17.18; 32,24.36; 34,17; 38,2; 42,17.22; 44,13 sowie 16,4. Häufig
     ist auch die zweigliedrige Formel ‚Hunger und Schwert', vgl. u.a. 11,22;
     14,13.15.16.18; 42,16; 44,12.18.27.
133 Vgl. u.a. Jer 2,30; 5,17; 6,11 f.21; 8,10; 9,20; 11,22; 13,14; *15,8*; 16,3 f; 49,26; 50,30.
134 Vgl. *Jer 15,3.8*; 20,4; 21,7.
135 Vgl. *Jer 15,8*.
136 Vgl. die hervorgehobenen Angaben der vier vorhergehenden Fußnoten.
137 Vgl. die diachrone Analyse von Kapitel 14 und 15, S. 99–115.
138 Vgl. 15,1: „Wenn auch Mose und Samuel vor mir stünden…" (אִם־יַעֲמֹד מֹשֶׁה וּשְׁמוּאֵל
     לְפָנַי).
139 Dieser *literarische* Bezugsrahmen spricht gegen Pohlmanns These, hinter 18,23 eine
     historische Kontroverse über die „Möglichkeiten […], das Problem eigener Verschul-
     dung vor Jahwe zu bewältigen" (POHLMANN, Ferne, 53) zu vermuten.

ist ganz die der Konfessionengrundschicht: Gott möge sein durch den Propheten angekündigtes Gericht endlich eintreffen lassen, um ihn als wahrhaftig zu erweisen und von der Verfolgung durch seine Gegner zu befreien. Beide Punkte widerraten jedem Versuch, einen literarkritischen Schnitt zwischen den Versen 19 und 20 f. zu ziehen.

Ein weiterer Kandidat für eine derartige Operation ist seit alters V. 23. Bei Duhm, der auch V. 21 f. abtrennt, ist das Kriterium ein inhaltliches. Die dort geäußerten „Verwünschungen" seien Jeremias schlicht unwürdig, sie entsprächen vielmehr „dem niederen Niveau, auf das er [sc. der Ergänzer] überall den Propheten stellt, weil er eben selber kein höheres kennt".[140] Ittmann dagegen argumentiert mit den ‚Plänen' der Gegner, die in V. 18 als vergleichsweise harmloses ‚mit der Zunge schlagen' beschrieben würden, nun, in V. 23, aber auf den Tod des Beters (לָמֶוֶת) hinzielten. Damit kehrt er ein Argument um, das sonst gerne gegen V. 18 ins Feld geführt wird, das aber, in welche Richtung man es wenden mag, letztlich auf einer *Metabasis eis allo genos* beruht: Die hier wie dort metaphorische, der Verfolgungstopik der Klagepsalmen entstammende Sprache wird undifferenziert mit einer konkreten Beschreibung verwechselt. Die ‚Pläne' von V. 18 geraten so zu einer zwar lästigen, aber doch eher ungefährlichen Diskussionsrunde im Freundesbzw. Feindeskreise.[141] Ein Blick auf die metaphorische Verwendung der ‚Zunge' im Psalter lehrt jedoch, daß ihr Gefährdungspotential keineswegs unterschätzt werden sollte. Sie vermag dort vielmehr einem scharfen Schwert zu gleichen[142] und steht als Bedrohungsfaktor den übrigen Anschlagsmitteln der Bösen in nichts nach.[143] „[T]he relationship between the plot in v. 18 [...] and that of v. 23 [...] may not be at all that disharmonious";[144] der Grund für eine Abtrennung des Verses fällt damit dahin.

Sein zweiter Viertelvers, die pointierte Antifürbitte, verdient es jedoch, näher in den Blick genommen zu werden. Von der Grundschicht wird man sie nicht trennen dürfen, zu sehr führt sie die oben skizzierte Linie fort, die bei der Erinnerung an die Fürbitte des Propheten einsetzt und über deren Ablehnung durch JHWH zwangsläufig zu ihrem Gegenteil hinleitet. Mit ihrem Gegenstück in V. 20b bildet sie den Rahmen der eigentlichen Klage und zugleich das Ziel der in ihr

---

140 DUHM, Jeremia, 159.
141 Vgl. HUBMANN, Jer 18, 291; ihm folgend MAIER, Lehrer, 309.
142 Vgl. Ps 57,5; 64,4; sowie Jes 54,17; Hi 5,21; Sir 28,17.18; Jer 9,2.7. Vgl. KEDAR-
     KOPFSTEIN, לָשׁוֹן, 603 f.
143 Vgl. Ps 57,7, wo ergänzend das ‚Netz' (רֶשֶׁת) und die bekannte ‚Grube' (שִׁיחָה)
     genannt werden, sowie die ‚Fallstricke' (מוֹקְשִׁים) von Ps 64,6.
144 DIAMOND, Confessions, 92.

stattfindenden Bewegung.[145] Dennoch fällt auf, daß sie mit den beiden
verneinten Imperativen ‚vergib nicht' (אַל־תְּכַפֵּר) und ‚tilge nicht aus'
(אַל־תֶּמְחִי)[146] Verben aus dem Bereich der Sühne einführt,[147] die sonst
dem jeremianischen Vokabular völlig fremd sind. Die Konfession 18
rückt dadurch stark in die Nähe der sogenannten ‚Rachepsalmen';
speziell Ps 69,28 f., vor allem aber Ps 109,14 f. schlagen ganz ähnliche
Töne an.[148] Für die unleugbare Verwandtschaft aller drei Texte nun
aber auf direkte literarische Abhängigkeit zu schließen, wäre vor-
schnell. Wie bei den anderen Berührungspunkten der Prophetenklagen
mit Klagen des Psalters, so kann auch hier die Nähe am besten durch
den formkritischen Befund erklärt werden: Sowohl die Konfession 18
als auch Ps 109 arbeiten mit typischen Gattungselementen der Feindklage, zu denen eben auch eine Bitte wie V. 23 gehören kann;[149] das ist
seit Baumgartner eigentlich nichts Neues.[150]

Anders ist dagegen die engste Parallele zu Jer 18,23 zu beurteilen,
Neh 3,37. Nach der umfangreichen Liste der Arbeiter in Neh 3,1–32
ergeht dort, ebenfalls in der dritten Person geschildert, der Spott der
beiden Gegenspieler, der Erzschurken Sanballat und Tobija, über das
Bauvorhaben, auf den in den Versen 3,36 f. eine Wir-Gruppe mit einer
kleinen Klage reagiert. Nach Anrufung JHWHs und Schilderung der
Not, nämlich der Verachtung durch die Feinde, wird Gott gebeten, sie
der Plünderung und Verbannung zuzuführen (3,36) und „ihr Vergehen
nicht zuzudecken und ihre Sünde vor dir nicht zu tilgen".[151] Man sieht
sofort: Der einzige Unterschied gegenüber der Jeremiastelle liegt im
ersten Wort; anstatt כפר wird die nahezu synonyme[152] Wurzel כסה
verwendet; eine direkte Abhängigkeit ist daher mehr als wahrscheinlich. Unter der klassischen Prämisse, die Konfessionen Jeremias stamm-
ten von diesem selbst und damit aus dem frühen 6. Jahrhundert, ist
deren Richtung einfach zu bestimmen: Rein chronologisch kann es

---

145 Vgl. JANOWSKI, Sühne, 133.

146 Zu dieser unüblichen Imperativform vgl. S. 185.

147 Vgl. MAASS, כפר; LANG, כִּפֶּר.

148 Vgl. auch 1QS II,8. Dort ist es Bestandteil der Verfluchung der ‚Söhne Belials' durch
     die Leviten, daß Gott ihnen nicht vergeben solle: ולוא יסלח לכפר עוונך (MARTÍNEZ/
     TIGCHELAAR, Study Edition, 72 f.; vgl. dazu LICHTENBERGER, Menschenbild, 112).

149 Vgl. VAN DER FELDEN, Psalm 109, 110–117. Er zeigt übersichtlich die Parallelen im
     Aufbau von Ps 69; 109 und Jer 18,18–23 und führt sie auf eine zugrundeliegende
     schriftliche Mikrogattung, die er קללה nennt, zurück (vgl. ebd., 117).

150 Vgl. BAUMGARTNER, Klagegedichte, 18.43.

151 וְאַל־תְּכַס עַל־עֲוֹנָם וְחַטָּאתָם מִלְּפָנֶיךָ אַל־תִּמָּחֶה.

152 Vgl. RINGGREN, כָּסָה, 276. Anders JANOWSKI, Sühne, 99 f.

dann gar nicht anders sein, als daß der persische Gouverneur Nehemia hier den Propheten zitiert.[153]

Nimmt man dies jedoch nicht als gegeben an und erkennt mit vorliegender Arbeit die Prophetenklagen selbst als relativ späte Einschreibungen in ein schon recht umfangreich gewordenes Jeremiabuch, so verliert auch diese Reihenfolge viel von ihrer Selbstverständlichkeit. Reinmuth tut gut daran, diesen Sachverhalt zu problematisieren und, wenn auch ohne eigenes Votum, zumindest die Möglichkeit einer Umkehrung der Abhängigkeit zu erwähnen.[154] Dabei ist es für ihn eine ausgemachte Sache, das kurze Gebet Neh 3,36 f. auf der gleichen Ebene anzusiedeln wie die umgebende Erzählung 3,33–4,17, die ein „im wesentlichen literarisch einheitlicher Komplex"[155] sei.

Indes weisen die Unterbrechung des Erzählzusammenhangs durch das Gebet – 3,38 ließe sich perfekt an 3,35 anschließen – sowie dessen Einbindung in den Kontext über die Stichwörter ,bauen' (בנה, Neh 3,33.35.37.38) und ,ärgern' (כעס, Neh 3,33.37)[156] eher darauf hin, hier eine spätere Einfügung zu erkennen.[157]

Absolute Chronologie verfängt also als Argument weder für die eine, noch für die andere Richtung.[158] Der sekundäre Charakter der kleinen ,Konfession Nehemias' läßt jedoch eher darauf schließen, daß der Mauerbauer hier in der Nachfolge des verfolgten Propheten gezeichnet wird, als daß umgekehrt dessen Bild für die Schaffung von Jer 18 entlehnt worden sei. Wenn dem so ist, so führt Neh 3,36 f. die Linie fort, die bereits konfessionenintern als redaktionelle Tendenz erkannt werden konnte: Ein Wort, das der Prophet Jeremia mehr oder weniger in eigener Sache spricht, wird, hier nun im Munde eines anderen einzelnen, Nehemias, zur Sache einer Gruppe. Neh 3,36 stellt die Verwünschung der Gegner in den Zusammenhang der Klage einer ersten Person Plural und bewegt sich damit im Rahmen der kollektiv-repräsentativen Lesart der Konfessionen Jeremias – nun allerdings

---

153 Vgl. LANG, כָּפַר, 304; BATTEN, Ezra and Nehemiah, 227; JANOWSKI, Sühne, 99; SCHUNK, Nehemia, 132; HIEKE, Esra und Nehemia, 171. Gunneweg bleibt dagegen im Vagen, wenn er meint: „V 37 ist *wie* ein Zitat von Jer 18,23" (GUNNEWEG, Nehemia, 80, Hervorhebung H. B.).

154 Vgl. REINMUTH, Bericht Nehemias, 102.

155 Ebd., 114.

156 Dem zweiten Beleg kommt hierbei größere Bedeutung zu als dem ersten: Es überrascht nicht, daß in einem Baubericht das entsprechende Verb öfter Verwendung findet – aber ,geärgert' wird in Neh nur an diesen beiden Stellen.

157 Vgl. WRIGHT, Rebuilding Identity, 117.

158 Bak zieht sich deshalb auf die Position zurück, beide Verse „in zeitlicher Nähe" (BAK, Klagender Gott, 180) anzusiedeln. Das ist als Beschreibung der eindeutigen Verwandtschaft aber zu unbestimmt.

nicht mehr anhand der Gestalt des Propheten, sondern seines Nach-
folgers Nehemia.[159]

Alle bisher geschilderten Vorschläge, innerhalb der Konfession 18
literarkritisch zu scheiden, können demnach nicht überzeugen. Gerade
angesichts ihrer Vielzahl verwundert es, daß einer der stärksten Hinweise auf sukzessives Textwachstum im Rahmen der Forschung so
wenig Beachtung findet: der zweifache Verweis auf die ‚gegrabene
Grube' in V. 20 und V. 22. Ein Grund dafür mag darin liegen, daß die
textkritische *crux* des erstgenannten Verses den Blick darauf verstellt,
das Phänomen auch unter literarkritischen Gesichtspunkten zu
betrachten. Sieht man jedoch in beiden Fällen nicht einfach eine Mar-
ginalglosse, deren Stellung im Text Ermessensfrage war oder ein
Resultat des Zufalls ist, und deren eine getrost gestrichen werden
könne,[160] so irritiert die Doppelung durchaus.

Wanke sieht hier eine klassische Wiederaufnahme und möchte
deshalb, neben V. 18, den ganzen zwischen den beiden ‚Gruben' stehenden Bereich, also V. 20b–22a, dem Redaktor zuweisen, der ein ursprünglich unprophetisches „vorgegebenes Klagegebet benutzt und
um Elemente aus der Jeremiaüberlieferung angereichert"[161] habe. Die
Lösung besticht insofern, als sie die traditionsgeschichtlichen Bausteine
der Konfession hervorhebt, die ihrem Verfasser zur Verfügung standen
– um eine im Buch verankerte literarische Grundschicht von Fortschreibungen abzuheben, ist sie jedoch zu radikal. Ein Text aus
18,19.20a.22b.23 verlöre nicht nur zahlreiche Elemente seiner Verankerung im Kontext, sondern auch die antithetische Entsprechung von
einstiger Fürbitte und ihrer jetzigen Aufhebung, die, in Anlehnung an
Kapitel 15, V. 20a und V. 23 als Bogen überspannt.

Gleichwohl bleibt die Irritation durch V. 20a bestehen. Nicht nur
die im Hinblick auf V. 22 gedoppelte Begründung mit der ‚Grube',
auch die ihr voranstehende Frage nach der rechten Vergeltung unterbricht die Abfolge aus drei Imperativen, die, ließe man den Halbvers
beiseite, eine sich steigernde triadische Anrufung bildeten: „Merke
auf!" (הַקְשִׁיבָה) – „höre" (שְׁמַע) – „gedenke!" (זְכֹר).

Zudem faßt, wie bereits beim ersten Textdurchgang beobachtet,[162]
die Problematisierung der gerechten Vergeltung den Begriff des

---

159 In den anderen Kurzgebeten des Buches spricht Nehemia dagegen immer in der
    ersten Person singular von sich, vgl. 5,19; 6,14; 13,14.22.31; (13,29). Das ist nur dann
    anders, wenn er explizit für andere betet, so 1,5–11, oder wenn das Volk betet, so
    9,5–10,40.
160 Vgl. McKane, Jeremiah I, 439, sowie die textkritische Diskussion oben S. 183–185.
161 Wanke, Jeremia 1, 177.
162 Vgl. S. 199 f.

‚Guten' (טוֹבָה) ganz anders, als es die Erinnerung an die Fürbitte im Folgevers unternimmt. Während im Rahmen der Unschuldsbeteuerung von V. 20b das ‚Gute' das ist, was den Inhalt des prophetischen Eintretens in der Vergangenheit ausgemacht hatte, so ist nach V. 20a die Handlung als solche die ‚gute Tat'. Darüber hinaus zielt im Rahmen der Gesamtkonfession die Aufforderung ‚gedenke' der zweiten Vershälfte in ihrer Bezugnahme auf Kapitel 15 nicht nur auf das ‚Stehen vor JHWH'. Sie hat auch dessen Verbot nach 15,1 im Blick und spannt so den Bogen bis zur definitiven Verfluchung der Widersacher in V. 23. Diese Spannung fehlt der ersten Vershälfte gänzlich. Ihr gilt die fürbittende Haltung Jeremias als das *bonum* oder *meritum*, das im Rahmen einer gerechten Ordnung auch seinen gerechten Lohn verlangt.

Aus diesen Gründen ist der Halbvers 20a als Zusatz zur Konfession 18 zu bestimmen. Für ihn liegt der Skandal, der den Beter zur Klage treibt, nicht so sehr im Umstand der Verfolgung durch die Feinde und ihre Weigerung, auf seine, also Gottes, Worte zu hören, sondern darin, daß dies geschieht, obwohl er durch seine Fürbitte zu ihren Gunsten ‚gut' gehandelt hat. Fraglich ist einmal mehr die göttliche Gerechtigkeit. Für sich genommen liest sich V. 20aα denn auch wie das Gegenstück zu 12,1bβ: „Wird etwa Gutes mit Bösem vergolten?", ist die Kehrseite von „Warum gelingt der Weg der Frevler?"[163] Die Ungerechtigkeit triumphiert, die Gerechtigkeit leidet. Die kleine Ergänzung in der Konfession 18 verursacht demnach eine mittlerweile wohlbekannte Verschiebung des Jeremiabildes, das sich in ihr artikuliert. Der Prophet tritt zurück, die Beurteilung seiner Auftragserfüllung als ‚gerecht' dagegen in den Vordergrund. Das ist genau das Thema der ersten, kollektiv-exemplarischen Konfessionenfortschreibung, wie sie bisher bereits in 12,1–3.4bβ.5–6; 15,10.21 und 17,5–8 ausgemacht werden konnte.

Die Möglichkeit zu einer derartigen Umgestaltung liegt auch hier wieder in der großen Offenheit der Gebetssprache begründet. Wenn die Feinde eine Grube graben und Schlingen legen, dann ist es nur noch ein kleiner Schritt, in ihnen die ‚Frevler' zu sehen, die dem leidenden Gerechten zusetzen[164] – nicht von ungefähr erfolgt die Einschaltung der akzentverschiebenden Frage dadurch, daß eine dieser topischen Formulierungen erneut aufgegriffen wird.

Wie aber steht es um die in den Kapiteln 11; 12; 14; 15 und 17 ebenfalls erkannte zweite, die Konfessionen kollektiv-repräsentativ deutende Ergänzungsschicht?

---

163 Vgl. M. SMITH, Laments, 20.
164 Vgl. etwa Ps 119,110; 140,5.6.9; 141,10.

Ihre Spuren lassen sich in 18,18–23 nicht ausmachen – und über die Gründe dafür läßt sich nur spekulieren. Es mag sein, daß die explizite Nennung des Namens ‚Jeremia' in 18,18 die Vorstellung, hier nicht den klagenden, leidenden, gerechten Propheten, sondern ein Sprachrohr des personifizierten wahren Israel zu hören, derart erschwerte, daß eine Neuinterpretation des Gebetes in diesem Sinne unterbleiben mußte.

Diese Sperrigkeit hat die Konfession 18 bis heute bewahrt: Auch zeitgenössische Exegeten, die die Prophetenklagen des Jeremiabuches kollektiv-repräsentativ lesen wollen, finden in ihr für ihre Thesen keinen Anhalt.[165]

5.4 Zusammenfassung und Auswertung

Die Analyse des durch die Töpfermetaphorik dominierten Kapitelzusammenhangs 18–19 hat die Konfession 18,18–23 ebenso wie ihre Schwestertexte in den Kapiteln 11; 12; 15 und 17 als Einschreibungstext in einen sukzessiv gewachsenen Rahmen bestimmen lassen.

Dessen Wurzeln liegen im zeichenhaften Töpfergleichnis von 18,1–6* einerseits sowie der symbolischen Handlung des Krugzerschmetterns von 19,1–2a*.10.11 andererseits. Die Klage selbst gibt sich dabei nicht nur im Vergleich mit den unmittelbaren, die Töpferthematik weiterspinnenden Fortschreibungen in 18,11f. | 18,7–10 sowie 19,2b.3 f.7–9 | 19,12 f. | 19,5 f. | 19,14 f. als jüngstes Element zu erkennen, sondern sie bezieht sich bereits auf das Gerichtswort 18,13–17, das seinerseits schon die jüngsten Fortschreibungen in 18,7–10 und 19,14 f. voraussetzt.

Der Spannungsbogen, der von der Möglichkeit zur Umkehr über deren Ablehnung durch das Volk zum Gerichtswort von 18,13–17 und seiner Umsetzung im proleptischen Zerschmettern des Kruges von 19,11 reicht, sieht nun, nach Einfügung der Konfessionengrundschicht, in seinem Zenit die ‚Halsstarrigkeit' von 18,12 verankert, wie sie in der Verfolgung des Propheten als des personifizierten Gotteswortes manifest wird. Wie ihre drei Vorgängertexte, so beruft auch sie sich auf

---

165 Vgl. REVENTLOW, Liturgie: Er behandelt nur die Konfessionen 11; 12; 15 und 17 (vgl. die Kritik daran bei BRIGHT, Complaints, 211). Auch Carroll hat große Probleme, „the liturgical nature of the poem" (CARROLL, Confessions, 123) zu belegen. Er rekurriert auf Ps 35 und 109 – waschechte Klagen eines *Einzelnen* (vgl. ebd., 124). Seine Deutung im Kommentar bewegt sich dagegen ganz auf der Linie der kleinen Ergänzung in 18,20, wenn er urteilt: „In this poem we breathe the atmosphere of the laments in the book of Psalms with their polarization of innocent sufferer and wicked persecutors" (CARROLL, Jeremiah, 381).

bereits ergangene göttliche Zusagen. Anders als bei jenen rekurriert sie jedoch nicht auf die Beistandszusagen des Berufungsberichtes, sondern ausschließlich auf das vierte Fürbittverbot und die anschließenden Gerichtsworte. Es ist deutlich: Die Dringlichkeit der Bitte hat sich gesteigert.

Eine kleine Fortschreibung in 18,20a verändert das Prophetenbild wieder im Sinne der kollektiv-exemplarischen Lesart der ersten Konfessionenredaktion. Kernpunkt der Klage Jeremias ist nunmehr weniger die Tatsache seiner berufungsbedingten Verfolgung als vielmehr die Frage nach der angemessenen Vergeltung guter Taten, nach der göttlichen Gerechtigkeit in der Welt.

Eine weitere, kollektiv-repräsentative, *relecture* der Konfession, wie sie bisher in Kapitel 12; 14; 15 und 17 gefunden werden konnte, ließ sich in 18,18–23 nicht ausmachen. Die eindeutige Identifikation des Verfolgten von V. 18 mit Jeremia könnte die sonst spürbare Kollektivierungstendenz in diesem Fall gehemmt haben.

Insgesamt ließ sich im Abschnitt 18,1–19,15 eine spürbare Zuspitzung des buchinternen Dreierkonfliktes zwischen JHWH, seinem Volk und seinem Propheten erkennen. Für Jeremia nähert sich die Krise ihrer Klimax – in Kapitel 20 ist sie erreicht.

6. „Du hast mich getäuscht, JHWH" – Jer 20,7–18

6.1 Der Text

20,7   Du hast mich getäuscht, JHWH, und ich habe mich täuschen lassen. Du bist mir zu stark geworden und hast obsiegt. Ich bin zum Spott geworden den ganzen Tag, jeder verlacht mich.

20,8   Denn sooft ich rede, schreie ich. „Frevel und Gewalt" rufe ich, denn das Wort JHWHs ist mir geworden zur Schande und zum Hohn den ganzen Tag.

20,9   Und ich sprach: „Ich will nicht seiner gedenken und nicht mehr in seinem Namen reden." Und es war in meinem Herzen wie ein brennendes Feuer, verschlossen in meinem Gebein. Ich mühte mich ab, es zu ertragen, aber ich vermochte es nicht.

20,10 Denn ich hörte Geschwätz von vielen, Grauen ringsum: „Verklagt! Laßt ihn uns verklagen!" Alle meine Bekannten lauern auf meinen Sturz: „Vielleicht wird er getäuscht und wir obsiegen über ihn und werden unsere Rache an ihm nehmen?"

20,11 Aber JHWH ist mit mir wie ein gewaltiger Held. Darum werden meine Verfolger straucheln und nicht obsiegen. Sie werden sehr zuschanden werden, denn sie werden nicht erfolgreich sein; ewige Schmach, sie wird nicht vergessen werden.

20,12 Aber JHWH Zebaot prüft den Gerechten, er sieht Nieren und Herz. Ich werde deine Rache an ihnen sehen, denn zu dir hin habe ich meine Rechtssache offenbart.

20,13 Singt JHWH, preist JHWH, denn er hat das Leben eines Armen herausgerissen aus der Hand von Übeltätern.

20,14 Verflucht sei der Tag, an dem ich geboren wurde, der Tag, an dem mich meine Mutter gebar, er sei nicht gesegnet.

20,15 Verflucht sei der Mann, der Kunde brachte meinem Vater: ‚Ein Knabe ist dir geboren worden', und ihn hoch erfreute.

20,16 Jener Mann sei wie die Städte, die JHWH vernichtet und sich nicht erbarmt hat. Er soll Geschrei am Morgen hören und Zetergeschrei zur Mittagszeit,

20,17 daß er mich nicht von Mutterleib an getötet hat und meine Mutter mein Grab ward und ihr Leib schwanger auf ewig.

20,18   Warum dies? Aus dem Mutterleib bin ich gekommen, um Elend und Mühsal zu sehen, und meine Tage werden voll in Schande.

Das fünfte und letzte Stück des Konfessionenzyklus bringt nun wieder zahlreiche textliche Schwierigkeiten mit sich. Die meisten davon sind kleinerer Art, doch bereits V. 7, der an sich nur ein eher bescheidenes textkritisches Problem birgt,[1] wirft eine heiß diskutierte Übersetzungs- und Interpretationsfrage auf: Wie sind die beiden Formen der Wurzel פתה, insbesondere in ihrer Kombination mit חזק, angemessen wiederzugeben? Die grundlegende Alternative zeigt sich bereits an den antiken Übersetzungen. Während sich nach TJon der Beter darüber beklagt, von JHWH ‚getäuscht' worden zu sein,[2] so sieht er sich nach der Vulgata ‚verführt'.[3] Eine Sonderrolle vertritt freilich die Vetus Latina. Sie geht einmal nicht mit LXX, sondern meint, im Strom der Überlieferung damit ganz alleinstehend, unter Auslassung des Tetragramms, der Sprecher habe sich ‚erfreut'.[4] Was die Übersetzer hier in ihrer Vorlage zu lesen glaubten, und wie sie ihre Version mit den folgenden Aussagen in Einklang bringen konnten, bleibt rätselhaft. Eine Erinnerung an die Beteuerung von 15,16, das Wort JHWHs habe dem Beter allezeit zur Herzensfreude gereicht, könnte im Hintergrund stehen – belegen läßt sich diese Vermutung jedoch nicht: Von 15,16 ist im Codex Wirceburgensis nur die Anrede Gottes erhalten, ein terminologischer Vergleich ist daher unmöglich.

Die beiden erstgenannten Varianten indes bestimmen die Positionen des exegetischen Streites bis heute. Es geht, juridisierend formuliert, darum, ob JHWH vom Propheten lediglich der arglistigen Täuschung beziehungsweise Anstiftung zur Falschprophetie bezichtigt wird, oder aber ob die Anklage gegen ihn nicht auf sexuelle Belästigung, wenn nicht gar Vergewaltigung zu lauten habe.

Diese letztgenannte Lesart darf ohne Zweifel für sich beanspruchen, die exegetische Meinung des 20. Jahrhunderts dominiert zu haben,[5] auf Hieronymus als Gewährsmann wird sie indes nicht unbe-

---

1   Die wie in 15,11 (vgl. S. 62 f.) ungewöhnlich suffigierte Form כַּלֵּה, wurde von LXX offensichtlich als Perfektform von כלה verstanden. Sie liest daher: „Den ganzen Tag habe ich vollendet (διετέλεσα), indem ich verlacht wurde" (vgl. RANKE, VL, 286: *omnem diem consummaui subsannatus*).

2   שבישתני יוי ואשתבשית.

3   *Seduxisti me Domine et seductus sum.*

4   *Delectasti me et delectatus sum* (vgl. RANKE, VL, 286).

5   Vgl. das Spektrum von BAUMGARTNER, Klagegedichte, 64; RUDOLPH, Jeremia, 130 f. über WEISER, Jeremia, 170; BERRIDGE, Prophet, 151–155 bis zu MCKANE, Jeremiah I,

dingt zählen dürfen. Sein *seducere* bleibt ebenso ambivalent wie das ἀπατάω, ‚täuschen' der Septuaginta und das hebräische פתה; in seinem Kommentar stellt der Kirchenvater dem *seduxisti* daher auch *decepisti* und *obtinuisti* erläuternd zur Seite.[6] Allen drei Verben, dem hebräischen, dem griechischen und dem lateinischen, ist jedoch gemein, daß sie ebenfalls an der Stelle Verwendung finden, der die Rolle des Kronzeugen zukommt, wenn es darum geht, in Jer 20,7 eine sexuelle Anspielung zu entdecken, nämlich in Ex 22,15 (Vg. 22,16). Hier wird kasuistisch geregelt, welche finanzielle Sühne derjenige zu leisten habe, der ein noch nicht verlobtes Mädchen zum Beischlaf ‚betört' (פתה Piel). Diese Stelle wird nun gerne mit Dtn 22,25 kombiniert, einem Passus, der die Rechtsfolgen im Falle einer Vergewaltigung festlegt, und die Straftat mit einer Form von חזק umschreibt. Wird nun beides auf Jer 20,7 übertragen, und sieht man in JHWH den Schänder seines Propheten, „[who] has broken his own torah in his treatment of Jrm",[7] so ist man bei einer Vorstellung angelangt, die in ihrer Anstößigkeit tendenziell eine Dynamik freisetzt, den ganzen Abschnitt exegetisch zu dominieren. Dies treibt zuweilen bizarre Blüten: Des Beters ‚schreien' (זעק) von V. 8 wird zum Hilfeschrei des geschändeten Mädchens von Dtn 22,27, dem seinerseits des Propheten Worte ‚Frevel und Gewalt' in den Mund gelegt werden.[8] Im Extremfall soll Jeremia sogar seine ungewollte, von JHWH herrührende Schwangerschaft beklagen[9] – der Phantasie sind nahezu keine Grenzen gesetzt. Bevor man ihr jedoch derart die Zügel schießen läßt, wäre zu prüfen, ob die Wahrnehmung von sexuellen Konnotationen in Jer 20,7 überhaupt angebracht ist.

So haben Clines und Gunn bereits vor einigen Jahren zu bedenken gegeben, daß Ex 22,15 die *einzige* Stelle sei, an der פתה im Zusammenhang von Sexualität Verwendung finde,[10] ebenso wie חזק nur in Dtn

---

468 f.; BRUEGGEMANN, Commentary, 181; unentschieden, aber zur sexualisierenden Deutung tendierend, STULMAN, Jeremiah, 199.

6   Vgl. CChr.SL 74, 190.
7   HOLLADAY, Jeremiah 1–25, 553.
8   Vgl. BERRIDGE, Prophet, 154.
9   Vgl. MAGONET, Last Confession, 311.314 f.
10 Lundbom nennt daneben noch, wenig überzeugend, Jdc 16,5 und Hos 2,16 (vgl. LUND-BOM, Jeremiah 1–20, 854), O'Connor noch Hi 31,9, dort im Nifal (vgl. O'CONNOR, Confessions, 70). Hier ist es jedoch, wie Hi 31,27, Hiobs *Herz*, das, einmal durch eine schöne Frau, ein andermal durch die Schönheit der Gestirne, (nicht) ‚betört' wird, etwas Frevlerisches zu unternehmen – Ehebruch oder Götzendienst zu begehen – die Handlung selbst wird nicht mit פתה bezeichnet. Weiser schließlich führt noch Sir 42,10 an. Hier jedoch ist weiter zu differenzieren: Zwar hat das Geniza-Fragment B tatsächlich für μήποτε βεβηλωθῇ תפותה פן im Text bzw. תתפתה פן in der Marginalie, die Masada-Rolle jedoch belegt das üblichere hebräische Wort für das griechische ‚entweihen' (vgl. HATCH/REDPATH, Concordance, 216 f.), nämlich mit תחל פן eine (vom

22,25 eine Vergewaltigung ausdrücke[11] und dort im Hifil, nicht im Qal wie in Jer 20,7, stehe.[12] Vor diesem Hintergrund „evoziert die Wurzel *ptj/h* in sich selbst die Vorstellung sexuell-erotischer Verführung sicher nicht".[13]

Ein wenig zahlreicher sind dagegen die Belegstellen, die פתה mit Prophetie zusammenbringen. Es sind dann die Falschpropheten, die, einmal von einem Lügengeist, der רוּחַ שֶׁקֶר,[14] ein andermal von Gott selbst,[15] ‚betört' werden. Auch der unmittelbare Kontext unserer Jeremiastelle befaßt sich mit dieser Thematik. Im Konflikt mit dem Priester Paschhur hatte der Prophet anläßlich seiner Haftentlassung diesem in 20,6 ein Ende in der Verbannung angekündigt, weil er „Trug geweissagt" habe (אֲשֶׁר־נִבֵּאתָ [...] בַּשֶּׁקֶר).

Ferner ist auch der ohne Zweifel zu 20,7 gewollt parallel formulierte Vers 20,10 mit in Betracht zu ziehen. Dort sind es die Widersacher, die darauf spekulieren, daß der Beter ‚getäuscht werde' (יְפֻתֶּה) und sie seiner Herr würden (Wurzel יכל, wie ebenfalls in 20,7).[16] Will man nicht davon ausgehen, daß die gleichen Worte hier in einem gänzlich anderen Sinn verstanden werden wollen als drei Verse vorher, da sich das Subjekt geändert habe,[17] fällt es eher schwer, die Vorstellung einer ‚Verführung' aufrechtzuerhalten. Die Aufforderung, den Propheten ‚anzuzeigen' (הַגִּידוּ וְנַגִּידֶנּוּ) deutet eher darauf hin, daß den Widersachern der Sinn nach anderem steht.

Schließlich ist es naheliegend, auch den weiteren Konfessionenzyklus als Verstehensrahmen heranzuziehen. Ein Hauptthema seiner Grundschicht, wie sie in den vorhergehenden vier Kapiteln erarbeitet wurde, ist das Problem des Leidenden Propheten. Er wird trotz Erwäh-

---

Herausgeber als Nifal vokalisierte) Form von חלל (vgl. YADIN, Ben Sira Scroll, 167.202 f.218).

11 Berridge führt noch II Sam 13,11 als Beleg an (vgl. BERRIDGE, Prophet, 152). Dort, wie auch II Sam 13,14, bezeichnet das Wort jedoch eindeutig nicht die Vergewaltigung selbst, ebensowenig wie Prov 7,13; Jes 4,1; Jdc 19,25.29, die O'Connor ergänzt (vgl. O'CONNOR, Confessions, 70).

12 Vgl. CLINES/GUNN, „You Tried to Persuade me", 20 f., sowie bereits QUELL, Propheten, 102, n. 2.

13 MOSIS, פתה, 829; vgl. DERS., Ez 14,1–11, 210 f.

14 Vgl. I Reg 22,20.21.22 (‖ II Chr 18,19.20.21).

15 Vgl. Ez 14,9.

16 Nicht alle antiken Übersetzungen nehmen indes diese Parallele auf. Während LXX an beiden Stellen ἀπατάω heranzieht, hat Vg. für ‚täuschen' hier eine passivische Form von *decipere*, TJon ein aktives ‚irren', טעא. VL fällt erneut aus dem Rahmen. Nach ihr suchen die Widersacher nach einem Makel in Jeremias Lebenswandel, wenn sie erwägen: *forte luxuriatus fuerit* – „vielleicht schweift er aus" (vgl. RANKE, VL, 286). Wie in V. 7, so scheint auch hier ein lexikalisches Problem seitens der Übersetzer vorzuliegen.

17 So SNYMAN, Note, 562.

lung und damit verbundener Beistandszusage JHWHs um seiner Botschaft willen verfolgt. Deshalb fleht er Gott um Rettung an, die im
Halten seines Wortes, und das heißt einerseits im zugesagten Schutz,
andererseits im Eintreffen seiner Gerichtsbotschaft, besteht. 20,7 fügt
sich in diesen Zusammenhang perfekt ein, wenn Jeremia JHWH nun
vorwirft, ihn selbst zum Falschpropheten gemacht zu haben.[18] Er habe
ihn ,getäuscht' – und damit auf die Ebene eines Paschhur oder Hananja
gestellt. פתה bleibt damit, auch ohne sexuelle Untertöne, „ein sehr
starker Ausdruck".[19] Vor dem Hintergrund von V. 10 wird deutlich,
daß der Beter JHWH hier nicht nur um Rettung anruft, sondern ihn
selbst auch zur Schar seiner Feinde rechnet – dieser Umstand spricht
wiederum dagegen, hier lediglich ein ,überreden' zu sehen,[20] und er
widerrät jeder positiven Deutung.[21]

Zahlreiche kleinere Textvarianten, die allesamt wenig an der jeweiligen Aussage ändern, bestimmen die weiteren Verse. Zum Teil sind sie
einfach zu erklären: Wenn die Septuaginta etwa in V. 8 den Beter nicht
,jedesmal' (מִדֵּי) schreien läßt, sondern von seinem ,bitteren Wort'
(πικρῷ λόγῳ) spricht, so ist wohl wieder eine Daleth-Resh-Verwechslung anzunehmen, die den Übersetzer dazu brachte, hier מַר, ,bitter', zu
erkennen.[22] Ferner las er offenbar Nifal anstatt Qal, denn der Prophet
,schreit' und ,ruft' im Griechischen nicht, er ,wird verlacht' (γελάσομαι)
und, wie Paschhur in 20,3, mit einem Spottnamen belegt, nämlich
,Frevel und Gewalt genannt' (ἐπικαλέσομαι).

Zum anderen Teil bleiben sie rätselhaft. Warum etwa möchte der
Beter von V. 9 nach LXX nicht nur das ,Denken' an JHWH verweigern,
sondern sogar nicht mehr dessen ,Namen nennen'?[23] Diamond sieht
hier die generelle Tendenz von LXX am Werke, „to render the speaker
of the passages more general, and less clearly identified with a prophetic persona".[24] Zu dieser These paßt die Veränderung der Präposition von בִּשְׁמוֹ zu ἐπὶ τῷ ὀνόματι αὐτοῦ im zweiten Viertelvers ebenso
wie die von HUB als Verstehenshintergrund angeführte mögliche Vergleichsstelle Ps 20,8.[25] Der Versanfang wurde von LXX also nach dem

---

18 Vgl. O'CONNOR, Confessions, 71; DIAMOND, Confessions, 110 f.; SMITH, Laments, 24.

19 DUHM, Jeremia, 164.

20 Gegen CLINES/GUNN, „You Tried to Persuade me", 22.

21 Eine solche vertritt, abgesehen von VL, Sæbø, der die Wurzel „positiv, obwohl
klagend, in Jeremias letzter Konfession" (SÆBØ, פתה, 497) findet.

22 Vgl. bereits MICHAELIS, Observationes, 170.

23 Vgl. לֹא־אֶזְכְּרֶנּוּ mit οὐ μὴ ὀνομάσω τὸ ὄνομα κυρίου.

24 DIAMOND, LXX and MT, 36.

25 Vgl. Ps 20,8b: „Wir aber denken an den Namen JHWHs unseres Gottes" (וַאֲנַחְנוּ בְּשֵׁם־
יְהוָה אֱלֹהֵינוּ נַזְכִּיר) – vgl. jedoch LXX: „Wir aber sind stark im Namen des Herren,
unseres Gottes" (ἡμεῖς δὲ ἐν ὀνόματι κυρίου θεοῦ ἡμῶν μεγαλυνθησόμεθα). Bardtke

Maße ihres offensichtlich tendenziell kollektiv-exemplarischen Verständnisses der Konfessionen und der daraus resultierenden Interpretation von Jer 20,9aβ eher frei gestaltet denn tatsächlich übersetzt.

Ferner läßt sich zwar bei der LXX-Lesart von V. 9 das Fehlen des ‚Herzens' (בְּלִבִּי) noch zur Not dadurch erklären, daß ein gefühlter Widerspruch zum späteren ‚Gebein' (עֲצָם bzw. ὀστέα) geglättet werden sollte, warum das Feuer dort aber nicht ‚eingeschlossen' (עָצֻר) ist wie im Hebräischen, sondern stattdessen sprachlich auf zweierlei Weise ‚brennt' (καιόμενον φλέγον),[26] ist schwer zu sagen. Man denkt an eine Verlegenheitsübersetzung nach dem Sinn, doch kann nicht davon ausgegangen werden, daß die Wurzel עצר unbekannt gewesen wäre: An anderer Stelle im Jeremiabuch wird sie wortgetreu ins Griechische übertragen.[27] Daß ein Feuer tatsächlich brenne (φλέγω), kann allerdings, etwa Jer 23,29,[28] auch ohne hebräisches Äquivalent in den Text eingetragen werden – eine *translatio ad sensum* ist daher wohl doch wahrscheinlich. Eine solche dürfte auch für den Targum anzunehmen sein, doch ist dessen Lesart noch vertrackter. Selbst der Sinn, der die Paraphrase bestimmt hat, bleibt dunkel, wenn, in Kombination von Feuer- und Wassermetaphorik, ersteres die Gebeine des Sprechers ‚überflutet' (שׁטף).[29]

V. 10 bietet sodann gleich eine Vielzahl an *variae lectiones* gegenüber der masoretischen Version, die ebenfalls nicht allein auf die Septuaginta[30] und die Vetus Latina beschränkt bleiben.

So fällt zunächst auf, daß die Aufteilung zwischen direkter Rede des Beters und Zitaten seiner Gegner eine andere ist als im Hebräischen und in den gängigen deutschen Übersetzungen. Während im MT (und Vg.) die Feinde zweimal zu Wort kommen und einmal als die ‚vielen', ein zweitesmal als ‚alle meine Bekannten' (כֹּל אֱנוֹשׁ שְׁלוֹמִי) eingeführt werden, reden sie im Griechischen durchgehend einander an– und

---

mutmaßt hinter dieser Übersetzung die Form נַגְבִּיר (vgl. BARDTKE, BHS; DUHM, Psalmen, 65), m.E. ist eine Übertragung ins Griechische nach זָכָר, ‚männlich', ebenfalls nicht auszuschließen (vgl. DAHOOD, Psalms 1, 129).

26 Vgl. VL *ardens flammigerans* (RANKE, VL, 286).

27 Vgl. Jer 33,1 (δέω); 36,5 (φυλάσσω); ohne griechisches Äquivalent dagegen: 39,15.

28 Vgl. auch Mal 3,19.

29 שׁטפין ית גרמי. Hayward möchte dies mit „washing my bones clean" wiedergeben (HAYWARD, Targum, 105).

30 Deren Fassung sei hier, der Übersichtlichkeit halber, in Gänze angeführt: „Denn ich hörte die Herabwürdigung vieler, die sich ringsum versammelten: ‚Tretet herzu, und laßt uns ihm entgegentreten, alle Männer, seine Freunde, beobachtet sein Denken, ob er getäuscht werde und wir seiner Herr werden und unsere Rache an ihm nehmen werden.'" (ὅτι ἤκουσα ψόγον πολλῶν συναθροιζομένων κυκλόθεν ἐπισύστητε καὶ ἐπισυστῶμεν αὐτῷ πάντες ἄνδρες φίλοι αὐτοῦ τηρήσατε τὴν ἐπίνοιαν αὐτοῦ εἰ ἀπατηθήσεται καὶ δυνησόμεθα αὐτῷ καὶ λημψόμεθα τὴν ἐκδίκησιν ἡμῶν ἐξ αὐτοῦ).

haben das Suffix entsprechend zur dritten Person angepaßt (πάντες ἄνδρες φίλοι αὐτοῦ). Dafür zitieren sie zu Beginn nicht das im Munde Jeremias öfter begegnende ‚Schrecken um und um' (מָגוֹר מִסָּבִיב),[31] sondern beginnen direkt mit dem Imperativ bzw. dem Kohortativ.[32] Dies mag zum Teil daran liegen, daß der ‚Schrecken' von den Übersetzern an allen Stellen nicht als ein solcher verstanden wurde, sondern zwar einmal als ‚Verwüstung',[33] sonst aber lediglich als ein ‚Mitwohnen',[34] die ‚Umgebung'[35] oder eben, in Jer 20,10, als ‚Versammlung'.[36] Man könnte bei letzterem an eine Wiedergabe nach der schwach belegten Wurzel אגר, ‚sammeln' denken,[37] die anderen Belege weisen jedoch eher in Richtung auf ein Verständnis im Sinne von גור I, ‚Gast sein, wohnen' hin.[38] Ein ungewöhnliches Derivat einer eher seltenen Wurzel, גור III, wurde mit dem Partizip einer vertrauten verwechselt, ein Umstand dem in LXX nicht nur in 20,3 das ‚ringsum' (מִסָּבִיב) zum Opfer fiel,[39] sondern in Folge dessen ebenfalls die gezielte Kontextverbindung zu V. 10 verschleiert wurde.

Die weiteren Differenzen innerhalb des Verses sind ähnlicher Natur. Daß die Feinde den Beter nicht ‚anklagen' (נגד), sondern ihm ‚entgegentreten' wollen (ἐφίστημι), deutet ebenso auf einen Lesefehler hin wie der Gegenstand ihrer Observationen. Im ersten Fall mag man mit Rudolph und den Herausgebern von HUB[40] eine Wurzel נגד oder

---

31 Vgl. Jer 6,25; 20,3; 46,5; 49,29; vgl. auch, im Munde ‚Davids', Ps 31,14.

32 Vgl. ebenso VL, Vg. und TJon.

33 Vgl. Jer 49,29: ἀπώλεια.

34 Vgl. Ps 31,14; Jer 6,25 (παροικέω); Jer 20,3 (μέτοικος). Honeyman führt noch Thr 2,22 als Beleg an. Dort steht zwar ebenfalls im Griechischen παροικία, im Hebräischen jedoch מָגוֹר, nicht מָגוֹר (vgl. HONEYMAN, Jeremiah's Pun, 424).

35 Vgl. Jer 46,5 (περιέχω). Stipp führt diese Variante auf eine Verwechslung mit מָצוֹר zurück, „dessen Standardäquivalent περιοχή lautet" (STIPP, Sondergut, 30).

36 Συναθροίζω. Vgl. VL (tumultuantium in circuitu) sowie die ‚versammelte Menge' von TJon (סניאיא דמתכנשין). Zur Lesart des Targum vgl. auch Ez 21,17 MT aus Ez 21,17 TJon/LXX. Dort wird die umstrittene Form מְגוּרֵי im Aramäischen ebenfalls mit der Wurzel כנש wiedergegeben, im Griechischen liest man wieder παροικέω. In 20,3 bietet TJon dagegen eine dreifache Übersetzung für מָגוֹר. Der neue Name für Paschhur lautet hier: „Versammeln werden sich gegen dich, die mit dem Schwert töten ringsum" (יתכנשון עלך דקטלין בחרבא מסחור סחור), „suggesting that it could come (equally uncertainly) from גור I ‚sojourn' or from גור II ‚stir up strife, quarrel' or from גור III ‚dread'" (TOMES, Reception, 242).

37 Vgl. HUB, sowie bereits MICHAELIS, Observationes, 171.

38 Vgl. HONEYMAN, Jeremiah's Pun, 425; WÄCHTER, Überlegungen, 59; STIPP, Sondergut, 30.

39 Anders Volz zu 20,3: „Das Wort מסביב fehlt in GL^WOrig.Ar [...]; es ist zu streichen" (VOLZ, Studien, 170; vgl. auch JANZEN, Studies, 173; MCKANE, Jeremiah I, 460 f.). Volz möchte freilich auch in 20,10 מָגוֹר מִסָּבִיב als Randglosse verstehen, die „fälschlich in den Text hereinkam" (VOLZ, Studien, 171).

40 Vgl. RUDOLPH, BHS; HUB.

אנד im Hintergrund vermuten, der zweite bleibt ein Rätsel. Der maso-
retisch vokalisierte ‚Fall' (צֶלַע) ist gewiß ein seltenes Wort, so daß es
nicht weiter verwundert, daß Hieronymus nicht ihn, sondern die
häufigere und zudem nur durch ihre Punktation zu unterscheidende
‚Seite' (צֵלָע) gelesen hat.[41] Der ‚Gedanke' (ἐπίνοια), den die Feinde nach
LXX beobachten wollen, bleibt jedoch hinsichtlich seiner Herkunft
ebenso dunkel[42] wie die Paraphrase von TJon, die hier ‚verborgene
Übeltäter' anbietet.[43]

Wie dem auch sei: Vom textkritischen Standpunkt aus offenbaren
alle von MT differierenden Varianten des Verses 20,10 keine diesem
gegenüber bessere Lesart. Eine Ausnahme bildet die überaus gut
belegte Einbeziehung der Worte ‚Schrecken um und um' in die Klage
des Beters im Gegensatz zu ihrer verbreiteten Zuweisung zum Zitat der
Widersacher. Der Bedeutungsunterschied ist gleichwohl ein geringer.

Wesentlich einfacher als V. 10 läßt sich dagegen die griechische
Version von 20,11 erklären. Sie hat anstelle des Partizips ‚meine
Verfolger' (רֹדְפַי) eine finite Verbform im Aorist, ‚sie haben verfolgt'
(ἐδίοξαν). Das entspräche רדפו und resultiert wohl aus einem leicht ver-
längerten Yod in der Vorlage. Ferner sollen ‚sie' nicht wie im Hebräischen ‚straucheln und nicht obsiegen' (יִכָּשְׁלוּ וְלֹא יָכֹלוּ), sondern ‚konnten nicht erkennen' (καὶ νοῆσαι οὐκ ἠδύναντο). Diese Lesart liegt ganz
offensichtlich in einer Metathesis begründet. Statt dem Imperfekt von
כשל wurde der Infinitiv Hifil der Wurzel שכל gesehen[44] – eine Ver-

---

41　Er parallelisiert die *custodientes latus meum* mit den *omnibus viribus qui erant pacifici*,
　　sieht im ‚Flankenbeobachten' also ein positives Bild, während moderne Exegeten,
　　die sich dieser Lesart anschließen, auch hierin eine Metapher für Niedertracht finden
　　(vgl. GIESEBRECHT, Jeremia, 113; ihm folgend DUHM, Jeremia, 166).

42　„[E]r [sc. der Übersetzer] hat vielleicht nichts anderes gelesen, sondern nur das un-
　　verstandene Wort sich zurechtgelegt" (VOLZ, Studien, 171). Ein Blick in die Konkor-
　　danz zeigt, daß צלע den Editoren von LXX an mehr als einem Ort Schwierigkeiten
　　bereitete. Lediglich an einer Stelle, Hi 18,12, findet man die Bedeutung ‚Fall' (πτῶμα),
　　häufiger sind Übersetzungen, die schwer nachzuvollziehen sind, etwa Ps 35,15 (καὶ
　　κατ' ἐμοῦ für וּבְצַלְעִי) oder für das hebräische Partizip ‚die Hinkende' (הַצֹּלֵעָה) Mi 4,6.7
　　‚die Zerschlagene' (τὴν συντετριμμένην) oder Zeph 3,19 ‚die Herausgedrückte' (τὴν
　　ἐκπεπιεσμένην). Zahlreich – und oft korrekt – ist ein Verständnis nach צֵלָע, ‚Seite';
　　dies dürfte auch Ps 38,18 der Fall sein. Hier ist der Beter nach MT ‚bereit zum Fall'
　　(לְצֶלַע נָכוֹן), nach LXX aber ‚bereit für die Geißel' (εἰς μάστιγας ἕτοιμος). Die Stelle
　　erhellt sich als Metonymie vor dem Hintergrund von Sir 40,5. Man solle sich, so
　　weiß dieser Vers im Griechischen, nicht schämen, ‚einem schlechten Sklaven die
　　Seite blutig zu machen' (οἰκέτη πονηρῷ πλευρὰν αἱμάξαι) – מהלכת ועבד רע וצלע nach
　　der Masada-Rolle. Yadin sieht hierin einen ‚schlechten Sklaven, der Hinken vor-
　　täuscht' und erklärt die griechische Lesart als Vokalisierungsfehler: Statt וּצֶלַע habe
　　LXX בְּצַלְע, und statt מַהֲלֶכֶת habe sie מהלכת gelesen (vgl. YADIN, Ben Sira Scroll,
　　161.181.219).

43　כמנין לאבאשא.

44　Vgl. MICHAELIS, Observationes, 172; RUDOLPH, BHS; HUB.

wechslung, die durch das Vorkommen von הַשְׂכִּילוּ in der zweiten Vershälfte begünstigt wurde.

Schließlich ist im Griechischen der ganze Vers im Aorist gehalten.
Anders als im hebräischen Text, der zwar die Überzeugung ausdrückt,
daß die Widersacher scheitern werden, dies jedoch erst für die Zukunft
erwartet, setzt LXX dieses ‚Beschämen' bereits als eingetreten voraus.
Der Vers 20,13, der die – geschehene – Rettung besingt, dürfte hier auf
das Bekenntnis von 20,11 harmonisierend in der Weise rückgewirkt
haben, daß die Klage tendenziell auf ein Danklied hin umgestaltet
wurde, dessen Aufforderung zum Lobpreis nun der Bericht über die
Erhörung vorausgeht.

V. 12 wird, aufgrund seiner großen Nähe zu 11,20, in älteren Arbeiten als Dublette eliminiert.[45] Dafür gibt es zum einen *text*kritisch keinen
Anlaß, da er in allen überlieferten Versionen vorhanden ist, zum anderen sind beide Verse im Masoretischen Text keineswegs identisch.
Wenn auch im Griechischen JHWH beide Male ‚richtet' oder ‚prüft',
‚was recht ist' (κρίνων bzw. (δοκιμάζων δίκαια) und im Aramäischen
hier ein ‚gerechter Richter', dort ein ‚gerechter Prüfer' ist,[46] so ist der
Unterschied im Hebräischen gleichwohl größer. Hier, wie auch in Vg.,[47]
ist JHWH in 11,20 ein ‚gerecht Richtender' (שֹׁפֵט צֶדֶק), in 20,12 jedoch
‚prüft' er ‚den Gerechten' (בֹּחֵן צַדִּיק). An dem Yod mehr hängt ein nicht
geringer Bedeutungsunterschied; eine Angleichung beider Stellen aneinander, wie sie LXX, TJon und die von Rudolph angeführten hebräischen Handschriften[48] vornehmen, neigt jedoch dazu, diesen zu verwi-
schen und ist als schwächere Lesart zu werten.[49]

Damit hat man die schwierigsten textkritischen Klippen des
Abschnittes umschifft. In V. 16 statt dem ‚Manne' den ‚Tag' verfluchen
zu wollen,[50] weil das besser zur zweiten Vershälfte passe, besteht
wenig Anlaß: Es gibt dafür keinen Textzeugen.[51] Die Motivation hinter
dieser Konjektur liegt darin, den unschuldigen Boten von dem uner-
hörten Vorwurf von V. 17 zu befreien, den Sprecher nicht noch vor
seiner Geburt getötet zu haben. Rashi führt aus demselben Grund an

---

45 Vgl. RUDOLPH, BHS.

46 Vgl. TJon 11,20 דיין קשוט und 20,12 בחר קשוט.

47 Vgl. 11,20 *qui iudicas iuste* mit 20,12 *probator iusti*.

48 Vgl. RUDOLPH, BHS.

49 Gegen EHRLICH, Randglossen, 294.

50 Vgl. DUHM, Jeremia, 167; CORNILL, Jeremia, 239; RUDOLPH, BHS; DERS., Jeremia, 132;
auch noch FUCHS, Klage, 218.

51 Auch 4QJer^a belegt MT (vgl. DJD 15, 167). Aus dem Umstand der fehlenden Zeugen
folgert indes Volz: „Die Verderbnis muß sehr alt sein, denn sämtliche Verss. und
hebräischen HSS. sind = M" (VOLZ, Studien, 173). Das ist ein Zirkelschluß.

dieser Stelle den „Todesengel"[52] als Subjekt ein. In der Tat ist der arme ‚Mann' von V. 15 f. ein Platzhalter. Die Grenze, JHWH selbst[53] oder Vater und Mutter als die Urheber seiner Existenz zu verfluchen,[54] überschreitet der Beter nicht.[55] Anstelle der Mutter (אִמִּי) trifft dieses Schicksal in V. 14 den ‚Tag', anstelle des Vaters (אָבִי) in V. 15 den ‚Mann' – der in V. 16 schließlich auch als Stellvertreter JHWHs (vgl. die Namensnennung V. 16) herhalten muß.

Im gleichen Vers wollen ferner LXX und TJon die dort erwähnten ‚Städte' nicht nur als von JHWH zerstört bezeichnen, sondern ihn darin auch, sachlich sicherlich zutreffend, „im Zorn" (ἐν θυμῷ bzw. ברוגזיה) handeln sehen. Man könnte darin eine Dittographie vermuten, הפך sei ein weiteres Mal, diesmal als באף gelesen worden, wahrscheinlicher ist indes, hier eine Angleichung an Dtn 29,22 zu sehen.[56] Dort wird die Zerstörung von Sodom und Gomorra rekapituliert, der Städte, „die JHWH in seinem Zorn und in seinem Grimm vernichtet hat".[57]

Schließlich möchten LXX, VL und, auf sie gestützt, Rudolph,[58] in V. 17 den Sprecher seinen Tod nicht ‚von Mutterleib' (מֵרֶחֶם bzw. *a vulva* [Vg.]), sondern ‚im Mutterleib' (ἐν μήτρᾳ μητρὸς bzw. *in uulua matris*) ersehnen lassen. Die inhaltliche Differenz ist eher bescheiden, die sprachliche Glättung verstellt jedoch ein weiteres Mal den Blick auf einen wichtigen Kontextbezug. In diesem Fall ist es die Erinnerung an des Propheten Berufung ‚von Mutterleib an' (מֵרֶחֶם, 1,5),[59] die zweifellos intendiert ist, von der griechischen Lesart aber verschleiert wird.

6.2 Die Konfession im Rahmen von Jer 20–21

Mit Kapitel 20 ist im Jeremiabuch ein Wendepunkt erreicht. Waren bislang Worte, Reden und Handlungen des Propheten in der ersten Person geschildert worden, so erhebt mit der Überleitung 19,14 f., die ihn vom Tofet zurück an den Tempel bringt, erstmals eine dritte Person ihre Stimme, die von nun an in zunehmendem Maße eine Außensicht

---

52   מלאך המות (Miqraot gedolot, 171).
53   Vgl. Lev 24,16.
54   Vgl. Ex 21,17; Lev 20,9 (vgl. LUNDBOM, Double Curse, 590).
55   Rudolph deutet dies als einen „Rest von Selbstbesinnung" (RUDOLPH, Jeremia, 133).
56   Vgl. HUB. Stipp und Janzen nennen noch Hi 9,5 (vgl. STIPP, Sondergut, 149; JANZEN, Studies, 64).
57   אֲשֶׁר הָפַךְ יְהוָה בְּאַפּוֹ וּבַחֲמָתוֹ. Vgl. LXX ἃς κατέστρεψεν κύριος ἐν θυμῷ καὶ ὀργῇ.
58   Vgl. DUHM, Jeremia, 167; RUDOLPH, BHS; DERS., Jeremia, 132; anders, für MT votierend, VOLZ, Studien, 173; DERS., Jeremia, 210.
59   Vgl. HUB.

auf die Geschehnisse um Jeremia wiedergibt und die Stationen seiner *passio* markiert.

Deren erste ist die Auseinandersetzung mit Paschhur, der in V. 1 als Priester und Oberaufseher am Tempel eingeführt wird. Er hört die Rede des Propheten, reagiert darauf jedoch nicht mit der gebotenen Bestürzung und Buße, sondern, seinem Amt gemäß, mit der Inhaftierung des Störenfriedes. Dieser zeigt sich bei seiner Freilassung am nächsten Tag jedoch keineswegs demütig, sondern vielmehr als renitenter Unheilsverkünder. An eine Zeichenhandlung erinnernd, vollzieht er an seinem Bewacher in V. 3 eine symbolische Namensänderung von פַּשְׁחוּר in מָגוֹר מִסָּבִיב, ‚Schrecken ringsum', deren Deutung seit den antiken Bibelübersetzungen[60] die Gelehrten umtreibt. Alle Versuche, hier ein Wortspiel zu entdecken, sind indes unbefriedigend geblieben.[61] Man wird eher davon ausgehen dürfen, daß der Name den Verfassern des Abschnitts vorgegeben war und sie ihn um jeden Preis mit dem aus dem Buch bereits bekannten Schreckensmotiv[62] verbinden wollten. V. 4 bringt konsequent eine entsprechende Deutung: Der Aufseher werde zum personifizierten ‚Grauen', da er bald mit ansehen müsse, wie die Menschen, die ihm nahestehen, durch das Schwert (בְּחֶרֶב) fallen. Der zweite Halbvers geht darüber noch hinaus: Ganz Juda werde von JHWH dem König von Babel überantwortet, in die Verbannung geführt und mit dem Schwert (בְּחֶרֶב) geschlagen werden.

---

60 Vgl. zur Textkritik oben S. 221.

61 Angeregt durch die Wiedergabe von מִסָּבִיב in TJon als מסחור סחור wird der zweite Wortteil gerne, Samekh und Sin gleichsetzend, aramaisierend שְׂחוֹר, ‚ringsum' gelesen; für die erste Hälfte wird nun entweder ein Äquivalent zu מגור auf der Grundlage seiner verschiedenen möglichen Wurzeln gesucht – oder ein Gegensatz. Nestle etwa nimmt an, פש stamme vom aramäischen פוש, ‚bleiben' ab und kommt so, bei der Deutung von מָגוֹר LXX folgend, zu dem Schluß, der Name des Kerkermeisters sei nun „nicht *ringsum bleibend*, sondern *rundum wandernd*" (NESTLE, Wortspiel, 196, Hervorhebung wie im Original). Duhm gewinnt aus den gleichen Wurzeln in Anlehnung an Jer 50,11 dagegen etwas Fröhliches (vgl. DUHM, Jeremia, 164), während Holladay meint, פוש mache Paschhur „fruitful on every side" (HOLLADAY, Covenant Overturned, 307). Honeyman möchte schließlich nach der Wurzel פשה deuten, „henceforward for *pašḫûr* in his case is properly *paššaḥ seḥôr* i.e. ‚destruction all about'" (HONEYMAN, Jeremiah's Pun, 426). Wächter wiederum setzt beim neuen Namen ein. Der Prophet habe nicht die Bedeutung des Wortes Paschhur aufgegriffen, sondern dessen Klang. Für ‚Schrecken ringsum' habe daher ursprünglich פַּחַד כָּדוּר gestanden und sei später durch מָגוֹר מִסָּבִיב ersetzt worden (vgl. WÄCHTER, Überlegungen, 61). Die Vorstellung, ein verständliches und funktionierendes Wortspiel sei intentional verundeutlicht worden, macht diesen Vorschlag noch schwerer nachvollziehbar als die anderen. Eine gute Übersicht und Kritik der verschiedenen Deutungen findet sich bei MCKANE, Jeremiah I, 462–464.

62 Der älteste Beleg ist m.E. 6,25 (vgl. DUHM, Jeremia 163).

Doch damit nicht genug: Nicht nur die Menschen, auch alle Besitztümer von Stadt und Königen, so weiß V. 5, in der masoretischen Fassung noch detaillierter als in der Septuaginta,[63] werden in die Hauptstadt des Großreiches verbracht werden. Deren Name, Babel, fällt in V.
4 das erste Mal im Jeremiabuch,[64] um es von nun an bis zu seinem Ende
maßgeblich zu prägen. Auch dieser Umstand deutet neben dem Wechsel der Erzählhaltung darauf hin, daß das Kapitel 20 eine Zäsur innerhalb des Prophetenbuches markiert.

V. 6 kehrt nun wieder von den großen Zusammenhängen zur
Person Paschhurs zurück: Auch er soll für den Rest seines Lebens mit
nach Babel ziehen müssen – mitsamt allen seinen ‚Lieben' (וְכָל־אֹהֲבֶיךָ).
Dies überrascht ein wenig, ist doch nach V. 4 diese Gruppe bereits samt
und sonders gestorben, und ebenso irritiert die abschließende Näherbestimmung, die den Vorwurf der Falschprophetie erhebt. Von einer
derartigen Tätigkeit des ‚Priesters' (20,1) Paschhur war bislang – im
masoretischen Text[65] – nicht die Rede gewesen.[66]

Der Zusammenstoß mit diesem Repräsentanten der Tempelbehör-
de gibt sodann dem Propheten den Anlaß, sich klagend an Gott zu
wenden: Es folgt in den Versen 7–18 die letzte zur Reihe der Konfessionen gezählte Texteinheit. Konnte er eben noch im Auftrag JHWHs
seinen Gegner der Falschprophetie bezichtigen, so richtet er nun den
Vorwurf an Gott, ihn ‚getäuscht' (פתה), also selbst zu einem solchen
gemacht zu haben.[67] Im Gehorsam gegenüber der Berufung gegen
seinen Willen[68] sei er selbst zum Gespött geworden; der Versuch, sich
dem durch Schweigen zu entziehen, sei gleichwohl gescheitert: JHWH
habe ihm gegenüber ‚obsiegt' (וַתּוּכָל, V. 7), darum ‚vermochte' der Beter
es nicht (וְלֹא אוּכָל, V. 9),[69] sich zu verweigern – und deshalb können
seine Feinde Grund zu der Hoffnung haben, nun ihrerseits seiner ‚Herr

---

63 Jüngere Überschüsse sind „und alle ihre Kostbarkeit" (וְאֵת־כָּל־יְקָרָהּ), „und sie wer-
    den sie erbeuten und sie werden sie nehmen" (וּבְזָזוּם וּלְקָחוּם) sowie das überflüssige
    wiederholte „ich werde geben" (אֶתֵּן) (vgl. RUDOLPH, BHS).
64 Vgl. KRATZ, Translatio, 191.
65 Einige griechische Minuskelhandschriften nennen ihn jedoch im Vorgriff schon in
    V. 1 nicht ‚Priester', sondern ψευδοπροφήτης (vgl. ZIEGLER, Jeremias, 248).
66 Christensen sieht hier ein Wortspiel: „The final word בשקר appears to be a pun on
    the name פשחר" (CHRISTENSEN, Terror, 502). Dem vermag ich nicht zu folgen.
67 Vgl. die Überlegungen zur Bedeutung von פתה, S. 216–219.
68 Vgl. Jer 1,6 als Hintergrund für 20,7.
69 Levenson möchte, da in 20,9 vermehrt die Konsonanten ל, כ und א vorkämen, hier
    zugleich einen versteckten Hintersinn nach der Wurzel אכל ‚essen' aufspüren, in
    dem Sinne: „I am tired of feeding when I do not eat" (LEVENSON, Connotations, 224).
    Daß 20,8 und 15,16 zusammenhängen, steht außer Frage (vgl. S. 129 f.), deswegen
    kann aber noch nicht auf ein verborgenes ‚essen' in Kapitel 20 geschlossen werden.

zu werden' (וְנוּכְלָה לוֹ, V. 10), sofern er, auch hierin an V. 7 erinnernd, weiter ‚getäuscht werde' (יְפֻתֶּה).

Aber, so weiß es das Vertrauensbekenntnis von V. 11a aktuell *contra experientiam*, da JHWH mit ihm sei, werden die Verfolger letztlich nichts ausrichten (וְלֹא יָכֹלוּ), sondern, in einer Art Kombination aus den Bitten der Konfession 17 und 18,[70] ‚straucheln' und auf ewig ‚zuschanden werden'. Ist die besondere Erwählung zum Propheten der Grund für seine Leiden und der Anlaß für sein Klagen, so dient ihm nun zugleich die Erinnerung an die Berufung als Argumentationsbasis. Hält er JHWH sein Vertrauen auf dessen Beistandszusage von 1,8 und 15,20 entgegen,[71] so entbehrt dies, angesichts der eben durchlittenen Prügel- und Haftstrafe, nicht eines gewissen Apellcharakters. Ein zweites Bekenntnis schließt sich, ebenfalls mit וַיהֹוָה eingeleitet, in V. 12 an. Diesmal rekurriert der Beter jedoch nicht auf seinen besonderen Erwählungsstatus, sondern, ein wenig allgemeiner, in einer Beinahe-Zitation von 11,20, auf JHWHs Eigenschaft, Menschen auf ‚Herz und Nieren' zu sichten und, in Variation zur Parallelstelle, nicht nur wie dort selbst ‚gerecht' (צֶדֶק) zu richten, sondern auch ‚den Gerechten' (צַדִּיק) zu prüfen. Eine solche Untersuchung braucht der Sprecher offenbar nicht zu fürchten, denn er kann, wieder mit den Worten von 11,20, die Pläne seiner Feinde von V. 10 umkehren. Nicht sie sollen an ihm ihre Rache nehmen (וְנִקְחָה נִקְמָתֵנוּ מִמֶּנּוּ, V. 10), sondern *er* werde *JHWHs* Rache an *ihnen* sehen (אֶרְאֶה נִקְמָתְךָ מֵהֶם, V. 12).

Diese Rettung betrachtet nun V. 13 offenbar als bereits eingetreten. Er fordert im Stile eines Dankliedes dazu auf, in das Lob JHWHs einzustimmen, der einen ‚Armen' (אֶבְיוֹן) ‚aus der Hand von Übeltätern herausgerissen' habe – erneut wird die bekannte Beistandszusage JHWHs aufgerufen, diesmal jedoch im Perfekt und in ihrer Formulierung weniger an den Berufungsbericht als an die Fortschreibung der göttlichen Antwort[72] von 15,21 erinnernd.[73]

Aus diesen Höhen des Lobpreises erfolgt mit V. 14 unvermittelt der Sturz. In denkbar drastischer Weise und ohne erkennbare Anknüpfung an das Vorangehende verflucht der Sprecher den Tag seiner Geburt

---

70   Vgl. für die ‚Verfolger', die ‚zuschanden werden' sollen, 17,18 (יֵבֹשׁוּ רֹדְפַי), für ihr ‚Straucheln' (כשל) 18,23.

71   Vgl. 1,8 „denn mit dir bin ich, um dich herauszureißen" (כִּי־אִתְּךָ אֲנִי לְהַצִּלֶךָ) bzw. 15,20 „denn mit dir bin ich, dich zu retten und herauszureißen" (כִּי־אִתְּךָ אֲנִי לְהוֹשִׁיעֶךָ וּלְהַצִּילֶךָ) mit 20,11 „Aber JHWH ist mit mir wie ein gewaltiger Held" (וַיהֹוָה אוֹתִי כְּגִבּוֹר עָרִיץ).

72   Zu diesem literarkritischen Urteil vgl. S. 124.

73   Vgl. 15,21 „und ich werde dich herausreißen aus der Hand von Bösen" (וְהִצַּלְתִּיךָ מִיַּד רָעִים) mit 20,13 „er hat herausgerissen [...] aus der Hand von Übeltätern" (כִּי הִצִּיל [...] מִיַּד מְרֵעִים [...]).

(V. 14) und den Mann, der seinem Vater diese vermeintlich frohe Kunde überbracht hat (V. 15) – er möchte die Tatsache seiner Existenz radikal negiert wissen. Den Grund dafür nennt V. 18 nach einer klagenden Warum-Frage: Er sieht nur ‚Mühsal und Elend' (עָמָל וְיָגוֹן) und ein Ende seiner Tage ‚in Schande' (בְּבֹשֶׁת) – wie es eigentlich in V. 11 den ‚Verfolgern' zugedacht war (בֹּשׁוּ מְאֹד).

Ebenso abrupt wie er angefangen hatte, so endet dieser Aufschrei. 21,1 leitet zu weiteren prophetischen Worten Jeremias über, für die als Einleitung eine eigene Szenerie geschaffen wird. Vor ihr tritt, erstmals im Buch, der König Zedekia als Subjekt in Erscheinung. Er schickt eine Gesandtschaft zum Propheten, um diesen zu bitten, für ihn und zur Rettung der Stadt ein Wunder zu wirken, damit der König von Babel[74] samt seinem Heer abziehe – das Beispiel von 701 mag im Hintergrund stehen.[75]

In dieser Deputation taucht auch der bereits bekannte Paschhur wieder auf, doch handelt es sich diemal nicht um den ‚Sohn Immers' von 20,1, sondern um seinen Namensvetter, den ‚Sohn Malkias', und er wird entsprechend weder als Pseudoprophet noch als Priester tituliert[76] – anders als sein Kollege Zefanja Ben Maaseja, ‚der Priester' (הַכֹּהֵן). Dieser wird in Kapitel 37 erneut im Rahmen einer Gesandtschaft an Jeremia mit dem Auftrag der Fürbitte genannt. Dort tritt dann genau der Fall ein, den sie in Kapitel 21 den Propheten von JHWH erbitten lassen wollen: Das Heer der Chaldäer ist abgezogen (וַיֵּעָלוּ מֵעַל יְרוּשָׁלָם, 37,5), das Wunder (vgl. 21,2 וְיַעֲלֶה מֵעָלֵינוּ) scheinbar eingetreten – und

---

74   MT nennt ihn, im Gegensatz zu LXX, beim Namen: Nebukadnezar (vgl. den ähnlichen Befund in 21,7).

75   Vgl. II Reg 19,32–36; Jes 37,33–38 (vgl. WERNER, Jeremia 1–25, 190).

76   „Der von 21,1 war kein Priester, sondern gehörte zu den śārīm (38,1.4)" (RUDOLPH, Jeremia, 135; vgl. MCKANE, Jeremiah I, 495). Weder in 21,1 noch in 38,1 wird indes Paschhur mit dem Titel שַׂר explizit belegt – die Septuaginta weiß zudem in 38,1 nur davon, daß Gedalja, der Sohn Paschhurs, mit von der Partie ist, nichts jedoch von diesem selbst; daß er im MT 38,4 zweifellos unter die Gruppe der ‚Oberen' subsumiert wird, sagt daher wenig bis gar nichts über seinen Status in Kapitel 21 aus. Der Leser, der von Kapitel 20 herkommt, muß daher zwangsläufig beide Personen gleichen Namens miteinander in Verbindung bringen, umso mehr, als die Konsequenzen ihrer oder der Begegnung ihres Sohnes mit Jeremia beide Male gleich sind: In Kapitel 20 wie in Kapitel 38 ist das Ergebnis seine Inhaftierung. Die Kluft zwischen beiden Paschhuren sollte daher nicht zu weit aufgerissen werden. Daß Kapitel 20 in der Zeit Jojakims spiele, während in 21,1 die Regierung Zedekias genannt werde (vgl. RUDOLPH, Jeremia, 135), ist dafür ein schwaches Argument: Abgesehen von 3,6 („in den Tagen des Königs Josia") findet man im Jeremiabuch nach dem Berufungsbericht (vgl. 1,2 f.) vor 21,1 keine einzige explizite Datierung. Die klassische Einordnung der Orakel in verschiedene Verkündigungsperioden des Propheten beruht ausschließlich auf historisierender Rekonstruktion.

Jeremia nach dem Maßstab seiner Weissagung von Kapitel 21 erst einmal ein Falschprophet.

Denn das erbetene Orakel fällt hier nicht ganz in der gewünschten Form aus: JHWH werde zwar selbst aktiv in den zu erwartenden Kampf eingreifen, aber auf der anderen Seite stehen. Er werde den Jerusalemern die Waffen in der Hand ,umdrehen' (מֵסֵב, V. 4) und selbst gegen sie Krieg führen, ,mit ausgereckter Hand und mit starkem Arm' (בְּיָד נְטוּיָה וּבִזְרוֹעַ חֲזָקָה), also durchaus wie bei ,allen seinen Wundern' (כְּכָל־נִפְלְאֹתָיו, 21,2), nur jedoch mit umgekehrtem Vorzeichen: Das Wunder des Exodus wird in sein Gegenteil verkehrt.[77] Entsprechend wird sich die finale Plage, die den Auszug eingeleitet hatte, nun gegen das eigene Volk wenden: ,Mensch und Vieh' werden ,geschlagen' (נכה) wie einst Ägypten[78] – jedoch, da nicht nur die Erstgeburt betroffen sein wird, noch weit umfassender als damals. Denn danach, so ergänzt V. 7, werde auch Zedekia und das übriggebliebene Volk der Stadt vom Schwert des Feindes unbarmherzig ,geschlagen' werden (נכה). Nach LXX geschieht dies durch JHWH selbst, im MT ist Nebukadnezar der Exekutor der von Gott bereits in 13,14 proklamierten Erbarmungslosigkeit.[79]

Zwei weitere, ebenfalls an Zitaten nicht arme Orakel ergehen sodann noch an ,dieses Volk' (V. 8) sowie an das ,Haus des Königs von Juda' (V. 11). Das erste schlägt, unter Verwendung von Dtn 30,15,[80] die Brücke zur Geschichte von Jeremia in der Zisterne: In V. 9 wird die mit 38,2 wortgleiche Alternative angeboten, die bei ihrer zweiten Verkündigung dazu führt, daß der Prophet von einigen Gefolgsleuten Zedekias – unter ihnen wieder Paschhur – sprichwörtlich ins Loch geworfen wird. Die Begründung des angedrohten Unheils antizipiert in 21,10

77　Vgl. Dtn 4,34; 5,15; 7,19; 11,2; 26,8; (I Reg 8,42; II Chr 6,32); Ps 136,12; sowie, für den zweiten Exodus, Ez 20,33 f.

78　Vgl. Ex 12,12 „und ich werde jede Erstgeburt Ägyptens schlagen, vom Menschen bis zum Vieh" (וְהִכֵּיתִי כָל־בְּכוֹר בְּאֶרֶץ מִצְרַיִם מֵאָדָם וְעַד־בְּהֵמָה), vgl. auch Num 3,13; 8,17; Ps 135,8) mit Jer 21,6 „und ich werde die Bewohner dieser Stadt schlagen, Mensch und Vieh" (וְהִכֵּיתִי אֶת־יוֹשְׁבֵי הָעִיר הַזֹּאת וְאֶת־הָאָדָם וְאֶת־הַבְּהֵמָה).

79　Vgl. 13,14 „ich werde nicht schonen und nicht barmherzig sein und mich nicht erbarmen" (לֹא־אֶחְמוֹל וְלֹא־אָחוּס וְלֹא אֲרַחֵם) mit 21,7 „er wird nicht barmherzig sein über sie und nicht schonen und sich nicht erbarmen" (לֹא־יָחוּס עֲלֵיהֶם וְלֹא יַחְמֹל וְלֹא יְרַחֵם). LXX übersetzt dagegen parallel und hat ferner in 13,14 drei, in 21,7 jedoch nur zwei Glieder: Vgl. οὐκ ἐπιποθήσω λέγει κύριος καὶ οὐ φείσομαι καὶ οὐκ οἰκτιρήσω ἀπὸ διαφθορᾶς αὐτῶν (13,14) mit οὐ φείσομαι ἐπ' αὐτοῖς καὶ οὐ μὴ οἰκτιρήσω αὐτούς (21,7). Beide Versionen bemühen sich demnach um eine je eigene Angleichung der beiden Stellen aneinander, die deren ursprüngliche intertextuelle Beziehung fortführt.

80　Vgl. Dtn 30,15: „Siehe, ich habe dir heute vorgelegt das Leben und das Gute und den Tod und das Schlechte" (רְאֵה נָתַתִּי לְפָנֶיךָ הַיּוֹם אֶת־הַחַיִּים וְאֶת־הַטּוֹב וְאֶת־הַמָּוֶת וְאֶת־הָרָע) mit Jer 21,8: „Siehe, ich lege euch vor den Weg des Lebens und den Weg des Todes" (הִנְנִי נֹתֵן לִפְנֵיכֶם אֶת־דֶּרֶךְ הַחַיִּים וְאֶת־דֶּרֶךְ הַמָּוֶת).

ferner die Weissagung an Zedekia von 34,2, den Untergang der Stadt durch Feuer. Mit eben dieser Drohung schließt sich sodann das zweite, an das ‚Haus David' gerichtete Wort an. Sein Bogen ist ein kleinerer; es zielt über seine Verbindung zu 22,1–3[81] auf den unmittelbaren Kontext und gibt das Thema der sich anschließenden Königsspruchsammlung vor. Zu ihr bildet das ganze Kapitel 21 den Auftakt, ihr ist nun auch sein mutmaßlich ältestes Element,[82] das in der 2. Person femininum gehaltenen Wort gegen Jerusalem von V. 13.14b, durch die Feuer-klammer von V. 10.12.14 eingegliedert. Während jedoch der Prophet in 22,1 im ‚Haus des Königs von Juda', also seinem Palast, auftreten soll, wird er in 21,11 angewiesen, zum (לְ) ‚Haus des Königs von Juda' zu sprechen, also zur ganzen Davididensippe. Entsprechend ergeht in 22,1 die Anweisung, JHWHs Wort zu hören, im Singular, in 21,11 jedoch im Plural. 21,11–14 gerät so zur summarischen Überschrift über alle folgenden Königsorakel.

Sie unterbricht nun deutlich die redaktionelle Verbindung von V. 10 und V. 13, die sich beide nicht mit dem Schicksal der Dynastie, sondern dem der Stadt Jerusalem[83] befassen, und verfolgt als Ein-schreibung[84] offenbar den Zweck, die Königsspruchsammlung enger an ihren vorherigen Kontext anzubinden. Das ‚Feuer', das in V. 14 in ‚ihrem (sc. Jerusalems) Wald' wütet, wird mit V. 10 zum Mittel der Kriegführung, in V. 12 jedoch zum unlöschbaren Ausbruch des Zornes JHWHs über die Könige.

---

81   Vgl. hier wie dort „Reißt den Beraubten aus der Hand des Gewalttäters" (וְהַצִּילוּ גָזוּל מִיַּד עוֹשֵׁק bzw. וְהַצִּילוּ גָזוּל מִיַּד עָשׁוֹק).

82   Vgl. S. 103, n. 242. Für Duhm indes stellt sich das Verhältnis anders dar: Er sieht in 21,11 f. ältere Königssprüche, in 22,1–7 deren „weitläufigere Bearbeitung" (DUHM, Jeremia, 172) und in 21,13.14b eine jüngere Interpolation (vgl. ebd., 171); vgl. für diese Sicht der Dinge auch THIEL, Redaktion I, 238; MCKANE, Construction, 70; DERS., Jeremiah I, 507.

83   LXX möchte das Wort allerdings gegen Tyrus (Σορ) gerichtet wissen. Offenbar liest sie statt צוּר, ‚Fels' den Namen der Stadt, צֹר. Deswegen, und wegen der Formulie-rung „Siehe, an dich [wende ich mich]" (הִנְנִי אֵלַיִךְ) meint Duhm, der Vers „schmeckt auch viel mehr nach Hesekiel, als nach Jeremia" (DUHM, Jeremia, 171). Möglicher-weise denkt er dabei an Ez 26,3, ein Wort gegen Tyrus, das auch den LXX-Über-setzern vorgeschwebt haben mag (vgl. „siehe, gegen dich, Tyrus" צֹר הִנְנִי עָלַיִךְ). Diese Formulierung ist in der Tat auf das Ezechielbuch beschränkt (vgl. Ez 5,8; 26,3; 28,22; 29,3), bei der Wendung mit אֶל (הִנְנִי אֵלַיִךְ) ist der Befund jedoch komplexer (vgl. Jer 21,13; 50,31; 51,25; Ez 21,8; 29,10; 35,3; 38,3; 39,1; Nah 2,14; 3,5). Die Orakel sind gerichtet gegen Babel, den Boden Israels, Ägypten, das Gebirge Sëir, Gog und Ninive. Bei aller Dominanz der Ezechielbelege wird man nicht von einer für dieses Buch typischen Formulierung sprechen können. Eher handelt es sich um eine ge-prägte Wendung der Gerichtsprophetie. Warum schließlich im Rahmen von Jer 21 ein versprengtes Fremdvölkerorakel auftauchen sollte, bedürfte zudem einer eige-nen Erklärung.

84   Vgl. S. 80, n. 125.

‚Diese Stadt' (הָעִיר הַזֹּאת, 21,4.6.7.9.10) ist dagegen das Leitmotiv, durch welches das Kapitel zusammengehalten wird, und das die Anklage gegen die personifizierte Frau Jerusalem von V. 13.14b aufnimmt und konsequent weiterführt.

Ein erster Schritt auf diesem Wege dürfte in der Ausmalung und einer ersten Begründung des Urteils zu sehen sein. Das abstrakte „Siehe, an dich [wende ich mich]" (הִנְנִי אֵלַיִךְ) von V. 13, das durch das Feuer ‚ringsum' (סָבִיב) in V. 14 bereits als ein zerstörendes Handeln Gottes selbst gekennzeichnet ist, wird mit V.4 durch sein direktes Eingreifen in den Kampf noch drastischer: „Siehe, ich wende (הִנְנִי מֵסִיב) das Kriegsgerät in euren Händen": Das Schlachtfeld wird von außerhalb der Mauern in die Mitte der Stadt verlagert werden[85] – entgegen der zitierten Irrmeinung von V. 13 „Wer wird in unsere Feste kommen?"[86] Die Begründung gibt, im Vorgriff auf 34,2, V. 10: JHWH habe sich der Stadt unheilvoll zugewandt.

Die auf Kapitel 37 zielende szenische Einleitung in den Versen 1–3 erweist sich zwar zum einen für die Binnenlogik des Orakels als inhaltlich unnötig und irritiert zum anderen ein wenig durch die doppelte Redeeinleitung von V. 3 f., sie ist aber für die Anbindung von V. 4 an den literarischen Kontext unentbehrlich. Denn während 21,13 hervorragend an 15,5 anschließt, hinge 21,4 ohne die Vorbereitung der Verse 1–3 literarisch in der Luft.

Somit wird man mit der ersten Erweiterung von 21,13.14b in 21,1–4.10 zu rechnen haben.[87]

---

85   So mit LXX, ohne das dort fehlende וְאָסַפְתִּי אוֹתָם. Während im griechischen Text die Belagerung bereits hier, in V. 4, ihr Ende findet (der Feind ist in der Stadt), trägt MT dem Umstand Rechnung, daß mit V. 6 zunächst noch eine große Pest angesetzt ist: Es werden zunächst die Bürger innerhalb der Mauern versammelt. Die ursprüngliche, auch räumliche, Nähe von V. 4 zu V. 13 wird durch das MT-Plus verwischt, der nähere Kontext dagegen leichter lesbar.

86   מִי יָבוֹא בִּמְעוֹנוֹתֵינוּ.

87   21,13.14b war oben auf einer relativ frühen Stufe des Jeremiabuches angesiedelt worden, auf welcher der Vers an 15,5 f. angeschlossen habe (vgl. S. 103, n. 242). Wenn hier nun 21,1–4.10 als *erste* Erweiterung bezeichnet wird (die bereits Jer 37 im Blick hat), so ist damit die älteste Ausmalung im jetzigen unmittelbaren Kontext gemeint. Sie ist jedoch zweifelsohne wesentlich jünger als ein Großteil des Materials zwischen Jer 15 und 20. In einem früheren Stadium dürfte etwa 21,13.14b auf 19,10.11a, die Zeichenhandlung, die vom Zerbrechen der *Stadt* kündet, gefolgt sein, in einem späteren auf die dazwischengeschobene erste Paschhurepisode 20,1–4.6abα. Diese dürfte dann, motiviert durch den gleichlautenden Namen, den Eintrag der Gesandtschaft von Kapitel 37 mit Paschhur II und mithin 21,1–4.10 ausgelöst haben. Zu Jer 37,1–10 vgl. ferner STIPP, Parteienstreit, 152–161. Er sieht, Thiel folgend, in Jer 21,1–10 „die dtr Parallele zu 37,3–10" (ebd., 157, n. 23), geht aber auf die möglichen Gründe für diese Neufassung nicht weiter ein (vgl. zu Thiels Meinung S. 233 f., n. 96).

Die Verse 5 und 6 knüpfen mit ihrer negativ gepolten Aufnahme von zentralen Begriffen der Exodustradition zwar hervorragend an die Forderung nach נִפְלָאוֹת von V. 2 an, sie vollziehen aber gleichwohl einen Wechsel der Redeweise. Zwar kämpft noch in V. 5 Gott „gegen euch" (עֲלֵיכֶם), doch mit V. 6 werden die ‚Bürger dieser Stadt' nicht mehr angeredet, sondern sind lediglich Objekt. Der Vorstellung einer Erstürmung mit Kampf innerhalb der Stadtmauern, wie sie V. 4 prägt, steht nun die einer längeren Belagerung mit der Konsequenz eines Seuchenausbruches zur Seite.

Die beiden nächsten Einschreibungen, V. 7 einerseits und V 8 f. andererseits, sind in ihrem diachronen Verhältnis zueinander nicht leicht zu bestimmen, ihre unterschiedliche Provenienz ist gleichwohl offensichtlich.

V. 8 f. konstruiert ein Parallelorakel zu V. 4. Wie dieser beginnt es mit הִנְנִי und Partizip (נֹתֵן), anders als das erste sollen es jedoch nicht die Gesandten verkünden (vgl. תֹּאמְרֶן, V. 3), sondern Jeremia selbst (תֹּאמַר, V. 8). Es knüpft an die Aussage von V. 6 an, daß die ‚Einwohner' (יוֹשְׁבִים) ‚dieser Stadt' von der Pest (דֶּבֶר) geschlagen werden würden, modifiziert sie aber insofern, als es daraus mit Jer 38,2 eine Alternative nach Dtn 30,15 entwirft: Wer bleibt (הַיֹּשֵׁב), den werden ‚Schwert, Hunger und Pest' (דֶּבֶר) treffen, wer sich jedoch den ‚Chaldäern, die euch belagern' (הַכַּשְׂדִּים הַצָּרִים עֲלֵיכֶם, auch dies eine Formulierung aus V. 4) ergebe, werde am Leben bleiben.

Dem steht der Entwurf von V. 7 entgegen,[88] der denjenigen, die in der Stadt[89] von ‚Pest, Schwert und Hunger' übriggeblieben sind,[90] und die, anders als in V. 8 f., nicht angeredet, sondern in der dritten Person behandelt werden, den Tod durch das Schwert ‚ihrer Feinde' ansagt. Diese, nicht wie in V. 6 JHWH, werden sie ‚schlagen' (נכה) und damit seinen Entschluß von 13,14 ausführen. Der dreifachen Betonung des

---

88 McKane qualifiziert diese Ergänzung als „misreading of vv. 1–6" (MCKANE, Construcion, 67; identisch DERS., Jeremiah I, 500) ab; damit wird er ihrer Intention, die Abkehr Gottes von seiner Barmherzigkeit nach Jer 13,14 in Erinnerung zu rufen, nicht gerecht.

89 Mögliche Überläufer à la V. 8 f. kommen nicht in den Blick; beide Ansätze lassen sich also durchaus miteinander harmonisieren, auch wenn sie unterschiedliche Szenarien entwerfen; so urteilt McKane zurecht über die Zerstörung in V. 7 im Gegensatz zu V. 8: „[T]here is no doubt that it is intended to be all-inclusive" (MCKANE, Construction, 69).

90 Rudolph kennzeichnet den ‚Rest' in BHS fälschlicherweise als in wenigen hebräischen Handschriften, LXX, TJon und Syriaca nicht überliefert. Dies ist zweifellos ein Druckfehler, zur Debatte steht lediglich die nota accusativi (vgl. u.a. RUDOLPH, Jeremia, 134; BARTHÉLEMY, Critique Textuelle 2, 635; DE WAARD, Handbook, 95).

göttlichen Zornes von V. 5 entspricht so (im masoretischen Text)[91] sein dreifaches Nicht-Erbarmen in V. 7.[92]

Ebenfalls sicher jünger als die erste Fortschreibung, in ihrem diachronen Charakter zu V. 5 f. | 8 f. | 7 jedoch schwer zu bestimmen, ist schließlich die Königseintragung V. 11–12abα. Wie gezeigt, fungiert sie als Überschrift für Kapitel 22 und rückt den Focus von der Stadt bzw. ihren Einwohnern zur herrschenden Elite. Durch sie werden nun die Angehörigen dieser Führungsschicht mit der 2. Person Plural identifiziert.

Dies zu verdeutlichen ist schließlich Absicht der beiden kleinen protomasoretischen, in LXX nicht überlieferten, Glossen 12bβ und 14a.[93] Die erste von ihnen komplettiert in V. 12 die mit 4,4abα gleichlautende Zornesbranddrohung um 4,4bβ und vermag so ihrerseits den Anstoß für den Eintrag von 12bβ als Kombination von 17,10b und 23,2 zu geben.[94] Die Begründung „wegen der Bosheit ihrer[95] Taten" von V. 12 überträgt die Verantwortung für die geschilderten Ereignisse gänzlich an die Könige von Juda.

Somit präsentiert sich das Kapitel 21 keineswegs als aus einem Guß geschaffen,[96] sondern als vielschichtig gewachsenes Resultat redaktio-

---

91 LXX hat hier nur zwei der drei Glieder. McKane folgt hier jedoch (ohne Diskussion) MT (vgl. MCKANE, Jeremiah I, 501; vgl. ebenso DUHM, Jeremia, 170, der in diesem Vers ansonsten, auch hinsichtlich des Numerus, LXX übernimmt). Holladay meint, LXX habe das mittlere Verb „evidently omitted [...] by haplography or an effort at concision" [HOLLADAY, Jeremiah 1–25, 568]). Die Lösung bleibt unbefriedigend.

92 Vgl. לֹא־יָחוּס עֲלֵיהֶם וְלֹא יַחֲמֹל וְלֹא יְרַחֵם (21,7). mit (21,5) וּבָאַף וּבְחֵמָה וּבְקֶצֶף גָּדוֹל.

93 Ungeachtet dieses textkritisch bedenklichen Status des Halbverses stellt für McKane selbst der Numeruswechsel von der 2. Person femininum Singular zur 2. Person masculinum Plural keinen Hinderungsgrund dar, den Halbvers auf der gleichen Ebene wie V. 13.14b anzusiedeln (vgl. MCKANE, Construction, 70). Vgl. dagegen bereits DUHM, Jeremia, 171.

94 Aus 17,10b „nach der Frucht ihrer Taten" (כִּפְרִי מַעֲלָלָיו) und 23,2b: „Siehe, ich suche euch heim, das Böse eurer Taten" (הִנְנִי פֹקֵד עֲלֵיכֶם אֶת־רֹעַ מַעַלְלֵיכֶם) wird 21,14a „und ich werde euch heimsuchen, nach der Frucht eurer Taten" (וּפָקַדְתִּי עֲלֵיכֶם כִּפְרִי מַעַלְלֵיכֶם).

95 So das Ketib. Das Qere gleicht mit der Lesart ,eurer Taten' zusätzlich noch an V. 14 an, wie auch Vg., TJon, sowie, laut RUDOLPH, BHS, viele hebräische Handschriften.

96 So Thiel, der in 21,1–10 D und in den Folgeversen bereits „Eine Sammlung von Königssprüchen" findet (THIEL, Redaktion I, 230), gleichwohl aber in V. 4 ein „originales [...] Gerichtswort" (ebd. 233) entdeckt und mithilfe von 38,2 auch ein solches aus V. 9 herausschält (vgl. ebd., 236). Auch für Pohlmann ist „der ganze Abschnitt die einheitliche Komposition eines Verfassers" (POHLMANN, Studien, 39). Levin kritisiert dies intensiv und setzt dem „die langfristig gewachsene Einheit 21,1–6.7.8–9.10" (LEVIN, Verheißung, 66) entgegen. McKane trennt dagegen „prophetic words contained in vv. 4–6" (MCKANE, Construction, 65) von der Szene V. 1b–3 (vgl. ebd., 66), hebt ferner die Verse 8–10 ab, die er als kohärent ansieht (vgl. ebd., 69), und behandelt V. 7 separat. Das Hauptproblem seiner These ist es – abgesehen von

neller Arbeit, in deren Verlauf ein Wort gegen Jerusalem (V. 13.14b) zunächst in einem szenischen Rahmen (V. 1–4.10)[97] ausgemalt wurde, um sodann mit dem Bezug auf den Exodus (V. 5 f.), die Überlebensmöglichkeit für die Bewohner (V. 8 f.) und die restlose Vernichtung durch die Babylonier (V. 7) ergänzt zu werden. Der Eintrag von V. 11 f. ließ das Kapitel schließlich zum Auftakt der folgenden Königsspruchsammlung werden.

Sieht man von der Aufnahme von 13,14 in 21,7 einmal ab, so ist deutlich zu erkennen, daß alle Ergänzungsschichten, die über V. 13.14b liegen, weniger am bisherigen Jeremiabuch interessiert sind als an den Folgekapiteln.[98] Insbesondere die Erzählungen in Kapitel 34; 37 und 38 sind es, zu denen der Bogen gespannt wird.

Wie verhält sich demgegenüber Kapitel 20, das von Thiel in enger Verbindung mit Kapitel 19 gesehen wird?[99] Die sechs Verse über Paschhur den Ersten, die es abgesehen vom Konfessionenblock der Verse 7–18 umfaßt, erweisen sich schon aufgrund ihres geringen Umfanges als weniger komplex strukturiert als das Kapitel 21. Die Episode um Jeremias Bestrafung durch den Tempelaufseher trägt dabei Züge einer prophetischen Zeichenhandlung: Wenn sie auch ohne göttliche Beauftragung auskommt, so zielt sie doch ganz und gar auf den symbolischen Akt, die Umbenennung eines ihrer Akteure. Diese partielle Analogie macht es verständlich, daß diese Handlung, will sie nicht gänzlich stumm bleiben, zwangsläufig einer Deutung bedarf – zumal der neue ‚Name' von V. 3 eine solche ganz offensichtlich nicht aus sich selbst heraus evoziert.[100] Der Versuch, jede Form einer Erklärung literarkritisch abzuschneiden und eine Grundschicht ausschließlich in den

---

der Einteilung, die eine andere als die in vorliegender Arbeit vertretene ist – diese vielfältigen Teile mit dem Gedanken zusammenzubringen, ein Redaktor habe sie der Abfolge von Jer 52,4–16 folgend angeordnet (vgl. ebd., 72 f.; DERS.; Jeremiah I, 491). Entweder es gibt einen planvollen Redaktor im Sinne Thiels oder es gibt einen rollenden Schneeball wie ihn Levin vertritt. Beides zusammen ist, zumindest in Kapitel 21, nicht zu haben.

Werner trennt dagegen, in der Einteilung der vorliegenden Studie ähnlich, ein (potentiell) „ursprüngliches Jeremiawort" (WERNER, Jeremia 1–25, 189) von V. 5–6 | 7 | 8–10 (vgl. ebd.).

97 Levin möchte V. 10 als eigene Schicht ansehen, da er „durch eine eigene Einleitung angeschlossen" (LEVIN, Verheißung, 66) sei. Wenn er damit V. 10a meint, so ist dies schwer nachzuvollziehen. Eine Begründung mit כִּי ist noch kein Hinweis darauf, daß der folgende Vers „nachträglich angeschlossen" (ebd.) wurde.

98 Vgl. THIEL, Redaktion I, 230.

99 Vgl. ebd., 219.

100 Vgl. die verschiedenen Vorschläge S. 225, n. 61.

Versen 1–3 zu veranschlagen,[101] hinterläßt dagegen einen narrativen Stumpf ohne Pointe.

Ohne Frage ist die Interpretation des Geschehens die wichtigste Passage der kleinen Geschichte. Sie erst macht sie für den Leser relevant, und daher überrascht es nicht, daß gerade in diesem Bereich fortschreibend gearbeitet wurde.[102] Dies konnte jedoch, wie bei einer Zeichenhandlung auch, nur deshalb sinnvoll geschehen, weil eine primäre Deutung bereits vorhanden war, an die man weiterspinnend anknüpfen konnte.

Sie findet sich mutmaßlich zunächst in V. 4a: Paschhur werde zum ‚Entsetzen' ‚für alle seine Lieben',[103] die vor seinen Augen durch das Schwert umkommen würden. Diese Aussage bewegt sich ganz auf der Ebene des Einzelschicksals – anders als V. 4b, der ‚ganz Juda' im Blick hat und mit der Deutung von V. 4a nur schwer in Einklang zu bringen ist. Seine Inhalte sind zwar zweifellos schrecklich, erklären aber die Umbenennung des Aufsehers überhaupt nicht. Zur Perspektive von V. 4a paßt dagegen V 6abα wieder ganz hervorragend: Er wendet sich erneut dem Angesprochenen zu, der selbst (sowie der gegenüber V. 4 noch engere Kreis seiner Familie)[104] in die Verbannung gehen müssen werde, um schließlich sein Leben in Babel zu beenden[105] und dort begraben zu werden.[106] Die Umbenennung in ‚Grauen ringsum' erklärt sich so auf zweifache Weise: Wie Zedekia[107] werde Paschhur den grauenvollen Tod seiner Bekannten erleben und den eigenen in der Fremde sterben müssen.[108]

V. 6bβ dagegen macht aus den ‚Bewohnern deines Hauses' von V. 6a ein weiteres Mal ‚alle deine Lieben' (וְכָל־אֹהֲבֶיךָ), die es nach V. 4a eigentlich gar nicht mehr gibt, schickt auch sie in die Verbannung und

---

101 So McKane, der die Verse 4–6 als „expansion of v. 3" betrachtet (MCKANE, Jeremiah I, 466), die „a secondary exegesis of מָגוֹר" (ebd., 462) darstellten.

102 „In v. 4–6 folgt im Grunde eine Erläuterung der anderen" (WANKE, Baruchschrift, 16). Wanke läßt, wie später McKane, die Grundschicht mit V. 3 enden, erwägt aber auch die Zugehörigkeit von V. 4a (vgl. ebd.).

103 Mit LXX, die kein Äquivalent für וּ לְךָ bietet.

104 Es wäre zu erwägen, in dem יֹשְׁבֵי בֵיתֶךָ ebenfalls eine Ergänzung zu sehen. Dafür spricht, daß nach dem (angeglichenen) pluralischen ‚gehen' beim ‚sterben' und ‚begraben werden' wieder im Singular gesprochen wird.

105 Ohne das gegenüber LXX überschießende תָבוֹא וְשָׁם.

106 Vgl. GRAUPNER, Auftrag, 36.

107 Vgl. II Reg 25,7; Jer 39,6 f.; 52,10 f. Auch diese Gemeinsamkeit macht die Abfolge von 21,1–14, die den König explizit benennen, auf 20,1–6 sinnvoll. 20,1–6 wird so zu einer Art Königsorakel (ohne König) vor der entsprechenden Sammlung in Kapitel 22.

108 Ähnlich Christensen, der allerdings (bei Annahme jeremianischer Verfasserschaft) V. 4a.6 insgesamt auf der gleichen Stufe ansiedelt. In V. 4a.6a möchte er Qina-Metrum erkennen (vgl. CHRISTENSEN, Terror, 502).

benützt sie als Vehikel, um den Vorwurf der Falschprophetie einzuführen und gegen den Priester zu erheben.[109]

V. 4b und 5 führen demgegenüber je eigene Erweiterungen durch. Der erstgenannte Halbvers verbindet die Strafen ‚Schwert' und ‚Verbannung' aus V. 4a und V. 6, ändert jedoch Subjekt wie Objekt: Es ist nicht mehr das ‚Schwert ihrer Feinde' (בְּחֶרֶב אֹיְבֵיהֶם, V. 4a), sondern, konkreter, das (בְּחֶרֶב, V. 4b) des ‚Königs von Babel', dem nicht nur die ‚Bekannten', sondern ‚ganz Juda' zum Opfer fallen wird – obwohl, in Anlehnung an V. 6, zunächst von der Verbannung die Rede ist (וְהִגְלָם בְּבֶלָה).

Dieses letztgenannte Schicksal wird nun in V. 5 aufgegriffen (וְהֵבִיאוּם בָּבֶלָה), aber nicht von der Bevölkerung, sondern den Reichtümern ‚dieser Stadt' und der ‚Könige von Juda' ausgesagt, die „in die Hand ihrer Feinde" (בְּיַד אֹיְבֵיהֶם) gegeben würden – die Formulierung ist wenig originell, verbindet im Kontext aber sehr schön die ‚Feinde' (אֹיְבֵיהֶם) von V. 4a und die ‚Hand des Königs von Babel' (בְּיַד מֶלֶךְ־בָּבֶל) von V. 4b.

Die erste Station der Leidensgeschichte Jeremias, von der in 20,1–4a.6abα erzählt wird, und die in der symbolischen Umbenennung Paschhurs in מָגוֹר מִסָּבִיב sowie der Deutung des vorderen Namensteiles gipfelt, wurde also dreifach weitergeschrieben: Einmal durch den Vorwurf der Falschprophetie in V. 6bβ, ein weiteres Mal durch die Ausdehnung der Interpretation auf das Geschick ‚ganz Judas' in V. 4b, und schließlich durch die Einbeziehung der Schätze Jerusalems und der Könige in V. 5.

Wie hängen nun aber Kapitel 20 und 21 miteinander und mit dem Konfessionenblock von 20,7–18 zusammen? Nachdem gezeigt wurde, daß die verschiedenen Strata, aus denen das Kapitel 21 aufgebaut ist, allesamt nach vorne, in den Kontext der Königssprüche und Prophetenerzählungen verweisen, soll diese Frage auch an die Schichten von 20,1–6 gestellt werden.

Beim ersten Durchgang durch den Text wurde bereits festgestellt, daß mit 20,1 nicht nur ein neuer Stil, sondern, damit verbunden, auch eine neue Thematik im Jeremiabuch beginnt. Die Paschhurepisode führt den Leser in den Bereich der Prophetenerzählungen ein, die im folgenden immer wieder in der dritten Person davon berichten, wie

---

109 Weiser sieht keinen Widerspruch darin, daß Paschhur nach 20,1 ein Priester ist, nun aber als Prophet behandelt wird. Man erfahre vielmehr, „daß auch der Priester prophetische Funktionen ausübte" (WEISER, Jeremia, 167). Weniger als historische Ämterprofile lassen sich hier aber unterschiedliche Themenkomplexe des Jeremiabuches erkennen: V. 6b weist auf den großen Falschprophetenabschnitt von Kapitel 23 voraus.

prophetische Tätigkeit und daraus resultierende Verfolgung zusammenhängen. Ferner wird ‚Babel' als Verbannungsort erstmals beim Namen genannt, und schließlich bindet der Name ‚Paschhur' die Erzählung von 20,1–6* eng an den szenischen Rahmen von 21,1–3, der seinerseits auf Kapitel 37 zielt.[110] Auch wenn beide Namensvettern unterschiedliche Väter haben – daß die mit ihnen verbundenen Episoden nebeneinander zu stehen gekommen sind, ist sicherlich mehr als ein Zufall.[111]

In der Tat kann man in dem Paschhur II zur Übermittlung aufgetragenen Orakel die zweite Hälfte des symbolischen neuen Namens Paschhurs I erkennen. V. 4a.6 deuten bekanntlich explizit nur מָגוֹר, und LXX trägt dem dadurch Rechnung, daß in ihr ein Äquivalent für מִסָּבִיב fehlt.[112] Die Emissäre sollen nun aber in 21,4 Zedekia bestellen, JHWH werde die Waffen in ihren Händen gegen sie selbst wenden (הִנְנִי מֵסֵב) und, so der ältere Bestandteil von V. 14, ein Feuer entflammen, das alles rings um Jerusalem (כָּל־סְבִיבֶיהָ) verzehren werde – wahrhaft Schrecken ringsum! Man mag einwenden, daß die Glieder dieser Verbindung räumlich zu weit voneinander getrennt sind, um als aufeinander bezogen erkannt werden zu können, doch gilt das nur für die Ebene des Endtextes. Läßt man den Konfessionenblock einmal außen vor – die Analyse der vorangehenden Kapitel gibt genug Gründe, dies nicht als Willkürakt zu begreifen – und bewegt man sich auf der Ebene der jeweiligen narrativen Grundschichten von Kapitel 20 und 21, so erhält man einen Zusammenhang aus 20,1–4a.6abα; 21,1–4.10.13.14b. Beide Erzählungen schließen direkt aneinander an, auf die Deutung des ersten Namenselementes folgt umgehend die des zweiten Gliedes vor Paschhur II. Dies gilt erst recht, wenn man 21,1–4.10 jünger ansetzt als 20,1–4a.6abα. Auf dieser älteren Stufe hätte das ‚Feuer ringsum' von 21,14b direkt an Paschhurs ‚Grauen' von 20,6 angeschlossen. Eine weitere Erklärung von מִסָּבִיב vor dem Kerkermeister war für den Erzähler von 20,1–4a.6abα daher schlicht nicht nötig: Sie stand bereits im Text.

Auch die drei kleinen Ergänzungen in 20,6bβ.4b.5 weisen eher in die folgenden Kapitel als in die zurückliegenden Teile des Jeremiabuchers. Wenn auch die in V. 6bβ kritisierte Falschprophetie (נבא בַשֶּׁקֶר)

---

110 Die Geschichte von der Umbenennung dürfte nicht zuletzt wegen der Namensgleichheit diejenige von der Gesandtschaft Kapitel 37 angezogen und zur Bildung von 21,1–4.10 inspiriert haben.

111 So meint bereits Michaelis: „Videtur autem nominis consonantia illis, qui sparsa olim Jeremiae oracula, nec omnes eodem ordine, conquisiverunt ac digesserunt, occasionem dedisse, duplicis Paschuri mentionem coniungendi (MICHAELIS, Observationes, 137).

112 Zahlreiche Exegeten sehen deshalb im griechischen Text die ältere Variante. Vgl. dazu S. 221, n. 39.

bereits in 5,31 und 14,14 thematisiert wurde, so spielt sie doch dort eine eher untergeordnete Rolle. Anders ist dies dagegen im Prophetenabschnitt von Kapitel 23 und in der Predigt vom Joch in Kapitel 27, die als Rahmen für die Auseinandersetzung mit Hananja in Kapitel 28 dient. Hier haben das ‚Prophezeien von Trug' und das Hören darauf die Funktion eines Leitmotivs.[113] Von bitterer Ironie zeugt der Umstand, daß Jeremia mit seiner Weigerung, gegenüber der Delegation von Kapitel 21 den Abzug des babylonischen Heeres vorauszusagen, vor dem Hintergrund der Ereignisse von Kapitel 37 zunächst selbst als Lügenprophet erscheinen muß.[114]

Ähnlich verhält es sich mit V. 4b. Hier ist nun nicht nur von der Hauptstadt des feindlichen Reiches die Rede, sondern auch ihr König (מֶלֶךְ־בָּבֶל) wird erstmals erwähnt und tritt, eine Ergänzungsschicht später, in V. 5, aber auch – nach der Konfession – in 21,2.4.7.10 und von da ab immer wieder auf der Bühne des Geschehens auf.

Seine von ihm ihrer Reichtümer entledigten Kollegen aus V. 5, die ‚Könige von Juda' (מַלְכֵי יְהוּדָה), verweisen sodann auf die an sie gerichteten Worte von 21,11 und die sich anschließende Königsspruchsammlung; zugleich bilden sie aber auch tatsächlich ein Bindeglied zu Kapitel 19: Hier waren sie in 19,3.4.13 bereits Koadressaten, nun, in Kapitel 21, gilt ihnen die Rede des Propheten allein. Eine ähnliche Rolle nimmt auch die Ankündigung in V. 5 ein, die Schätze ‚dieser Stadt' würden geraubt werden. Sie verbindet die Gerichtsaussagen von 19,8.11.15 gegen ‚diese Stadt' mit denjenigen von Kapitel 21.[115]

Der Charakter von Jer 20,1–6* ist daher der eines Brückenkapitels. Zwar wird die Erzählung um Paschhur I an der vorhergehenden Zeichenhandlung – mutmaßlich ursprünglich an deren ältestem Ende in 19,11a[116] – aufgehängt,[117] doch inhaltlich wie formal klingen die Töne der folgenden Kapitel an: Babel, Königssprüche, Falschprophetie und die Leidensgeschichte des Propheten.[118] Es ist nicht zuletzt die Kon-

---

113 Vgl. Jer 23,25.26.32; 27,10.14.15.16.
114 Vgl. Jer 21,2 mit 37,5.
115 Vgl. Jer 21,4.6.7.9.10.
116 Vgl. dazu S. 191, sowie GRAUPNER, Auftrag, 30 f. Wanke meint, es brauche die Verse 19,14 f. für eine sinnvolle Verbindung zu 20,1 (vgl. WANKE, Baruchschrift, 18). Dem ist jedoch nur dann so, wenn Jeremia bei seiner Predigt im Tofet war und in die Stadt zurück muß – dorthin kommt er aber erst auf einer späteren Stufe der Textentwicklung.
117 Man kann jedoch nicht behaupten, „[that t]he narrative begins with the symbolic action at the valley of Ben Hinnom (19.1–13)" (DIAMOND, Confessions, 173). Eine *Erzählung* beginnt auf der Ebene des Endtextes nicht vor 19,14 f.
118 Fischer meint daher, ein eher drastisches Bild gebrauchend, Jer 20 gleiche „einer aufplatzenden Eiterbeule" (FISCHER, Jeremia 1–25, 627).

fession in den Versen 7–18, die aufgrund der Verbindung zu ihren
Schwestertexten den Eindruck erweckt, *nach* Kapitel 20 befinde sich
eine größere Zäsur im Buchaufbau. Ohne sie wird jedoch erkennbar, in
wie starkem Maße bereits mit 20,1–6* Neuland betreten wird. Dieses
Kernkapitel dient, entgegen Thiels Auffassung,[119] mehr der Einführung
als dem Abschluß.

Die vielfältigen Verbindungen, die zwischen allen Schichten von Jer
20,1–6* und Kapitel 21 bestehen, geben allen Grund zu dem Verdacht,
das Verhältnis von 20,7–18 könnte dem der anderen vier Konfessionen-
blöcke zu ihrem jeweiligen Kontext vergleichbar sein oder entsprechen.
Er erhärtet sich, wenn man sich die Einbindung von 20,7–18 in ihre
Umgebung ansieht.

So sind auf der einen Seite erneut die Anklänge der Klage an die
vorausgehende Erzählung unverkennbar: Nicht nur die Formel
‚Schrecken um und um' (מָגוֹר מִסָּבִיב) begegnet in V. 10 erneut in des
Propheten bzw. seiner Gegner Mund, auch deren Getuschel ‚verklagt
ihn' (הַגִּידוּ וְנַגִּידֶנּוּ) ruft Paschhur, den נָגִיד פָּקִיד, in Erinnerung.[120]
Schließlich gibt 20,6b das Thema vor, das der Beter von 20,7 aufgreifen
und als Vorwurf an Gott zurückgeben kann: Er habe ihn ‚getäuscht'
(פתה) und so selbst zu einem Falschpropheten werden lassen.[121]

Auf der anderen Seite jedoch ist nach der Analyse ihres Kontextes
offensichtlich, daß die Konfession ältere Zusammenhänge unterbricht.
Sie trennt 20,1–6, die Paschhurepisode, von ihrer natürlichen Fortsetzung in 21,1 und den folgenden Kapiteln, auf die diese vorverweist.
Erst durch 20,7–18 entsteht der Eindruck einer größeren Zäsur, welche
die Kapitel 19 und 20 von einem kompletten Neueinsatz in Kapitel 21
abgrenzt. Darüber hinaus reißt der Konfessionenblock, indem er wie
ein Keil zwischen Paschhur I und Paschhur II getrieben wird, die Deutung der beiden Hälften des symbolischen Namens von 20,3 endgültig
auseinander. Diese war, ursprünglich im Anschluß von 21,13.14b an
20,6 bestehend,[122] bereits unter den verschiedenen Erweiterungen von
Kapitel 21 undeutlich geworden – nun ist sie praktisch nicht mehr
erkennbar. Die Septuaginta trägt dem durch die Angleichung von 20,3
an 20,4 schließlich Rechnung.

---

119 Vgl. THIEL, Redaktion I, 219.
120 Smith möchte überdies noch eine Verbindung zwischen 20,9 (וְלֹא אוּכָל) und 19,11
      (לֹא־יוּכַל) sehen (vgl. M. SMITH, Laments, 58). Doch auch abgesehen von der
      vergleichsweise großen Distanz über 13 Verse vermag Smith nicht zu erläutern,
      worin die Anknüpfung inhaltlich bestehen solle. Hier etwas Gewolltes zu sehen,
      wirkt gewollt, ebenso wie die Annahme von immerhin „less forceful connections"
      (ebd.) über Allerweltswörter wie שֵׁם (20,3.9) und ראה (20,4.12) (vgl. ebd.).
121 Zu dieser Interpretation von פתה vgl. die Diskussion oben S. 216–219.
122 Vgl. S. 237.

Es sind darum letzten Endes die gleichen Argumente wie in den vorangehenden Kapiteln, die zu dem Schluß führen, 20,7–18 als jüngstes Element im Rahmen des Kapitelzusammenhangs 20–21 anzusehen.[123] Die letzte Klage des Propheten wird an der Stelle situiert, an der die Leidensgeschichte ihres Protagonisten beginnt. Virtuelle Innen- und Außensicht des Leidenden Propheten greifen so ineinander, beide dienen von nun an einander wechselseitig als Referenzrahmen. Der Leser von Jer 1–20* wird in dem Jeremia der Erzählungen, die mit 20,1–6* beginnen, das klagende Ich der Konfessionen wiederfinden, während umgekehrt der verfolgte Prophet der Legenden nun, durch die Artikulation in den Klagegebeten, zur Personifikation des Grundsatzproblemes von Leiden im Angesicht der Erwählung gerät.

6.3 Die Konfession 20

Die Konfession 20 steht somit an einer Nahtstelle: Sie schließt den Zyklus der Klagen ab und führt, über ihren Kontext, in die *passio* des Propheten ein. Diese Position verleiht ihr besonderes Gewicht: Zu welchem Ende Jeremia mit seinen Klagen vor Gott kommt, beeinflußt maßgeblich die Deutung und Bewertung der vorangehenden Schwestertexte. So ist, angesichts der differenzierten Redaktionsgeschichte der Konfessionen, eher davon auszugehen, gerade hier verschiedene Hände am Werk zu finden, als einen einheitlichen Text anzutreffen. In der Tat wird bereits beim ersten Lesen des Textes spürbar, daß es wohl mehrere Stimmen sind, die hier darum ringen, das letzte Wort zu behalten.

Am markantesten wird dies wohl am Übergang zwischen V. 13 und V. 14 deutlich. Wurde eben noch die Gemeinde zum Lob des rettenden Gottes aufgerufen, will der Beter nun den Tag seiner Geburt verflucht und seine ganze Existenz *ab utero* genichtet wissen.

Es ist eindeutig: Auch wenn hier wie dort eine erste Person Singular spricht, die ganz offensichtlich in beiden Fällen die gleiche ist[124] –

---

123 Gegen O'Connor, die, von der Jeremianizität der Konfessionen ausgehend, umgekehrt meint, 20,1–6 „may be explained as a prose expansion or midrash upon מגור מסביב of the confession" (O'CONNOR, Confessions, 111).

124 Gegen Pohlmann, der die These vertritt, in 20,14–18 kämen die dem Untergang geweihten Gegner zu Wort, denen angesichts ihrer sich ereignenden gerechten Strafe nichts anderes übrigbleibe, als sich selbst zu verwünschen (vgl. POHLMANN, Ferne, 33, n. 13; DERS., Ende, 310; DERS., Identifikationsfigur, 157, n. 10). Anders als bei den Hauptbelegen für seine Argumentation, Sap 5,3–14 und PsSal 3,9–12 gibt es jedoch in Jer 20 keinerlei Hinweis auf einen Sprecherwechsel. Vgl. die Kritik

der Abschnitt 20,14–18 ist eine Klasse für sich. Kein Stichwort und keine thematische Verwandtschaft verbinden ihn mit dem unmittelbaren Kontext der Kapitel 20–21, und ebenso teilt er mit den Versen 7–13 weder das Vokabular noch die Rederichtung.[125] Hier wird JHWH klagend angesprochen, dort gibt es keinen direkten Adressaten: Der Fluch ergeht über ‚Tag‘ und ‚Mann‘, vor den Augen und Ohren der Leser – und letztlich doch Gottes. Gemein ist beiden Stücken lediglich das Thema der ‚Schande‘ (vgl. 20,8.11.18) sowie ein Referenzpunkt, auf den sie sich freilich in gänzlich unterschiedlicher Weise beziehen: Die Berufung zum Propheten nach Kapitel 1. Während aber die Verse 7–13 hierin zwar eine ‚Täuschung‘ (V. 7) durch JHWH sehen und ihren heteronomen Charakter gegen den Willen des Beters betonen, so möchte doch zuletzt V. 13 die an sie gekoppelte Beistandszusage als erfüllt betrachtet wissen.

Nicht so V. 14–18. Ihr Sprecher wünscht sich den eigenen Tod ‚von Mutterleib an‘ (מֵרֶחֶם, V. 17) – der die einzige Möglichkeit gewesen wäre, der Berufung durch JHWH zu entgehen.[126] Ähnlich verhält es sich mit der thematischen Brücke: 20,14–18 übernimmt und spitzt zu. So beklagt zwar 20,8, daß der Beter ‚den ganzen Tag‘ (כָּל־הַיּוֹם) ‚Schande‘ (חֶרְפָּה) trage, doch V. 11 weiß bereits vom ewigen (עוֹלָם) Zuschandenwerden (בּוּשׁ) der Feinde – ein Trost, der in V. 18 nicht mehr gilt, sieht sich doch der Sprecher hier seine ‚Tage in Schande zu Ende bringen‘ (וַיִּכְלוּ בְּבֹשֶׁת יָמָי). Das Elend währt also nicht nur bis ans Ende eines jeden Tages wie in V. 8, sondern bis ans Ende aller Tage – in der Tat eine trostlose Aussicht.

So ist der Abschnitt 20,14–18 zwar eine ganz eigene Größe, gleichwohl jedoch kein erratischer Monolith. Er will und kann nur im Zusammenhang des Jeremiabuches und der Konfessionen gedeutet werden, dies bezeugen seine Stellung und seine Redehaltung in der 1.

Dubbinks, der noch drei weitere „weighty objections" (DUBBINK, Hero, 78) gegen Pohlmanns These vorbringt.

125 Magonet entwirft freilich ein System „[of] two similar sections, both concentric, containing between them the different verses 12 and 13" (MAGONET, Last Confession, 314). Ihr Zusammenhang bestehe darin, daß V. 7–11 und 14–18 „are actually inverted images of each other" (ebd., 314 f.). Dies gilt aber nur dann, wenn man seiner Auslegung folgt, „[that i]n 7–11, Jeremiah is the ravished woman who must give birth to an unwanted child" (ebd., 315). Zur Kritik an dieser Fortführung der sexualisierenden Deutung von פתה vgl., S. 217. Wagner, der jüngst wieder, ohne zu argumentieren, vom autobiographischen Charakter von 20,7–18 überzeugt ist, sieht das Verbindende darin, daß sowohl V. 7–13 als auch V. 14–18 „zumindest implizit eine vorwurfsvolle Haltung des Propheten Gott gegenüber" (S. WAGNER, Überlegungen, 410) ausdrückten. Das ist ein schwaches Argument.

126 Vgl. 1,5: „Und bevor du herauskamst aus dem Mutterleib, habe ich dich ausgesondert als Prophet" (וּבְטֶרֶם תֵּצֵא מֵרֶחֶם הִקְדַּשְׁתִּיךָ נָבִיא).

Person Singular. Ehe dieser Fluch darum intensiver in den Blick genommen werden soll, empfiehlt es sich, das Augenmerk auf den ersten Teil, 20,7–13 zu richten.

Hier bewegt man sich auf vertrauterem Terrain. JHWH wird in V. 7 angerufen, der Beter schildert ihm seine Not in den Versen 7–10, bekennt sein Vertrauen in V. 11 f.[127] und schließt mit einer Aufforderung zum Lob in V. 13. Das erinnert alles wieder ein wenig an eine „Klage des Einzelnen", doch ist, wie bei den anderen Konfessionen auch, erneut Vorsicht geboten. Keineswegs kann davon gesprochen werden, der Text weise „alle typischen Elemente der Gattung"[128] auf. Eine Durchsicht der eben aufgezählten Gliederungspunkte zeigt es: Der Kern eines jeden Klagepsalms fehlt: die Bitte.[129]

Auch V. 13 sperrt sich gegen eine gattungsspezifische Einordnung. Es ist etwas anderes, ob man ein Lobgelübde vor sich hat wie etwa in Ps 13,6b (אָשִׁירָה)[130] oder, wie hier, die Aufforderung dazu an eine Pluralgruppe (שִׁירוּ).[131] O'Connor bemerkt darum zurecht, „[that] the vow of praise has been replaced by a command to praise"[132] und führt, unter Berufung auf Westermann, Parallelen hierfür aus dem Psalter an. Neben dem nicht existenten Vers Ps 27,15[133] nennt sie Ps 31,24 und Ps 22,24, und diese Belegstellen sind nun allerdings aufschlußreich. So wird man Ps 31 nicht unbedingt als gattungsreine Klage eines Einzel

---

127 Fishbane sieht hier „the transformation of Jeremiah's religious consciousness" (FISHBANE, Wretched Thing, 180) artikuliert. Damit bewegt er sich, jede Art formkritischer Überlegungen beiseite lassend, letztlich in den psychologisierenden Denkstrukturen des späten 19. Jahrhunderts. (Vgl. auch die Kritik hieran von HARTMAN, Jer 20:7–12, 189 f.).

128 WERNER, Jeremia 1–25, 185.

129 Dies bemerkt auch Werner. Er tituliert deshalb V. 12 (offensichtlich durch einen Druckfehler verderbt) als „Anrufung, die der Erhörung dienen wollen [sic!]" (ebd., 185 f.). Aber abgesehen davon, daß jede Anrufung gehört werden möchte, wird in V. 12 an niemanden direkt appelliert – ebensowenig wie in 11,20. Dafür würde man einen Imperativ erwarten und nicht, wie hier, einen Partizipialsatz (gegen O'Connor, für die V. 12 eine „Petition" [O'CONNOR, Confessions, 66] ist, sowie CLINES/GUNN, Form, 398; HUBMANN, Anders als er wollte, 181).

130 Vgl. auch u.a. Ps 27,6; 57,8–10. Gegen STAMM, Bekenntnisse, 373, der beides gleichsetzt.

131 Baumgartners Deutung von 20,13 trägt dem implizit Rechnung: „Und nun stimmt er auch schon das *Danklied* für seine Rettung an (v.13), wie es oft in den Psalmen der Fall ist" (BAUMGARTNER, Klagegedichte, 51, Hervorhebung H. B.).

132 O'CONNOR, Confessions, 67. Daß sie von ‚ersetzen' spricht, ist jedoch nicht sehr hilfreich. Das Wort insinuiert, Jer 20,7–13 sei nach einem vorliegenden Formular erstellt worden.

133 Vgl. ebd. Falls O'Connor 27,14 meinen sollte, so wäre anzumerken, daß „Hoffe auf JHWH" (קַוֵּה אֶל־יְהוָה) zwar eindeutig eine Aufforderung ist, sicherlich aber keine zum Lob. Auch Westermann vermerkt das Fehlen des Lobgelübdes in Ps 27 (vgl. WESTERMANN, Lob und Klage, 49).

nen bezeichnen können. Er besteht aus vielerlei Stücken, und die relevanten Verse 22–24 tragen alle Züge eines eigenen kleinen Dankpsalmes: Ankündigung des Dankes (V. 22), Rettungserzählung (V. 23), Aufforderung an die Gemeinde (V. 24).[134] Ähnlich sieht es in Ps 22 aus. Hier hat man wunderschöne, formreine Lobgelübde eines Einzelnen in V. 23 und 26 *vor* der ‚großen Gemeinde' (בְּתוֹךְ קָהָל, V. 23 bzw. בְּקָהָל רָב, V. 26), in V. 24 jedoch die Aufforderung *an* ganz Israel zum Lobpreis, an die sich wieder, in V. 25, eine Jer 11,13 nicht unähnliche Begründung anschließt: JHWH hat nicht verachtet das ‚Elend des Elenden' (עֱנוּת עָנִי) – der in V. 27 erneut auftritt. Ein Element eines Dankliedes ist offensichtlich mit der Klage verwoben und diese selbst dadurch kollektiviert worden.[135]

Für Jer 20 lassen sich daraus mehrere Schlüsse ziehen. Zum einen kann man, so gewiß niemand bestreiten wird, daß der Beter von Jer 20,7–13 vor Gott klagt, das Stück sicherlich nicht als formreinen Klagepsalm bezeichnen, und noch weniger daraus seine literarische Einheitlichkeit ableiten.[136]

Zum anderen weisen O'Connors Belege, insbesondere Ps 22,24, bereits die Richtung für die Exegese von Jer 20,13. Wie dort, so ist auch hier der Dank der Gemeinde als Ergänzung aufzufassen. Jeremia ist hier nicht primär der Leidende Prophet, sondern der Repräsentant der ‚Armen' (אֶבְיוֹנִים) – eben so, wie der Psalmbeter zum Vertreter der ‚Elenden' (עֲנָוִים) wird.[137] Der Konfessionenjeremia erfährt einmal mehr eine Kollektivierung – seine Klage und sein Schicksal verkörpern Elend und erwartete Rettung der Gruppe, für die er nun steht: das ‚wahre Israel' der Armen. Auch wenn sich hier nicht, wie an anderer Stelle,[138]

134 Vgl. KRAUS, Psalmen 1–59, 247 f. 251; SEYBOLD, Psalmen, 132.
135 Vgl. zu Ps 22 Marttila, der den „basic psalm" (MARTTILA, Collective Reinterpretation, 103) in V. 2–3.7–23 erkennt. Die Nahtstelle zu einer ersten Ergänzung verläuft also zwischen Lobgelübde und Dank. Zu V. 24–27 meint er: „The whole view becomes collective in vss 24–27, including the offspring of Jacob and Israel (v. 24). With this addition the redactor wanted to give a collective perspective to the whole preceding individual prayer" (ebd.). Spieckermann scheidet ähnlich (er trennt V. 24–29 vom Psalmende V. 23) und resümiert: „Aus dem individuellen Lobgelübde V. 23 ist die Lobaufforderung an die Volksgemeinschaft Jakob/Israel geworden, welche aus den ‚Jahwefürchtigen' besteht (V. 24), die sich im folgenden unter der ‚corporate personality' des geretteten Elenden (עני V. 25) begreifen" (SPIECKERMANN, Heilsgegenwart, 244).
136 Diese möchte auch Snyman nachweisen, indem er, auf dem formkritischen (Fehl-)Befund aufbauend, für 20,7–13 einen wohldurchdachten Aufbau veranschlagt. Sein „chiastic pattern, consisting of five parts (vv 7–9, 10, 11, 12, 13)" (SNYMAN, Disunity, 589) vermag jedoch durchweg nicht zu überzeugen.
137 Beide Bezeichnungen liegen im Psalter einander sehr nahe (vgl. BOTTERWECK, אֶבְיוֹן, 39; LEVIN, Gebetbuch, 308 f.; DERS., The Poor, 333).
138 Vgl. 17,12 f.; 14,8–9.19–22.

explizit eine Pluralgruppe als Sprecherin einschaltet, so ist, wie auch
bei den Singulareinschüben 12,4bα; 15,11–14.16b,[139] die Wirkung doch
die gleiche: Jeremia wird zur Stimme des leidenden Volkes.[140] Das
happy end von 20,13 ist demnach der zweiten, kollektiv-repräsentativen
Konfessionenfortschreibungsschicht zuzuschreiben. Seine Verfasser
nehmen die Beistandszusage auf, die in 15,21 von den kollektiv-
exemplarisch lesenden Redaktoren in Wiederaufnahme von 15,20 ergänzt worden war,[141] applizieren sie auf den אֶבְיוֹן und betrachten sie –
antizipatorisch – als erfüllt.[142] Sein Gegenstück findet der Vers dabei in
31,7, der Aufforderung zum Jubeln (הַלְלוּ, vgl. 20,13), da JHWH den
‚Rest Israels' (שְׁאֵרִית יִשְׂרָאֵל) gerettet habe (יֹשֹׁע, vgl. 15,20).

Der Vorausgriff auf die zu erwartende Rettung prägt indes auch
den verbleibenden Schluß, die Verse 11 f., die eine zweifache Inklusion
erzeugen. 20,11 stellt die für die ‚Verfolger' zu erwartende ‚ewige
Schande' (כְּלִמַּת עוֹלָם) als ausgleichenden Gegensatz zum *hic et nunc*
vom Beter erfahrenen ‚Schimpf und Hohn den ganzen Tag' (vgl. לְחֶרְפָּה
וּלְקֶלֶס כָּל־הַיּוֹם) von V. 8b entgegen,[143] V. 12 schlägt den Bogen noch
weiter. Er greift 11,20 erneut auf und gibt dem ganzen Konfessionenzyklus damit einen Rahmen, der die Gerechtigkeit Gottes und sein zu
erwartendes finales Einschreiten zugunsten des Supplikanten hervorhebt. Dieser selbst erfährt durch die Übernahme jedoch eine bereits
beobachtete, nicht unwesentliche Modifikation:[144] Er tritt in 20,12 aus
seiner Prophetenrolle heraus und wird zum ‚Gerechten' (צַדִּיק). Auch
als ein solcher ist der Konfessionenjeremia bereits kein Unbekannter
mehr. Er begegnete mit seiner Klage über das ungerechte Glück der
Frevler bereits in 12,1–3.4bβ.5 f.; 15,10.21; 17,5–8; 18,20a – kurz, in den

---

139 Vgl. dazu S. 46–49, sowie S. 116–123.
140 Diese Rolle hat der Prophet im Laufe der Rezeptionsgeschichte behalten. Ein
     Zeugnis davon gibt die Auslegung von Jer 20,7 in Pesikta Rabbati 21,16 (bei ULMER,
     PesRab, 21,38). Die Anklage, JHWH habe den Sprecher getäuscht oder betört, wird
     hier in den Mund Israels gelegt und auf die Gabe der Tora am Sinai bezogen: „The
     congregation of Israel said to the Holy One, blessed be He: Master of the universe,
     Thou didst entice me before Thou gavest the Torah to me, and so I set the yoke of
     commandments upon my neck and I was punished because of my violation of them.
     Had I not accepted the Torah I would have been like one of the nations, getting
     neither reward nor punishment" (BRAUDE, Pesikta Rabbati, 439, sowie dazu TOMES,
     Reception, 237). Im folgenden wird dieser Vorwurf der Täuschung einzeln mit allen
     zehn Geboten des Dekalogs begründet (vgl. BRAUDE, Pesikta Rabbati, 439–441;
     ULMER, PesRab, 482–485).
141 Vgl. S. 123 f.
142 Vgl. bereits Duhm, der feststellt: „Jeremia ist eigentlich niemals aus Verfolgung und
     unwürdiger Behandlung herausgekommen [...]. Der ‚Arme' ist der Dulder der
     Psal-men" (DUHM, Jeremia, 166).
143 Vgl. MARX, Doublets, 107, n. 4; HUBMANN, Anders als er wollte, 183.
144 Vgl. S. 223.

Ergänzungen zu den Konfessionen, die ihrer ersten, kollektiv-exemplarischen Redaktion zugewiesen werden konnten.[145] Der parallele Aufbau der Verse 20,11 und 20,12 mit ihrem gleichlautenden Beginn וַיהוָה ergänzt die formale Auffälligkeit zum inhaltlichen Befund und liefert ein weiteres Indiz für den sekundären Charakter einer der beiden Vertrauensaussagen.[146]

V. 11 liegt dabei ganz auf der Ebene der Konfessionengrundschicht: Er hat das ‚Straucheln' (כשל, vgl. 18,23) der ‚Verfolger' (רֹדְפִים, vgl. 15,15; 17,18) vor Augen, die, anders als sie es selbst in V. 10 anvisiert hatten (וְנוּכְלָה לוֹ), *nicht* obsiegen werden (וְלֹא יָכָלוּ), sondern stattdessen ‚zuschanden werden' (בּוֹשׁ, vgl. 17,18). Wenn man so will, kann man darüber hinaus eine antithetisch-ironische Brücke zur ersten Konfession in Kapitel 11 erkennen. Dort war es in 11,19 das Ziel der Gegner, daß ihres Opfers nicht mehr gedacht werde (לֹא־יִזָּכֵר עוֹד) – nun aber wird ihre eigene Schande auf ewig *nicht* vergessen werden (עוֹלָם לֹא תִשָּׁכֵחַ).[147]

Mit seinem Interesse an des Beters eigener Gerechtigkeit entpuppt sich V. 12 demgegenüber als Ergänzung[148] durch die kollektiv-exemplarisch deutende Redaktion.

Die Konfession 20 besitzt demnach, abgesehen von V. 14–18, insgesamt drei verschiedene Schlüsse, deren diachrones Verhältnis zueinander ihrer Reihenfolge entspricht. V. 11 ist der relativ älteste, V. 12 deutet kollektiv-exemplarisch, und V. 13 kollektiv-repräsentativ.

Solcherart von hinten auf- oder eher abgezäumt, stellt sich beim Blick auf den Abschnitt die Frage, ob womöglich innerhalb von 20,7–11 noch weitere Bearbeitungsspuren zu finden seien. Die Frage zu stellen heißt in diesem Fall, sie zu bejahen. Irritiert den literarkritisch geschulten Leser die anaphorische Parallele der Verse 11 und 12, so wird er auch in V. 8 stutzen. Daß der Beter laut V. 7 von aller Welt verlacht werde, erfährt hier eine zweifache, jeweils mit כִּי eingeleitete, Begründung. Einmal, in V. 8a, wird dafür der Zwang genannt, unaufhörlich

---

145 Vgl. S. 55 f.134.178.213 f.

146 Bereits Hubmann hält es für „denkbar" (HUBMANN, Anders als er wollte, 182), das ursprüngliche Ende in 20,11 zu sehen. Er stellt jedoch V. 12 und V. 13 auf eine Ebene und sieht das Ziel ihrer Anfügung in einer „Verstärkung des Resümeecharakters" (ebd., 187). Damit ist ihre Intention jedoch ungenügend erfaßt. Sie bewirken nicht weniger als eine massive Uminterpretation des Jeremiabildes der Konfessionen.

147 Vgl. HERMISSON, Rechtsstreit, 28.

148 Auch dies sieht bereits Duhm, der V. 12 als „von einem Leser als Citat hinzugefügt" (DUHM, Jeremia, 166) einstuft. Anders u.a. Fishbane, der 20,7–12 als homogenes, autobiographisches Stück nimmt, dem er eine chiastische „ring structure" (FISHBANE, Wretched Thing, 171) zuweist. Die inhaltlichen Differenzen zwischen V. 11 und 12 entgehen dabei seiner Beobachtung.

schreien zu müssen, ein andermal, in V. 8b, der Umstand betont, daß das Wort JHWHs dem Beter zur Schande gereicht habe. Dieses Gegenstück zu 15,16[149] läßt sich mit dem Vorangehenden zwar hervorragend harmonisieren, wenn man in ‚Frevel und Gewalt!' die Gottesbotschaft sieht, um deretwillen der Prophet verfolgt wird,[150] die Irritation des zweifachen כִּי bleibt jedoch bestehen.

V. 8b ist als Erklärung und Weiterführung von V. 7 nicht schwer zu verstehen. ‚Den ganzen Tag' (כָּל־הַיּוֹם), ‚zum Gespött' (לִשְׂחוֹק) geworden zu sein, rührt von der Beschäftigung mit dem ‚Wort JHWHs' her, welches dem Klagenden nichts anderes als ‚Schande und Hohn' (vgl. לְחֶרְפָּה וּלְקֶלֶס) eingebracht hat – und zwar ebenfalls כָּל־הַיּוֹם.

Die erste Vershälfte macht die Dinge dagegen komplizierter. Wieso und worüber muß Jeremia ‚Frevel und Gewalt!' (חָמָס וָשֹׁד) ausrufen? Beklagt er damit, daß ihm selbst Unrecht geschehe, sei es von Seiten seiner Feinde,[151] sei es von Seiten JHWHs[152] – oder von beiden?[153] Geht es stattdessen um das Volk? Dann könnte sich hier des Propheten Entsetzen über die Auswirkungen des göttlichen Strafhandelns artikulieren,[154] die Gerichtsbotschaft selbst[155] – oder aber seine Erschütterung

---

149 Vgl. 15,16 „und es ward mir dein Wort zur Freude und zum Entzücken meines Herzens" (וַיְהִי דְבָרְךָ לִי לְשָׂשׂוֹן וּלְשִׂמְחַת לְבָבִי) mit 20,8b „das Wort JHWHs ist mir geworden zur Schande und zum Hohn den ganzen Tag" (הָיָה דְבַר־יְהוָה לִי לְחֶרְפָּה וּלְקֶלֶס כָּל־הַיּוֹם); vgl. S. 129 f.
Eine zweite, fast wörtliche Parallele findet sich in Jer 6,10b. Hier klagt der Sprecher: „Siehe, das Wort JHWHs ist *ihnen* zur Schande geworden. Sie haben keinen Gefallen an ihm." (הִנֵּה דְבַר־יְהוָה הָיָה לָהֶם לְחֶרְפָּה לֹא יַחְפְּצוּ־בוֹ). Die Worte sind nahezu die gleichen wie Jer 20,8 – der Sinn ist ein gänzlich anderer. In Jer 20 erfährt der Prophet Schande um des Wortes JHWHs willen, in Jer 6 ist es, so erklärt V. 6bβ, für seine Hörer etwas Schändliches. Es fällt ferner auf, daß der Ausruf des Propheten (oder, mit 6,9 gelesen, Gottes selbst) von 6,10aα, warum er überhaupt reden solle, wieder zweifach, und jeweils mit הִנֵּה eingeleitet, begründet wird: Laut V. 10aβ *können* die Adressaten seine Botschaft gar nicht aufnehmen (וְלֹא יוּכְלוּ), nach V. 10b *wollen* sie es dagegen nicht (לֹא יַחְפְּצוּ־בוֹ). Das legt es nahe, in V. 10b einen Eintrag aus 20,8 zu sehen – die Nähe von 6,11 zu 20,9 mag dazu angeregt haben (vgl. WANKE, Jeremia 1, 80). Die Angesprochenen werden so zum Gegenbild des Propheten von 15,16 und 20,8 – aber wohl bereits in der Gestalt des frommen Gerechten *à la* Ps 19; 119, für den das ‚Wort JHWHs' nicht mehr nur prophetische Offenbarung, sondern bereits schriftlich fixierte Norm, Regel und Richtschnur ist, und der an JHWHs מִצְוֹת Gefallen hat (vgl. כִּי־בוֹ חָפָצְתִּי, Ps 119,35).

150 So meint etwa O'Connor: „Thus, חמס ושד and מגור מסביב also function as synonyms for Jeremiah's message" (O'CONNOR, Confessions, 73).

151 Vgl. RUDOLPH, Jeremia, 130.

152 Vgl. HOLLADAY, Jeremia 1–25, 554; CARROLL, Jeremiah, 399.

153 Vgl. SWART, Violence and Oppression, 199.

154 Vgl. BAK, Klagender Gott, 193.

155 Vgl. O'CONNOR, Confessions, 73; NICHOLSON, Jeremiah 1–25, 169.

über deren Ursachen,[156] Mißstände gleich welcher Art, zu Worte kommen. Oder aber fungiert Jeremia, der letztgenannten Möglichkeit nahekommend, als Sprachrohr des Schmerzes Gottes?[157] Es gibt keine Interpretation der zwei Worte innerhalb des Beziehungsdreiecks Jeremia – JHWH – Volk, die nicht vertreten worden wäre, und nicht zuletzt deshalb ist die inklusive Lösung, alle Varianten gäben Zeugnis von der zu respektierenden „ambiguity of the text"[158] so außerordentlich attraktiv. Dennoch, bei aller zu konzedierenden Offenheit des Textes, lohnt es sich, nicht übereilt alle Nuancen ineinanderzublenden, sondern dem Jeremiabild nachzuspüren, das sich im Schrei von 20,8a artikuliert.

Hierbei ist zunächst zu bemerken, daß ‚schreien' (זעק) in der Regel nicht die Art und Weise ist, in der Propheten ihre Botschaften vortragen, „rather, it is virtually a technical term for a cry of appeal made by an innocent sufferer against unjust oppressors",[159] und als solcher durchaus auch Bestandteil der Gebetssprache.[160] Diese Beobachtung macht O'Connors Gleichsetzung von ‚Frevel und Gewalt!' mit der jeremianischen Gerichtsbotschaft[161] in hohem Maße unwahrscheinlich. Zieht man nun noch die Konkordanz zu Rate, so ergibt sich für die Verwendung des klagenden Ausrufes חָמָס וָשֹׁד folgendes Bild: Jes 60,18 stellt die Aufhebung des durch den Doppelbegriff gekennzeichneten Zustandes in Aussicht und läßt ihn von ‚Rettung' (יְשׁוּעָה) und ‚Lobpreis' (תְהִלָּה) abgelöst werden. Das hilft wenig weiter. Aufschlußreicher ist indes der Gegensatz, den Ez 45,9 und Am 3,10 zeichnen. ‚Frevel und Gewalt' sind hier die herrschende Wirklichkeit, der das Ideal von ‚Recht und Gerechtigkeit' (וּמִשְׁפָּט וּצְדָקָה, Ez 45,9) bzw. ‚Tun des Rechten' (עֲשׂוֹת־נְכֹחָה, Am 3,10) entgegengehalten wird. Jer 6,7; Hab 2,17 und schließlich der bereits bekannte Beleg Hab 1,3[162] weisen in die gleiche Richtung. Bei diesen Stellen ist die Ursache des Ausrufes ‚ihre (sc. Jerusalems) Bosheit' (רָעָתָה, Jer 6,7), seine Elemente werden parallelisiert mit ‚Blutschuld' (דָמִים, Hab 2,17) sowie ‚Hader und Streit' (רִיב וּמָדוֹן, Hab 1,3).[163] Es wird deutlich: Der Ruf ‚Frevel und Gewalt' ergeht ange-

---

156 Vgl. CARROLL, Confessions, 126.
157 Vgl. VAN SELMS, Jeremia, 237.
158 SNYMAN, Divine and Human Violence, 109.
159 CLINES/GUNN, „You Tried to Persuade me", 24. So auch Marrow: „exigit sensum ‚edere clamorem horroris, anxietatis, terroris, infelicitatis'" (MARROW, Ḥāmās, 249).
160 Vgl. HASEL, זָעַק, 637.
161 Vgl. O'CONNOR, Confessions, 73.
162 Vgl. S. 125 f.
163 Vgl. für ähnliche Äquivalente auch Jes 59,6 f.

sichts der allüberall herrschenden Ungerechtigkeit in der Welt.[164] Hab 1,4 konkretisiert diese Problematik seines Vorgängerverses in juristischer Terminologie: Der Frevler umstellt den Gerechten, das Recht wird gebeugt.[165] Der Verweis auf Hab 1 erhellt somit, wer derjenige ist, der hier in Jer 20,8a seine Stimme erhebt.[166] Es ist der ‚Mann des Streits und Mann des Haders' (אִישׁ רִיב וְאִישׁ מָדוֹן) von Jer 15,10 – der Leidende Gerechte Jeremia der kollektiv-exemplarischen Konfessionenredaktion. Ihr ist demnach nicht nur V. 12, sondern auch V. 8a zuzuschreiben.

Die Grundschicht der Konfession 20 findet sich demnach in 20,7.8b.9–11. Weiteren Unterteilungen, etwa einer Differenzierung von V. 7–9 und V. 10 f.,[167] widerrät die strukturierende Verwendung der Wurzel יכל (20,7.9.10.11) und die Rahmung der Notschilderung mit פתה in V. 7 und 10 entschieden. Gerade durch letztere wird das Doppelproblem des Leidenden Propheten Jeremia herausgestellt: JHWH erfüllt seinen Teil des Vertrages mit dem wider Willen berufenen Diener nicht;[168] er ‚täuscht' ihn, macht ihn zu einem Falschpropheten und gibt ihn dadurch der Willkür seiner Feinde preis. Er selbst ist für den Verfolgten zum Feind geworden. ‚Grauen ringsum' (מָגוֹר מִסָּבִיב), seine eigene Gerichtsbotschaft *in nuce*, kehrt sich nun gegen diesen.[169] Dieser Viertelvers 10aα findet sich nun identisch in Ps 31,14, und für die ältere Forschung war damit der Befund eindeutig: „Tota phrasis petita est ex Ps. XXXI,14".[170] Galt später Ps 31 nicht mehr zwangsläufig als

---

164 Diamond sieht daher in dem Ausruf zurecht „the social victimization of the innocent" (DIAMOND, Confessions, 111) ausgedrückt.

165 Vgl. Hab 1,4: כִּי רָשָׁע מַכְתִּיר אֶת־הַצַּדִּיק עַל־כֵּן יֵצֵא מִשְׁפָּט מְעֻקָּל.

166 Clines und Gunn sehen dies anders: „The situation in Hab. i 3 is different" (CLINES/ GUNN, „You Tried to Persuade me", 25, n. 17), sie erklären jedoch nicht inwiefern.

167 Vgl. BAUMGARTNER, Klagegedichte, 48 f. 63 f. Er unterscheidet 20,10–13 von 20,7–9 aufgrund von „Jeremias Gemütsverfassung [...]: dort Verzweiflung, hier trotziger Kampfesmut" (ebd., 49). Vgl. ebenso McKANE, Jeremiah I, 468 f. Er sieht in der Verwendung von פתה und יכל keine strukturelle Klammer, sondern lediglich einen Stichwortzusammenhang, da insbesondere die erstgenannte Wurzel hier wie dort in einem anderen Sinne gebraucht werde. Dieses Argument hängt aber ausschließlich an der sexualisierenden Lesart von 20,7. Eine Variation bietet Vermeylen: Er trennt 20,7–9.14–18 von 20,10–13 (vgl. VERMEYLEN, Essai, 268). Weder vermag er jedoch eine Verbindung von V. 9 zu V. 14 zu zeigen, noch den Bruch der Inklusion von V. 7 zu V. 10 zu erklären.

168 Janzen bringt dies auf die griffige Formel: „[H]is [sc. Jeremiah's] dilemma lies in the tension between ‚I am with you' and ‚I send you'" (JANZEN, Jeremiah 20:7–18, 181).

169 Dabei ist es unerheblich, ob man diese Worte in 20,10 als Zitat der Gegner betrachtet oder, mit LXX, wie in vorliegender Arbeit noch im Munde Jeremias ansiedelt. Fishbane sieht in dieser intertextuellen Verbindung zwischen 20,10 und 6,25 „the irony of Jeremiah's prayer in relation to his oracles" (FISHBANE, Wretched Thing, 177). Ob ‚Ironie' den Ton von 20,10 trifft, erscheint fraglich – sie wäre wohl zumindest eine bittere zu nennen.

170 MICHAELIS, Observationes, 171; vgl. auch BAUMGARTNER, Klagegedichte, 48.

von David verfaßt, die Konfessionen aber nach wie vor als sicher
jeremianisch, lag es dagegen nahe, den Spieß umzudrehen: „Das zweite
Distichon findet sich Ps 31,4 [sic!] als Randcitat wieder".[171] Bricht jedoch
die ehemals als sicher erachtete Datierung der Konfession 20 ins frühe
6. Jahrhundert mit ihrer Bestimmung als Einschreibungstext weg, stellt
sich auch die Frage der Abhängigkeit von neuem. Tatsächlich weisen
beide Stellen auf den ersten Blick keine syntaktischen oder semantischen Brüche auf, die sofort darauf schließen ließen, man habe es hier
oder dort mit einer nachträglichen Interpolation zu tun. Die feste Verankerung der Formel im Jeremiabuch[172] legt es jedoch nahe, hier ihren
Ursprung und in 20,10 tatsächlich die gebende Stelle für Ps 31,14 zu
sehen. Sich dagegen vorzustellen, die Verfasser beider Bereiche schöpf-
ten unabhängig voneinander aus dem Becken derselben „familiar for-
mulaic language",[173] ist angesichts dieses Befundes eher unplausibel.

Sollte Ps 31,10–19 daher tatsächlich den „Grundpsalm"[174] darstellen, wird man ihn kaum in die „spätvorexilische oder frühexilische
Zeit"[175] datieren können, sondern mit seiner Gegenüberstellung von
‚Gerechtem' (צַדִּיק, V. 19) und ‚Frevlern' (רְשָׁעִים, V. 18) als Rezeption der
Konfessionen einige hundert Jahre später ansetzen müssen. Auch er
sieht im Jeremia der fünften Konfession offensichtlich bereits den Leidenden Gerechten.

JHWH, so wurde festgestellt, ist in der Grundschicht Jer 20,7.8b.9–
11 Teil des Problems. Er ist aber auch, und darin liegt die paradoxe Ironie des Stückes, der einzige, der es lösen kann. Das seinem Charakter
nach durchaus appellative Vertrauensbekenntis kleidet diese Ambivalenz Gottes in das Epitheton ‚gewaltiger Held' (גִּבּוֹר עָרִיץ). Ein עָרִיץ
ist *per se* alles andere als positiv konnotiert. Er ist Jes 49,24.[176]25 der
Gegenspieler JHWHs und als ‚Tyrann' im Psalter eines der Antonyme
des ‚Gerechten'.[177] Der Zusammenhang ist der gleiche wie in den anderen Konfessionen. Erst das Ende der Zurückhaltung Gottes gegenüber

---

171 DUHM, Jeremia, 165. Vgl. auch GRAUPNER, Auftrag, 33, n. 27; HOSSFELD/ZENGER,
     Psalmen I, 192.

172 Außer Ps 31,14 begegnet sie *nur* dort, nämlich Jer 6,25; 20,3; 46,5; 49,29. Bright folgert
     hieraus eine interessante Auslegung von 20,10: „Apparently Jeremiah had used the
     expression so often that it was becoming a nickname. One can imagine one man in
     the crowd nudging another as Jeremiah passed, and whispering, ‚there goes old
     magor-missabib" (BRIGHT, Jeremiah, 132 f.). Lundbom indes meint, Jeremia selbst
     habe die Formel aus Ps 31 entlehnt (vgl. LUNDBOM, Jeremiah 1–20, 847).

173 CURTIS, Terror, 117.

174 HOSSFELD/ZENGER, Psalmen I, 192.

175 Ebd.

176 Mit 1QJesª, Vg., (LXX?) gegen MT, vgl. THOMAS, BHS.

177 Vgl. KEDAR-KOPFSTEIN, עָרִיץ, 404. Vgl. Ps. 54,5; 86,14.

den Feinden des Propheten zum Üblen wird für diesen die Rettung, und das heißt das Ende der Feindschaft Gottes selbst, bedeuten. Er klagt JHWH an, damit dieser als Richter aktiv werde.[178]

Diesen Impetus greift die erste Redaktion, die V. 8a und V. 12 beisteuert, auf, weitet jedoch einmal mehr den Horizont aus. Es geht nicht mehr nur um die Rettung des einen paradigmatischen Erwählten, es geht um das Ergehen aller Gerechten insgesamt, deren Sprachrohr und Stimme der Prophet geworden ist.

Mit ihnen identifiziert sich schließlich das wahre Israel der ‚Armen', das in V. 13 bereits den Lobpreis für seine endgültige Rettung von Bedrängern, ‚Bösen' und – hier nicht genannt – ‚Abweichlern' (vgl. Jer 17,12 f.) anstimmt.

„Damit könnten die Konfessionen schließen."[179] Alle drei erkannten Jeremiafiguren haben ihre jeweilige Rettung im Blick und können sich ihres Daseins als Prophet, Gerechter oder Personifikation Israels erfreuen – kämen nicht noch die Verse 14–18. Erneut erhebt sich die Stimme des Beters, aber nicht, um in den Lobpreis von V. 13 einzustimmen, sondern um den Tag seiner Geburt und damit seine ganze Existenz zu verfluchen. Wie läßt sich dies mit den Konfessionen und Jeremia in Verbindung bringen?

Die fehlende Anbindung des Abschnitts an den Kontext der Kapitel 20 und 21 erleichtert dabei nicht eben seine Auslegung, sondern eröffnet den denkbar weitesten Raum für seine Einordnung und Interpretation. Levin etwa möchte einen von ihm hier in den Versen 14a.15.18a eruierten Kern zum Urgestein des Buches zählen, den er hauptsächlich in den prophetischen Klagen über den nahenden Untergang der Kapitel 4–6; 8–10 sieht.[180] Mit seinen – nicht weiter begründeten – literarkritischen Abtrennungen beraubt er indes den Text seines einzigen, aber immerhin vorhandenen Bezugs zum Kontext, nämlich der ‚Schandklammer' über 20,7.11.18b. Einen Ersatz dafür bietet die von ihm angenommene ursprüngliche Abfolge 14,17aβ.18a; 20,14 dagegen nicht. Außer einer allgemein eher gedrückten Stimmung des jeweiligen Sprechers gibt es kein verbindendes Element beider Stellen; ein Wachsen des Kontextes um den Fluch von Jer 20 herum ohne jegliche Verbindung zu ihm, ist dazu extrem unwahrscheinlich. Die Beob-

---

178 Marrow hat den Charakter der Konfession auf den Punkt gebracht: „Defensio sui [sc. Hieremiae] et accusatio directa est ad Jahweh oppressorem suum et iudicem adversarium et vindicem" (MARROW, Ḥāmās, 255); vgl. auch SNYMAN, Portrayal, 180 f.

179 HERMISSON, Rechtsstreit, 29.

180 Vgl. LEVIN, Verheißung, 154, n. 22; DERS., Wort Jahwes, 264, n. 29.

achtungen über den sekundären Charakter der Konfession im Verhältnis zu 20,1–6; 21,1–14 treffen auch Levins These.

Ittmann dagegen macht aus der Not der fehlenden Einbettung eine Tugend. Er diagnostiziert, die Verse hätten „weder formal noch thematisch eine Verbindung mit 20,7–13",[181] seien daher gar keine Konfession, sondern – darin Levin nicht unähnlich – wie andere Wehklagen einer ihrer „Vorläufer"[182] – „eine (andere) Möglichkeit, die Krise seines Selbstverständnisses zu überwinden".[183] Damit kann er zwar, indem er das Stück biographisch vor 20,13 ansetzt, das glückliche Ende und damit die gewünschte psychologische Überwindung von Jeremias „Krise"[184] retten, eine redaktionsgeschichtliche Erklärung für seine Stellung *nach* V. 13 bleibt er indes schuldig.

Ein anderer Versuch, den Propheten nicht in Verzweiflung stürzen zu lassen, will ihn einfach nicht als Sprecher der fraglichen Verse akzeptieren. Diese These ist bereits älter als Michaelis. Neben seinem eigenen Vorschlag, Jeremia spreche hier nicht von sich selbst, sondern zitiere die Worte des ,Armen' von V. 13, die dieser *vor* seiner Errettung ausgestoßen habe,[185] erwähnt er auch die Ansicht von Jacques Cappell aus dem frühen 17. Jahrhundert, hier kämen in Wahrheit die Frevler zu Wort.[186] Das ist nun genau die bereits angesprochene Ansicht Pohlmanns. Seiner Meinung nach beklagten hier die Feinde des Beters ihr Geschick am Tage des Endgerichts.[187]

Dem steht jedoch entgegen, daß es, anders als an den von ihm bemühten Parallelstellen Sap 5,3–14 und PsSal 3,9–12, in Jer 20,14 keinerlei Anzeichen dafür gibt, einen Sprecherwechsel anzunehmen, die Gruppe der Widersacher im Rahmen der Konfessionen niemals im Singular von sich spricht – und schließlich die Verfluchung des Geburtstages einen relativ deutlichen Rückbezug auf die Berufungsgeschichte von Kapitel 1 darstellt.[188] Hier, in 20,14–18, spricht niemand anderes als der Jeremia des Buches, genauer gesagt, ein Jeremia der Konfessionen. Die fehlende Anbindung an den übergeordneten Kontext, aber die

---

181 ITTMANN, Konfessionen, 25 f. Das gemeinsame Thema ,Schande' sieht er offenbar nicht.
182 Ebd., 25.
183 Ebd., 195.
184 Ebd.
185 „[S]uspicari incipiam, Jeremian non haec iam suo nomine eloqui, sed verba referre viri v. 13. descripti" (MICHAELIS, Observationes, 172).
186 „Cantico piorum, inquit, opponit Jeremias ululatus ac diras impiorum" (Cappell, zitiert nach MICHAELIS, Observationes, 172).
187 Vgl. POHLMANN, Ferne, 33, n. 13; DERS., Ende, 310; DERS., Identifikationsfigur, 157, n. 10; vgl. dazu oben S. 240 f., n. 124.
188 Vgl. DUBBINK, Hero, 78.

immerhin schwache Anknüpfung an das Thema der ‚Schande' und der gemeinsame Bezugsrahmen der Berufungsgeschichte, die das Stück mit den Versen 7–13 verbinden, machen es wahrscheinlich, hier das definitiv jüngste Stück des Kapitels[189] und des Konfessionenzyklus insgesamt zu sehen. Hermissons Einspruch, „daß die Bemühung eines Redaktors überhaupt nichts erklärt",[190] mit dem er den autobiographischen Charakter des Abschnitts verteidigen möchte, läßt sich entkräften. Die „Bemühung eines Redaktors" ist die einzig mögliche Erklärung überhaupt. Die Lösung des Konfessionenproblems, wie sie die Verse 11.12 und 13 postulieren, war offensichtlich nicht für jedermann nachvollziehbar. Das Elend der ‚Gerechten' und die Bedrückung derer, die sich als das wahre Israel der ‚Armen' verstehen, dauert an. Ist bereits die Konfessionengrundschicht durch das Problem der Verzögerung von Verheißung und Erfüllung geprägt, so spitzt sich dieses im Verlaufe der zunehmenden Kollektivierung, die letzten Endes auf eine Identifikation des leidenden Propheten mit seinem Volk zuläuft, weiter zu. Dieser Jeremia kann nicht stumm bleiben, wenn erneut und immer noch die Heilswende ausbleibt. Es bedurfte einer Stellungnahme, eines erneuten, vierten, interpretierenden Endes des Zyklus. Die Verse sind daher mit Dubbink „as a critical supplement and correction of the earlier confessions"[191] zu verstehen.

Innerhalb dieses Stückes selbst noch literarkritisch zu unterscheiden, erscheint müßig. Etwa die eindeutige Bezugnahme[192] auf die Rekapitulation der Zerstörung von Sodom und Gommora nach Gen 19 in Dtn 29,22, mit Jer 20,16 abzutrennen, besteht kein innerer Grund[193] –

---

189 Vgl. DUBBINK, Hero, 79.

190 HERMISSON, Rechtsstreit, 29.

191 DUBBINK, Hero, 80.

192 Diesen Bezug von V. 16 zu Sodom und Gomorra bezweifeln Schiller (vgl. SCHILLER, Nebenfigur, 108) und Fretheim (vgl. FRETHEIM, Caught, 357, n. 18). Angesichts der gleichlautenden Formulierung von Dtn 29,22 und Jer 20,16 ist dies wenig überzeugend.

193 Gegen Pohlmann, der meint, es lasse „sich leicht zeigen, daß dieser Vers einen zwischen V. 15 und V. 17 ursprünglich bestehenden Zusammenhang unterbricht" (POHLMANN, Ende, 306). Sein Argument ist indes schwach. Es basiert darauf, וְהָיָה nicht adhortativ zu lesen, sondern narrativ: „Es war aber jener Mann ... und er hörte..." (ebd., 307), und hierin den Kommentar eines Glossators zu sehen. Wer aber sollte dann in den Augen dieser Marginalie ‚jener Mann' gewesen sein? Jeremia? Bei Levin, der V. 14a.15.18a als Kern postuliert (vgl. LEVIN, Verheißung, 154, n. 22; DERS., Wort Jahwes, 264, n. 29), ist zu vermuten, daß hinter der Ausscheidung des Deuteronomiumbezuges unausgesprochen das Bestreben steht, das Stück mit dem ältesten Bestand kompatibel zu machen. Auch Ahuis möchte V. 16a abtrennen, da seine „Prosa-Form" (AHUIS, Gerichtsprophet, 110, n. 2) ihn als „dtr. Erweiterung" (ebd., 110) erkennen lasse. Ein weiteres Mal ist hier die unhinterfragte Jeremianizität Movens für die literarkritische Entscheidung.

noch weniger gibt es einen Anlaß und, methodologisch gesehen, auch nur die Berechtigung dazu, das Stück nicht etwa zu kürzen, sondern, wie es Lundbom unternimmt, noch zu erweitern.[194]

Was unterscheidet nun aber, abgesehen von der negativen Endperspektive, den Abschnitt etwa von der Sicht der kollektiv-exemplarischen Redaktion? Artikuliert sich hier nicht der gleiche Leidende Gerechte wie dort?

Bei der Suche nach einer Antwort richtet sich der Blick hier auf 15,10. Auch in diesem Vers, der besagter erster Fortschreibungsschicht zugeordnet werden konnte,[195] beklagt der Beter die Tatsache seines Geborenseins und kommt einer Selbstverfluchung *à la* Jer 20 damit bereits sehr nahe. Zentral ist nun die Begründung, die er dafür angibt: Er werde von aller Welt verflucht. Die ‚Verfolger' der Konfessionengrundschicht haben sich hier zu den ‚Frevlern' gewandelt, die dem Gerechten nachstellen und aus deren Hand gerissen zu werden ihm schließlich von JHWH selbst zugesichert wird (vgl. 15,21). In 20,14–18 ist dagegen von vergleichbaren Widersachern nicht die Rede. Auch hier wird ganz am Ende der Grund des Fluches genannt: Es sind ‚Elend und Mühsal' (עָמָל וְיָגוֹן), die der Sprecher sehen müsse, und die nicht weiter spezifiziert werden, die ‚anderen' spielen offensichtlich gar keine Rolle mehr. Die Ursache des Leides unterscheidet das Stück auch von seiner nächsten Parallele Hi 3, mit der es die – offenbar sehr alte[196] – Form der Verfluchung des Geburtstages teilt.[197] Am Ende dieses

---

194 Er geht davon aus, daß der ursprüngliche Anfang von V. 17 entfallen sei. Dieser habe, analog zu V. 16, כְּ הַיּוֹם הַהוּא וְהָיָה gelautet (vgl. LUNDBOM, Double Curse, 594; DERS., Jeremiah 1–20, 865 f.), und eine Anspielung auf Midian nach Num 31 enthalten, die Nichtvollstreckung des Bannes – „And let that day be like Midian because he did not kill me in the womb" (DERS., Double Curse., 595). Im folgenden begründet er dann diese Ergänzung mit der chiastischen Struktur des Gedichtes, die er selbst erst geschaffen hat (vgl. ebd., 598) – das ist ein klassischer Zirkelschluß.

195 Vgl. S. 124.

196 Jacobsen und Nielsen führen mit der Beweinung des Tammuz und der Klage über die Zerstörung von Ur gutes Vergleichsmaterial aus dem zweiten Jahrtausend an, aus denen sie die Vorstellung ableiten, jeder Tag sei, auch nach seinem zeitlichen Ende, „around and still alive" (JACOBSEN/NIELSEN, Cursing, 189), weswegen es sinnvoll sei, ihn gleich einer „demonic power" (ebd.) zu verfluchen (vgl. für diesen Gedanken auch FOHRER, Hiob, 115).

197 Oft wird eine literarische Abhängigkeit in dem Sinne veranschlagt, daß Hi 3 auf Jer 20,14–18 basiere (vgl. BAUMGARTNER, Klagegedichte, 67; DUHM, Jeremia, 166; DE WILDE, Hiob, 97; FUCHS, Klage, 220; sowie jüngst FORSTMAN PETTYS, Darkness, 95; KÖHLMOOS, Auge, 153, n. 1). Die umgekehrte Variante, daß Hi 3 das literarische Vorbild für Jer 20,14–18 darstelle, insinuiert Perdue in einem Forschungsüberblick ohne Argumente dafür anzuführen oder andere Vertreter dieser These zu nennen (vgl. PERDUE, Research, 25). Nicht zuletzt die von Jacobsen und Nielsen angeführten altorientalischen Parallelen (vgl. JACOBSEN/NIELSEN, Cursing, 188–192) legen es jedoch nahe, weder das eine noch das andere anzunehmen, sondern davon auszu-

beeindruckenden Kapitels gibt auch Hiob den Grund für seinen
Ausbruch an: „Denn das Schreckliche, das mich schreckte, hat mich
getroffen, und wovor mir graute, ist zu mir gekommen."[198] Konkrete
Ereignisse also, Schicksalsschläge, wie sie etwa die Rahmenerzählung
ausmalt, sind es, die ihn in die Verzweiflung treiben. Ähnlich steht es
bei Hiobs zweiter Formulierung des Wunsches, nicht geboren worden
zu sein, Hi 10,18. Die Nähe zu 20,18 ist offensichtlich – der Grund
jedoch auch diesmal ein anderer, nämlich die ungerechtfertigte Verfolgung durch den klagend angeredeten JHWH.[199]

Dagegen fehlt in Jer 20,14–18 jegliche, auch metaphorische, Konkretion. ,Elend und Mühsal' (עָמָל וְיָגוֹן), das ist nicht das Erschrecken
des Propheten über ,Grauen ringsum' (מָגוֹר מִסָּבִיב), und das ist nicht
das zornige Aufschreien des Gerechten über ,Frevel und Gewalt' (חָמָס
וָשֹׁד), sondern hierin klingt die Verzweiflung am Dasein schlechthin an.

Mag sich das Stück darum auch sprachlich sehr nahe bei Hi 3 bewegen, thematisch weist es eher in die Richtung von Qohelet, wenngleich
es auch durch einen ganz anderen Ton geprägt ist als das Buch des
Predigers, das nicht aufschreit, sondern in philosophischer Gelassen-
heit über das Wesen der Welt als ,Mühsal' (עָמָל)[200] reflektiert. Stand der
Jeremia der Konfessionengrundschicht für den Leidenden Propheten,
der der ersten Fortschreibung für den Leidenden Gerechten und der
der zweiten für das Leidende Israel, so ist dieser Jeremia schlicht der
Leidende Mensch.[201]

Oft wird versucht, den Lichtstreif am Horizont für seinen Sprecher
darin zu sehen, daß das Buch und damit die Geschichte des Propheten
mit V. 18 nicht abbreche, sondern in Kapitel 21 mit einem neuen

---

gehen „that there was a given literary mould [...] on the subject ,A curse on the day
of my birth'" (MCKANE, Jeremiah I, 483 f.), die Gemeinsamkeiten also formkritisch
zu erklären (vgl. in diesem Sinne auch SCHOTTROFF, Fluchspruch, 77 f.; WESTER-
MANN, Aufbau, 58, n. 1; HORST, Hiob, 40 f.; WEISER, Hiob, 39; CLINES, Job 1–20, 80 f.).

198 (Hi 3,25). כִּי פַחַד פָּחַדְתִּי וַיֶּאֱתָיֵנִי וַאֲשֶׁר יָגֹרְתִּי יָבֹא לִי

199 Hier, in Hi 10, ist der Duktus nicht der einer Selbstverfluchung, sondern der einer
Klage. Dem entspricht es, daß JHWH, anders als in Jer 20,14–18, direkt angesprochen wird: Vgl. Hi 10,18 „warum hast Du mich aus meiner Mutter Leib hervor-
gehen lassen?" (וְלָמָּה מֵרֶחֶם הֹצֵאתָנִי) mit Jer 20,18 „warum dies: Aus meiner Mutter
Leib bin ich hervorgekommen" (לָמָּה זֶּה מֵרֶחֶם יָצָאתִי).

200 Die Wurzel begegnet im Buch Qohelet in 24 Versen.

201 Vermeylen möchte dagegen 20,14–18 kollektiv-repräsentativ lesen. Die Verse
spiegelten „les sentiments de la communauté fidèle de Jérusalem à l'époque perse"
(VERMEYLEN, Job, 44). Abgesehen davon, daß der Bezug zur Perserzeit nicht ohne
weiteres einzusehen ist – die Verzweiflung des Stückes ließe sich besser mit den
hellenistischen Wirren der Diadochenzeit in Einklang bringen –, sperrt sich seine
Sprache gegen diese Form der kollektiven Deutung. Ein dann metaphorisch aus-
zulegender Geburtstag einer Gemeinschaft ist schwer vorzustellen, ebenso wer die
Rollen des ,Vaters', der ,Mutter' und des ,Boten' im Bild ausfüllen sollte.

göttlichen Auftrag fortgeführt werde.[202] Dieser ein wenig verzweifelte Versuch, den Text zu domestizieren, bietet indes einen schwachen Trost, und nicht einmal für seinen Sprecher, sondern allenfalls für den Leser. Was in 21,1 von neuem anhebt und im Ablauf der nun einsetzenden Jeremiaerzählungen Schläge und Haft mit sich bringen wird, kann aus der Sicht von 20,14–18 nicht anders bezeichnet werden als erneut ‚Elend und Mühsal'. Von diesem Standpunkt aus ist das Ergehen des göttlichen Wortes in 21,1 alles andere als ein Grund zur Hoffnung.

Die Verzweiflung, die aus 20,14–18 spricht, stellt sich als eigene Stimme gezielt gegen die Versuche von 20,11.12.13, den Gegensatz von Leiden und Erwählung aufzuheben. Als solche will sie ernstgenommen werden.

6.4 Zusammenfassung und Auswertung

Die Untersuchung auch des letzten Konfessionentextes im Jeremiabuch hat die anhand des ersten Stückes, 11,18–12,6 aufgestellte und in der Folge anhand von 15,10–21; 17,5–18; 18,18–23 untermauerte These, es handele sich bei der ganzen Textgruppe um Einschreibungstexte für ihren bereits zu weiten Teilen vorliegenden Kontext, ebenfalls bestätigt. Die literarkritische Analyse des Kapitelzusammenhangs Jer 20–21 ergab dabei folgenden Befund:

Sein ältestes Element ist in das in der zweiten Person femininum Singular gehaltene Wort gegen Jerusalem in 21,13.14b. Es dürfte in einem frühen Stadium der Buchwerdung unmittelbar an 15,5 f., zu einem späteren Zeitpunkt dann an die Zeichenhandlung vom zerbrochenen Krug in 19,11a angeschlossen haben.

Zwischen das Ende der Zeichenhandlung in 19,11a und 21,13 dürfte sodann mit 20,1–4a.6abα die Grundschicht der Erzählung um die Umbenennung von Paschhur I eingeschoben worden sein. Sie konnte 21,14b bereits vorfinden und als Deutung für das zweite Glied des symbolischen Namens ‚Schrecken ringsum' (מָגוֹר מִסָּבִיב) von 20,3 übernehmen.

Der Name ‚Paschhur' und möglicherweise sein Zedekia vergleichbares Schicksal regte auf einer weiteren Stufe der Textgenese den Import der Prophetenlegende von Kapitel 37 nach 21,1–4.10 an, die Paschhur II als Mitglied der Delegation aufführt, die von Jeremia im Auftrag des Königs ein Heilsorakel einholen soll. Sie erhält jedoch stattdessen ein Wort, das nicht den Abzug der Feinde, sondern im Gegenteil ihr

---

202 Vgl. DUBBINK, Hero, 81.

Eindringen in die Stadt voraussagt – eine Weissagung, die vor dem Hintergrund der Ereignisse von Kapitel 37, die von der zeitweiligen Aufhebung der Belagerung Jerusalems berichten, zunächst als falsch erscheinen muß.

Beide Stücke, 20,1–4a.6abα und 21,1–4.10.13.14b erfuhren weitere kleinräumige Ergänzungen, die von einer Prophetenklage in 20,7–18* noch nichts zu wissen scheinen und mutmaßlich ebenfalls älter sind als diese.

In Kapitel 20 handelt es sich hierbei um Einschreibungen in V. 4b und V. 5, von denen erstere das Gericht JHWHs von den Freunden Paschhurs auf ganz Juda ausdehnt und letzte mit der Ankündigung, es würden die Schätze der Stadt wie der Könige nach Babel verbracht werden, bereits den Bogen zur Königsspruchsammlung von Kapitel 22 schlägt.

20,6bβ schließlich trägt, damit auf Kapitel 23 vorverweisend, die Anklage der Falschprophetie gegen Paschhur ein und bereitet damit den Boden für den Eintrag der Konfession, die in 20,7 mit der Klage anhebt, JHWH habe den Beter ‚getäuscht', indem er ihn als den Pseudopropheten erscheinen lasse, für den er in der Geschichte von der Delegation Paschhurs II in Kapitel 21 bzw. 37 gehalten wird.

In Kapitel 21 verliefen die Schritte von dem szenisch erweiterten Wort gegen Jerusalem in 21,1–4.10.13.14b über die Verstärkung des antithetischen Exodusbezugs durch die Verse 5 f. zur Eröffnung einer Überlebensmöglichkeit für die Bewohner der Stadt in V. 8 f., die jedoch durch die Betonung der restlosen Vernichtung in V. 7 erneut eingeschränkt wurde.

Die Wiederaufnahme von 22,1–3 in 21,11 f. machte sodann aus dem Orakel gegen Jerusalem den Auftakt und die Überschrift zur sich anschließenden Königsspruchsammlung.

Die Konfession 20 schiebt sich schließlich zwischen beide Paschhur-Stücke und vollzieht, an das Thema der Falschprophetie anknüpfend, dadurch die unmittelbare Verbindung von Innen- und Außensicht auf den Leidenden Propheten.

Er ist erneut das Thema ihrer Grundschicht in den Verse 20,7.8b.9–11, die ein weiteres Mal und besonders eindringlich, die Ambivalenz JHWHs als gleichermaßen Feind und Retter für den Beter herausstellt und in ihrem abschließenden Vertrauensbekenntnis in die Formel vom ‚gewaltigen Helden' (גִּבּוֹר עָרִיץ) gießt, der den Sprecher schließlich doch erlösen werde.

Von der Rettung Jeremias ist schließlich auch die bekannte erste, kollektiv-exemplarisch deutende Ergänzungsschicht überzeugt, die ihn, durch Einschreiben von 20,8a nicht mehr über seine ‚Verfolger', sondern allgemein über das Unrecht in der Welt klagen läßt und ihn mit 20,12 schließlich vom Propheten zum ‚Gerechten‘ macht.

Als solcher erfährt er durch V. 13 schließlich eine weitere Modifikation. Seine Rettung wird hier als bereits eingetreten antizipiert, er selbst von der Pluralgruppe, die zum Lobpreis JHWHs aufgefordert wird, zum ‚Armen‘ gemacht – als der er nun, analog zu Ps 22,24–27, das wahre Israel repräsentiert.

Diese dreifache Auswahl an ‚*happy endings*‘ konnte ein weiterer Schreiber nicht nachvollziehen. Im definitiven Schluß des Konfessionenzyklus, den Versen 20,14–18, verschafft sich eine Stimme Gehör, die bislang geschwiegen hatte. Ihr Sprecher klagt nicht über Feinde, Frevler oder fremde Völker, er verflucht vielmehr sich selbst und die Tatsache seiner Existenz. Hier artikuliert sich nicht der ‚Leidende Gerechte‘, aus diesen Zeilen sprechen ‚Elend und Mühsal‘ (עָמָל וְיָגוֹן) des ‚Leidenden Menschen‘ schlechthin, die buchimmanent nicht aufgehoben, sondern als kritische Anfrage an jede Theologie des Leidens ernstgenommen werden wollen.

7. Die Konfessionen im Rahmen von Jer 1–20

In den vorangehenden Kapiteln konnten die Grundschichten aller fünf Konfessionen als vergleichsweise junge Stücke innerhalb ihrer jeweiligen unmittelbaren Kontexte bestimmt werden. Die zweifache Beobachtung, daß sie alle zwar sprachlich und thematisch mit diesen verbunden sind, zugleich jedoch offensichtlich ältere Zusammenhänge unterbrechen, hat zu dem Schluß geführt, sie nicht als aus einer Separatüberlieferung oder Einzelsammlung eingefügt, sondern als für ihren jeweiligen Ort verfaßte Einschreibungstexte zu bestimmen.

Wenn dem so ist, so stellt sich die Frage nach einem übergeordneten redaktionellen Muster: Gibt es Gründe dafür, warum die Konfessionen dort stehen, wo sie stehen – zwischen Kapitel 11 und 20 – und lassen sich ferner Argumente dafür beibringen, weshalb nicht auch an anderer Stelle im Jeremiabuch vergleichbare Klagen zu finden sind, warum sie also dort *nicht* stehen, wo sie *nicht* stehen?

Diese zweite Frage besteht nun ihrerseits, der Mittellage des konfessionenbestimmten Teiles im Jeremiabuch gemäß, wieder aus zwei Teilen: Weshalb fehlen Konfessionen a) in Jer 1–10 und b) in Jer 21–52?

Die Antwort auf die letztgenannte Unterfrage vermochte bereits die Untersuchung von Jer 20,7–18 zu geben. Hier, in Kapitel 20, ist nicht nur im Zyklus der Klagen mit der Aussicht auf Rettung – oder, auf ihrer jüngsten Stufe, mit dem Sturz in die Verzweiflung – ein Abschluß erreicht, der eine Fortsetzung unnötig macht, sondern zugleich ist auch mit 19,14 f. und der sich anschließenden Geschichte um den Aufseher Paschhur der Bereich der Jeremialegenden betreten. Sie ergänzen nun, der Innensicht des ‚Leidenden Propheten' korrespondierend, die Außensicht; beide Bereiche wollen von jetzt ab aufeinander bezogen werden.[1] Es ist daher sinnvoll, wenn der Leser an der Pforte zur Leidensgeschichte deren hermeneutischen Schlüssel bereits – vollständig – in Händen hält. Diese Funktion aber erfüllen die Konfessionen. Für die in ihren Augen richtige Deutung der Geschehnisse um Jeremia sind daher ab Kapitel 21 weitere Bekenntnisse ihres Hauptakteurs nicht mehr erforderlich. Man weiß Bescheid.

---

1   Vgl. GUNNEWEG, Konfession, 414; ZIMMERLI, Frucht, 136 f.; sowie, letzterem folgend, SCHMID, Buchgestalten, 344.

Somit bleibt im folgenden einerseits zu klären, inwiefern die Verteilung der Konfessionen im Rahmen von Jer 11–20 eine redaktionelle Absicht erkennen läßt, andererseits, warum sie in Kapitel 1–10 fehlen.

7.1 Die Rolle der Konfessionen in Jer 11–20

Der Versuch, mit Hilfe der Prophetenklagen ein wenig Ordnung in den „hodge podge"[2] von Jer 11–20 zu bringen, ist so alt wie die redaktionsgeschichtliche Sichtweise auf das Buch insgesamt. Auch hier setzt Thiel einen Maßstab. Er geht bekanntlich davon aus, eine deuteronomistische Redaktion D könne maßgeblich für die Gestaltung des Jeremiabuches in seiner heutigen Form verantwortlich gemacht werden,[3] ihr sei daher auch die Einarbeitung der vom Propheten überkommenen Gebetstexte zuzuschreiben. Das kompositionelle Prinzip, das bei dieser Arbeit verfolgt worden sei, basiere auf ihrer Anordnung als strukturierende Pfeiler, mittels derer Elemente geschaffen worden seien, die sich an der Abfolge „Anlaß zur Verkündigung – Gerichtsbotschaft (– Gerichtswort) – Verfolgung des Propheten – Klage" orientierten.[4] Dieses Dreierschema erkennt er in den vier Einheiten 11,1–12,6; 14,1–15,21; 18,1–18,23; 19,1–20,18, die mit jeweils einer Konfession schließen.[5]

Die große Schwierigkeit dieser These ist jedoch offensichtlich und wird von Thiel selbst in einer Fußnote auch angesprochen. Abgesehen davon, daß sich die Einzelelemente der vier Blöcke bei näherem Betrachten teilweise nur mühsam unter die genannten Kategorien zwingen lassen wollen,[6] fällt auf, daß von *fünf* Klagetexten auf lediglich *vier* Einheiten geschlossen wird: „Die einzige ,Konfession', deren Stellung sich nicht der aufgewiesenen Abfolge einfügt, ist 17,14–18."[7]

Ein Abschnitt von fünfen, der nicht in die Theorie paßt, wiegt schwer, zumal dann, wenn die postulierte Struktur maßgeblich auf eben den Texten beruhen soll, deren einer ihr zuwiderläuft.

---

2   BRIGHT, Jeremiah, LVI.

3   Vgl. THIEL, Redaktion II, 114.

4   THIEL, Redaktion I, 286.

5   Vgl. ebd., 287.

6   So ist 15,10 kaum als Bericht über Verfolgung zu deuten, und 11,1–6 sprechen nicht vom „Anlaß zur Verkündigung" (ebd.), sondern sind bereits Predigt (vgl. die Kritik O'CONNORS, Confessions, 117). Die in vorliegender Studie angestellten literarkritischen Differenzierungen innerhalb der Konfessionen lassen sich mit Thiels Schema ebenfalls nicht in Einklang bringen.

7   THIEL, Redaktion I, 162, n. 71.

Nichtsdestoweniger war Thiels These und die mit ihr verbundene Vierzahl ausgesprochen wirkmächtig. Auch Smith findet „four major sections [that] apparently end with a prophetic lament"[8] – bei ihm ist es jedoch die Konfession 18, die, ohne daß dieser Umstand weiter thematisiert wird, unter den Tisch fällt,[9] und auch die Untergliederung seiner Einheiten geht nicht glatt auf. Sie bestünden jeweils aus „introductory prose narrative plus prophetic lament"[10] – das Wesen der Predigt von Jer 11,1–17 wird jedoch mit dem Begriff ‚Prosaerzählung‘ kaum angemessen erfaßt. Wie bei Thiel widersetzt sie sich der offenbar angestrebten Parallelisierung mit den Zeichenhandlungen der Kapitel 13 und 16 und dem Gleichnis von Kapitel 18.

Seitz' Ansatz orientiert sich dagegen an den Fürbittenverboten: „The fourfold command not to intercede is matched by the fourfold lament of the prophet (11,18–12,6; 15,10–20; 18,18–23; 20,7–18)".[11] Auch hier ist, zusätzlich zum Vers 15,21, die Konfession 17 verschwunden.[12] Neben ihr vermißt man jedoch auch eine Erklärung dafür, warum nur zwei der fraglichen Texte, die Konfessionen 11 und 15, in räumlicher Nähe zu den Stücken zu finden sind, mit denen sie thematisch verwoben sein sollen, den Verboten in 7,16; 11,14; 14,11 und 15,1.

Holladay dagegen verfällt nicht dem Zauber der Vier; er zählt nicht. Stattdessen will er die Konfessionen, die er, wie später ähnlich Hermisson,[13] zum ältesten Bestandteil von Jer 11–20 erklärt, nach dem Muster eines „‚father‘ complex"[14] in 11,18–12,6 und „‚mother‘ complex"[15] in 15,10–21 angeordnet sehen – die psychologische Assoziativkraft des von ihm gebrauchten räumlichen Begriffs dürfte dabei kein Zufall sein. 20,14–18 und 16,1–9 würden, da in beiden Abschnitten sowohl die Wörter אֵם als auch אָב vorkämen, beide Komplexe zusammenbinden. Als Beleg dafür dient ihm „[the] stunning parallelism"[16] von קָרוֹב, ‚nahe‘ in 12,2 und קבר, ‚begraben‘, in 16,4 – ‚verblüffend‘, in

---

8   M. SMITH, Laments, 39.
9   Er unterscheidet „[t]he units of Jeremiah 11–12, 13–15, 16–17 and 18–20" (ebd., 40).
10   Ebd.
11   SEITZ, Prophet Moses, 10.
12   Seitz meint dazu nur lapidar: „The specific number and location of the laments is a matter of debate. The specific number four is not so critical to this thesis" (ebd., n. 13). Beide Bemerkungen geben Anlaß zur Verwunderung. 17,14–18 nicht zur Gruppe der Konfessionen zu zählen war noch nie „a matter of debate". Mehr noch überrascht jedoch der zweite Satz – ist doch die vorgebliche gemeinsame Vierzahl der Ausgangspunkt und bleibt das einzige Argument für den von ihm postulierten strukturellen Zusammenhang.
13   Vgl. HERMISSON, Rechtsstreit, 34.
14   HOLLADAY, Architecture, 128.
15   Ebd.
16   Ebd., 130.

der Tat. Diese Großeinheit, in der diesmal zwei von fünf Konfessionen, nämlich 17,14–18 und 18,18–23, keine Rolle spielen, werde schließlich von einem Fluchrahmen zusammengehalten, der sich über 11,1–4 und 20,14–18 spanne: Sowohl in 11,3 als auch in 20,15 lese man schließlich אָרוּר הָאִישׁ.[17]

Diesen Gedanken einer Inklusion übernimmt nun O'Connor, die ebenfalls die Prophetenklagen als „a key to the structural arrangement of the Jeremiah traditions"[18] erkennen möchte und dabei innerhalb von Jer 11–20 tatsächlich nicht auf vier, sondern „five units"[19] kommt. Solcherart unterteilt sie die Kapitel 11–12 | 13 | 14–16 | 17 | 18–20.[20] Das Problem ihrer Anordnung ist deutlich: Kapitel 13 „lacks a confession",[21] dafür birgt ihr letzter Abschnitt deren zwei. Mit der Annahme, die Unterteilung von Jer 11–20 orientiere sich maßgeblich an diesen Texten, ist dies schwer in Einklang zu bringen.

Auch Diamonds „Double-Axis Schema",[22] wonach die Texte als „two progressive cycles (11.18–15.21; 18.18–20.18)"[23] angeordnet seien, vermag schließlich nicht zu überzeugen. Die Unterscheidung, wonach der erste dieser Kreise sich um „the prophetic mission"[24] und „the delay in a promise of vindication"[25] drehe, der zweite dagegen „the fate of the prophetic message"[26] thematisiere, erscheint gezwungen und deckt sich nicht mit dem Ergebnis der Einzelexegesen der vorliegenden Untersuchung. Nach ihnen wurde das Problem des Leidenden Propheten in der Konfessionengrundschicht vom ersten bis zum letzten Text in der Verzögerung des Gerichtshandelns JHWHs gesehen, die seinen Erwählten, der als Inkarnation des Gotteswortes fungiert, der Verfolgung seiner Feinde preisgibt.[27] Ein Unterschied etwa der Bitten von 11,22 f. und 18,21–23 in dem Sinne, daß es einmal mehr um die ‚Mission', das andere Mal mehr um die ‚Botschaft' des Sprechers gehe, ist nicht zu erkennen. Generell ist das Ansinnen kritisch zu bewerten, innerhalb der Prophetenklagen beide Größen voneinander trennen zu wollen: Der Konfessionenjeremia leidet an seiner Erwählung, er *ist* seine Botschaft.

---

17   Vgl. ebd., 160–162.
18   O'CONNOR, Confessions, 118.
19   Ebd., 130.
20   Vgl. ebd., 130 f.
21   Ebd., 134.
22   DIAMOND, Confessions, 177.
23   Ebd.
24   Ebd., 178.
25   Ebd.
26   Ebd., 179.
27   Vgl. BLANK, Meaning of Prayer, 332.

Die Einordnung von 17,14–18 als „transitional passage"[28] wirkt schließlich wie eine Verlegenheitslösung, wie es auch schwerfällt, innerhalb dieses Kapitels mit Diamond eine „stylized scene"[29] nachzuzeichnen.

Kurz: Alle bisherigen Versuche, Jer 11–20 mithilfe der Konfessionen strukturierend beizukommen, vermögen nicht zu überzeugen. Der Hauptgrund dafür dürfte in der Prämisse zu suchen sein, die ihnen allen zugrundeliegt. Da ihre Verfasser sämtlich davon ausgehen, die Klagegebete seien auf den Propheten selbst zurückzuführen und bildeten entweder das älteste Stratum des Buchteils oder seien von der großen deuteronomistischen Redaktion planvoll eingearbeitet worden, müssen sie auf der Ebene des Endtextes eine Ordnung suchen, die es offensichtlich nicht gibt. Berücksichtigt man die Einzelexegesen der vorliegenden Arbeit, so überrascht das nicht. Es kann sie gar nicht geben. Denn weder bilden die Konfessionen den Nukleus des Abschnittes, noch kann ihre Einfügung einer formgebenden *End*redaktion, man nenne sie deuteronomistisch oder anders, zugeschrieben werden.[30] Die Analyse der einzelnen Stücke in ihrem näheren Kontext hat sie einerseits als relativ späte Einschreibungstexte erwiesen, sie bilden andererseits aber keineswegs generell das letzte literarische Stratum von Jer 1–20. Die Grundschichten 11,18–23; 15,15–20*; 18,18–23* und 20,7–11* sind zwar die jüngsten Stücke innerhalb ihrer Rahmen von 11,1–12,13; 14,1–16,9*; 18,1–19,15 und 20,1–21,14 – bei der Konfession 17 jedoch ist der Befund ein anderer. Hier wurde der ursprüngliche Rahmen für 17,14–18 in 16,1–18.21; 18,1 gefunden, 16,19 f. und die übrigen Teile von Kapitel 17 jedoch konnten als postkonfessionelle Fortschreibungen identifiziert werden. Als solche zeigen sie sich ganz an ihrer unmittelbaren literarischen Umgebung und nicht an größeren Zusammenhängen im Rahmen von Jer 1–20 interessiert.

---

28   Diamond, Confessions, 177.

29   Ebd., 179. Jede ‚Szene' bedarf in irgendeiner Weise eines ‚Settings', vor dem sie spielen kann. Ein solches fehlt in Kapitel 17 gänzlich. Ferner erscheint es schwierig, in dem preisenden Wir-Stück von 17,12 f. „a total rebuff" (ebd.) der prophetischen Verkündigung durch das Volk zu sehen. Dies kann man nur dann, wenn man das Stück mit den Augen des Kultkritikers der Tempelrede oder ironisch liest. Beides legt sich vom Text selbst her nicht nahe. Hier artikuliert sich wohl eher ein anderer, durchaus tempelfrommer Jeremia, nämlich derjenige der kollektiv-repräsentativen Konfessionenfortschreibung (vgl. S. 175 f.).

30   Für die Frage nach einem kompositionellen Prinzip innerhalb von Jer 11–20 ist es unerheblich, ob die Konfessionen von einer Abschlußredaktion aus einem separaten Überlieferungscorpus übernommen und eingefügt oder als Einschreibungstexte von deren Mitarbeitern selbst verfaßt worden sind. In beiden Fällen müßte sich die von ihnen geschaffene Struktur auf der Endtextebene nachweisen lassen.

Angesichts der Tatsache, daß ein Großteil der oben skizzierten Gliederungsvorschläge für Jer 11–21 gerade an Kapitel 17 scheitert, stellt sich die Frage, ob zu einem früheren Zeitpunkt der Buchwerdung nicht doch ein Ordnungsprinzip bestanden habe, welches im Laufe der Fortschreibungsgeschichte überwuchert worden sei und deshalb auf der Endtextebene nicht mehr zu erkennen ist.

Ein Blick auf das präkonfessionelle Jeremiabuch zwischen Jer 11 und 20, wie es sich nach den Analysen der vorhergehenden Kapitel darstellt, ergibt nun folgendes Bild. Auf die große Predigt von 11,1–17, die man besser mit Schmid analog zur Tempelrede von Kapitel 7 als Abschluß der zweiten Orakelsammlung von Kapitel 8–10* ansieht[31] denn als „introduction to [...] cc 11–20",[32] folgt mit 12,7–13 eine Klage JHWHs. Sie gibt, einer Ouvertüre gleich, bereits das Thema vor, das im folgenden variiert wird. Gott hat sich abgewandt, nun ist die Stunde seines Zornes gekommen. Die anschließende Zeichenhandlung vom Gürtel[33] greift dies in 13,1–11* bereits auf. Viele ‚Hirten' haben Gottes Weinberg ‚verdorben' (שִׁחֵתוּ, 12,10) – wie auch der von Jeremia vergrabene Schurz, so das Schlüsselwort des Abschnittes, nach seiner Behandlung unbrauchbar (נִשְׁחַת 13,7) geworden ist. Es folgt eine weitere symbolische Handlung in 13,12–14, an die sich mit 13,15–14,6.10–18; 15,1–9 ein größeres, heterogen gewachsenes Stück[34] anschließt, das in dieser Gestalt durch die zweifache Ablehnung der Fürbitte Jeremias Gottes definitiven Entschluß zum Gericht illustriert.

Nach dieser langen dialogisch gefaßten Passage wird das Buch kurztaktiger. 16,1–9 bietet mit dem Verbot, zu heiraten und am sozialen Leben zu partizipieren, erneut eine Zeichenhandlung, deren Sekundärbegründung zu weiteren Gerichtsworten in 16,10–18.21 überleitet.

---

31 Vgl. SCHMID, Buchgestalten, 300.

32 O'CONNOR, Confessions, 131.

33 12,14–17 hat, darin 16,19 f. und 3,17 nicht unähnlich, eine heilvolle Perspektive für die Fremdvölker im Blick. Auch wenn ihre Bekehrung hier erst als Möglichkeit aufscheint, im postkonfessionellen Eintrag 16,19 f. aber bereits Gewißheit ist, stehen sich beide Stücke sehr nahe. McKane betrachtet das Stück als „a late, artificial prophetic composition" (MCKANE, Jeremiah I, 283; vgl. WANKE, Jeremia 1, 130). Herrmann stellt es auf eine Ebene mit 18,7–10 (vgl. HERRMANN, Heilserwartungen, 162–165). Letzterem liegt die Beobachtung zugrunde, daß beide Abschnitte eine Alternative für die Völker entwerfen. Bei näherer Betrachtung zeigt sich jedoch, daß die in Aussicht gestellte Heilsperspektive in 12,14–17 eine größere ist als in 18,7–10. Die Heiden werden dort im positiven Fall nicht nur nicht vernichtet, sondern gehen im Gottesvolk selbst auf. Tendenzkritisch kann man hier eine Mittelstellung zwischen 18,7–10 (vorkonfessionell) und 16,19 f. (nachkonfessionell) sehen. Mit aller Vorsicht wird hier deswegen 12,14–17 jünger eingestuft als die Konfessionengrundschicht.

34 Vgl. die Analyse S. 101–115.

Es folgen das Töpfergleichnis in 18,1–11 samt dem daran anknüpfenden Unheilsorakel 18,13–17, die Geschichte vom zerbrochenen Krug in 19,1–13, die schließlich über den kurzen, im Tempelvorhof situierten und Zerstörung vorhersagenden Prophetenspruch 19,14 f. zur Paschhurgeschichte von 20,1–6 hinführt. Mit ihr, die in den Versen 4–6 ebenfalls in umfassenden Gerichtsweissagungen kulminiert, ist schließlich bereits ein neuer Buchteil betreten, der von den Erzählungen um das Geschick Jeremias geprägt ist.[35] Zugleich bildet sie jedoch den Epilog zum Vorhergehenden: JHWH hat, so sagt er in 12,7, „mein Haus" (בֵּיתִי), den Tempel, verlassen. Jetzt findet man dort, בְּבֵית יְהוָה (20,1), anders als noch in Kapitel 7, auch als Prophet keinen Schutz mehr, sondern nur noch Leute vom Schlage Paschhurs.[36] Die kurze Übersicht macht es deutlich: Das vorkonfessionelle Jeremiabuch in Kapitel 12–20 stellt sich nicht in dem Sinne als wohlkomponierte Ordnung dar, daß es symmetrisch aus etwa gleich großen Einzelblöcken zusammengestellt wäre – angesichts seiner komplexen kleinräumigen Entstehungsgeschichte, wie sie gerade für den langen dialogischen Passus der Kapitel 14 und 15 rekonstruiert werden konnte, wäre dies auch eher verwunderlich. Gleichwohl ist dem Buchteil jedoch eine inhärente Struktur nicht abzusprechen. Es sind die, rechnet man das ähnlich aufgebaute Gleichnis von Kapitel 18 zu dieser Gruppe, vier Berichte über symbolische Handlungen des Propheten, die als Gliederungselemente fungieren und das Gesicht des ganzen Abschnittes maßgeblich prägen. Sie unterteilen ihn entsprechend in vier unterschiedlich dimensionierte Blöcke, die den Entschluß JHWHs zum Gericht zuerst szenisch präfigurieren und anschließend verbal explizieren. Eine Klage Gottes leitet diese Abfolge gleich einem Prolog ein, ihr Ende findet sie mit der Übergangsgeschichte um Paschhur, die in ihrem symbolischen Akt der Umbenennung ebenfalls Züge einer Zeichenhandlung trägt. Schematisch stellt sich dies wie in *Abbildung 1* skizziert dar.

Die Einschreibung der Konfessionengrundschicht folgt nun dieser Struktur durchaus. Einerseits erhält der ganze Abschnitt 12–20 durch 11,18–23 am Anfang und 20,7–11* am Ende einen neuen Rahmen. Andererseits führen die drei mittleren Klagetexte das Thema des Leidenden Propheten jeweils an der Nahtstelle zweier Blöcke ein. Als Antwort auf die jeweils vorangehende Gerichtsverkündigung illustrieren sie so das Problem ihres Beters: Er wird wegen des Inhalts seiner Voraussagen verfolgt, deren bisheriges Ausbleiben dies ermöglicht.

---

35 Zu diesem Übergangscharakter von Kapitel 20 vgl. S. 238 f.

36 Diese potentielle Verbindung soll nicht über Gebühr strapaziert werden – immerhin wird aber, vom jüngeren Vers 17,26 abgesehen, zwischen 12,7 und 19,14 der Tempel nicht weiter genannt.

12,7–13 Ouvertüre	13,1–14 Zeichen-handlung	16,1–9 Zeichen-handlung	18,1–12 Gleichnis	19,1–13 Zeichen-handlung	20,1–6 Epilog
	Gürtel/Krüge	Ehelosigkeit	Töpfer	Zerbrochener Krug	Paschhur
עֲזַבְתִּי אֶת־בֵּיתִי	13,15–15,9* Gericht	16,10–21* Gericht	18,13–17 Gericht	19,14–15 Gericht	בְּבֵית יְהוָה

Abbildung 1: Die vorkonfessionelle Struktur von Jer 12-20

Rettung kann es für ihn nur geben, wenn er als wahrer Prophet rehabilitiert wird – das heißt, im Eintreffen der Katastrophe, wie er sie in der Zeichenhandlung anschließend symbolisch antizipiert. Der ganze Bereich von Jer 12–20 wird nun nicht mehr von der Klage JHWHs, sondern von der Jeremias bestimmt.

Abbildung 2 verdeutlicht indes, daß auch dieses Modell mit einem Schönheitsfehler behaftet ist: Auf den Abschnitt, der von der Zeichenhandlung in Kapitel 19 dominiert wird, folgt nicht sofort eine Konfession. Diese findet sich erst nach der kurzen Paschhurepisode, der oben als Epilog ein eigener Status zugewiesen wurde.

12,7–13 Ouvertüre	13,1–14 Zeichen-handlung	16,1–9 Zeichen-handlung	18,1–12 Gleichnis	19,1–13 Zeichen-handlung	20,1–6 Epilog
	Gürtel/Krüge	Ehelosigkeit	Töpfer	Zerbrochener Krug	Paschhur בְּבֵית יְהוָה
עֲזַבְתִּי אֶת־בֵּיתִי	13,15–15,9* Gericht	16,10–21* Gericht	18,13–17 Gericht	19,14–15 Gericht	(20,4–6 Gericht)
↑ K 11	↑ K 15	↑ K 17	↑ K 18		↑ K 20

Abbildung 2: Jer 11–20 mit den Konfessionen

Eine mögliche Erklärung für diesen Umstand läge in der Vermutung, die Verfasser der Konfessionengrundschicht hätten die Episode mit der kurzen Überleitung von 19,14 f. noch nicht als abgeschlossen betrachtet. Stattdessen hätten sie erst in 20,1–6 mit dem in den Versen 4–6 im Vergleich zu 19,15 wesentlich elaborierteren Gerichtswort ihre eigentliche Pointe gesehen. Beweisen läßt sich diese Annahme letzten Endes nicht.

Mit der Klage 20,7–11* wird nun in jedem Fall nicht nur die kurze Erzählung um Paschhur enger an die vorhergehenden Kapitel angebunden. Ihre Integration in den nun von Kapitel 12–20 reichenden Buchteil, der die Innensicht des Leidenden Propheten präsentiert, bewirkt schließlich auch die enge Verbindung mit der in den Jeremiaerzählungen folgenden Außensicht. Hier, im Zusammenspiel von 20,1–6 und 20,7–11*, greifen beide wie zwei Kettenglieder ineinander.

7.2 Die Rolle der Konfessionen in Jer 1–10

Warum aber, so schließt sich an diese Beobachtung die Folgefrage an, wurden vergleichbare Texte nicht auch im Bereich von Jer 1–10 eingetragen?

O'Connor ist wohl die bislang einzige, die hierauf eine Antwort anbietet. Der Grund ist nach ihr in der planmäßigen Anlage von Jer 1–25 insgesamt zu suchen. Demnach biete der Bereich von Kapitel 2–10 vorrangig „Jeremiah's Appeals", der von 11–20 dagegen „Jeremiah's Final Appeals and Rejection", 21–24 „Appendices" und 25,1–13 schließlich das „Summary".[37]

An dieser Einteilung erscheint einiges schwierig. Es ist bereits unbefriedigend, in Jer 21–24 lediglich einen Anhang zum Vorhergehenden sehen zu wollen. Auch wenn davon die hier verhandelte Fragestellung nicht direkt betroffen ist: Die Königsspruchsammlung von 21–22, die aus dem Weheruf entwickelte Weissagung von Jer 23,1–8, der Falschprophetenabschnitt und schließlich die Vision von den Feigenkörben mit ihrer golaorientierten Perspektive – alle diese Stücke setzen eigene Schwerpunkte und lassen sich keinesfalls als Appendix unter ‚Appeal' und ‚Rejection' subsumieren. Damit würde man weder der Geschichte des Buches noch seiner Endgestalt gerecht.

Für eine mögliche Begründung, warum die Konfessionen auf den Bereich von Jer 11–20 beschränkt sind, ist indes O'Connors Titulierung der ersten beiden Abschnitte relevanter. Auch sie erscheinen beide als nicht glücklich gewählt. So ist einerseits zu fragen, ob der vordere Buchteil, Jer 2–10, nicht eher von der Unausweichlichkeit des Gerichts geprägt ist als von „many appeals to people to repent".[38] Andererseits

---

37 O'CONNOR, Confessions, 118.
38 Ebd., 122. Sie führt Jer 2; 3,12.14.22; 4,1–4.12–14; 5,1–17; 6,8; 7,3–15 als Belege an. Jer 2 ruft nun aber sicherlich nicht zur Umkehr auf, ebensowenig wie 4,12 f. oder 5,1–17. Auch die Tempelrede enthält zwar in 7,3–7 die Möglichkeit zur Buße, präsentiert diese jedoch lediglich als nicht wahrgenommen. Ihr Ziel ist die Begründung der Verstoßung, mit der 7,15 schließt. Clements meint dagegen, gerade in Jer 11–20

ist näher zu betrachten, welche Texte es eigentlich sind, die den Eindruck erwecken, Jer 11–20 werde vom Thema der Zurückweisung der prophetischen Botschaft dominiert. Hierbei zeigt sich schnell, daß es vor allem die Konfessionen selbst sind, die für diese Überschrift verantwortlich gemacht werden können.[39] Sieht man von ihnen ab, ist man für die Ablehnung des Gotteswortes auf lediglich 18,12 gewiesen – und hier ist sie nicht schärfer als im ersten Buchteil, in 6,16 f. Innerhalb von O'Connors System stellt dieser Umstand kein Problem dar, sieht sie in den Prophetenklagen doch den ältesten, jeremianischen, Kern. Erkennt man die Konfessionen jedoch als späte Einschreibungstexte, ist ihr Versuch, ihre Verteilung ausschließlich zwischen Jer 11 und Jer 20 zu erklären, unbrauchbar. Ihre Lokalisierung dort läßt sich nicht durch sich selbst begründen – ein solcher Versuch käme einer Tautologie gleich.

Gleichwohl weist O'Connor auch auf ein weiteres, plausibleres Argument hin, wenn sie die Rolle der Zeichenhandlungen in diesem Abschnitt hervorhebt.[40] Wie oben dargestellt, sind sie es, die diesem Buchteil eine Struktur geben, an die sich die Grundschicht der Konfessionen weitgehend anschmiegt. Es ist nicht auszuschließen, daß ihnen, den Zeichenhandlungen, ein gewisser Anteil daran zukommt, zur Schaffung der Konfessionen als einer Textart *sui generis* angeregt zu haben. Auch bei ihnen wird gegenüber der ‚bloßen‘ Wortverkündigung der Bote als Person in hohem Maße mit seiner Botschaft verbunden. Die Tendenz, beide miteinander gänzlich zu verschmelzen, ein theologisches Problem zu personalisieren, läßt sich hier bereits erspüren. In Jeremias zeichenhafter Sozialabstinenz von Kapitel 16 etwa ist man nicht mehr weit vom Bild eines Leidenden Propheten entfernt, wie er dann in den Konfessionen tatsächlich selbst zu Wort kommt. Freilich bleibt ein kategorialer Unterschied bestehen, der den zeichenhaft leidenden Jeremia von Kapitel 16 vom paradigmatisch leidenden Jeremia der Konfessionen trennt. Ersterer antizipiert an seinem eigenen Leib das drohende Strafgericht über das Volk, letzter dagegen leidet wegen und an der Verzögerung seines Eintreffens. Zwischen beiden liegt eine radikale Umwertung der Vorstellung vom Gericht von einem Gegenstand der Bedrohung zu einem Objekt der Hoffnung.

Letztlich bewegt man sich hier in einem hochgradig spekulativen Bereich. Ist es schon schwer genug, vorhandene biblische Texte in ihrer Existenz zu erklären und ihr Entstehen zu begründen, so wird das

---

werde „Jeremiah […] presented as the intermediary established by God to summon the people back to obedience to the covenant" (CLEMENTS, Jeremiah 1–25, 113). Diese Ansicht hält dem Textbefund ebensowenig stand wie O'Connors Auffassung.

39 Vgl. O'CONNOR, Confessions, 129.
40 Vgl. ebd.

Beibringen von überzeugenden Argumenten nicht eben leichter, wenn man sich an der Exegese eines negativen Befundes versucht.

Gleichwohl läßt sich, neben der Affinität zu den Zeichenhandlungen, ein weiterer Grund für das Fehlen von Konfessionen in Jer 1–10 denken, der sich, wenn auch nicht restlos beweisen, so doch immerhin durch Textbelege zu einem bestimmten Grad plausibilisieren läßt. Demnach haben ihre Verfasser schlicht deshalb zwischen Jer 1 und Jer 10 keine Klagegebete eingeschrieben, weil sie dort in ihren Augen bereits vorhanden waren. Es wäre denkbar, daß sie im Ich der alten prophetischen Wehklagen, die in diesem Teil des Jeremiabuches, in Kapitel 4; 6; 8 und 10, angesiedelt sind, bereits den Leidenden Propheten zu erkennen meinten, den sie ab Kapitel 11 in den Konfessionen das Wort ergreifen ließen.

Mit welchen Augen jemand einen Text gelesen hat, der ihm bereits vorliegt, läßt sich freilich nur dann belegen, wenn der Betreffende in irgendeiner Art davon Zeugnis gegeben hat, im Falle der biblischen Überlieferungen in der Regel durch Fortschreibungen. Um also definitiv beweisen zu können, daß die Autoren der Konfessionengrundschicht im klagenden Propheten von Jer 4–10 bereits ihren Leidenden Propheten erkannten, müßten sich Anlagerungen an den jeweiligen Passagen finden lassen, die ihn zweifellos dazu machen. Dies ist nicht der Fall.

Was sich jedoch zeigen läßt, sind Fortschreibungen, die ein ganz ähnliches Profil aufweisen wie diejenigen der beiden nachgewiesenen Konfessionenergänzungsschichten. Zumindest ihre Verfasser, so kann geschlossen werden, wollten bei ihrer *relecture* des Jeremiabuches in beiden Figuren den gleichen, *ihren* Jeremia erkennbar wissen. Die These, bereits die Autoren der Konfessionengrundschicht wären implizit dieser Tendenz gefolgt, den klagenden Jeremia von Kapitel 2–10 wenn nicht nach ihrem Prophetenbilde umzugestalten, so doch in ihrem Sinne zu verstehen, verliert so den Charakter einer bloßen Spekulation und bewegt sich im Rahmen einer gewissen begründeten Wahrscheinlichkeit. Um eine solche jedoch tatsächlich behaupten zu können, sind Belege erforderlich. Diese soll im folgenden ein Blick auf die Klagen 4,19–22; 6,9–15; 8,18–23 und 10,19–25 bereitstellen.

Ein grundlegendes Kennzeichen dieser Stücke in ihrer heutigen Gestalt ist es, daß bei ihnen die genaue Bestimmung, wer jeweils als Sprecher der einzelnen Klagen angesehen werden kann, nicht eindeutig zu treffen ist – der Verdacht liegt deshalb nahe, daß es tatsächlich mehrere, diachron voneinander zu unterscheidende Deutungen dafür gibt, die nun auf der Ebene des Endtextes übereinanderliegen.

7.2.1 Jer 4,19–22

Die Klage in Kapitel 4 vermag dieses Changieren zwischen verschiedenen Sprechergrößen gut zu illustrieren. So ist zwar davon auszugehen, daß die primäre Stimme hinter dem Weheruf von 4,19 der Prophet ist, dem der Schmerz an die ‚Wände des Herzens' (קִירוֹת לִבִּי) greift, berücksichtigt man jedoch den vorangestellten V. 18, so stellt sich dies anders dar. Hier wird die bekannte 2. Person Femininum Singular, also die Frau Jerusalem, angeredet, der bedeutet wird, es liege an ihrem Wandel, daß es nun ‚ihr Herz' (עַד־לִבֵּךְ) berühre. Mit dieser Vorgabe ist sie es, die in V. 19 klagend den Vorwurf von V. 18 bestätigt. Diese Ambivalenz setzt sich nun fort. Die erste Person begründet ihr Leid damit, den Klang der Posaune (קוֹל שׁוֹפָר) und Kriegslärm sowie in V. 20a die Kunde von der Verwüstung (שֶׁדֶר) des Landes hören zu müssen. In 20b dagegen klagt sie, ihre eigenen ‚Zelte' seien ‚verwüstet' (שֻׁדְּדוּ) – das ist mit Jeremia als Sprecher erneut schwer in Einklang zu bringen.[41]

V. 21 hebt die Stimme mit dem Ruf ‚wie lange' erneut an, um in einer Kombination aus den Versen 4,5 und 4,6[42] in Anknüpfung an 4,19b ‚Fluchtzeichen' (נֵס)[43] und ‚Posaune' (קוֹל שׁוֹפָר) als Zeichen des Krieges zu beklagen. Es folgt mit V. 22 eine erneute Begründung, deren Sprecher wahrscheinlich JHWH, vielleicht Jeremia, eher nicht Jerusalem und ganz sicher nicht das Volk ist, denn dieses, ‚mein Volk' (עַמִּי) ist ihr Gegenstand. Es sei, so heißt es, ‚töricht' (אֱוִיל),[44] unfähig zur Erkenntnis des Guten, aber ‚weise für das Böse'.[45]

Eine Klage (des Propheten?) über das heraufziehende Unheil in den Versen 4,19.20a wird also, mutmaßlich auf der Ebene der 2. Femininum Singular-Schicht, durch die Einleitung von V. 18 zu einer Klage der

---

41   Anders Duhm: „‚Meine Zelte' sind natürlich ‚meines Volkes Zelte'; wer wegen dieses Ausdrucks meint, das Gedicht dem Volk in den Mund legen zu müssen, beweist, dass er kein Wort davon verstanden hat" (DUHM, Jeremia, 53).

42   Vgl. 4,5 „blast die Posaune" (שׁוֹפָר תִּקְעוּ, gelesen mit dem Qere) und 4,6 „richtet ein Fluchtzeichen auf" (שְׂאוּ־נֵס). Wenn man mit Levin und wohl zurecht in 4,5 f. „eine Art Proömium" (LEVIN, Verheißung, 153) und damit den ältesten Anfang des Jeremiabuches sehen möchte, der als „leitmotivische[s] Zitat von 6,1 und 8,14 [...] gestaltet" (ebd.) wurde, ist es zwar nicht ausgeschlossen, 4,21 ebenfalls auf dieser ältesten Schicht anzusetzen (vgl. ebd., 153, n. 22), wahrscheinlicher aber doch, den Vers einer späteren Hand zuzuweisen.

43   Gegen LXX, die hier ‚Flüchtlinge', φεύγοντας, (hebräisch wohl נָס, vgl. RUDOLPH, BHS) sieht.

44   LXX liest hier ‚die Führer' (οἱ ἡγούμενοι), mutmaßlich אֱיָל (vgl. RUDOLPH, BHS; DUHM, Jeremia, 53).

45   „Weise sind sie zum Bösen, aber Gutes zu tun verstehen sie nicht" (חֲכָמִים הֵמָּה לְהָרַע וּלְהֵיטִיב לֹא יָדָעוּ).

Frau Zion, die nun in V. 20b, eingefügt über die Wiederaufnahme der Wurzel שׁדד, den Verlust ihrer ‚Zelte' beklagt.[46] Dieser Stufe könnte auch V. 21 zuzuschreiben sein. Er nimmt 4,5 f. auf, schließt sich über die ‚Stimme der Posaune' an 4,19b an, unterscheidet sich jedoch von beiden Geberstellen durch die Sprechhaltung. Während in 4,5 f. Vorkehrungen gegen das unabwendbare Unheil angemahnt werden und 4,19 sein Eintreffen beklagt, hat 4,21, eingeleitet mit der klagetypischen Wendung עַד־מָתַי,[47] die Bitte um seine Aufhebung im Blick.

Die Antwort JHWHs folgt in der Ergänzung von 4,22. Er hört offensichtlich in der vorhergehenden Klage vorrangig die Stimme des ganzen Volkes, begründet dessen schlechten Zustand in weisheitlicher Sprache[48] und gibt ihm auf diese Weise zugleich implizit eine Möglichkeit zur Umkehr an die Hand: Erkenntnis JHWHs und somit auch das Tun des Guten lassen sich mit der richtigen Grundeinstellung schließlich erlernen.[49]

Damit ist diese Lesart der Klage von 4,19–22 der kollektiven Deutung der zweiten Konfessionenfortschreibung in Kapitel 14–15 nicht unähnlich. Auch hier wird die Bitte des Israel-Jeremia zunächst abgelehnt, zuletzt aber, an die Umkehrforderung geknüpft, die Heilswende in Aussicht gestellt.[50]

Der klagende Jeremia von 4,19.20a wurde also, vorbereitet durch seine Deutung als Stimme der Frau Zion mit 4,18.20b.21, schließlich über den Eintrag von 4,22 als Repräsentant des klagenden Gottesvolkes

---

46   Ehrlich möchte hier den Singular lesen, „weil der personifizierte Staat nur ein einziges Zelt haben kann" (EHRLICH, Randglossen, 250). Aufschlußreich ist sein Verweis auf Jes 54,2, einer späten Zion-Fortschreibung (vgl. KRATZ, Kyros, 87; für Steck geht Jes 54,2–4 unter Vorbehalt auf das Konto einer heilsgeschichtlich orientierten großjesajanischen Gesamtredaktion, vgl. STECK, Jesaja 62,10–12, 157). Hier wird die Angeredete aufgefordert, ‚ihr Zelt' auszuweiten, um der Fülle ihrer Nachkommen Raum zu schaffen – das Gegenbild zu Jer 4,20; 10,20 wird gezeichnet.

47   Vgl. WESTERMANN, Struktur, 53.

48   Das Volk ist ‚töricht' (אֱוִיל), besteht aus ‚Kindern, Toren' (בָּנִים סְכָלִים), die nicht verstehen (בִין) und ‚weise zum Bösen' sind – kurz, es erkennt JHWH nicht (אוֹתִי לֹא יָדָעוּ) – der Vers ist getränkt mit weisheitlicher Terminologie. Werner sieht hierin „Ähnlichkeiten mit dem nachexilischen Moselied Dtn 32,6.28" (WERNER, Jeremia 1–25, 76). Das ist der Sache nach richtig, die Wortwahl ist jedoch beide Male eine andere. Wenn er schließlich erwägt, V. 22 mit 19–21 auf eine Stufe zu stellen und das ganze „als ein Stück nachexilische Prophententheologie" (ebd.) zu deuten, begibt sich in die Gefahr, das Kind mit dem Bade auszuschütten. Der sekundäre (oder tertiäre) Charakter von 4,22 steht außer Zweifel (anders jedoch BULTMANN, Grausamkeit, 280 f., der das Gedicht von 4,22 im „kulturellen Kontext Judas um 600 v. Chr." [ebd., 280] lokalisiert).

49   Vgl. Prov 1,7 als eine Art Gegenstück zu Jer 4,22.

50   Vgl. S. 135 f.

Israel gesehen – und erfuhr somit einen ähnlichen Wandel wie der Sprecher der Konfessionen.

7.2.2 Jer 6,9–15

Ein wenig anders stehen die Dinge in Kapitel 6. Der Vers, der für die hier erörterte Fragestellung von besonderem Interesse ist, der Ausruf von 6,10, wurde oben in seinem Verhältnis zu 20,8 bereits angesprochen und die Affinität des ganzen Abschnittes 6,9–15 zu den Konfessionen insgesamt festgestellt.[51]

Ihn selbst in seinem Kontext zu verstehen, ist jedoch nicht ganz einfach. Er folgt auf den Aufruf Gottes, einem Winzer gleich – und entgegen der für diesen nach dem Deuteronomium geltenden Sozialgesetzgebung[52] – ‚genaue Nachlese‘ (עוֹלֵל יְעוֹלְלוּ) zu halten. Bereits dieser Auftrag aber ist mehr als unklar. Während in V. 9b eindeutig eine Einzelperson angesprochen wird, die wie ein Weingärtner Hand an die mutmaßlichen ‚Ranken‘[53] legen soll, ist es in der ersten Vershälfte eine Pluralgruppe, die aufgefordert wird. Gewöhnlich konjiziert man hier zum Singular,[54] doch geschieht dies ohne jeden Anhalt in der Überlieferung[55] – man muß sich also mit zwei verschiedenen Subjekten arrangieren. Was ist ferner die syntaktische Rolle des ‚Restes Israels‘? Üblicherweise versteht man ihn als Objekt der Nachlese in dem Sinne, daß sie ‚an ihm‘ gehalten werden solle. Doch meint dies wiederum eine weitere Dezimierung des Restes[56] oder eine Auswahl aus diesem zum Guten?[57] Für ersteres spräche die sonstige Verwendung der Metapher: Die ‚Nachlese‘ von Jdc 20,45 etwa bedeutet den Tod von weiteren 5000 Benjaminiten, und wenn in Jer 49,9 die ‚Winzer‘ über Ammon und in Ob 1,5 über Edom kommen, dann ist dort eine solche nur deshalb nicht nötig, weil die Vernichtung bereits umfassend geschehen ist.

V. 10 spricht dagegen für eine bedingt heilvolle Deutung: Der Einwand des Propheten, er wisse nicht, an wen er sich wenden solle, ist

---

51 Vgl. S. 246, n. 149.

52 Vgl. Dtn 24,21: „Du sollst keine Nachlese halten" (לֹא תְעוֹלֵל אַחֲרֶיךָ); vgl. auch, im Heiligkeitsgesetz, Lev 19,10. Dieser Aspekt wird von FISCHER, Jeremia 1–25, 267 besonders hervorgehoben. Wenn man ihn jedoch zu stark belastet, läuft man Gefahr, sich zu schnell auf eine einseitig unheilvolle Interpretation der Nachlese von Jer 6 festzulegen.

53 Das Wort סַלְסִלָּה ist ein *hapax legomenon*.

54 Vgl. u.a. RUDOLPH, BHS; VOLZ, Studien, 47; MCKANE, Jeremiah I, 145.

55 Vielmehr hat LXX den Plural auch auf 6,9b ausgeweitet.

56 Vgl. FISCHER, Jeremia 1–25, 267.

57 Vgl. u.a. WEISER, Jeremia, 54; WANKE, Jeremia 1, 80.

nur dann sinnvoll, wenn sein Auftrag nicht in der Ansage des restlosen Untergangs besteht, sondern zumindest eine Möglichkeit zur Rettung bereithält.

Die Alternative wird noch dadurch erschwert, daß ihre Voraussetzung, es sei in 6,9a von einem *am* Rest Israels durchzuführenden Auswahlverfahren die Rede, ebenfalls nicht zwingend ist – es sei zum Guten oder zum Schlechten. Eine Präposition, die dies eindeutig machen würde, findet sich im Text nicht.[58] Es wäre darum auch durchaus denkbar, den ‚Rest' insgesamt als Akkusativobjekt zu betrachten,[59] also ihn als Ergebnis der Nachlese vom sonstigen Israel rettend abzuheben – oder gar in ihm das angesprochene Subjekt zu sehen, das diese laut dem Imperativ durchführen solle. Damit schließlich hätte man eine plausible Erklärung für die Pluralform gefunden.[60]

So oder so – die Unterschiede zwischen 6,9a und 6,9b sind offensichtlich. Duhms Ansatz, den Großteil des ersten Halbverses als Glosse zu betrachten, ist demnach aufzugreifen und fortzuführen: 6,9a ist insgesamt eine spätere Ergänzung, die den ‚Rest Israels' mit der Winzermetapher von 6,9b zusammenbringt.

Anhand ihrer entspinnt sich nun ein kleiner Dialog zwischen JHWH und Jeremia. Letztgenannter beklagt, zweimal, und in V. 10aβ und 10b je unterschiedlich begründet, seine Botschaft finde kein Gehör, weshalb er, so V. 11, voll des göttlichen Zornes sei. Den soll er nun, so fordert in einem weiteren göttlichen Imperativ V. 11aβ auf, ausschütten[61] – über die jungen Männer und die ‚Kinder' (עוֹלָל) auf der Straße, die wohl einem Wortspiel mit der Nachlese von V. 9 (עוֹלֵל יְעוֹלְלוּ) zu verdanken sind.[62]

Es folgen nicht weniger als drei, jeweils mit כִּי eingeleitete Begründungen, bei denen nicht in jedem Fall auf den ersten Blick einsichtig ist, was sie denn eigentlich erklären. V. 11b.12a etwa, die eine allumfassende Deportation mit Verlust des Eigentums beschreiben, haben

---

58 Zwar steht עלל für ‚Nachlese halten' auch in Lev 19,10 mit direktem Objekt, in der Grundbedeutung ‚etwas antun' jedoch mit בְּ (vgl. Ex 10,2; Num 22,29; Jdc 19,25; I Sam 6,6; 31,4; Jer 38,19) oder לְ (vgl. Thr 1,12.22).

59 Vgl. DUHM, Jeremia, 68. Er möchte יְעוֹלְלוּ שְׁאֵרִית יִשְׂרָאֵל als Glosse ansehen, da er im ‚Rest Israels' den „term. technicus der Eschatologie" (ebd.) erkennt. Damit blieben vom ursprünglichen Halbvers jedoch nurmehr zwei Wörter übrig – seine Beobachtung gilt es dennoch nicht aus den Augen zu verlieren.

60 Vgl. Zeph 3,13. Die Stelle ist (neben Jer 6,9) die einzige, an welcher der ‚Rest Israels' nicht entweder als Objekt oder im Nominalsatz vorkommt. Auch hier regiert er als Subjekt ein Prädikat im Plural.

61 Mit MT. In der Septuaginta ist JHWH selbst der Sprecher.

62 In 9,20 wird dieser Viertelvers erneut aufgegriffen und im Klagelied, das die Frauen erlernen sollen, als bereits eingetretene Realität beweint.

mit dem Ausschütten des Zornes über die Jugend erst einmal gar nichts zu tun. V. 12b dagegen läßt sich derart verstehen, daß er alle beschriebenen Greuel zusammenfaßt und von einer Ursache, dem feindlich gesinnten Ausstrecken von JHWHs Hand gegen die Landesbewohner, ableitet. Dieses selbst wird schließlich in den Versen 13–15 noch einmal separat auf das soziale Fehlverhalten der gesellschaftlichen Eliten, speziell von Priestern und Propheten, zurückgeführt, die darum, so V. 15bβ, explizit in das Gerichtsgeschehen integriert werden.

Man sieht: An diesem Text wurde gearbeitet. Mehrere Begründungen und eine gewisse Unschärfe zwischen Heils- und Unheilsbotschaft – das sind Indizien für mehrere Schichten. Fraglich ist nun, wo gewissermaßen der Kondensationskeim des Aggregats liege, der alle anderen Elemente als Fortschreibungen erklärbar machte.

Levin findet hier verhältnismäßig viel altes Gut: Er rechnet V. 10a.11b–12a.13a, die auf V. 1–5* gefolgt seien, zur ältesten jeremianischen Spruchsammlung.[63] Bei Lichte besehen ergibt dies jedoch alles andere als einen kohärenten Text: Die Gefangennahme von 11b erklärt die Klage von 10a überhaupt nicht, diese hängt dagegen zwingend am Winzergleichnis von V. 9b, das Levin ausscheidet. Ferner irritiert die doppelte Begründung von 11b.13a, und schließlich ist der postulierte Anschluß von V. 10a an V. 5* keiner – warum sollte der Prophet auf die Pläne der Feinde, gegen Jerusalem zu ziehen, mit dem Ausruf reagieren, daß niemand auf ihn höre?

Dagegen läßt sich eine diachrone Entwicklung dann erklärbar nachvollziehen, wenn man den Kern einmal nicht in der Klage von V. 10a sieht, sondern in einer, zugegebenermaßen recht kurzen, Aufforderung zu einer symbolischen Handlung: Der Prophet soll, so V. 9b, *seine Hand* hin- und herbewegen wie ein Winzer an den Reben. Zwar erfährt man, wie auch in Kapitel 16 und 19, nichts von einer Ausführung, aber die Deutung folgt auf dem Fuße, nämlich in V. 12b: „denn ich werde *meine Hand* ausstrecken gegen die Bewohner des Landes, Spruch JHWHs."[64] Die Weinstockmetapher ist hier bar jeder positiven Konnotation, es geht ihr in diesem Kernbestand ausschließlich um den Aspekt des stutzenden, entfernenden Eingreifens.[65]

---

63 Vgl. LEVIN, Verheißung, 153, n. 22.

64 Vgl. 6,9b: הֵשֵׁב יָדְךָ כְּבוֹצֵר mit 6,12b: כִּי־אַטֶּה אֶת־יָדִי.

65 Anders u.a. Häusl, die V. 9 als Einheit und „sekundär" (HÄUSL, Bilder, 196) ansieht. Ihrer Meinung nach unterbreche der Vers eine ältere Verbindung von V. 8 und 10 (vgl. ebd., 197). Eine solche ist aber kaum wahrscheinlich: In V. 8 wird *Jerusalem* mit der Forderung angeredet, sich zu bessern – die Stadt ist aber kaum Sprecherin der Klage, kein Gehör zu finden, von V. 10. Diese ist nur mit dem Subjekt Jeremia sinnvoll – und als solches wird er in V. 9b beziehungsweise mit der Botenspruchformel von V. 9aα eingeführt.

Als solche wird sie zunächst weitergesponnen: Die vorgeschaltete Begründung V. 11b erklärt genau dieses *tertium comparationis* näher: Männer wie Frauen werden in die Gefangenschaft verschleppt, also, den abgeschnittenen Zweigen gleich, vom Weinstock getrennt.

Erst in einem nächsten Schritt wird dieses Geschick mit dem Verhalten des Volkes begründet: Der Dialog zwischen Prophet und Gott wird mit 10a.11a eingeschoben. Durch ihn wird am Gleichnis nun der auswählende Aspekt hervorgehoben: Jeremia soll gewissermaßen ‚gute Trauben‘ suchen, die es zu bewahren gelte, er kann aber keine finden, das Volk ist verstockt. Hier tritt der Prophet nicht mehr primär als Künder dräuenden Unheils, sondern bereits als (abgelehnter) Umkehrprediger auf.

Diese Verstockung, die die Adressaten seiner Botschaft daran hindert, als Früchte des Weinstocks geerntet zu werden, fußt, so wissen es schließlich die Verse 13–15, in der allumfassenden moralischen Korruption nicht zuletzt der gesellschaftlichen Würdenträger.

Mit diesem Anhang hat der Text die Stufe erreicht, wie sie auch seine Neuaufnahme in 8,10–13 (in LXX nur 8,10.13) widerspiegelt. Hier sind in 8,10 beide Begründungen aus 6,12a und 6,13 miteinander verschmolzen. In 8,13 tritt JHWH nun selbst als Winzer auf, nicht jedoch um Gutes zu finden, sondern um den Weinstock gänzlich zu verheeren.

Die letzten beiden Eintragungen in 6,9–15* schließlich sind es, die das Jeremiabild des Klagenden von V. 10 im Sinne der Konfessionenfortschreibungen verändern.

V.10b, die Anspielung auf 15,16a und 20,8b, läßt, anders als der vorhergehende Viertelvers, nicht mehr die Umkehrbotschaft an den unbeschnittenen Ohren der Hörer abprallen, sondern diese intentional das ‚Wort JHWHs‘ verweigern, dessen frommer und gerechter Promulgator der Prophet geworden ist.[66]

Neben dieser Ergänzung, die der kollektiv-exemplarischen Redaktion der Konfessionen vergleichbar ist, bringt V. 9aβ zu guter Letzt den ‚Rest Israels‘ ins Spiel[67] – sei es als zu rettende Größe, die bei der ‚Nachlese‘ gewonnen wird, sei es, daß sie diese selbst durchführen soll. In beiden Fällen wird der Klagende von V. 10 zu ihrem Repräsentanten, der an seiner Aufgabe zu verzweifeln droht – aber gewiß sein kann, daß das wahre Israel in 20,13 und 31,7 den Lobpreis auf seine Rettung anstimmen können wird. Man hört den Ton der zweiten kollektivierenden Fortschreibungsschicht.

---

66   Vgl. S. 246, n. 149.
67   „Diesen Rest bilden die Frommen der Gemeinde des zweiten Tempels" (PERLITT, ATD 25.1, 142 zu Zeph 3,13).

7.2.3 Jer 8,18–23

In Kapitel 8 sind die Verhältnisse offensichtlicher und daher auch weniger umstritten. In dem Stück, das von Rad als Einheit ansieht und zur Gruppe der Konfessionen dazurechnet,[68] klagt in V. 18 zunächst eine erste Person Singular, mutmaßlich der Prophet,[69] darüber, daß ihr Schmerz unheilbar sei.[70] Erklärt wird dies aber zunächst nicht mit einer schweren Verwundung, sondern durch eine kleine Volksklage, die für den Sprecher in V. 19 ,aus der Ferne' oder aber ,weit und breit'[71] erklingt. Die Antwort JHWHs läßt nicht auf sich warten. Ebenfalls in klagendem Duktus, eingeleitet mit ,warum' (מַדּוּעַ), wird der bedauernswerte Zustand auf den göttlichen Zorn und dieser wiederum auf die Verehrung von ,fremden, nichtigen Götzen'[72] zurückgeführt. So ist es nicht länger Jeremia, der weint, sondern Gott selbst. Nachdem in V. 20 noch einmal das Volk im Plural das Ausbleiben von Hilfe beklagt hat, erscheint nun er ebenfalls vom Schlag, mit dem es getroffen ist, überwältigt zu sein und vermißt, die Stimme des Propheten übernehmend, schmerzlich das Fehlen eines Arztes.

Wieder vereinen sich ganz offensichtlich in der Person des Klagenden mehrere Gestalten, und wieder ist dieser Umstand wohl auf unterschiedliche literarische Schichten zurückzuführen. Ist es zunächst Jeremia, der in 8,18 den unheilbaren Schlag gegen sein Volk von 8,21 mitleidend als unstillbaren Schmerz darstellt und in V. 22 f. die Ausweglosigkeit der Situation im Lande betrauert, so ergreift in V. 19a.20

---

68 Vgl. VON RAD, Konfessionen, 227 f.

69 Biddle hört freilich im ganzen Abschnitt niemals seine Stimme, sondern sieht hier einen Dialog zwischen JHWH und seinem Volk (vgl. BIDDLE, Polyphony, 30).

70 Laut MT geht in 8,18 „meine Erheiterung über Elend" (מַבְלִיגִיתִי עֲלֵי יָגוֹן). Während Luther dem folgen möchte (,,Da wil ich mich meiner mühe vnd meines hertzenleides ergetzen" [LUTHER 1545]), betrachtet Duhm das erste Wort des Verses zurecht als „unverständlich" (DUHM, Jeremia, 92). Bereits Michaelis hatte erkannt, daß sich die Septuagintalesart, die im Neutrum Plural von ,unheilbaren [Dingen]' (ἀνίατα) spricht und diese möglicherweise noch auf die Natternbisse von 8,17 bezieht, erklären läßt, wenn man das erste hebräische Wort in zwei teilt – er denkt an בְּבְלִי נֶהָה (vgl. MICHAELIS, Observationes, 83), Giesebrecht und Duhm an מִבְּלִי נֶהָה (Vgl. GIESEBRECHT, Jeremia, 55; DUHM, Jeremia, 92. Ersterer möchte jedoch nach dem MT „[w]o finde ich Erheiterung beim Kummer" [GIESEBRECHT, Jeremia, 55] lesen, letzterer LXX übernehmen). Rudolph schlägt מִבְּלִי נְהֹת vor (vgl. RUDOLPH, BHS). Dieser Lesart ist zu folgen (vgl. MCKANE, Jeremiah I, 194).

71 Je nachdem, wie man מֶרְחַקִּים übersetzt, hat man damit entweder „supported by the versions" (MCKANE, Jeremiah I, 195) die Verbannung im Blick oder, gestützt auf Jes 33,17, ein „Land weiter Ausdehnungen" (DUHM, Jeremia, 92; vgl. auch WANKE, Jeremia 1, 103), „denn vom Exil kann nicht die Rede sein" (DUHM, Jeremia, 92).

72 בְּפִסְלֵיהֶם בְּהַבְלֵי נֵכָר.

die ‚Tochter meines Volkes' im Plural selbst das Wort, indem sie, ähnlich wie in 14,19, an JHWHs Sorge für den Zion appellieren.

Doch wie auf die Volksklage von 14,19–22 das definitive Fürbittenverbot von 15,1 folgt, so ist auch hier die Stimme Gottes, die in V. 19b eingetragen wird, ablehnend. Zwar stimmt auch sie in die Klage ein, doch gibt sie zugleich die Begründung für ihre Abweisung. Dem Ausruf von 8,22 „Warum (מַדּוּעַ) kommt nicht Heilung herauf der Tochter meines Volkes?", stellt sie die rhetorische, die Antwort gleich integrierende Frage entgegen: „Warum (מַדּוּעַ) haben sie mich erzürnt mit ihren nichtigen, fremden Götzen?" JHWH erscheint hier zuletzt, indem er die Rolle des Sprechers übernimmt und somit an dem von ihm verhängten Urteil selbst leidet, als Gefangener seines eigenen gerechten Zornes.

‚Götzen' sind aber nicht der einzige Grund für das Gericht. Vermutlich ein wenig älter als der Einschub von 8,19b ist bereits die Fortsetzung von 9,1–5, die ebenfalls Gott zum Klagenden macht und, ganz ähnlich wie im erstgenannten Fall, an eine Frage des älteren Bestandes anknüpft. Bei ihr ist es indes nicht das ‚warum' von 8,22, sondern das ‚wer' von 8,23. „Wer gibt (מִי־יִתֵּן) meinem Haupte Wasser?", fragt dort zunächst der Prophet, um alsbald von JHWH abgelöst zu werden, der nach einer Bleibe außerhalb seines Tempels sucht: „Wer gibt mir (מִי־יִתְּנֵנִי) in der Wüste eine Herberge für Wanderer?"[73] Der Grund für dieses Bestreben auszuwandern – in 12,7 wird es dann durchgeführt sein – liegt, nach 9,2–5, in der moralischen Verkommenheit der Bevölkerung. Treu und Glauben selbst zwischen Freunden und Verwandten sind dahin.

Die Beobachtung der Ähnlichkeit zwischen der durch V. 19a.20 kollektivierten Prophetenklage und dem Volksklagestück 14,19–22 lenkt nun den Blick nicht nur auf ihre Fortsetzung durch 9,1–5, sondern auch auf das vorangehende Stück 8,14–17. Zwischen den Kohortativ von V. 14a, der zur – letzten Endes vergeblichen – Flucht in die Städte (אֶל־עָרֵי) aufruft und seiner Fortsetzung in V. 16, die als Grund den heraneilenden Feind ‚von Dan her' nennt, der das Land und schließlich auch die Städte samt ihrer Bewohner (עִיר וְיֹשְׁבֵי בָהּ) verheeren wird, ist mit V. 14b ein ebenfalls in der ersten Person Plural gehaltenes Sündenbekenntnis aufgenommen worden. Es greift die göttliche Strafe des ‚giftigen Wassers' (מֵי־רֹאשׁ), die von JHWH in 9,14 verhängt werden

---

73　Brueggemann sieht hierin „a close parrallel to Psalm 55:6–8" (BRUEGGEMANN, Theology, 166). Sie besteht aber bei genauer Betrachtung lediglich darin, daß beide Sprecher, in Jer 9 JHWH, in Ps 55 der Beter, sich in die Wüste aufmachen wollen. Ersterer möchte jedoch sein Volk ‚verlassen' (עזב, Jer 9,1), letzter dagegen ‚fliehen' (נדד, Ps 55,8). Die Situation beider ist gänzlich verschieden.

wird, auf und begründet sie mit eigenen Verfehlungen (כִּי חָטָאנוּ). Die Nähe zu den Volksklagestücken von Kapitel 14 ist offensichtlich. Sie liegt nicht nur in der Form des Sündenbekenntnisses (vgl. 14,7.20), sondern auch im übereinstimmenden Gebrauch der Wassermetaphorik. Das Tränken mit ‚Giftwasser‘ ist die angemessene Strafe für ein Vergehen an JHWH, der ‚Quelle lebendigen Wassers‘ (מְקוֹר מַיִם חַיִּים) von 2,13 (vgl. 17,13). Ihr entspricht die Anrufung Gottes als ‚Hoffnung/ Brunnen‘ (מִקְוֵה יִשְׂרָאֵל) in 14,8 (vgl. 17,13).[74] Gift zu verabreichen, ist schließlich das Gegenteil einer ‚Heilung‘ (רפא), deren Ausbleiben nach V. 15, den Weheruf des singularischen Sprechers von 8,22 antizipierend, durch die Pluralgruppe beklagt wird – in einer Dublette zu 14,19, also auf das engste mit dem zweiten Volksklagestück von Kapitel 14 verbunden.

Diese Form der Strafe paßt freilich auch zum im Kontext bereits vorgegebenen V. 17,[75] in dem von JHWH, einer Plage gleich, giftige Schlangen angekündigt werden, gegen deren Biß es keinen Schutz gibt.

Die Abfolge von 8,14–9,5 erscheint nun als zweifache Klage des sein Volk repräsentierenden Jeremia,[76] deren beide Teile jeweils in einer Antwort JHWHs zurückgewiesen werden – auch hierin ist im kleinen eine Ähnlichkeit zur von der kollektiv-repräsentativen Redaktion geprägten Endgestalt des Abschnittes 14,1–15,21 zu erkennen.[77]

Es gibt somit zwei Argumente, die dafür sprechen, daß der Kern des Klagekomplexes von 8,18–23* analog einer Konfession Jeremias verstanden werden konnte und wurde.

Zum einen wird in der Fortschreibung, die mit den Versen 8,19a.20 und in 8,14b.15 die Klage des Volkes in die des Propheten einträgt, erneut jene Tendenz greifbar, die darauf abzielt, Jeremia zum Reprä-

---

74 Zur Interpretation von מִקְוֵה im Rahmen der Wassermetaphorik, vgl. S. 110 f. und die dort angegebene Literatur.

75 Daß V. 17 als Fortschreibung von 8,14a.16 älter ist als V. 14b.15 läßt sich indes nicht definitiv beweisen. Der Vers ist rätselhaft. Bezieht er sich auf Num 21 (so REVENT-LOW, Liturgie, 192)? Dort ist allerdings von einer anderen Schlangenart die Rede: Nicht נְחָשִׁים צִפְעֹנִים wie in Jer 8, sondern שְׂרָפִים peinigen an dieser Stelle die Israe-liten. Bultmann sieht darum auch keinen Anlaß, „hier eine intertextuelle Beziehung zu Num 21,4–9 [...] zu konstruieren" (BULTMANN, Grausamkeit, 288, n. 41). Er nimmt die Giftschlangen als „eine assoziativ ergänzte Variante des Motivs" (ebd.) von V. 14, macht sie also jünger als das Volksklagestück (vgl. MCKANE, Jeremiah I, 192 f.). Möglicherweise erklären sie sich jedoch am besten als aus einem Wortspiel erwach-sen: Die Flucht vor dem Feind aus dem Norden (צָפוֹן), zu der V. 14a.16 aufrufen, läßt diesen dem entsprechenden Ergänzer als von JHWH gesandte ‚Schlangen‘ (צִפְעֹנִים) erscheinen (vgl. REVENTLOW, Liturgie, 193, n. 318).

76 Vgl. REVENTLOW, Liturgie, 191.193. Er siedelt diese Endgestalt freilich auf der Ebene des Historischen Jeremia an.

77 Vgl. S. 135 f.

sentanten des leidenden wahren Israel zu kollektivieren. Zum anderen wird der Zusammenhang von 8,14–9,5 in besonderem Maße von allen drei Konfessionenschichten rezipiert.

Die ,unheilbare Wunde', die der Jeremia von 15,18 beklagt, ist, von der Warte der Konfessionengrundschicht aus gesehen, keine andere als die von 8,18.21–23 (und 10,19).

Das tückische Treiben der רְשָׁעִים von 12,1–6* ist für kollektiv-exemplarische Leser das gleiche wie dasjenige der Pluralgruppe von 9,1–5: Es wird ,treulos gehandelt' (בגד, 9,2, vgl. 12,1), hier kennt man JHWH nicht (9,2), dort ist er ,fern ihrer Nieren' (12,2) – selbst den Brüdern kann man nicht mehr trauen (9,3 f.; 12,6).

Der Wunsch JHWHs von 9,1 auszuwandern, wird schließlich im ersten Volksklagestück von Kapitel 14 aufgenommen. Die Frage „warum bist du [...] wie ein Wanderer (כְּאֹרֵחַ), der sich nur zum übernachten niederläßt?" von 14,8 reagiert auf seine Suche von 9,1 nach einer Herberge (מְלוֹן אֹרְחִים) in der Wüste.[78] Die kollektiv-repräsentative Schicht, das zeigen auch die direkten Verbindungen zu 8,14b.15, geht also in Kapitel 14 auf die ablehnende Antwort JHWHs erneut ein, die dieser ihrem Israel-Jeremia von 8,19–23 in 9,1–5 und 8,17 erteilt hat.

7.2.4 Jer 10,19–25

In Kapitel 10 tritt nun die vermutete sukzessive Uminterpretation der älteren Weherufe im Jeremiabuch im Sinne der Konfessionenfortschreibungen vielleicht am deutlichsten zutage. In mancher Hinsicht ähneln die Verhältnisse hier denen von 4,19–22. Wie dort, so ist auch hier der klagenden Stimme, die ursprünglich wohl als die des Propheten gehört werden wollte, mit V. 17 eine Anrede an die 2. Person Femininum Singular, also Frau Zion, vorgeschaltet worden. Erneut wird sie dadurch zu derjenigen gemacht, die in den Versen 19–25 ihren Schmerz ausbreitet – nachdem mit V. 18 zunächst noch ein Gerichtswort über die ,Bewohner des Landes' ergangen ist.[79]

---

78 Die Wurzel ארח begegnet nur an diesen beiden Stellen im Jeremiabuch.

79 LXX möchte hier offenbar weiterhin die gleiche Adressatin erkennen wie in 10,17. Statt des masoretischen לְמַעַן יִמְצָאוּ, „damit sie finden", das in der Regel zum Nifal umvokalisiert wird (vgl. RUDOLPH, BHS; MCKANE, Jeremiah I, 229, der das Wort zudem, Driver folgend, von מצה ableitet [vgl. DRIVER, Problems, 107] und „until they are squeezed dry" [MCKANE, Jeremiah I, 228] übersetzt), hat sie ὅπως εὑρεθῇ ἡ πληγή σου, „damit dein Schlag gefunden werde" – das entspräche etwa יִמְצָא אֹנֵךְ (vgl. DUHM, Jeremia, 104). Michaelis beläßt das Qal, übersetzt jedoch, unter Berufung auf Lev 9,12; Num 11,22; Jes 10,10 „ut ad metam perveniant"– ,damit sie ans Ziel gelangen' (MICHAELIS, Observationes, 100, kursiv wie im Original; vgl., ihm

Dann aber ist das Thema, wie schon in 4,19; 8,18.21–23 wieder die unheilbare Wunde, die der Sprecher zunächst in 10,19 beklagt, und die in V. 22 mit der Kunde vom Kommen des Feindes aus dem Norden wenn nicht begründet, so doch erklärt wird.[80]

Wie in 4,20b korrespondiert auch hier eine Ergänzung innerhalb der Klage mit der vorangestellten Femininum-Anrede: Erneut wird in V. 20, nun von der mutmaßlich weiblichen Sprecherin, die Zerstörung ihres Zeltes und, über 4,20 hinausgehend, der Verlust ihrer Söhne beweint.

An diese nomadenhaft-pastorale Bildwelt knüpft nun mit V. 21 ein begründender Einschub an, der das eingetretene Unheil auf die fehlende Frömmigkeit der ‚Hirten' zurückführt und offensichtlich bereits 23,1 rezipiert.[81] Duhm sieht den Stimulus für diese Ergänzung in der LXX-Lesart von 10,20, die neben den Söhnen auch die ‚Schafe' (πρόβατα) erwähnt, deren Existenz sich dadurch erklären läßt, daß die Übersetzer in ihrer Vorlage statt des masoretischen יָצָאֻנִי wohl וְצֹאנִי gelesen haben.[82] Es ist aber eher wahrscheinlich, daß diese griechische *lectio facilior* mit ihren ‚Schafen' bereits eine Reaktion auf die ‚Hirten' von V. 21 ist und nicht deren Voraussetzung. Diese könnte dagegen darin zu suchen sein, daß in den ‚Zeltbespannungen' (יְרִיעוֹת) von V. 20 fälschlicherweise die Wurzel רעה erkannt oder assoziiert wurde, der man umgehend eine Aussage über die ‚Hirten' (רֹעִים) nach 23,1 folgen lassen wollte.

Interessanter als diese Einschreibung sind für die gegebene Fragestellung jedoch die folgenden Verse 23–25, die Hölscher bereits als erste der eigentlichen Konfessionen ansieht.[83] Zwei Anliegen werden in ihnen durch den Sprecher vorgetragen. Zum einen bittet er,

---

folgend, BARTHÉLEMY, Critique Textuelle 2, 547). Der Text ist in der Tat „in einem fürchterlichen Zustande, sodass man kaum den Mut hat zu übersetzen" (DUHM, Jeremia, 103); unbeschadet davon ist der Genus- und Numeruswechsel im masoretischen Text jedoch klar erkennbar und gegenüber seiner Verschleifung durch LXX beizubehalten.

80   Für Schmid ist 10,22 „wahrscheinlich ein Nachtrag" (SCHMID, Buchgestalten, 122, n. 316, unter Berufung auf CARROLL, Jeremiah, 262, der in dem Vers allerdings ein – wohl jeremianisches – „fragment" [ebd.] sieht). V. 21 möchte Schmid dagegen offensichtlich auf der gleichen Ebene ansetzen wie 10,19 f. (vgl. SCHMID, Buchgestalten, 122.126). Hinter dieser Entscheidung steht vermutlich sein Ziel, eine Inklusion zu 30,18–21 zu entdecken (vgl. ebd.). Dem literarkritischen Blick auf Kapitel 10 stellen sich die Dinge anders dar. Es gibt wenig Anlaß, den Weheruf von V. 19 und die Kunde über den Feind aus dem Norden von V. 22 zu trennen, einen guten Grund dagegen, V. 21 als „interpretierende Bemerkung" (WANKE, Jeremia 1, 116) jünger einzustufen (vgl. schon DUHM, Jeremia, 105). Der Vers setzt bereits 23,1 voraus.

81   In 23,1 zerstreuen die Hirten die Schafe der Herde (מְפִצִים אֶת־צֹאן מַרְעִיתִי), in 10,21 *ist* die Herde bereits zerstreut (וְכָל־מַרְעִיתָם נָפוֹצָה).

82   Vgl. DUHM, Jeremia, 105.

83   Vgl. HÖLSCHER, Profeten, 396.

nachdem er in V. 23 ein Zeugnis seiner Demut abgelegt hat, in V. 24 darum, von JHWHs Zorn, den er als ‚Züchtigung' interpretiert (vgl. יַסְּרֵנִי), im rechten Maß getroffen und nicht ganz zunichte gemacht zu werden, zum anderen, so V. 25, soll dieser Grimm (ganz und gar) auf die ‚Heiden' (עַל־הַגּוֹיִם) ausgegossen werden.

Es liegt angesichts dieser unterschiedlichen Aussagen zum göttlichen Zorn nahe, hier zwei verschiedene Stimmen zu hören.[84] Die erste ist eine weisheitliche. Ihr ist die fromme Maxime vertraut, daß für den Menschen nicht die Möglichkeit zur vollkommenen Selbsterkenntnis und Schicksalsgestaltung besteht – es ist JHWH, der hier lenkend eingreift.[85] Diese Vorstellung einer Art *gubernatio Dei* begrenzt die Verantwortlichkeit für das eigene Tun und somit auch für das Sündigen. Erfahrenes Leid kann gleichwohl als gerechte Strafe gedeutet werden, jedoch nur in einem begrenzten Maß – Sinn kann ihm dann zukommen, wenn es pädagogisch interpretabel ist. Genau dies unternimmt V. 24, zeigt aber zugleich die Grenzen dieser Art von Theodizee auf: Der *usus paedagogicus* des Leidens ist nur dann sinnvoll, wenn der Betroffene noch in der Lage ist, die richtigen Lehren daraus zu ziehen, das heißt, wenn er nicht ganz und gar ‚klein gemacht wird' (מעט, 10,24).[86] Andernfalls wäre das rechte Maß überschritten, die Strafe לֹא בְמִשְׁפָּט. Die Aussage ist eine ganz ähnliche wie in Jer 17,9 f.[87] Der Mensch kann weder sein Herz, noch seine Schritte restlos ergründen – anders als JHWH, der über beides gerecht urteilen soll.

Sowohl an der weisheitlichen Diktion als auch an der behandelten Thematik, der Frage nach der Gerechtigkeit Gottes in seinem richtenden Handeln, wird hier der Jeremia der ersten, kollektiv-exemplarischen Konfessionenredaktion erkennbar.

Dagegen schlägt V. 25 andere Töne an. JHWHs Imperativ von 6,11 aufnehmend, appelliert der Beter nun an ihn, seinen Zorn nicht etwa über die Kinder auf der Gasse, sondern über die Heiden auszugießen.[88] Diese werden, hierin im Gegensatz zum Sprecher von V. 23, der um die Ordnung JHWHs Bescheid weiß (יָדַעְתִּי יְהוָה), als solche charakterisiert, die ihn nicht kennen (אֲשֶׁר לֹא־יְדָעוּךָ). Denn, so die abschließende Begründung, sie haben Jakob gefressen und seine ‚Aue' (נָוֵה) verwüstet – eine weitere begriffliche Reverenz an die Nomaden- und Hirtenmetaphorik von V. 20 f. Der Vers ist nahezu wortgleich mit Ps 79,6 f., und,

84 Vgl. WANKE, Jeremia 1, 116.
85 Vgl. Hi 14,16; 31,4.37; 34,21; Prov 16,9.
86 Vgl. Ps 118,18.
87 Vgl. CARROLL, Jeremiah, 263.
88 Vgl. 6,11 „Gieß [ihn, sc. den Zorn, חֵמָה] aus über die Kinder in der Gasse" (שְׁפֹךְ עַל־עוֹלָל בַּחוּץ) mit 10,25 „Gieß deinen Zorn aus über die Völker" (שְׁפֹךְ חֲמָתְךָ עַל־הַגּוֹיִם).

wie fast immer in solchen Fällen, werden alle drei möglichen Mei-
nungen vertreten, die diesen Umstand erklären könnten.[89] Die formelle
Heimat des Verses ist freilich primär die Volksklage, und die Tatsache,
daß Ps 79 mit den Versen 6 f. deren typische „main features"[90] bietet,
verbunden mit der Beobachtung, daß Jer 10,25 mindestens ein, wenn
nicht zwei Wörter länger und dadurch nicht eben metrisch glätter ist
als Ps 79,6 f.,[91] spricht eher dafür, in letzterem den Ursprung des Verses
zu sehen.

Doch unabhängig von einer Entscheidung in dieser Frage ist offensichtlich, welche Wandlung der Sprecher des Abschnittes durch die
Anfügung des Stückes durchläuft. Sei es ein Zitat, sei es für die Stelle
selbst verfaßt – in ihm spricht wieder die Stimme Israels, die JHWH um
Errettung aus der Macht der ‚Heiden' anfleht. Diese rufen seinen Namen nicht an (בִשְׁמְךָ קָרְאוּ לֹא) – jener aber, der Sprecher, weiß, daß
umgekehrt JHWHs Name über ihm ausgerufen ist (עָלַי שִׁמְךָ נִקְרָא־כִּי,
vgl. 15,16). Hier, im jüngsten Eintrag der Konfession 15, wie dort, in der
letzten Ergänzung von 10,19–25, hört man den Jeremia der kollektiv-repräsentativen Konfessionenfortschreibungsschicht.

Er wird in dieser Rolle schließlich die gewünschte Antwort von
JHWH erhalten: In 30,11 (und 46,28) wird dem ‚Knecht Jakob', dessen
Vernichtung (כלה) in 10,25 Jeremia über die zitierte Psalmstelle hinaus
beklagt hatte, die Restitution verheißen. Sein Leiden diene, wie es der
Beter in 10,23 f. erfleht hatte, nur der maßvollen Züchtigung (וְיִסַּרְתִּיךָ
לַמִּשְׁפָּט), die ‚Völker' (הַגּוֹיִם, vgl. 10,25) jedoch würden schließlich ganz
und gar zerstört werden (כלה).

Diese große Klammer erklärt nicht nur die Einfügung der im
Vergleich zu Ps 79,6 f. überschüssigen Form von כלה in Jer 10,25, sie
zeigt auch, wie der kollektiv-exemplarische Jeremia von 10,23 f. über
die Brücke einer Heilsweissagung an Jakob/Israel als diesen repräsentierende Stimme neu gehört werden konnte. Er, der Israel-Jeremia, ist
schließlich der Leidende Erwählte, an dem JHWH seine Beistandszu-

---

89　Die Priorität der Jeremiastelle vertreten u.a. DUHM, Jeremia, 106; RUDOLPH, Jeremia,
　　76; HOSSFELD/ZENGER, Psalmen 51–100, 450, in Ps 79 sehen umgekehrt die gebende
　　Stelle u.a. NICHOLSON, Jeremiah 1–25, 105; HOLLADAY, Jeremiah 1–25, 344; CARROLL,
　　Jeremiah, 264; SEYBOLD, Psalmen, 314. Reventlow erklärt die Gemeinsamkeit beider
　　Stellen ohne literarische Abhängigkeit, „formgeschichtlich im Sinne fester liturgi-
　　scher Prägung" (REVENTLOW, Liturgie, 204; vgl. auch WEISER, Jeremia, 92; CRAGIE/
　　KELLEY/DRINKARD, Jeremiah 1–25, 163). Damit möchte Reventlow die Einheitlichkeit
　　von 10,19–25 als „Klageliturgie" (REVENTLOW, Liturgie, 198) Jeremias retten. Dies
　　überzeugt nicht.

90　MARTTILA, Collective Reinterpretation, 82.

91　MT hat hier wiederholend eingeschoben „und sie haben ihn gefressen und ihn
　　vernichtet" (וַאֲכָלֻהוּ וַיְכַלֻּהוּ), LXX wiederholt zwar nicht die Wurzel אכל, hat aber mit
　　ἐξανήλωσαν αὐτόν eindeutig ein Äquivalent für das zweite zusätzliche Verb כלה.

sage erfüllen wird, die er bei des Propheten Berufung gegeben hatte: Er wird ‚mit ihm sein, um ihn zu retten'.[92]

In der Septuaginta dominiert schließlich diese jüngste Lesart der Klage von Kapitel 10 ihre älteren Schichten noch stärker als im Masoretischen Text. Sie gleicht den Numerus von V. 24 an den Volksklagestil von V. 25 an und läßt keine Einzelperson, sondern eine Pluralgruppe um Milde bei der Züchtigung bitten.[93]

Alle vier untersuchten Wehklagen im Bereich von Jer 1–10, 4,19–22; 6,9–15; 8,18–23 und 10,19–25 zeigen demnach Spuren von Bearbeitungen, die sie in ähnlicher Weise umprägen, wie die Fortschreibungsschichten es bei den Konfessionen innerhalb von Jer 11–20 unternehmen. Die Vermutung, ihre Existenz im vordersten Buchteil könnte der Grund dafür sein, warum die Verfasser der Konfessionen im eigentlichen Sinne ihre redaktionelle Tätigkeit auf die Kapitel 11–20 beschränkten, gewinnt dadurch an Plausibilität. Wenn nicht nur moderne Forscher wie Ittmann hier „Vorläufer"[94] der Klagegebete des Propheten finden oder deren Authentizität mit Rückgriff auf ihre Verwandtschaft mit jenen zu belegen suchen,[95] sondern bereits die Fortschreiber beide Textgrupen der gleichen Art von produktiver *relecture* unterzogen haben, dann erscheint der Gedanke, auch die Autoren der Konfessionengrundschicht hätten bereits ähnlich gedacht, alles andere als abwegig.

Sie fügten ihren Zyklus vom Leidenden Propheten in fünf Stücken in den Zusammenhang von Jer 12–20 ein, an dessen durch die Zeichenhandlungen geprägte Struktur sie sich anpaßten.

Damit legten sie zugleich einen neuen Rahmen um Kapitel 11–20, der nun den älteren Prolog der Klage JHWHs von 12,7–13, die eine Tempel-Inklusion zur Paschhurepisode von 20,1–6 gebildet hatte, seinerseits umfaßt. Mit den Klagen aus 1–10 steht für sie nun der vordere Buchteil von 1–20 ganz im Zeichen des Leidenden Propheten. Der Gegensatz von besonderer Erwählung und damit verbundenem Leiden, der mit der Berufungszusage von Kapitel 1 geschaffen wird, er-

---

92   Vgl. Jer 1,8.19, „denn ich bin mit dir, um dich herauszureißen, Spruch JHWHs" (כִּי־אִתְּךָ אֲנִי לְהַצִּלֶךָ נְאֻם־יְהוָה) mit Jer 30,11, „denn ich bin mit dir, Spruch JHWHs, um dich zu retten" (כִּי־אִתְּךָ אֲנִי נְאֻם־יְהוָה לְהוֹשִׁיעֶךָ) und 46,28, „denn ich bin mit dir" (כִּי אִתְּךָ אָנִי), sowie 15,21, „denn ich bin mit dir, um dich zu retten und dich herauszureißen, Spruch JHWHs" (כִּי־אִתְּךָ אֲנִי לְהוֹשִׁיעֶךָ וּלְהַצִּילֶךָ נְאֻם־יְהוָה).

93   Vgl. παίδευσον ἡμᾶς und ἵνα μὴ ὀλίγους ἡμᾶς ποιήσῃς mit יַסְּרֵנִי und פֶּן־תַּמְעִטֵנִי.

94   ITTMANN, Konfessionen, 25. Ähnlich sieht Fischer in den Konfessionen die „Weiterführung und Zuspitzung" (FISCHER, Stand, 129, im Original kursiv) der Klagen von Jer 1–10*.

95   vgl. BAUMGARTNER, Klagegedichte, 72–75.

fährt auf diese Weise in der Gestalt des klagenden Jeremia seine Personalisierung. Seine Gebete dienen schließlich als hermeneutischer Schlüssel für die Jeremiaerzählungen von Kapitel 20–45. Über die letzte Konfession, 20,7–13*, werden beide Bereiche, zwei Kettengliedern gleich, miteinander verschränkt.

8. Ergebnisse

Die redaktionsgeschichtliche Untersuchung der Konfessionen Jeremias hat zu dem Ergebnis geführt, in ihnen vergleichsweise späte Einschreibungstexte zu erkennen. Sie setzen ein Jeremiabuch voraus, das im Bereich von Jer 1–20 nicht nur die älteren Weheklagen und die 2. sg. fem.-Schicht, sondern auch bereits die Zeichenhandlungen mit einem Großteil ihrer Fortschreibungen und die von deuteronomistischer Diktion beeinflußten Reden enthält. Darüber hinaus zeigt die Einbettung des primären Stratums ihres letzten Stückes, 20,7–11*, daß sie ebenfalls jünger anzusetzen sind als zumindest ein Großteil des Erzählbestandes der Kapitel 21–45: Die Konfession 20 kennt bereits die Aufnahme von Jer 37 in Kapitel 21.

Als ‚postkonfessionell‘ konnten demgegenüber der Sabbatabschnitt Jer 17,19–27 und die Passagen bestimmt werden, die auch für die Fremdvölker eine heilvolle Endperspektive eröffnen. Dies gilt sicher für 16,19 f., die angekündigte Wallfahrt der Heiden, davon abgeleitet wahrscheinlich auch für die Verse 12,14–17, die eine derartige universale Bekehrung zwar nicht definitiv voraussagen, aber immerhin bereits die Möglichkeit dazu eröffnen. Insbesondere die Predigt über das Halten des Sabbat als buchinterner *terminus ad quem* vermag demnach als Orientierungspunkt für eine ungefähre absolute Datierung der prophetischen Klagen zu dienen. Besteht zwischen ihr und ihrem Geschwistertext in Neh 13 eine reziproke intertextuelle Relation, wie sie Wright ansetzt,[1] so wird man für die Entstehung von Jer 17,19–27 auf die spätere Perserzeit gewiesen. Nicht viel früher, also um das Jahr 400, wird man demnach die Einschreibung der Konfessionengrundschicht zwischen Jer 11 und 20 anzusetzen haben.[2]

Diese Grundschicht etabliert in diesem Rahmen ein Bild von Jeremia als der Personifikation des theologischen Konfliktes zwischen Erwählung und Leiden. Sie schmiegt sich dabei eng an die Struktur an, die ihr zwischen Jer 12 und Jer 20 durch die Abfolge von Zeichenhandlungen und deren gerichtstheologischen Interpretationen bereits vor-

---

1   Vgl. WRIGHT, Rebuilding Identity, 233.
2   Auch angesichts ihrer Rezeption in Jes 53; Ez 3; Ps 1; 31; 69,8; Neh 3,37 wird man sie nicht wesentlich jünger, mit Blick auf das bereits sehr umfangreiche Jeremiabuch nicht deutlich älter machen können.

gegeben wird. Aus der Sicht ihrer Verfasser führt sie damit die Klagen des Propheten fort, die im älteren Bestand von Jer 1–10* bereits vorgefunden werden konnten, und teilt so Jer 1–45 in einen ersten Bereich, der in Kapitel 1–20 die Innensicht des Leidenden Propheten präsentiert, und einen zweiten, der mit den Erzählungen von Jer 20–45 eine Außensicht auf ihn ermöglicht.

Diese Zweiteilung gilt in der Gesamtschau für beide überlieferten Fassungen des Jeremiabuches, für den masoretischen Text ebenso wie für die Seputaginta. Wird in der hebräischen Fassung auf diese Weise der ganze Bereich von Jer 1–45 zusammengebunden, so ist dieser Zusammenhang durch die Mittelstellung der Völkerorakel in Jer[LXX] zwar auseinandergezogen, kann aber ebensogut als Inklusion über das ganze Prophetenbuch gedeutet werden. Den Klagen am Anfang steht hier die Passionsgeschichte am Ende gegenüber.

Eine Antwort auf die vielbehandelte Frage, welche der beiden Buchfassungen die ältere Anordnung der Texte widerspiegele,[3] läßt sich anhand der Konfessionen darum nicht geben. Allerdings ist zu beobachten, daß der Bogen der Jeremialegende, der von Kapitel 21 nach Kapitel 34; 37 und 38 gespannt wird, in der Septuaginta durch den Block der Fremdvölkerweissagungen zwischen Jer 25,14 und 33,24 LXX (Mt 26,24) auf das äußerste gedehnt wird. Dieser Umstand spricht tendenziell eher dafür, in der Anordnung der Kapitel nach der masoretischen Fassung die ältere Variante zu sehen.[4]

Diese Konfessionengrundschicht zeichnet in Jer 11,18–23; 15,15–16a.17–20; 17,14–18; 18,18–19.20b–23; 20,7.8b–11 einen Jeremia, der aufgrund des ausbleibenden Gerichts Gottes als Falschprophet erscheint und verfolgt wird. Aus diesem Grunde klagt er vor JHWH, um diesen zur Einhaltung der Beistandszusage zu bewegen, die an die Berufung in 1,8.19 gekoppelt war.

---

3 Vgl. für die altere Diskussion HUBMANN, Bemerkungen; für die jungere Debatte SCHMID, Buchgestalten, 13–23.

4 Vgl. in diesem Sinne SCHMID, Buchgestalten, 311–319.375 f. Er begrundet seine Entscheidung allerdings mit der Theorie vom ursprunglichen Anschluß des Deuterojesajabuches an Jer 50 (vgl. dazu KRATZ, Anfang II, 259). Dieses Argument zweiter Ordnung (es basiert selbst bereits auf einer These) erganzt die primare Textbeobachtung zu den Jeremiaerzahlungen. Die andere Meinung, Jer[LXX] biete die ursprungliche Stellung der Volkerorakel vertritt in der jungeren Forschung u.a. HUWYLER, Volker, 60.347.386. Er begrundet dies mit dem Kolophon 25,13 und den Uberschriften 46,1 und 25,14 LXX (vgl. ebd., 373–375). Wie das traditionelle Argument, die Volkerorakel seien einst von der ‚Becherperikope' 25,15–38 MT abgeschlossen worden (vgl. ebd., 365; dagegen: ROFÉ, Arrangement, 397), sind jedoch auch seine Beobachtungen zu den Uberschriften nicht uberzeugend. Sie konnen in beide Richtungen interpretiert werden.

Die dort zugesagte Rettung des Beters kann folglich nur dann geschehen, wenn die durch Jeremia ergangenen göttlichen Weissagungen
eintreffen, das Gericht also tatsächlich über das Volk hereinbricht. Mögen auch die Verfasser dieser Texte in den Klagen der Kapitel 4; 6; 8
und 10 bereits ihren Jeremia gesehen haben, so ist doch festzustellen,
daß beide ein kategorialer Unterschied voneinander trennt. Der ältere
klagt darüber, das dräuende Unheil vorausahnen und geradezu am
eigenen Leibe antizipieren zu müssen, der Konfessionenjeremia dagegen leidet an seiner Verzögerung. Zwischen beiden liegt eine radikale
Uminterpretation des Gerichtsgedankens von einem Gegenstand der
Drohung zu einem Objekt der Hoffnung.

Im Verlaufe des Buches wird dieser Konfessionenjeremia bestätigt
werden. Es ist die Eroberung Jerusalems durch die Babylonier, die seiner Gefangenschaft in Kapitel 39 ein Ende setzt und seine ‚Verfolger
beschämt'. Dies vor Augen, schließt der Zyklus mit dem Vertrauensbekenntnis von 20,11.

Zwei Fortschreibungsschichten knüpfen an die heilvolle Bedeutung
des Gerichts für den Beter an, gestalten ihn selbst aber im Sinne einer
fortschreitenden Kollektivierung um. Eine erste Konfessionenredaktion
interpretiert ihn, auf weisheitliche Sprache und Denkmuster zurück-
greifend, als den Leidenden Gerechten, der das Wohlergehen der Frevler beklagt und Gott wegen dieses Gerechtigkeitsdefizits in der Welt
anklagt. Der Prophet wird zur Identifikationsfigur der sich unterdrückt
wissenden Frommen – jedoch ist diese Beziehung anders zu bestimmen
als gemeinhin üblich. Nicht *sie* können sich im Leiden Jeremias wiederfinden, sondern *er* identifiziert sich in seinen Klagen mit *ihnen*. Auch
dieser Jeremia ist sich, nach 20,12, sicher, die göttliche Vergeltung zu
erleben. Die nötige Korrektur des kosmischen Ungleichgewichts, die sie
bedeuten muß, ist jedoch mit der Befreiung des Propheten aus der Haft
noch nicht erfolgt. Dies muß auf einer höheren Ebene geschehen, an
dem Tage, an welchem JHWHs Zorn über die Köpfe der nach 12,1 un-
verdienterweise prosperierenden Frevler (רְשָׁעִים) ausgeschüttet wird.
Dies wird nicht beim Gericht über Jerusalem, sondern, nach Jer 30,23 f.
(und 23,19 f.), in einem weit größeren, engültigen Rahmen geschehen.

Einen ähnlichen finalen Akt zur Lösung des Konfliktes von Leiden
und Erwählung visiert auch die zweite Konfessionenfortschreibungsschicht an. Für sie ist Jeremia nicht primär der Leidende Prophet und
auch nicht der paradigmatisch Leidende Gerechte; sie sieht in ihm die
Verkörperung des Leidenden Gottesvolkes, des wahren Israel der
‚Armen' (vgl. 20,13). Entsprechend wird die ‚Wunde' ihres Protagonisten, die er in 15,18 beklagt, in 30,12 von JHWH beurteilt und in 30,17
geheilt werden. Damit einher geht das Gericht über die Völker von

30,16, wie es schließlich im großen Block der Fremdvölkerorakel von Kapitel 46–49 ausgemalt wird und in der Zerschlagung Babels als des Feindes schlechthin in Kapitel 50 f. kulminiert. In den Augen dieser Bearbeiter ist das Jeremiabuch nicht mehr primär von der Zweiteilung *confessio Hieremiae* hier und *passio Hieremiae* dort bestimmt, sondern richtet sich heilsgeschichtlich aus. Auf das Leiden Israels durch das Gericht der Völker wird seine Befreiung von den Völkern über das Gericht an ihnen als Durchbruch zur Heilszeit für das Gottesvolk erfolgen.

Diese dreifache Aussicht auf eine letztendliche Rettung des Konfessionenjeremia blieb jedoch nicht unwidersprochen. In 20,14–18 erhebt sich eine vierte Stimme, die seine Klage nicht mit dem Bekenntnis der Zuversicht oder dem Lobpreis abschließen lassen möchte. Sie läßt ihn stattdessen, angesichts von ‚Elend und Mühsal' des Lebens, seine Existenz verfluchen. In ihr sprechen nicht nur die drei bisherigen Jeremiagestalten, sondern, sie ergänzend, Jeremia, der Leidende Mensch.

Diese vier unterschiedlichen Versionen des Klagenden der Konfessionen werden von der vorliegenden Studie im Rahmen redaktioneller Prozesse innerhalb des Prophetenbuches beschrieben. Der dafür vorausgesetzte Begriff von ‚Redaktion' ist erkennbar weit gefaßt: Er umschließt nicht nur einen planvoll gestaltenden literarischen Eingriff, der als einmaliges Geschehen durch einen oder mehrere Schriftgelehrte im Rahmen großräumiger Ergänzungen oder Veränderungen bereits vorhandenen Materials vorzustellen wäre. Eine solche Vorstellung mag der Konfessionengrundschicht angemessen sein, ihre Fortschreibungen erfaßt sie jedoch nicht.

Diese zeichnen sich vielmehr dadurch aus, daß sie sich verschiedenartiger literarischer Mittel bedienen. So wird etwa in 12,1–6* eine komplette *Reprise* der Grundschicht geboten, in 15,10.21 erfolgt die *relecture* über einen Rahmen und in 18,20a durch einen Mikroeintrag.[5] Darüber hinaus gehen die Beiträge, die ihnen zugeordnet wurden, ganz offensichtlich nicht immer auf die gleiche Hand zurück: 17,5–8 ist auf einer anderen literarischen Ebene anzusetzen als 17,9f. und 17,11. Beide Ergänzungen sind dennoch im Rahmen der zwei kollektivierenden Konfessionenfortschreibungen zu sehen.

Diese kleinräumigen Eintragungen nun nicht bloß als Ergebnis der Arbeit vieler Glossatoren in ihrem jeweiligen Mikrokontext zu betrachten, sondern unbeschadet ihrer formalen Disparatheit in zwei Redaktionsschüben zu bündeln, hat trotzdem seine Berechtigung. Was sie

---

5   Vgl. fur einen derartigen Einbezug auch kleinraumiger literarischer Modifikationen unter die Kategorie der ‚Redaktion' pladierend, KRATZ, Redaktionsgeschichte, 369.

verbindet, ist das gleiche Bestreben, den klagenden Jeremia in ihrem Sinne kollektiv umzuprägen. Hierbei zwei unterschiedliche Richtungen voneinander zu trennen und eine kollektiv-exemplarische von einer kollektiv-repräsentativen Deutung abzuheben, die beide mit dem Titel einer ‚Redaktion' belegt werden, ist somit heuristisch legitim. Die tendenzkritische Einordnung verhilft der literarkritischen Beobachtung zum redaktionsgeschichtlichen Ergebnis.

Dieses Resultat bestätigt in gewisser Weise das ganze forschungsgeschichtliche Spektrum seit Baumgartner. Sowohl eine kollektiv-repräsentative als auch eine kollektiv-exemplarische Sicht der Konfessionen findet ihren berechtigten Anhalt am Text – sie können und müssen allerdings diachron voneinander und von der Grundschicht abgehoben werden.

Diese kann schließlich in der Tat biographisch-theologisch genannt werden – im Gegensatz zu den Forschungspositionen, die eingangs unter dieser Rubrik eingeführt wurden, ist jedoch darauf zu achten, den Begriff nicht *auto*biographisch mißzuverstehen. Ihr ‚biographisch-theologischer' Charakter liegt darin, daß sie das theologische Problem von Leiden und Erwählung im Leben eines literarischen Protagonisten verankert und durch seine Person artikuliert. Er, Jeremia, gerät so zur Personifikation von Theologie.

Der Keim dafür ist bereits in den ältesten Teilen des Buches angelegt. Schon die Weheklagen im Bereich von Jer 1–10* zeigen eine enge Verbindung von Botschaft und Person des Propheten: Er verkündet den heraufziehenden Untergang Judas nicht nur, er erleidet ihn an sich selbst. Auch die Zeichenhandlungen, insbesondere das Gebot sozialer Isolation von Kapitel 16, entwerfen das Bild eines Jeremia, der in seiner ganzen Leibhaftigkeit für den göttlichen Auftrag in Anspruch genommen wird. Demgegenüber konzentriert sich die weitere Entwicklung des Buches mit der Ausarbeitung verschiedener Gerichtstheologien zunächst maßgeblich am Inhalt der Wortverkündigung, ohne indes die Person ihres Promulgators aus den Augen zu verlieren: Die Jeremiaerzählungen präsentieren ihn als den Propheten, der um seines Auftrages willen verfolgt wird.[6]

Hieran knüpfen die Konfessionen an, wenn sie im Beter beide Linien des Buches, die theologische wie die an der Person Jeremias interessierte, wieder zusammenführen. Er wird zur Inkarnation der Frage nach dem Grund des Leidens im Angesicht der Erwählung. Als solcher ist er bereits offen für seine Neuinterpretation als Leidender Gerechter,

---

6   Vgl. PREUSS, Frage, 60 f.

Leidendes Volk und Leidender Mensch im Rahmen der Fortschreibungsgeschichte.

Diese erfolgte nicht nur innerhalb des Jeremiabuches. Auch außerhalb seiner Grenzen wurde die Darstellung des klagenden Konfessio-
nenbeters in ihren unterschiedlichen Entwicklungsstufen rezipiert und
interpretiert. Sein Gehorsam als Prophet, den der Beter in 15,16 betont,
konnte als Vorbild für die Beauftragung und Ausrüstung Ezechiels
nach Ez 3 dienen, sein Vergleich mit einem unwissend zum Schlachter
geführten Schaf von 11,19 als Bild für das stellvertretende Leiden des
Gottesknechts in Jes 53 aufgegriffen werden.

Besonders die kollektivierenden Sichten der beiden fortschreiben-
den Redaktionen wirkten fort. Der weisheitliche Zusammenhang, der
dem Gerechten Jeremia in 17,5–8 als Argumentationsbasis für seine
Klage dient, wird, mit frömmigkeitstheologischen Modifikationen, in
Psalm 1 aufgenommen. Die Beteuerung des Propheten von Jer 15,15,
um JHWHs willen Schande zu tragen, begegnet wieder im Mund des
leidenden Frommen von Ps 69,8 und, *mutatis mutandis*, in Kombination
mit dem Bild von Jer 11,19, in der Klage des Volkes von Ps 44,23.
Gleichermaßen wird der Konfessionenjeremia aus Jer 20,7–11* zum
verfolgten Beter von Ps 31, und seine Anti-Fürbitte von 18,23 kann das
wahre Israel der Bauleute im Eintrag von Neh 3,36 f. nun gegen *seine*
Widersacher wenden.[7]

Doch auch außerhalb des späteren biblischen Kanons, in Qumran,
erfuhren die Klagegebete Jeremias eine interpretierende *relecture*.
Neben dem ob seines fragmentarischen Charakters schwer zu deutenden Zitat von Jer 18,18 in 4Q177 MidrEschat[B] XI,6[8] kommen hierbei
besonders die Hodayot, 1QH[a], in den Blick. Es ist auffallend, daß unter

---

7   Steck erwägt darüber hinaus die Möglichkeit, die kollektiv gelesene Konfession 17 in
    ihrem Kontext von 16,16–17,29 könnte im Aufbau von Jes 65 f. nachvollzogen
    worden sein. Er parallelisiert „Jes 65,1–7 mit Jer 16,16–21; 17,1–3; Jes 65,8–10(.11 f)
    mit Jer 17,4; Jes 65,13–25 mit Jer 17,5–11; Jes 66,1–4 mit Jer 17,12 f; Jes 66,5–8a mit Jer
    17,14–18; Jes 66,8b–24 mit Jer 17,19–18,12" (STECK, Anlage, 225). Abgesehen davon,
    daß die Datierung von Jer 17,1–4 in die makkabäische Zeit dem widerspricht, sind
    die Gemeinsamkeiten der von ihm einander zugeordneten Stücke auch im Sinne
    einer „Themenabfolge" (ebd.) nicht groß genug, um eine gewollte Orientierung der
    tritojesajanischen Verfasser an Jer 16–18 plausibel erscheinen zu lassen. Besonderes
    Augenmerk verdient jedoch der Vers Jes 66,5. Die im Plural angesprochenen
    Frommen des wahren Israel, die vor JHWHs Wort ,erzittern' (חרד), kann man
    durchaus in der Nachfolge des Konfessionenjeremia sehen. Wie dieser werden sie
    von ihren Brüdern gehaßt (vgl. Jer 12,6), doch auch ihre Feinde werden ,zuschanden'
    (יֵבֹשׁוּ וְהֵם), vgl. Jer 17,18; 20,11). Eine direkte Bezugnahme auf Jer 12 und 17 ergibt
    sich auch daraus zwar nicht zwingend, liegt aber durchaus im Bereich des
    Möglichen.
8   Vgl. STEUDEL, Midrasch, 113, sowie S. 206, n. 125.

den eher spärlich gesäten Anspielungen auf das Buch Jeremia ihr
Großteil aus den Konfessionen oder ihrem unmittelbaren Kontext
stammt.[9] Ihr Sprecher möchte sich offensichtlich direkt in die Nachfolge des Propheten stellen. Auch er weiß sich, wie dieser, von Mutterleib an von JHWH erkannt,[10] ist also gleichermaßen erwählt – und sieht
sich ähnlichen Problemen gegenüber wie sein Vorgänger. Auch seine
Feinde legen ihm Fallen vor die Füße,[11] wie der Beter von 15,10 sieht er
sich als ein ‚Mann des Haders' – freilich, darin anders als Jeremia, nicht
für ‚das ganze Land', sondern nur für die ‚Dolmetscher des Irrtums',
die ihn nicht verstehen wollen.[12] Dem gegenüber stehen die ‚Armen der
Gnade' (אביוני חסד, 1QHᵃ XIII,22 [V,22]), zu denen und für die der Beter
spricht und von deren Rettung durch JHWH er nicht minder überzeugt
ist als der Sprecher von Jer 20,13.[13]

Sowohl die individuellen als auch die kollektiven Züge des
Konfessionenjeremia werden demnach aufgenommen und weitergeführt. Dies zeigt sich besonders gut an der Rezeption des Gedankens
der pränatalen Erwählung von Jer 1,5. Diese königlich-prophetische
Auszeichnung wird nicht nur in 1QHᵃ XVII,29 f. (IX,29 f.) vom Verfasser der Hodayot für sich selbst in Anspruch genommen, sie ist
vielmehr nach 1QHᵃ VII (XV) allen Gerechten zueigen. Sie sind bereits
von Mutterleib an für die ‚ewige Rettung' vorherbestimmt, die Frevler
dagegen ebenso für den aus Jer 12,3 entlehnten ‚Schlachttag'

---

9   Vgl. CHR. WOLFF, Fruhjudentum, 129.

10   Vgl. 1QHᵃ XVII,29 f. (IX,29 f.): „Denn du kennst mich von meinem Vater, von
     Mutterleib her" (כי אתה מאבי ידעתני ומרחם) mit Jer 1,5: „Bevor ich dich im
     Mutterleib bildete, kannte ich dich und bevor du hervorgingst aus dem Mutterleib,
     habe ich dich ausgesondert" (בְּטֶן יְדַעְתִּיךָ וּבְטֶרֶם תֵּצֵא מֵרֶחֶם הִקְדַּשְׁתִּיךָ בְּטֶרֶם אֶצָּורְךָ).

11   Vgl. 1QHᵃ X,29 (II,29): „Aber sie, ein Netz haben sie mir gespannt – es fing ihren
     Fuß, und Schlingen haben sie meinem Leben verborgen – sie sind hineingefallen" (והם
     רשת פרשו לי תלכוד רגלם ופחים טמנו לנפשי נפלו בם) mit Jer 18,22: „Denn sie haben
     eine Grube gegraben, um mich zu fangen, und Schlingen verborgen meinen Füßen"
     (כִּי־כָרוּ שִׁיחָה לְלָכְדֵנִי וּפַחִים טָמְנוּ לְרַגְלָי) sowie 18,20: „Denn sie haben eine Grube
     gegraben meinem Leben" (כִּי־כָרוּ שׁוּחָה לְנַפְשִׁי).

12   Vgl. 1QHᵃ XIII,22 f. (V,22 f.): „Ich wurde gegen das [Vergehehen meiner Gegner]
     zum Rechtsstreit und Hader fur meine Nachsten" (ואני הייתי על עון מ[זרני לריב ומדנים
     לרעי) sowie 1QHᵃ X,14 (II,14): „Ich wurde ein Mann des Rechtsstreits fur die
     Dolmetscher des Irrtums, [aber ein Herr] [des Frie]dens fur alle Seher der rechten
     Dinge" (ואהיה איש ריב למליצי תעות ובעל] [של]ום לכול חוזי נכוחות) mit Jer 15,10: „ein
     Mann des Streits und ein Mann des Haders fur das ganze Land" (אִישׁ רִיב וְאִישׁ מָדוֹן
     לְכָל־הָאָרֶץ).

13   Vgl. 1QHᵃ X,32 (II,32): „Du hast das Leben eines Armen erlost" (פדית[ה] נפש אביון)
     mit Jer 20,13: „Denn er hat das Leben eines Armen herausgerissen" (כִּי הִצִּיל אֶת־נֶפֶשׁ
     אֶבְיוֹן).

ausersehen.[14] Der Gedanke der prophetischen *vocatio specialis* Jeremias wird vor dem Hintergrund seiner Auseinandersetzung mit den רְשָׁעִים der ersten Konfessionenfortschreibung so zur Vorstellung einer *praedestinatio duplex* weitergeführt. Dieser theologische Sprung erfolgt über einen noch kanonisch-jeremianischen Zwischenschritt: Jer 10,23, die tendenziell bereits deterministische weisheitliche Aussage, es stehe nicht in des Menschen Macht, seine Schritte zu lenken, fungiert im Abschnitt über den vorherbestimmten zweifachen eschatischen Ausgang als einleitende Begründung.[15]

Der Verfasser der Hodayot, womöglich, zumindest in Teilbereichen, der ‚Lehrer der Gerechtigkeit' selbst,[16] deutet die Konfessionen Jeremias somit auf zweifache Weise. Zum einen liest er sie kollektiv und kann ihre Aussagen dafür heranziehen, um Wesen, Ergehen und erwartete Zukunft der Gemeinschaft zu beschreiben, der er vorsteht, zum anderen kann er die Texte offenbar auch direkt auf sich selbst beziehen.

Indem er sich nun tatsächlich mit dem Geschick Jeremias identifiziert, stilisiert er sich selbst zur quasiprophetischen Gestalt der Endzeit. Am eigenen Leib scheint er die Qualen des Propheten nachzuvollziehen: Auch ihm brennt es wie ein verschlossenes Feuer im Gebein.[17] Die für die kollektiv-exemplarische Auslegung der Konfessionen *innerhalb* des Jeremiabuches abgelehnte Vorstellung einer Art *imitatio Hieremiae*[18] drängt sich bei dieser Form ihrer außerbiblischen Rezeption auf. Möglicherweise diente dem Beter der Hodayot dabei nicht nur der Leidende Prophet nach dem Jeremiabuch als Vorbild, sondern auch seine Darstellung nach dem dritten Gottesknechtslied Jes 50,4–9. Nur

---

14 Vgl. 1QH^a VII,17–20 (XV,14–17): „Du hast [geschaffen] den Gerechten und vom Mutterleib an bestimmt für die Zeit des Wohlgefallens {...} zu ewiger Rettung und dauerndem Frieden {...}, aber die Frevler hast du geschaffen für das [Ende] deines Zornes und von Mutterleib an hast du sie auserwählt für den Schlachttag." (בָּרָא[תה] צדיק ומרחם הכינותו למועד רצון [...] לישועת עולם ושלום עד [...] ורשעים בראתה ל[קץ חרונכה ומרחם הקדשתם ליום הרגה]). Vgl. dazu LICHTENBERGER, Menschenbild, 70 f.

15 Vgl. 1QH^a VII,15 f. (XV,12 f.): „Und ich erkannte durch deine Einsicht, daß nicht in der Hand des Fleisches [...] [und nicht beim] Menschen steht sein Weg und nicht kann der Mensch seinen Schritt festsetzen" (ואני ידעתי בבינתך כיא לא ביד בשר [ל]אדם דרכו ולא יוכל אנוש להכין צעדו) mit Jer 10,23: „Ich weiß, JHWH, daß dem Menschen nicht sein Weg gegeben ist, nicht dem Manne, wenn er geht, seinen Schritt festzusetzen" (יָדַעְתִּי יְהוָה כִּי לֹא לָאָדָם דַּרְכּוֹ לֹא־לְאִישׁ הֹלֵךְ וְהָכִין אֶת־צַעֲדוֹ).

16 Vgl. CHR. WOLFF, Fruhjudentum, 129; LOHSE, Qumran, 109; STEGEMANN, Essener, 152.

17 Vgl. 1QH^a XVI,30 (VIII,30): „Und es wuchs wie ein brennendes Feuer, verschlossen in [meinem Gebein]" (ויפרח כאש בוער עצור ב ע[צמי]) mit Jer 20,9: „Und es ward in meinem Herzen wie ein brennendes Feuer, verschlossen in meinem Gebein" (וְהָיָה בְלִבִּי כְּאֵשׁ בֹּעֶרֶת עָצֻר בְּעַצְמֹתָי).

18 Vgl. S. 56 f.

wenige Zeilen nach der Anspielung auf Jer 20,9 beteuert er in 1QH[a] XVI,35 f. (VIII,35 f.), daß, bei allem körperlichen Verfall, JHWH doch immer seine ‚Zunge' gestärkt habe, eine ‚Zunge der Jünger' (?), um die Müden zu erfrischen.[19]

Die Schriften des Neuen Testaments zitieren die Konfessionen Jeremias dagegen ebensowenig wie Jes 50,4. Anders als dem ‚Lehrer der Gerechtigkeit' und seinen Jüngern schienen sie den frühen Christen offenbar nicht dafür geeignet zu sein, die eigene Leidenserfahrung zu artikulieren.[20] Die Passion Jesu, die nicht mit der Rettung des ‚Armen' aus den Händen der Übeltäter, sondern seiner Überantwortung in diese und dem Tod am Kreuz endete, sprengte offensichtlich die Grenzen ihrer Interpretabilität. Nicht die Gestalt des unverschuldet leidenden Erwählten bot eine Möglichkeit zur Deutung dieses Geschehens, sondern deren Rezeption im stellvertretend leidenden Gottesknecht von Jes 53.[21] Dieser einen, besonderen Passion Jesu konnte so als Sühne zugunsten der ‚Vielen' nach Jes 53,11 Sinn verliehen werden. Für deren sinnlose Leiden jedoch ist der Jeremia der Konfessionen ein Sprachrohr geblieben.

---

19 Vgl. 1QH[a] XVI,35 f. (VIII, 35 f.): „Aber die Zunge hast du gestarkt in meinem Mund, ohne daß sie verging {...} die Stimme [... Zunge] von Jungern [...] zu beleben den Geist der Strauchelnden und zu starken den, der zu mude ist zu sprechen" (vgl. LOHSE, Qumran, 145; MARTÍNEZ/TIGCHELAAR, Study Edition, 183 übersetzen „with a word") (ולשון הגברתה בפ[י] {...} קול[ן לש[ו]ן למודי ... לחיות רוח כושלים ולעות לעאף] דבר) mit Jes 50,4: „Der Herr JHWH hat mir eine Zunge von Jungern gegeben, zu wissen, zu starken die Muden mit einem Wort" (אֲדֹנָי יְהוִה נָתַן לִי לְשׁוֹן לִמּוּדִים לָדַעַת לָעוּת אֶת־יָעֵף דָּבָר).

20 Gegen Brueggemann, der, ohne einen Beleg fur die These anzufuhren, behauptet: „The suffering of Jeremiah and the end of Israel which he embodies [...] have become modes for understanding Jesus" (BRUEGGEMANN, Book of Jeremiah, 145). Im Neuen Testament wird kein einziger Vers der Konfessionen rezipiert.

21 Vgl. WESTERMANN, Rolle der Klage, 264–266.

Anhang und Verzeichnisse

Anhang

Die Konfessionen in literarkritischer Schichtung

11,18 Aber JHWH ließ mich erkennen, und ich erkannte, damals ließest du mich sehen ihre Handlungen.

11,19 Aber ich war wie ein zahmes Lamm, das zum Schlachten geführt wird, und erkannte nicht, daß sie gegen mich Pläne planten: Laßt uns verderben den Baum in seinem Saft und ihn ausrotten aus dem Lande der Lebenden, und seines Namens soll nicht mehr gedacht werden.

11,20 Aber JHWH Zebaot ist ein gerecht Richtender, ein Prüfender von Nieren und Herz. Ich werde deine Rache an ihnen sehen, denn zu dir hin habe ich meine Rechtssache offenbart.

11,21 Darum, so spricht JHWH: „Über die Männer von Anatot, die dir nach dem Leben trachten, indem sie sagen: ‚Weissage nicht im Namen JHWHs, auf daß du nicht sterbest durch unsere Hand!'"

11,22 [So spricht JHWH Zebaot:] „Siehe, ich suche sie heim. Ihre jungen Männer werden durchs Schwert sterben, ihre Söhne und ihre Töchter werden durch Hunger sterben.

11,23 Und ein Rest wird ihnen nicht bleiben, denn ich werde Böses kommen lassen über die Männer von Anatot, das Jahr ihrer Heimsuchung."

12,1 Gerecht bist du, JHWH, wenn ich mit dir rechten will, doch Rechtssachen will ich gegen dich reden: Warum gelingt der Weg von Frevlern, sind sorgenfrei alle, die wahrhaft treulos handeln?

12,2 Du hast sie gepflanzt, sie haben sogar Wurzeln geschlagen, sie wachsen, sie tragen sogar Frucht. Nahe bist du in ihrem Mund, aber fern von ihren Nieren.

12,3 Du aber, JHWH, kennst mich[, du wirst mich sehen] und hast mein Herz bei dir geprüft. Reiß sie weg wie Kleinvieh zum Schlachten und weihe sie für den Tag des Mordens.

12,4 *Wie lange soll das Land vertrocknen und das Kraut allen Feldes verdorren? Wegen der Bosheit derer, die darin wohnen, ist dahingerafft Vieh und Vögel,* denn sie sagen: „JHWH [MT: Er] sieht nicht unsere Wege [MT: unsere Zukunft]."

12,5   „Wenn du mit Fußgängern gelaufen bist und bist ermüdet, wie willst du mit Rossen wetteifern? Und im friedlichen Land birgst du dich / fällst du nieder, wie willst du's machen im Dickicht des Jordans?

12,6   Denn auch deine Brüder und das Haus deines Vaters, auch sie handeln treulos an dir, auch sie rufen laut dir nach. Traue ihnen nicht, wenn sie Gutes mit dir reden."

11,18–23:   **Konfessionengrundschicht**
12,1–3.4bβ–6:   Kollektiv–exemplarische Fortschreibung
12,4abα: *Kollektiv-repräsentative Fortschreibung*

15,10   Weh mir, meine Mutter, daß du mich geboren hast, einen Mann des Streites und einen Mann des Haders für das ganze Land! Nicht habe ich [Geld] geliehen und nicht hat man von mir geliehen, [aber] sie alle verfluchen mich!

15,11   *Es sprach JHWH: „Wahrlich, ich habe dich gelöst [?] zum Guten, wahrlich, ich habe dich treffen lassen in böser Zeit und in bedrängter Zeit den Feind.*

15,12   *Wird zerbrechen Eisen Eisen vom Norden und Erz?*

15,13   *Dein Vermögen und deine Schätze werde ich zum Raub geben, {nicht} als Lösegeld und für alle deine Sünden und in deinem ganzen Gebiet.*

15,14   *Und ich werde dich dienen lassen deinem Feind in einem Land, das du nicht kennst, denn Feuer ist entbrannt in meiner Nase, gegen euch brennt es."*

15,15   Du weißt es:
JHWH, gedenke meiner und suche mich heim und räche mich an meinen Verfolgern! Raffe mich nicht hinweg, während du langmütig im Zorn bist, erkenne, daß ich um deinetwillen Schande trage!

15,16   Fanden sich deine Worte, so aß ich sie, und es ward mir dein Wort zur Freude und zum Entzücken meines Herzens,
denn dein Name ist über mir ausgerufen, JHWH, Gott Zebaoth.

15,17   Nicht saß ich im Kreis der Scherzenden und jubelte; durch deine Hand saß ich allein, denn mit Grimm hast du mich angefüllt.

15,18   Warum ist mein Schmerz andauernd und meine Wunde so schlimm? Sie weigert sich zu heilen! Wahrhaftig, du bist mir geworden wie ein Trugbach, Wasser, dem man nicht glaubt.

15,19   Darum, so spricht JHWH: „Wenn du umkehrst, werde ich dich umkehren lassen; vor mir wirst du stehen; und wenn du

hervorbringst Wertvolles anstatt Wertloses, sollst du wie mein Mund sein. Sie werden sich zu dir umkehren, du aber kehre nicht zu ihnen um.

15,20 **Und ich mache dich diesem Volk zur festen, ehernen Mauer. Sie werden gegen dich kämpfen, aber dir nichts vermögen, denn ich bin mit dir, um dich zu retten und dich herauszureißen, Spruch JHWHs.**

15,21 Und ich werde dich herausreißen aus der Hand von Bösen und befreien aus der Gewalt von Tyrannen."

15,15–20:   **Konfessionengrundschicht**
15,10.21:   Kollektiv-exemplarische Fortschreibung
15.11–14.16b: *Kollektiv-repräsentative Fortschreibung*

17,5   [So spricht JHWH:] Verflucht der Mann, der auf Menschen vertraut und Fleisch zu seinem Arm macht und von JHWH sein Herz abkehrt.

17,6   Er wird sein wie ein Dornstrauch in der Steppe, und nicht wird er sehen, daß Gutes kommt, und er wird bleiben im Dürren in der Wüste, im salzigen Land, wo man nicht wohnt.

17,7   Gepriesen der Mann, der auf JHWH vertraut und dessen Zuflucht JHWH ist.

17,8   Er wird sein wie ein Baum, der gepflanzt ist am Wasser und der über einem Kanal seine Wurzeln ausstreckt. Nicht wird er fürchten, daß Hitze kommt, und grünes Laub ist auf ihm. Und im Jahr der Dürre wird er nicht besorgt sein und er wird nicht davon ablassen, Frucht zu bringen.

17,9   **Trügerisch ist das Herz mehr als alles, und unheilbar ist es. Wer wird es erkennen?**

17,10   **Ich, JHWH, bin ein Herzerforscher, ein Nierenprüfer,** *um zu geben einem jeden nach seinem Wege, nach der Frucht seiner Taten.*

17,11   Ein Rebhuhn brütet und bringt keine Jungen hervor – einer macht Gewinn, aber nicht mit Recht. In der Hälfte seiner Tage wird er ihn verlassen und an seinem Ende wird er ein Narr sein.

17,12   *Thron der Herrlichkeit, erhaben von jeher, Ort unseres Heiligtums!*

17,13   *Hoffnung Israels, JHWH! Alle, die dich verlassen, werden zuschanden werden und die Abweichler werden auf die Erde geschrieben werden, denn sie haben die Quelle des lebendigen Wassers verlassen, JHWH.*

17,14   **Heile mich, JHWH, so werde ich geheilt werden, errette mich, so werde ich errettet werden, denn mein Ruhm bist du.**

17,15   Siehe, sie sprechen zu mir: „Wo ist das Wort JHWHs? Es soll
        doch kommen!"
17,16   Aber ich habe nicht hinter dir her gedrängt wegen des Übels,
        und einen Unheilstag habe ich nicht begehrt, du weißt es.
        Der Ausgang meiner Lippen war offen vor dir.
17,17   Werde mir nicht zum Schrecken! Meine Zuflucht bist du am
        bösen Tag.
17,18   Zuschanden werden sollen meine Verfolger, aber ich, ich soll
        nicht zuschanden werden! Sie, sie sollen erschrecken, aber
        ich, ich soll nicht erschrecken! Laß über sie kommen einen
        bösen Tag, und mit einem doppelten Schlag zerschlage sie!

17,14–18:   Konfessionengrundschicht
17,5–8:   Kollektiv-exemplarische Fortschreibung I
17,12 f.:   *Kollektiv-repräsentative Fortschreibung*
17,9.10a: **Kollektiv-exemplarische Fortschreibung II**
17,11:   Kollektiv-exemplarische Fortschreibung III
17,10b: *17,9.10a und 17,11 interpretierende Glosse nach Jer 32,19*

18,18   Und sie sprachen: Auf, laßt uns gegen Jeremia Pläne planen,
        denn es wird nicht verloren gehen Weisung vom Priester und
        Rat vom Weisen und ein Wort vom Propheten. Auf, laßt uns
        ihn mit der Zunge schlagen und nicht achtgeben auf alle
        seine Worte.
18,19   Gib acht auf mich, JHWH, und höre die Stimme meiner
        Rechtsgegner!
18,20   Wird Gutes mit Bösem vergolten? – denn sie haben meinem
        Leben eine Grube gegraben. Gedenke meines Stehens vor dir,
        um über sie Gutes zu reden, um deinen Zorn von ihnen
        abzuwenden.
18,21   Darum, gib ihre Söhne dem Hunger preis und liefere sie aus
        in die Hände des Schwertes, und ihre Frauen sollen kinder-
        los und Witwen sein, und ihre Männer sollen Dahingeraffte
        der Pest sein, ihre jungen Männer Erschlagene des Schwertes
        im Krieg.
18,22   Geschrei soll gehört werden aus ihren Häusern, wenn du
        plötzlich über sie eine Horde kommen lassen wirst. Denn sie

haben eine Grube gegraben, um mich zu fangen und Schlingen verborgen meinen Füßen.

18,23 Du aber, JHWH, kennst alle ihre Beratungen gegen mich zum Tode. Vergib nicht ihre Schuld, und ihre Sünde tilge nicht aus vor dir! Sie sollen Gestrauchelte vor dir sein, zur Zeit deines Zornes handle an ihnen!

18,18 f.20b–23: Konfessionengrundschicht
18,20a: Kollektiv-exemplarische Fortschreibung

20,7 Du hast mich getäuscht, JHWH, und ich habe mich täuschen lassen. Du bist mir zu stark geworden und hast obsiegt. Ich bin zum Spott geworden den ganzen Tag, jeder verlacht mich.

20,8 Denn sooft ich rede, schreie ich. „Frevel und Gewalt" rufe ich, denn das Wort JHWHs ist mir geworden zur Schande und zum Hohn den ganzen Tag.

20,9 Und ich sprach: „Ich will nicht seiner gedenken und nicht mehr in seinem Namen reden." Und es war in meinem Herzen wie ein brennendes Feuer, verschlossen in meinem Gebein. Ich mühte mich ab, es zu ertragen, aber ich vermochte es nicht.

20,10 Denn ich hörte Geschwätz von vielen, Grauen ringsum: „Verklagt! Laßt ihn uns verklagen!" Alle meine Bekannten lauern auf meinen Sturz: „Vielleicht wird er getäuscht und wir obsiegen über ihn und werden unsere Rache an ihm nehmen?"

20,11 Aber JHWH ist mit mir wie ein gewaltiger Held. Darum werden meine Verfolger straucheln und nicht obsiegen. Sie werden sehr zuschanden werden, denn sie werden nicht erfolgreich sein; ewige Schmach, sie wird nicht vergessen werden.

20,12 Aber JHWH Zebaot prüft den Gerechten, er sieht Nieren und Herz. Ich werde deine Rache an ihnen sehen, denn zu dir hin habe ich meine Rechtssache offenbart.

20,13 *Singt JHWH, preist JHWH, denn er hat das Leben eines Armen herausgerissen aus der Hand von Übeltätern.*

20,14 *Verflucht sei der Tag, an dem ich geboren wurde, der Tag, an dem mich meine Mutter gebar, er sei nicht gesegnet.*

20,15 *Verflucht sei der Mann, der Kunde brachte meinem Vater: ‚Ein Knabe ist dir geboren worden', und ihn hoch erfreute.*

20,16	*Jener Mann sei wie die Städte, die JHWH vernichtet und sich nicht erbarmt hat. Er soll Geschrei am Morgen hören und Zetergeschrei zur Mittagszeit,*
20,17	*daß er mich nicht von Mutterleib an getötet hat und meine Mutter mein Grab ward und ihr Leib schwanger auf ewig.*
20,18	*Warum dies? Aus dem Mutterleib bin ich gekommen, um Elend und Mühsal zu sehen, und meine Tage werden voll in Schande.*

20,7.8b–11:   **Konfessionengrundschicht**

20,8a.12:   Kollektiv-exemplarische Fortschreibung

20,13:   *Kollektiv-repräsentative Fortschreibung*

20,14–18:   *Generalisierende Fortschreibung*

Diachrone Übersicht zum vorkonfessionellen Bestand von Jer 11–21

Wehklagen	2. f. sg.-Schicht	Zeichen-handlungen	Deutung der Zeichen-handlungen	heterogene Fortschreibungen, z.T. kleinräumig orientiert	
10,22				11,1–5. 7–11	
			11,12.(13)		11,14
	11,15 f.				
			11.17		
		12,7–9			
12,10 f.					
		13,1–9*			
			13,11.(10)		
		13,12–14			
			13,17		
13,18–19a					
	13,20–22.(25–27)			14,2–6	
					14,(10.)11–17a.18b*
14,17ab–18a					
					15,1–2a.3a.9b
				15,2b.7–9a	
	15,5 f.				

		16,1–9.(16.[17.]21)	16,10–13		16,18
		18,1–6		18,7–10	
			18,11 f.		18,13–17
		19,1–2a.10.11a			
			19,2b–4.7–9		19,5 f. 19,11b–13
		20,1–3.4a.6abα	21,1–4.10	21, 5 f.	
					21,8 f.7.11–12*
(22,10)	21,13.14b				

Die Tabelle gibt einen schematischen Überblick über die Entwicklung von Jer 11–21 vor Einschreibung der Konfessionen, wie sie in vorliegender Arbeit vertreten wird. Aus Gründen der Übersichtlichkeit geschieht dies in leicht vereinfachter Form: In den letzten beiden Spalten werden Einzelfortschreibungen zusammengefaßt, die durchaus nicht alle auf der gleichen literarischen Ebene liegen. Kleinere Einzelglossen bleiben unberücksichtigt.

Abkürzungsverzeichnis

Die Abkürzungen in vorliegender Arbeit erfolgen nach: Siegfried M.
Schwertner, Internationales Abkürzungsverzeichnis für Theologie und
Grenzgebiete, Berlin/New York ²1993 (IATG²). Bei Bibelstellen wurde
der Modus der TRE eingehalten (vgl. IATG², XXII).
Die Kolumnen- und Zeilenzählung der Hodayot (1QHᵃ) richten sich
nach: Florentino García Martínez/Eibert J. C. Tigchelaar (Hg.), The
Dead Sea Scrolls. Study Edition (2 Bde.), Leiden u.a. 1997/1998, in
Klammern ist jedoch jeweils auch die verbreitete Zählweise der *editio
princeps* durch E.L. Sukenik, אוצר המגילות הגנוזות שבידי האוניברסיטה
העברית (The Dead Sea Scrolls of the Hebrew University), Jerusalem
1954, nach der Ausgabe von Eduard Lohse, Die Texte aus Qumran.
Hebräisch und deutsch. Mit masoretischer Punktation, Übersetzung,
Einführung und Anmerkungen, Darmstadt ²1971, angeführt.

Darüber hinaus finden folgende Abkürzungen Verwendung:

AcTh	Acta Theologica
AOTC	Abingdon Old Testament Commentaries
FAT.II	Forschungen zum Alten Testament. Zweite Reihe
HeBS	Herders Biblische Studien
HThK.AT	Herders Theologischer Kommentar zum Alten Testament
HUB	The Hebrew University Bible
LPTB	Linzer Philosophisch-Theologische Beiträge
NStK.AT	Neuer Stuttgarter Kommentar zum Alten Testament
OTT	Old Testament Theology
PesRab	Pesiqta Rabbati
PvOT	De Prediking van het Oude Testament
RGG⁴	Die Religion in Geschichte und Gegenwart. Vierte Auflage
SBL.SemSt	The Society of Biblical Literature. Semeia Studies
SOTI	Studies in Old Testament Interpretation
STAC	Studien und Texte zu Antike und Christentum
TCT	Textual Criticism and the Translator
VeE	Verbum et Ecclesia
WaW	Word and World
WBC	World Biblical Commentary

Literaturverzeichnis

A. Quellen

Bietenhard, Hans (Hg.), .), Soṭa (Die des Ehebruchs Verdächtige). Text, Übersetzung und Erklärung. Nebst einem textkritischen Anhang, Die Mischna. Text, Übersetzung und ausführliche Erklärung, III. Seder. Naschim, 6. Traktat. Soṭa, Berlin 1956 (= Sot).

Boissevain, Ursulus Philippus (Hg.), Cassii Dionis Cocceiani Historiarum Romanarum quae supersunt, Vol. III, Berlin 1901 (= CASSIUS DIO).

Braude, William G. (Hg.), Pesikta Rabbati. Discourses for Feasts, Fasts, and Special Sabbaths (2 Bde.), YJS 28, New Haven/London 1968 (= BRAUDE, Pesikta Rabbati).

Burkitt, F. C., The Old Latin and The Itala. With an Appendix Containing the Text of the S. Gallen Palimpsest of Jeremiah, TaS IV/3, Cambridge 1896 (= BURKITT, Old Latin).

Donner, H./Röllig, W., Kanaanäische und Aramäische Inschriften. Mit einem Beitrag von O. Rössler. Band 1: Texte, Wiesbaden 1962 (= KAI I).

– Kanaanäische und Aramäische Inschriften. Mit einem Beitrag von O. Rössler. Band 2: Kommentar, Wiesbaden 1964 (= KAI II).

– Kanaanäische und Aramäische Inschriften. Mit einem Beitrag von O. Rössler. Band 3: Glossare und Indizes. Tafeln, Wiesbaden 1964 (= KAI III).

Elliger, Karl/Rudolph, Wilhelm (Hg.), Biblia Hebraica Stuttgartensia. Editio funditus renovata. Editio quinta emendata, Stuttgart [5]1997 (= BHS).

Glorie, François (Hg.), S. Hieronymi Presbyteri Opera. Pars I. Opera Exegetica 5. Commentariorum in Danielem Libri III <IV>, CChr.SL 75, Turnhout 1964 (= CChr.SL 75).

Goldschmidt, Lazarus (Hg.), Der Babylonische Talmud. Neu Übertragen. Dritte Auflage (12 Bde.), Königsstein (Taunus) [3]1980–[3]1981.

Hayward, Robert, The Targum of Jeremiah. Translated, with a Critical Introduction, Apparatus, and Notes, The Aramaic Bible Volume 12, Edinburgh 1987 (= HAYWARD, Targum).

Kaiser, Otto (Hg.), Texte aus der Umwelt des Alten Testaments, Bd. 3. Weisheitstexte, Mythen und Epen, Gütersloh 1997 (= TUAT III).

Kittel, Rudolph (Hg.), תורה נביאים וכתובים. Biblia Hebraica. Editio Tertia Decima Emendata Typis Editionis Septimae Expressa, Stuttgart ³¹1962 (= BHK³).

Lohse, Eduard (Hg.), Die Texte aus Qumran. Hebräisch und deutsch. Mit masoretischer Punktation, Übersetzung, Einführung und Anmerkungen, Darmstadt ²1971 (= LOHSE, Qumran).

Luther, Martin, Biblia / das ist / die gantze Heilige Schrifft Deudsch. Faksimile-Ausgabe der ersten vollständigen Lutherbibel von 1534 in zwei Bänden. Band 2, Leipzig ²1983 (= LUTHER 1534).

– Die gantze Heilige Schrifft Deudsch. Wittenberg 1545. Letzte zu Luthers Lebzeiten erschienene Ausgabe. Herausgegeben von Hans Volz unter Mitarbeit von Heinz Blanke, Herrsching 1972 (= LUTHER 1545).

Marti, Karl/Beer, Georg (Hg.), ʾAḇôṯ (Väter). Text, Übersetzung und Erklärung. Nebst einem textkritischen Anhang, Die Mischna. Text, Übersetzung und ausführliche Erklärung, IV. Seder. Neziqin, 9. Traktat. ʾAḇôṯ, Gießen 1927 (= Av).

Martínez, Florentino García/Tigchelaar, Eibert, J. C. (Hg.), The Dead Sea Scrolls. Study Edition (2 Bde.), Leiden u.a. 1997/1998 (= MARTÍNEZ/ TIGCHELAAR, Study Edition).

מסכת ברכות מן תלמוד בבלי, ווארשא תרכ"ג. Talmud Babiloński. Traktat Berachot. Tom. I, Warszawa (Warschau) 1863.

מסכת סנהדרין מן תלמוד בבלי, ווארשא תרכ"ח. Talmud Babiloński. Traktat Sanhedrin. Tom. IX, Warszawa (Warschau) 1868.

מסכת ברכות מן תלמוד בבלי, ווארשא תרל"ו. ТАЛМУЪ БАЬИЛОНСКІ. ТРАКТАЪ ШАЬАТЪ. ТОМЪ II, ВАРШАВА (Warschau) 1876.

מקראות גדולות. ירמיה. מן עשרים וארבעה כתבי קודש, לובלין / ירושלים תשכ"ד (Lublin 1899, ND Jerusalem 1963) (= Miqraot gedolot).

Niese, Benedikt (Hg.), Flavii Iosephi Opera. Edidit et apparatu critico instruxit Benedictus Niese. Vol. I–III. Antiquitatum Iudaicarum Libri I–V / VI–X / XI–XV, Berlin 1885–1892 (= Jos.Ant.).

Parry, Donald W./Qimron, Elisha (Hg.), The Great Isaiah Scroll (1QIsaᵃ). A New Edition, StTDJ 32, Leiden u.a. 1999 (= PARRY/QIM-RON, 1QJesᵃ).

Rabin, C./Talmon, S./Tov, E. (Hg.), ספר ירמיהו, Jerusalem 1997 (= HUB).

Rahlfs, Alfred (Hg.), Septuaginta. Id est Vetus Testamentum Graece iuxta LXX Interpretes (2 Bde.), Stuttgart 1935 (= RAHLFS, LXX).

– (Hg.), Septuaginta. Vetus Testamentum Graecum Auctoritate Academiae Litterarum Gottingensis editum. Vol. X. Psalmi cum Odis, Göttingen ²1967 (= RAHLFS, Psalmi).

Ranke, Ernst (Hg.), Par Palimpsestorum Wirceburgensium. Antiquissimae Veteris Testamenti Versionis Latinae Fragmenta, Bonn 1871 (= RANKE, VL).

Reiter, Siegfried (Hg.), S. Hieronymi Presbyteri Opera. Pars I. Opera Exegetica 3. In Hieremiam Libri VI, CChr.SL 74, Turnhout 1960 (= CChr.SL 74).

Schulze, J. L. (Hg.), Beati Theodoreti Episcopi Cyrensis in Divini Jeremiae Prophetiam Interpretatio, in: PG 81, 495–806 (= PG 81).

Sperber, Alexander (Hg.), The Penateuch according to Targum Onkelos, The Bible in Aramaic 1, Leiden 1959 (= TO).

– The Latter Prophets according to Targum Jonathan, The Bible in Aramaic 3, Leiden 1962 (= TJon).

The Holy Bible. Containing the Old and New Testament. New Revised Standard Version, New York 1989.

The King James Version of The Holy Bible. Containing the Old and the New Testaments together with the Apocrypha. Translated out of the Original Tongues in the Year 1611, 4 Bde., New York 1935–1936.

The New English Bible, Oxford 1970.

Ulmer, Rivka (Hg.), Pesiqta Rabbati. A Synoptic Edition of Pesiqta Rabbati Based upon All Extant Manuscripts and the Editio Princeps, 3 Bde., SFSHJ 155, Lanham u.a. 1997–2002 (= ULMER, PesRab).

Ulrich, Eugene u.a. (Hg.), Qumran Cave 4. X. The Prophets, DJD 15, Oxford 1997 (= DJD 15).

Weber, Robert u.a. (Hg.), Biblia Sacra Iuxta Vulgatam Versionem. Editio Tertia Emendata (2 Bde.), Stuttgart ³1983 (= WEBER, Vg.).

Yadin, Yigael, The Ben Sira Scroll from Masada. Introduction, Emendations and Commentary, in: The Yigael Yadin Memorial Fund (Hg.), Masada VI. The Yigael Yadin Excavations 1963–1965. Final Report, Jerusalem 1999, 151–252 (= YADIN, Ben Sira Scroll).

Ziegler, Joseph (Hg.), Septuaginta. Vetus Testamentum Graecum Auctoritate Academiae Scientiarum Gottingensis editum. Vol. 15. Jeremias. Baruch. Threni. Epistula Jeremiae, Göttingen ²1976 (=ZIEGLER, Jeremias).

– Septuaginta. Vetus Testamentum Graecum Auctoritate Academiae Scientiarum Gottingensis editum. Vol. 11,4. Iob, Göttingen 1982 (= ZIEGLER, Iob).

B. Hilfsmittel

Dalman, Gustaf H., ערוך החדש. Aramäisch-Neuhebräisches Wörterbuch zu Targum, Talmud und Midrasch, Frankfurt a. M. 1901 (= DAL-MAN, Wörterbuch).

Gesenius, Wilhelm (Hg. Frants Buhl), Wilhelm Gesenius' Hebräisches und Aramäisches Handwörterbuch über das Alte Testament, Leipzig [17]1915 (= GESENIUS[17]).

– (Hg. Herbert Donner, Rudolf Meyer, Udo Rüterswörden), Hebräisches und Aramäisches Handwörterbuch über das Alte Testament. 18. Auflage. 1. Lieferung ג–א, Berlin u.a. [18]1987 (= GESENIUS[18.1]).

– (Hg. Herbert Donner, Rudolf Meyer, Udo Rüterswörden), Hebräisches und Aramäisches Handwörterbuch über das Alte Testament. 18. Auflage. 2. Lieferung י–ד, Berlin/Heidelberg [18]1995 (= GESENIUS[18.2]).

– (Hg. Herbert Donner, Rudolf Meyer, Johannes Renz), Hebräisches und Aramäisches Handwörterbuch über das Alte Testament. 18. Auflage. 3. Lieferung מ–כ, Heidelberg [18]2005 (= GESENIUS[18.3]).

Gesenius/Kautzsch/Bergsträsser, Hebräische Grammatik, [[28]1909] ND Hildesheim 1985 (= GESENIUS/KAUTZSCH).

Hatch, Edwin/Redpath, Henry A., A Concordance to the Septuagint and the Other Greek Versions of the Old Testament (Including the Apocryphal Books), Vol. I. A–I / Vol. II. K–Ω, Oxford 1897 (= HATCH/REDPATH, Concordance).

Koehler, Ludwig/Baumgartner, Walter (Hg. Walter Baumgartner, Benedikt Hartmann, E. Y. Kutschler), Hebräisches und Aramäisches Lexikon zum Alten Testament. Dritte Auflage. Lieferung I מֶבָּה–א, Leiden [3]1967 (= KBL[3]).

– (Hg. Johann Jakob Stamm, Ze'ev Ben-Ḥayyim, Benedikt Hartmann, Philippe H. Reymond), Hebräisches und Aramäisches Lexikon zum Alten Testament. Dritte Auflage. Lieferung IV תשע–ראה, Leiden u.a. [3]1990 (= KBL[3]).

– (Hg. Johann Jakob Stamm, Benedikt Hartmann, Philippe Reymond), Hebräisches und Aramäisches Lexikon zum Alten Testament. Dritte Auflage. Lieferung V. Aramäisches Lexikon, Leiden u.a. [3]1995 (= KBL[3]).

Levy, J., Chaldäisches Wörterbuch über die Targumim und einen grossen Theil des rabbinischen Schriftthums. Erster Band. ל–א, Leipzig 1867 (= LEVY, Wörterbuch I).

– Chaldäisches Wörterbuch über die Targumim und einen grossen Theil des rabbinischen Schriftthums. Zweiter Band. ת–מ, Leipzig 1868 (= LEVY, Wörterbuch II).

Lust, Johan/Eynikel, Erik/Hauspie, Katrin, Greek-English Lexicon of the
Septuagint. Revised Edition, Stuttgart 2003 (= LUST/EYNIKEL/HAU-
SPIE, Lexicon).
Muraoka, T., A Greek-English Lexicon of the Septuagint. Twelve Pro-
phets, Leuven 1993 (= MURAOKA, Lexicon).
Schwertner, Siegfried M., Internationales Abkürzungsverzeichnis für
Theologie und Grenzgebiete, Berlin/New York ²1993 (IATG²).

Elektronisches Hilfsmittel: BibleWorks for Windows, Version 3.5, 1996.

C. Sekundärliteratur

Ahuis, F., Der klagende Gerichtsprophet. Studien zur Klage in der
Überlieferung von den alttestamentlichen Gerichtspropheten,
CThM.BW 12, Stuttgart 1982 (= AHUIS, Gerichtsprophet).
Albright, W. F., A Catalogue of Early Hebrew Lyric Poems (Psalm
LXVIII), in: HUCA 23,1 (1950/51), 1–39 (= ALBRIGHT, Catalogue).
Alt, Albrecht, Hic murus aheneus esto, in: ZDMG 86 (1933), 33–48
(= ALT, murus aheneus).
– Neues aus der Pharaonenzeit Palästinas, in: PJ 32 (1936), 8–33
(= ALT, Pharaonenzeit).
Althann, Robert, Consonantal *ym*: Ending or Noun in Isa 3,13; Jer 17,16;
1Sam 6,19, in: Bib. 63 (1982), 560–565 (= ALTHANN, Consonantal *ym*).
Andersen, Francis I., Habakkuk. A New Translation with Introduction
and Commentary, AncB 25, New York u.a. 2001 (= ANDERSEN,
Habakkuk).
Aurelius, Erik, Der Fürbitter Israels. Eine Studie zum Mosebild im
Alten Testament, CB.OT 27, Stockholm 1988 (= AURELIUS, Fürbitter
Israels).
– Der Ursprung des Ersten Gebots, in: ZThK 100 (2003), 1–22 (= AURE-
LIUS, Ursprung).
– „Ich bin der Herr, dein Gott". Israel und sein Gott zwischen Kata-
strophe und Neuanfang, in: Reinhard Gregor Kratz/Hermann
Spieckermann (Hg.), Götterbilder, Gottesbilder, Weltbilder. Poly-
theismus und Monotheismus in der Welt der Antike. Band 1: Ägyp-
ten, Mesopotamien, Persien, Kleinasien, Syrien, Palästina, FAT.II 17,
Tübingen 2006, 325–345 (= AURELIUS, „Ich bin der Herr").
Bak, Dong Hyun, Klagender Gott – Klagende Menschen. Studien zur
Klage im Jeremiabuch, BZAW 193, Berlin/New York 1990 (= BAK,
Klagender Gott).

Barbiero, Gianni, Vom Schnee des Libanon und fremden Wassern: Eine strukturorientierte Interpretation von Jer 18,14, in: ZAW 114 (2002), 376–390 (= BARBIERO, Schnee).

Barthélemy, Dominique, Critique Textuelle de l'Ancien Testament. 2. Isaïe, Jérémie, Lamentations, OBO 50/2, Freiburg (Schweiz)/Göttingen 1986 (= BARTHELEMY, Critique Textuelle 2).

Batten, Loring Woart, The Books of Ezra and Nehemiah, ICC, Edinburgh 1913 (= BATTEN, Ezra and Nehemiah).

Baumann, A., Art. אָבַל אָבֵל אֲבֵל, in: ThWAT 1 (1973), 46–50 (= BAUMANN, אבל).

Baumgartner, Walter, Die Klagegedichte des Jeremia, BZAW 32, Gießen 1917 (= BAUMGARTNER, Klagegedichte).

Becker, Joachim, Wege der Psalmenexegese, SBS 78, Stuttgart 1975 (= J. BECKER, Wege).

Becker, Uwe, Exegese des Alten Testaments. Ein Methoden- und Arbeitsbuch, UTB 2664, Tübingen 2005 (= U. BECKER, Exegese).

Berridge, John Maclennan, Prophet, People and the Word of Yahweh. An Examination of Form and Content in the Proclamation of the Prophet Jeremiah, Zürich 1970 (= BERRIDGE, Prophet).

Begrich, Joachim, Die Vertrauensäußerungen im israelitischen Klageliede des Einzelnen und in seinem babylonischen Gegenstück, in: ZAW 46 (1928), 221–260 (= BEGRICH, Vertrauensäußerungen).

Beuken, W. A. M./van Grol, H. W. M., Jeremiah 14,1–15,9. A Situation of Distress and its Hermeneutics. Unity and Diversity of Form – Dramatic Development, in: Pierre-Maurice Bogaert (Hg.), Le Livre de Jérémie. Le prophète et son milieu, les oracles et leur transmission, BEThL 54, Leuven 1981, 297–342 (= BEUKEN/VAN GROL, Jer 14).

Beyerlin, Walter, Werden und Wesen des 107. Psalms, BZAW 153, Berlin/New York 1979 (= BEYERLIN, 107. Psalm).

Biddle, Mark E., Polyphony and Symphony in Prophetic Literature. Rereading Jeremiah 7–20, SOTI 2, Macon (Georgia) 1996 (= BIDDLE, Polyphony).

Blank, Sheldon H., The Confessions of Jeremiah and the Meaning of Prayer, in: HUCA 21 (1948), 331–354 (= BLANK, Meaning of Prayer).

– Jeremiah. Man and Prophet, Cincinatti 1961 (= BLANK, Jeremiah).

– The Prophet as Paradigm, in: James L. Crenshaw/John T. Willis (Hg.), Essays in Old Testament Ethics. J. Philip Hyatt, In Memoriam, New York 1974, 111–130 (= BLANK, Paradigm).

Blau, Josua, Über Homonyme und angeblich homonyme Wurzeln, in: VT 6 (1956), 242–248 (= BLAU, Homonyme).

Boda, Mark J., From Complaint to Contrition: Peering through the Liturgical Window of Jer 14,1–15,4, in: ZAW 113 (2001), 187–197 (= BODA, Complaint).

Boecker, Hans Jochen, Redeformen des Rechtslebens im Alten Israel, WMANT 14, Neukirchen-Vluyn 1964 (= BOECKER, Redeformen).

Bogaert, Pierre-Maurice, Le livre de Jérémie en perspective: les deux rédactions antiques selon les travaux en cour, in: RB 101 (1994), 363–406 (= BOGAERT, Livre).

– Jérémie 17,1–4 TM, oracle contre ou sur Juda propre au texte long, annoncé en 11,7–8.13 TM et en 15,12–14 TM, in: Yohanan Goldman/ Christoph Uehlinger, La double transmission du texte biblique. Etudes d'histoire du texte offertes à Adrian Schenker, OBO 179, Fribourg/Göttingen 2001, 59–74 (= BOGAERT, Jérémie 17).

Bonnard, Pierre E., Le Psautier selon Jérémie. Influence littéraire et spirituelle de Jérémie sur trente-trois psaumes, LeDiv 26, Paris 1960 (= BONNARD, Psautier).

Botterweck, Gerhard J., Art. אֶבְיוֹן, in: ThWAT 1 (1973), 28–43 (= BOTTERWECK, אֶבְיוֹן).

Bracke, J. M., Jeremiah 15:15–21, in: Interp. 37 (1984), 174–178 (= BRACKE, Jeremiah 15:15–21).

Brandscheidt, Renate, Gotteszorn und Menschenleid. Die Gerichtsklage des leidenden Gerechten in Klgl 3, TThSt 41, Trier 1983 (= BRANDSCHEIDT, Gotteszorn).

– Die Gerichtsklage des Propheten Jeremia im Kontext von Jer 17, in: TThZ 92 (1983), 61–78 (= BRANDSCHEIDT, Gerichtsklage).

Brekelmans, Christian, Jeremiah 18,1–12 and its Redaction, in: Pierre-Maurice Bogaert (Hg.), Le Livre de Jérémie. Le prophète et son milieu, les oracles et leur transmission, BEThL 54, Leuven 1981, 343–350 (= BREKELMANS, Jeremiah 18,1–12).

Briend, Jacques, Le Sabbat en Jr 17,19–27, in: A. Caquot, S. Légasse, M. Tardieu (Hg.), Mélanges bibliques et orientaux en l'honneur de M. Mathias Delcor, AOAT 215, Neukirchen-Vluyn 1985, 23–35 (= BRIEND, Sabbat).

Bright, John, Jeremiah, AncB 21, Garden City 1965 (= BRIGHT, Jeremiah).

– Jeremiah's Complaints – Liturgy or Expressions of Personal Distress?, in: John I. Durham, J. R. Porter (Hg.), Proclamation and Presence. Old Testament Essays in Honour of Gwynne Henton Davies, Richmond 1970, 189–214 (= BRIGHT, Complaints).

– A Prophet's Lament and its Answer: Jeremiah 15:10–21, Interp. 28 (1974), 59–74 (= BRIGHT, Lament).

Brin, Gershon, The Concept of Time in the Bible and the Dead Sea Scrolls, StTDJ 39, Leiden/ Boston/Köln 2001 (= BRIN, Time).

Bringmann, Klaus, Hellenistische Reform und Religionsverfolgung in Judäa. Eine Untersuchung zur jüdisch-hellenistischen Geschichte (175–163 v. Chr.), AAWG.PH Dritte Folge 132, Göttingen 1983 (= BRINGMANN, Reform).

Brockington, L. H., The Hebrew Text of the Old Testament. The Readings adopted by the Translators of the New English Bible, Oxford/Cambridge 1973 (= BROCKINGTON, Text).

Brooke, George J., The Book of Jeremiah and its Reception in the Qumran Scrolls, in: A. H. W. Curtis/T. Römer (Hg.), The Book of Jeremiah and its Reception, BEThL 128, Leuven 1997, 183–205 (= BROOKE, Reception).

Brueggemann, Walter A., Jeremiah's Use of Rhetorical Questions, in: JBL 92 (1973), 498–502 (= BRUEGGEMANN, Rhetorical Questions).

– Walter A., The Book of Jeremiah, in: Interp. 37 (1984), 130–145 (= BRUEGGEMANN, Book of Jeremiah).

– A Commentary on Jeremiah. Exile and Homecoming, Grand Rapids (Mi) 1998 (= BRUEGGEMANN, Commentary).

– The Theology of the Book of Jeremiah, OTT, Cambridge u.a. 2007 (= BRUEGGEMANN, Theology).

Bultmann, Christoph, A Prophet in Desperation? The Confessions of Jeremiah, in: Johannes C. de Moor (Hg.), The Elusive Prophet. The Prophet as a Historical Person, Literary Character and Anonymous Artist, OTS 45, Leiden/Boston/Köln 2001, 83–93 (= BULTMANN, Prophet in Desperation).

– Grausamkeit. Kriterien der Kritik religiöser Vorstellungen im Jeremiabuch, in: Susanne Gillmayr-Bucher/Annett Giercke/Christina Nießen (Hg.), Ein Herz so weit wie der Sand am Ufer des Meeres. Festschrift für Georg Hentschel, EThSt 90, Würzburg 2006, 273–298 (= BULTMANN, Grausamkeit).

Burkitt, F. C., Justin Martyr and Jeremiah xi 19, in: JThS 33 (1932), 371–373 (= BURKITT, Justin Martyr).

Carroll, Robert P., The Confessions of Jeremiah: Towards an Image of the Prophet, in: Ders., From Chaos to Covenant. Uses of Prophecy in the Book of Jeremiah, London 1981, 107–135 (= CARROLL, Confessions).

– Jeremiah. A Commentary, OTL, London 1986 (= CARROLL, Jeremiah).

Christensen, Duane L., „Terror on Every Side" in Jeremiah, in: JBL 92 (1973), 498–502 (= CHRISTENSEN, Terror).

Clements, Ronald Ernest, Jeremiah, Interpretation, Atlanta 1988 (= CLEMENTS, Jeremiah).

Clements, Ronald Ernest, Jeremiah 1–25 and the Deuteronomistic History [1993], in: Ders., Old Testament Prophecy. From Oracles to Canon, Louisville 1996, 107–122 (= CLEMENTS, Jeremiah 1–25).

Clines, D./Gunn, D. M., Form, Occasion and Redaction in Jeremiah 20, in: ZAW 88 (1976), 390–409 (= CLINES/GUNN, Form).

– „You Tried to Persuade me" and „Violence! Outrage!" in Jeremiah xx 7–8, in: VT 28 (1978), 20–27 (= CLINES/GUNN, „You Tried to Persuade me").

Clines, David, Job 1–20, WBC 17, Dallas 1989 (= CLINES, Job 1–20).

Condamin, A., Le Livre de Jérémie, EtB, Paris 1920 (= CONDAMIN, Jérémie).

Couroyer, Bernard, La Tablette du Cœur, in: RB 90 (1983), 416–434 (= Couroyer, Tablette).

Cornill, Carl Heinrich, Das Buch Jeremia, Leipzig 1905 (= CORNILL, Jeremia).

Craigie, Peter C./Kelley, Page H./Drinkard, Joel F., Jeremiah 1–25, WBC 26, Dallas 1991 (= CRAIGIE/KELLEY/DRINKARD, Jeremiah 1–25).

Creach, Jerome F. D., Like a Tree Planted by the Temple Stream: The Portrait of the Righteous in Psalm 1:3, In: CBQ 61 (1999), 34–46 (= CREACH, Like a Tree).

Cross, Frank Moore Jr., Epigraphic Notes on Hebrew Documents of the Eight–Sixth Centuries B.C.: II. The Murabbaʿat Papyrus and the Letter Found near Yabneh-Yam, in: BASOR 165 (1962), 34–46 (= CROSS, Notes).

Culley, Robert C., The Confessions of Jeremiah and Traditional Discourse, in: Saul M. Olyan/ Robert C. Culley (Hg.), „A Wise and Discerning Mind". Essays in Honor of Burke O. Long, BJSt 325, Providence 2000, 69–81 (= CULLEY, Confessions).

Curtis, Adrian H. W., „Terror on Every Side!", in: Ders./T. Römer (Hg.), The Book of Jeremiah and its Reception, BEThL 128, Leuven 1997, 111–118 (= CURTIS, Terror).

Dahood, Mitchell, Ugaritic Studies and the Bible, in: Gr. 43 (1962), 55–79 (= DAHOOD, Ugaritic Studies).

– Philological Notes on Jer 18,14–15, in: ZAW 74 (1962), 207–209 (= DAHOOD, Philological Notes).

– Psalms 1: 1–50, AncB 16, Garden City 1965 (= DAHOOD, Psalms 1).

– Hebrew-Ugaritic Lexicography IV, in: Bib. 47 (1966), 412–419 (= DAHOOD, Lexicography IV).

– The Metaphor in Jeremiah 17,13, in: Bib. 48 (1967), 109–110 (= DAHOOD, Metaphor).

– Hebrew-Ugaritic Lexicography V, in: Bib. 48 (1967), 421–438 (= DAHOOD, Lexicography V).

Davidson, R., The Interpretation of Jer xvii, 5–8, in: VT 9 (1959), 202–205 (= DAVIDSON, Interpretation of Jer xvii).

Davies, Philip R., Potter, Prophet and People: Jeremiah 18 as Parable, in: HAR 11 (1987), 23–33 (= DAVIES, Potter).

– Joking in Jeremiah 18, in: Yehuda T. Radday/Athalya Brenner (Hg.), On Humour and the Comic in the Hebrew Bible, JSOT.S 92, Sheffield 1990, 191–201 (= DAVIES, Joking).

Delcor, M., Art. מלא, mlʾ, voll sein, füllen, in: THAT 1 (1971), 897–900 (= DELCOR, מלא).

de Waard, Jan, A Handbook on Jeremiah. TCT 2, Winona Lake 2003 (= DE WAARD, Handbook).

de Wilde, A., Das Buch Hiob, OTS 22, Leiden 1981 (= DE WILDE, Hiob).

Diamond, A. R., The Confessions of Jeremiah in Context. Scenes of Prophetic Drama, JSOT.S 45, Sheffield 1987 (= DIAMOND, Confessions).

– Jeremiah's Confessions in the LXX and MT: A Witness to Developing Canonical Function? in: VT 40 (1990), 33–50 (= DIAMOND, LXX and MT).

Dimant, Devorah, An Apocryphon of Jeremiah from Cave 4 (4Q385ᴮ = 4Q385 16), in: George E. Brooke/Florentino García Martínez (Hg.), New Qumran Texts and Studies. Proceedings of the First Meeting of the International Organization for Qumran Studies, Paris 1992, StTDJ 15, Leiden/New York/Köln 1994, 11–30 (= DIMANT, Apocryphon).

Donner, Herbert, The Confessions of Jeremiah. Their Form and Significance for the Prophet's Biography, in: OTE 24 (1981), 55–66 (= DONNER, Confessions).

Driver, G. R., Confused Hebrew Roots, in: Bruno Schindler/A. Marmorstein (Hg.), Occident and Orient. Being Studies in Semitic Philology and Literature, Jewish History and Philosophy and Folklore in the widest sense. In Honour of Haham Dr. M. Gaster's 80th Birthday, London 1936, 73–83 (= DRIVER, Confused Roots).

– Linguistic and Textual Problems: Jeremiah, in: JQR 28 (1937/38), 97–129 (= DRIVER, Problems).

– Difficult Words in the Hebrew Prophets, in: H. H. Rowley (Hg.), Studies in Old Testament Prophecy (FS Theodore. H. Robinson), Edinburgh 1950, 52–72 (= DRIVER, Difficult Words).

– L'interprétation du texte Masorétique a la lumière de la lexicographie Hébraïque, in: EThL 26 (1950), 337–353 (= DRIVER, Interprétation).

– Jeremiah XII,6, in: JJS V (1954), 177 f. (= DRIVER, Jeremiah XII,6).

Dubbink, Joep, Jeremiah: Hero of Faith or Defeatist? Concerning the Place and Function of Jeremiah 20.14–18, in: JSOT 86 (1999), 67–84 (= DUBBINK, Hero).

Duhm, Bernhard, Das Buch Jesaja, HK 3/1, Göttingen 1892 (= DUHM, Jesaja[1]).

– Das Buch Jeremia, KHC 11, Tübingen/Leipzig 1901 (= DUHM, Jeremia).

– Das Buch Jesaja, HK 3/1, Göttingen [2]1902 (= DUHM, Jesaja[2]).

– Die Psalmen, KHC 14, Tübingen [2]1922 (= DUHM, Psalmen).

– Das Buch Jesaja, Göttingen [5]1968 (= DUHM, Jesaja[5]).

Ehrlich, Arnold B., Randglossen zur Hebräischen Bibel. Textkritisches, Sprachliches und Sachliches. Vierter Band. Jesaia, Jeremia, Leipzig 1912 (ND Hildesheim 1968) (= EHRLICH, Randglossen).

Ehrman, A., A Note on בוטה in Jer 12.5, in: JSSt 5 (1960), 153 (= EHRMAN, Note).

Eichler, Ulrike, Der klagende Jeremia. Eine Untersuchung zu den Klagen Jeremias und ihrer Bedeutung zum Verstehen seines Leidens, Diss. masch., Heidelberg 1978 (= EICHLER, Jeremia).

Engelken, K., Art. שׁרת, srt, in: ThWAT 8 (1997), 495–507 (= ENGELKEN, שׁרת).

Ewald, Heinrich, Die Propheten des Alten Bundes. Zweite Ausgabe in drei Bänden. Zweiter Band: Jeremja und Hezeqiel mit ihren Zeitgenossen, Göttingen [2]1868 (= EWALD, Jeremja und Hezeqiel).

Fabry, Heinz-Josef, Art. מַרְזֵחַ, marzēaḥ, in: ThWAT 5 (1986), 11–15 (= FABRY, מַרְזֵחַ).

Fischer, Georg, „Ich mache dich...zur eisernen Säule" (Jer 1,18). Der Prophet als besserer Ersatz für den untergegangenen Tempel, in: ZKTh 116 (1994), 447–450 (= FISCHER, eiserne Säule).

– Jeremia 1–25, HThK.AT, Freiburg im Breisgau 2005 (= FISCHER, Jeremia 1–25).

– Jeremia. Der Stand der theologischen Diskussion, Darmstadt 2007 (= FISCHER, Stand).

Fishbane, Michael, „A Wretched Thing of Shame, A Mere Belly": An Interpretation of Jeremiah 20:7–12, in: Robert Polzin/Eugene Rothman (Hg.), The Biblical Mosaic. Changing Perspectives, SBL.SemSt 10, Philadelphia/Chico, 1982, 169–183 (= FISHBANE, Wretched Thing).

– Biblical Interpretation in Ancient Israel, Oxford 1989 (= FISHBANE, Biblical Interpretation).

Floyd, Michael H., Prophetic Complaints about the Fulfillment of Oracles in Habakkuk 1:2–17 and Jeremiah 15:10–18, in: JBL 110 (1991), 397–418 (= Floyd, Complaints).

Fohrer, Georg, Das Buch Hiob, KAT 16, Gütersloh 1963 (= Fohrer, Hiob).

– Die Gattung der Berichte über symbolische Handlungen der Propheten (1952), in: Ders., Studien zur Alttestamentlichen Prophetie (1949–1965), BZAW 99, Berlin 1967, 92–112 (= FOHRER, Gattung).

– Die symbolischen Handlungen der Propheten, 2. überarbeitete und erweiterte Auflage, AThANT 54, Zürich ²1968 (= FOHRER, Symbolische Handlungen).

– Abgewiesene Klage und untersagte Fürbitte in Jer 14,2–15,2, in: Ruppert, Lothar/Weimar, Peter/Zenger, Erich (Hg.), Künder des Wortes. Beiträge zur Theologie der Propheten. Josef Schreiner zum 60. Geburtstag, Würzburg 1982, 77–86 (= FOHRER, Abgewiesene Klage).

Forstman Pettys, Valerie, Let There be Darkness: Continuity and Discontinuity in the ‚Curse' of Job 3, in: JSOT 98 (2002), 89–104 (= FORSTMAN PETTYS, Darkness).

Frank, Karl Suso, Art. Nachfolge Jesu II. Alte Kirche und Mittelalter, in: TRE 23 (1994), 686–691 (= FRANK, Nachfolge).

Freedman, David Noel, The Massoretic Text and the Qumran Scrolls: A Study in Orthography, in: Textus 2 (1962), 87–102 (= FREEDMAN, Orthography).

Fretheim, Terence E., Caught in the Middle: Jeremiah's Vocational Crisis, in: WaW 22 (2002), 351–360 (= FRETHEIM, Caught).

Frevel, Christian, Aschera und der Ausschließlichkeitsanspruch YHWHs. Beiträge zu literarischen, religionsgeschichtlichen und ikonographischen Aspekten der Ascheradiskussion. Band 1, BBB 94/1, Weinheim 1995 (= FREVEL, Aschera).

Friebel, Kelvin G., Jeremiah's and Ezekiel's Sign-Acts. Rhetorical Nonverbal Communication, JSOT.S 283, Sheffield 1999 (= FRIEBEL, Sign-Acts).

Friedrich, Horst, Hiob. 1. Teilband, BK 16/1, Neukirchen-Vluyn 1968 (= FRIEDRICH, Hiob).

Fuchs, Gisela, Die Klage des Propheten. Beobachtungen zu den Konfessionen Jeremias im Vergleich mit den Klagen Hiobs (Erster Teil), in: BZ 41 (1997), 212–228 (= FUCHS, Klage).

– „Du bist mir zum Trugbach geworden". Verwandte Motive in den Konfessionen Jeremias und den Klagen Hiobs (Zweiter Teil), in: BZ 42 (1998), 19–38 (= FUCHS, Trugbach).

Gerstenberger, Erhard, Jeremiah's Complaints. Observations on Jer 15,10–21, in: JBL 82 (1963), 393–408 (= GERSTENBERGER, Complaints).

Gerstenberger, Erhard, Art. בטח, *bṭḥ*, vertrauen, in: THAT 1 (1971), 300–305 (= GERSTENBERGER, בטח).

Giesebrecht, Friedrich, Das Buch Jeremia, HK III/2, Göttingen 1894 (= GIESEBRECHT, Jeremia).

Gitay, Yehoshua, Rhetorical Criticism and the Prophetic Discourse, in: Watson, Duane F. (Hg.), Persuasive Artistry. Studies in New Testament Rhetoric in Honor of George A. Kennedy, JSNT.S 50, Sheffield 1991, 13–24 (= GITAY, Rhetorical Criticism).

Gladson, Jerry A., Jeremiah 17:19–27: A Rewriting of the Sinaitic Code? In: CBQ 62 (2000), 33–40 (= GLADSON, Jeremiah 17:19–27).

Goldenstein, Johannes, Das Gebet der Gottesknechte. Jesaja 63,7–64,11 im Jesajabuch, WMANT 92, Neukirchen-Vluyn 2001 (= GOLDENSTEIN, Gebet).

Görg, Manfred, Die „ehernen Säulen" (I Reg 7,15) und die „eiserne Säule" (Jer 1,18). Ein Beitrag zur Säulenmetaphorik im Alten Testament, in: Rüdiger Liwak/Siegfried Wagner, Prophetie und geschichtliche Wirklichkeit im alten Israel. Festschrift für Siegfried Herrmann zum 65. Geburtstag, Stuttgart/Berlin/Köln 1991, 134–154 (= GÖRG, Säulen).

Gosse, Bernard, Jérémie 17,1–5aα dans la rédaction massorétique du livre de Jérémie, in: EstB 53 (1995), 165–180 (= GOSSE, Jérémie 17).

– The Masoretic Redaction of Jeremiah: An Explanation, in: JSOT 77 (1998), 75–80 (= GOSSE, Masoretic Redaction).

– Les ‚Confessions' de Jérémie, la vengeance contre Jérusalem à l'image de celle contre Babylone et les nations, et Lamentations 1, in: ZAW 111 (1999), 58–67 (= GOSSE, Confessions).

Graupner, Axel, Auftrag und Geschick des Propheten Jeremia. Literarische Eigenart, Herkunft und Intention vordeuteronomistischer Prosa im Jeremiabuch, BThSt 15, Neukirchen-Vluyn 1991 (= GRAUPNER, Auftrag).

Gunkel, Hermann/Begrich, Joachim, Einleitung in die Psalmen. Die Gattungen der religiösen Lyrik Israels, Göttingen ⁴1985 (= GUNKEL/BEGRICH, Einleitung).

Gunneweg, Antonius H. J., Konfession oder Interpretation im Jeremiabuch, in: ZThK 67 (1970), 395–416 (= GUNNEWEG, Konfession).

– Nehemia, KAT XIX/2, Gütersloh 1987 (= GUNNEWEG, Nehemia).

Hamm, Berndt, Was ist Frömmigkeitstheologie? Überlegungen zum 14. bis 16. Jahrhundert, in: Hans-Jörg Nieden/Marcel Nieden (Hg.), Praxis Pietatis. Beiträge zu Theologie und Frömmigkeit in der Frühen Neuzeit. Wolfgang Sommer zum 60. Geburtstag, Stuttgart u.a. 1999, 9–45 (= HAMM, Frömmigkeitstheologie).

Hartman, Geoffrey, Jeremiah 20:7–12: A Literary Response, in: Robert Polzin/Eugene Rothman (Hg.), The Biblical Mosaic. Changing Perspectives, SBL.SemSt 10, Philadelphia/Chico, 1982, 184–195 (= HARTMAN, Jeremiah 20:7–12).

Hartman, L. F./Di Lella, A. A., The Book of Daniel, AncB 23, Garden City 1978 (= HARTMAN/DI LELLA, Daniel).

Hasel, G. F., Art. זָעַק, zāʿaq, in: ThWAT 2 (1977), 628–639 (= HASEL, זָעַק).

Häusl, Maria, Bilder der Not. Weiblichkeits- und Geschlechtermetaphorik im Buch Jeremia, HeBS 37, Freiburg u.a. 2003 (HÄUSL, Bilder).

Helmers-van Tricht, Anne, Profeet tussen Boer en Koning. Jeremia 14:1–15:4, in: ACEBT 11 (1992), 65–77 (= HELMERS-VAN TRICHT, Profeet).

Hermisson, Hans-Jürgen, Jahwes und Jeremias Rechtsstreit. Zum Thema der Konfessionen Jeremias [1987], in: Ders., Studien zu Prophetie und Weisheit. Gesammelte Aufsätze, FAT 23, Tübingen 1998, 5–36 (= HERMISSON, Rechtsstreit).

– Hans-Jürgen, Die „Königsspruch"-Sammlung im Jeremiabuch. Von der Anfangs- zur Endgestalt [1990], in: Ders., Studien zu Prophetie und Weisheit. Gesammelte Aufsätze, FAT 23, Tübingen 1998, 37–58 (= HERMISSON, Königsspruch-Sammlung).

– Studien zu Prophetie und Weisheit. Gesammelte Aufsätze, FAT 23, Tübingen 1998 (= HERMISSON, Studien).

– Jeremias dritte Konfession (Jer 15,10–21) in: ZThK 96 (1999), 1–21 (= HERMISSON, dritte Konfession).

Herrmann, Siegfried, Die prophetischen Heilserwartungen im Alten Testament. Ursprung und Gestaltwandel, BWANT 85, Stuttgart 1965 (= HERRMANN, Heilserwartungen).

– Jeremia, BK 12. Lieferung 1, Neukirchen-Vluyn 1986 (= HERRMANN, BK 12).

– Die Herkunft der „ehernen Mauer". Eine Miszelle zu Jeremia 1,18 und 15,20, in: Manfred Oeming/Axel Graupner (Hg.), Altes Testament und christliche Verkündigung. Festschrift für Antonius H. J. Gunneweg zum 65. Geburtstag, Stuttgart u.a. 1987, 344–352 (= HERRMANN, Eherne Mauer).

– Jeremia. Der Prophet und das Buch, EdF 271, Darmstadt 1990 (= HERRMANN, Jeremia).

Hieke, Thomas, Die Bücher Esra und Nehemia, NStK.AT 9/2, Stuttgart 2005 (= HIEKE, Esra und Nehemia).

Hitzig, Ferdinand, Der Prophet Jeremia, KEH 3, Leipzig ²1866 (= HITZIG, Jeremia).

Holladay, William Lee, „On Every Hill and Under Every Green Tree", in: VT 11 (1961), 170–176 (= HOLLADAY, Tree).

Holladay, William Lee, William Lee, Style, Irony and Authenticity in Jeremiah, in: JBL 81 (1962), 44–54 (= HOLLADAY, Style).

– Jeremiah's Lawsuit with God: A Study in Suffering and Meaning, in: Interp. 17 (1963), 280–287 (= HOLLADAY, Lawsuit).

– Jeremiah and Moses. Further Observations, in: JBL 85 (1966), 17–27 (= HOLLADAY, Jeremiah and Moses).

– The Covenant with the Patriarchs Overturned. Jeremiah's Intention in ‚Terror on Every Side' (Jer 20:1–6), in: JBL 91 (1972), 305–320 (= HOLLADAY, Covenant Overturned).

– Jeremiah. Spokesman out of Time, Philadelphia 1974 (= HOLLADAY, Spokesman).

– The Architecture of Jeremiah 1–20, Lewisburg 1976 (= HOLLADAY, Architecture).

– Jeremiah. A Commentary on the Book of the Prophet Jeremiah 1: Chapters 1–25, Hermeneia, Philadelphia 1986 (= HOLLADAY, Jeremiah 1–25).

Holt, Else Kragelund, The Potent Word of God: Remarks on the Composition of Jeremiah 37–44, in: A. R. Pete Diamond/Kathleen M. O'Connor/Louis Stulman (Hg.), Troubling Jeremiah, JSOT.S 260, Sheffield 1999, 161–170 (= HOLT, Potent Word).

– The Fountain of Living Water and the Deceitful Brook. The Pool of Water Metaphors in the Book of Jeremiah (MT), in: Pierre van Hecke (Hg.), Metaphor in the Hebrew Bible, BEThL 187, Leuven 2005, 99–117 (= HOLT, Fountain).

Honeyman, A. M., Māgôr Mis-Sābîb and Jeremiah's Pun, in: VT 4 (1954), 424–426 (= HONEYMAN, Jeremiah's Pun).

Hölscher, Gustav, Die Profeten. Untersuchungen zur Religionsgeschichte Israels, Leipzig 1914 (= HÖLSCHER, Profeten).

Hossfeld, Frank-Lothar/Zenger, Erich, Die Psalmen I. Psalm 1–50, NEB 29, Würzburg 1993 (= HOSSFELD/ZENGER, Psalmen I).

– Psalmen 51–100, HThK.AT, Freiburg u.a.2000 (= HOSSFELD/ZENGER, Psalmen 51–100).

Houberg, R., Note sur Jérémie XI 19, in: VT 25 (1975), S. 676–677 (= HOUBERG, Note).

Hubmann, Franz D., Untersuchungen zu den Konfessionen Jer 11,18–12,6 und Jer 15,10–21, FzB 30, Würzburg 1978 (= HUBMANN, Untersuchungen).

– Textgraphik und Textkritik am Beispiel von Jer 17,1–2, in: BN 14 (1981), 30–36 (= HUBMANN, Textgraphik).

– Anders als er wollte: Jer 20,7–13, in: BiLi 54 (1981), 179–188 (= HUBMANN, Anders als er wollte).

Hubmann, Franz D., Jer 18,18–23 im Zusammenhang der Konfessionen, in: Pierre-Maurice Bogaert (Hg.), Le Livre de Jérémie. Le prophète et son milieu, les oracles et leur transmission, BEThL 54, Leuven 1981, 271–296 (= Hubmann, Jer 18).

– Stationen einer Berufung. Die „Konfessionen" Jeremias – eine Gesamtschau, in: ThPQ 132 (1984), 25–39 (= Hubmann, Stationen).

– Bemerkungen zur älteren Diskussion um die Unterschiede zwischen MT und G im Jeremiabuch, in: Walter Groß (Hg.), Jeremia und die „deuteronomistische Bewegung", BBB 98, Weinheim 1995, 263–270 (= Hubmann, Bemerkungen).

– „Synoptisches" aus dem Jeremiabuch, in: Christoph Niemand (Hg.), Forschungen zum Neuen Testament und seiner Umwelt. Festschrift für Albert Fuchs, LPTB 7, Frankfurt am Main u.a. 2002, 403–417 (= Hubmann, Synoptisches).

Huwyler, Beat, Jeremia und die Völker. Untersuchungen zu den Völkersprüchen in Jeremia 46–49, FAT 20, Tübingen 1997 (= Huwyler, Völker).

Hyatt, James Philip., The Book of Jeremiah. IntB 5, New York/Nashville 1956, 776–1142 (= Hyatt, Jeremiah).

– Jeremiah and Deuteronomy [1942], in: Leo G. Perdue/Brian W. Kovacs (Hg.), A Prophet to the Nations. Essays in Jeremiah Studies, Winona Lake 1984, 113–127 (= Hyatt, Jer and Dtn).

Ittmann, Norbert, Die Konfessionen Jeremias. Ihre Bedeutung für die Verkündigung des Propheten, WMANT 54, Neukirchen 1981. (= Ittmann, Konfessionen)

Jacobsen, Thorkild/Nielsen, Kirsten, Cursing the Day, in: SJOT 6 (1992), 187–204 (= Jacobsen/Nielsen, Cursing).

Jacobson, R., Prophecy and Paradox. Jeremiah's Logical Problems, in: LingBibl 38 (September 1976), 49–61 (= Jacobson, Prophecy).

Janowski, Bernd, Sühne als Heilsgeschehen. Studien zur Sühnetheologie der Priesterschrift und zur Wurzel KPR im Alten Orient und im Alten Testament, WMANT 55, Neukirchen-Vluyn 1982 (= Janowski, Sühne).

Janzen, J. Gerald, Studies in the Text of Jeremiah, HSM 6, Cambridge MA 1973 (= Janzen, Studies)

– Jeremiah 20:7–18, in: Interp. 37 (1983), 178–183 (= Janzen, Jeremiah 20:7–18).

Jenni, Ernst, Das Wort ʿolām im Alten Testament, in: ZAW 64 (1952), 197–251 (= Jenni, Wort ʿolām I).

– Das Wort ʿolām im Alten Testament, in: ZAW 65 (1953), 1–35 (= Jenni, Wort ʿolām II).

– Art. אחר, ʾḥr, danach, in: THAT 1 (1971), 110–118 (= Jenni, אחר).

Jenni, Ernst, Art. עוֹלָם, ʿolām, Ewigkeit, in: THAT 2 (1984), 228–243 (= JENNI, עוֹלָם).

– Die hebräischen Präpositionen. Band 1: Die Präposition Beth, Stuttgart/Berlin/Köln 1992 (= JENNI, Präposition Beth).

Jeremias, Jörg, Tod und Leben in Am 5,1–17 [1989], in: Ders., Hosea und Amos. Studien zu den Anfängen des Dodekaprophetons, FAT 13, Tübingen 1996, 214–230 (= JEREMIAS, Tod).

– Die Mitte des Amosbuches (Am 4,4–13; 5,1–17), in: Ders., Hosea und Amos. Studien zu den Anfängen des Dodekaprophetons, FAT 13, Tübingen 1996, 198–213 (= JEREMIAS, Mitte).

Johnson, B., Art. מִשְׁפָּט, in: ThWAT 5 (1986), 93–107 (= JOHNSON, מִשְׁפָּט).

Jüngling, H. W., Ich mache dich zu einer ehernen Mauer. Literarkritische Überlegungen zum Verhältnis von Jer 1,18–19 zu Jer 15,20–21, in: Bib. 54 (1973), 1–24 (= JÜNGLING, Mauer).

Kedar-Kopfstein, B., Art.: לָשׁוֹן, lāšôn, in: ThWAT 4 (1984), 595–605 (= KEDAR-KOPFSTEIN, לָשׁוֹן).

– Art.: עָרַץ, ʿāraṣ, in: ThWAT 6 (1989), 402–405 (= KEDAR-KOPFSTEIN, עָרַץ).

Keel, Othmar, Feinde und Gottesleugner. Studien zum Image der Widersacher in den Individualpsalmen, SBM 7, Stuttgart 1969 (= KEEL, Feinde).

– Die kultischen Massnahmen Antiochus' IV. Religionsverfolgung und/oder Reformversuch? Eine Skizze, in: Ders./Urs Staub (Hg.), Hellenismus und Judentum. Vier Studien zu Daniel 7 und zur Religionsnot unter Antiochus IV., OBO 178, Freiburg (Schweiz)/Göttingen 2000, 87–121 (= KEEL, Massnahmen).

Kessler, Martin, From Drought to Exile: Jeremiah 14:1–15:4, in: ACEBT 2 (1981), 68–85 (= KESSLER, Drought).

Kilpp, Nelson, Niederreißen und aufbauen. Das Verhältnis von Heilsverheißung und Unheilsverkündigung bei Jeremia und im Jeremiabuch, BThSt 13, Neukirchen-Vluyn 1990 (= KILPP, Niederreißen).

Kiss, Jenö, Die dritte Konfession Jeremias (Jer 15,10–21), in: Hans Klein u.a. (Hg.), Kirche, Geschichte, Glaube. Freundesgabe für Hermann Pitters zum 65. Geburtstag, Erlangen 1998, 42–53 (= KISS, Dritte Konfession).

– Die Klage Gottes und des Propheten. Ihre Rolle in der Komposition und Redaktion von Jer 11–12, 14–15 und 18, WMANT 99, Neukirchen-Vluyn 2003 (= KISS, Klage Gottes).

Koch, Klaus, Was ist Formgeschichte? Methoden der Bibelexegese, Neukirchen-Vluyn ⁴1981 (= KOCH, Formgeschichte).

– Gibt es ein Vergeltungsdogma im Alten Testament? [1955], in: Ders., Spuren des hebräischen Denkens. Beiträge zur alttestamentlichen

Theologie. Gesammelte Aufsätze Band 1, Neukirchen-Vluyn 1991, 65–103 (= KOCH, Vergeltungsdogma).

Koenen, Klaus, Heil den Gerechten – Unheil den Sündern! Ein Beitrag zur Theologie der Prophetenbücher, BZAW 229, Berlin/New York 1994 (= KOENEN, Heil).

Köhlmoos, Melanie, Das Auge Gottes.Textstrategie im Hiobbuch, FAT 25, Tübingen 1999 (= KÖHLMOOS, Auge).

Kratz, Reinhard Gregor, Translatio imperii. Untersuchungen zu den aramäischen Danielerzählungen und ihrem theologiegeschichtlichen Umfeld, WMANT 63, Neukirchen-Vluyn 1991 (= KRATZ, Translatio).

– Kyros im Deuterojesaja-Buch. Redaktionsgeschichtliche Untersuchungen zu Entstehung und Theologie von Jes 40–55, FAT 1, Tübingen 1991 (= KRATZ, Kyros).

– Der Anfang des Zweiten Jesaja in Jes 40,1 f. und das Jeremiabuch, in: ZAW 106 (1994), 243–261 (= KRATZ, Anfang II).

– Die Redaktion der Prophetenbücher, in: Ders./Thomas Krüger (Hg.), Rezeption und Auslegung im Alten Testament und in seinem Umfeld. Ein Symposion aus Anlass des 60. Geburtstags von Odil Hannes Steck, OBO 153, Freiburg (Schweiz)/ Göttingen 1997, 9–27 (= KRATZ, Redaktion).

– Art. Redaktionsgeschichte/Redaktionskritik I. Altes Testament, in: TRE 28 (1997), 367–378 (= KRATZ, Redaktionsgeschichte).

– Art. Apokalyptik II. Altes Testament, in: RGG⁴ 1 (1998), 591 f. (= KRATZ, Apokalyptik).

– Die Worte des Amos von Tekoa, in: Matthias Köckert/Martti Nissinen (Hg.), Propheten in Mari, Assyrien und Israel, FRLANT 201, Göttingen 2003, 54–89 (= KRATZ, Worte).

– Die Propheten Israels, München 2003 (= KRATZ, Propheten).

– Die Tora Davids [1996], in: Ders., Das Judentum im Zeitalter des Zweiten Tempels, FAT 42, Tübingen 2004, 280–311 (= KRATZ, Tora Davids).

Kraus, Hans-Joachim, Psalmen. 1. Teilband. Psalmen 1–59, BK 15/1, Neukirchen-Vluyn ⁵1980 (= KRAUS, Psalmen 1–59).

– Psalmen. 2. Teilband. Psalmen 60–150, BK 15/2, Neukirchen-Vluyn ⁵1978 (= KRAUS, Psalmen 60–150).

Kutsch, Ernst, „Trauerbräuche'" und „Selbstminderungsriten" im Alten Testament [1965], in: Ders. (Hg. Ludwig Schmidt/Karl Eberlein), Kleine Schriften zum Alten Testament, BZAW 168, Berlin/New York 1986, 78–95 (= KUTSCH, Trauerbräuche).

Lang, B., Art. כָּפַר, kippær, in: ThWAT 4 (1984), 303–318 (= LANG, כָּפַר).

Leene, H., Blowing the Same Shofar: An Intertextual Comparison of Representations of the Prophetic Role in Jeremiah and Ezekiel, in: Johannes C. de Moor (Hg.), The Elusive Prophet. The Prophet as a Historical Person, Literary Character and Anonymous Artist, OTS 45, Leiden/Boston/Köln 2001, 175–198 (= LEENE, Shofar).

Levenson, J. D., Some Unnoticed Connotations in Jeremiah 20:9, in: CBQ 46 (1984), 223–225 (= LEVENSON, Connotations).

Levin, Christoph, Die Verheißung des Neuen Bundes in ihrem theologiegeschichtlichen Zusammenhang ausgelegt, FRLANT 137, Göttingen 1985 (= LEVIN, Verheißung).

– Das Kinderopfer im Jeremiabuch, in: Ders., Fortschreibungen. Gesammelte Studien zum Alten Testament, BZAW 316, Berlin/New York 2003, 227–241 (= LEVIN, Kinderopfer).

– Das Gebetbuch der Gerechten. Literargeschichtliche Beobachtungen am Psalter [1993], in: Ders., Fortschreibungen. Gesammelte Studien zum Alten Testament, BZAW 316, Berlin/New York 2003, 291–313 (= LEVIN, Gebetbuch).

– The Poor in the Old Testament. Some Observations [2001], in: Ders., Fortschreibungen. Gesammelte Studien zum Alten Testament, BZAW 316, Berlin/New York 2003, 322–338 (= LEVIN, The Poor).

– Das Wort Jahwes an Jeremia. Zur ältesten Redaktion der jeremianischen Sammlung, in: ZThK 101 (2004), 257–280 (= LEVIN, Wort Jahwes).

Lichtenberger, Hermann, Studien zum Menschenbild in Texten der Qumrangemeinde, StUNT 15, Göttingen 1980 (= LICHTENBERGER, Menschenbild).

Lipinski, E., Macarismes et Psaumes de Congratulation, in: RB 75 (1968), 321–367 (= LIPINSKI, Macarismes).

Loretz, Oswald, Jeremia 18,14: Stichometrie und Parallelismus Membrorum, in: UF 4 (1972), 170 f. (= LORETZ, Stichometrie).

– Ugaritisch-biblisch mrzḥ „Kultmahl, Kultverein" in Jer 16,5 und Am 6,7. Bemerkungen zur Geschichte des Totenkultes in Israel, in: Lothar Ruppert/Peter Weimar/Erich Zenger (Hg.), Künder des Wortes. Beiträge zur Theologie der Propheten. Josef Schreiner zum 60. Geburtstag, Würzburg 1982, 87–93 (= LORETZ, mrzḥ).

Lundbom, Jack R., Jeremiah: A Study in Ancient Hebrew Rhetoric, SBL.DS 18, Missoula 1975 (= LUNDBOM, Jeremiah).

– The Double Curse of Jeremiah 20:14–18, in: JBL 104 (1985), 589–600 (= LUNDBOM, Double Curse).

– Jeremiah 15,15–21 and the Call of Jeremiah, in: SJOT 9 (1995), 143–155 (= LUNDBOM, Jeremiah 15).

Lundbom, Jack R., Jeremiah 1–20. A New Translation with Introduction and Commentary, AncB 21 A, New York 1999 (= LUNDBOM, Jeremiah 1–20).

Lust, Johan, Ezekiel 36–40 in the Oldest Greek Manuscript, in: CBQ 43 (1981), 517–533 (= LUST, Ezekiel 36–40).

– „Gathering and Return" in Jeremiah and Ezekiel, in: Pierre-Maurice Bogaert (Hg.), Le Livre de Jérémie. Le prophète et son milieu, les oracles et leur transmission, BEThL 54, Leuven 1981, 119–142 (= LUST, Gathering).

Magonet, Jonathan, Jeremiah's Last Confession: Structure, Image and Ambiguity, in: HAR 11 (1987), 303–317 (= MAGONET, Last Confession).

Maass, Fritz, Art. חָתַת, ḥāṯaṯ, in: ThWAT 3 (1982), 296–302 (= MAASS, חָתַת).

– Art. כפר, kpr pi, sühnen, in: THAT 1 (⁴1984), 842–857 (= MAASS, כפר).

Macchi, J.-D., Les doublets dans le livre de Jérémie, in: A. H. W. Curtis/T. Römer (Hg.), The Book of Jeremiah and its Reception, BEThL 128, Leuven 1997, 119–150 (= MACCHI, Doublets).

Maiberger, P., Art. פָּגַע, pāḡaʿ, in: ThWAT 6 (1989), 501–508 (= MAIBERGER, פָּגַע).

Maier, Christl, Die „fremde Frau" in Proverbien 1–9. Eine exegetische und sozialgeschichtliche Studie, OBO 144, Freiburg (Schweiz)/ Göttingen 1995 (= MAIER, Fremde Frau).

– Jeremia als Lehrer der Tora. Soziale Gebote des Deuteronomiums in Fortschreibungen des Jeremiabuches, FRLANT 196, Göttingen 2002 (= MAIER, Lehrer).

– /Dörrfuß, Ernst Michael, „Um mit ihnen zu sitzen, zu essen und zu trinken". Am 6,7; Jer 16,5 und die Bedeutung von marzeᵃḥ, in: ZAW 111 (1999), 45–57 (= MAIER/ DÖRRFUSS, Sitzen).

Marrow, Stanley, Ḥāmās („violentia") in Jer 20,8, in: VD 43 (1965), 241–255 (= Marrow, Ḥāmās).

Marttila, Marko, Collective Reinterpretation in the Psalms. A Study of the Redaction History of the Psalter, FAT.II 13, Tübingen 2006 (= MARTTILA, Collective Reinterpretation).

Marx, Alfred, A propos des doublet du livre de Jérémie. Réflexions sur la formation d'un livre prophétique, in: J. A. Emerton (Hg.), Prophecy. Essays Presented to Georg Fohrer on his Sixty-Fivth Birthday 6 September 1980, BZAW 150, Berlin/New York 1980, 106–120 (= MARX, Doublets).

McKane, William, The Interpretation of Jeremiah XII.1–5, in: TGUOS 20 (1965), 38–48 (= MCKANE, Interpretation).

McKane, William, The Construction of Jeremiah Chapter xxi, in: VT 32 (1982), 59–73 (= McKANE, Construction).

– A Critical and Exegetical Commentary on Jeremiah. Vol. I, ICC, Edinburgh 1986 (= McKANE, Jeremiah I).

Meinhold, Arndt, Die Sprüche. Teil 2: Sprüche Kapitel 16–31, ZBK 16.2, Zürich 1992 (= MEINHOLD, Sprüche 2).

Merendino, Rosario Pius, Sprachkunst in Psalm 1, in: VT 29 (1979), 45–60 (= MERENDINO, Sprachkunst).

Metzger, Martin, „Thron der Herrlichkeit". Ein Beitrag zur Interpretation von Jeremia 17,12f, in: Rüdiger Liwak/Siegfried Wagner (Hg.), Prophetie und geschichtliche Wirklichkeit im alten Israel. Festschrift für Siegfried Herrmann zum 65. Geburtstag, Stuttgart/ Berlin/Köln 1991, 237–262 (= METZGER, Thron).

Meyer, Ivo, Jeremia und die falschen Propheten, OBO 13, Freiburg (Schweiz)/Göttingen 1977 (= MEYER, Jeremia).

Michaelis, Johann David, Observationes philologicae et criticae in Jeremiae vaticinia et Threnos, Göttingen 1793 (= MICHAELIS, Observationes).

Mihelic, Joseph L., Dialogue with God. A Study of Some of Jeremiah's Confessions, in: Interp. 14 (1960), 43–50 (= MIHELIC, Dialogue).

Miller, John Wolf, Das Verhältnis Jeremias und Hesekiels sprachlich und theologisch untersucht. Mit besonderer Berücksichtigung der Prosareden Jeremias, GTB 28, Assen/Neukirchen 1955 (= MILLER, Verhältnis).

Mosis, R., Art. פתה, pth, in: ThWAT 6 (1989), 820–831 (= MOSIS, פתה).

– Ez 14,1–11 – ein Ruf zur Umkehr [1975], in: Ders., Gesammelte Aufsätze zum Alten Testament, FzB 93, Würzburg 1999, 201–241 (= MOSIS, Ez 14,1–11).

Mottu, Henry, Les ‚Confessions' de Jérémie. Une Protestation Contre la Souffrance, MoBi, Genf 1985 (= MOTTU, Confessions).

Mowinckel, Sigmund, Psalmenstudien I. Åwän und die individuellen Klagepsalmen, Videnskapsselskapets Skrifter. II. Hist.-filos. Klasse 1921/4, Kristiania 1921 (= MOWINCKEL, Psalmenstudien I).

Müller, Achim, Proverbien 1–9. Der Weisheit neue Kleider, BZAW 291, Berlin/New York 2000 (= A. MÜLLER, Weisheit).

Müller, Karheinz, Die frühjüdische Apokalyptik, in: Ders., Studien zur frühjüdischen Apokalyptik, SBAB 11, Stuttgart 1991, 35–173 (= K. MÜLLER, Apokalyptik).

Negoiță, Atriju, Art. הָגָה, hāgā, in: ThWAT 2 (1977), 343–347 (NEGOITĂ, הָגָה).

Nestle, Eberhard, Ein aramäisch-hebräisches Wortspiel des Jeremia, in: ZDMG 61 (1907), 196 f. (= NESTLE, Wortspiel).

Nicholson, E. W., Preaching to the Exiles. A Study of the Prose Tradition of the Book of Jeremiah, New York 1970 (= NICHOLSON, Preaching).

– Jeremiah 1–25, CNEB, Cambridge 1973 (= NICHOLSON, Jeremiah 1–25).

Nötscher, F., Das Buch Jeremias, HSAT VII/2, Bonn 1934 (= NÖTSCHER, Buch Jeremias).

– Jeremias, EB, Würzburg 41954 (= NÖTSCHER, Jeremias).

O'Connor, Kathleen, the Confessions of Jeremiah. Their Interpretation and Role in Chapters 1–25, SBL.DS 94, Atlanta 1988 (= O'CONNOR, Confessions).

Odashima, Taro, Heilsworte im Jeremiabuch. Untersuchungen zu ihrer vordeuteronomistischen Bearbeitung, BWANT 125, Stuttgart u.a. 1989 (= ODASHIMA, Heilsworte).

Parke-Taylor, Geoffrey H., The Formation of the Book of Jeremiah. Doublets and Recurring Phrases, SBL.MS 51, Atlanta 2000 (= PARKE-TAYLOR, Formation).

Paterson, Robert M., Reinterpretation in the Book of Jeremiah, in: JSOT 28 (1984), 37–46 (= PATERSON, Reinterpretation).

Perdue, Leo G., Jeremiah in Modern Research: Approaches and Issues, in: Ders./Brian W. Kovacs (Hg.), A Prophet to the Nations. Essays in Jeremiah Studies, Winona Lake 1984, 1–32 (= PERDUE, Research).

Perlitt, Lothar, Die Propheten Nahum, Habakuk, Zephanja, ATD 25.1, Göttingen 2004 (= PERLITT, ATD 25.1).

Piorka, Abraham Mordechai, דרך הקדש. באור חדש לתורה, נביאים וכתובים. כרך ב (Derech Hakodesh. The Path of Holiness. A New Commentary to the Pentateuch, Prophets and Writings. Volume II, Jerusalem 1980) (= PIORKA, דרך).

Plöger, Otto, Sprüche Salomos, BK 17, Neukirchen-Vluyn 1984 (= PLÖGER, Sprüche).

Pohlmann, Karl-Friedrich, Studien zum Jeremiabuch. Ein Beitrag zur Frage nach der Entstehung des Jeremiabuches, FRLANT 118, Göttingen 1978 (= POHLMANN, Studien).

– Die Ferne Gottes. Studien zum Jeremiabuch, BZAW 179, Berlin/New York 1989 (= POHLMANN, Ferne).

– Das Ende der Gottlosen. Jer 20,14–18: Ein Antipsalm, in: Klaus Sey-bold/Erich Zenger (Hg.), Neue Wege der Psalmenforschung, HeBS 1, Freiburg u.a. 1994, 301–316 (= POHLMANN, Ende).

– Das Buch des Propheten Hesekiel (Ezechiel). Kapitel 1–19, ATD 22.1, Göttingen 1996 (= POHLMANN, Hesekiel 1).

– Jeremia als Identifikationsfigur im Frühjudentum, in: Barbara Aland, Johannes Hahn, Christian Ronning (Hg.), Literarische Kon–

stituierung von Identifikationsfiguren in der Antike, STAC 16, Tübin–gen 2003, 155–171 (= POHLMANN, Identifikationsfigur).

Polk, Timothy, The Prophetic Persona. Jeremiah and the Language of the Self, JSOT.S 32, Sheffield 1984 (= POLK, Persona).

Preuß, Horst Dietrich, Art. יָצָא, jāṣā, in: ThWAT 3 (1982), 795–822 (= PREUSS, יָצָא).

– Art. עוֹלָם, ʿolām, in: ThWAT 5 (1986), 1144–1159 (= PREUSS, עוֹלָם).

– Die Frage nach dem Leid des Menschen – ein Versuch biblischer Theologie, in: Manfred Oeming/Axel Graupner (Hg.), Altes Testament und christliche Verkündigung. Festschrift für Antonius H. J. Gunneweg zum 65. Geburtstag, Stuttgart u.a. 1987, 52–80 (= PREUSS, Frage).

– Art. תּוֹעֵבָה, tôʿebāh, in: ThWAT 8 (1995), 580–592 (= PREUSS, תּוֹעֵבָה).

Propp, William H., On Hebrew Śāde(h), „Highland", in: VT 37 (1987), 230–236 (= PROPP, Sadeh).

Quell, Gottfried, Wahre und falsche Propheten. Versuch einer Interpretation, BFChTh 46, Gütersloh 1952 (= QUELL, Propheten).

Rad, Gerhard von, Die Konfessionen Jeremias [1936], in: Ders., Gesammelte Studien zum Alten Testament. Band II, TB 48, München 1973, 224–235 (= VON RAD, Konfessionen).

– כִּפְלַיִם in Jes 40,2 = Äquivalent?, in: ZAW 79 (1967), 80–82 (= VON RAD, כִּפְלַיִם).

– Theologie des Alten Testaments. Band II. Die Theologie der prophetischen Überlieferungen Israels, EETh 1, München 1960 (= VON RAD, Theologie II).

Ravasi, Gianfranco, Il libro dei Salmi. Commento e attualizzazione. Volume III (101–150), Bologna ⁷1997 (= RAVASI, Salmi III).

Reinmuth, Titus, Der Bericht Nehemias. Zur literarischen Eigenart, traditionsgeschichtlichen Prägung und innerbiblischen Rezeption des Ich-Berichts Nehemias, OBO 183, Freiburg (Schweiz)/Göttingen 2002 (= REINMUTH, Bericht Nehemias).

Rendtorff, Rolf, Zum Gebrauch der Formel nᵉʾum jahwe im Jeremiabuch [1954], in: Ders., Gesammelte Studien zum Alten Testament, TB 57, München 1975, 256–266 (= RENDTORFF, neʾum jahwe)

Reventlow, Henning Graf, Liturgie und prophetisches ich bei Jeremia, Gütersloh 1963 (= REVENTLOW, Liturgie).

Ringgren, Helmer, Art. כָּסָה, kāsāh, in: ThWAT 4 (1984), 272–277 (= RINGGREN, כָּסָה).

Ro, Un-Sok, Die sogenannte „Armenfrömmigkeit" im nachexilischen Israel, BZAW 322, Berlin/New York 2002 (= RO, Armenfrömmigkeit).

Robinson, H. Wheeler, The Hebrew Conception of Corporate Persona-
    lity, in: Paul Volz/Friedrich Stummer/Johannes Hempel (Hg.),
    Werden und Wesen des Alten Testaments. Vorträge, gehalten auf
    der Internationalen Tagung Alttestamentlicher Forscher zu Göttin-
    gen vom 4.–10. September 1935, BZAW 66, Berlin 1936, 49–62
    (= ROBINSON, Corporate Personality).
Rofé, Alexander, The Arrangement of the Book of Jeremiah, in: ZAW
    101 (1989), 390–398 (= ROFÉ, Arrangement).
Römer, Thomas, Israels Väter. Untersuchungen zur Väterthematik im
    Deuteronomium und in der deuteronomistischen Tradition, OBO
    99, Freiburg (Schweiz)/Göttingen 1990 (= RÖMER, Väter).
– Les „anciens" pères (Jér 11,10) et la „nouvelle" alliance (Jér 31,31),
    in: BN 59 (1991), 23–27 (= RÖMER, anciens pères).
Roshwalb, Esther, H., Build-Up and Climax in Jeremiah's Visions and
    Laments, in: Meir Lubetski/Claire Gottlieb/Sharon Keller, Boun-
    daries of the Ancient Near Eastern World. A Tribute to Cyrus H.
    Gordon, JSOT.S 273, Sheffield 1998, 111–135 (= ROSHWALB, Build-
    Up).
Rothstein, D., Das Buch Jeremia, HSAT(K) 1, Tübingen ⁴1922 (= ROTH-
    STEIN, Jeremia).
Rowley, H.H., The Text and Interpretation of Jer 11:18–12:6, in: AJSL 42
    (1926), 217–227 (= ROWLEY, Text).
Rudolph, Wilhelm, Jeremia, HAT 12, Tübingen 1947 (= RUDOLPH,
    Jeremia¹).
– Jeremia. 3., verbesserte Auflage, HAT 12, Tübingen ³1968 (= RU-
    DOLPH, Jeremia).
Running, Leona Glidden, A Study of the Relationship of the Syriac
    Version to the Massoretic Hebrew, Targum Jonathan, and Septua-
    gint Texts in Jeremiah 18, in: Ann Kort/Scott Morschauser (Hg.),
    Biblical and Related Studies Presented to Samuel Iwry, Winona
    Lake 1985, 227–235 (= RUNNING, Syriac Version).
Sæbø, M., Art. פתה, pth, in: THAT 2 (1976), 495–498 (= SÆBØ, פתה).
Sasse, Markus, Geschichte Israels in der Zeit des Zweiten Tempels.
    Historische Ereignisse – Archäologie – Sozialgeschichte – Religions-
    und Geistesgeschichte, Neukirchen-Vluyn 2004 (= SASSE, Ge-
    schichte).
Sawyer, John F. A., A Note on the Brooding Partridge in Jeremiah XVII
    11, in: VT 28 (1978), 324–329 (= SAWYER, Note).
Scharbert, Josef, Der Schmerz im Alten Testament, BBB 8, Bonn 1955
    (= SCHARBERT, Schmerz).

Schart, Aaron, Die Entstehung des Zwölfprophetenbuchs. Neubearbeitungen von Amos im Ramhen schriftübergreifender Redaktionsprozesse, BZAW 260, Berlin/New York 1998 (= SCHART, Entstehung).

– The Sabbath: In the Law, in the Prophets, and in Mark, in: VeE 25 (2004), 253–273 (= SCHART, Sabbath).

Schenker, Adrian, La rédaction longue du livre de Jérémie. Doit-elle être datée au temps des premiers Hasmonéens?, in: EThL 70 (1994), 281–293 (= SCHENKER, Rédaction Longue).

Schiller, Johannes, Die „Nebenfigur" im Zentrum. Beobachtungen zur Syntax und Semantik von Jer 20,16, in: Irmtraud Fischer/Ursula Rapp/Johannes Fischer (Hg.), Auf den Spuren der schriftgelehrten Weisen. Festschrift für Johannes Marböck anlässlich seiner Emeritierung, BZAW 331, Berlin/New York 2003, 105–110 (= SCHILLER, Nebenfigur).

Schmid, Konrad, Buchgestalten des Jeremiabuches. Untersuchungen zur Redaktions- und Rezeptionsgeschichte von Jer 30–33 im Kontext des Buches, WMANT 72, Neukirchen-Vluyn 1996 (= SCHMID, Buchgestalten).

Schnelle, Udo, Einführung in die neutestamentliche Exegese, UTB 1253, Göttingen 62005 (= SCHNELLE, Einführung).

Schöpflin, Karin, Theologie als Biographie im Ezechielbuch. Ein Beitrag zur Konzeption alttestamentlicher Prophetie, FAT 36, Tübingen 2002 (= SCHÖPFLIN, Theologie als Biographie).

Schorch, Stefan, Die Propheten und der Karneval: Marzeach – Maioumas – Maimuna, in: VT 53 (2003), 397–415 (= SCHORCH, Karneval).

Schottroff, Willy, Der altisraelitische Fluchspruch, WMANT 30, Neukirchen-Vluyn 1969 (= SCHOTTROFF, Fluchspruch).

Schreiner, Josef, Unter der Last des Auftrags. Aus der Verkündigung des Propheten Jeremias: Jer 11,18–12,6, in: BiLe 7 (1966), 180–192 (= SCHREINER, Last).

– Jeremia 1–25,14, NEB, Würzburg 1981 (= SCHREINER, Jeremia 1).

Schunk, Klaus-Dietrich, Nehemia, BK 23/2.2, Neukirchen-Vluyn 2001 (= Schunk, Nehemia).

Seebaß, H., Art. אַחֲרִית, in: ThWAT 1 (1973), 224–228 (= SEEBASS, אַחֲרִית).

– Art. בּוֹשׁ, in: ThWAT 1 (1973), 568–580 (= SEEBASS, בּוֹשׁ).

Seitz, Christopher R., The Prophet Moses and the Canonical Shape of Jeremiah, in: ZAW 101 (1989), 3–27 (= SEITZ, Prophet Moses).

Seybold, Klaus, Das „Rebhuhn" von Jeremia 17,11. Erwägungen zu einem prophetischen Gleichnis, in: Bib. 68 (1987), 57–73 (= SEYBOLD, Rebhuhn).

– Der Schutzpanzer des Propheten. Restaurationsarbeiten an Jer 15,11–12, in: BZ 32 (1988), 265–273 (= SEYBOLD, Schutzpanzer).

Seybold, Klaus, Der Prophet Jeremia. Leben und Werk, UB 416, Stuttgart/Berlin/ Köln, 1993 (= SEYBOLD, Prophet Jeremia).

– Die Psalmen, HAT 15, Tübingen 1996 (= SEYBOLD, Psalmen).

Skinner, John, Prophecy & Religion. Studies in the Life of Jeremiah, Cambridge 1926 (= SKINNER, Prophecy).

Skoss, Solomon L., The Root בטח in Jeremiah 12.5, Psalms 22.10, Proverbs 14.16, and Job 40.23, in: Barn, S. W./Marx, Alexander (Hg.), Jewish Studies in Memory of George A. Kohut, New York 1935, 549–553 (= SKOSS, בטח).

Smith, G. V., The Use of Quotiations in Jeremiah XV 11–14, in: VT 29 (1979), 229–231 (= G. SMITH, Use of Quotations).

Smith, Mark S., The Laments of Jeremiah and Their Context. A Literary and Redactional Study of Jeremiah 11–20, SBL.MS 42, Atlanta 1990 (= M. SMITH, Laments).

Snijders, Art. מְלֵא, in: ThWAT 4 (1984), 876–886 (= SNIJDERS, מְלֵא).

Snyman, S. D., A Note on pth and ykl in Jeremiah xx 7–13, in: VT 48 (1998), 559–563 (= SNYMAN, Note).

– Divine and Human Violence and Destruction in Jeremiah 20:7–13, in: AcTh 19 (1999), 99–112 (= SNYMAN, Divine and Human Violence).

– The Portrayal of Yahweh in Jeremiah 20:7–13, in: HTS 55 (1999), 176–182 (= SNYMAN, Portrayal).

– (Dis-)unity in Jeremiah 20:7–13?, in: OTEs 12 (1999), 579–590 (= Snyman, Disunity).

Soggin, Jan Alberto, Art. רעה rˁh weiden, in: THAT 2 (1976), 791–794 (= SOGGIN, רעה).

Spieckermann, Hermann, Heilsgegenwart. Eine Theologie der Psalmen, FRLANT 148, Göttingen 1989 (= SPIECKERMANN, Heilsgegenwart).

– „Barmherzig und gnädig ist der Herr...", [1990], in: Ders., Gottes Liebe zu Israel. Studien zur Theologie des Alten Testaments, FAT 33, Tübingen 2001, 3–19 (= SPIECKERMANN, Barmherzig).

– Konzeption und Vorgeschichte des Stellvertretungsgedankens im Alten Testament [1995], in: Ders., Gottes Liebe zu Israel. Studien zur Theologie des Alten Testaments, FAT 33, Tübingen 2001, 141–153 (= SPIECKERMANN, Stellvertretungsgedanke).

– Art. Stellvertretung II. Altes Testament, in: TRE 32 (2001), 135–137 (= SPIECKERMANN, Stellvertretung).

– Hymnen im Psalter. Ihre Funktion und ihre Verfasser, in: Erich Zenger (Hg.), Ritual und Poesie. Formen und Orte religiöser Dichtung im Altern Orient, im Judentum und im Christentum, HeBS 36, Freiburg u.a. 2003, 137–161 (= SPIECKERMANN, Hymnen).

Stade, Bernhard, Bemerkungen zum Buche Jeremia, in: ZAW 12 (1892), 276–308 (= STADE, Bemerkungen).

Stahl, Rainer, „Deshalb trocknet die Erde aus und verschmachten alle, die auf ihr wohnen...“. Der Versuch einer theologiegeschichtlichen Einordnung von Hos 4,3, in: Jutta Hausmann/Hans-Jürgen Zobel (Hg.), Alttestamentlicher Glaube und Biblische Theologie. Festschrift für Horst Dietrich Preuß zum 65. Geburtstag, Stuttgart 1992, 166–173 (= STAHL, Deshalb trocknet).

Stamm, Johann Jakob, Das Leiden des Unschuldigen in Babylon und Israel, AThANT 10, Zürich 1946 (= STAMM, Leiden).

– Die Bekenntnisse des Jeremia, in: KBRS 111 (1955), 354–357.370–375 (= STAMM, Bekenntnisse).

Steck, Odil Hannes, Jesaja 62,10–12 als Abschluß eines Großjesajabuches, in: Ders., Studien zu Tritojesaja, BZAW 203, Berlin/New York 1991, 143–166 (= STECK, Jesaja 62,10–12).

– Beobachtungen zur Anlage von Jes 65–66 [1987], in: Ders., Studien zu Tritojesaja, BZAW 203, Berlin/New York 1991, 217–228 (= STECK, Beobachtungen).

– Die Gottesknechts-Texte und ihre redaktionelle Rezeption im Zweiten Jesaja, in: Ders., Gottesknecht und Zion. Gesammelte Aufsätze zu Deuterojesaja, FAT 4, Tübingen 1992, 149–172 (= STECK, Gottesknechts-Texte).

– Die Prophetenbücher und ihr theologisches Zeugnis. Wege der Nachfrage und Fährten zur Antwort, Tübingen 1996 (= STECK, Prophetenbücher).

Stegemann, Hartmut, Die Essener, Qumran, Johannes der Täufer und Jesus. Ein Sachbuch, Freiburg im Breisgau ⁵1996 (= STEGEMANN, Essener).

Sternberger, Jean-Pierre, Un oracle royale à la source d'un ajout rédactionnel aux „confessions“ de Jérémie: Hypothèses se rapportant aux „Confessions“ de Jérémie XII et XV, in: VT 36 (1986), 462–473 (= STERNBERGER, Oracle).

Steudel, Annette, Der Midrasch zur Eschatologie aus der Qumrangemeinde (4QMidrEschat^{a.b}). Materielle Rekonstruktion, Textbestand, Gattung und traditionsgeschichtliche Einordnung des durch 4Q174 („Florilegium“) und 4Q177 („Catena A“) repräsentierten Werkes aus den Qumranfunden, StTDJ 13, Leiden/New York/Köln 1994 (= STEUDEL, Midrasch).

Stipp, Hermann-Josef, Jeremia im Parteienstreit. Studien zur Textentwicklung von Jer 26, 36–43 und 45 als Beitrag zur Geschichte Jeremias, seines Buches und judäischer Parteien im 6. Jahrhundert, BBB 82, Frankfurt am Main 1992 (= STIPP, Parteienstreit).

Stipp, Hermann-Josef, Das masoretische und alexandrinische Sonder-
gut der Jeremiabuches. Textgeschichtlicher Rang, Eigenarten, Trieb-
kräfte, OBO 136, Freiburg (Schweiz)/Göttingen 1994 (= STIPP, Son-
dergut).
– The Prophetic Messenger Formulas in Jeremiah According to the
   Masoretic and Alexandrian Texts, in: Textus 18 (1995), 63–85
   (= STIPP, Messenger Formulas).
– Deuterojeremianische Konkordanz, ATSAT 63, St. Ottilien 1998
   (= STIPP, Konkordanz).
Stoebe, Hans Joachim, Seelsorge und Mitleiden bei Jeremia. Ein exege-
tischer Versuch, in: WuD 4 (1955), 116–134 (= STOEBE, Seelsorge und
Mitleiden).
Stoebe, Hans Joachim, Jeremia, Prophet und Seelsorger, in: ThZ 20
(1964), 385–409 (= STOEBE, Prophet und Seelsorger).
Stolz, Friedrich, Art. אבל, ʾbl, trauern, in: THAT 1 (1971), 27–31
(= STOLZ, אבל).
– Art. בוש, bōš, zuschanden werden, in: THAT 1 (1971), 269–272
   (= STOLZ, בוש).
– Psalmen im nachkultischen Raum, ThSt(B) 129, Zürich 1983
   (= STOLZ, Psalmen).
Stulman, Louis, Jeremiah, AOTC, Nashville 2005 (= STULMAN, Jere-
miah).
Stummer, F., Bemerkungen zu Jer 12,1–6, in: Miscellanea Biblica et
Orientalia (Festschrift Miller), StAns 27–28, 1951, 264–275 (= STUM-
MER, Bemerkungen).
Swart, Ignatius, „Because Every Time I Speak, I Must Shout it out, I Cry
‚Violence and Oppression!'". The Polyvalent Meaning of חמס ושד in
Jeremiah 20:8, in: OTEs 7 (1994), 193–204 (= SWART, Violence and
Oppression).
Talmon, Shemaryahu, Amen as an Introductory Oath Formula, in:
Textus 7 (1969), 124–129 (= TALMON, Amen).
– An Apparently Redundant Reading – Jeremiah 1:18, in: Textus 8
   (1973), 160–164 (= TALMON, Redundant Reading).
Thiel, Winfried, Die deuteronomistische Redaktion von Jeremia 1–25,
WMANT 41, Neukirchen-Vluyn 1973 (= THIEL, Redaktion I).
– Die deuteronomistische Redaktion von Jeremia 26–45, WMANT 52,
   Neukirchen-Vluyn 1981 (= THIEL, Redaktion II).
Thomas, D. Winton, מלאו in Jeremiah iv.5: A Military Term, in: JJS 3
(1952), 47–52 (= THOMAS, מלאו).
Thompson, John Arthur, The Book of Jeremiah, NIC, Grand Rapids
1980 (= THOMPSON, Jeremiah).

Tillmann, Norbert, „Das Wasser bis zum Hals!" Gestalt, Geschichte und Theologie des 69. Psalms, MThA 20, Altenberge 1993 (= TILLMANN, Wasser).

Tomes, Roger, The Reception of Jeremiah in Rabbinic Literature and in the Targumim, in: A. H. W. Curtis/T. Römer (Hg.), The Book of Jeremiah and its Reception, BETL 128, Leuven 1997, 233–253 (= TOMES, Reception).

Tsevat, Matitiahu, Alalakhiana, in: HUCA 29 (1958), 109–134 (= TSEVAT, Alalakhiana).

– Art.: בְּתוּלָה, in: ThWAT 1 (1973), 872–877 (= TSEVAT, בְּתוּלָה).

Tov, Emanuel, Some Aspects of the Textual and Literary History of the Book of Jeremiah, in: Pierre-Maurice Bogaert (Hg.), Le Livre de Jérémie. Le prophète et son milieu, les oracles et leur transmission, BEThL 54, Leuven 1981, 145–167 (= TOV, Aspects).

– The Biblical Base of the Corrections in the Biblical Texts Found at Qumran, in: Dimant, Devorah/Rappaport, Uriel, The Dead Sea Scrolls. Forty Years of Research, StTDJ 10, Leiden u.a. 1992, 299–314 (= TOV, Corrections).

– Jeremiah, in: Eugene Ulrich u.a., Qumran Cave 4. X. The Prophets, DJD 15, Oxford 1997, 145–207 (= TOV, DJD 15).

van Hecke, Pierre J. P., Metaphorical Shifts in the Oracle against Babylon (Jeremiah 50–51), in: SJOT 17 (2003), 68–88 (= VAN HECKE, Metaphorical Shifts).

van Oorschot, Jürgen, Nachkultische Psalmen und spätbiblische Rollendichtung, in: ZAW 106 (1994), 69–86 (= VAN OORSCHOT, Nachkultische Psalmen).

van Selms, Adrianus, Jeremia, PvOT, Nijkert 1972 (= VAN SELMS, Jeremia).

van der Velden, Frank, Psalm 109 und die Aussagen zur Feindschilderung in den Psalmen, SBB 37, Stuttgart 1997 (= VAN DER VELDEN, Psalm 109).

Veijola, Timo, Die Propheten und das Alter des Sabbatgebots, in: Volkmar Fritz/Karl-Friedrich Pohlmann/Hans-Christoph Schmitt (Hg.), Prophet und Prophetenbuch. Festschrift für Otto Kaiser zum 65. Geburtstag, BZAW 185, Berlin/New York 1989, 246–264 (= VEIJOLA, Sabbatgebot).

Vermeylen, Jan, Essai de Redaktionsgeschichte des confessions de Jérémie, in: Pierre-Maurice Bogaert (Hg.), Le Livre de Jérémie. Le prophète et son milieu, les oracles et leur transmission, BEThL 54, Leuven 1981, 239–270 (= VERMEYLEN, Essai).

– Job, ses amis et son Dieu. La légende de Job et ses relectures postexiliques, StB 2, Leiden 1986 (= VERMEYLEN, Job).

Vieweger, Dieter, Die Arbeit des jeremianischen Schülerkreises am Jeremiabuch und deren Rezeption in der literarischen Überlieferung der Prophetenschrift Ezechiels, in: BZ 32 (1988), 15–34 (= VIEWEGER, Schülerkreis).

– Die literarischen Beziehungen zwischen den Büchern Jeremia und Ezechiel, BEAT 26, Frankfurt u.a. 1993 (= VIEWEGER, Beziehungen).

Volz, Paul, Studien zum Text des Jeremia, BWAT 25, Leipzig 1920 (= VOLZ, Studien).

– Der Prophet Jeremia, KAT 10, Leipzig/Erlangen 1922 (= VOLZ, Jeremia).

Wächter, Ludwig, Überlegungen zur Umnennung von Pašḥūr in Māgôr Missābīb, in: ZAW 74 (1962), 57–62 (= WÄCHTER, Überlegungen).

Wagner, Max, Die lexikalischen und grammatikalischen Aramaismen im alttestamentlichen Hebräisch, BZAW 96, Berlin 1966 (= WAGNER, Aramaismen).

Wagner, Siegfried, Überlegungen zur Klage des Jeremia in Kapitel 20,7–18, in: Axel Graupner u.a. (Hg.), Verbindungslinien. Festschrift für Werner H. Schmidt zum 65. Geburtstag, Neukirchen-Vluyn 2000, 399–412 (= S. WAGNER, Überlegungen).

Wallis, Gerhard, Art רָעָה, rāʾāh , in: ThWAT 7 (1993), 566–576 (= Wallis, רָעָה).

Wanke, Gunther, Untersuchungen zur sogenannten Baruchschrift, BZAW 122, Berlin 1971 (= WANKE, Baruchschrift).

– Jeremias Besuch beim Töpfer. Eine motivkritische Untersuchung zu Jer 18, in: J. A. Emerton (Hg.), Prophecy. Essays Presented to Georg Fohrer on his Sixty-Fifth Birthday 6 September 1980, BZAW 150, Berlin/New York 1980, 151–162 (= WANKE, Töpfer).

– Jeremia. Teilband 1: Jer 1,1–25,14, ZBK 20.1, Zürich 1995 (WANKE, Jeremia 1).

– Jeremia. Teilband 2: Jer 25,15–52,34, ZBK 20.2, Zürich 2003 (= WANKE, Jeremia 2).

Weippert, Helga, Die Prosareden des Jeremiabuches, BZAW 132, Berlin/New York 1973 (= WEIPPERT, Prosareden).

Weiser, Artur, Das Buch des Propheten Jeremia, ATD 20/21, Göttingen 41960 (= WEISER, Jeremia).

– Das Buch Hiob, ATD 13, Göttingen 81988 (= WEISER, Hiob).

Wellhausen, Julius, Israelitische und jüdische Geschichte. Mit einem Nachwort von Rudolf Smend, Berlin/New York 102003 (= WELL-HAUSEN, Geschichte).

Welten, Peter, Leiden und Leidenserfahrung im Buch Jeremia, in: ZThK 74 (1977), 123–150 (= WELTEN, Leiden).

Werner, Wolfgang, Das Buch Jeremia. Kapitel 1–25, NStK.AT 19/1, Stuttgart 1997 (= WERNER, Jeremia 1–25).

Westermann, Claus, Struktur und Geschichte der Klage im Alten Testament, in: ZAW 66 (1954), 44–80 (= WESTERMANN, Struktur).

– Die Rolle der Klage in der Theologie des Alten Testaments, in: Ders., Forschung am Alten Testament. Gesammelte Studien II, TB 55, München 1974, 250–268 (= WESTERMANN, Rolle der Klage).

– Lob und Klage in den Psalmen. 5., erweiterte Auflage von Das Loben Gottes in den Psalmen, Göttingen 1977 (= WESTERMANN, Lob und Klage).

– Der Aufbau des Buches Hiob. Mit einer Einführung in die neuere Hiobforschung von Jürgen Kegler, CThM.BW 6, Stuttgart ²1977 (= WESTERMANN, Aufbau).

– Grundformen prophetischer Rede, BEvTh 31, München ⁵1978 (= WESTERMANN, Grundformen).

Wildberger, Hans, Art. אמן, ʾmn, fest, sicher, in: THAT 1 (1971), 177–209 (= WILDBERGER, אמן).

Wilhelmi, Gerhard, Weg mit den vielen Altären! (Jeremia XI 15), in: VT 25 (1975), 119–121 (= WILHELMI, Altäre).

Wolff, Christian, Jeremia im Frühjudentum und Urchristentum, TU 118, Berlin 1976 (= CHR. WOLFF, Frühjudentum).

Wolff, Hans Walter, Dodekapropheton 1. Hosea, BK 14/1, Neukirchen-Vluyn ³1976 (= WOLFF, Hosea).

– Dodekapropheton 2. Joel und Amos, BK 14/2, Neukirchen-Vluyn 1969 (= WOLFF, Joel und Amos).

Wright, Jacob, Rebuilding Identity. The Nehemiah-Memoir and its Earliest Readers, BZAW 348, Berlin/New York 2004 (= WRIGHT, Rebuilding Identity).

Ziegler, Joseph, Beiträge zur Ieremias-Septuaginta, in: NGWG.PH 1958, Göttingen 1958, 45–236 (= ZIEGLER, Beiträge).

Zimmerli, Walther, Ezechiel. I. Teilband. Ezechiel 1–24, BK 13/1, Neukirchen-Vluyn 1969 (= ZIMMERLI, Ezechiel I).

– Frucht der Anfechtung des Propheten, in: Jörg Jeremias/Lothar Perlitt (Hg.), Die Botschaft und die Boten. Festschrift für Hans Walter Wolff zum 70. Geburtstag, Neukirchen-Vluyn 1981, 131–146 (= ZIMMERLI, Frucht).

Zolli, Eugenio, Note di filologia ed esegesi biblica, in: Bib. 34 (1953), 563–566 (= ZOLLI, Note).

Stellenregister

Jer

Hos

Joel